제3판

Criminology & Criminal Policy

범죄학과 형사정책

옥 필 훈 저

도서출판 진영사

범죄학겸 형사정책

옥 필 훈

2009년 7월 28일 초판 인쇄
2009년 7월 31일 초판 발행
2019년 6월 12일 개정판 인쇄
2019년 6월 17일 개정판 발행
2022년 2월 일 제3판 인쇄
2022년 3월 2일 제3판 발행
발행인 박 진 영
발행처 도서출판 진영사
인천광역시 부평구 주부토로 236(갈산동 94)
인천테크노밸리 U1 지식산업센터 B동 1507호
전화 : 032)505-4207, 팩스 : 032)505-4206
E-mail : 0183734207@hanmail.net
신고번호 : 제2007-000001호

ISBN 978-89-6541-565-7 93350
값 25,000원

머 리 말

범죄학 내지 형사정책이라는 학문은 우리나라에서도 생소한 용어는 아닐 것이다. 영국과 미국 등의 서구 선진국에서는 대학 학부에서부터 체계적으로 학습하거나 연구하여 이론과 실무를 겸하는 연구를 진행하고 있으나 우리나라에서는 학부의 전공선택과목 혹은 대학원 과정에서 연구하는 정도로 이해하고 있는 형편인지라 앞으로 우리나라에서도 좀 더 학술적으로도 실무상으로도 좀 더 활발한 논의가 진행되었으면 하는 바램이다.

범죄학 내지 형사정책학은 각종 국가시험과목에서 필수과목으로 지정되어 주로 범죄원인론, 범죄유형론, 피해자학, 범죄대책론 등을 중점적으로 학습하여야 할 것이다. 본서의 저자는 사실 영국 버밍엄대학, 영국 킬대학에서 형사법과 범죄학을 수학한 경험을 가지고 있으나 한국에 돌아와서 적절한 때에 자료들을 분석하고 체계를 세워가야 한다는 생각을 지울 수 없어 이제라도 겸허한 마음을 가지고 펜을 들게 되었다. 본서는 주로 독자의 수준을 대양교양수준 및 일반인 입장에서 쉽게 읽을 수 있도록 하였고, 일부 체계적인 학습을 원하는 수험생의 경우에는 전반적인 범죄학이론과 관련 형사사법제도에 대한 법해석에 대한 이해를 중점적으로 다루어 제작하였다. 본서는 다음과 같은 특징을 이룬다. 첫째, 본서는 국내외 논의되고 있는 내용을 중심으로 범죄학과 형사사법제도에 대한 이론적 체계를 이루고 있다. 둘째, 변화하는 교육제도에 편승하여 원서의 일부를 발췌하여 교육적인 효과를 돕고 간단한 도표, 그림, 신문기사 등을 활용하여 본문의 이해를 돕고 있다. 셋째, 최근에 개정된 형사소송법, 형의 집행 및 수용자처우에 관한 법률, 소년법 등을 반영하였고, 각 단원별 생각해 볼 문제 및 최신자료를 수록하여 강의에 도움이 되고 범죄학과 형사정책학에 대한 흥미를 유발할 수 있도록 구성하였다. 저자의 역할이 부족한 부분에 대하여는 추후에 보완하기로 한다.

대학교수라는 무게를 짊어지고 있는 저자에게 늘 힘과 용기를 주시는 하나님께 먼저 감사를 올리고, 지금까지 있게 하여 주신 부모님 그리고 유학시절 학문의 길을 보여주신 영국 버밍엄대학 법과대학의 Professor Maureen Cain, Professor Stephen C

Shute, Sue L Bandalli 교수님 및 영국 킬대학 범죄학과의 Professor Susanne Karstedt, Professor Ronnie Lippens 교수님, 전북대학교 및 원광대학교 은사님들, 전주비전대학 재직 이래 항시 돌보아주시는 여러 교수님들과 교직원분들, 부모님, 나의 사랑하는 가족인 아내와 아들 성균, 마지막으로 본서의 출판을 허락하여 주신 진영사 박진영 사장님과 편집부 선생님들에게도 본 지면을 빌어 감사의 말씀을 올립니다.

2009. 7.

전주비전대학 연구실에서
저자 올림

제2판 머리말

요즈음 사회가 다양화되고 복잡해지면서 이에 따라 범죄행동은 변화하고 있다. 오늘날 매우 지능적이고, 조직적이고, 흉포화, 저연령화되는 것이 현실화되었다. 그럼에도 불구하고 실무상 범죄의 원인과 대책을 강구하는 것은 당연하다고 할지라도 깊고 넓게 학문적인 성과를 반영하고 이와 보조를 맞추어간다면 범죄예방과 실무에 많은 영향을 줄 수 있다고 본다. 그 안에 저자가 대학에서 강의하고 연구한 부분을 중심으로 새롭게 2판을 맞이하게 되었다. 범죄학의 이론을 보강하고, 형사사법체계에서 법개정 등 변화가 있었던 부분을 개정하였고, 교정학 부분에서 많은 이슈를 담고 있는 부분에 대한 시사적인 내용과 더불어 판례의 태도를 반영하였으며, 범죄대책론에서 교정복지론을 추가하였다. 2009년 1판이 나와서 많은 대학에서 활용하였고, 그 이후 2판에 대한 요구가 있어서 이번에 2판을 출간하기로 결심하게 되었다. 본서를 통하여 이 분야에 관하여 독자제현의 많은 관심과 발전이 있기를 기대하여 본다. 10년 전에 뵙고 현재까지도 관심과 배려를 아끼지 않으시는 진영사 박진영 사장님과 편집부 직원 선생님께도 본 지면을 빌어 감사의 말씀을 드립니다.

2019년 04월

옥필훈 씀

제3판 머리말

본서는 2009년 이래로 많은 독자층을 확보하고 수험서로 호평을 받아오고 있다. 대학에서 주로 법학과, 경찰행정학과, 경호관련학과, 복지관련학과 등 융복합적인 측면에서 그 활용도가 높다고 할 수 있다. 금년 신학기에 맞추어 종래의 연구성과를 바탕으로 전반적인 내용을 검토하되, 부분적으로 필요한 부분, 즉 전문용어의 풀이, 개정법률 반영, 오래된 자료 교체, 교정복지 보완 등으로 마무리하는 데에 그치었다. 따라서 추후 미진한 부분과 실무적인 내용에 대하여 계속해서 다음 기회에 수정 및 보완할 계획으로 있다. 아무쪼록 독자 여러분의 아낌없는 사랑과 충고를 기대하여 본다. 때마침 반갑게도 연락주셔서 본서를 다시금 전반적으로 검토하고 연구할 수 있도록 배려와 아낌없는 지원을 하여 주시는 진영사 박진영 사장님께 본 지면을 들어 감사의 말씀을 드립니다.

2022년 2월

옥필훈 씀

목 차

제 1 편 서 론

제1장 기초이론

제 1 장 기초이론

제1절 범죄의 의의

I. 범죄학과 형사정책학의 의미

개별적으로 고찰함에 있어서 범죄학은 원인론(etiology)에 중점을 두게 되고 형사정책학은 주로 대책론에 관계되는 것으로 보는 것이 타당하며 그러나 형사정책이라는 용어를 사용하는 경우에는 양자를 포괄적인 의미로 체계를 세울 수 있다. 형사정책이라는 말은 초기에는 형사입법에 대한 국가의 예지(叡智), 즉 형사입법정책이라는 의미(Feuerbach)로만 사용되었으나, 점차 범죄원인의 규명을 포함한 범죄방지를 위한 대책 일반을 의미하는 것으로 사용하게 되었다.[1)]

우리나라에서 소개되어 있는 범죄학 학술연구서들은 실제 많은 경우 형사정책학과 범죄학을 혼용하여 체계를 세우거나 형사정책학적 입장에서 범죄이론을 가져오는 형태를 취하고 있는 듯 하나, 엄밀하게 범죄학과 형사정책학을 이론상 구분할 때, 형사정책학은 범죄의 원인과 대책에 대한 총체적 학문이라면, 범죄학은 범죄학파를 중심으로 범죄, 범죄자 그리고 범죄방지제도를 유기적인 관계를 밝힌다고 할 수 있다. 또한 영미에서의 criminology는 criminal policy와는 다른 독립적인 영역임을 알 수 있

1) 정영석/신양균, 『형사정책』, 법문사, 1998, 3면. ; 배종대, 『형사정책』, 홍문사, 1998, 6면.

다. 따라서 범죄학은 종합학문으로서 생물학, 심리학, 철학, 법학, 사회학, 수사학, 정치경제학, 교육학, 역사학, 문화학 등의 학문들을 포섭한다. 볼프강(Wolfgang)과 훼라쿠티(Ferracutti)는 과학적인 접근방법으로 여러 분야의 지식을 통합한 독립된 학문분야라고 하였고 웹(Webb)과 호프만(Hoffman)도 독립된 하나의 학문분야라고 보았다. 만하임(Mannheim)은 범죄학은 법적으로 범죄이건 아니건 모든 반사회적 행위를 연구해야 한다고 하였고, 서덜랜드(Sutherland)는 범죄를 사회에 해가 되는 행위로서 이 정의를 화이트칼라 범죄에 대한 연구를 수행하는데 사용하였다. 그리고 크레시(Cressey)는 재정범의 법적 범위의 다양성을 재정신탁의 형사적 위반의 개념으로 대체하였다.

> "Criminology is the body of knowledge regarding delinquency and crime as a social phenomena. It includes within its scope the process of making laws, breaking laws, and of reacting toward the breaking of laws. These processes are three aspects of a somewhat unified sequence of interactions. The objective of criminology is the development of a body of general and verified and principles and of other types of knowledge regarding this process of law, crime, and reaction to crime." (Edwin Sutherland, 1974:3)2)

또한 슈벤디거(Schwendingers)는 기본적인 인간의 권리를 침해하는 용어로서 사용하였다.

범죄학의 용어 유래

Criminology is the scientific study of crime as an individual and social phenomenon. Criminological research areas include the incidence and forms of crime as well as its causes and consequences. They also include social and governmental regulations and reactions to crime. Criminology is an interdisciplinary field in the behavioural sciences, drawing especially on the research of sociologists and psychologists, as well as on writings in law. In 1885, Italian law professor Raffaele Garofalo coined the term "criminology" (in Italian, criminologia). The French anthropologist Paul Topinard used it for the first time in French (criminologie) around the same time.

2) Sutherland, E.H. / Cressey, D.R., 『Criminology』, Lippincott Company, 1974, p.3.

Ⅱ. 범죄학 내지 형사정책학에 대한 접근방법

범죄학을 어떻게 접근하느냐에 따라 그 체계와 구성이 다르겠지만 본서에서는 사실적 접근으로서의 범죄학과 법률적 접근으로서의 범죄학 그리고 학문적인 종합과학으로서의 범죄학으로 나누어 볼 수 있다.

1. 사실적 측면

국가나 사회공공단체가 범죄의 현상을 파악하고 이에 대한 원인을 탐구하며 이를 기초로 범죄방지를 위한 대책을 강구하는 일체의 활동을 말하는데 최근에는 형사사법과정에서의 시민참가의 문제가 활발히 논의되고 형행단계에서도 '교도소의 민영화' 등이 주된 논의대상이 되고 있다.[3] 형사정책은 범죄의 현상을 정확히 파악하고 범죄의 원인을 과학적으로 규명함과 동시에, 현재 발생하였거나 발생할 염려가 있는 범죄에 대하여 현존하는 형사제재가 범죄의 대책으로서 가치가 있는가를 살피면서 형사제재 자체의 개선방안 및 보안대책을 수립하는 국가의 활동이다.[4]

2. 법률적 측면

이에는 합의론적 관점과 갈등론적 관점으로 나누어 보아 전자의 경우에는 법의 기원을 사회적 합의에서 찾아 볼 수 있어 범죄는 사회의 전 요소에 모순되는 행위이어서 범죄로 간주될 수 있는가는 다수 시민에게 있어서 일반적인 합의가 있어야 한다는 것이고(예컨대, 뒤르껭의 사회학 등), 후자는 법의 기원을 선별적인 과정으로 보아 정치적, 경제적 힘이 있는 집단이 자신들의 이익과 기득권을 보호하기 위한 수단으로 법을 만들어 내므로 범죄는 사회경제적 그리고 정치적인 색채가 짙다고 할 수 있다고 한다(예컨대, 칼 막스와 엥겔스 등).[5] 전자의 예로는 도박을 범죄로 규정하고 있음에도 불구하고 화투나 카드놀이는 불법적이거나 비도덕적인 것이라고 볼 수 없고, 후자의 예로는 흑인을 살해 혹은 강간한 백인보다 백인을 살해 혹은 강간한 흑인이 훨씬 무거운 처벌을 받고 있다고 한다. 현재까지는 범죄를 법률적으로 규정하는 것이 대부분이라고 한다.

---

3) 손동권, "한국 형사사법의 현황과 발전방향", 형사정책연구 제8권 제3호(통권 제31호 1997. 가을호), 53면.
4) 정영석/신양균, 전게서, 5면.
5) Siegel, L, J., 『Criminology』, University of Massachusetts, 2002, pp. 15-17 ; Barkan, S, E., 『Criminology』, Prentice Hall, 2001, p. 8 ; 이윤호, 『형사정책』, 박영사, 1996, 7면.

3. 종합과학

사실을 대상으로 하여 일정한 이념 하에서 그 가치를 판단하고 이에 대한 합리적이고 효과적인 원리를 연구하는 학문분야를 가리킨다. 범죄의 원인에 관한 과학적 해명이라는 측면에서의 범죄학은 범죄의 원인을 탐구하고 인간의 행동을 경험과학적으로 분석하는 사실학 내지 경험과학으로서 범죄원인을 규명하는 방법이 가지는 다양성으로 인해 경찰행정학, 범죄심리학, 범죄수사학, 범죄사회학, 법의학, 범죄생물학 등 광범위한 부수적인 영역을 가지고 있으므로 다른 인접과학 분야의 성과를 기초로 해야 하는 종합학문적인 성격을 띠게 된다. 이러한 의미에서 셀린(Sellin)은 "범죄학은 영토를 가지지 않은 제왕의 학문이다" 라고 한다. 근자에는 형사사법제도, 범죄자처우 등 행형분야의 새로운 이론들은 형사정책학의 학문적 성격을 더욱 분명하게 한다. 형사정책학은 현재 얼마나 많은 범죄가 어떠한 모습으로 발생하고 있고 또 그 원인은 무엇인가 그리고 유죄판결이 확정된 사람을 어떻게 다룰 것인가 하는 문제 그리고 그에 대한 제재수단인 형벌 및 보안처분의 문제점 및 개선 내지 보안대책은 무엇이며, 형사사법절차의 문제점 및 개선방안은 무엇인가 하는 문제에 이르기까지 형사사법절차 전 과정에 관계되는 학문분야이다. 따라서 형사정책학은 전형법학(全刑法學)의 실천원리로 작용하는 것이며, 그러한 의미에서의 규범학인 형법학과 형사소송법에 대한 연구와 병행되어야 할 중요한 학문분야이다.[6]

Ⅲ. 형사정책과 형사법과의 관계

1. 역사적 배경

18세기의 계몽주의를 배경으로 하여 개인의 자유와 권리를 보장하는 수단으로서 확립된 객관주의 형법이론은 19세기 후반 산업혁명에 따른 자본주의의 발전과 그에 따른 모순의 결과로 인한 범죄의 격증, 특히 누범 및 소년범의 증가에 따른 개인의 자유보장 이외에 사회방위라는 측면이 강조됨에 따라, 그 기능적인 한계에 부딪치게 되었고, 이와 함께 당시 급속히 발달한 자연과학적 방법을 사용하여 범죄자를 실증적으로 연구하여 범죄의 원인을 밝히고 이를 기초로 범죄방지의 대책을 강구하려는 새로운 움직임이 나타나게 되었으며, 이것이 바로 근대적인 형사정책의 출발점을 이루게

6) 정영석/신양균, 전게서, 8-9면.

되었고 형법학에 있어서 주관주의 형법이론이 전개되게 되었다. 결국 역사적으로 형법에 대한 보조수단으로서 출발한 형사정책은 이제 형법의 지평에만 머무르지 않는 독자적인 학문으로 발전해 나가고 있으나, 그러한 형사정책의 연구성과는 형법을 통하여 구체화됨으로써 실질적으로 규범적 효력을 가지게 된다는 점에서 양자의 상호 불가분성은 오늘날에도 여전히 강조되어야 한다.

2. 내용적 관련성

형사정책학은 범죄와 형벌에 대한 학문이면서도 반드시 실정법에 국한하여 그 의미내용을 파악하는데 그치지 않고 경험과학으로서의 측면과 규범학으로서의 측면을 동시에 가지고 있다는 점에 특징이 있다고 할 수 있다.

1. 형법학과 사실학으로서의 형사정책학은 모두 범죄(crime) 내지 범죄자(criminal)를 그 대상으로 하고 있다는 점에서 공통점을 가지고 있으나, 전자는 범죄와 형벌의 당위적 관계를 기초로 실정형법상의 범죄에 대한 해석에 주로 관심을 가지는데 반하여, 후자는 범죄와 형벌의 사실적 관계, 즉 일정한 사회내에서 범죄가 어떠한 원인에 의하여 어떠한 특징을 가지고 발생되는가에 관심을 가질 수 있으나 이것은 사실 자체보다도 그 사실이 법률적 사고과정의 전제로 되는 범위내에서 의미를 가진다.[7]

2. 형법학과 규범학으로서의 형사정책학은 양자 모두 범죄와 형벌의 당위적 관계를 밝힌다는 점에서 공통점을 가지고 있다. 그러나 실정법질서 내부에서 규범의 의미내용이 어떠해야 하는가를 주된 연구대상으로 하는데 반하여, 후자는 범죄학에서 밝혀진 논의과정을 기초로 하여 범죄의 방지대책을 강구하는 과정에서 광범위하게 범죄와 형벌의 당위적인 관계를 논한다는 점에서 구별된다. 그러나 이러한 양자의 차이점에도 불구하고 양자는 밀접한 관련을 가지고 있는데, 즉 형법학은 기존 형벌체계를 운용하고 해석하는데 결정적인 지침이 되므로 형사정책학의 연구에 대해서도 일정한 규준이 되어야 하며, 반면에 형사정책학도 기존 형벌체계가 과연 범죄에 대처하는 수단으로서 유효한가에 대한 검증결과를 제시함으로써 형법 나아가서 형사소송법 및 형행법의 개정방향을 선도한다는 점에서, 양자는 밀접불가분의 관계에 있다고 할 수 있다.[8]

---

7) 정영석/신양균, 전계서, 12면.

제2절 연구대상

Ⅰ. 범죄

범죄행위뿐만 아니라 일탈행위도 범죄학의 연구대상이 된다. 규범학자들에 의해 범죄개념은 크게 형식적 범죄개념과 실질적 범죄개념으로 구분되어진다. **형식적 범죄개념**이란 범죄를 형벌법규에 의하여 형벌을 과하는 행위라고 정의하고, **실질적 범죄개념**이란 범죄의 실질적 요건이 무엇인가를 밝히는 것을 말한다.[9]

최근에 와서 범죄로 평가되는 행동양식의 변화, 시민의식이나 윤리관의 변화 등에 따라 새로운 범죄의 등장 등으로 인하여 기존의 형사정책의 확립된 개념과 다르게 이해될 수 있는 것을 말한다. 즉 범죄는 시간과 공간에 따라 상대적인 개념이다. 경우에 따라 일탈행위도 언제든지 범죄행위가 될 가능성이 있게 된다.

형사정책은 현존하는 형벌제도 등에 대한 가치판단에 그치지 않고 이를 개선, 보완하기 위한 정책적 고려를 병행해야 하므로 형사정책상의 범죄개념도 이에 상응하여 양면적인 성격을 가지는 것은 당연한 귀결이라고 할 수 있다. 즉 현존하는 범죄의 범위, 구조 및 경향을 밝히기 위해서는 현행 형벌법규에 의하여 한정된 형식적 범죄개념을 기초로 함으로써 그 내용을 명확히 할 수 있으며, 최근의 범죄현상을 기초로 하여 가벌성을 재고해야 할 행위나 국가의 행정상의 목적이나 국민의 생활기준의 변화 등으로 가벌성을 재검토해야 할 행위의 내용은 실질적 범죄개념을 기초로 하여 판단해야 할 것이다.[10] 그러나 실질적 범죄개념에 대해서는 권리침해설, 법익침해설, 의무침해설이 대립하고 있다.[11]

읽을거리

The definition of what is deviant and what is criminal relies on the scientific analysis of a given set of social circumstances. The need for analysis stems from the fact that what is deviant is not always obvious. Sensibilities – that is, judgments about what us acceptable and what is not – vary from society to society, and what may be condemned in a traditional society as unacceptable difference (for example homosexuality) may be celebrated in postmodern societies as a life-style choice, or at least be tolerated because of its difference.

(※ 참고문헌 : Heaton. T. / Lawson. *Crime and Deviance*. Macmillan. 1999. p. 3.

---

8) 정영석/신양균, 상게서, 13면.
9) 이재상, 『형법총론』, 박영사, 2004, 68면.
10) 정영석/신양균, 전게서, 17면
11) 이재상, 전게서, 68면.

Ⅱ. 범죄자와 피해자

형법 및 형사정책은 주로 '행위자인 인간'에 출발점을 두고 있으며, 더욱이 형사사법의 마지막 단계가 이러한 범죄인을 어떻게 처우할 것인가 하는 점이 있음을 고려한다면, 범죄현상을 직접 및 간접으로 연구대상으로 하는 일체의 과학은 이러한 범죄행위의 주체인 인간으로부터 출발점을 삼아야 한다. 또한 범죄자의 연령, 성별, 직업, 사회적 계층, 누범경력 및 인격적 특징에 대한 조사가 형사정책에서 특별히 중요한 의미를 가지며, 이러한 의미에서 범죄인 분류(classification of criminals)도 형사정책의 중요한 과제가 된다.[12] 전통적인 범죄학은 범죄의 주체인 범죄인에 대해서만 관심을 가지고 그로 인해 피해를 받은 피해자에 대해서는 소홀히 다루어 왔으며, 부분적인 관심을 가진 경우에도 범죄 및 범죄인 연구를 위한 보조적인 의미로 이해해 왔으나 특히 제2차 대전 이후에 피해자에 대한 관심이 종속적인 위치에서 벗어나 범죄자와 피해자의 관계를 다루는 논의로서 활발히 이루어지게 되고, 현재의 지배적인 경향은 범죄학의 부분영역으로 이해하는 듯하다.[13] 따라서 범죄의 한 상대인 피해자에 대한 고려와 연구 없이는 범죄학이 완전한 것일 수는 없을 것이다.[14] 즉 범죄의 대상으로서의 피해자에 대한 생물학적, 심리학적, 사회학적 특성을 과학적으로 연구하는 분야인 피해자학(victimology)이 등장하게 된 것이다. 피해자학에 대한 소개는 후술한다.

Ⅲ. 범죄의 원인

형사정책학의 연구대상에 대한 중요한 부분을 차지하는 것으로 전통적으로 생물학적, 심리학적, 사회학적 원인론에 그 비중을 두고 연구를 하여 왔다. 이에 대해서는 후술한다.

---

12) 정영석 · 신양균, 전게서, 18면.
13) 김용세, 『피해자학』, 형설출판사, 2003, 28면 ; 민건식, "피해자학이란 무엇인가, 피해자학연구 창간호(1992), 한국피해자학회, 15-21면.
14) 이윤호, 『범죄학개론』, 박영사, 2002, 22면.

Ⅳ. 범죄방지대책

범죄방지대책은 형벌의 현실적 운용과 범죄자처우에 관한 행형학 및 범죄예방을 위한 각종 대책들을 광범위하게 포괄해야 하는 것이지만, 결국은 어떻게 예방하고 범죄자의 처우를 어떻게 할 것인가에 귀착된다고 할 수 있다(처우의 기준과 예방의 원리). 그런데 이러한 범죄방지대책을 수립하는 경우에 일반예방(general prevention)과 특별예방(special prevention)이라는 두 가지 측면을 항상 고려해야 한다.[15)]

Ⅴ. 관련사항

1. 암수범죄

(1) 의의

암수(Dark number)란 실제로 발생하였지만 범죄통계에 나타나지 않는 범죄를 말하며, 이 문제는 범죄통계학이 발달한 초기부터 케틀레(Quetelet), 외팅겐(Oettingen), 페리(Ferri) 등에 의하여 지적되어 왔지만, 20세기 초반까지는 단지 공적인 기관에 알려진 범죄와 그렇지 않은 범죄와의 관계가 항상적인 것이라고 보아 문제삼지 않았으나, 범죄나 비행이 사회의 정상적이고도 필요한 현상이라는 인식이 점차 일반화되면서 사회가 진정으로 개선과 교화해야 할 자가 누구인가를 찾기 위한 노력이 진행되었고, 그러한 과정에서 암수에 대한 조사가 필요한 전제로서 등장하였다.

암수에 대한 용어유래

일본의 검사인 Shigema Oba가 그의 독일어 논문에서 처음으로 "Dunkelziffer"(어두운 번호매김 또는 숫자모양의 개념)"으로 잘못 번역하였는데 이것은 독일어로 "Hellzahl(밝은 영역)"라고 번역되는 영어의 "light number (Lichtzahl)"에 대비되는 개념이다. 그런데 경험적인 암역연구는 Kurt Meyer와 Bernd Wehner가 착수한 암역측정에 의해 이루어졌다.

※ 참고문헌 : Hans Joachim Schneider/손동권 역, "암수범죄에 관한 연구", 형사정책 연구 34(98.6), 195면 참고.

---

15) 정영석/신양균, 전게서, 20면.

(2) 암수의 원인

암수범죄(hidden crime)는 원래 실제로 발생하였지만 수사기관에 인지되지 않거나 인지되기는 하였지만 아직 검거되지 않은 범죄를 가리키는 개념으로 사용되어왔다. 전자는 특히 낙태, 매춘, 성범죄, 도박, 상점절도, 교내폭행, 절도 등과 같은 범죄유형에서 특히 같은 범죄유형에서 특히 많이 나타내는데, 특히 범죄의 특수성, 피해자의 개인적 사정이나 신고에 따른 불편, 불이익이 주된 원인이다. 한편 후자는 각국의 검거율과 밀접한 관련이 있는데, 우리나라는 외국의 경우에 비하여 검거율이 매우 높은 편이다. 최근에 암수발생의 또 다른 요인으로서, 수사기관이나 법원의 자유재량이 지적되고 있다. 즉 범죄 내지 일탈행위는 일정한 자가 가지는 행위의 특성이 아니라 사회가 그렇게 이름을 붙인 결과이므로, 일정한 자를 체포・구금하고 재판을 통해 범죄자라고 낙인찍는 과정, 즉 체계적 낙인과정이 범죄의 중요한 원인이 된다고 보는 낙인이론을 이론적 기초로 하여 이러한 체계적 낙인과정에서 발생하는 암수가 문제되고 있다.

(3) 암수의 조사방법

가장 많이 사용되고 있는 방법이 설문조사라고 할 수 있는데 제2차 대전이후 사회과학의 연구방법으로서 급속한 발전을 보았으며 1946년에 처음 형사정책학에 도입되었다. 설문조사의 방법은 조사대상을 기준으로 하여 크게 세 가지로 나눌 수 있는데, 범법자 자신에게 직접 범행의 여부 등을 물음으로써 보고되고 있지 않거나 기록되지 않은 부분을 가지고 파악할 수 있어 가장 빈번이 사용되는 것으로 실제 범죄량과 빈도를 파악할 수 있는 **자기보고식 조사**(self-report survey) 가 있다. 자기보고식 조사가 가해자 중심의 통계인 반면, 후술하는 피해자 조사는 피해자 중심의 조사이다.[16] 그러나 이에 대해서는 먼저 이는 조사대상자의 정직성과 진실성의 문제가 제기될 수 있고 대표성 부재로 인한 연구결과의 일반화의 어려움이 존재한다는 지적이 있다.[17] 그리고 가해자가 아닌 피해자를 통하여 범죄를 파악하려는 **피해자조사**(victim survey)가 있다. 조사원이 직접 방문하여 면접조사를 실시하므로 암수범죄를 간접적으로 추정할 수 있을 뿐만 아니라 피해유형과 빈도에 대해서 신뢰할만한 자료

16) 이윤호, 전게서, 37면.
17) 현실적으로 암수범죄의 조사에 의하여 '조립' 되어지는 연구의 한계성을 가진다. 손동권(역)/Schneider, H.J, "암수범죄에 관한 연구", 형사정책연구(98.6), 215면.

를 얻을 수 있으며 또한 대개의 경우 전국적인 규모이므로 자기보고식 조사보다 대표성이 있는 자료가 수집된다. 그러나 이에 대해서는 피조사자가 대답하는 피해가 반드시 피해의 발생을 의미하는 것은 아니고 주로 통상적인 범죄를 그 대상으로 하므로 상당한 종류의 범죄가 조사되지 않으며 조직범죄, 피해자 없는 범죄, 일부 화이트 칼라범죄, 살인범죄 그리고 강간범죄는 사실상 조사가 어려워 조사의 효과성이 의문시된다. 또한 방법론상의 문제로서 공식통계의 경우는 가해자 중심으로 하는 반면 피해자 조사는 피해자 중심으로 하므로 양자를 같이 비교할 수 없다는 결론이 나오고 전국적 규모로 이루어지므로 시간적 경제적 비용이 많이 들며 자료정리자의 편견으로 과소 혹은 과대보고를 할 수 있는 소지가 있다는 지적이 있다. 마지막으로 정보제공자조사(informant survey) 방법이 있다. 따라서 설문조사기술의 개발, 형사법학자의 관심과 참여 등 앞으로 많은 과제를 안고 있는 분야이다.

참고사항 : 공식적인 범죄통계의 산출과정

한 사건은 피해자가 범죄로 간주하는 경우 드러난다.
↓
피해자는 경찰에 신고할지를 결정한다.
– NO ⇒ 통계에 기록되지 않는다.
↓
경찰은 객관적인 결정을 한다 : 이는 범죄로 다룰만한 사건인가?
– NO ⇒ 통계에 기록되지 않는다.
↓ YES
경찰의 자유재량행위 : 이 범죄는 기록될 것인가?
– NO ⇒ 통계에 기록되지 않는다.
↓ YES
범죄는 기록된다. 조사의 과정에서 그 기록은 여전히 유효한가?
– NO ⇒ 아직 범죄가 아닌 사건으로
최종적인 통계형태로 기록되지 않는다.
↓ YES
이제 사건은 최종적인 통계형태로 범죄로서 다루어진다

※ 참고문헌 : Templeman, L. / Doherty, M., 『Criminology』, Old Bailey Press, 1999, p.18.

2. 피해자없는 범죄

피해자없는 범죄(victimless crime)란 피해자가 가해자 자신이거나 특정한 피해자

누구인지를 정할 수 없는 범죄를 말한다. 예컨대, 매매춘, 도박, 약물남용, 기업범죄를 들 수 있다. 피해자없는 범죄는 일반범죄에 비하여 비교적 그 심각성이 덜 하다고 인식되어지고, 처벌할 근거나 타당성이 희박하다는 것이다. 이러한 범죄는 특별히 개인적으로 피해를 입은 자가 없기 때문에 대부분 암수범죄로 되어지고, 대개 경찰에 신고되지도 않는다고 하여 '신고없는 범죄' 라고도 불리워진다. 입법론적으로는 피해자가 없음에도 형벌로서 처벌할 필요성이 있는가의 문제 즉 비범죄화와 관련하여 논의되고 있다.[18)]

3. 비범죄화

사회적 유해성이 적거나 그 범죄의 양에 있어서 경미한 경우 비범죄화(decriminalization) 논의는 가능하게 된다. 비범죄화(decriminalization)란 종래 범죄로 처벌될 수 있는 행위를 범죄로 처벌하지 않는 것[19)]을 말하는 것으로 형법의 효과를 과대평가하는 국가의 법정책에 대한 반성으로 실질적인 일반예방효과의 확보와 형법의 보충성의 요청을 강화하기 위한 수단으로 등장하였다.

비범죄화의 논의의 기초는 1960년대에 주장되어 미국에서 번성했던 낙인이론이라고 할 수 있다. 낙인이론은 우리 사회에는 범죄라는 것이 처음부터 실체로서 존재하는 것이 아니라 사회제도로서의 형사사법기관 등이 일정한 행위를 범죄로 규정하면서 범죄가 된다고 보았다.

(1) 비범죄화의 원인

형벌법규가 국민의 법감정과 괴리되어 있는 경우, 처벌의 필요성이 인정되지 않지만 법률이 폐지되지 않는 경우, 법위반자를 차별적으로 취급하는 경우

(2) 비범죄화의 형태

1) 사실상의 비범죄화

사실상의 비범죄화(또는 체포상의 비범죄화)란 법규는 존재하지만 수사기관이 해당 형벌법규를 적용하지 않기 위해서 사실상 범죄로 하지 않게 되는 것을 말하며, 단

18) 박상기/손동권/이순래, 379.
19) 전대양, 『현대사회와 범죄』, 형설출판사, 2004, 484면.

속상의 비범죄화라고 한다. 예컨대, (i) 낙태 등과 같이 형벌법규와 국민의 법감정 사이에 괴리가 있는 경우 (ii) 안락사 등과 같이 사회변동과 함께 처벌의 필요성이 인정되지 않지만 법률이 폐지되지 않은 경우 (iii) 매춘 등과 같이 단속체제가 약화되어 일부 위반자를 단속하거나 차별적으로 취급하는 경우를 들 수 있다. 사실상의 비범죄화는 특히 피해자 없는 범죄, 경미범죄, 교통범죄 등에서 보다 큰 의미를 가지게 된다.[20]

2) 재판상의 비범죄화

재판상의 비범죄화(또는 사법상의 비범죄화)는 판례를 변경하여 형벌법규의 해석·적용을 바꾸거나 종래 처벌되었던 행위를 처벌하지 않는 것을 내용으로 한다.

3) 입법상의 비범죄화

입법상의 비범죄화란 법률의 폐지 또는 변경에 의하여 범죄였던 행위를 범죄로 되지 않게 하는 것을 말한다. 예컨대, (i) 동성애나 안락사 등과 같이 사회의 범죄관의 변화로 종래 범죄로 생각되던 행위가 사회적으로 용인되어 완전한 합법화를 국가가 선언하는 경우 (ii) 간통죄 등과 같이 사회통념에 의하더라도 종래 범죄시되던 행위의 당벌성이 남아 있지만 국가의 역할 내지 형사사법제도상의 필벌성이 소멸하는 경우를 들 수 있다.[21]

(3) 비범죄화의 결정시 고려요소

1) 기준

각국의 형벌에 대한 국민관념이 다양함으로 비범죄화를 결정하는 데에는 각국의 국민의 도덕관념, 범죄발생상황, 전통 등을 고려해야 한다.

2) 비용

비범죄화를 추구하면 현행의 구금제도에 대체하는 제도를 신설하거나 보호관찰에 필요한 직원의 확보 등에 관한 대책이 필요하게 된다. 이런 경우 많은 비용이 소요되는 것을 말할 것도 없다.

---

20) 전대양, 전게서, 486면.
21) 전대양, 상게서, 487면.

3) 방법

비범죄화는 여러 가지 방법으로 이용될 수 있다. 이탈리아의 1967년 비범죄화법은 일정한 도로교통법 위반을 범죄로 하지 않고 과태료를 과할 수 있도록 하였다.

4) 비범죄화와 비형벌화의 관계

어떤 행위유형을 범죄로서 형벌을 과하는 것이지만 형벌적 개입의 타당성이나 처우효과를 범죄자 처우이념에 비추어 고찰한 결과 형벌에 대신하여 비형벌적 처분을 한다는 점에서는 비범죄화와 같다고 할 수 있다. 비형벌화의 형태는 ① 입법상 사형을 무기형으로, 자유형을 벌금형으로 바꾼 경우, 형벌에 대신하여 보안처분 내지 보호처분을 법으로 규정하는 경우 ② 경찰단계에서 훈방처분, 검찰에서 선도조건부기소유예, 재판단계에서의 집행유예 및 선고유예, 교정단계에서의 보호관찰, 사회봉사명령, 수강명령제도, 전자감시제도 등을 들 수 있다.

제3절 연구방법

I. 연구방법

다른 사회과학의 조사방법론과 마찬가지로 범죄학도 그 연구방법은 질적인 접근방법(qualitative approach)과 양적인 접근방법(quantitative approach)을 따른다. 전자는 사회의 현실의 이해를 위해 필요하고 후자는 형사사법 실체와 현실을 측정하는데 사용되어진다. 또한 범죄학 내지 형사정책에서는 범죄의 현상과 원인을 규명하기 위해 많은 범죄심리학, 범죄사회학, 법의학 등 인접과학의 연구성과를 필요로 한다. 그리고 범죄학 내지 형사정책학은 경험과학의 일종이므로 관찰과 실험에 의한 귀납적 방법을 사용하게 된다. 그럼에도 불구하고 연구방법론에 있어서 측정하려고 하는 내용과 비교기준 또는 변수 간에 경험적인 관계에 있어서의 타당성(Validity)과 동일한 대상을 동일한 측정도구를 사용하여 측정할 경우 동일한 결과를 얻을 있을 정도의 신뢰성(Reliability), 측정하고자 하는 샘플에 대한 대표성(Representativeness)을 가져야 한다.[22] 한편으로 기존 연구방법들이 지나치게 인위적이라는 점, 연구결과의 상당수가 단지 연구방법에 기인한다는 점 등으로 비판을 받고 있다.

1. 참여관찰

참여관찰(participant observation)이란 연구자가 집단의 활동에 참여함으로써 집단을 관찰하여 자료를 수집하는 방법을 의미한다. 다시 말하면, 범죄자 개인에 대하여 그 인격, 환경 등 여러 가지 측면을 종합적으로 분석하고 각 요소간의 상호관련을 밝힘으로써 범죄의 원인을 해명하고 이를 기초로 당해 범죄자를 치료하고 처우하는 것을 말하며, 정신의학, 생물학, 심리학, 범죄사회학 등의 성과를 종합적으로 응용해야 한다. 이러한 개별조사는 범죄학의 방법론으로서 매우 중요한 것이지만, 조사자의 개인적인 견해나 편견에 의해 결과가 왜곡될 염려가 있고 일정한 조건들이 범죄에 미치는 영향의 경중을 정확히 파악하기가 어렵다는 단점이 있다.

22) McNeil P., 『Research Methods』, Routledge, 2000, pp. 14-16.

2. 사례연구

사례연구방법(case study)이란 범죄의 종류나 수법, 범인의 연령, 범죄경력 또는 특정한 환경 등에 공통점을 가진 구체적인 집단을 대상으로 하여 범죄인에게 공통된 범인성을 규명하고 그것이 전술한 특성 중 어느 것과 관련되는가를 알아봄으로써 범죄의 방지를 위한 대책을 함께 정립하는 방법을 말한다. 종래 범죄의 원인을 규명하기 위한 과학적 방법으로 가장 많이 활용되어 온 것 가운데 하나가 **표본조사**(sample survey)인데 특히 표본선정에 있어서 편중됨이 없이 대표성 있는 상당수의 사례를 산정할 것이 전제로 되며, 일반적으로 실험집단과 대비되는 통제집단을 산정하는 방법을 취함으로써 결과의 신뢰도를 높이는 방법을 사용한다.

3. 범죄통계에 의한 연구방법

형사정책학이 과학적으로 발전하게 된 중요한 계기가 된 것은 범죄현상에 대한 통계적 관찰이다. 이것은 사회의 대량현상으로서의 범죄에 대한 수량적 연구로서의 범죄통계는 범죄에 대한 일정한 경향을 나타낸다고 하는 점에 착안하여 사용된 방법으로서 세계 각국에서는 다양한 범죄통계표를 작성하고 있으며 학자들도 많은 연구에서 이를 활용하고 있다. 그러나 이런 공식적인 범죄통계는 일정한 환경조건과 범죄 또는 범죄자의 상관관계를 나타내주는 데 그치는 것이고 양자의 인과적인 상호관련성을 설명해 줄 수는 없다는 단점을 가지고 있으며 현실적으로 발생한 범죄량과 통계에 나타난 범죄량과의 사이에는 실질적인 차이점이 있나는 점을 고려하여야 할 것이다. 특히 후자의 문제를 암수의 문제라고 하는데 이 문제는 근자에 형사정책의 주된 이론 가운데 하나인 **낙인이론**(labelling theory)과 관련하여 중요한 논점의 하나로 등장하고 있다. 우리나라의 경우, 현재 대검찰청에서 발행하는『범죄분석』, 법무연수원에서 발간하고 있는『범죄백서』, 법원행정처에서 발행하는『검찰연감』, 문화체육부에서 발행하는『청소년백서』등이 그 주요한 공식적인 범죄통계자료라 할 수 있다.[23)]

범죄백서(2008)에서 범죄유형을 재산범죄, 강력범죄(흉악), 교통범죄, 보건범죄, 환경범죄, 마약류범죄, 경제범죄, 지적재산권범죄, 컴퓨터범죄, 선거범죄 등으로 구분하여 동향을 분석하고 있다.

---

23) 송광섭,『형사정책』, 대왕사, 1996, 48면.

Ⅱ. 연구방향

규범학 내지 정책학으로서의 형사정책학은 사실학으로서의 영역 이외에 범죄방지대책의 문제점과 그 개선방안을 연구함으로써 바람직한 범죄대책을 수립하는 것을 주된 목적으로 하는 분야이다. 특히 형사사법정책 및 행형정책에 있어서는 그 시설이나 제도를 대상으로 한 사실학적인 연구방법이 거의 그대로 원용될 수 있으나, 그러한 범죄방지대책의 개선방향이나 보안대책을 연구하는 경우에는 이미 그것이 가지는 규범적 성격으로 인하여 사실학과는 다른 방법을 사용해야 한다.[24] 첫째로 형사정책은 궁극적으로 범죄의 방지를 목적으로 하므로 일정한 방안이 그러한 목적에 적합한 것인가를 검토해야 한다(**유용성의 문제**). 둘째로 범죄방지를 위하여 선택된 방안은 경제적인 측면에서 국가의 다른 정책에 수반되는 비용이나 기존 범죄방지대책에 소용되는 비용과의 비용평가가 이루어져야 하며, 사회의 일반국민의 법적 확신 내지 가치관과 유리된 것이 아니어야 한다(**실천가능성의 문제**). 셋째로 형사정책의 이념에서 파생하는 문제로서 아무리 유용하고 실천가능성이 있는 방안이라 하더라도 그것이 인간성에 부합하지 아니하고 인도주의적 견지에 반하는 것이라면 이미 형사정책학의 진정한 방안이 될 수 없다(**인도성의 문제**).

24) 정영석/신양균, 전게서, 24면.

제4절 역사적 전개과정

Ⅰ. 근대 이전의 범죄와 형벌에 대한 사고

형사정책이라는 용어 자체는 19세기 초에 생겨난 것이지만 이미 춘추전국시대에 『서경(書經)』이라는 책에는 형기우무형(刑期于無刑 : 형벌의 목적은 형벌이 없게하는 것을 이상으로 한다는 의미)이라고 하여 일반예방주의를 형벌의 목적으로 보았으며, 고대 그리스에서 아크로폴리스에 모인 철학자들에 의하여 범죄가 왜 처벌되어야 하는가가 논의되고 아리스토텔레스, 플라톤 등은 범죄는 질병에 불과한 것이므로 형벌은 과거에 행해질 것이 아니라 장래에 대한 것이어야 한다고 주장하였다. 형벌에 관한 인도적인 사고가 역사의 전면에 등장하기 위해서는 응보(복수)주의시대, 위하주의시대, 교육적 개선의 시대, 과학적 처우의 시대라는 단계를 거쳐야만 했다.[25] 17세기 말 이후에 계몽주의의 영향 아래 개인의 자유와 권리가 존중되면서 형사정책에 대한 사고도 커다란 변화를 겪게 되었는데, 따라서 현대범죄학의 뿌리는 베까리아가 그 대표적이라 할 수 있다.

Ⅱ. 근대 범죄학의 성립

베까리아(Beccaria)로 대표되는 인도주의적 형사정책적인 사고는 특히 독일에서 계승 및 발전되어 퀴스토르프(Quistorp), 포이에르바흐(Feuerbach)에 이르러 그 의미가 부여되었다. 특히 포이에르바흐(Feuerbach)는 입법을 지도하는 국가적 예지를 형사정책이라고 하고, 그것은 형벌의 목적에 적합할 뿐만 아니라 가능한 한 인간적 자유를 촉진하기 위하여 형벌을 어떻게 정립하고 집행해야 하는가를 체계적으로 연구하는 것을 형법의 주된 임무로 보았고, 이 사상은 뵈머(Böhmer)를 거쳐 헹케(Henke)에 이르러 하나의 학문체계로서 완성되기에 이르렀다. 그러나 19세기까지 들어서서 형사정책은 형사법에 대한 입법론으로서 성격만을 가지는 경향이 있었고, 이러한 경향은 20세기 초반에 리스트(Liszt)에 와서야 완전히 사라지게 되었다.[26]

25) 이백철, 『교정학』, 교육과학사, 2016, 59-62면 참조.

1. 재판의학연구

독일제국 최초의 성문형법전이라고 할 수 있는 『카롤리나 형사법전(1532)』[27]은 낙태, 살인, 상해 등 특정한 범죄에 대한 재판에 대해 의사의 입회를 법률상 규정하였는데 그 영향으로 재판의학에 대한 관심이 높아지게 되어 차카아스(Paulus Zacchias ; 1584-1659)의 『법의학의 문제』(1621) 등 전문서적이 출간되었다. 그러나 이것은 단지 일정한 범죄의 증명과 책임능력의 감정에 국한된 것으로 일반 범죄자에 대한 계통적 연구를 시도한 것은 아니었고, 다만 그러한 시도의 출발점이 되었다.

2. 재판사례연구

프랑스의 삐따발(Francois Gayot de Pitaval ; 1673-1743)이 약 20년간의 범죄기록을 계통적으로 연구하여 『저명사건기록』(1735-43)을 쓴 것을 출발로 하여, 독일에서는 포이에르바흐의 『저명한 범죄의 기록에 기한 서술』(1828), 힛치히(E.Hitzig)와 해링(W. Häring)의 『신 삐따발(Der neue Pitaval, 1857)』 등이 나오게 되었으나, 이것도 범죄행위의 태양과 재판의 묘사에 그쳤을 뿐 행위자의 인격에 대한 체계적인 연구와는 거리가 있었다.

3. 범죄통계의 도입

범죄통계는 1805년 영국에서 처음 시도되어 사회현상으로서의 범죄에 관심을 기울이게 되었고, 이를 기초로 일정한 지리적 및 사회적 공간에서의 범죄의 분포에 대한 연구가 이루지게 되었으며 그 결과 범죄와 관련 있는 요소로서 연령, 성별, 계절, 풍토, 교육, 직업, 인종, 빈곤 등이 지적되었다. 그 후 1826년 프랑스 사법성에서 게리(Guerry)에 의해 본격적으로 연구가 이루어졌다. 그는 1829년에 '프랑스에서의 도덕 통계학에 관한 에세이' 에서 범죄는 빈곤과 관련되어 있다고 하고 다만, 빈곤 그 자체는 재산범죄의 원인이

---

26) 정영석/신양균, 상게서, 31면.

27) 독일의 프로이센시대인 1532년 칼 5세에 의하여 제정되었다. 근대초기에도 잔혹한 형벌이 존속하여 형사재판제도가 완비된 카롤리나 법전조차도 중세의 잔혹한 형벌을 집대성한 것에 지나지 않았다. 자세한 내용에 대해서는 박상기, 『독일형법사』, 율곡출판사, 1993, 109-130면 ; 신양균, "카롤리나형사법전 입문(하)", 사법행정(86/4), 45-53면 ; 정영석/신양균, 상게서, 31면 ; 이백철, 63면.

되지 않고 그 주요인은 범행기회였다고 결론지었다. 벨기에의 케틀레(A. Quetelet, 1796-1874)는 "사회는 범죄를 준비하고 죄인은 단지 그 기구에 의해 수행된다" 라고 하여 게리가 주목했던 비슷한 모형을 발견하였다. 이와 같이 사회적 원인의 범인성을 지적하여 통계학적 방법을 범죄의 연구에 도입하였다. 이들을 **제도학파**라고 한다.

A. Quetelet

4. 행형 문제에 대한 관심

18세기 말 근대적인 형사정책의 관심분야는 행형분야이다. 특히 영국의 **존 하워드**(J. Howard)는 교도소개량운동가로 그의 저서, 『감옥상태론(the State of Prisons)』(1777)에서 형벌집행의 목적은 노동습관을 교육시키는 데 있고, 노동이 범죄교육학적 견지에서도 매우 중요하다고 보아 인도적인 감옥개량을 제창하였다. 이러한 구상을 바탕으로 1779년 근대적인 교도소 설립을 위한 감옥법을 기초하였고, 이를 근거로 3개 지역에 독거감옥이 설립되게 되었다.

이러한 그의 노력은 각국에 영향을 미쳤는데, 영국의 마코노키(Maconochie), 미국의 프랭클린(Franklin), 독일의 바그니츠(Wagnitz) 등이 그의 영향을 받아 감옥개량운동(Prison Reform Movement)을 제창하였고, 각국에 근대적인 감옥의 설립이 추진되었다.

쉬어가기 감옥개혁운동가 - 존하워드 (John, Howard) -

(1) 시대적 배경과 감옥개혁의 모델

유럽대륙의 선진적인 감옥에서 깊은 감동을 받고 이를 기초로 '영국과 웨일즈의 감옥상태론(1777)'를 저술하였는데, 하워드 (Howard)에게 가장 큰 영향을 준 모델은 암스텔담(Amsterdam)노역장으로 여기서는 이미 독거제의 감옥운영, 감시가능성을 확보하기 위한 공간의 구성, 시간표에 따른 생활 등 선진적인 감시와 규율프로그램이 실시되고 있었다. Howard의 감옥건축의 모델은 1771년에 개축된 8각형의 건축모델(The Maison de Force)에서 영향을 받았고, San Michele Hospice에서 인격교화와 직업훈련 등을 모델로 삼았다.

(2) 감옥개혁의 내용

① 안전하고 위생적인 구금시설을 설치

하워드(Howard)는 구금시설의 안전성과 위생을 위하여 감옥은 계곡이나 강 근처에 지어야 하고 규칙적 청소와 목욕·환기시설의 설치 등을 주장하였다.

② 개선장소로서의 감옥

- 죄수들은 죄질과 성별·연령에 따라 분류되어야 하고, 특히 채무자는 일반범죄자와 완전히 차단된 곳에 수용되어야 한다고 강조하였다(수형자의 분류).
- 야간에는 죄수들의 자기반성과 탈출모의를 예방하기 위하여 격리시켜야 한다고 주장하였고, 후일 그를 독거제의 선구자로 이해하는 경향이 생기게 되었다(야간의 격리).
- 음주와 게으름을 범죄의 원인으로 보고 감옥에서의 적절한 노동의 부과를 주장하였다. 그러나 강제노역은 노동에 대한 혐오감을 조성하여 오히려 유해하기 때문에 노동을 원하는 자에게 기회를 제공하는 정도로 족하다고 하였다(적절한 노동의 부과).
- 종교가 죄수들의 교화개선에 결정적으로 중요하다고 역설하고, 각 감옥에는 반드시 종교시설을 갖추어야 한다고 하였다(종교적 교회).

③ 감옥의 관리

감옥행정의 요체는 훌륭한 관리의 선임과 관리의 청렴으로 보고, 간수에 대한 수수료 제도를 폐지하고, 국가로부터 임금을 받는 공무원으로 전환시킬 것을 주장하였으며, 감옥의 관리를 간수에게 맡길 수 없고, 모든 감옥에는 의회나 시행정당국으로부터 감독관이 선임되어야 한다고 하였다.

Ⅲ. 현대적 범죄학파의 발전

1. 이탈리아 학파

「범죄인류학파」 또는 「이탈리아 실증주의학파」라고도 불리어지는 이탈리아 학파는 롬브로조, 페리, 가로화로 등에 의하여 대표된다. 이들은 당시 발달하였던 자연과학의 성과를 기초로 당시의 시대적 흐름에 따라 범죄현상을 실증적으로 탐구하고 유효한 범죄방지대책을 확립하려고 노력하였다.

① **롬브로조**(Cesare Lombroso, 1835-1909)는 이탈리아의 정신의학자로서 1870년에 두개골에 현저한 격세유전적 특성이 있음을 발견하게 된 것을 계기로 「범죄인론」이라는 저서를 발표하여 생래적 범죄인의 존재를 주장하였다.

Cesare Lombroso

그에 따르면 범죄자 가운데 「생래적 범죄인(生來的 犯罪人)」이 있는데, 이들은 기회범이나 격정범과는 달리, 신체적 및 정신적으로 변질징후를 가진 변종의 인간으로서 환경 여하를 불문하고 운명적으로 범죄에 빠질 수 밖에 없다고 한다. 그는 범죄인을 생래적 범죄인, 간질범죄인, 저항할 수 없는 격정에 의한 범죄인, 정신병 혹은 정신박약범죄인, 기회범죄인으로 분류하는 한편, 이러한 범죄인 분류를 기초로 형벌을 개별화할 것을 주장하였다. 롬브로조는 과학적 형사정책의 선구자적 역할을 하였으며 범죄의 원인을 소질의 중요성을 밝히는데 지대한 공헌을 하였으나, 동시에 소질에만 중점을 둔 일원적인 범죄원인론은 그 후 많은 학자들의 비판에 부딪치게 되었다.

② **페리**(Enrico Ferri, 1856-1929)는 범죄사회학(1880)을 저술하고 범죄의 원인으로서 인류학적 요소, 물리적 요소, 사회적 요소의 세 가지를 들고 이들 각 요소가 일정한 양으로 존재하는 사회에는 이에 대응하는 일정량의 범죄가 반드시 발생한다고 하는 「범죄포화의 법칙」을 주장하였다.

Enrico Ferri

형사책임론에 대해서는 개인의 자유의사에 기한 규범의 선택가능성은 환상에 불과하다고 보고 철저한 결정론을 취하여 도덕적 책임을 부정하고 이에 대신하는 사회적 귀책성의 이념을 제창하였다(사회적 책임론). 한편 범죄의 대책에 관하여는 범죄가 인류학적 요인 외에 물리적 및 사회적 요인에 의하여 발생한다고 보고 그 방지를 위해서도 범죄자의 개인적 원인에 따른 적절한 조치를 동시에 범죄를 발생시킨 사회의 제반 사정을 연구하여 그 근원을 제거해야 한다고 하였다.

③ **가로화로**(Raffaele Garofalo, 1852-1934)는 법률실무가이면서 법학자 및 사회학자로서 1885년 「범죄학」을 저술하였으며, 이탈리아 학파의 사회심리학적 입장을 대표하고 있다. 그는 범죄의 원인으로서 인류학적 요소 중에서도 심리학적 측면을 중시하여 자연범설을 주장하였는데, 그에 따르면 범죄의 본질은 인륜의 근본인 애태적 정조, 그 중에서도 가장 본질적인 연민과 성실의 정에 대한 침해 또는 결여이며 이로 인한 범죄를 자연범이라고 하였다. 그는 사회격리 중심의 범죄방지대책을 전제하여 사형이나 자유형제도를 주장하였으나, 다른 한편으로는 국가의 목적에 의하여 법률이 범죄로 규정한 이른바 법정범에 대하여 정기구금제도의 필요성을 인정하는 한편 과실범에 대하여 불처벌을 주장하였다.

인물연구 : Raffaele Garofalo

Raffaele Garofalo(1851–1934) was an Italian jurist and a student of Cesare Lombroso. He rejected the doctrine of free will and supported the position that crime can be understood only if it is studied by scientific methods. He attempted to formulate a sociological definition of crime that would designate those acts which can be repressed by punishment. These constituted "Natural Crime" and were considered offenses violating the two basic altruistic sentiments common to all people, namely, probity and pity. Crime is an immoral act that is injurious to society. This was more of a psychological orientation than Lombroso's physical–type anthropology.

Garofalo's law of adaption followed the biological principle of Darwin in terms of adaption and the elimination of those unable to adapt in a kind of social natural selection. Consequently he suggested

1. Death for those whose criminal acts grew out of a permanent psyschological anomaly, rendering them incapable of social life.
2. Partial elimination or long time imprisonment for those fit only for the life of nomadic hordes or primitive tribes and
3. Enforced reparation on the part of those who lack altrustic sentiments but who have committed their crimes under pressure of exceptional circumstances and are not likely to do so again.

※ 출처 : http://en.wikipedia.org/wiki/Raffaele_Garofalo

2. 프랑스 학파

케틀레에 의한 대량적 범죄관찰을 기초로 하면서 범죄를 사회병리현상으로 파악하여 환경을 중심으로 한 범인성 연구에 주력하였다. 이들을 **환경학파**라고도 부르는데, 라까사뉴, 따르드, 뒤르껭 등에 의하여 대표된다.

① **라까사뉴**(A. Lacassagne, 1843-1924)는 법의학 교수로서 원래 이탈리아의 범죄인류학파에 속하고 있었지만 1885년 로마에서 열린 제1회 국제범죄인류학회의 이후 그 입장과 결별하여 범죄사회학을 주도하였다.

A. Lacassagne

그는 범죄의 원인으로서 사회적 요인, 특히 경제적 사정을 중시하여 프랑스의 통계를 기초로 곡물가격과 재산범죄와의 관계에 대하여 실증적인 연구를 하였으며, 그 결과 물가의 앙등과 실업의 증대가 범죄의 증가를 가속시킨다고 지적하였다.

② **따르드**(J. G. Tarde, 1843-1904)는 "범죄인을 제외한 모든 사람에게 죄가 있다" 고 하여 범죄를 사회적 산물로 보고 범죄의 사회적 기원을 강조하는 한편, 사회심리학적 연구를 기초로 개인의 특성과 사회와의 접촉과정을 분석하여 「모방의 법칙」이라는 가설로 범죄현상을 해명하려고 하였다.

J. G. Tarde

모방의 법칙은 세 가지 원리에 의하여 작용하는데 첫째로 「거리의 법칙」으로서 모방은 사람간의 거리와 반비례하는 심적 원격작용을 가진다는 것으로서 사람들 사이에 거리에 가까울수록 모방이 강하게 일어난다는 의미이다. 둘째로 「방향의 법칙」으로서 모방은 사회적 지위가 우월한 자를 중심으로 이루어진다는 것으로서 범죄는 사회의 상층계급에서 하층계급으로 도시에서 농촌으로 전해지게 된다. 셋째로 「삽입의 법칙」으로서, 모방은 「모방→유행→관습」의 형태로 변화 및 발전되어 나간다는 것으로서, 교육, 노동조건, 빈곤 등이 범죄의 원인으로 바뀌고 범죄의 동기, 성질 등으로 진화하는 과정이 이 법칙을 통하여 해명된다. 그러나 이러한 범죄모방설은 경제의 영향과 같은 특별한 사회적 동기를 무시한 점, 생물학의 업적인 유전법칙, 사회적 도태이론 등을 간과했다는 점, 새로운 사회현상에 대해서는 모방에 의해서 설명하기가 곤란하다는 점 등이 문제가 된다.

3. 독일 학파

독일의 리스트를 중심으로 형성된 일련의 학파를 가리키는데, 독일에서의 범죄학의 발전이 실증적으로 이루어진 것은 그 후의 정신의학자들과 통계학자들에 의해서였다. **리스트**(Franz von Liszt, 1851-1919)는 풍부한 형사정책적인 인식을 토대로 하여, 범죄사회학과 범죄생물학을 통합해서 「범죄학」이라고 명명하고, 이것과 형법학을 포괄하는 「전형법학(全刑法學)」사상을 확립하였으나 그 구체적인 성과는 그로쓰와 아샤펜부르크에 의하여 실질적으로 추진되었다. 개선이 가능하고 필요한 자에 대하여는 개선(改善)을, 개선을 요하지 아니하는 자에 대하여는 위하(威嚇)를, 개선이 불가능한 자에 대하여는 무해화(無害化)를 각기 주장하였다. 이와 함께 범죄대책으로서 부정형기의 채택, 단기자유형의 폐지, 집행유예, 벌금형, 누진제도의 합리화, 강제노역, 소년범죄에 대한 특별한 처우 등을 요구하였고, 1888년에는 하멜(Hamel), 프린스(Prins) 등과 함께 국제형사학협회를 창설하였다.

Franz von Liszt

4. 오스트리아 학파

리스트의 영향을 받으면서도 독자적인 범죄학 영역을 개척함으로써 범죄학의 발전에 커다란 역할을 하였던 것이 바로 오스트리아 학파이며, 그 대표자로는 그로쓰, 렌츠, 젤리히 등을 들 수 있다.

① **그로쓰**(Hans Gross, 1847-1915)는 사법실무가이며 형법학자로서, 초기의 실무가로서의 경험을 토대로 하여 「범죄심리학(Criminal Psychology)」(1898), 「예심판사필휴(Handbook for Examining Magistrates as a System of Criminology) 」(1893)를 저술하는 한편, 리스트의 사상을 계승 및 발전시켜 범죄수사에 필요한 모든 지식을 연구대상으로 하는 학문을 범죄과학 또는 범죄수사학이라고 불렀다. 또한 그는 「범죄인류학 및 범죄과학잡지」를 창간하는 한편, 1912년에는 유명한 범죄과학연구소를 그라츠대학(University of Graz)내에 설립하여 많은 업적을 남긴 바 있고, 후술하는 렌츠, 젤리히, 벨라비츠 등이 연구소의 소장을 지냈다.

쉬어가기 : 현대 프로파일링의 창시자

범죄 프로파일링은 행동 프로파일링이나 범죄현장 프로파일링, 범죄자 성격 프로파일링, 범죄자 프로파일링, 심리학적 프로파일링, 그리고 보다 최근에 '범죄수사 프로파일링'라는 용어를 언급하기도 하였다. Gross는 현대 범죄 프로파일링의 창시자라고 할 수 있으며, 범죄행동에 대한 주의 깊은 연구의 중요성을 강조하였다. 그는 범죄수사 과정에서 살인자, 방화범, 절도범, 화폐위조범, 그리고 강간범의 행동을 구별할 수 있는 프로파일링의 다양한 방법들을 제안하였다. Gross는 전문가의 도덕성, 객관성, 물리적 증거에 대한 철저한 정밀 조사를 강조하였으며, 과학적 방법의 활용 및 범죄의 정확한 재구성을 중요시 여겼다. 그의 평생의 연구는 범죄수사를 전문화하는데 모아졌다고 한다.

※ 출처 : 허경미(2008), 범죄프로파일링 기법의 효과적인 활용방안, 치안정책연구소, 12면.

② **렌츠**(Adolf Lenz)는 그로쓰의 후계자로서, 범죄인류학과 범죄심리학을 발전적으로 통합한 범죄생물학을 기초로 1927년에 「범죄생물학원론(Grundriss der Kriminalbiologie)」을 저술하여, 범죄는 환경의 영향하에서의 인격의 발로이며, 선천적, 후천적, 정신적, 신체적인 잠재원인이 현실화된 것이라고 한 다음 인격구조에 상세한 분석을 시도하였다. 그는 범죄학의 체계화를 위하여 종래의 범죄생물학 영역에 이해심리학, 형태심리학, 정신분석학 등의 성과를 처음으로 도입하였으며, 그의 이론은 메츠거를 통하여 동태적 및 목적론적 이론으로서 발전되어 높이 평가되어 왔다. 또는 1927년 범죄생물학회라는 세계적인 학회를 창립하였으며, 이 학회는 전후에도 메츠거, 젤리히 등에 의하여 계속 이어졌다.

③ **젤리히**(Ernst Seelig)는 렌츠에 이어 범죄학 연구소장이 된 형사법학자로서, 범죄학의 인접분야에 대한 광범위한 지식을 토대로 범죄와 형벌의 현상을 철저히 규명하는 데 노력하는 한편, 풍부한 실무경험도 가지고 있었다. 오스트리아의 범죄학은 비인대학의 범죄학연구소에 의해 발전되어 나갔다.

5. 영국의 범죄이론

1960년대 범죄학에 대한 접근은 주요한 많은 이론들에 대한 추정에 도전을 가하면서 시작되었다. 그러나 이러한 경향들을 '신범죄학(new criminology)'라고 한다. 예를 들면, 미국에서의 급진 범죄학의 성장은 시민권리의 운동에 의한 행동과 같은 사회적 행사와 밀접하게 연관되었다. 권력, 사회충돌과 범죄 사이의 관련성에 대한 이유의 하나로서 투르크(Turk)는 법집행을 포함하는 실질 행사들의 비추어 전통 학문들의 비현실성 때문에 당황한다고 한다. 신범죄학 뒤의 초기의 몇몇 자극은 일찍이 주요

범죄학에 대한 도전으로 영(Young) 등은 미국에서의 급진 범죄학은 낙인이론에 대한 근원을 가졌으나 영국에서 그것은 하위문화이론에 의해 발전되었다. 볼트와 버나드(Vold & Bernard)는 미국의 기원을 갈등이론으로, 영국에서는 사회반응이론으로 추적한다. 새로운 접근방법에 대한 추종자들은 범죄학에 대한 독점적 실증주의적인 모델내에 단점을 지적한다. 대부분의 전통적인 이론들은 우선 사회의 동의에 토대를 두었는데, 사회구성원들은 어떠한 유형의 행위들이 범죄인으로 분류되어야 하는가에 대한 같은 견해를 가졌다. 그러나 지난 반세기 동안 그 견해는 셀린(sellin), 볼트(Vold) 등의 여러 형태의 갈등이론에 의해 도전을 받아왔다. 갈등이론은 사회는 다양하고 경쟁적인 이해를 가지고 있는 다양한 집단에 의해 구성됨을 승인하고 대부분의 강력한 집단은 법을 형성하고 집행하는 것을 포함하여 국가의 기능들을 통제하는데 더 나은 위치에 있게 될 것이다. 볼트와 버나드는 막시스트 범죄학은 사실 범죄를 설명하는 정치 경제적 제도들에 대한 힘의 행사보다 더 깊게 보이는 충돌 범죄학의 한 형태이라고 제안한다. 이는 '신범죄학'이 어떻게 새로운가를 의아하게 하는 유일한 이유이다.

그러나, 1960년대 후반 범죄학에 대한 전통적인 접근과 함께 사회학자들의 불만이 성장하고 있었다. 영(Young)은 원인론에 대한 위기가 있었다고 제안한다. 주요한 이론들은 왜 삶의 표준에 대한 향상은 범죄의 증가를 수반하였는가에 대해 설명할 수 없었다. 사회학은 범죄학에 가령 심리학, 의학과 같은 과학에 의하여 독점되고 있었기 때문에 그 자리를 내어주고 있었다. 영국 내무성과 캠브리지 범죄연구소에 의해 대표된 범죄학의 확립은 범죄를 설명하기 보다는 범죄를 통제하는데 부적절하게 관련되어 있다고 생각되었다. 이러한 불만족으로 성장한 비행 사회학에서의 갱신된 관심은 그 자체 여러 가지의 발전으로 증명되었다. 예컨대, 1968년 최초 국가비행회의는 영국범죄학회(British Criminology Conference)[28]로 부터 이탈 운동으로 이어졌고, 전체적으로 문헌에 의해 그 움직임을 보였다. 한 가지 예는 코헨(Cohen, S)의 '비행의 표상(Image of Deviance)'인데 그 회의의 회원은 다양한 관점을 가지고서 여러 그룹에 의해 구성되었다. 그 대표적인 예는 1973년 테일러(Taylor, I), 왈톤(Walton, P), 영(Young, J)에 의해 '신범죄학'이 탄생되었다.[29] 이 저서의 대부분의 장은 초기의 범죄이론과 비판적인 분석을 가지고서 토대구축을 하였고, 마지막 장에서는 '완전

28) http://www.britsoccrim.org
29) 참고문헌으로 Taylor, I/Walton, P/Young, J., 『The New Criminology : For a social theory of deviance』, Routledge : London, 1996.

한 비행사회이론' 에 대한 요구조건을 강조하였다. 따라서 사회적인 것은 생물학적이거나 다른 비사회적인 본질의 추정을 배제한 것이었다.

6. 미국의 범죄학 이론 - 사회학파

미국의 범죄학은 1895년경부터 사회학에서 일탈이론으로서 범죄학에 대한 연구가 이루어지기 시작하여 파멜리, 질린 등을 거쳐 1920년대 시카고대학의 사회학자들을 중심으로 본격적인 범죄학이 발달하게 되었다. 즉 1930년대의 쇼우와 맥케이가 파크와 버제스의 '동심원 이론' 을 이용한 사회해체(social disorganization)에 관심을 둔 생태학적 범죄연구를 시작으로 성과가 드러나게 되었다. 그러나 제2차 세계대전을 전후로 하여 독일의 경우와 같은 사변적이고 관념론적인 연구방법이 급변하는 다원적인 사회구조를 해명하는 데 한계가 드러나자 1980년대 후반 다시 복고적 경향을 띤 선별적 구금이나 무력화 등이 대두하였다. 그러나 세계 범죄학의 연구추세는 미국의 실용주의적 이론에 의하여 주도되게 되었다.

(1) 다원인자론(multiple factor theory)

1920년대에 힐리(W. Healy)에 의하여 완성되어 1956년 글륙 부부에 의하여 완성되어 1956년 글륙 부부에 의하여 비행예측에 사용되었다. 힐리는 소년비행의 연구에 일생을 바친 정신의학자로서, 생물학적, 심리학적, 사회적 요인들이 복합적으로 작용하여 비행에 이르는 동태적 발전적인 비행화과정을 해명하려고 하였다. 한편 힐리의 연구성과를 정리하여 이를 조직적으로 추진한 것이 바로 글륙 부부인데, 1950년대에 나온 「소년비행의 해명」이 대표작이다. 이 저서에서 그들은 비행소년과 무비행소년에 대하여 각각 신체구조, 기질, 태도, 지능, 가정환경에 대한 조사를 함으로써 양자간의 차이를 분명히 하고 이것을 통계학상의 확률계산법으로 처리함으로써 원인론에 대한 해명을 시도하였다.

(2) 사회학적 가설설정방법

1) 문화전달에 중점을 두는 이론

① **사회해체론** - 사회해체(social disorganization)란 사회변동, 이민증대, 계층간의 갈등, 윤리의식의 저하 등으로 인해 종래의 사회구조가 붕괴됨에 따라, 현존하는 사회적 행동기준이 개인에 대하여 미치는 영향력이 감소하여 사람들의 반

사회적 태도가 증가하고 규범준수에 대한 사회구성원의 공감이 약화되어 가는 상태를 말하며, 사회조직의 분화라고도 한다. 그리고 범죄는 이와 같은 사회해체가 진행되는 과정에서 반사회적 행위가 일반화함에 따라 나타나는 것이다.

② **문화전달이론** - 문화전달이론(cultural transmission theory)에 따르면, 범죄는 개인심리의 소산이라기보다 사회적 요인에 의하여 결정되는 것이라고 하며, 비행이나 범죄가 다발하는 지역에는 범죄를 일으키기 쉬운 사회적 요인, 예컨대 주택사정의 열악이나 심한 인구이동, 학교환경의 열악 등이 주민들간에 계속 전달된다고 하며, 비행지역에는 비행이 생기는 고유한 문화가 있고, 그러한 비행문화는 다음 세대로 전달된다고 한다. 이 이론은 사회해체론과 함께 초기의 사회학적 가설의 대표적인 것으로서 그 후의 미국 범죄학의 발전에 커다란 영향을 주었던 것이며, **쇼우**(Shaw)와 **멕캐이**(McKay)에 의하여 대표된다.

③ **분화적 접촉이론** - '차등적 교제이론(Differential Association Theory)' 이라고도 부르는 이 이론은 1924년 서더랜드(Edwin H. Sutherland, 1833-1950)에 의하여 처음 주장되어 현재에도 미국의 범죄사회학에서 중요한 가설의 하나로서 인정받고 있다. 서더랜드는 *"범죄행동은 인간의 행동이며, 범죄가 아닌 행동과 많은 공통점을 가지고 있으므로 인간의 다른 일반적인 행동을 설명하기 위해 사용되는 것과 동일한 일반적인 기초 위에서 해명되어야 한다"* 고 전제하고, 범죄는 타인과 접촉하면서 그의 행동을 학습하는 결과로서 생기게 된다고 하였다. 즉 일정한 사람이 법률을 위반하는 것이 옳다고 생각하는 정도가 옳지 못하다고 생각하는 정도를 초과하는 경우에 범죄자로 되는 것이며, 그렇게 생각하게 되는 것은 그동인 자신이 접촉한 사람 가운데 범죄적 행동형의 사람이 차지하는 비율이 훨씬 많은 경우에 그러하다고 한다.

Edwin H. Sutherland

서더랜드의 범죄학 분류

학 파		연 대	설명의 대상	연구의 방법
고전학파 신고전학파		베카리아(Beccarria, 1764)	인간의 쾌락추구본능, 자유의사	탁상공론, 사변적, 인락의자
제도학파		깨뜰레(Quetelet 1830) 프랑스, 독일, 영국	생태, 문화, 인구구성	지도, 통계
사회주의학파		Marx/Engels(1850)	경제적 결정론	통계
유형학파	인류학파	롬브로즈(1876)	생래적 범죄인	임상, 통계
	지능측정학파	고다드(1905)	정신병질	임상, 통계, 측정
	정신의학학파	프로이드 학파(1905)	정신병질	임상, 통계
사회학파		질린(1915)	집단 및 사회화 과정	임상, 통계, 현장조사 집단조사
범죄예방학파		뉴만(1973)	방어태세 공간	건축설계

※ 분화적 접촉이론

- 범죄행위는 학습의 결과로 다른 사람들과의 교제나 접촉 등 상호작용을 수행하는 과정에서 커뮤니케이션을 통하여 학습된다.
- 범죄행위의 학습에는 복잡하든지 단순하든지 범죄를 행하는 구체적인 기법을 포함하고 있고, 범죄행위학습의 주요부분은 가까운 사집단내에서 이루어지고 라디오・TV・영화・신문 등의 비인격적 매체와는 관련이 별로 없다.
- 동기와 욕구의 관리법은 법을 우호적・비우호적으로 정의하느냐에 따라 학습된다.
- 범죄를 긍정적으로 해석하는 자들과 접촉하면 범죄자가 되고 그 반대의 자와 접촉하면 준법자가 된다. 접촉차이는 접촉의 빈도, 기간, 우선시기, 강도 등에 따라 다르다.
- 범죄행위를 배우는 과정은 일상생활 속에서 행해지는 다른 행위의 학습과정과 동일한 메커니즘을 가진다.
- 범죄행위도 일반적 욕구나 가치관의 표현이지만 다른 비범죄행위도 동일한 욕구나 가치의 표현이기 때문에 이런 욕구나 가치만으로 설명할 수 없다.

2) 문화갈등에 중점을 두는 이론

① **문화갈등이론** - 범죄는 문화의 소산이라는 전제하에 범죄를 이해하려는 시도는 이미 유럽에서 하멜, 프린스, 리스트 등에 의하여 이루어졌으나 이에 대한 본격적인 연구를 행한 것은 **셀린**(T. Sellin)이었다. 그는 「문화갈등과 범죄(Culture and Crime)」라는 저서를 통하여 다원적이고 복합적인 현대사회에서는 고유한 규범의식을 가진 다양한 부분사회를 내포하고 있으므로 전체사회의 규범과 부분사회의 규범간에 갈등이 생기기 쉽고, 개인의 범죄에 대해서도 이러한 종류의 문화갈등이 내면화하고 규범갈등이 증대하면 그것은 행위자의 인격해체를 일으켜 결국 범죄가 유발된다고 지적하였다.[30]

② **하층계급문화이론**(low class cultural theory) - **밀러**(W.B. Miller)는 문화갈등이론을 기초로 하면서, 하층계급에는 독자적인 문화규범이 존재하고 이에 따

30) T.S, Sellin, 『Culture Conflict and Crime』, Social Science Research Council, 1938.

라 행동하는 자가 보다 넓은 사회의 법규범, 특히 중류계층문화의 법규범에 위반함으로써 범죄가 생기게 된다고 주장하였다. 그는 이와 같이 하층계급에 독특한 문화규범이 생기는 이유는 그들의 관심의 초점이 일반인들과 다르기 때문이라고 한다. 여기서 하층계급문화에 속하는 사람들이 관심을 가지는 초점은 거기에 속하는 성인들의 광범위하고 끊임없는 관심사이며 감정적으로 몰입하고 있는 것으로서, 그는 사고치기(하층계급 사람들은 주위의 주목을 끌고 높은 평가를 받기 위해서 수시로 사고를 유발하고 사고의 결과를 회피하는 것에 관심을 가짐), 강인함(하층계급 사람들은 감성적이고 부드러운 것을 거부하고 육체적·정신적 강건함에만 관심을 가짐), 영리함(하층계급 사람들은 지적인 총명함 대신에 다른 사람을 속이는 것을 영리하다고 표현하여 이러한 기만적인 것에 관심을 가짐), 흥분추구(하층계급 사람들은 권태감을 모면하기 위하여 도박이나 성적 모험 등의 흥분거리에 관심을 가짐), 운명주의(하층계급 사람들은 자신의 미래에 대하여 스스로의 노력보다는 통제할 수 없는 외부의 영적인 존재에 달려있다고 보는 숙명주의에 관심), 자율성(하층계급 사람들은 항상 타인으로부터 간섭받아 왔다는 피해의식으로 인하여 타인으로부터의 간섭을 혐오하게 되어 자신의 일을 자신의 뜻대로 처리하는 것에 관심) 등 여섯 가지를 들고 있다. 그리고 이러한 하층계급문화에의 동조가 비행을 낳게 하며, 이는 일반적인 합법적 목적달성수단보다 손쉬운 하층계급의 그것을 선택하는 경향이 있기 때문이라고 한다.

(3) 사회구조에 중점을 두는 이론

① **아노미이론**(anomie theory) - 아노미라는 개념은 이미 **뒤르껭**(Durkheim, 1858-1917)에 의하여 일탈행위를 설명하는 개념으로 처음 사용되었다. 뒤르껭은 범죄행동으로 나아가게 하는 힘은 인간 본성에 내재하는 욕구와 자극이라고 주장하였다. 그는 무한한 인간의 필요에 의해서 동기화된 행위들에 사회적 제한(제지력)의 파괴를 기술하였다. 뒤르껭은 아노미의 개념을 그의 저서『자살(Le Suicide)』에서 확장시키고 일반화시켰다. 그러나 이것을 일상적인 상황에서 일탈행위를 설명하는 개념으로써 일반화 혹은 체계화하는 것은 머튼(Merton)이다. 머튼은 범죄의 충동이 사회내에 있고 인간의 본성에 있지 않는다는 점에서 보다 완전한 사회이론이다. 그에 따르면 사회적 및 문화적 구조는

문화적 목표와 제도화의 과정이라는 두 가지 요소로 이루어지며, 양자는 항상 작용하는 것이지만 반드시 항상적 관계를 갖지는 않으므로 양자의 균형상태나 상호관계가 문제로 된다는 사실을 전제로 한다. 그리고 이러한 전제하에 일정한 문화를 가진 사회에 개개의 구성원들이 적응하는 유형을 동조(confirmity), 개혁(innovation), 의례(ritualism), 도피(retreatism), 반항(rebellion)이라는 다섯 가지로 구분하고 있다. 머튼은 현대사회가 많은 사람들에게 공통되는 목표들을 강조하면서도 그 목적을 달성하기 위한 합법적인 수단에 접근할 수 있는 가능성은 각자의 능력이나 사회적 계층에 따라 각기 상이한 상태에 둠으로써, 그러한 수단에 접근할 기회가 제한된 사람들은 목표달성을 위하여 수단의 합법성 여부를 무시한 행동으로 나가게 된다고 주장한다. 이와같이 머튼의 아노미이론의 재구성은 범죄행동의 기원에 있어서 인간 본성과사회적 힘들의 역할에 대한 뒤르껭의 가장 기본적인 관념을 바꾸어 놓았다.

적응양식	문화적 목표	제도적 수단	행위사례	해당계층
Ⅰ. 동조형	+	+	정상행위	상층중간계급 (정직한 기업인과 전문직업인)
Ⅱ. 개혁형	+	−	절도 · 강도	하층계급 (범죄전문가와 화이트칼라범죄)
Ⅲ 의례형	−	+	관습 · 의례	하층중간계급 (저열망의 다수 미국인)
Ⅳ. 도피형	−	−	정신병 · 방랑자	하강계급 (마약중독자와 알콜중독자)
Ⅴ. 반항형	±	±	혁명 · 폭동	상승계급(혁명집단과 공산체)

Emile Durkheim

② **비행적 하위문화이론**(delinquent subcultural theory) - 이것은 비행집단의 하위문화로서의 특성을 가지고 비행을 설명하려는 입장으로서 **코헨**(A.K.Cohen)

에 의하여 대표된다. 코헨은 소년을 다룬 작품에서 대부분의 일탈행동이 개인적으로보다는 패거리로 일어났고 그 대부분은 "비공리적이고 악의적이며 부정적" 이었음을 발견하였다. 코헨은 여기서 '**하위문화**(subculture)' 에 관하여 공통된 특정한 가치관이나 신념 혹은 지식 등을 포함하는 사고나 그에 기한 행동양식을 말하며, **비공리성**(특별한 목적에서가 아니라 단순히 상대방을 곤경에 빠뜨려 동료에게 인정받고 싶은 심리에서 범죄를 저지르는 속성), **악의성**(다른 사람이 고통받는 모습에서 쾌감을 느끼는 속성), **거부성**(사회적으로 널리 보편화되어 있는 중산층의 가치관을 거부하는 심리적 속성), **순간적 쾌락주의**(장래를 위하여 학업에 열중하게 기술을 연마하는 대신 말초신경의 만족감을 추구하는 데 열중하는 심리적 속성), **집단자율성의 강조**(하위문화의 구성원들은 내적 단결심과 외적 적개심으로 무장되어 하위문화에 대한 외부의 간섭을 거부하는 성향)를 그 특징으로 한다고 한다. 그리고 이 이론에 따르면 미국과 같이 중류계층의 가치체계에 의해 지배되는 사회에서는 하위계층의 소년들이 사회적으로 불만을 느끼게 됨에 따라 이에 대한 반동을 형성하게 되고 그것이 일반적인 사회규범이나 가치체계를 무시하는 결과로 되어 범죄나 비행에로 나아가게 된다고 한다.

③ **분화적 기회구조이론**(dualistic opportunity structure) - 아노미이론과 문화전달이론 내지 분화적 접촉이론의 결점을 보완하여, 성공을 위한 목표에로의 수단이 합법적 · 비합법적인 두 가지 기회구조가 있음을 전제로 한 이론으로서 **클로워드**(R. A. Cloward)와 **올린**(L.E. Ohlin)에 의하여 대표된다. 이 이론은 1960년까지의 미국의 범죄학이론을 동합한 것으로서 특히 소년비행의 해명과 관련하여 높이 평가되고 있다. 이 이론에 따르면 개인이 합법적인 기회구조와 비합법적인 기회구조라는 양자에 걸친 지위에 있다고 가정하고, 개인이 성공을 위한 목표를 달성하려고 할 때 양자 중 어느 수단을 취하는가는 사회구조와의 관계에서 어떠한 수단을 취할 수 있는 지위에 있는가에 달려있다고 한다. 그리고 일정한 사람이 **범죄적 하위문화**(범죄의 학습기회와 수행기회가 많은 지역에서 발생하며 하위문화권의 청소년은 인습적 · 비행적 가치를 내면화하므로 경제적인 지위향상을 위하여 절도 · 갈취 등 범죄 및 비행을 일상적으로 수행함), **갈등적 하위문화**(조직적인 범죄의 학습기회는 없지만 사회통제가 취약하여 폭력의 수행기회는 있는 곳에서 발생하며 비행기술을 배울 기회도 많지 않고 비행의 실행기회는 적기 때문에 비행의 성공가능성이 상대적으로 낮음), **도피적 하위문화**(범죄의

학습기회도 수행기회도 제한된 곳에서 발생하며 합법적·비합법적 기회 모두가 단절되어 있기 때문에 이중실패자라고 부르며 이중실패자는 술·마약 등의 획득·소비에 몰두하는 활동을 하게 됨)를 내용으로 하는 비행문화에 접촉, 학습할 기회와 비합법적인 행위를 수행할 기회에 접근할 수 있으면서 그 반대의 기회로부터 차단되는 경우에 범죄나 비행으로 나아가게 된다고 한다.

(4) 사회심리에 중점을 두는 이론

① **중화기술이론**(Techniques of Neutralization Theory) - 비행자에게 이미 내면화되어 있는 규범의식이나 가치관이 중화, 즉 마비되면서 비행에로 나아가게 된다는 견해로서 **맛차**(D. Matza)와 **사이크스**(G.M. Sykes)에 의하여 주장되었다. 그들에 따르면 사회규범이 그 구성원들에게 동조를 요청하고 있음에도 불구하고, 사람들은 합법적이고 전통적 기술로 가치나 규범을 중화시키려 함으로써 비행에로 나아가게 된다고 한다. 이러한 중화기술에는 책임의 부정, 침해의 부정, 피해의 부정, 비난하는 자에 대한 비난, 고도의 충성에의 호소 등이 있다고 한다.

관련사항 : 맛차의 비행과 표류이론

맛차는 비행과 표류(Delinquent and Drift)에서 비행인들은 비비행인들과 구별되어지고, 그 차이는 생물학적 혹은 심리학적이 되어야 하며 그 제한은 강요의 형태를 띤다고 설명한다. 그가 설명하는 표류는 인습적인 혹은 범죄로부터 반응을 자유롭게 하면서 통제가 잘 이루어지지 않는 사회적 구조에서 기인한다고 한다. "비행인들을 표류하게 하고 개연성 있게 하는 조건들"이라는 표현을 사용한다. 비행인의 대부분은 "표류자(Dirfter)"라고 한다.

② **자기관념이론**(self-concept theory) - 이 이론은 범죄적 문화와 접촉한 사람 가운데 어떤 사람은 왜 범죄에 빠지지 않는가를 문제로 삼는 입장으로서 **렉클레스**(W.C. Reckless)와 그의 제자인 **디니츠**(S. Dinitz), **머레이**(E. Murray) 등에 의하여 대표된다. 그들에 따르면 선량한 소년들로 하여금 비행을 멀리하게 하는 중요한 절연체의 역할을 하는 요소는 가족관계에 있으며, 이를 바탕으로 형성된 무비판적인 태도의 내면화, 즉 사회적으로 용인된 적정한 자기관념의 획득과 유지가 범죄로부터 멀어지게 되는 요인이라고 한다.

관련사항 : 사회통제이론

고전주의의 영향으로 인간의 범행잠재력은 통제에 의하여 억제된다고 주장하는 이론

1. 레클레스의 견제이론(containment theory)

1961년 Walter C. Reckless는 견제이론을 제안하였는데 모든 개인들은 그들을 내모는 힘들의 다양화에 의해 영향을 받게 되고 범죄와 비행으로부터 그들을 제한하는 다른 힘의 다양화에 의해서 영향을 받는다고 주장하였다. 그 강요는 개개인에게 다양한 생활조건, 가정갈등, 소수집단과 기회의 결핍 등을 포함하여 영향을 미치게 되는 사회적 압력을 포함한다. 그리고 그 강요는 나쁜 동료, 비행 혹은 범죄의 하부문화, 비정상적인 집단, 매스미디어 등과 같은 사회적 유인을 포함한다. 그는 이러한 견제를 내적 견제와 외적 견제로 나누어 설명한다. 내적 견제는 가정과 같은 도덕장, 합리적인 규범기대, 훈육과 같은 항목을 포함한다. 외적 견제는 책임감, 다이버전에 대한 저항, 목표지향성 등에 존재한다. 특히 레클레스의 내적견제이론은 범죄와 비행을 보다 잘 설명될 수 있는 이론이다.

2. 허쉬의 사회유대이론(social bond theory)

가장 설명이 잘 될 수 있는 통제이론가는 Travis Hirshi이다. 그는 사회집단에 결속된 개인들이 비행행위를 하지 않을 만한 통제 – (1) 애착(attachment : 애정과 정서적 관심을 통하여 개인이 사회와 맺고 있는 유대관계) (2) 참여(involvement : 행위적 측면에서 개인이 사회와 맺고 있는 유대의 한 형태) (3) 전념(committment : 규범준수에 따른 사회적 보상에 얼마나 관심을 갖는가에 관한 것) (4) 신념(belief : 관습적인 규범의 내면화를 통하여 개인이 사회회와 맺고 있는 유대의 형태) – 다시 말하면 사회유대의 결정요소를 주장하였다.

7. 범죄학의 새로운 경향

(1) 낙인이론(labeling theory)

이 이론은 특정한 범죄행위를 취급하는 것이 아니라 일탈행위 전반이 준거하고 있는 토대라 할 수 있는 일탈행위와 사회적 낙인화의 동적 관계를 사회반응이라는 관점에서 파악하는 것으로서, **사회반응이론**(social reaction theory)이라고도 불리운다 간단히 범죄통제 내지 범죄에 대한 사회반응을 범죄에 대한 **낙인**(label)이라 규정한다.[31] 이 이론의 내용은 범죄자와 비범죄자라는 단순한 도식에 기하여 범죄의 원인을 개인의 소질이나 환경에서 구하지 않고, 일탈이란 사회로부터 생긴다는 전제 위에서, 일탈자 이외의 사회구성원에 의한 사회적 낙인화 내지 사회반응과 그러한 낙인이 행위자의 주관에 미치는 영향에 관심을 돌리고 있다. 이에 대해서는 소년사법분야나 경미범죄자, 과실범죄자 등에 대한 부분에서는 이차적 일탈의 예방에 초점이 맞추어져 많은 공헌을 하였다. 즉 경미한 일탈에 대해서는 낙인의 방지와 제한을 통한 이차적 일탈의 예방을 목표로 **비범죄화**시켰으며, 공적 개입과 공식낙인보다는 다양한 대체처분으로서 **전환**(Diversion)시켰다는 점에서 형사정책에 기여한 바가 크다. 그러나 이러한 낙인이론에

31) 한인섭, "범죄낙인과 사회적 반응", 고시연구(96.5), 81면.

대해서는 일탈자와 사회간의 상호작용을 지나치게 과장하고 있다. 일탈자의 주체적 특성을 소홀히 한다는 점, 화이트칼라범죄와 같은 지배계층의 범죄에 관대한 결과로 된다는 점, 사회반응에 중점을 둠으로써 일탈자에 대한 반교정주의로 나아가게 된다는 점 등이 지적되고 있다.[32]

(2) 비판범죄학(Critical Criminology)

1960년대 중반에 나타난 또 하나의 새로운 경향은 마르크시즘을 바탕으로 범죄와 범죄통계의 문제를 개인적 및 교도적(教道的) 차원에서 사회적 혹은 해방적 차원으로 옮기려는 시도이다. 이러한 시도도 마르크시즘에 대한 해석을 어떻게 하느냐에 따라 다양한 형태로 나타났다. 다시 말하면, 사회과학의 가치중립성을 거부하고 실증주의 및 자유주의의 패러다임과 결별하며, 자본주의 사회의 모순에 관심을 가지고 일탈의 문제도 자본주의 사회의 모순에 대한 총체적 해명 가운데 이해하고자 하며, 그 결과 일탈 및 범죄문제의 해결에 대해서도 현상유지와 개혁주의적 해결을 거부하고 전반적인 체계변동과 억압에 대한 투쟁에의 정치적 참여를 주장한다는 점에 공통점이 있다.

> **마르크시즘을 기초로 한 이러한 새로운 경향을 비판범죄학**(Critical Criminology)**이라고 부를 수 있는데 첫째는 영국의 테일러**(Taylor), **왈튼**(Walton), **영**(Young)**이 주장한 신범죄학**(New Criminology)[33]**이고, 둘째는 퀴니**(Quinney)[34]**에서 출발하여 버클리대학의 프랫트 등에 의해 주장된 급진범죄학**(Radical Criminology)**이며, 마지막으로 사이크스가 비판의 대상으로 삼았던 마르크스주의적 범죄학이론인 또 다른 의미의 비판범죄학이 그것이다.**

비판범죄학은 종래의 추상적 경험주의나 자유주의의 토대를 벗어나 사회구조 자체의 문제점에 눈을 돌리게 한 점에 그 의의가 있지만, 서구국가들의 경제적 위기 등으로 국가의 정치권력이 가지는 비중이 상대적으로 약화되는 현실이나 범죄나 비행이 사회구조의 문제만으로 돌릴 수 없는 측면을 가지고 있다는 등의 이유로 새로운 도전을 받고 있다.

---

32) 정영석 · 신양균, 전게서, 58면.

33) 이들은 형법을 다원적 이익집단의 갈등의 결과가 아니라 국가와 자본가 동맹으로 형성된 유일하게 존재하는 일원적 이익집단의 산물이라고 정의한다.

34) 퀴니는 형법을 기존의 사회질서와 경제 질서를 유지하고 영속시키기 위한 국가와 지배계층의 도구라고 한다.

〈표 1〉 범죄학파의 분류

시기	대표적 학자	학파			이론
고대	Hippocrates				『四體液論』
중세	T. Aquinas				『신학대전』
근대	C. Beccaria J. Howard J. Bentham	고전학파			『범죄와 형벌』 『감옥상태론』 공리주의
현대	C. Lombroso E. Ferri R. Garofalo	이탈리아학파			『범죄인론』 『범죄사회학』 『범죄학』
	A. Lacassagne J. G. Tarde E. Durkheim	프랑스학파			범죄사회학주도 모방의 법칙 범죄필요설
	Mark/Engels Bonger	사회주의학파			경제적 결정론 범죄와 경제적 조건
	F. v. Liszt Aschaffenburg	독일학파			범죄학 명명 『범죄와 그 대책』
	H. Gross A. Lenz	오스트리아학파			『범죄심리학』 『범죄생물학원론』
	W. Healey Glueck	미국의 범죄사회학파	다원인자론		생물학적/심리학적/사회적요인 『소년비행의 해명』
	Cooley, Thrasher		사회학적 가설설정 방법	문화전달에 중점	사회해체론
	Shaw & Mckay				문화전달이론
	Sutherland				분화적 접촉이론
	Glaser				분화적 동일화 이론
	Sellin			문화갈등에 중점	문화갈등이론
	Miller				하층계급문화이론
	Merton			사회구조에 중점	아노미이론
	Cohen				비행적 하위문화이론
	Cloward & Ohlin				분화적 기회구조이론
	Matza & Sykes			사회심리에 중점	중화기술이론
	Reckless, Dinitz				자기관념이론
	Matza & Sykes			사회통제에 중점	중화기술이론
	Reckless				견제이론
	Briar, Piliavin				개인적 통제
	Hirschi				사회적 통제
	Gibbs				억제이론
	Tannenbaum, Schur, Lemert, Becker			사회적 상호작용에 중점	낙인이론
	Talyor, Quinney, Beirne, Jacobs		새로운 경향	주류범죄학에 대한 비판	비판범죄학

8. 현대 범죄학적 입장

1970년대 후반에서부터 1980년대 초반을 기점으로 형사처벌이 그 주요한 관심사이었으나, 1980년대 이후의 보수주의적 범죄이론은 범죄예방에 그 관심을 두었다. 한편 1980년대 유럽을 중심으로 피해자에 대한 관심 대두로 범죄문제에 대한 피해자의 역할이 강조되어 갔다. 따라서 범죄피해자통계가 그 중요한 방법이 되었으며 범죄자와 피해자간의 개인적 특성이 중시되어 갔다. 현대의 범죄학은 범죄, 범죄자 그리고 이에 대한 대책을 과학적으로 인본주의적으로 연구한다.

Ⅳ. 범죄학에 관한 국제적인 조직

세계의 모든 국가가 그 연구방향과 중점은 각기 다르더라도 범죄의 원인과 현상을 규명하고 그에 대한 방지대책을 마련하기 위해 노력을 해 왔고, 범죄와의 투쟁도 세계 인류의 공통적인 관심사이며, 이러한 점에서 형사정책의 세계성이 인정된다. 형사정책에 관한 국제협력은 이미 범죄에 대한 실증적이고 과학적인 연구가 이루어지기 시작한 19세기 말부터 활발하게 이루어졌으며, 그것의 일환으로서 각국의 형사법학자나 관련분야에 종사하는 학자, 실무가에 의하여 형사정책의 세계적 발전에 커다란 기여를 해왔다.

1. 국제적 학술단체와 회의

(1) 국제범죄인류학회의

이 회의는 롬브로즈가 개척한 범죄인류학적인 연구를 기초로 하여 범죄방지대책을 토의하기 위하여 개최된 국제회의로서 각국의 학자들이 개인의 자격으로 참석하였다. 이 회의는 범죄와 그 대책에 대한 문제를 광범위하게 다루었으나, 초기에는 롬브로즈의 영향으로 인하여 범죄인류학적 연구(예컨대 범죄의 원인, 동기 등에 미치는 병리학적 성격의 문제, 격정범의 문제) 등이 다루어졌으며, 후에 롬브로즈의 제자로 가장 잘 알려진 페리(Enrico Ferri)의 영향으로 사회적 제요인에 대한 문제도 다루어졌다. 이 회의는 범죄생물학적 연구의 선구적인 역할을 한 것으로서 의의가 크다.

(2) 국제형사학협회

이 협회는 1889년 독일의 리스트(Liszt)를 중심으로 하여 네덜란드의 하멜(Hamel), 벨기에의 프린스(Prins)에 의하여 설립되었는데, 리스트의 마부르크 강령, 이탈리아의 실증주의, 프랑스와 독일의 사회학적 범죄이론을 근간으로 하여 신파이론의 실현을 위해 조직된 학회(IKV ; Internationale Kriminalistische Vereinigung)이다. 1895년 오스트리아의 린츠에서 개최된 이래 제1차 세계대전 때까지 12차의 국제회의를 개최하였다. 1914년 창립 25주년 기념 논문집을 발간한 후 설립자들의 사망과 함께 그 활동을 사실상 종료하였고, 그 후의 활동은 국제형법회의를 통해 이어지다가 1937년에 공식적으로 해산하였다. 동 협회의 회칙 제1조는 그 임무에 관하여, "국제형법학협회는 범죄 및 그 원인과 대책에 관하여 단지 법률적 견지에서 뿐만 아니리, 범죄인류학적 및 사회학적 견지에서도 관찰해야 한다는 입장을 취한다. 본 협회는 이상과 같은 견지에서 범죄 및 그 원인과 대책에 관한 과학적 연구를 행함을 임무로 한다" 고 규정하고 있다. 이 협회에서는 미수, 공범에 관한 해석 및 입법문제, 소년범・누범 내지 상습범의 문제, 단기자유형의 비판 및 그 대용제도(원상회복, 벌금형 등), 벌금형의 개선, 석방자의 보호, 부랑자 및 걸인에 대한 처우문제, 국제적 범죄, 우생학적 및 사회적 단종, 사회학적 사법보조, 직업범죄인에 대한 제재 등 주로 협의의 형사정책을 대상으로 하는 것이었다.

(3) 국제형법 및 형무회의

이 회의는 1872년 런던에서 「국제형무회의」라는 명칭으로 정부간의 공식대표들로 구성되어 개최되었으며 원칙적으로 5년마다 소집되어 초기에는 행형문제를 중심으로 하여 토의를 하다가 점차 형법을 포괄한 광범위한 형사정책의 문제를 다루게 되었고, 1929년에 그 명칭을 「국제형법 및 형무회의(Internationaler Strafrechts und Gefänghiskongress)」로 바뀌게 된 정부단위의 협력체이다. 1935년 베를린 회의까지 12차에 걸쳐 회의가 열렸으나, 제2차 세계대전으로 1940년 로마회의가 유산되고, 종전 후 1950년에 헤이그에서 열린 제12차 회의는 본회의에서, 그 활동을 종료하고 사업을 국제연합(UN)에 인계하기로 결정하여 이를 계승한 것이 「UN 범죄방지 및 범죄자처우회의(United Nations Congress on the Prevention of Crime and the Treatment of Offenders」[35]이다. 이 회의는

35) 제1차(1955년, 스위스 제네바), 제2차(1960년, 영국 런던), 제3차(1965년, 스웨덴 스톡홀름), 제4차(1970년, 일본교토), 제5차(1975년, 스위스 제네바), 제6차(1980년, 베네주엘라 카라카스), 제7차(1985년, 이탈리아 밀라노), 제8차(1990년, 쿠바 아바나), 제9차(1995년, 이집트 카이

입법, 사법, 예방, 소년의 4개의 부로 나누어 토의를 진행하였는데 그동안 다루어진 주요한 주제로는, 자유형의 단일화, 부정기형의 필요성, 수형자 분류, 수형자 인격조사, 누진제, 교도작업의 문제, 형사법관 및 교도관리에 대한 범죄학 예비교육의 필요성, 소년범, 상습범의 문제, 석방자 보호, 가석방위원회의 문제, 작업임금지급의 필요성 등이 있다.

(4) 국제형법학회

이 학회는 1924년 파리에서 프랑스, 벨기에, 이탈리아, 스위스, 폴란드, 미국의 학자들이 모여 창설한 것으로서, 제1차 세계대전을 계기로 활동이 일시 중단되었던 국제형사학협회(IKV)를 계승한다는 의미를 가지고 있다. 1926년 브뤼셀에서 제1회 회의를 개최한 이래 1937년 파리 세계학술대회를 끝으로 제2차 세계대전 동안 중단되었다가, 1947년 제네바에서 다시 세계학술대회가 개최되어 1989년 비엔나 대회까지 모두 14차의 세계학술대회가 개최되었고, 현재 세계 40개국에 국가지부를 가지고 있다. 동 협회의 회칙 제1조는 "본 협회는 범죄 및 그 원인과 대책방안, 형벌, 감옥제도, 형사소송절차에 관하여 개선할 점을 연구하고, 동시에 국제형법의 이론 및 실제적 발전을 도모하여 세계형법의 관념과 형사소송절차의 통제에 도달할 것을 목적으로 한다" 고 규정하고 있다. 5년마다 열리는 세계학술대회는 형법총론, 형법각론, 형사소송법 및 법원조직법, 국제형법 등 4개 분과로 나뉘어 열리며 1979년 12차 함부르크 대회부터 특정한 주제를 선정하여 개최되고 있다. 또한 이 학회는 1924년에 「국제형법학회지(Revue internationale de Droit Penal」를 창간하여 1982년까지 52권을 발간하여 많은 분야들에 중요한 연구업적을 남기고 있다. 이 협회에서 그동안 다루어진 주요한 주제로는, 보안처분, 교도작업, 법인의 형사책임, 단독 및 합의재판소의 가치, 형사재판관의 전문화, 배심・참심의 가치, 범죄인의 전과통지, 죄형법정주의, 범죄인 인도제도, 형사절차의 분화 등이다.

(5) 국제범죄학학회

이 학회는 1937년 파리에서 「국제범죄학협회」가 조직되어 1938년 로마에서 제1회 회의를 개최한 후 제2차 세계대전으로 활동이 일시 중단되었다가, 이탈리아의 드길리오(Di Giullio) 교수에 의하여 1950년 제2차 파리회의가 개최되면서 새롭게 이름

로)의 구체적 내용에 대해서는 송광섭, 『형사정책』, 대왕사, 1996, 59-61면.

을 바꾸었다. 이 회의는 범죄의 과학적 연구 및 이에 기한 사회방위를 목적으로 5년마다 한 번씩 개최되고 있으며, 현재에도 「국제범죄학연보」라는 잡지를 발간하는 한편, 범죄학 분야의 우수논문에 대하여 5년마다 한 번씩 데니스 캐롤(Dennis Carrol ; 국제범죄학학회 초대회장)상을 수여함으로써 범죄학의 실천적 · 이론적 발전에 커다란 공헌을 하고 있다. 그동안의 주요한 주제들은 소년범, 범죄인의 인격조사, 법의학, 기술적 및 과학적 관찰, 생물학 · 심리학 및 정신분석학, 감옥학, 통계, 위험성의 진단, 형사정책의 학문성 등이다.

(6) 유엔범죄방지 및 범죄자처우 회의

이 회의는 1950년 「국제형법 및 형무회의」를 계승하여 정부 단위의 국제협력체로서 만들어진 것으로 형사정책에 관한 현존하는 최대 규모의 국제협력체이고, 1948년 UNESCO산하에 창설된 사회방위국과 개최국 정부의 공동협력으로 주최하도록 되어 있다. 이 회의는 사전에 결정된 의제에 따라 2~6개의 분과로 나누어 토론을 진행하고 난 다음 총회를 개최하여 「결의와 권고」의 문안을 채택하는 방식으로 진행되며, 회의의 내용과 결과는 종합보고서로 작성, UN총회와 각국 정부에 발송하고 있다. 그동안 1955년 제네바에서 제1차 회의를 개최한 이래 1990년 쿠바의 아바나에서 제8차 회의를 개최한 바 있다. 이 회의를 주관하고 있는 사회방위국은 형사정책에 관해 광범위한 분야에 결쳐서 연구조사를 실시하는 한편, 국제적 · 국내적 비정부기관의 활동에 유효한 협력을 하기 위한 노력, 형사입법 및 범죄자처우에 관한 권고, 최저기준 및 기본적 실무원칙의 수립, 문제분야에 관한 정보배포와 이에 관한 지식 · 경험 · 사상의 국제적 교류촉진, 기술원조의 제공 등에 노력하고 있으며, 매년 「국제형사정책평론」을 발간하고 6대 주의 지역별 회의도 개최하고 있다. 또한 일본 동경에 「아시아 · 극동 범죄방지연구소」를, 로마에 「국제연합 사회방위연구소」를 설치하여 특히 개발도상국의 범죄에 대한 연구를 진행하고 각국의 실무자 연수 및 이론 개발에 힘쓰고 있다.

2. 범죄대책을 위한 국가간 협력

(1) 국제형사경찰기구(Interpol)

1914년 국제범죄에 대응하기 위하여 범죄수사의 상호 협력을 목적으로 만들어진 단체이다. 1956년에는 ICPO헌장을 제정하고 인터폴을 설립하였다.[36] 현재 150여 개국이 가입되어 있으며 형사재판권 행사여부를 판정하고 범죄인을 인도하며, 국가간 수사에 도움을 주는 등의 활동을 하고 있다.

(2) 국제형사법원(International Criminal Court)

국제범죄자에 대한 처벌을 확보하기 위하여 유엔 국제법위원회의 주도하에 네덜란드 헤이그에 국제형사법원(International Criminal Court : ICC)이 2002년 7월에 성립되었다.[37] 1998년 6월 이탈리아 로마에서 열린 UN회의에서 ICC설립에 관한 "로마선언(the Rome Statute)" 이 채택됨으로써 국제형사재판소의 설립이 가시화되었다. 1998년 7월 17일 유엔 외교위원회는 로마에서 128개 조문으로 이루어진 국제형사법원규정(Statute of the International Criminal Court)을 제정하였다. 국제형사재판소에 관한 로마조약의 전문은 "이 조약의 국제공동체 전체에 관련된 최고의 중죄는 반드시 처벌되어야 한다는 죄라는 점, 개별국가의 수단 및 국제협력의 강화를 통하여 소추의 효율성을 배가시킬 수 있음이 보장되는 점을 확인하고, 범죄자가 처벌되지 않는 점을 종료하여 이러한 범죄의 예방에 기여한다는 것을 결의하며..." 라고 선언하고 있다. 로마규약은 범죄가 어느 나라에서 발생하였는가를 불문하고, 문제된 범죄 피의자의 국적에 상관없이, 또 국가자신의 특정한 안보이익에 대한 직접적인 위협이 없었다 할지라도 국가들이 재판관할권을 행사할 수 있게 하였다('보편적 관할권 원칙'). 국제형사법원은 법원장, 재판부, 감찰국 및 사무국으로 구성되며, 상설기구의 성격을 가지고 있다. 국제형사법원에서 관할하고 있는 범죄로서는 대량학설범죄, 반인도적 범죄, 전쟁범죄, 침략범죄 등을 포함한다(동규약 제6조-제9조). 2009년 2월 국제형사재판소는 EU, 캐나다 그리고 우리나라[38]를 비롯한 전세계 108개국이 당사국으로 가입되어 있고 미국, 러시아, 중국과 같은 주요국가들과 대부분의 아랍국가들이 미가입상태로 남아있다.

---

36) http://www.interpol.int

37) http://www.icc-cpi.int

38) 2003년부터 국제형사재판관으로 활약해 온 우리나라의 송상현 국제형사재판소 재판관은 2009년 3월 11일 네덜란드 헤이그에서 실시된 국제형사재판소 소장단 선거에서ICC재판소장(President)으로 선출되었다.

(3) 우리나라의 국제협력

우리나라도 1970년 이후 유엔범죄방지 및 범죄자처우회의에 참여하였고, 1988년에는 범죄인인도법을 제정하였다. 1991년에는 국제형사사법공조법을 제정하였다. 그리고 2002년에는 국제형사법원조약에 가입하였다.

제5절 연구과제

I. 규범학과 범죄학

형사정책은 현실사회의 역사적 기반을 토대로 하면서 사회의 현실적 요청을 수렴하기 위하여 범죄의 현상과 원인을 탐구하고 이를 기초로 범죄방지를 위한 대책을 수립하는 학문분야이며, 형사입법・형사사법 및 행형 등 광범위한 영역을 그 대상으로 하고 있다. 한편으로는 형사정책적인 연구성과를 형사법의 제정 또는 개정에 반영하는 것은 당연한 일이나, 다른 한편으로는 형사법은 개인의 안전과 행복의 추구라는 헌법의 이념을 기초로 하지 않으면 안된다.

현행 형법은 구형법에 비하여 주관주의와 교육형주의가 많이 가미되었고, 자유민주주의국가의 헌법이념에 부응하기 위한 노력을 기울이고 있는데, 형사정책적 측면을 반영하고 있는 규정으로는 양형상의 참작사유의 구체화(제51조), 선고유예제도의 채용(제59조), 집행유예제도의 적용범위확대(제62조), 판결공시제도의 명시(제58조), 자수・자복에 대한 형의 감면(제52조), 형의 실효 및 복권제도를 통한 전과말소제도(제81조), 가석방의 적용범위확대(제72조), 상습범규정의 확대와 형의 가중, 미수범, 예비・음모의 확대, 특별법을 통한 보안처분의 인정 등을 들 수 있다.

그러나 이러한 현행 형법의 입장은 전체적으로 볼 때 20세기 초의 형법이론의 범주를 벗어나지 못하고 있으며 현대적인 형법사상의 기초와 태도를 분명히 하지 못하고 있다는 비판이 있다.[39]

Ⅱ. 연구과제

범죄학은 형법과의 관련에서 뿐만 아니라 형사소송법・형의 집행 및 수용자처우에 관한 법률 등과 같은 그 이외의 형사법규 전반에 대하여 해석 및 입법의 척도로서 작용하는 것이며, 실제적인 형사사법의 운용에 대하여도 과학적이고 합리적인 방안을 제시해야 한다. 이를 위해서 우리 형사사법의 실태, 외국의 입법동향, 형사정책의 국

39) 정영석・신양균, 전게서, 69면.

제적 동향과 실태 등에 관한 폭넓고 정확한 정보입수, 학계와 실무의 정보교환 및 공동연구과제의 수행 등이 필요하다.

1. 형사입법의 과제

형사정책학은 종래의 형법 · 형사소송법 및 형의 집행 및 수용자처우에 관한 법률과 같은 형사입법이 범죄방지에 대하여 효과적이었는가를 검토하고, 보다 합목적적이고 인도적인 형사입법이 될 수 있도록 지속적인 배려를 하여야 한다. 이러한 측면에서 현행 형법은 책임주의의 확립, 죄형법정주의의 명시 및 현대적 의미부여, 범죄구성요건의 세분화 · 개별화, 비범죄화의 검토, 현대형 범죄의 형법적 규율, 사형 폐지의 구체적 검토, 자유형의 단일화 및 단기자유형의 폐지, 일수벌금제의 도입, 보호관찰부 벌금제도의 검토, 양형의 이념정립 등 많은 측면에서 개정이 요청되고 있으며, 형사소송법도 적정절차원리 확립, 판결전조사제도의 도입 등을 통한 법관의 양형합리화 방안, 재판관과 형집행기관의 협력강화 등이 논의되어야 할 것이고, 형의 집행 및 수용자처우에 관한 법률도 행형원칙의 확립, 형법개정에 따른 형의 집행 및 수용자처우에 관한 법률의 보완, 수형자의 권리장전으로서의 성격 등이 이루어져야 할 것이다. 바로 이러한 형사입법의 개정은 형사정책의 중요한 과제가 되는 것이며, 실질적으로도 형사정책이 입법에 대하여 얼마나 반영되는가는 형사정책의 실효성과 직결되는 것이라고 할 수 있다.

2. 형사사법의 과제

범죄학은 한편으로 형사입법을 운용하는 사법제도의 정비를 통하여 실질적으로 현실사회에 기여해야 한다. 구체적으로는 형을 집행, 적용하는 형사사법절차 전체가 합리적이고 인도적으로 이루어져야 하며 최근에 형사사법에 영미식의 인권보장적인 제도들이 도입되어 있는 것도 이러한 관점에서 이해될 수 있다.

그리고 형사정책학은 과학적 범죄수사방법의 확립, 경찰수사권의 독립문제, 판결전조사제도의 도입 여부, 미결구금의 억제와 대용방안의 모색, 정신장애자 인정의 어려움에 따른 해결방안 모색, 재판관 및 수사요원에 대한 교육강화, 사실인정절차와 양형절차의 분리, 배심과 기소사실인부 제도의 도입 여부 등에 대하여 지속적인 관심과 연구를 해 나가야 한다.

3. 행형의 과제

형사정책학은 구체적인 수형자와 관련하여, 범죄원인제거와 개선 및 교화에 의한 사회복귀를 도모함으로써 범죄의 방지에 기여하지 않으면 안된다. 현실적으로도 교도소내의 수형자 중 70% 이상이 재범이라는 사실을 상기한다면 행형의 측면이야말로 형사정책의 핵심적인 관심대상이어야 한다.

형사정책의 과제로는 행형원칙의 확립, 수형자 분류의 과학화 및 누진제와의 올바른 관계설정, 초범 및 누진대책의 확립, 조직범죄와 마약범죄에 대한 대책마련, 상습범의 처우, 청원작업의 문제, 교도작업에 대한 임금제 도입, 선시제(Good Time System) 도입[40], 사회내 처우의 확대, 가석방자에 대한 보호관찰, 갱생보호의 현실화, 교도소의 민영화, 행형과정에의 시민참가 방안모색, 범죄예측법의 도입, 수형자의 인권보장과 자립적인 갱생의욕 제고방안 등이 있을 것이다.

4. 21세기 범죄학의 미래

영국의 레스터 대학(Leicester University)에서 2000년 7월 5일부터 7월 7일까지 범죄학 학회가 열렸는데, 포스터 박사(Janet Foster)는 범죄학을 4가지 관점으로 설명하였는데, 즉 첫째, 현재 우리는 어디에 와 있는가?(예컨대, 계속성과 모순들, 포스터 모더니즘의 논의, 숙고와 반영 그리고 형사 실무의 변화하는 본질) 둘째, 우리는 우리가 할 것에 대하여 아는가?(예컨대, 다양성 논의, 포스터 모더니즘) 셋째, 어떠한 세계가 운영되어질 것인가 ?(예컨대, 복잡하고 대규모적이며 깊은 세부조직, 인습적인 범죄 논의, 더 조직적인 화이트 칼라범죄와 국제적인 범죄 그리고 시공을 초월하는 범죄들) 마지막으로 우리는 무엇을 다르게 할 것인가?(예컨대, 미래 세대들 즉, 학문을 하든 실무를 다루든 그 가르치는 방법에 대한 접근, 기대치를 다루어보고 변할 수 있는 것들에 대한 믿음 그리고 이에 대한 논의와 연구)

---

40) 1817년 뉴욕 주에서 선시법(선행보상법)이 최초로 제정되어 행장의 양호에 의거 형기의 4분의 1을 단축하였다. 1868년까지 미국의 24개 주가 선시법을 제정하였고, 그 후 호주, 뉴질랜드, 캐나다 등 영미계의 교정법에서 일반화되었다. 우리나라는 8.15 해방 이후 1848년 3월 우량수형자석방령으로 시행하다가 1953년 10월 3일 형법제정시 그 부칙에 의하여 폐지되었다.

◇ 생각해 볼 문제

1. 범죄학자들은 실제로 발생하였지만 통계에 잡히지 않는 범죄에 대해서 연구의 대상으로 삼는가?
2. 미국학파는 범죄와 비행에 관심을 어떻게 전개하고 있는가를 생각하여 보자.

제 2 편 범죄원인론

제1장 서 론

제1절 논의의 방향

1930년대에 들어서면서 범죄원인에 대한 종래의 해명방법이 인간의 소질이나 환경 중 어느 한쪽에 치중하여 온 점에 대한 반성이 이루어지면서, 범죄의 원인을 다원적으로 파악하는 관찰방법이 등장하게 되었고, 소질과 환경의 상호작용에 의하여 변화하는 인격을 파악함으로써 범죄의 원인을 밝히고자 하였다. 즉 개개인의 행위는 소질과 환경이 서로 불가분적으로 작용한 결과로서 나타나는 것이므로, 양자의 관계를 분석・검토함으로써 범죄의 원인을 밝히려고 하는 것이다.

미국의 사회학적 접근방법이 유력해짐에 따라 범인성 요소들의 복합관계를 일반명제화 하여 모든 범죄에 공통된 설명모델을 제시하려는 이른바 일반화론이 많은 지지를 받았고, 최근에는 일정한 범죄와 범죄자를 유형화(typology)하여 개별범죄유형에 대하여 각기 별도의 범죄원인과 그 대책을 논의하는 방향이 두드러지고 있다.

제2절 범죄의 원인론의 전개

I. 개념

1. 범인성 소질

유전생물학의 입장에서 본다면, **소질**이란 유전물질을 말하며, 부모로부터 자식에게 전해지는 것으로서 반드시 외부적으로 인식될 수 있는 것에 한하지 않고 잠재적이어서 파악할 수 없는 것도 포함한다. 그러나 범죄의 요인으로서의 소질이란 선천적인 요소에 국한되지 않고, 일정한 행동을 형성할 가능성 내지 발달방향을 나타내는 것으로서 후천적인 요소도 의미하는 것이다. 즉 이미 인간은 수태되는 순간부터 끊임없이 외부의 환경에 의하여 영향을 받고 있으므로 소질도 반드시 유전자의 작용에 의해서만 결정되는 것이 아니고 수태시 모체를 둘러싸고 있는 외부적 조건과 출산 전후의 외부적 조건 그리고 성장기에 있어서 외부적 조건 등에 의하여 형성되는 것이라 할 수 있다.

2. 범인성 환경

환경이란 개체에 대하여 직접 및 간접으로 영향을 미치는 물질과 정신세계를 총칭하는 것이다. 현실적으로 영향을 준 경험적 외계뿐만 아니라 영향을 줄 수 있는 외부적 사정도 포함한다. 이러한 환경은 다시 개체가 범죄행위를 할 당시에 존재했던 외부적인 사정을 의미하는 '범인성 행위환경' 과 행위자의 인격형성 및 발전과정을 통하여 그를 둘러싸고 있었던 외부적 조건을 의미하는 '범인성 인격환경' 으로 나눌 수 있다. 그러나 이러한 환경은 그것에 대한 저항력이 약한 사람에 대하여 보다 강하게 작용하는 것이며, 동일한 환경조건이 범행을 촉진하기도 하며 반대로 억제하기도 한다.

Ⅱ. 소질과 환경의 상호관련성

1. 범죄에 이르는 인격의 형성과정[1]

(1) **인격규정 인자** : 유전성, 선천성 조기에 있어서 획득성의 소질적인 변화를 가리키며, 이들은 환경과의 상호작용을 통해 발견된다. 이외에도 유아기에서 노년기까지의 연령의 발달단계도 인격을 규정하는 중요한 인자가 된다.

(2) **인격형성 인자** : 소질 인자에 의하여 규정된 인격은 다시 여러 가지 신체적 및 정신적 요인, 사회, 문화, 자연 등의 환경조건이 서기에 동태적으로 작용함으로써 일정한 형태로 형성되며, 특히 가정의 기능적 결함은 범죄인격의 형성에 중요한 요인이 된다.

(3) **인격전개 인자** : 일단 형성된 인격도 사춘기와 같은 내면적인 계기나 전쟁 및 사회혼란과 같은 압박적이고 지속적인 환경이 나타나게 되면 다시 현저하게 변화되며, 이러한 요인도 범죄에 대하여 중요한 작용을 하게 된다.

(4) **환경감수성** : 개체가 환경에 대해 친화성을 가지는 정도를 말하며, 범인성이 강한 성격이상자는 감수성이 크고 영향을 받기 쉬운 의지박약형이 많으며 범죄자들이 많이 거주하는 지역에서는 범죄에 대한 면역이 생기기 쉽다.

(5) **환경선택** : 인격은 스스로의 욕구를 채우기 위한 생활환경을 찾으려 하고, 개개는 자신을 둘러싸고 있는 환경 가운데 일정한 것을 주체적으로 선택하게 된다.

이상과 같은 다섯 가지 인자를 기초로 할 때, 범죄에 이르는 인격은 선천적 원인, 출생관계, 가정관계, 학교관계, 직업관계, 배우자관계, 경제적 · 문화적 관계에 따라서 형성된다고 할 수 있으며, 그러한 환경의 영향 가운데 개체가 주체적인 의사결정을 통해 일정한 범죄에로 나아가게 된다고 할 수 있을 것이다(상대적 결정론의 입장).

2. 소질과 환경 및 인격의 관계

결국 소질과 환경은 서로 의존하면서 동태적으로 발전하는 인격의 요소가 된다고 할 수 있는데, 특히 범죄로 나아가는 경우에 소질과 환경이 서로 어떻게 작용하

1) 정영석/신양균, 전게서, 78면.

는가에 대해 **메츠거**(Mezger)는 양자의 상호관계를 **V(범죄) = A(소질)*E(발달)*P(인격) + U(개인환경)*U(행위환경)**와 같이 공식화하였다. 따라서 범죄발생은 개인의 소질・인격, 개인의 환경 그리고 행위 당시의 환경으로부터 영향을 받는다고 한다. 그러나 이것만으로는 범죄의 원인이 구체적으로 밝혀졌다고 할 수 없고 단지 소질과 환경, 그리고 인격이 범죄발생에 대하여 결정적인 인자가 된다는 사실만이 분명해졌을 뿐이다. **룩셈버거(Luxemburger)**는 소질과 환경의 관계에 따라 범죄를 내인성 범죄[2]와 외인성 범죄[3]로 나눌 수 있으며 소질과 환경과의 관계에 따른 범죄의 태양을 아래와 같이 그래프로 표현하였다.

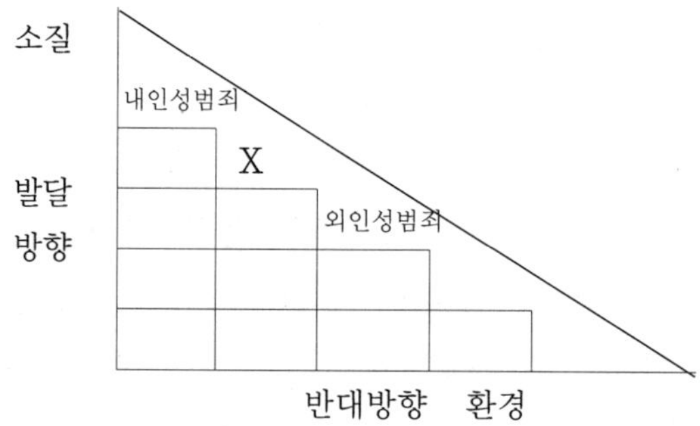

2) 내인성범죄는 소질적(성격적) 범죄라고도 하며 주로 소질로 인하여 나타나는 범죄이며, 성격적 이상으로 인한 경우이나 신체적 이상으로 인한 경우 등이 많이 나타난다. 이러한 내인성 범죄는 개선이 가능한 경우와 개선이 불가능한 경우가 있어 형사정책상 주요한 방향을 시사하고 있다.

3) 외인성 범죄는 환경적 범죄라고도 하며, 주로 환경적 요인에 의하여 나타나는 범죄이다. 이러한 범죄는 환경의 개선에 의하여 예방・억제될 수 있고 재범도 방지할 수 있으므로 잠재적 범죄자에 대한 도의적, 정신적, 신체적인 교육을 하거나 수형자에 대하여 개선교육을 함으로써 건전한 사회인으로 만들 수도 있다는 점에서 형사정책적으로 중요한 의미를 가질 수 있다.

제 2 장 범죄원인론

국내 학자들의 통일된 견해가 없으므로 저자의 일관된 체계에 따라 다음과 같이 보여질 수 있다.

제1절 범죄의 생물학적 원인론

I. 유전과 범죄

유전은 동일한 속성이 선조와 자손에 나타나는 것을 말한다. 다만 유전되는 것은 외부적인 특성이 아니라 유전소질이다. 롬브로즈를 중심으로 하는 이탈리아 학파는 범죄인의 전형은 생래적(生來的) 범죄인이라고 보고, 그와 같은 범죄인의 범인성은 격세유전에 있다고 보았다. 그러나 그 이후 범죄학이 발달함에 따라 많은 실증적 연구를 통하여 필연적으로 범죄인으로 될 수 밖에 없는 유전소질이라는 것은 부정되고, 다만 유전소질이 범죄에 어떠한 영향을 미치는가 하는 점에 대하여 많은 연구가 이루어져 왔다.

1. 유전적 결함의 연구

이것은 선조의 유전조건 중 특히 범죄의 발현에 불리한 영향을 주는 요인들을 조사하는 방법을 말하는데 **유전적 결함**이란 그 혈연 가운데 내인성 정신병, 정신병질, 정신박약, 음주벽, 범죄성 등이 존재하는 경우를 말하며, 이러한 유전적 결함이 부모에게 있는 경우를 직접부인, 조부모에게 있는 경우를 간접부인, 부모의 형제에게 있는 경우를 방계부인이라고 한다. 먼저 내인성 정신병이라는 유전적 결함이 범죄자의 부모에게 나타난 비율을 연구한 결과를 보면, 누범, 조발범, 중한 풍속범 등의 경우에는 일반범죄자보다 그 비율이 높다는 것을 알 수 있다. 한편 정신박약의 경우는 범죄자의 가정에 그리 많지 않다고 생각되나, 정신병질, 음주벽 그리고 범죄성의 경우는 누범자, 조발범, 중한 풍속범, 불량흉악범의 경우에는 일반범죄자에 비하여 그 비율이 높고, 리들(riedl)에 따르면 특히 모보다 부의 경우에 그 비율이 더 높다고 한다(글룩(Glueck)은 반대함).

2. 범죄인 가계의 연구

범죄인 가계(family tree)란 범죄인의 계보를 연구한 결과 특정한 가계내에 범죄인이나 정신병자, 정신병질자 등의 이상성격자, 부랑자 등이 많이 배출된 가계를 말한다. 이에 대한 연구는 열등한 특정 개인의 자손 가운데 범죄인, 정신이상자 등을 조사하거나 교도소나 정신박약자 수용소에 있는 범죄자의 가계를 소급하여 연구하는 방법을 사용함으로써 그 가계내에서 범죄성의 유전 여부를 분석 및 평가하는 것인데, 이러한 연구로서 대표적인 것은 1912년에 발표한 **곳다드**(H. H. Goddard, 1866-1957)에 의한 「**칼리카크 가**(The Kallikak)」의 연구[4], **닥데일**(Dugdale, 1841-1883)과 **에스터브룩**(Estabrook)에 의한 「쥬크 가」(The Jukes)의 연구[5] 등을 들 수 있다.

이와 같은 조사결과는 범죄학적으로 범죄와 유전의 문제가 상당히 중요한 의미를

---

4) 창녀와의 사이에 태어난 후손 488명 중에서 정신박약, 사생아, 알콜중독, 간질병자, 포주, 범죄자 등이 다수이었고, 카톨릭 신자와의 사이에 태어난 후손들은 일부를 제외하고는 모두 훌륭하게 성장함을 알 수 있다.

5) 1,000명 중에서 280명이 걸인, 60명이 절도, 7명이 살인, 140명이 잡범, 50명이 창녀, 40명이 성병환자이었다.

가진다는 점을 보여 주고 있으나, 이러한 연구는 방법론상 많은 문제점을 안고 있다. 먼저 칼리카크 가의 연구는 정신박약자의 가계에 대해 연구를 한 결과 우연히 범죄인이 많다는 사실이 밝혀진 것이므로 본질적으로는 범죄인 가계의 연구라고 하기 어렵고, 또한 쥬크 가의 연구도 비록 범죄인의 가계에 대한 연구라는 점에서는 의미가 있으나, 이러한 조사가 현대적인 범죄생물학적, 정신의학에 대한 지식이 없었던 때에 이루어진 것이라는 점을 고려하더라도 7대에 이르는 동안에 환경이 미친 영향을 개별적으로 고려하지 않았고 각 후손의 배우자에 의한 영향도 무시되었으며, 더욱이 특정한 가계에 대한 조사를 일반화시킬만한 많은 범죄인 가계에 대한 사례가 모아지지 않았다는 점 등이 지적되고 있다.[6)]

3. 쌍생아 연구

쌍생아의 연구(twins study)는 유전학이나 심리학에서 뿐만 아니라 범죄학에 있어서도 유전소질과 환경의 관계를 명확히 하는 데에 기여하였다. 일란성 쌍생아와 이란성 쌍생아 각각에 대해 쌍생아 모두가 범죄를 하는 경우, 그 일치율을 비교하여 봄으로써 일란성 쌍생아의 경우에 그 일치율이 높은 경우에는 범죄가 소질에 의하여 어느 정도 좌우된다고 한다. 1930년대 이후 연구결과는 일란성 쌍둥이의 일치율이 이란성쌍둥이나 일반형제들보다 높은 것으로 나타났다. 이런 견지에서 쌍생아 연구의 단서를 연 학자는 영국의 **갈톤**(F.Galton)이며, 이 쌍생아 연구를 범죄생물학에 도입하여 획기적인 연구를 한 학자는 독일의 **랑게**(J.Lange)인데 그는 1929년 『운명으로서의 범죄(Verbrechen als Schicksal)』에서 범죄에 대한 유전적 소질의 역할이 매우 크다는 점을 밝히자 보다 많은 학자들이 쌍생아 범죄에 관한 많은 연구결과를 발표하기에 이르렀다.

최근에는 이런 쌍생아 연구를 사회학적 방법을 통하여 시도한 경우로서 1974년 덴마크 크리스티안센(K.O.Christiansen)이 국제범죄학회의에서 발표한 자료에 의하면, 연구성과의 정확성을 기하기 위하여 쌍생아 계수(twin coefficient)를 사용하여 일정한 사회적 변수에 따른 범죄의 유전성을 조사한 결과, 쌍생아의 범죄일치율은 범죄의 종류, 출생지역, 사회계층 및 범죄에 대한 집단저항의 강도에 따라 차이가 난다고 한다.

6) 정영석/신양균, 전게서, 86면.

4. 양자 연구

범죄와 유전의 상관성을 규명하기 위하여 시도되고 있는 다른 방법으로서 **양자 연구**(adoption study)의 방법을 들 수 있다. 즉 범죄자 중에서 양자를 조사하여 그 실부와 양자의 범죄성을 대비하여 양자 실부가 범죄성이 있었던 경우에 양자가 범죄자로 되는 비율이 양부의 경우보다 훨씬 높다면 범죄의 유전성에 대한 어느 정도의 확신을 얻으려는 방법이다. 이와 같은 연구는 1972년 슐징거(F.Schulsinger)에 의하여 처음 시도되고, 크로우(R.R.Crowe)에 의해서도 이루어졌으나, 범죄자의 아동에 대한 차등적인 양자제도로 인하여 결과의 신빙성에 대한 의심이 많았다. 이러한 문제점들을 고려하여 가장 성공적인 연구성과로서 허칭스와 메드닉(Hutchings & Mednick)을 들 수 있는데, 실부가 범죄자였던 양자들이 원래 집안에 범죄적 결함이 없는 양자들 보다 훨씬 범죄율이 높다는 점과 특히 실부・양부가 모두 범죄자였던 경우에 범죄율이 가장 높다는 점을 알 수 있다.

참고사항

Mednick & Hutchings(1984) : 1927~1947년 사이에 입양된 14427명을 추적 조사(덴마크)하였는데, 생부모와 양부모의 범죄여부에 따른 자식의 범죄율을 비교하면 다음과 같다. 이 결과로부터 생부모의 영향이 양부모의 영향보다 더 크고, 범죄 종류를 구분하여 세부적으로 분석해 본 결과, 대물범죄에서는 위의 결과가 나타났으나 대인범죄에서는 위의 결과가 나타나지 않았다.

양부모 생부모		생부모	
		범죄	비범죄
양부모	범죄	24.5%(143)	14.7%(204)
	비범죄	20.0%(1226)	13.5%(2492)

5. 성염색체 연구

인간은 44개의 상염색체와 2개의 성염색체를 가지고 있으며, 이 중 성염색체(sex chromosome)의 조합(XY 또는 XX)에 따라 남성과 여성이 나누어진다. 그러나 성염색체의 형태, 구성, 개수 등에 이상이 생길 수 있고, 이로 인하여 성격적 결함을 초래할 수 있다는 보고가 1959년 제이콥스(P.P.Jacobs)와 스트롱(J.A.Strong)의 연구를 출발로 하여 나타나고 있다. 특히 성염색체의 수에 이상이 있는 경우, 예컨대 XO, XXX, XXY, XXYY, XXXX, XXXY 등의 경우에는 범죄 또는 비행과 상당히 관련이 있다. 먼저 일반적으로 「**클라인펠터 증후군**」(Klinefelter Symptom)은 일반적인 경우보다 X염색체의 수가 증가된 경우(예컨대 XXX, XXY, XXXY 등을 총칭), 일반적으로 가장 많이 나타나는 성염색체의 이상이며, 특히 XXY형(여성적 남성)이 문제로 된다. 이러한 형의 신체적 특징으로는 고환의 왜소, 무정자증, 여성형 유방, 장신 등을 들 수 있고, 인격적 특징으로는 지능이 낮고 반사회적 경향을 나타내며, 정신적으로 미숙하고 자신감이 결여되어 있다고 한다. 이러한 증후군을 나타내는 남성은 경우에 따라서는 동성애의 경향을 보이며, 일반적으로 성범죄·조폭범·절도 등을 범하는 경향을 보인다고 한다. 클라인펠터증후군보다 소위 XYY형 성염색체를 가진 경우이다. XYY형(초남성)은 성염색체에서 남성적 특징을 나타내는 Y염색체가 증가한 경우로서, 1961년 샌드버그(A.A.Sandberg)가 처음 발견한 이래 이것과 범죄 또는 비행의 관련성에 대한 조사가 제이콥스(Jacobs), 닐센(Nielsen), 오웬스(Owens) 등에 의해 최근까지 이루어지고 있다. XYY형의 특징은 신장이 크고 지능이 낮다는 점을 들고 있고, 그 외에도 성적으로 조속하고 조발성 범죄자가 많다고 하는데 일반인에 비하여 범죄자의 경우에 60배 이상 많이 나타난다고 한다. 그러나 이러한 증후군이 범죄성과 직접 상관관계가 있는가에 대해서는 XYY형인 범죄자(XYY Offender)의 경우에는 평균 초범연령이 13, 4세로 일반인의 18세에 비하여 상당히 빠르다는 점과 공격성(aggressivity)을 띠고 있어 성범죄나 방화, 살인 등의 강력범죄를 범하기 쉽다. 유전소질이 범죄에 대하여 중요한 의미를 가진다는 사실을 보여주고 있으나, 이러한 연구의 방법론상 문제점 등이 아직 해소되지 않았고, XYY형이라고 하여 반드시 범죄로 되는 것도 아니므로 XYY형 범죄자가 존재한다는 점이 범죄가 소질에 기인하는 것이라는 주장의 논거로 어렵다[7].

7) 정영석/신양균, 전게서, 92면.

- 키가 6피트 이상의 장신이고, 여드름이 많으며 심한 경우 성인이 되어서도 여드름 자국이 남아 있다.
- 조숙한 편이고, 생식기 안팎에 이상이 있는 경우가 많으며 간혹 푸른 색깔의 치아가 섞여 있다.
- 대개 IQ는 85-90정도이고 지능이 높은 자도 있다.
- 정신적으로 불안한 상태로 유전성이 없는 것으로 본다.
- 샌드버그(Sandberg)가 처음 발견한 것으로, 일반적인 염색체보다 남성을 결정하는 Y성 염색체의 수가 많기 때문에 일반적인 남성 보다 더 남성적인 성향이 많이 나타난다.
- 초남성으로도 불리우는 XYY형은 공격성의 범죄성향을 갖기 쉽고, 성범죄・방화・살인 등 강력범죄를 범하기 쉽다.

Ⅱ. 신체적 결함과 범죄

신체의 결함이 범죄에 어떤 영향을 미치는가에 대하여는 이미 18세기 말부터 많은 연구가 이루어져 왔다. 델라 뽀르떼(J. Baptiste della Porte), 라빠또르(J. Lavater)를 거쳐 갈(F.J.Gall)에 의하여 확립된 골상학(Phrenology)에 의하면, 대뇌 내부의 발달은 일정한 뇌기능과 밀접한 관련을 가지며, 뇌는 신체적으로 두개골의 모습을 변화시킨다고 한다. 따라서 두 개골의 외형을 분석함으로써 뇌의 발달상태를 알 수 있고, 이런 두개골의 모습과 안면의 모습은 그의 성격, 지능상태, 범죄성 등과 상관관계를 갖는다고 보았다. 그 후 이런 주장은 롬브로조에 의하여 체계적으로 확립되었고, 그는 범죄성의 해명에 있어서 생리적 요소에 중점을 두어, 범죄인은 일정한 신체적 특징 특히 두개골의 형태에서 비범죄인과 구별된다고 주장하였다.

1. 체형과 범죄

독일의 정신병리학자인 **크레취머**(E.Kretschmer, 1888-1964)가 「신체구조와 성격」이라는 저서에서, 롬브로조와는 다른 의미에서 신체적 특징이 범죄자의 인격과 밀접한 관련을 가진다는 주장이 제시되었다. 이러한 크레취머의 체질학적 유형은 성격과의 관련성을 강조하고 있으므로 범죄인에 대하여도 이런 체형과 죄종, 범죄방식 등의 관계가 취급되었는데 그간의 연구결과를 종합하면 다음과 같다.

> **범죄인군에는 비범죄인군에 비하여 체형으로서 운동형(the athletic) 내지 세장형(the astheric)이 많고 비만형(the pyknic)이 적다는 특징이 나타나며, 이에 상응하여 범죄인의 성격에는 분열성 기질이 많고 순환성 기질이 적다. 그리고 누범으로서 개선불능이라고 생각되는 자 가운데는 분열성 기질이 많고, 이에 반하여 기회성이라고 생각되는 자 가운데는 순환성 기질이 많다. 분열성 기질이 사회적 적응능력이 없고 대인관계에 있어서 갈등을 일으키기 쉬운 사실은 경험적으로도 이해할 수 있다.**

그리고 리들(Riedle) 등의 연구결과에 의하면, 죄종별로는 사기, 절도범에는 세장형이, 폭력성 재산범이나 폭력성 풍속범에는 투사형이, 비폭력성 풍속범에는 발육부전형이 많다.

〈표 2〉 크레취머의 신체적 특징과 범죄

체형	성격(기질)	정신병질	정신병형	범죄유형	범죄형태
비만형	순환성(자극에 동요가 많고, 정이 많음)	순환병질	조울증	우발적 범죄	범행확률은 적지만 기회범이 될 가능성이 있음
세장형(쇠약형)	분열성(자극에 민감, 둔감사이에 동요, 비사교적이며 변덕스러움)	분열병질	정신분열증	배신적·잔혹적 범죄	사기범, 절도범 등이 많고, 누범율이 높음
운동형(근육형, 투사형)	점착성(둔중하고, 무미건조한 성격)	간질병질	간질	폭력범죄	재산범, 풍속범이 많음

2. 생화학적 기능장애와 범죄

인체내의 생화학적 기능에 장애가 생긴 경우에 그로 인하여 반사회적 행동이 야기될 수 있는 소위 생화학적 범죄원인론은 20세기 중엽부터 폴링(L. Pauling) 등이 주장하고 있다. 그런데 생화학적 결핍이나 이상에 의한 증후군을 보면 크게 두 가지로, 하나는 영양장애에 기인하는 지각장애이고, 다른 하나는 영양부족 또는 저혈당 등에 기인하는 활동반응이다. 지각장애의 대부분은 비타민 결핍이나 비타민 의존에 의하여 일어난다고 하는데, 이런 증상을 나타내는 사람은 단지 영양장애에 그치지 않고 시각, 청각 및 기타 특정한 감각에 중대한 장애를 수반하여 때때로 폭력적인 자기파괴 행위로 나갈 가능성이 있다. 특히 가정이나 학교에서 청소년의 행동상의 문제영역, 예를 들면 학교에서의 비행, 낙제, 태학과 반달리즘(Vandalism), 유아기의 성문제, 폭력 및 알콜과 마약중독 등에서 그 성과의 적용이 일응 타당성을 보이고 있다.

3. 뇌기능장애와 범죄

인간의 뇌는 중추신경계를 통하여 모든 인간의 활동을 지배하고 있다. 따라서 선천적인 유전조건에 의하여 뇌세포에 손상을 입거나 후천적인 요인에 의하여 뇌에 손상을 입은 경우에는 성격장애 또는 이상행동을 초래하기 쉬우며, 이들을 통틀어 '뇌손상' 이라고 한다.

(1) 선천적인 원인으로는 배종손상과 태아손상을 들 수 있으며, 이런 배종손상이나 태아손상을 입은 자녀가 지능, 감정, 성격 등에 이상을 나타내게 된다고 하는 것은 의학적으로 널리 인정되고 있으나 이런 손상으로 인하여 야기될 수 있는 결함과 범죄가 직접 연결된다고 보기는 어려우며, 단지 앞서 정신적 결함의 경우에도 범죄의 일 요인이 되는 데 불과하다고 할 수 있다. 다만 부모의 알콜중독이 자녀에 미치는 영향이 문제된다.

(2) 후천적인 원인으로는 두부에의 충격이나 외상 등으로 인하여 뇌손상이 야기되는 경우를 들 수 있는데 출산시의 뇌손상, 유아기의 뇌손상, 교통사고 등에 의한 뇌손상 등이 여기에 해당한다. 이와 같은 뇌손상은 그 직후나 상당기간이 경과한 후 성격이상을 초래하거나, 발육부전을 일으키는 경우가 많다.

Ⅲ. 성별과 범죄

남성과 여성은 신체적으로 다른 특징을 가지고 있을 뿐만 아니라 정신적으로도 차이를 보이고 있으며 사회생활에서의 역할이나 지위도 큰 차이가 나타난다. 이런 차이로 인하여 남성과 여성은 범죄에 있어서도 상당한 차별성을 보여주고 있는데, 이런 특징은 양적・질적 두 가지 측면 모두에서 나타나고 있다. 여기에서는 주로 여성범죄가 그 특징적인 내용을 이룬다.

1. 여성범죄의 특징

(1) 양적 특징

일반적으로 세계 각국의 남・여 인구 구성비율은 거의 비슷하지만 남・여의 성별에 따른 범죄비율에는 현저한 차이를 나타내고 있다. 따라서 범죄에 있어서 성차(sex differences)의 문제는 종래 중요한 범죄 및 비행의 원인으로 지적되어 왔다. 전체 범죄 가운데 여성이 행한 범죄가 차지하는 비율은 남성의 그것에 비하여 현저하게 낮은 것이 세계 각국의 공통된 특징이라고 할 수 있으나 이런 여성범죄율은 여성이 집단내에서 차지하는 사회적 지위, 거주지역의 규모, 연령, 시대적 상황, 가정의 결합도 및 죄종에 따라 각기 다르며, 이와 같은 복합적 요인과 각국의 법률・재판제도의 차이로 인하여 각 국가마다 어느 정도 차이를 나타내고 있다. 따라서 여성범죄는 양적으로도 전체 범죄 가운데 차지하는 비율이 적을 뿐만 아니라 범죄증가율에 있어서도 남성보다 높지 않다는 점을 알 수 있다. 이에 대해서는 생물학적 및 심리학적 측면에서 찾는 견해와 사회학적 측면에서 찾는 견해가 대립하고 있다.

여성범죄는 여성의 선천적인 특징인 임신과 출산이라는 생물학적 원인을 그 배경으로 하면서 여성이 가지는 지위 및 역할의 특수성이라는 점에서 그 양적 특징을 설명하는 것이 타당하다. 다만 근래에 들어 여성의 사회적 진출이 많아지고 그 역할이 증가함에 따라 여성범죄가 양적으로도 상당히 증가하고, 그 증가율도 높아지고 있는 것이 각국의 추세임에 주목할 필요가 있다.

(2) 질적 특징

여성범죄는 남성의 그것에 비하여 양적인 면에서 비율이 낮을 뿐만 아니라 질적인 면에서 남성의 경우와 커다란 차이를 나타내고 있는데, 특정한 종류의 범죄에 있어서 오히려 남성의 상회율을 상회하기도 한다. 여성범죄의 경우 양적으로도 절도, 사기, 폭행, 상해 등이 많은 것으로 나타나고 있으나, 오히려 이런 종류의 범죄에 대한 남・여 구성비율을 보면 다른 범죄에 비하여 여성이 차지하는 비율이 매우 낮은 것을 알 수 있다. 한편 죄명별 남・여 구성비율을 보면 여성범죄가 차지하는 비율이 높은 것은 윤락행위등방지법 위반, 낙태, 간통, 유기 및 명예에 대한 죄 등의 순서로 나타나 있다. 일반적으로 여성범죄의 질적 특징은 수동성(Passivity)에 있다. 이러한 특성은 여성범죄에 다양하게 반영되는데, 예컨대 여성범죄의 배후에는 많은 경우에 남성이 있고, 그 남성이 진정한 원인제공자이고 여성은 어쩔 수 없이 범죄에 내몰린 경우가 적지 않으며, 죄질에 있어서도 공격적인 범죄가 적은 편이다. 다만 여성의 경우에 살인(내지 존속살인)이 많은 편인데, 이는 남녀간의 애정갈등이나 가정내의 불화 등으로 격정범의 형태로 이루어지는 경우가 많다.

2. 여성범죄의 발생원인에 관한 논의

위와 같은 여성범죄의 특징으로부터 남성범죄와는 다른 생물학적, 심리학적 및 사회학적 입장으로 여성범죄의 발생원인을 해명할 수 있다.

(1) 생물학적으로 설명하는 입장

롬브로조(Lombroso)는 1895년 그의 저서 『여성범죄자(Female Offender)』에서 신체적인 특징과 범죄는 밀접한 관련이 있다고 보았으며 이에 따라 여성범죄자는 정상적인 일반 여성과는 다른 신체적인 특징을 가지고 있다고 보았다. 또 다른 초기의 여성범죄에 대한 관념은 여성범죄는 일반적으로 여성에 대해 관대한 문화 이른바 '기사도 정신(chivalry)'에 의해 은폐되어진다고 한다.[8)]

예컨대, 여성은 남성과는 다른 신체적인 구조를 가지고 있다는 것과 생리작용의 특수성이 범죄의 원인으로 작용하고 있다는 것을 전제로 하고 있다. 즉 여성은 출산기능(월경, 초경, 임신, 폐경)을 담당하기 때문에 그 과정에서 정신적인 저항력이 약화되고 그것이 원인이 되어 범죄와 연관된다는 것이다. 폴락(O. Pollak)도 임신폐경기의 징후들과 범죄와의 관련성에 대해서 언급하였다.

여성의 생리학적인 특성에 따른 특유한 생리적인 현상으로서 월경, 임신, 출산, 산욕, 수유, 폐경 등을 들 수 있으며, 이런 시기에는 내분비성의 평형장애에 빠지고 정동(情動)장애(Affective disorder)가 인정되기 때문에 범죄에 빠질 위험도 비교적 크다고 한다. 그 중에서도 종래 범죄와의 관련에서 가장 문제로 되는 것이 월경(mensturation)이다. 월경은 평상적인 생리현상으로서 그 자체는 일상생활에서 나쁜 영향을 미치는 것이 아니라고 하여 범죄와 무관하다고 하는 견해가 유력해지고 있다. 그러나 월경은 비행이나 범죄를 일으키는 원인으로서 단일한 근본문제는 아니지만

8) Siegel, L, J., 『CRIMINOLOGY』, University of Massachusetts, 2002, p.68. ; Pollak, O., 『The Criminality of Women』, University of Pennsylvannia Press, 1950, p. 149. 이에 더 나아가서 이러한 중세의 기사도 관념은 오늘날에는 법정 혹은 실무관행은 더 이상은 없는 듯 보인다는 진전된 논의가 있다(Heidensohn, F., 『Crime and Society』, Macmillan, 1992, p.103).

그것이 병적인 정신상태와 결합하는 경우에는 범죄를 결정지우는 하나의 요인이 될 수 있다.

월경전 증후군(Premenstrual Syndrome : PMS)은 월경 10-7일 전에 많은 여성들이 다른 주기에 비해 두통이나 여드름이 생기고, 젖가슴이나 신체의 특정부위가 부풀어 오르는 것을 신체적으로 경험하는 것[9]과 동시에, 심리적으로는 우울증과 불안감, 두통, 성급함, 그리고 줄어든 성적욕망을 겪고, 행동적인 문제도 많이 일으키는 것으로, 범죄, 도둑질, 자살시도 등의 여성비행이 이 시기와 관련된다고 논의되어 왔다.[10] 그리고 여성의 갱년기(월경의 폐지기)에 신체상의 변화와 성적 매력의 감소 등에 의하여 심리적으로 감정의 불안정, 불면증, 정신력의 위축, 초조감, 불안감, 우울증 등이 늘어나는 것으로 되어 있다.[11] 여성의 폐경기에는 정서불안, 불면증, 불안감 등이 나타난다. 우리나라의 경우 여성범죄자 중 41-50세의 연령층이 가장 많은 것은 이러한 폐경기의 심리상태가 직접 또는 간접으로 작용한 결과이다.

(2) 심리학적으로 설명하는 입장

심리학의 일반이론에서는 여성범죄의 심리적인 과정은 기만성, 자기현시성, 투기심 등이 강하고 여성심리의 특이한 수동성이나 감수성이 범죄와 연결될 소지가 크다는 것을 중심으로 이론을 전개하고 있다. 프로이드(Freud)는 여성의 발달단계 중 남근숭배기(phallic stage)의 경험이 범죄와 관련될 수 있음을 지적하고 있다. 즉 여성은 심리적인 형성과정에서 남근에 대한 열등감과 남근숭배의 성향을 갖게 되며 어떤 형태로든 이것을 극복해야 정상적으로 성장할 수 있다고 한다. 따라서 남근숭배의 성향을 극복하지 못하면 동성애적으로 되거나 남성이 되고자 하는 시도로서 공격적인 성향을 갖게 되는데 이것이 범죄의 원인이 된다는 것이다.

여성의 심리적 요인 중에서 질투・원한・히스테리(Hysterias)・망상증 등은 여성폭력범죄에서 상당한 비중을 차지한다는 것이다. 예컨대, 부부간의 불화나 남편이나 애인으로부터 배신감・성적인 이유에서의 질투가 원한으로 이어지면 큰 분노를 일으

---

9) 달턴(Dalton)이 1953년 영국의학저널에서 처음으로 이 현상에 대해 소개한 이후부터 시작되었으며 이 PMS가 여성범죄행동에서 매우 중요한 요인으로 작용하는 것으로 보고 있다. 그녀는 전체여성의 40%이상이 이러한 PMS를 겪는다고 보고하고 의학적으로 "생리적 또는 초기 생리기간 동안 반복적으로 어떠한 증상이 나타나지만 생리가 끝나면 이 증상이 완전히 사라지는 것" 이라고 정의하였다.
10) 전돈수,『범죄학개론』, 21세기사, 2005, 133면.
11) 한휘전, "여성범죄에 관한 연구", 조선대학교 박사학위논문, 1992, 16면.

키고 이러한 심리적인 요인은 살인, 상해, 방화와 같은 폭력범죄를 저지를 수 있다는 것이다.[12] 그리고 히스테리는 심한 정신적인 감동발작(感動發作)으로 정신병적인 현상과 의식의 혼탁상태에 빠지게 되는 만큼 심한 욕설이나 기물파괴, 폭행을 하게 되는 등 각종의 범죄를 자행하게 된다. 겁이 많고 긴장이 심하고 자기중심적인 사고에 빠지기 쉬운 사람에게서 오는 망상증(妄想症)은 피해망상과 과대망상을 반복하다가 급기야 갑자기 공격적인 범죄로 이어진다는 것이다.[13]

(3) 사회적 요인으로 설명하는 입장

사회학적 이론에서 여성범죄에 대해 가장 잘 설명해 주는 것은 여성의 사회・경제적인 측면과 사회적인 역할 및 기회 측면에서 이루어지고 있는 이론이다. 사회경제적인 이론은 여성범죄를 경제학적인 측면에서 이해하려는 입장으로서 여성이 받는 경제적인 압력 및 불평등성에 중점을 두는 입장이다. 본 이론에 따르면 여성의 빈곤한 환경 내지 과도한 경제적인 생활조건은 인내심의 한계로 작용하여 자포자기적인 체념을 가져오게 되고, 그 결과 범죄 관련성이 있다. 예컨대, 남편의 경제적인 무능력, 자기의 생존과 가족부양 등으로 경제활동에 참여하는 경우, 경제적인 동인(動因)에 의해 매음하는 경우 등을 들 수 있다.[14]

여성의 사회화에 대해 관심을 갖고 있는 성역할・기회이론으로 여성범죄의 증가는 사회의 변화에 따라 여성의 역할이 확대되고, 이에 따라 범죄를 행할 수 있는 기회 또한 많아지게 된다. 또한 산업화 과정에서 도시화와 핵가족화로 전통대가족제도가 붕괴되면서 여성들의 여가시간이 많아지고, 이로 인한 여성들의 사회활동이 용이해지면서 잘못된 여가시간의 활용은 곧 여성범죄의 요인이 된다.

위와 같은 논의에도 불구하고 여성은 남성과는 다른 생물학적, 심리학적, 사회적 특성을 가지고 있으므로 여러 가지 측면에서 그 발생원인을 설명할 수 있으며 어느 한쪽으로 치우쳐 설명될 수는 없다.[15]

---

12) 신진규, 『범죄학겸형사정책』, 법문사, 1993, 222면 ; 장중식, "여성범죄의 원인과 대책", 교정연구 제25호, 2004, 139면.
13) 신진규, 상게서, 211면.
14) 장중식, 전게논문, 141면.
15) Adler. F / Mueller. G. O. W. / Laufer. W. S., 『Criminology』, McGraw-Hill, 1991, p. 45.

Ⅳ. 연령과 범죄

연령층에 따라 상이한 종류의 범죄의 양태를 나타나게 된다. 인간은 나이가 들게 됨에 따라 신체적·정신적으로 상당한 변화를 가져오게 되고 각자가 처하는 사회적 환경도 변화되므로, 연령은 그 사람의 범죄성에 중요한 의미를 가지게 된다. 그 가운데 가장 전형적인 대비를 보이는 것이 소년기와 노년기의 범죄로서, 양자는 범죄의 양상이라는 관점에서 큰 대조를 보이고 있는데, 이것은 그 사람의 내적 및 외적 사정(소질과 환경)에 영향을 받은 결과라고 할 수 있다. 연령과 범죄의 관계는 이미 19세기에 케틀레에 의하여 관심의 대상이 되었고, 그 후에도 바그너(A Wagner), 마이어(Georg von Mayer), 뢰스너(Roesner) 등에 의하여 그 상관관계가 지적되어 있다. 양자의 관계를 규명하기 위해서는 편의상 연령단계를 청소년기, 성년기, 장년기, 갱년기, 노년기로 구분하는 것이 일반적인데, 이 가운데에서 신체적·정신적으로 특이한 것은 사춘기, 갱년기 그리고 노년기이다.

일정한 연령단계까지는 연령 자체가 인격의 발달단계를 나타낼 뿐만 아니라 많건 적건 그 사람을 둘러싸고 있는 환경도 나타내게 되어 이런 조건들이 각 연령계층의 범죄성을 특징지우고 있다. 범죄의 양과 실에 있어서 각 연령층이 나타내는 특징을 살펴보기 위해 먼저 우리나라의 경우에 1987년부터 1992년까지 6년간의 죄종별로 연령 범죄의 양에 대한 누적통계를 본다면 범죄가 가장 많이 나타나는 연령층은 청장년기이고 각국의 범죄통계에 의하면 대체로 20세부터 25세까지의 연령계층이 가장 높은 범죄율을 나타내고 있다. 다음으로 연령계층별로 범죄의 질적 특징을 보면 전체적으로 청장년기에는 폭력적인 유형의 범죄가 많고, 갱년기 내지 노년기에는 지능적인 범죄가 많다고 할 수 있는데, 그 내용을 보면 다음과 같다.

(1) 19세기까지의 연령계층에서는 사회적 부적응이 가장 중요한 비행요인으로 지적될 수 있으며, 근자에서는 중상류 가정의 과잉보호, 과잉기대, 여성의 지위향상에 따른 가정내의 마찰, 가치관의 혼동, 향락주의 그리고 불량한 교우관계, 특수지역 거주, 매스컴의 영향 등이 주요한 환경요인으로 등장하고 있다. 죄종별로는 절도를 비롯한 재산범죄가 70% 이상을 차지하고 있고, 폭행, 상해, 강도, 강간 등 폭력적 범죄가 증가하는 경향을 보이고 있다.

(2) 20세기부터 25세까지의 연령계층은 전체 연령계층 중 가장 범죄발생량이 많은 단계로서 사회적 적응방식의 왜곡에 그 중요한 원인이 있고, 죄종별로는 폭

행, 상해를 비롯한 강력범죄의 비율이 높은 편이다.

(3) 26세부터 40세까지는 범죄에 있어서도 안정기로 접어들게 되어 뚜렷한 특징 없이 전체적인 범죄량만 감소하는 경향을 보이고 있고, 다만 재산범죄의 내용은 절도범에 비하여 사기, 횡령 등 지능범의 비율이 높은 증가율을 보인다.

(4) 41세부터 50세까지의 연령계층에서는 오히려 전체 범죄량의 증가가 나타나는데, 이것은 ① 이 연령계층에서 여성범죄가 가장 많이 발생한다는데 그 원인이 있다. ② 재산범죄, 공무원범죄 및 위조범죄의 증가에 원인이 있다고 생각된다.

(5) 50대와 60대의 연령계층은 갱년기와 노년기에 해당하며 전체적인 범죄량이 매우 적어지고, 엑스너(Exner)의 말처럼 「약함에서의 범죄」를 특징으로 한다.

Ⅴ. 각종 중독과 범죄

1. 알콜과 범죄

알콜은 한편으로 일종의 기호품으로서 인간관계를 원활하게 해 주는 기능을 가지고 있음을 부정할 수 없으나, 다른 한편으로 건강 등에 유해하다는 사실이 많은 사람들에 의하여 지적되어 왔다. 특히 알콜이 의존성을 가지고 향정신작용을 수반하여 중독현상을 일으키는 경우에는 범죄발생의 중요한 인자로 된다. 그런데 알콜이 범죄에 미치는 영향에 관해서는 다음과 같은 관점으로 나누어 고찰할 필요가 있다.

알콜 범죄

(1) 알콜이 직접 음주자에게 작용하여 음주자가 명정상태하에서 범죄를 범하는 경우
(2) 음주가 음주자 자신과 그 가족에 대하여 간접적으로 작용하여 그 결과 범죄에 기여하는 경우
(3) 음주가 음주자의 자손에 대하여 생물학적으로 좋지 않은 영향을 주어 그 때문에 자손이 범죄를 행하는 경우 등이다.

(1) 알콜의 직접적인 범죄촉진

알콜이 범죄에 대하여 직접적으로 촉진작용을 하는 경우란 행위자가 과음을 하게 되면 지적인 측면에서나 의지적인 측면에서 이상상태에 빠지게 되는데 이런 상태에서 범죄를 하는 경우를 말하며, 이런 범죄를 **명정(酩酊)범죄**라고도 한다. 범죄자 중에 범행시에 음

주를 하였거나 명정상태에 빠진 경우의 비율은 매우 높다고 할 수 있다. 독일의 경우 죄종별로 차이는 있지만 성인의 경우 약 70% 이상이 음주상태에서 범죄를 행한다고 보고되고 있으며, 여성범죄자나 소년범죄자의 경우도 20% 이상으로 증가하는 경향을 보인다고 한다. 비록 이런 사실만으로는 알콜이 범죄와 직접적인 인과성을 가진다고 보기는 어렵지만 음주의 문제를 소홀히 할 수 없다는 사실은 분명한 것이다. 죄종별로 보면 명정범죄 가운데 가장 많은 것은 상해와 폭행이며, 그 다음으로 강간, 강도, 방화, 협박 등을 들 수 있다. 특히 최근에 커다란 사회문제로 되고 있는 자동차 등에 의한 교통사고의 상당한 부분이 음주운전으로 인한 것으로 알려져 있다. 그러나 교통범죄는 다른 범죄에 비하여 피해자간의 합의 등으로 인하여 암수가 매우 높은 범죄이므로 실제로는 이보다 훨씬 높은 비율을 차지하는 것이다. 결국 음주를 하지 아니하면 온화하고 도저히 폭력적인 범죄를 실행할 능력이 없는 자라도 스스로 범죄를 저지를 생각으로 원기를 복돋우기 위하여 다량의 음주를 하는 경우에는 명정 등의 상태를 이용하여 상해, 살인 등 폭력범죄를 저지르기 쉽고 주의력 산만 등으로 인하여 과실범죄를 저지르기 쉽다.

(2) 알콜의 간접적인 범죄촉진

알콜의 음용이 간접적으로 미치는 영향과 관련하여 문제되는 것은 음주자와 그 가족의 사회적 곤궁이며, 특히 습관적인 음주자의 경우가 문제로 된다. **크래펠린**(Kraepelin)에 따르면 알콜중독의 경우 순간적인 충돌에 의한 격정범죄, 사려부족에 의한 충동적 범죄를 저지르기 쉬우므로 상해, 공무집행방해 등 공격적 범죄군에서 많이 나타나고, 풍속범, 옥외절도, 부랑 등과 같은 사회적 패배자로서의 범죄군에도 많이 나타난다고 한다. 그러나 이외에도 이들은 생활비까지도 음주에 소비하고 노동이 불규칙하게 되기 때문에 직장을 잃어버리기 쉬우며, 그 결과 가정에 여러 가지 불화를 일으켜 가정을 파괴하고, 나아가서는 가족들을 범죄자 비행에 빠지게 하는 결과를 가져오기도 한다.

(3) 알콜의 생리학적인 훼손

알콜을 습관적으로 음용하는 경우에 그 자손에 미치는 생리학적 작용의 문제에 관하여는 종래 많은 학자들이 연구해 왔으나, 아직 충분한 해명을 얻지 못하고 있으나 범죄자의 양친 가운데 상습적인 음주자가 많이 발견되기 때문에 양친의 음주벽이 그 자손에 음주벽, 정신적 열등성, 정신병에의 경향을 남긴다는 주장이 제기되어 왔다. 요컨대 양친의 음주벽이 그 자손에 대한 유해한 결과를 미친다는 점은 쉽게 예측할 수 있지만, 이것만으로 양친의 음주벽이 자손의 범죄적 성격을 결정한다고 보기는 어렵다. 사람이 알콜중독으로 된다는 사실 자체가 그 사람의 저격성(低格性)을 나타내는 것이고, 그 자손에 다시 음주경향이 나타난다 하더라도 그것은 음주벽 자체의 유전이 아니라 단지 부모의 소질적인 저격성이 자손에게 재현된 것이고, 이것은 양친이 음주하지 않은 경우에도 유전소질의 결과로서 당연히 나타날 수 있는 것이 아니라 할 것이다. 따라서 알콜음용은 그 자체의 생리학적 훼손작용보다도 간접적 범죄촉진작용이 더욱 중요한 의미를 갖는다.

(4) 알콜범죄에 대한 대책

1) 알콜이 직접 범죄의 원인으로 된다는 과학적인 근거는 확실하지 않지만 범죄로 나아가는 중요한 요인 가운데에 하나이다. 즉 알콜의 음용은 직접 및 간접으로 범죄를 촉진하는 것이며 특히 알콜과 폭력범죄는 밀접한 관계가 있고, 특히 알콜중독은 사회문제의 하나라고 할 수 있으므로 이에 대한 대책은 형사정책의 중요한 과제가 된다.
2) **일반적인 대책**으로서 먼저 알코올의 생산 및 판매를 금지함으로써 금주를 법제화하는 것은 실제로 불가능할 뿐만 아니라 많은 부작용을 초래하게 된다. 이런 방법을 사용하게 되면 도리어 주류의 밀매를 중심으로 하는 또 다른 범죄가 야기될 우려가 있다는 사실은 이미 미국의 금주법(1919년부터 1933년) 시행의 경험을 통해서도 알 수 있다.
3) **규범적 대책**으로서 명정상태에서의 범죄에 대한 엄중한 처벌과 알콜중독자에 대한 치료감호처분을 내용으로 하는 형사입법을 생각할 수 있다.

읽을거리 : 각국의 경우

[독일]의 경우에는 고의나 과실로 음주를 한 경우에는 그 상태하에서의 범죄에 대해서는 고의나 과실이 없더라도 처벌을 하는 규정을 두고 있고, 알코올중독자가 위법한 행위를 한 경우에는 금단시설(Entziehungsanstalt)에 수용하도록 하고 있다. **[미국]**의 경우에는 공공의 장소에서의 주취로 인한 부당행위 등이 있는 경우에는 이를 약식범죄로 하고, **[프랑스]**에서도 도로 등의 공공장소에서 명백한 명정상태로 있는 자를 경범죄로서 처벌하고 있으며, **[노르웨이]**의 경우에는 소위 대물적 보안처분의 일종으로서 다각적으로 이에 대한 대책을 강구하고 있다.

4) 우리나라에서는 형법상의 「원인에 있어서 자유로운 행위」에 대한 규정(제10조

제3항), 도로교통법상의 주취중 운전금지와 이에 대한 벌칙규정(제41조 제1항 및 제107조의 2 제1호), 사회보호법상의 치료감호처분에 대한 규정(제8조 제1항), 기타 경범죄처벌법 제1조 제25호 등이 이와 관련된 입법이라고 할 수 있다.

2. 약물중독과 범죄

우리나라에서도 1950년대 이후에 중독성 약물에 의한 범죄가 문제되기 시작하여 이를 규제하기 위해 마약법, 대마관리법, 향정신성의약품관리법 등이 차례로 제정되었고, 특히 1980년 중반부터 약물남용문제가 중요한 사회문제로 다시 등장하고 있고, 특히 청소년의 약물남용문제가 중요한 의미를 가지게 되었다. 중독성 약물은 그 자체가 지니는 해악뿐만 아니라 불법적인 유통과정에서 많은 문제를 야기하고 있다.

제2절 범죄의 심리학적 원인론

이에 대한 원인분석모델로서는 다음과 같이 설명될 수 있다.

I. 모델 소개

1. 정신분석학적 설명

범죄인의 심리분석은 주목해 볼 만하다. 일찍이 **프로이드**(S. Freud ; 1856-1939)의 연구에서 응용될 수 있듯이 주로 신경증 환자와 같이 내적 충돌에서 기인할 수 있다. 따라서 심리분석 기법은 정상적인 범죄성을 설명하는데 사용되어질 수 있다. 정상적인 범죄자의 특성은 초자아(superego)를 포함하는 전인성은 범죄자라는 것이다. 인간본성은 자연적으로 반사회적이며, 장기간에 걸친 사회화과정을 겪어야 비로소 규칙준수를 배운다는 것이다. 그러나 이에 대한 비판으로는 첫째로는 주요개념을 측정하거나 기본과정 또는 가설을 검증하는 것이 어렵다는 비판이 있고 자아가 타아와의 대립에서 생기는 일탈의 가능성이 실증적으로 입증되지 않는다는 지적이 있다. 내성과 외성은 범죄성에 역할을 할 수 있다는 생각은 **융**(C.G. Jung ; 1875-1961)에 의한 것이다.

보충설명 프로이드의 정신분석

(1) 의의

인간의 공격적·파괴적인 충동이나 본능은 그릇된 어린 시절의 훈련이나 부모의 무관심 또는 효과적으로 개인을 통제하지 못함으로써 생기는 것이며, 범죄나 비행을 적절히 통제하고 조정함으로써 이러한 충동이나 본능을 방지할 수 있다는 것이다. 범죄유발원인은 범죄를 저지르는 원인에 대해서 정신분석학자들은 자아(ego)나 초자아(superego)의 부적절한 형성과 작동을 들고 있다. 본능(id)가 진화의 산물이고 생물학적 소질이 심리적으로 발현된 것이라면 자아는 객관적 현실과 교류한 결과이며 초자아는 사회화의 산물이며 문화적 전통을 전달하는 매개체라고 할 수 있다.

(2) 인격의 3요소

① 본능(id)

본능은 유아가 가지고 태어난 욕구, 동기, 심적 에너지, 본능 등의 가장 원초적인 기반이며 쾌락의 원칙에 따르며 기본적으로 비윤리적·비도덕적·동물적인 것이 특징이다. 본능을 구성하는 핵심적인 요소는 생존의지와 같은 본능적 요소인 리비도(Libido)이다.

② 자아(ego)

자아는 의식적으로 형성된 인성으로 객관적 현실세계와 적절한 거래를 하면서 형성되며 그 역할을 효과적으로 수행하기 위하여 인지적이며 지적인 모든 기능을 통제한다.

③ 초자아(superego)

초자아는 인간의 도덕성, 이상, 양심, 논리성, 규범행동과 관련되는 정신기능의 하나로서, 사회의 전체적 가치와 이상의 내적 표현이며 부모가 어린이에게 설명해 주고 상벌체계의 방법으로 어린이에게 강요하는 것이다. 초자아를 형성하는 데 있어 가장 중요한 과정으로 프로이드는 어렸을 때 부모와 맺는 애정을 들었다.

2. 인성 이론

인성 이론(Personality theory)은 인격과 범죄성의 관계성을 보아 범죄원인이 개인의 심리적 성향에 있다는 것이다. **아이젠크**(H.J. Eysenck ; 1916-1997)는 외향적인 사람은 내향적인 사람보다 규범합치적인 행동성향이 불안정하다고 한다. 비정상적인 인성특징을 평가하기 위하여 투사법과 인성검사표 그리고 I-Level검사라는 표준화된 방법을 사용하고 그림이나 모형에 반응하도록 하는 **로르샤흐**(Rorschach) 검사(잉크의 얼룩 무늬를 해석하게 하여 성격을 판단함)와 **주제통각**(thematic apperception)검사(검사대상자가 내용이 불분명한 그림을 보고 나타내는 반응을 분석하여 성격을 파악하는 방법)가 있다. 그러나 이에 대해서는 내성적인 사람의 범죄를 규명하기 어려운 점이 있고 순간적인 자기통제능력이 결한 범죄의 경우 이에 대한 승인된 기준이 없는 비판이 있다.

3. 인지발달이론

인지발달이론(cognitive development theory)은 사회적 가치와 규범을 획득하여 내재화하는 과정을 상정하여 범죄원인을 연구한다. 또한 도덕발달과 범죄를 관련시키는 주장은 주로 도덕적 판단력이나 이성을 중심으로 이루어지고 있으며, 사람들이 조직화된 사회적 규칙을 어떻게 정신적으로 상징화하며 그러한 조직화에 기초하여 어떻게 판단하는가를 다루고 있는데 그 대표적인 학자로는 스위스의 심리학자인 피아제(Piaget)와 콜버그(Kohlberg)를 들 수 있다. 그러나 이에 대해서는 도덕심과 범죄와의 관계를 직접 검증한 연구가 부족하다는 비판이 있다.

4. 행동 및 학습이론

행동 및 학습이론(behaviour and learning theory)은 인간행위는 학습경험을 통하여 발전된다는 것으로 실제로 생활경험을 통하여 폭력적인 것을 학습한다는 것이다. 이러한 행동의 동기요인은 재강화와 보상으로 설명된다. 이에 대해서는 범죄자의 행동수정요법에 원용되고 있지만 사회의 선의를 위한다고 하더라도 과연 우리가 범죄자 그들 자신의 행위를 변화시키도록 조작할 수 있는가라는 의문에 도달하게 된다.

Ⅱ. 정신적 결함과 범죄

정신적 결함이라 함은 정신심리상태에 이상이 있는 것을 말한다. 여기서 이상이 있는가에 대한 판단은 통계적 또는 사회적 기준으로부터 이탈되거나 사회비적응성, 개인적 고통 등을 종합적으로 고려하여 결정하게 된다. 이러한 이상을 그 행위종류에 따라 분류하면 노이로제, 정신병, 정신병질 등을 들 수 있으며, 정신박약도 여기에 포함시키는 것이 범죄학의 일반적인 경향이다. 정신적 결함을 가진 자가 일반인보다 범죄의 위험성이 높은가에 대해서 종래의 연구결과는 매우 다양하게 나타나고 있다. 또한 정신적 결함 가운데 어떤 유형이 가장 범죄와 상관관계가 높은가에 대해서도 아직 확립된 견해가 없지만, 일반적으로는 정신병 가운데 정신분열증 그리고 정신병질의 경우에 범죄의 상관관계가 상대적으로 높다고 한다.

1. 정신병질과 범죄

일반적으로 성격에 이상이 있는 경우를 성격장애라고 하는데, 이는 신경증에 따른 장애를 포함한 광범위한 개념으로서 자극과 반응의 부조화, 기능적 협동의 결여 등의 증상을 나타낸다. 그리고 이러한 광범위하게 정의되는 성격장애에 가운데 가장 전형적인 것이 **정신병질**(psychopathy)이라고 할 수 있다. 정신병리학자이며 범죄학자인 **슈나이더**(K.Schneider)에 따르면 정신병질이란 성격상의 강한 왜곡 때문에 사회를 괴롭히거나 자신이 고통을 받는 성격을 말하며, 이러한 정신적인 이상성격을 가지는 자는 사회에 적응하기 어려워 비사회적인·반사회적인 행동에 빠지기 쉽다고 한다. 이러한 정신병질은 일생을 통하여 변함없는 지속적인 상태이긴 하지만 외적인 생활인자에 의하여 여러 방면에서 영향을 받을 뿐만 아니라 연령에 따라 차이가 나타난다. 이러한 정신병질적 특징이 가장 많이 나타나는 시기는 20세부터 29세 사이라고 하는데 정신병질은 성격이상이므로 질적으로 일반인과 큰 차이가 나타나지 않는다. 크래펠린(E.Kraepelin)이 이미 1896년에 정신병질자를 흥분인, 의지부정인, 욕동인, 허언기만인, 반사회인, 호쟁인 등으로 나누었고, 그 이후 여러 가지 분류방법이 제시되었는데, 슈나이더(1923년), 로덴(1927년), 젤리히(1951년), 서더랜드(1924년) 등의 분류가 대표적이라고 할 수 있다. 그 가운데 오늘날 정신의학이나 범죄학에서 가장 많이 사용되는 분류방법은 슈나이더에 의한 것이라고 할 수 있는데, 그는 정신병질의 왜곡성이 가지는 특징에 따라 발양성, 우울성, 자신결핍성, 광신성, 과장성, 기분이변성, 폭발성, 무정성, 의지박약성, 무력성의 10개 유형으로 구분한다. 그러나 이러한 유형 모두가 범죄와 관계있는 것은 아니고 사회를 괴롭히고 이상성격만이 범죄학의 관심대상으로 될 수 있으며, 또한 각 유형들은 순수한 형태로 나타나는 것이 아니라 여러 가지 유형이 결합하여 그 비중을 달리하면서 나타나는 것이 일반적이다. 유형별로는 기분이변성이 범죄자에게 가장 많이 나타나며, 그 다음이 무정성, 발양성(發揚性) 그리고 폭발성, 과장성이 많이 나타난다고 하는 점이 슈툼플(Stumpfl), 빌링거(Villinger) 등에 의하여 보고되고 있으나, 다른 한편으로는 정신병질의 특징이 되는 성향들이 특별히 범죄와 상관성이 없다는 실증적 연구도 유력한데, 이에 따르면 정신병질적인 성격이란 지금은 학문적으로 완전히 폐기된 도덕적 지능아(moral imbecile)라는 개념만큼이나 범죄행동을 해명하는 데 불필요한 개념이라고 한다. 따라서 정신병질이 범죄의 주된 원인이 되는가 하는 문제보다는 오히려 정신병질에 기한 범죄로 드러난 경우에 그에 대한 중요한 문제가 된다. 기본적으로는 성격형성기인 학령기 아동의 문제행동이나 문제아에 대한 연구가 선행되어야 할 것이며, 형법상 한정책임능력에 대한 연구, 행형상의 정신요법, 교육치료, 환경조성 등이 이루어져야 한다. 근자에 우리나라에서도 사회보호법의 폐지와 더불어 새로이 치료감호법의 제정으로 치료감호처분제도가 마련되었으나, 정신병질자는 정신병자와 근본적으로 다르기 때문에 정신치료보다는 '성격교정'에 중점을 두어야 하고, 별도의 보안처분이 마련되어야 한다.

2. 정신박약과 범죄

정신박약은 '정신지체' 또는 '정신발육부전증'이라고도 하며, 지능의 결함 상태에 대한 총칭이다. 이를 보다 엄격히 한정하여, 지능저하에 기인하거나 이와 함께 적응행동에 결함이나 장애를 가지면서 18세 이전에 나타나는 정신적 결함이라고 보기도 한다. 정신박약의 원인으로는 학설상 여러 가지가 있으나 기질적 원인에 기인한 것이나, 경한 경우의 대부분은 문화적 및 가정적 원인에 기인한 것이 많다고 한다. 한편 정신박약이 유전에 기인한 것이라고 보이는 경우를 내인성 정신박약, 그 이외의 경우를 외인성 정신박약으로 나누기도 하는데 중요한 원인을 들어보면 ① 유전 ② 배종손상 ③ 유아손상 ④ 출산시의 외손상 ⑤ 출생 후의 질환 및 유년기의 뇌손상 등이 있다. 정신박약과 범죄와의 관계에 대해서는 지능이 낮은 자는 적절한 판단능력을 가지지 못하고 사회적 능력도 낮아 범죄에 빠지기 쉽다는 전제에서 범죄학상으로 주목되었던 것이나, 그 동안의 여러 조사 결과 지능과 범죄와의 관계는 그리 중요하지 않다는 것이 일반적인 견해이다. 정신박약이 전술한 정신병질의 유형과 결합하여 나타나는 경우에는 사회적 위험성이 커지고 범죄학상 중요한 의미를 갖게 되는데, 특히 정신박약자들은 판단력, 통찰력이 약하기 때문에 충동적으로 행동하고 범죄성이 커져 일반적으로 성범죄나 방화죄 등에서 높은 비율을 보인다. 죄종별로 보면, 소년의 경우에는 성범죄에서 정신박약자의 비율이 비교적 높고 성인의 경우에는 알콜중독과 결합되는 경우에는 더욱 위험하다. 재산범죄의 경우에는 절도가 가장 많은데, 동기가 단순하고 행동반경이 좁은 것이 특징이다. 정신박약은 전통적으로 방화죄와 관련이 있다고 알려져 왔는데, 여자의 경우에 그 경향이 특히 현저하다. 그러나 정신박약자에 대해서는 일반적인 치료가 큰 효과를 거두지 못하는 것으로 알려져 있다. 또 정신의학에서도 치료에 대한 예측이 특수한 경우를 제외하면 매우 낮은데, 성격이상이 가벼운 자나 지능결함의 정도가 낮지 않은 자(노둔)는 적절한 훈련과 지도로 단순노동에 종사하는 정도의 치료를 할 수 있으며 조기에 직업교육을 받은 자에 대한 치료의 예측은 비교적 높은 편이라고 한다. 따라서 정신박약자에 대해서는 필요한 보호와 함께 그 능력에 따른 직업훈련을 행하여 자립을 촉진시킬 필요가 있다.

3. 정신병과 범죄

(1) **정신병**(psychosis)이란 정신기능에 이상이 있는 경우로서 정상적인 사회생활을 하기 어려운 것을 말하는데 신체적 이상이 명백한 정신병이 있는가 하면 그렇지 않은 경우도 있다. 정신병환자도 어느 정도 현실과의 접촉을 상실하고 있으며(일정한 시기에 발현되고 내적 질환과정에 의하여 일정한 경과를 거치는 것), 망상, 환각 등의 증상을 나타나게 된다(그 특성이 생래성의 영속적인 상태이고 유전적 소질에 의하는 경우).

(2) 정신병도 범죄의 위험성이 크다고 하기 어렵고 다만 정신분열증의 경우에 살인 및 상해, 방화 등을 저지르는 비율이 적지 않은 것으로 보고되고 있으나 이러한 정신병환자의 위험성이 일반인보다 월등하게 높다고 하기는 어려우므로 정신병을 범죄의 단일한 원인이라고 보기는 어렵고 오히려 정신병으로 인해 범죄를 저지르거나 저지를 위험성이 큰 자에 대한 대책이 중요한 문제가 된다. 현행 치료감호 등에 관한 법률 제2조 제1항 제1호에서는 "형법 제10조 제1항의 규정에 의하여 심신상실자로서 벌할 수 없거나 동조 제2항의 규정에 의하여 형이 감경되는 심신장애인으로서 금고 이상의 형에 해당하는 죄를 범한 때" 에는 치료감호에 처하도록 함으로써 범죄의 위험성이 있는 정신병자에 대해 치료감호처분을 과할 수 있도록 하고 있다.

제3절 범죄의 사회학적 원인론

I. 가정과 범죄

가정은 사람이 출생하면서 최초로 갖는 인간관계이고 가장 기본적인 사회단위로서 가족을 중심으로 한 경제적 및 문화적 집합개념이다. 가족은 생물학적으로는 성적 결합에 의한 부부와 자연적인 혈족관계에 있는 친자의 집단으로서 부부의 성과 생식기능을 가지며, 심리학적으로는 부부 및 친자 상호간의 애정·존경·신뢰를 바탕으로 하는 집단으로서 가족구성원의 정서안정기능을 가지고, 사회학적으로는 부부와 친자 상호간의 부양 및 양육을 위한 결합체로서 친자의 부양기능을 가지고 있다. 특히 가정은 청소년이 세상에 태어나 먼저 접촉하는 최초의 사회집단이고 청소년의 일상생활과 관심의 터전이다. 따라서 가정은 성인보다 훨씬 환경감수성이 강한 청소년의 인격형성에 대하여 특히 결정적인 영향력을 가진다.

1. 가정결함의 형태

(1) 결손가정

결손가정(broken home)이란 양친 모두나 어느 일방이 없는 가정을 말한다. 그 원인으로는 사별, 이혼, 별거, 유기, 실종, 수형, 장기부재 등 여러 가지가 있겠으나 양친이 모두 있더라도 가정의 본질적인 기능인 생활의 상호보장(형태적 결손가정)과 자녀에 대한 심리적 및 신체적 양육이 결여되는 가정(기능적 결손가정)도 동일한 선상에서 검토해야 한다. 이런 결손가정은 교양이나 학력의 부족, 정서발달의 장애, 가족의 좋지 못한 형태 등 비훈련적인 특징을 나타내는 경우가 많고 따라서 소년을 비행내지 범죄로 몰아넣는 중요한 원인으로 될 수 있다. 이는 종래 범죄학에서 가정의 결함 가운데 범죄의 원인으로 지목되었던 것이 바로 결손가정이다. 한편 결손가정이 아동의 인격형성에 미치는 영향과 관련하여, 부친을 잃은 경우와 모친을 잃은 경우 중 어느 것이 아동에 대하여 위험이 더 크겠는가가 문제가 된다. 이에 대해서는 학자들마다 견해가 일치하지 아니하나, 오늘날 지배적인 학설에 의하면 부모를 잃은 연령기에 따라 다르다. 결손가정과 관련하여 계부모와 그 아동의 관계가 문제로 되는데, 결손된 실부모를 대신하는 계부모와 아동 사이 조금도 정신적 갈등이 없이 원만히 지내면 기능적으로 구존가정(俱存家庭 : 양친이 모두 살아계신 가정)이라 하겠으나, 그렇지 않은 경우에는 결손가정과 다름이 없고 더욱이 계부모의 학대 등으로 인하여 아동이 불량화 될 위험이 한층 커질 수도 있다. 결국 결손가정은 결손가정 그 자체가 문제로 된다기보다는 결손이 야기하는 가정의 기능적 결함이 문제로 된다고 할 수 있으므로 소위 기능적 결손가정이라는 측면에서 연구되어야 할 문제가 많다.[16)]

(2) 빈곤가정

빈곤 그 자체만으로는 도덕적으로 불량한 것이라고는 할 수 없으나, 경제적 사정은 사람의 인격형성에도 중대한 영향을 미치므로 가정의 빈곤이라는 사정은 여러 가지의 의미로 비행과 범죄를 유발하는 동기로 된다.

참고사항 : 글륙부부의 연구

비행소년과 빈곤의 상관성에 대하여, 글륙부부는 비행소년 중 가정이 항상 공공원조를 받는 자는 36.2%로서 무비행소년의 경우 14.6%에 비하여 2배가 넘는다고 하여 이를 긍정적으로 평가한 반면, 힐리는 비행소년 중 빈곤가성 출신자가 22%, 극빈가성 출신자가 5%이고, 경제상태가 직접 범행의 주요원인으로 되는 비율은 0.5%에 불과하다고 하여 양자의 상관관계를 과소평가하고 있다. 글륙부부는 다음의 내용으로 비행소년과 무비행소년 사이의 상호관계를 특징지었다.

"전반적으로 비행자는 외향적이며, 활동적이며, 충동적이고, 무비행자보다 덜 통제적이다. 그들은 보다 호전적이고, 성질적이고, 반항적이고, 의심을 잘하고 파괴적이다. 그들은 실패나 파괴에 무비행자보다 덜 두려워한다. 그들은 미래에 대해 보다 편안한 기대와는 거리가 멀고 권위에 덜 복종적이다. 그들은 집단적이고 단정적이다. 그들은 통제집단보다 더 크게 확정하고 그들은 인식하지 못하거나 적당하지 않는 지각을 나타낸다".

(3) 비행가정

비행가정이란 반드시 범죄자가 아니더라도 어떠한 의미에서 사회적 부적응자가 가족의 구성원으로 되어 있는 가정을 말한다. 이러한 부도덕가정과 소년비행의 상관성은 범죄성의 유전에 대한 문제와도 밀접한 관련을 가지는데, 비록 범죄성의 유전을 부인한다고 하더라도 유아시부터 가족구성원들의 일탈적 가치관이나 행동유형을 접촉한 소년들이 인격형성에 커다란 장애를 받을 것이라는 점은 쉽게 추측할 수 있을 것이다. 결국 부도덕가정은 형태적으로 아무런 결함이 없으나 가정이 가지

16) 정영석/신양균, 전게서, 144면.

는 기능이 현저하게 손상되어 있다는 점에서 넓게 보면 기능적 결손가정이라고 할 수 있으며, 그러한 가정에 있는 소년이 정서적으로 불안정하고 가정 자체의 상황이 불안정하기 때문에 범죄나 비행이라는 하층문화에 익숙하게 될 가능성이 크다.

(4) 갈등가정

갈등가정이란 가족간(특히 양친간)에 감정, 이해, 가치관 등 심리적 갈등이 존재하여 인간관계의 융화가 결여된 가정을 말한다. 가정내의 다른 구성원 상호간에 이런 갈등이 있는 경우나 직접 소년과 가족의 일원(특히 부모) 사이에 긴장이나 갈등이 있는 경우에 그것이 직접 및 간접으로 소년비행에 영향을 미치게 된다.

글룩(Gluek)이 조사한 바에 따르면, 부모의 가정교육이 확고하고 자상했던 경우에 비행소년과 무비행소년의 비율을 보면 전자는 4.2%, 후자는 약 65.6%(부모의 가정교육 기준)으로 비행소년의 경우에 부모의 가정교육이 부실한 경우가 많음을 알 수 있다.

(5) 시설가정

시설가정이란 고아원 기타 아동양육시설이 가정의 역할을 하는 경우를 말한다. 이런 시설에서 자라난 아동은 그 시설직원(감독자)과의 사이에 애정과 친밀성을 느낄 기회가 없기 때문에 반항적·거부적 심정을 가지거나 타인의 의견을 무시하는 태도를 나타내기 쉽고, 그만큼 반사회적 행위에 빠지기 쉽다. 고아원 등의 시설이 아무리 잘 되어 있더라도 유아에게 인간정서의 근원인 모친의 애정을 줄 수 없는 한, 완전한 사회적응성을 배양하는 것은 매우 어렵다. 그러나 모든 시설가정의 소년들이 비행소년이나 범죄자가 되는 것이 아님은 물론이다.

2. 가정의 기능적 결함요인

소년비행에 대하여 미치는 영향을 가정적 결함별로 살펴보았으나, 그와 같은 가정의 결함이 있다고 하여 모든 소년이 범죄나 비행에로 나아가는 것도 아니고, 결함가정의 유형들은 그 자체보다도 그러한 결함으로부터 야기될 수 있는 가정의 고유한 기능에 장애를 가져온다는 점이 문제가 되므로 소년비행의 요인이 될 수 있는 가정의 기능적 결함요인을 분석하는 것이 중요하다.

(1) 친자간의 애정관계

글륙(Glueck)부부는 양친의 애정에 대한 태도나 양친의 존부·가족간의 애정관계(affectional relationship)가 소년비행에 중대한 영향을 미친다는 사실을 지적하고 있다. 이와 같은 가족 구성원들간에 애정적 유대가 약해지거나 끊어지게 되면 가정은 쉽사리 무너지고, 가정이 원래 가지고 있었던 가족구성원의 비행에 대한 통제력 및 가족구성원 상호간의 동일화에 호소함으로써 유지되어 왔던 일탈통제력 등이 상실되게 된다. 자녀에 대한 애정을 거부한다는 것은 자녀를 질책하는 것뿐만 아니라 전혀 질책하지 않는 형태로도 나타나기 때문이다. 양친으로부터 질책을 받기 위하여 행하는「자기징벌」로서 비행을 저지르는 소년 대부분은 양친으로부터 무시받고 방임되어 있다.

(2) 가정의 결합도

가족구성원 중에서도 특히 양친간이나 친가간의 갈등, 가치관의 대립이 있는 경우에는 가족의 결합도가 낮아지고 그로 인하여 소년비행이 생기기 쉽다. 친자간의 가치관의 대립은 연령차에 인한 경우도 있고 자연적으로 생기는 경우도 있는데, 주로 문제가 되는 것은 출세, 금전, 명예, 선악, 결혼, 학력, 인간의 가치기준 등에 관한 가치관의 대립이다. 결국 가족의 결합도와 관련하여 문제가 되는 것은 친자간의 가치관의 갈등에 기인한 결합도의 약화와 일탈된 가치관을 가진 부모에의 동조라고 할 수 있으며, 이러한 두 측면이 가족의 결합도를 약하게 하고 소년을 비행에로 나아가게 하는 작용을 한다. 현재 남자의 경우에는 대가족의 소년보다 핵가족의 소년의 경우에 비행발생율이 높은데, 이것은 대가족보다 핵가족의 경우가 가정내의 갈등으로 인한 가족결합도의 약화에 더 큰 영향을 미치고, 남자가 여자보다 그 영향을 더 쉽게 받기 때문이다.

(3) 가정교육

대부분의 교육이 가정 이외의 사회기구를 통하여 이루어지고 있으므로 가정교육의 중요성이 상대적으로 감소하고 있으나, 자녀교육의 터전은 여전히 가정이라고 하지 않을 수 없다. 가정교육은 부모나 그 가정이 가지는 가치관을 자녀에게 심어주는 것이라고 할 수 있는데, 이것과 관련하여 소년의 행동에 특히 영향을 미치는 것으로서 가정교육의 일관성, 가정교육의 기술, 자녀에 대한 관심의 정도, 자녀교육의 이면으로서의 부모의 권위 등을 들 수 있다. 최근의 소년범죄 원인 가운데 이욕·사행심·우연 등으로 인한 경우가 상당한 비중을 차지하고 있다는 점도 소년에 대한 가정교육의 결함과 밀접한 관련을 나타내는 것이다. 우리나라의 경우에 비행소년에 관한 조사에 따르면 부모의 훈육태도와 관련하여 비행소년의 경우에 가정교육의 문제점으로 나타나는 것은 자녀에 대하여 방임적인 태도, 가정교육의 일관성 결여, 지나친 애정 등을 들 수 있다.

3. 청소년가출과 범죄

가정이 올바른 기능을 수행하지 못하는 경우에 소년은 그러한 가정의 차가운 분위기를 민감하게 느끼고 가정에 대한 애착이 점차 식게 된다. 가출이란 정신적 갈등의 해결이나 생활목표의 달성 등을 위해 가족을 떠나 안주의 장소를 구하려는 일종의 도피행위라고 할 수 있는데, 그 동기는 크게 개인적 요인(가정불화·학교 부적응·불량한 교우관계)과 사회적 요인(사회적 요인을 강조하는 경향)으로 구분할 수 있다. 참고로 가출인 발생 및 처리상황에 대한 경찰청 통계자료에 따르면 연령별로는 20세 이상이 65% 이상을 차지하고 있다. 가출은 그 자체 및 결과에 있어서 중요한 사회문제를 포함하고 있으므로 이를 방지하기 위해 경찰과 청소년선도단체 등의 유기적인 노력이 매우 절실하다.

4. 가정 내의 폭력범죄

가정폭력은 피해대상에 따라 아내학대, 아동학대, 노인학대 등으로 분류되어진다. 가정폭력의 유발요인으로서 첫째, 빈곤과 실업, 부족한 삶의 조건들을 들 수 있다(사회적·문화적 요인). 둘째, 부부간의 잦은 논쟁, 종교상의 갈등, 결혼문제 등이 그 요인이 된다(가족적 요인). 셋째, 아동기의 학대 경험과 낮은 자아존중감, 알코올과 약물중독 등이다(개인적 요인). 가정폭력에 대한 일반적 대책으로는 사회인식의 전환과 더불어 경찰의 인식도 전환되어야 하고, 규범적 대책으로는 가정폭력범죄의 처벌 등에 관한 특례법 등을 통하여 이에 대한 법의 적용과 효율적인 사법기관의 대응이 필요하다.[17]

17) 김운회, 『가정폭력범죄』, 백산출판사, 2006, 74-76면.

Ⅱ. 학교교육과 범죄

사람들은 교육을 통하여 그 사회에 고유한 지식, 기술, 생활양식 등을 습득하고, 사회규범을 자기의 행동기준으로서 내면화하게 된다. 학교교육과 범죄의 관계는 크게 두 가지 관점에서 고찰하여야 하는데, ① 일반적 및 문화적 환경으로서 학교교육이고 ② 개인적 및 훈육적인 환경으로서의 학교교육이다.

1. 일반적 환경으로서의 학교교육

일반적 환경, 즉 문화적 환경으로서의 교육제도 특히 학교교육이 국민의 범죄성에 어떠한 영향을 미치겠는가에 대해서는 학교교육이 범죄를 억제하는 방향으로 작용한다는 견해(낙관론 - 교육은 윤리화한다는 명제를 강조하는 입장으로서, 개인의 사회화를 조직적, 체계적, 단계적으로 행하는 장으로서의 학교의 역할은 개인으로 하여금 사회구성원으로서 사회생활에 적응하는 능력을 배양하는 데 있어 학교교육이 범죄를 억제하는 작용을 한다고 주장)와 범죄를 촉진하는 방향으로 작용한다는 견해(비관론 - 근대의 학교교육의 기술적 편향성을 지적하여 범죄를 촉진하는 작용을 한다)가 대립되어 있다.

우리나라의 경우 저학력자보다는 고등학교 및 대학교 교육을 받은 자가 차지하는 비율이 계속 증가하는 추세를 보이고 있는 현상에 비추어 볼 때 교육이 범죄를 감소시키는 작용을 한다는 가설은 우리의 경우에 적용되기 어렵다는 사실을 보여주는 것이긴 하지만 그렇다고 해서 교육 자체가 범죄를 촉진시키는 작용을 한다는 논거가 되기는 어렵고 오히려 국민 전체의 교육수준의 향상과 함께 범죄가 다양화하고 특히 화이트칼라에 의한 범죄가 증가하는 경향을 반영하는 것이라고 보아야 한다.[18)]

2. 개인환경으로서의 학교교육

학교교육이 개인적 환경, 즉 훈육적 환경으로서 개인의 인격형성에 중요한 의미를 갖는다. 학교에서는 부모와는 관계없이 교사, 학우들을 통하여 여러 가지 영향을 받고 이념과 행동양식을 습득하게 된다. 다만 학교에서 습득한 것이 장래의 범죄행동에 어떠한 영향을 미치겠는가는 범죄학에서 증명하기 곤란한 문제이다. 이러한 이유에

18) 정영석/신양균, 상게서, 158면.

서 종래 학교교육과 범죄의 관련에 대해서는 주로 범죄자의 성적과 학습태도가 문제로 되어 왔다. 말하자면 학교에의 적응 여부는 비행과 관계되는 것이고, 성적불량과 학습태만은 범죄 내지 비행의 원인으로 된다. 힐리와 브론너(A.F. Bronner)가 시카고 및 보스턴의 상습범에 대하여 조사한 결과에 의하면 그들 가운데 재학시에 무단결석자가 많았고, 결국 학업태만은 "범죄의 유치원" 이라고 말하고 있다.

우리나라의 경우에도 서울 소년감별소에서 수용대상소년을 대상으로 비행소년의 학교에 대한 태도를 조사한 통계에 의하면 감별대상소년 가운데 학교에 대해 부정적인 태도를 가진 학생들의 비율이 점차 증가하고 있으며, 그 가운데에는 공부하기가 싫기 때문이라는 학생의 비율이 상당한 비율을 차지하고 있는 것으로 나타나고 있다.

3. 학생범죄

교육의 문제와 관련하여 최근에 중요한 사회문제로 대두되는 것이 학생범죄이다. 국민들에게 교육을 받을 기회가 커지고 이와 함께 학생수가 증가함에 따라 범죄자들 가운데에도 대학생을 포함한 학생이 차지하는 비율이 증가하고 있고, 이러한 현상은 교육과 범죄의 문제에서 학력과 범죄의 관계보다 학생범죄 자체에 대한 관심을 불러일으키고 있다.

죄종별로 보면 학생범죄 가운데 폭행, 상해, 협박 등의 폭력범이 가장 많은 비율을 보이고 있으나 1970년대 이후에는 점차 감소하는 경향을 보여, 1974년에 59.2%를 차지하던 것이 1983년에는 46.1%, 1993년에는 35.2%로 나타나고 있다. 절도범은 1974년 21.8%에서 1983년 26.3%, 1993년 22.7%로 큰 변화를 보이지는 않지만, 살인, 강도, 강간 등의 흉악범은 1974년 0.8%에서 1983년 1.1% 그리고 1993년 3.3%로 증가하는 경향을 보이고 있다. 이와 같은 학생범죄의 증가는 세계 각국의 공통적인 경향이라고 할 수 있으며, 이에 대한 올바른 대책을 수립하기 위해서는 그 원인을 규명하지 않으면 안된다.

(1) 가정적 원인으로서 학생들에 대한 부모의 태도가 문제로 된다. 부모는 학생의 학업상태에 대하여 항상 관심을 가질 필요가 있고, 보다 나은 학습환경을 조성해 주어야 한다.

(2) 학교측의 원인으로서 근대 학교교육의 병리적 측면을 들 수 있다. 지위나 신분체계가 개방된 사회에서는 학교교육이 사회적 상승이동의 주요한 수단으로 중

요한 의미를 가지게 됨에 따라 학교교육은 청소년의 장래 사회적 지위를 결정하는 중요한 역할을 하게 된다.

(3) 지역사회가 미치는 영향을 들 수 있다. 우리나라의 경우 학생범죄의 통계를 보면, 지역별로 대도시에서 60%정도, 중소도시에서 10%정도가 발생하고 있다.

(4) 학생자신에게도 원인이 있다. 학생들은 학교의 수업부담이 크다든가 자신의 흥미에 맞지 않는다는 구실로 자신들의 일탈행동의 원인을 다른 곳으로 책임을 전가시키는 경우가 많다.

(5) 매스컴의 불건전한 태도, 도시화에 따른 인간관계의 약화, 물질중심주의, 가정의 기능약화, 인구증가에 따른 경쟁심리의 강화 등에 따른 교육의 황폐화는 이런 학생 범죄의 근본적인 원인이라 할 수 있다. 거시적이고 일반적인 대책이 선행되어야 한다. 즉 교육제도의 개선, 사회 일반의 왜곡된 교육관 수정, 학력에 따른 직업 선택범위의 확대, 학교와 가정간의 긴밀한 유대관계, 학생생활지도를 위한 지역사회의 적극적 참여, 청소년위락시설의 건전화・다양화 등이 대표적인 것이라고 할 수 있으며, 학생비행의 원인이 되는 여러 요소들을 조기에 발견하고 학생 지도체제를 확립・정비하는 일 등이 병행되어야 한다. 미시적인 대책으로서 학생들의 학교이탈을 단속하는 여러 가지 것들이 필요하다. 학생들의 등교를 권장・지도하는 공식기구를 두거나, 학생 개인의 학교이탈의 원인을 규명하는 전문의 제도 등을 두는 방안, 교외생활지도 및 교사제도의 실질화 등이 방안이 될 수 있다.

Ⅲ. 직업과 범죄

직업이라는 후천적인 사정은 여러 가지 면에서 범죄와 밀접한 관계를 가진다. 직업의 유무나 종류가 범죄와 관계가 있다는 근거로서 특정한 직업에 종사함으로써 그 사람의 경제적인 생활정도가 결정된다. 직업에 의하여 자신과 그 가족의 생활환경이 정해진다. 특정한 직업에 종사한다는 것은 그 사람의 지능・성격 등 소질적인 성격을 어느 정도 반영하고 있고, 사회적 지위가 낮은 불안정한 직업에 있거나 전직이 심한 것은 개인의 인격적 특성이 바람직하지 못하고 사회적응능력도 낮다는 사실을 보여주는 징표가 된다.

1. 직업별 범죄성

직업은 일정한 사회적 지위의 표상으로 인격적으로 제약된 환경선택의 문제라고 할 수 있다. 즉 직업은 가정이나 사회적 환경이라는 외부적 조건에 의하여 제약받는 동시에, 성격, 재능, 체격 등 인격적 특성도 직업을 결정하는 중요한 조건이 된다. 그리고 직업은 경우에 따라서는 범죄의 기회를 제공하기도 하고 일정한 범죄를 수행할 능력을 제공하기도 하며, 일정한 직업에 따라 형성된 정신적 태도가 범죄를 자극하거나 억제기능을 둔화시키기도 한다. 전통적으로 직업별 범죄율을 보면, 향락성 환경에 접해있는 불안정한 직업에 종사하고 있는 자가 범죄율이 높은 편인데, 농림업자, 상공업자, 교통업 종사자가 비교적 높은 편이라고 한다. 직업별로는 기타 자유업, 학생, 기타 상업, 회사 등에 의한 범죄의 증가가 두드러지는데, 학생범죄를 제외하면 대부분 산업구조의 변화에 따른 산업별 인구의 구성비의 변화, 3차 산업을 중심으로 한 직종의 다양화 등에 그 원인이 있는 것으로 보인다. 한편 직업별 죄종과 관련해서는 실제로 그 직업에 종사하는 자가 아니고서는 도저히 죄를 범할 기회가 없는 경우, 예컨대, 수금사원이나 회계사원은 금전에 대한 횡령 또는 배임죄를 범하기 쉽고, 반대로 농민이나 노동자가 뇌물죄나 각종 위조죄를 범하는 일은 거의 없을 것이다.

참고사항 : 직종별 연구와 범죄

(1) 교통업 및 상업

교통업종사자는 교통참가에 따라 업무상 과실치사상죄를 저지르기 쉽다. 한편 상업사용인의 경우에는 횡령이나 절도를 범할 기회가 많다고 할 수 있다. 자영업자는 예컨대, 폭리죄, 위조범죄, 금융관련범죄 등을 저지르기 쉽다.

(2) 광공업

광업이나 공업의 경영자는 세법, 노동법 등 특별법 위반, 업무상 과실치사상죄 등을 저지르기 쉽고, 피고용인의 경우에는 육체노동자가 많아 재산범보다 폭력적인 범죄를 저지르지 쉽다.

(3) 농수산업

농수산업에 종사하는 사람은 그 자체가 전통적이고 보수적인 성격을 띠고 있으므로 범죄와의 친화성이 약하다. 다만 농한기도박, 작황부진에 따른 재산범죄, 혈연관계나 소작관계의 갈등에 의한 살인, 방화 등이 문제로 될 수 있다.

(4) 공무원

이들은 일반적으로 명예훼손죄, 뇌물죄, 각종 위조 및 동 행사죄, 횡령 및 배임죄 등이 많고 폭력적인 범죄가 적다.

2. 실업과 범죄

직업과 관련하여 실업과 범죄의 관계이다. 실업은 자본주의 사회의 불가피한 부산물로서 계절적 및 경기적 실업, 만성적 실업 등 여러 가지 형태가 있다. 계절적 및 경기적 실업은 단기적인 것으로서 자연적 혹은 경제적 조건 및 자본주의경제의 자동조절기능에 의하여 어느 정도 해소될 수 있으므로 형사정책상 큰 문제가 없으나, 만성적 실업은 장기적으로 생활곤란을 초래하고 그것이 장기화되는 경우에는 인격형성에 큰 영향을 미치게 된다.

참고사항 : 전직과 범죄

한편 전직이 잦은 사람은 사회적으로 불안정하고 범죄성이 높다는 것이 종래의 시석이다. 특히 청소년의 경우에 그 영향이 현저한데, 전직을 거듭하는 청소년의 대부분은 점차 범죄와 친화성이 높은 직업으로 가까이 가는 경향을 보인다. 전직의 주된 원인은 직업 및 직장에의 부적응이라고 할 수 있는데, 직업선택이 주체성이 결여된 경우에 많이 나타난다.

3. 소년비행과 직업

직업이 소년비행에 어떠한 영향이 미치는가 하는 점은 크게 두 가지 관점에서 생각해 볼 수 있는데 하나는 소년 자신의 직업에의 부적응 및 전직의 문제이고, 다른 하나는 보호자의 직업 내지 직업습성의 문제이다.

(1) 소년의 직업을 살펴보면 일반적인 직업과 범죄의 관계가 여기서도 거의 그대로 적용된다. 글룩(Gluek)에 따르면 비행소년의 경우에 졸업 후에 종사하기를 원하는 직종은 막연하고 모험적이고 그리 훈련을 요하지 않는 안이한 직업인 경우가 많다고 한다. 범죄분석의 통계에 따르면 연도별로 범죄소년의 직업별 분포는 큰 변화를 보이지 않는데, 65%이상이 무직이거나 학생이다. 소년으로서 학교에 진학하지 못하고 일정한 직업을 택하거나 그나마 직업마저도 가지지 못한 경우에 처한 불리한 환경은 충분히 예상할 수 있을 것이다. 또한 유직청소년의 경우에 직장에 대한 만족을 기대한다는 것은 상당히 어려운 일이며, 그 결과 전직이나 직장부적응의 문제가 생겨난다.

(2) 보호자의 직업이다.

일본 법무성 특별조사에 따르면, 범죄소년의 보호자를 직업별로 보면 공원·운전사 등 소위 블루칼라(Blue Collar)직업이 가장 많고, 그 다음이 농림어업이고, 관리직, 사무원, 전문기술직 등 소위 화이트칼라 직업은 15% 미만으로 나타났다. 또 보호자의 직업과 소년의 죄명의 관계에 대하여 보면 블루칼라 직업에서는 강간 혹은 외설, 화이트칼라 직업에서는 사기 및 횡령이, 농어촌에서는 강도 및 살인이 각기 비교적 많은 것으로 나타났다.

(3) 결국 보호자의 직업은 가정적 환경의 하나로서 소년비행에 영향을 미칠 수 있는 것이며, 이런 관점에서 부친이 돈벌이나 구직을 위하여 장기간 집을 비우는 경우나 부부가 함께 직장에 나가는 경우 등도 비행에 영향이 있을 것이다.

4. 성매매행위와 범죄

직업과 범죄와 관련된 문제로 전통적으로 매음 내지 윤락행위의 문제이다. 이는 피해자와 가해자가 동일인인 개인범죄로서 피해자없는 범죄(victimless crime)[19]의 하나이다. 성매매를 규제하기 위해 제정된 성매매알선 등 행위의 처벌에 관한 법률 제2조에 따르면 성매매란 "불특정인을 상대로 금품이나 그 밖의 재산상의 이익을 수수하거나 수수하기로 약속하고 성교행위, 구강, 항문 등 신체의 일부 또는 도구를 이용한 유사 성교행위에 해당하는 행위를 하거나 그 상대방이 되는 것을 말한다." 이라고 정의하고 있다. 성매매행위는 그 대부분이 집단적인 창기의 형태로서 행하여지는 경우가 많고, 성매매행위와 관련되는 범죄도 주로 집창과 관계가 있다. 다음으로 집창지대는 사회적 하층계급문화에 동화되어 있는 경우가 대부분이므로 거기에 속하는 자들의 각종 폭행·성범죄의 온상으로 되어 있고, 더욱이 청소년들의 경우에는 성매매행위를 위한 비용을 마련하기 위하여 범죄를 저지를 가능성도 크다. 따라서 특히 청소년들의 경우에는 성매매행위가 가능한 유흥가 등의 장소에 출입하는 것을 단속하고 이를 금지시켜야 하며, 성매매행위에 대해서는 강력한 단속보다는 성매매행위를 하는 여성들에 대한 보호지도와 직업보도 등 사회적 대책이 절실하다. 특히 최근에 고급여성인력들이 성매매행위에 참여하는 현상에 비추어 볼 때, 보다 근본적으로 중요한 것은 성을 상품화하려는 우리 사회에 만연된 의식을 불식하고 건전한 성문화의 정착을 위한 다양한 노력이라고 할 수 있다.

---

19) 슈어는 피해자없는 범죄를 "신고없는 범죄(complaintless crime)"로 부르고 있다.

5. 화이트칼라 범죄

전통적인 견해에 따르면 직업에 대한 사회적 평가가 낮은 직종일수록 범죄와 밀접한 관련을 가진다고 보았다. 그러나 최근에 이런 전제에 심각한 도전으로 등장하고 있는 것이 소위 화이트칼라 범죄(White Collar Crime)이다. 화이트칼라 범죄를 처음으로 전면에 내세운 **서더랜드**(E.H, Sutherland)에 따르면, **화이트칼라범죄란 '정치·경제적**으로 높은 사회적 지위에 사람들이 직업상 범하는 죄' 를 말한다. 따라서 이런 정치·경제적으로 사회 상층계급에 속하는 사람들의 범죄라도 그들의 직업과 관련이 없는 범죄는 -예컨대 살인, 폭행 등-제외되며, 암흑가의 부유층이 범한 죄도 그 주체가 명망이 있는 사회적 지위에 속하지 아니하기 때문에 여기서 제외된다. 화이트칼라 범죄의 경우에는 전통적인 범죄에 비하여 그 피해나 손해가 광범위하고 그 규모도 크고, 그 결과 범죄로 인해 얻는 이익도 매우 크나 이 범죄가 통상의 범죄통계에는 정확히 나타나지 않는 암수가 많다는 점을 특징으로 한다. 그 이유는 ① 피해자가 불특정한 집단이고, 그로 인한 법침해 사실이 현실로 드러나지 않는 경우가 많다. ② 범죄가 비밀리에 치밀한 계획하에 지능적으로 행해지고, 증거인멸이 교묘히 이루어지는 경우가 많다. 또한 법률 위반이 정상적인 경제거래의 장에서 행해지는 경우가 많기 때문에 적법 혹은 위법의 한계가 모호하다는 점도 중요한 이유가 된다. 우리나라의 경우 지난 수년간 화이트칼라 범죄가 일반적으로 행하여지는 방식인 사기, 위조, 횡령 등의 범죄가 꾸준히 증가하고 있다. ③ 화이트칼라 범죄는 범죄통계에 잘 나타나지 않으므로 그 현상을 정확히 파악할 수 없고, 따라서 그 대책을 수립하는 일이 매우 어려우나 먼저 법률의 정비를 통하여 합법·위법의 한계를 명확히 함으로써 죄책감이 적은 사회상층계급에 대하여 행동의 억제요인을 제공하는 것이 필요하다. 이외에도 일반 국민들에게 화이트칼라 범죄의 사회적 유해성을 계몽함으로써 이런 범죄에 대한 사회적 비난을 강화시켜 나가는 일이 필요하고, 직무상의 지위나 권한의 남용에 대한 견제시스템을 강화하고, 범죄자에 대한 처분의 적정을 기해야 하며, 근본적으로는 경제적인 성공을 사회적 지위의 주된 평가기준으로 삼는 사회의식의 변화도 절실하다.

제4절 범죄의 환경적 원인론

I. 자연환경과 범죄

자연환경은 개인적·사회적 환경에 대치하는 개념으로서, 보통 기상, 기후, 토지, 풍경 등 네 가지 요소로 되어 있다. 그리고 이런 요소는 직·간접으로 그 지역 주민의 범죄성에도 영향을 미치고 있는 점이 학자들에 의하여 지적되어 왔으나 자연환경의 요소 중에 특히 범죄학에서 문제로 삼고 있는 것은 그것이 직접 범죄성의 발현에 영향을 미치는 경우이다. 기상 및 기후와 범죄의 관계를 논의하기 위해 종래 기상·기후의 변화와 범죄성의 변화를 비교하는 방법이 사용되어 왔는데 두 가지 비교방법이 있다. (1) 한 국가내에서 지역적인 기후의 차이와 각 지역의 범죄성을 비교하는 방법 (2) 동일한 지역내에 있어서 시간적 경과에 따른 기상과 기후의 차이와 그에 따른 범죄성의 변화를 비교하는 방법, 예컨대 계절의 변화에 따른 범죄성의 차이를 비교하는 것이다.

1. 계절의 연구

계절은 자연환경의 중요한 요소이고, 춘, 하, 추, 동 네 계절의 규칙적 변화는 시기별 범죄성의 변화와 명료한 관계가 인정되기 때문에, 계절과 범죄의 문제는 범죄학에서 고전적 주제의 하나로 인정되어 왔다. 성범죄는 저온에서 고온으로 이행하는 시기인 봄부터 증가하여 초여름과 한여름에 걸쳐 가장 많고, 겨울철로 들어서면서 다시 낮아진다고 한다.

(1) 통상 폭력범죄는 여름철에 증가하고 겨울철에 감소한다. 우리나라의 경우 지난 5년간(1986-1990년) 폭력범죄의 계절적 변화를 보면 상해 및 폭행은 6, 7월 증가현상을 보여 8, 9월에 최고의 발생률을 보이고 있으며, 그 이후 약간 하강하면서 10월-12월에는 감소추세를 보이고, 살인죄는 5, 6, 7, 8월에 최고의 발생률을 보이고 있다.

(2) 통상 재산범죄는 겨울철에 가장 많이 발생하고 여름철에 가장 적게 발생한다고 하는 것이 유럽 여러 나라의 통계결과이다. 그리고 이런 현상은 주로 두 번째

가설을 통하여 설명된다. 즉 하계에는 비교적 생활비를 절약하여도 생활이 가능하지만 동계에는 주거, 난방, 의복 등에 대한 비용의 증가로 생활조건이 어렵게 되기 때문이다. 근자에 경제사정이 호전되고 생활수준이 향상되면서 계절에 따른 사회적 및 경제적 변화요인의 영향력이 감소하고 있는 데 기인하는 것으로 생각되며, 오히려 하계에 생활주거가 개방되고 휴가기간 등이 끼어 절도를 중심으로 한 재산범죄가 빈발하고 각 분기 말에는 결산 등으로 금전거래가 활발해짐에 따라 횡령, 배임, 사기 등이 많이 나타나는 것으로 보인다.

(3) 보통 성범죄는 늦은 봄에서부터 증가하여 여름철을 정점으로 하며 겨울철에 가장 적게 나타난다고 한다. 격정범인 강간죄가 여름철에 가장 많이 발생하는 것은 폭력범죄와의 관련성으로부터 알 수 있고, 외설행위도 6월을 중심으로 하여 여름철에 가장 많이 나타난다고 한다. 성범죄는 공연음란의 경우 등을 제외하고는 옥내의 행위에 상당한 비중이 있으므로 오히려 세 번째 가설로 설명하는 것이 타당하다는 것이 종래의 일반적인 견해이다. 그러나 최근의 범죄통계에 따르면 성범죄는 옥외와 옥내에서 발생하는 비율이 거의 비슷하기 때문에 그 환경적 원인도 복합적으로 파악하지 않으면 안된다. 즉 여름철에는 성적 욕망의 주기가 상승하고, 복장이 가벼워짐에 따라 상승된 성욕을 자극하게 되며, 일반적으로 집중력이 떨어져 이완된 분위기를 초래한다는 사실과 관련이 될 것이다.

2. 요일의 연구

요일과 범죄의 관계는 그 상관성이 인정된다고 하더라도 그것은 요일 자체의 특징이라기보다는 당해 요일의 경제적 환경이나 사회문화적 환경의 영향력에 기인하는 것이라고 보아야 하므로 양자의 관계에 대한 논의는 점차 사라져 가고 있다.

3. 시각의 연구

하루 중에서도 시각에 따라 범죄가 발생하기 쉬운 시각과 그렇지 않은 시각이 있는가 하는 점에 대해 종래 많은 연구가 이루어져 왔다. 죄종별로 시간별 범죄발생량에 상당한 차이를 보이고 있지만, 상당량의 범죄가 오후부터 새벽 시간에 걸쳐 발생한다. 이것은 당해 시각에 사람들의 활동량이 가장 많다는 것과 밤이 가지는 무위와 은폐성에 기인하는 것이라고 한다.

Ⅱ. 경제적 환경과 범죄

경제적 환경은 사회적 환경의 일 요소로서 범죄에 미치는 영향이 가장 크다고 여겨왔기 때문에 종래 범죄학에서도 많은 학자들이 경제적 환경과 범죄의 관계에 대한 문제를 다루어 왔다. 범죄는 여러 가지 사회적 혹은 개인적 원인의 결합에 의하여 발생하는 것이므로 경제적 원인은 그 일부에 불과한 것이다. 특히 격정범이나 성범죄 등은 경제상태와는 거의 무관하게 행하여진다. 물론 우리 주변의 범죄인, 특히 재산범죄의 대부분은 확실히 경제적인 곤궁하에서 범죄를 행하였다고 생각되는 경우가 많으나 동일한 빈곤상태하에서도 정상적인 사회생활을 영위하고 있는 자도 적지 아니하며 오히려 화이트칼라 범죄의 대부분은 경제적인 빈곤과는 전혀 무관한 것이라고 할 수 있다[20].

1. 경제발전의 연구

경제발전과 범죄와의 관계에 대한 연구는 흥미있는 문제이기는 하나, 반면에 반드시 경제적 조건들만이 범죄에 반영되는 것이 아니고 경제발전에 따라 변화되는 사회적 요인들이나 각국의 사회문화적 전통 등이 복잡하게 얽혀 있는 것이므로, 경제발전과 범죄의 관계는 사회계층의 변화라는 거시적 관점에서 파악해야 하는 어려운 문제이며, 개별적인 범죄유형이 가지는 특징이라는 관점에서도 검토를 요하는 문제이다.

2. 경제변동의 연구

경제변동은 전술한 경제발전, 즉 국민경제구조 자체의 발전과정 중에서 경제적 조건이 여러 형태로 변화하는 것을 말한다. 즉 구체적인 경제발전과정 중 일정한 시기에 나타난 변동이 범죄와 어떠한 관련을 가지는가 하는 문제로서, 여기서 주로 논의의 대상이 되는 것은 물가변동, 소득변동, 경기변동 및 화폐가치변동이다.

(1) 물가변동의 연구

물가 (또는 가격)의 변동은 일정한 조건하에서 생활이 어려운 정도를 반영하는 것

20) 정영석/신양균, 전게서, 185면.

이고 그로 인해 범죄성에 영향을 미친다. 특히 여유없는 생활을 하고 있는 서민층의 경우에는 식량비가 그 생활비의 대부분을 차지하고 있기 때문에 식료품 가격(특히 곡가)이 서민층 생활의 난이도를 반영하고 재산범 특히 절도의 증감에 영향을 주게 되는데, 이것은 경제적 환경에 있어서 가장 전통적인 문제 가운데 하나이다. 이와 같이 재산범죄 특히 절도의 곡물가격에의 의존은 하나의 법칙으로 확인되었지만, 동시에 그 한계도 - 곡물가격곡선과 절도곡선과의 평행관계는 일정한 경제발전단계를 지나면 깨진다는 것 - 인식하게 되었다. 이것은 재산범죄가 곡물가격 이외에 다른 경제적 조건에 의해서도 영향을 받는다는 것을 의미한다. 즉 각국에서 자본주의 경제가 확립되면서 - 물론 나라에 따라 속도의 차이는 있지만 - 소득상태가 일반적으로 개선・향상됨에 따라 속도의 차이는 있지만 - 소득상태가 일반적으로 개선・향상됨에 따라 곡불가격의 변동이 필연적으로 빈곤과 절도를 수반하지는 않기 때문이다. 결국 절도곡선의 곡물가격곡선에 대한 의존성이라는 법칙도 생계비 중에 차지하는 식량비의 비중이 일정 단계 이상이라는 개인적 및 일반적 경제사정을 전제로 할 때에만 타당성을 가지며, 절도범 이외의 범죄와 곡물가격(식료품가격)의 관계는 소극적이다.

(2) 소득변동의 연구

일반적으로 물가와 재산범죄(특히 절도)는 정비례하고, 임금과 재산범죄는 반비례한다고 한다. 특히 곡가의 변동이 범죄의 증감에 영향을 미친다고 하는 것은 요컨대 농업 내지 제1차 산업 중심의 경제구조라고 하는 사실을 반영하고 있는 것이라고 볼 수 있으므로, 공업이나 상업 등이 산업의 중심이 되어 있는 현재의 일반적인 자본주의 국가에서는 오히려 노동자가 다수를 점하고 있고, 그들의 수입이 공장의 생산・유통과정의 원활 여부에 좌우된다는 점을 감안한다면, 소득변동과 범죄의 관계는 훨씬 중요한 의미를 가지게 된다. 소득은 ① 소득의 증감이 그 가족의 생계를 위협하여 범죄성에까지 영향을 미칠 수 있는 계층의 소득이 문제로 되므로 당연히 노동계층의 소득이 고찰의 대상이 된다. ② 이 경우에 소득은 단순한 명목임금이 아니고 실질임금이어야 한다. 이런 실질임금에 대한 재산범죄, 특히 절도의 의존성(반비례관계)은 절도의 물가변동 특히 곡가변동에 대한 의존성(정비례관계)과 동일한 성질의 것이다. 즉 임금의 저하가 임금노동자의 생활을 위협하고 생활의 곤란이 그들로 하여금 절도로 몰아넣게 한다는 것이다.

참고사항 : 렝거의 연구

실질임금에 대한 의존성을 처음으로 지적한 학자는 독일의 렝거(E. Renger)이다. 그는 비교적 규모가 적고 동질적인 작센 공업지대의 광산노동자와 섬유노동자를 대상으로 1882년부터 1912년까지 30년간 그들의 실질임금에 대한 절도의 의존성을 조사하였다. 그 후 엑스너(Exner)는 1925년부터 1933년까지 8년간에 걸친 절도죄와 바이에른 광산노동자의 실질임금과의 상관성을 고찰하였는데, 1929년부터 1930년까지 2년간은 임금이 급상승되었는데도 불구하고 절도 역시 급증하고 있다. 요컨대 절도의 실질임금에 대한 의존성은 일정한 저임금수준과 실업 공황 등 기타의 경제적・사회적 제조건에 의한 제약을 받고 있지 않은 상태하에서만 인정될 수 있다.

(3) 경기변동의 연구

물가 또는 실질임금 등의 경제적 요인들과 범죄성의 상관성은 어느 정도 안정된 경제적 발전이라는 상태하에서만 인정된다. 그런데 자본주의 경제에서는 생산관계에 내재하는 여러 가지 모순으로 인하여 불가피하게 경제적 호황과 불황(공황)이라는 경기의 주기적 변동이 나타나게 된다. 경기변동과 범죄의 상관성에 대하여는 미국의 셀린(T.Sellin), 독일의 엑스너(Exner), 아샤펜부르크(Aschaffenburg), 뢰스너(Rösner) 등 많은 학자들에 의하여 지적되어 왔다. 경제적 호황기에는 생산과 거래의 확대, 고용량의 증대, 신용경제의 팽창 등의 현상이 생기지만, 그 정점을 넘어서면 불경기를 가져오며, 이런 경제적 불황기에는 생산과 거래의 감소, 기업의 도산, 실업자의 증대 등의 현상을 나타낸다. 불황기에는 실업자가 양적으로 증가하고 더욱이 장기간에 걸친 실업과 그에 따른 생활의 불안정은 한편으로는 행위형성적 환경으로 작용하여 재산범, 특히 절도의 증가를 가져오게 하고, 다른 한편으로는 인격형성적 환경으로 작용하여 도덕적 타락을 가져오게 한다. 경기변동과 성별 및 혼인별 절도수를 비교하면, 불황기에는 남성의 경우가 여성보다 증가율이 높고 기혼자가 미혼자보다 절도의 증가율이 높다고 한다. 한편 재산범죄 중 특이한 양상을 보이는 것은 사기, 횡령, 배임이다. 즉 연령과 직종별로 경기변동의 영향을 보면 두 개의 집단의 상반된 반응을 나타내고 있다. 호황기에는 종업원과 젊은 층의 사기, 횡령, 배임이 증가하는 데 반하여 불황기에는 기업주 또는 고연령층에 이런 범죄가 증가한다고 한다.

(4) 화폐가치변동의 연구

물가의 상승은 다른 한편으로는 화폐가치의 상대적인 저하를 의미한다. 그러나 화폐가치가 날마다 다소 변동하는 것은 자본주의 경제의 상태로서 경제학적으로는 당연한 것이므로 사회적으로나 범죄학적으로 큰 의미가 없다. 그러나 물가의 변화가 급격하거나 국민경제에 큰 영향을 미치는 정도에 이른 경우에는 화폐가치의 변동으로 국민경제가 위태롭게 되고 범죄성에도 영향을 미칠 수 있다. 즉 경제생활을 뒷받침하는 도덕기반으로서의 화폐 및 그것으로 구체화되어 있는 국가의 경제정책에 대한 국민의 신뢰감 상실은 범죄성에 대하여 중요한 의미를 가진다. 그리고 화폐가치의 급격한 변동기에는 재산범죄, 특히 장물취득, 절도 등이 현저하게 증가하고, 풍속범죄 및 대인범죄 등은 저하한다고 한다. 그래서 인플레의 경우에는 금전적 범죄보다도 물건자체에 대한 범죄가 증가하고 디플레의 경우에는 금전에 대한 범죄가 증가하는 경향이 있다고 한다.

3. 경제적 빈곤계층과 범죄

경제발전 및 경제변동과 범죄의 관계에 대한 연구를 거시적(macro) 접근방법이라고 한다면, 경제계층과 범죄와의 관계에 대한 연구는 미시적(micro) 접근이라고 할 수 있다. 즉 범죄자의 개인적 경제계층에 따라 범죄성에 어떠한 차이를 보이는가를 논의하는 것으로서, 주로 경제적으로 낮은 계층의 범죄성 즉 **빈곤과 범죄**의 관계가 문제로 된다.

(1) 종래의 논의

빈곤과 범죄와의 관계를 직접 파악하기 위해 일반적으로 사용되는 방법으로는 ① 먼저 빈곤계층과 다른 계층의 그것을 비교·분석하는 방법이 있는데 버어트(Burt)나 봉거(Bonger), 글륙(Glueck) 부부 등은 이러한 방법을 사용하여 빈곤의 범인성을 긍정한 바 있으나 힐리와 브론너(Healy & Bronner)는 같은 방법을 사용하면서도 양자의 상관성을 부정하였는데, 이 차이는 빈곤의 개념규정, 조사대상, 조사지역이 각기 다른 데에서 기인한 것이라고 할 수 있다. ② 다른 한 가지 방법으로서 일정한 사회의 경제계층 가운데 빈곤계층이 차지하는 비율의 변화와 빈곤계층에 있어서 범죄발생율의 변화의 관계를 비교·분석하는 방법이 있는데, 이런 방법을 사용한 조사에서는 일반적으로 양자의 비례관계가 인정되고 있다. 종래의 연구결과들을 보면, 빈곤이 범죄의 결정적 원인이 아니라 하더라도 범죄발생을 촉진하는 작용을 하고 있다는 점은 부정할 수 없으나 절대적인 경제적 생활수준이 낮다는 의미에서 빈곤자체가 범죄의 결정적인 요인이라기보다는 빈곤에 자주 수반되는 현상, 즉 열등감, 좌절감, 소외, 아노미, 목표와 그 달성수단의 단절, 가정의 기능적 결함 등이 매개로 되어 범죄를 유발하는 경우가 많다.

(2) 상대적 결핍(박탈)이론

경제사정이 점차 나아짐에 따라 빈곤이 가지는 절대적 의미는 상대적으로 약해지고, 일정한 사회에서 개개인이 느끼는 심리적 빈곤현상에 대해 많은 지적이 이루어지고 있다. 특히 풍요로운 사회의 빈곤계층의 범죄발생률이 그렇지 못한 사회의 빈곤계층의 그것을 상회하는 경향을 보이고 있는데, 이는 절대적 빈곤이라는 개념을 통하여 설명할 수 없는 새로운 현상으로 제시되고 있는 것이 이른바 「상대적 결핍(박탈)」이라고 할 수 있다. 이 이론은 스토우퍼(S.A.Stouffer), 머튼(R.K.Merton) 등이 사용한 상대적 결핍의 개념을 도입하여 이것을 통하여 범죄발생과정을 설명하려고 하는 이론으로서 토비(J.Toby)에 의해 주장되었다. 상대적 결핍이란 「타인과의 접촉에서 느끼는 선망의 감정」이라고 할 수 있는데, 이런 감정은 일반적으로 빈곤한 사회의 빈곤계층보다 풍요로운 사회의 소수집단인 빈곤계층의 사람들에게 보다 참기 어렵고 심각한 것이다. 이 이론에 따르면, 개인의 절대적인 경제적 생활수준의 정도가 중요한 것이 아니라 자신이 속한 사회에서 스스로가 느끼고 경험하는 상대적인 결핍감이 범죄의 요인이 된다고 한다.

(3) 빈곤과 범죄

먼저 절대적 빈곤계층의 경우를 보면 이런 계층을 구성하는 사람들도 두 가지 부류로 나눌 수 있을 것이다.

1) 농어촌이나 도시 외곽지역에 주로 거주하는 소위 생산적이고 사회적응력이 강한 노동계층인데, 이들은 범죄와 연관성이 적으며 다만 사회정책적으로 이들에게 교육 내지 취업 등의 기회를 제공하여 그들 자신뿐만 아니라 그들의 자녀들이 좋지 못한 환경에 빠지지 않도록 유도하는 일이 중요하다. 다른 하나는 도시지역에 산재하는 기생적 빈민인데, 이들은 이미 빈곤문화가 정착되어 범죄와의 친화성이 매우 강하다. 따라서 이들에 대해서는 하층문화의 제거를 위한 각종 사회정책이나 범죄방지정책의 수립이 요청된다.
2) 자신과 일상적으로 접촉하는 대상을 기준으로 느끼는 상대적 빈곤은 빈곤 자체와의 관련성보다는 직업・교육・가치관 등 다른 사회적 요인이 보다 중요한 의미를 가지므로 별개의 고찰을 요한다. 결국 빈곤은 그 자체가 문제된다기보다는 대개의 경우에 사회계층 전체에 내재하는 구조적 문제의 하나로서 의미를 가지며, 근자에 특히 범죄구성요건의 다양화, 특별법 제정에 의한 범죄의 증가는 빈

곤 자체와는 측면을 별도로 하고, 범죄의 원인으로서 빈곤이 가지는 의미는 점차 상실되는 느낌을 주고 있다.

4. 경제범죄

이에 대한 논의는 개별범죄론에서 후설한다.

5. 우리나라의 경제사정과 범죄

우리나라에서 경제구조의 문제가 직접 범죄의 원인이 된다고 할 수는 없다 하더라도, 자주적인 경제정책・분배구조의 합리화・물가안정 등을 통해 경제구조를 안정시키는 일은 사회정책이라는 간접적 측면에서 범죄를 예방하는 중요한 방안이 될 수 있을 것이다. 우리나라의 경우 범죄자의 생활정도를 살펴보면 90%이상이 하층계급으로 나타나 일반인 가운데 그런 계층이 차지하는 비율보다 훨씬 높은 것을 알 수 있고, 그렇다면 하위계급의 경제적 빈곤이 범죄에 직접 및 간접으로 영향을 미친다고 할 수 있을 것이나, 다른 한편으로 보면 재산범죄 특히 절도, 공갈, 강도 등의 경우에는 범죄자와 그 가정의 경제적 빈곤 때문에 일어나는 경우가 많은 것이 사실이지만, 요즈음 문제되고 있는 청소년범죄의 경우를 보면 빈곤 자체의 범인성은 상대적으로 약화되고 있음을 알 수 있다. 결국 우리나라에서도 경제적 빈곤과 범죄와의 상관성은 점차 감소되어 가는 경향에 있으며, 빈곤에 의한 범죄라고 하더라도 그것은 빈곤 자체의 문제라기보다는 빈곤이 초래한 환경적 요인이 더 크게 작용한 결과라고 할 수 있다. 그런 측면에서 볼 때 사회정책적으로 빈곤의 문제를 해소하고 소득격차를 줄여나가는 일이 매우 중요하긴 하지만 특히 청소년범죄에 대해서는 그런 빈곤이 범죄를 촉진하는 요인이 되지 않도록 가정, 지역사회, 공공기관이 상호 협력하여 건전한 환경을 조성해야 한다.

Ⅲ. 전쟁과 범죄

전쟁은 개인과 사회에 큰 영향을 미치고 나아가서는 범죄에도 현저한 영향을 미친다. 전쟁의 영향으로서 주로 전쟁으로 인한 경제적 파탄이 중요한데, 이런 경제적 파탄은 사회질서를 혼란하게 하고 국민의 도의심을 저하시키며 나아가서는 범죄를 야기한다.

1. 제1차 세계대전 당시 독일과 오스트리아의 범죄현상에 대하여는 **엑스너**(Exner)와 **리프만**(M.Liepmann)의 연구가 유명하다.

> 특히 엑스너에 따르면 제1차 세계대전 당시와 전후에 독일에서는 범죄통계가 정비된 이래 처음이라 할 만큼 엄청난 범죄의 증가를 보였는데, 이 증가의 과정은 결코 계속 상승하기만 한 것은 아니고 전쟁이 국민의 정신면과 물질면에 미친 영향의 정도를 미묘하게 반영하고 있다고 하면서, 그 상황을 감격기, 의무수행기, 피로이완기, 붕괴기라는 네 단계로 구분하였다. 한편 죄종별로 보면, 대인범죄 가운데 상해, 공무원에 대한 폭행, 협박, 강간 등은 전시와 전후를 통하여 감소하는 경향이 현저하다고 한다. 이에 비하여 재산범죄, 특히 절도의 증가가 현저하다. 1913년에는 인신범죄의 전형인 상해와 절도의 비율은 높다고 할 수 없었으나, 전쟁이 장기화되면서 절도는 상해의 10배에 달했다고 한다. 1917년에는 건강한 성년남자 대부분이 전쟁에 참가하였지만 절도는 평화시를 넘어서는 정도가 되었고, 특히 절도의 객체가 금전보다는 식료품 등 생활필수품인 경우가 많았다. 이와 같이 폭력범이 감소한 대신 절도죄가 증가한 것은 알콜류 생산의 감소, 영양상태의 악화 등에 기인하는 것이라고 한다. 그리고 풍속범이 적었는데, 이것은 오히려 성도덕의 문란으로 저항이 없었다는 데 그 원인이 있다고 하며, 이와 함께 전시・전후를 불문하고 현저하였던 사실은 초범자, 특히 부녀와 소년 가운데 범죄를 범하는 경우가 증대하였다는 점이다.

한편 제2차 세계대전의 범죄현상에 대하여는 바아더(Bader), 로위지(Louwage) 등의 연구가 있는데, 이미 엑스너가 제1차 세계대전에 관하여 지적한 기본적 특징이 대체적으로 그대로 인정된다.

2. 한국전쟁 당시 우리나라는 아직 자본주의경제체제가 확립된 단계가 아니었으므로 전쟁 자체로 인한 경제혼란은 그리 크지 않았고 특히 점령지역행정구호원조, 한미원조협정에 기한 원조 등 원조경제의 체제하에 있으므로 전쟁이 가져온 경제적 파탄은 상대적으로 적은 것이었다. 또한 이미 해방 이후부터 가속화되기 시작한 이념대립 등으로 정치적 혼란이 격심한 상태하에서 전쟁이 발발하여 국민들은 이중의 정신적 황폐를 경험하게 되었고, 이런 점은 자신들의 의식주를 해결하기 위한 재산범죄 이외에 다른 범죄에로 유인될 가능성을 감소시켰다. 그리고 전쟁기간 동안 거의 전국이 전쟁터가 되었기 때문에 오히려 일반범죄가 일어날 수 있는 기회가 적었으며 범죄의 실태를 사법기관이 제대로 파악할 수 없었다.

IV. 환경설계를 통한 범죄예방

CPTED는 Crime Prevention Through Environmental Design의 첫 글자를 이니셜로 표기한 것으로 우리말로는 '환경설계를 통한 범죄예방' 이라고 표현한다(www.humanics-es.com/ cpted.pdf). 이는 범죄피해를 당할 잠재적 피해자를 보호하기 위해 범죄의 구성요소인 피해자, 범죄인, 장소들 간의 상관성을 분석하여 적절한 건축설계나 도시계획 등 주변 환경의 설계 (또는 재설계)를 통해 범죄인의 범행기회를 감소시키고 물리적 · 심리적으로 범죄를 억제하여 예방하며, 동시에 주민들에게는 물리적 환경설계를 통해 범죄에 대한 공포를 감소시킴으로써 심리적인 안정감을 증진시켜 삶의 질을 향상시키고자 하는 범죄예방기법을 말한다. 이 개념은 뉴먼(Oscar Newman)의 '방어공간(defensible space)' 개념에서 출발하여 널리 일려지게 되었고, 물리적 환경과 범죄를 연결시킨 초기의 주요 이론가들은 뉴먼을 위시하여 제퍼리(C. Ray Jeffery), 가디너(Richard A. Gardiner) 등이 유명하다. 간략히 CPTED란 기본적으로 인간과 환경이 서로 조화를 이루도록 설계하는 것을 말한다. 1971년 제프리(Jeffery)는『환경설계를 통한 범죄예방』이라는 저서에서 방어공간의 개념을 주택지뿐만 아니라 학교나 공장 같은 비주거지역에 적용함으로써 범죄예방을 위한 환경설계는 미국 전역의 관심을 받기 시작하였다. 그는 범죄가 발생하기 전에 인간의 행동을 통제할 수 있는 과학적인 노력들을 지지하여 '생물학적 환경주의' 를 주장하여 인간행동에 대한 그의 이론을 설명하였다. 이것은 다른 어떤 것보다도 환경을 중시하는 것으로 환경적인 자극이 우리의 행동에 어떻게 영향을 미치는가를 설명해 주었다. 제퍼리는 범죄예방 프로그램이 지녀야 할 다양한 특성들을 ① 예방 프로그램은 범죄가 저질러진 후가 아니라, 저질러기 전에 어떤 행동을 취하는 것이어야 하고, ② 예방 프로그램은 간접적인 통제가 아니라, 행동에 대한 직접적인 통제에 초점을 맞추는 것이어야 하며, ③ 예방 프로그램은 개별적인 범죄자에 초점을 맞추는 것이 아니라, 범죄가 일어나는 환경과 함께 있는 인간의 상호작용에 초점을 맞추는 것이며, ④ 범죄예방은 처벌이나 더 비용적이며, 좀 더 효과적이라고 한다. 서울특별시 도시재정비촉진을 위한 조례(시행 2012.07.30.) 제4조 제4호에서는 환경설계를 통한 범죄예방에 관한 계획이 설정되어 있다.

제5절 범죄의 문화적 원인론

문화환경이란 한 나라의 국민이 가지는 윤리관・종교관・풍습・교양과정, 문명・기술적 발전의 정도를 말한다. 일반적으로 문화환경이 범죄에 미치는 영향은 다음 두 가지를 생각할 수 있다. ① 범죄촉진작용으로서, 문화가 발전함에 따라 생존경쟁이 심화되고 빈부의 차가 격심해지며 물질적・정신적 자극이 커지고 사람의 감정적 이변성이 높아진다는 측면에서, 문화의 발전은 범죄의 증가에 기여한다고 할 수 있다. ② 범죄억제작용으로서, 문화의 발전에 따라서 사회 일반인의 생활정도가 높아지고 사회보장 등의 제도에 의하여 가난한 사람들도 일정한 생활수준을 누릴 수 있게 되고 사람의 원만한 정서가 발달함에 따라 이기심이 억제된다는 측면에서 보면, 범죄를 감소시키는 역할을 하는 것이다.

I. 문화와 범죄

문화와 범죄와의 관련성에 대한 논의가 있어왔고, 특히 서더랜드와 시카고학파는 헤아릴 수 없는 사례로서 범죄자의 하위문화에 관심을 기울여왔다. 페렐과 산더스(Ferrell & Sanders)는 그의 저서『문화범죄학(Cultural Criminology』에서 범죄학자들과 사회학자들은 많은 방면으로 문화와 범죄에 관한 이중성을 넘어서서 상호관련성 뿐만 아니라 통합성에 대해서도 관심을 기울여야 한다고 지적한다.[21] 본서에서 논의하여야 할 사항은 주로 범죄의 원인 가운데 동시대에서의 문화로서 문화갈등과 범죄, 이민과 범죄, 윤리관과 범죄, 종교와 범죄, 인종과 범죄, 인터넷과 범죄, 지역사회와 범죄 등이다.

1. 문화갈등에 대한 논의

문화갈등이란 사회적 가치체계, 이해 및 규범 등이 일정한 개인에게 미치는 영향력과 조화되지 않거나 차질이 생기게 되는 사회적 조건 말하자면 사회적 가치체계, 이

21) Ferrell, J. / Sanders, C.,『Cultural Criminology』, Northeastern University Press, 1995, p. 14.

해 및 규범 등이 충돌하는 것을 의미한다. 그런데 사회적 가치체계, 이해 및 규범의 충돌은 때로는 문화발전의 특징이 되는 사회적 분화의 과정에서 부산물로 나타나는 경우도 있고, 때로는 한 지역에서 다른 지역에로 행위규범이 이식됨으로써 생기는 경우도 있다. 위와 같이 일정한 문화지역이나 소단위 문화지역에 속하는 규범이 다른 지역에 이입됨으로써 행위규범간의 충돌이 생기는 경우를 '문화적 관습의 갈등으로서의 문화갈등' 또는 '일차적 문화갈등' 이라고 한다. 이에 비하여 어느 지역의 규범이 다른 지역에 이입되지 않고도 단일한 동일적인 문화를 가진 사회내에서 문화적 발전의 부산물로서 조화를 이루지 못하여 그 결과 규범의 충돌이 생길 수 있다. 특히 현대 산업사회의 사회적 분화의 과정에서 무수한 사회집단이 발생하고, 이런 집단 상호간에 사회적 가치, 이해에 관해 서로를 이해하지 못하거나 잘못 이해함으로써 생기는 갈등이 증가하는 현상은 불가피한 일이다. 이와 같이 문화의 진전에 따른 사회분화의 과정에서 발생하는 규범의 갈등을 '사회적 분화의 부산물로서의 문화갈등' 또는 '이차적 문화갈등' 이라고 한다.

2. 이민과 범죄

금세기에 들어와 교통기관의 발달 및 국가간의 빈번한 교류와 함께 이민이 증가하게 되었고, 이에 따라 특히 미국의 경우에는 이런 이민이 한때 중요한 사회문제로 등장하였다. 미국의 경우 이민 온 사람들의 범죄율은 흑인의 경우와는 달리 전체적으로 높다거나 낮다고 할 수 없으며, 연령별·성별·인종별로 차이를 보인다. 이와 같은 민족에 따라 이주지에 있어서 범죄성이 현저하게 차이가 있는 것도 민족간의 범죄성에 있어서 차이가 있기 때문이 아니고, 고국에서 동화된 전통의 견고성과 지속성의 정도가 각기 다르다고 하는 점, 본국에서 이민을 어떻게 실시하고 있는가 하는 점, 즉 선발민족의 여부와 관계가 있다고 할 수 있다. 한편 고국에서 동화된 전통이 견고하고 지속적인 경우에는 그런 전통이 몸에 밴 이민들이 이민지에 새로운 질서에 의하여 그리 동요되지 않고 서로 단결하여 상호부조의 협동체를 이루게 되어 범죄를 저지르는 경우가 훨씬 적을 것이다. 한편 이민이 무지, 빈곤한 계층의 노동자들로 주로 구성되고 범죄성이 높은 연령층으로 구성되는 경우에는 범죄율이 높아지기 쉬우며, 그런 자들이 고국에서와는 달리 사회적 결합이 약하고 범죄적인 사회적 결합이 약하고 범죄적인 도심지에 거주한다는 사실은 범죄율을 높이는 또 다른 원인이 된다.

Ⅱ. 윤리관과 범죄

범죄는 본질적으로 반윤리적 행위라고 할 수 있으므로 국민의 윤리관이나 도의심이 낮아지게 되면 범죄에 대한 반대동기가 제대로 형성되지 못하여 그 결과 범죄로 나아가는 경우가 생길 수 있음은 쉽게 예상할 수 있다. 오늘날 우리의 전통적인 윤리관만을 토대로 이성간의 동작의 윤리적 시비를 가릴 수는 없지만, 젊은 세대들의 지나친 향략적 윤리관은 풍속범죄의 증가를 가져오는 요인이 될 수 있다. 뿐만 아니라 청소년의 경우에 성범죄의 비율이 꾸준히 증가하는 것이나 범죄의 원인 가운데 우연이라든가 이욕, 사행심으로 인한 경우가 많은 비율을 차지하고 있는 것도 전통적인 윤리관의 변화, 특히 향락주의·물질주의에 기우는 경향과 밀접한 관련을 가지고 있다. 이와 같은 윤리관의 변화는 특히 급격한 사회변동에 수반되는 경우가 많은데, 우리나라에서는 과거 한국전쟁을 계기로 하여 경제적 파탄, 사회질서의 혼란 등이 생기고, 이로 인해 국민도의심이 저하되면서 범죄가 격증하고 집단화, 조폭화되었던 것도 그 한 예다.

Ⅲ. 종교와 범죄

1. 보통 종교는 개인의 도덕생활을 향상시켜 범죄를 억압하는 힘을 가지기 때문에 참다운 신앙생활을 하는 자는 범죄에 빠지는 일이 적다고 할 것이다. 그러나 다른 한편으로는 종교인구의 증가에도 불구하고 범죄가 전체적으로 감소하지 않고 오히려 종교인들에 의한 범죄도 적지 않게 눈에 띄는 현상을 본다면 종교의 긍정적 역할에 대하여 회의적으로 볼 수도 있으나 이런 현상은 전통적인 기복신앙에 바탕을 둔 신앙생활 등 참다운 신앙생활의 결여, 종교의 양적 팽창에도 불구하고 이에 못 미치는 질적 행상 등 건전한 종교발전이 이루어지지 않은 데 기인하는 것이라 하겠다.

2. 종교와 범죄와의 관계를 설명하는 방법으로 보통 수형자의 종교 및 종교소속별 비율을 사용하고 있으나 이것은 그 자의 종교심의 깊이를 나타내기 보다는 개인의 선호도나 집안의 종교를 나타내는 데 그치므로 범죄학적으로는 큰 의미가 없다. 더욱이 종교 또는 교파에 따라 인종·빈부·직업·교육·도의심 등을 달리하므로 종교 자체와 범죄의 관계는 명확하지 않다. 다른 한편으로 종교적 신념을 기초로 그에 따른

행위가 실정법에 위반하는 경우, 즉 양심범이 문제된다. 일반적으로 양심범이란 실정법과 개인의 양심이 충돌되는 경우에 양심에 따라 행동함으로써 실정법을 위반한 경우를 말한다. 종교적인 양심이 문제가 되는 경우로서, 자신의 종교적 교리에 따라 수혈을 거부함으로써 부모가 아이를 사망케 한다든가 집총거부라는 교리에 따라 병역을 기피하는 등이 여기에 해당한다. 범죄학의 측면에서 보면 이 경우는 종교 자체가 직접 범죄를 야기한 경우에 해당하지만, 이런 행위는 형벌이 응보 이외의 아무런 역할을 하지 못하므로 범죄대책과 관련해서 중요한 문제를 안고 있다. 특히 병역거부 등의 경우에는 실정법에 의한 처벌보다는 이들에 대해 병역을 부과하는 대신 다른 국가적 사업에 참여시키는 것과 같은 규범조화적인 해결방안을 강구하는 것이 바람직하다.

3. 결국 종교와 범죄의 문제는 극히 예외적인 경우를 제외한다면 범죄의 원인이라는 측면보다는 범죄방지의 유효한 방안이라는 측면에서 검토할 필요가 있다. 특히 행형과정에서 교화선도와 재범방지를 위하여 자발적으로 참여하는 종교인을 통하여 교화활동을 하는 것이 바람직하다.

우리나라에서도 1983년부터 목사, 승려, 신부 등으로 구성된 종교위원제도를 운영하여 종파별 종교상담, 교리지도, 자매결연, 교화도서기증 등을 통하여 교화사업을 시행하고 있다.

Ⅳ. 인종과 범죄

인종 내지 민족이라는 것이 어느 정도로 범죄의 원인으로 되는가, 즉 인종별 범죄성의 차이를 밝히는 것은 범죄학에서 극히 어려운 문제이다. 따라서 종래 인종과 범죄와의 관계를 연구하기 위해 어떤 형태로든 동일한 시대에 동일한 국가에서 동일한 법제와 사회환경 아래 있는 서로 다른 인종들의 범죄성을 살펴보는 방법을 사용한다. 예컨대, 19세기 미국에서 백인에 대한 인디언에 의한 범죄는 백인과 인디언 사이의 문화적 차이로 인하여 법제도에 대한 인식 내지 수용도는 백인에 비하여 현저하게 떨어지고 미국내에 인디언들과 백인 사이의 인습성의 차이 즉 문화적 거리에 차이가 있어 경우에 따라 만약 인디언들이 피해자 혹은 가해자라면 여전히 형사사법제도내에서 불이익을 당할 수 있었으나, 점차적으로 이민자의 격증, 문화적인 거리와 법 사이의 관련성에 따라 처벌기준 및 법제도도 변경되어질 수 있다. 그러나 여러 인종들이 모여 사는 미국내에서 법제도에 있어서 여전히 소수민족이 다른 소수민족에게 또는 흑인에 대한 차별성은 존재한다.[22)]

> 예컨대 엑스너(Exner)에 따르면, 러시아의 1908-21년의 통계를 기초로 러시아에 거주하는 러시아인, 폴란드인, 리투아니아인, 독일인, 아르메니아인 등의 범죄율을 조사한 결과 독일인은 살인 · 상해 · 절도의 세 가지 범죄에 있어서 범죄율이 낮다고 하였는데, 야샤펜부르크(Aschaffenburg)도 오스트리아에 거주하는 여러 민족 가운데 독일인의 범죄율이 가장 낮다고 하였다. 그러나 근자에 와서는 이런 방법보다는 동일국가내에서 소수민족의 범죄성에 대한 연구가 많이 행해지고 있다.

1. 미국에서의 흑인범죄

미국에서의 흑인의 범죄율이 높은 원인은 그들이 사회적 · 경제적으로 낮은 지위에 있고, 교육의 정도가 낮으며, 백인사회로부터의 차별과 인종적 편견이 암암리에 존재하고 있다는 사실과 형사사법기관의 불공정한 처리 등에 기인하는 것이며, 인종에 내재하는 원인은 그리 중요하지 않다.

2. 일본에서의 한국인범죄

해방 전후로 재일한국인의 범죄율이 높은 이유는 일본인의 한국인에 대한 인종적 편견 즉, 일본국민에 비하여 사회적 · 경제적 지위로 인하여 상대적 박탈감을 느끼게 한다는 점을 들 수 있다.

> 1982년 재일 한국인의 검찰청의 신규처리인원 총 15,799명 중 35%에 해당하는 5,497명이 특별법인 외국인등록법위반이었다. 또한 외국인 수형자의 비율도 1988년의 경우 855명 가운데 한국인 677명(79.2%)으로 상당한 비율을 차지하고 있다.

3. 우리나라의 외국인 범죄

과학기술이 발달하고 교통 및 통신수단이 발달하고 다른 나라와의 교류가 빈번하

22) Black, D., 『The Behavior of Law』, Academic Press, 1976, pp. 69-78.

게 됨으로써 각국에서 최근에 중요한 문제 중의 하나가 외국인의 범죄이다. 주로 외국인 범죄자가 한국에의 입국・체류・취업과 관련하거나, 한국에서 생활중에 범하거나 처음부터 범죄목적을 가지고 한국에 입국한 경우를 들 수 있다.[23] **외국인 범죄**란 널리 외국인이 범죄의 주체가 되는 경우를 말한다고 할 수 있는데, 주로 외국인이 우리나라의 형벌법규를 위반하는 경우로서 우리나라의 법원이 토지관할권을 가지는 경우가 문제로 된다. 외국인 범죄는 크게 다음과 같이 나누어 볼 수 있는데, 하나는 출입국위반법에 위반하여 불법으로 입국 또는 체류하는 경우이고(실무상 출입국사범 - 외국인의 불법취업이 늘어나면서 중대한 사회문제로 제기되고 있고 이와 함께 외국인의 불법체류가 늘어남에 따라 외국인에 의한 일반 범죄도 증가하고 있음), 다른 하나는 국내에 체류하는 외국인이 다른 형법법규에 위반하는 경우이다(좁은 의미의 외국인 범죄). 외국인 범죄의 최근의 동향을 보면 크게 세 가지 특징이 나타나는데, ① 외국인의 폭력범죄가 증가하고 있다. ② 불법취업이 증가하면서 이와 관련된 불법취업을 위한 브로커 조직이 생기고 있다. ③ 외국인 마약사범 사례가 증가하고 있다는 점 등이다. 따라서 이에 대한 대책으로서 외국 수사기관의 형사사법공조체제의 확대, 출입국관리기구와 수사기관의 밀접한 공조체제 유지, 외국인 범죄 전담기구의 설치, 외국인 범죄에 내한 예방활동의 강화, 불법체류의 예방을 위한 출입국관리업무의 강화 등이 요청된다.

Ⅵ. 인터넷과 범죄

최근 인터넷 사용자의 급격한 증가로 인하여 신종범죄, 즉 인터넷 해커, 컴퓨터 사기범죄 및 인터넷상의 음란물의 게재 및 반포 등 미루어 짐작할 수 있는 각종 범죄가 발생하고 있다. 네티즌, 즉 인터넷을 사용하고 있는 사용자가 우리의 전통적인 문화와 예절, 가치관으로부터 이질적인 문화를 형성함으로써 범죄로 보여질 수 있다. 그러나 최근 급격히 증가하고 있는 인터넷 사용을 통한 사기범죄의 검거율과 인터넷을 통한 강간, 살인사건에서 본다면 형사정책상으로 이에 대한 폭넓은 연구 및 조사가 필요할 것이다. 이에 대한 자세한 내용에 대하여는 사이버범죄편에서 다룬다.

23) 서거석, "외국인범죄의 실태와 대책", 비교형사법연구 제5권 제1호(통권 제8호), 한국비교형사법학회, 2003.7.31, 442-444면.

Ⅶ. 지역사회와 범죄

토지라는 일정한 장소적 범위에 형성된 생활공동체인 지역사회에는 공통된 의식이 형성되고 그 의식은 반대로 그 사회구성원의 행동양식을 규율한다. 더욱이 지역사회는 가정 다음으로 일상생활과 밀접한 환경이고 사람이 태어난 뒤 가장 일찍 접하는 환경 가운데 하나이기도 하다.

1. 국가별 범죄성에 대한 연구

이 문제는 국가별로 범죄성의 발현에 어떤 특징을 보이는가를 살펴봄으로써 일정한 국가가 가지는 범죄적 특징을 살피는 문제로 이해되어 왔으나, 이런 연구는 그 조사방법에 많은 난점을 안고 있고, 대상이 되는 국가에서 나타난 일정한 특성을 당해 국가의 범죄적 특징이라고 단언하기도 어려운 측면을 가지고 있다. 각 국가의 정치, 경제, 사회, 종교 등 문화적 제조건이 상이하므로 비교를 통하여 나타나는 결과를 그대로 그 나라의 범죄성이라고 하기 어렵기 때문이다. 따라서 국가간 비교연구란 두 나라 이상에서 얻어진 자료를 통해 특정한 현상 및 그 현상의 원인들이 국가들에 유사한지 여부를 살펴보는 비교연구를 말한다. 그리고 이런 연구방법을 범죄에 사용하여, 일정한 범죄이론이 다른 나라에도 적용되는지를 살펴보고, 이를 통해 그 이론의 보편성을 검증할 수 있는데 그 방법으로서는 ① 특정한 국가에서 개인을 분석단위로 하여 나타난 연구결과가 각국에서 유사한가 여부를 살펴보는 방법으로 이론의 일반성을 검증하는 것을 주된 목적으로 한다. ② 국가를 분석단위로 사용하여 각 국가들이 가지는 공통된 요인들을 공식통계를 기초로 비교해 보는 방법으로 개별 요인들을 파악하는 것을 주된 목적으로 한다. 국가별 범죄성에 대한 연구는 국가별로 법률제도가 다르기 때문에 범죄개념에 차이가 있고, 더욱이 경찰, 검찰 및 재판의 태도나 능력, 방침에 따라 차이가 있으므로 국가간의 범죄를 비교한다는 것은 실제로 매우 어려운 일이라고 할 수 있다.

2. 지역별 범죄성에 대한 연구

한 국가내의 지역별 범죄성에 대한 연구는 사회학적 범죄이론이 발달하기 시작한 초기부터 많은 연구가 행해졌다. 예컨대 일찍이 케뜰레(A.Quetelet)는 인신범죄는 따뜻한 지방에서, 재산범죄는 추운 지방에서 상대적으로 많이 발생한다고 하여 이른바

「범죄의 기온법칙」을 주장한 바 있고, 프랑스의 게리(A.M. Guerry)도 1825년부터 1830년에 걸쳐 조사한 연구결과를 기초로 프랑스 북부에서는 인신범죄를 100으로 하면 재산범죄는 181.5의 지수를 나타내고, 남부에서는 인신범죄 100에 대하여 재산범죄는 48.8에 불과하다고 하여 케틀레의 주장을 따른 바 있다. 그 후에도 롬브로조, 페리를 비롯하여 야샤펜부르크 등 많은 연구가 있었고, 일본에서도 오노(小 野)교수를 비롯하여 여러 학자들의 연구가 있었으나, 인간이 지리적 환경에 많은 영향을 받고 있다고 하더라도 그 행동양식은 개인마다 다르고, 다른 환경적 요인에 의하여 많은 영향을 받는 것이고, 특히 뒤에 소개하는 것처럼 지역별 범죄차의 문제는 지역의 산업화나 도시화의 문제와 밀접한 관련을 가지고 있으므로, 범죄의 지역차라는 현상을 단순히 지리적 조건에만 환원하는 것은 타당하다고 할 수 없다.

3. 도시와 농촌의 연구

(1) 도시와 농촌의 범죄차

원래 도시의 발생과 그 격증하는 인구의 집중, 이에 따른 도시문화의 현저한 발전 그리고 여기서 파생하는 여러 가지 문제들은 대개 근대 자본주의사회의 산물이다. 따라서 근대사회를 대표하는 것은 도시이고, 도시의 범죄양상은 근대 자본주의사회의 범죄를 대표한다고 할 수 있다. 이런 이유에서 이미 20세기 초부터 외팅겐, 마이어, 아샤펜부르크, 서더랜드 등에 의하여 농촌과 도시의 범죄는 양적・질적으로 현저한 차이를 보인다는 사실이 지적되어 있다. 먼저 범죄량과 관련하여 도시와 농촌의 범죄율을 비교해 보면, 도시의 범죄율이 압도적으로 높고, 도시는 거의 모든 종류의 범죄에 대하여 부정적으로 작용한다. 따라서 도시라는 환경 자체가 범죄의 온상이라는 지적도 있다. 즉 농촌은 인구이동이 적고 사회적 생존경쟁도 적으며 대인관계도 견고할 뿐만 아니라 가족 및 이웃이라는 초기적 집단에 의한 사회통제가 강력하여 소위 사회해체가 잘 이루어지지 않는 데 반하여, 도시는 그런 사회해제가 많이 나타나게 되어 범죄・비행의 유인으로 작용하게 되는 것이다. 그러나 최근에는 매스컴・교통기관 등의 발달로 도시와 농촌간의 지역차가 점차 해소되고, 이에 따라 범죄성의 차이도 점차 희박해지고 있는 실정이다. 이런 관점에서 최근에는 지역개발 내지 지역의 도시화가 범죄에 미치는 영향이 주된 과제로 떠오르고 있다. 다음으로 범죄의 질(죄종)에 관하여 도시와 농촌을 비교해보면, 일반적으로 재산범죄・풍속범죄는 도시범죄이고, 폭력범죄는 농촌범죄라고 한다.[24] 즉 촌락을 대표하는 직업으로서 「농림업과 수산업

24) 최인섭/진수명, 『지역특성과 범죄발생에 관한 연구』, 한국형사정책연구원, 1999, 32면.

」은 자연환경하에서 행하여지고, 그 생산방식으로부터 오는 성격은 전통적으로 완고하나 진실성이 있으며 도의심이 강하다. 따라서 농촌에서는 본능적이고 충동적인 행위가 비교적 많으나, 도시에서는 각종의 위조범죄, 사기, 횡령, 배임 등 지능적 · 기술적인 범죄, 공갈, 장물 등 직업적인 범죄가 많아 도시의 경제거래의 불가결한 조건을 여실히 반영하고 있다.

(2) 도시화와 범죄

도시화란 말은 도시의 팽창, 교통수단의 발달, 매스미디어의 보급 등을 조건으로 하여 근대기술이 초래한 사회의 구조적 변질 가운데 하나이고, 일반적으로 지역의 도시화와 개인의 도시화라는 두 가지 패턴으로 파악되고 있다. 이와 같은 도시화의 과정은 소위 「범죄의 도시화」라는 현상을 가져오게 되어, 한편으로는 지역의 범죄가 양적 및 질적 변화를 보이게 되고, 개인의 도시화는 개인의 범죄수행양식에 있어서 도시범죄의 특성을 띠게 되는 결과를 가져온다.

참고사항 : 마에다의 연구

일본의 마에다(前田)교수는 「범죄의 도시화」를 다음과 같이 세 가지 법칙으로 지적한 바 있다(도시집중의 법칙, 도시방사의 법칙, 지역교류의 법칙).

① 범죄의 도시집중 법칙(제1법칙)

범죄의 도시집중은 인구의 사회증가에 따르며 인구의 도시집중률이 보다 높고, 범죄발생의 증감은 그곳의 산업예비군의 증감에 정비례한다.

② 범죄의 도시방사법칙(제2법칙)

범죄의 도시방사법칙은 범죄의 도시화는 도시에서 범죄과포화현상에 이르게 하고, 도시의 인구증가 및 경제발전에 따라서 도시지역 외로 향하여 범죄발생율을 증가시킨다. 또한 자연범은 정체되고 잠재화하는 데 반하여 법정범과 소년비행 및 사회적 병리현상은 유동하면서 증가한다.

③ 범죄의 지역교류 법칙(제3법칙)

범죄는 도시로 집중하고 지역적 정착을 할 뿐만 아니라, 경제 및 인구의 교류에 따라 항상 도·농 양 지역의 피해율을 높이고 회복율을 감소시키게 된다.

도시화는 결국 익명성, 타자지향성, 상대방에 대한 몰인격적 판단 · 소비중심의 생활패턴 등을 가져오고, 그러한 요인들이 범죄의 억제작용을 하는 지역사회의 조직화, 즉 지역사회 자체가 가지는 범죄통제기능을 저해하여 결국 범죄 · 비행을 증가시킨다고 할 수 있다. 특히 근자에 대도시 근교지역의 범죄발생률이 꾸준히 증가되고 있는 일반적인 경향은 이런 도시화의 결과라고 생각되며, 도시와 농촌의 죄종별 차이가 점차 적어지고 있는 것도 동일한 관점에서 이해할 수 있다.

(3) 우리나라의 경우

우리나라의 경우에도 지역별, 특히 도시와 농촌의 범죄는 양적・질적 측면에 있어서 상당한 차이를 나타내고 있으나, 다른 한편으로는 범죄의 도시화 현상을 나타내는 경향을 드러난다. 우리나라의 경우에도 도시와 농촌의 범죄발생률은 6대 3의 비율로 도시의 범죄발생률이 높은데, 인구증가율을 고려해보면 대도시보다 중소도시의 경우가 범죄율의 증가율이 높다. 그 이유는 우리나라의 경우에도 도시화가 범죄발생량의 증가에 주요한 원인이 된다는 사실을 반영하는 것이나 대도시의 경우에 인구대비 범죄발생률이 낮아지는 현상을 보이고 있는 것은 범죄발생률의 증가가 다른 요소에 의해서도 영향을 받고 있다는 사실을 나타내 주는 것이고, 중소도시의 범죄발생률이 비교적 높은 것은 급속한 도시화, 대도시와 중소도시의 지역차의 해소 등에 기인하는 것이라고 할 수 있을 뿐만 아니라 대도시의 경우에도 기존 대도시보다 경제개발에 의해 새롭게 도시권이 형성된 울산, 광양, 창원 등의 지역이 범죄발생률이 현저히 높은 것도 이런 사실을 반영하는 것이다.

한편 죄종별로 지역별 범죄발생률을 보면, 전통적인 도시형범죄와 농촌형범죄의 의미가 상실되어 가고 있는 모습을 보여 준다. 또한 절도, 사기, 횡령, 강도 등도 기존 대도시에 많이 발생하고 있으나 그 증가율은 오히려 신흥공업도시나 항구도시, 도시화가 급속히 진행되고 있는 도시 등에서 훨씬 높은 것으로 나타나고 있다.

(4) 도시화에 따른 범죄대책

도시화에 따른 병리적 현상은 범죄에 불리한 영향을 미치고 있어 도시화에 따른 범죄의 증가는 어느 정도 불가피한 현상이다. ① 범죄원인의 측면에서 사회상황이나 조건을 개선해야 한다. 이를 위해서는 범죄나 비행이 남발하는 지역을 파악하고, 그 지역이 가지는 사회병리적 요소를 개선하기 위한 정책이 개발되어야 한다. ② 다음으로 범죄현상의 측면에서 지역사회가 가지는 범죄통제기능을 회복시키기 위한 노력이 필요하다. 즉 도시화로 약화되어 있는 사회통제기능이 원활히 움직일 수 있도록 상황이나 조건을 개선할 필요가 있다.

4. 비행지역과 범죄

도시의 비행지역(delinquency areas)이란 범죄자나 비행소년들이 밀집하는 지역을 말한다. 미국의 사회학자 쇼우(C. Shaw)에 의해 처음 사용되었으며, 그 후 많은 학자들이 이 문제에 관심을 가지게 되었다. 도시는 일반적으로 관공서지역, 공업지역, 상업지역, 주택지역 등으로 명료하게 구획되고, 빈곤층과 부유층의 주거지분포도도 이에 상응하여 예상할 수 있다. 대개 노동자나 직공 등의 빈민층은 도시외곽, 특히 지방으로 통하는 경계지역에 밀집하고 있다. 이 지역은 사회의 황폐지에 비길 수 있고 도시의 낙오자들이 모여드는 빈민가 지역이다. 도시와 범죄자의 거주지의 생활환경, 인격환경의 특수성에 주목할 필요가 있다. 이런 점에 대한 연구는 이미 파크, 트래셔에 의하여 실증적으로 행하여진 바 있으나, 가장 잘 알려진 것이 쇼우와 맥케이(Shaw & Mackay)의 연구이다. 이들은 버제스(Burgess)의 동심원 모델(concentric circle)을 시키고 지역을 설명하는 데 도입하였다. 이들의 연구결과에 따르면, 안정된 주거지역에서는 범죄율이 낮으나(사회적 통제가 가능함), 공업지역 및 상업지역에 인접한 지역에서는 범죄율이 높다(주거환경이 불안정하고 사회적 통제가 개입될 여지가 적음)고 할 수 있으나, 그들의 조사가 도시의 범죄가 동심원지대 모델과 일치하여 중심부에서 멀어질수록 범죄발생량이 감소하는 것은 아니며, 그들도 후의 연구에서는 경제활동, 공업, 그리고 상업이 분산됨에 따라 여러 지역으로 분산된다는 점이다.

이와 같이 비행률이 높은 것으로 나타난 지역에서도 모든 거주자가 비행자로 되는 것은 아니지만, 적어도 지역별 범죄방지대책의 수립이라는 관점에서 볼 때, 근린관계의 해체라는 현상을 나타내는 비행지역을 확정하는 직업은 중요한 의미를 가진다고 할 수 있다.

태프트(D.R. Taft)는 비행과 관련되는 근린관계를 7가지(통상적인 가정들로 이루어진 빈곤 지구, 슬럼지구, 간극 지구, 셋방살이 지구, 고립지구, 환락지구, 도시황폐지구)로 유형화하였다. 이의 유형화된 비행지역의 특징을 복합적으로 구비한 지역이 비행과 밀접한 관련을 맺게 된다는 점은 분명한데, 우리나라의 경우에는, 미국과는 달리 비행자의 거주지와 범행지가 일치하지 않으므로 오히려 그런 지역에 거주하는 자가 문제로 된다. 이런 지역이 가지는 외부적인 특징으로는 가옥이 노후하고 수선을 하지 않는 채 방치해 둔 점, 더럽고 비위생적인 점, 주민의 대부분이 미숙련 노동자나 저소득 취업자로서 도시 중심부나 농촌의 생활에 적응할 수 없는 사람들이라는 점 등이다. 특히 결핵, 전염병 등의 질병환자가 많고, 농어촌을 비롯한 다른 지방 출신의 이주자가 많다. 다음으로 이 지역 주민의 직업적 특징으로는 무직, 폐물수집, 날품팔

이, 공장노동자, 수리수선업, 부업종사자, 노점상, 고물상 등이 많고 접대부, 윤락여성, 소년절도범, 장물범 등이 상주하고 있다. 이 지역의 범죄가 나타내는 특징으로는 절도를 비롯한 재산범, 폭력범이 많고, 주로 곤궁적인 상습범의 형태를 나타낸다.

Ⅷ. 매스컴과 범죄

정보사회(information society)라고 불리우는 현대에 있어서 매스컴이 사회 구성원들의 의식형성에 미치는 역할은 거의 절대적이라고 할 수 있다. 신문, 서적, 라디오, TV, 영화 등의 매스미디어는 이제 우리 생활에 불가결한 것으로 되었고 일반문화의 향상에도 크게 이바지하고 있으나 한편으로는 이와 같은 여러 가지 매스미디어가 가지는 병리적 작용에 대해서도 많은 지적이 있어 왔는데, 특히 그것이 범죄의 발생과 일정한 관계를 가지지 않는가 하는 문제가 오랫동안 논의되어 왔다.[25)]

매스컴이 범죄와 일정한 상관성을 가지는가에 대해 종래 많은 논의가 있었다.

1. 매스컴이 범죄와 무관하다는 주장은 클래퍼(J.T.Klapper), 리커티(E.A. Ricutti), 레윈(H.S. Lewin), 힘멜바이트(H.T. Himmelweit), 트래셔(F.M Thrasher) 등 주로 미국의 사회학자들의 다음과 같은 실증적인 조사결과를 토대로 하고 있다. 즉, 매스미디어는 사회환경의 일부, 즉 비인격적 관계에서 사회적으로 제시되어 있는 환경에 불과하므로 범죄의 증가현상과 전혀 무관하며, 범죄는 개개인의 인격, 가정, 집단관계 등 복합적 요소에 의하여 좌우된다고 하고(범죄분석적 주장), 매스미디어와 폭력의 관계도 미디어와 접촉자와의 상호선택과정에서 이루어지는 것으로서 전체적으로 미디어가 오히려 범죄의 감소에 커다란 기여를 하고 있다는 것이다.

2. 이와는 반대로 매스미디어가 직접 및 간접으로 범죄에 밀접한 영향을 주고 있다는 견해도 유력한데 여기에는 두 가지의 입장이 있다. ① **단기효과**이론으로서 캇츠, 버코비츠, 윌슨 등이 주장하고 있다. 매스미디어는 폭력을 위장하여 묘사・표출함으로써 시청자의 모방충동을 야기하고 범죄의 수법이나 과정 등을 시사해 주며 폭력을

---

25) 참고문헌으로는 Sparks, R., 『Television and the Drama of Crime』, Open University Press, 1997.

우상화 또는 영웅화하여 미화시킴으로써 직접 범죄를 상상하게 하는 요인이 된다고 한다. ② **장기효과**이론으로서 현재 가장 유력설이라고 할 수 있는데, 하나는 매스미디어와 범죄의 관계를 태도, 성향 내지 감수성의 문제로 보아 매스미디어는 취미생활의 변화를 조장하고 건전한 정신발달을 저해하며 취미를 편협하게 만들어 일반적으로 폭력, 범죄, 오락에 탐닉하게 하고, 범죄를 미화하여 범죄를 동경하도록 가치관을 변화시키거나 범죄에 대한 무비판적, 무감각적 성향으로 변모시키고 심지어는 범죄의 과잉묘사로 엽기적 취향마저 유인할 수 있다고 한다. 다른 한편 매스미디어, 특히 TV의 누적적 효과를 강조하는 입장에서는 폭력 등 묘사에 대한 인상이 누적적으로 쌓임에 따라 이에 대한 배출구를 필요로 하게 된다고 하여 잠재적 폭력으로서 매스미디어의 성격을 강조하고 있다.

Ⅸ. 자동차와 범죄

근대문명이 가져온 기술적 성과는 여러 가지가 있겠지만, 그 가운데 특히 범죄와 관련하여 문제되는 것이 자동차이다. 이런 자동차와 범죄와의 관계는 다음과 같은 세 가지 측면에서 생각해 볼 수 있다.

1. 자동차를 범죄의 수단으로 사용하는 경우이다. 자동차는 많이 보급됨에 따라 범죄의 기동성이 대폭 향상되었고, 범죄가 광역화, 대규모화되는 데에도 자동차의 보급이 중요한 역할을 했다고 할 수 있다.
2. 자동차가 범죄의 대상으로 되는 경우이다. 이 경우에 범죄인은 대규모로 조직화하는 경향이 있다.
3. 자동차 그 자체로 인한 범죄이다. 교통사고로 인한 과실범죄가 그 대표적인 경우이다.

◇ 생각해 볼 문제

1. 당신은 범죄와 소질 중에서 어느 것이 범죄에 영향이 있다고 보는가?
2. 범죄발생의 원인에 대한 논의에 대한 당신의 견해를 정리하여 피력하여 보자.

제 3 편

범죄인 유형론

제1장 기초이론

제2장 범죄인 유형론

제1절 범죄인 유형에 관한 논의

제2절 우리나라에서의 범죄인 유형

제1장 서 설

범죄유형론은 범죄의 원인론과 대책론의 교량적 역할을 한다. 다시 말하면 범죄인의 분류는 범죄원인론을 그 기초로 하면서 동시에 개별적인 유형에 알맞은 대책을 수립하는데 그 의의가 있는 것이다.[1] 따라서 아래에서는 전통적인 분류방식에 대한 학설들을 소개하고 이어서 최근의 분류와 더 나아가서 우리 현행법상 어떻게 분류될 수 있는가를 알아본다.

1) 여기에서 소개되어 있는 것은 범죄의 유형이 아니라 범죄인 분류에 대한 학설소개이다. 일반적으로 규범학인 형법학에서는 보호하고자 하는 법익에 따라 개인적 법익, 사회적 법익, 국가적 법익으로 구분한다. 전돈수 교수님(2005:30-49)은 ① 보호법익에 따라 재산범죄와 강력범죄로 나누고 ② 범죄자의 연령에 따라 소년범죄와 성인범죄로 구분하기도 하고 있고, 이윤호 교수님(2002:73-143)은 ① 전통적 범죄로서 살인, 강간, 강도로 나누고, ② 특수범죄로서 조직범죄, 화이트칼라범죄, 정치범죄, 피해자없는 범죄로 나누고 있다.

제 2 장 범죄인 유형론

범죄의 원인과 현상에 대한 이해를 토대로 하여 유효한 범죄방지대책을 강구하는 것을 주된 목적으로 하는 형사정책은 범죄를 그 직접적인 대상으로 하지만, 궁극적으로는 범죄를 범하였거나 범할 위험성이 있는 인간을 대상으로 하여야 한다. 따라서 범죄현상을 직·간접으로 연구대상으로 하는 일체의 과학은 인간으로서 범죄자를 파악하는 것에서 출발해야 하고, 또한 범죄원인을 과학적으로 규명하고 효과적인 범죄방지대책을 강구하기 위해서는 그 전제조건으로서 개별 범죄자의 특성에 대한 범죄학적 인식과 이를 기초로 한 범죄인의 과학적 분류를 필요로 한다.

제1절 범죄인 분류에 관한 논의

I. 일원적 분류방법

1. 롬브로조의 분류

베니스 유태인 가정에서 태어난 케자르 롬브로즈(Cesare Lombroso, 1835-1909)는 대학에서 의학교육을 받았고 정신분야에서의 전문가로, 튜린대학의 법의학 교수로 활동하였다. 롬브로즈는 실증학파의 창시자로 특히 그의 초기의 이론은 범죄인의 격세유전적인 이론으로 세상에 알려지게 되었다.

생래적범죄인	선천적으로 범죄인이 될 수 밖에 없는 생물학적 구조를 타고난 범죄인
정신병범죄인	정신병이 원인이 되어 범행하는 자, 생래적 범죄인과 함께 정책적으로 개선여지가 없는 범죄인에 속하는 자
격정범죄인	범죄소질을 가진 것은 아니지만 우발적으로 범행하는 자
기회범죄인	사이비범죄인 - 위험하지는 않지만 자신의 명예나 생존을 위하여 범죄를 저지를 수 있는 자이다. 준범죄인 - 생래적 범죄인과 구별되면서 간질과 격세유전이라는 유사점을 가진다.
상습범죄인	나쁜 환경으로 인하여 상습적으로 범죄를 저지르는 자
잠재적범죄인	범죄인의 특성이 분노, 알콜 등과 같은 특별한 사정하에서 나중에 나타난 것

2. 페리의 분류

롬브로즈의 제자인 엔리코 페리(Enrico Ferri, 1856-1928)는 이탈리아 만투아 지방에서 태어나 볼료냐 대학을 다녔는데 통계학, 특히 범죄학을 실제 응용할 만큼 흥미를 가지었고, 파리에서 그의 연구는 진전되어 1826-78년 프랑스 범죄의 분석에 기여하였다.

생래범죄인	선천적으로 개선불가능한 범죄인으로 사회로부터의 무기격리나 자유형에 처하는 것이 바람직함
정신병범죄인	정신병에 의하여 범행하는 자로 정신병원에의 수용해야 함
상습범죄인	그 중 개선불가능한 자에게 무기격리, 개선가능한자에게는 훈련적 조치
기회(우발)범죄인	그 중 중한 자에게는 농장·형무소에서의 훈련과 치료, 경한 자에게는 격정범에 준하여 처벌
격정범죄인	돌발적 격정으로 범행하는 자로 손해배상의 강제 또는 강제이주 지정

3. 가로팔로의 분류

라파엘레 가로팔로(Raffaele Garofalo, 1852-1934)는 원래 이탈리아의 귀족 출신임에도 불구하고 스페인가 네이플스에서 태어나서 대학에서 법학교육을 받고서 실무가로서 형법교수로 활동하였다. 롬브로즈와 페리와 마찬가지로 범죄는 과학적인 방법으로 이해할 수 있다는 실증주의자였던 것이다.

자연범	모살범죄인 – 모살자 가운데 개선불가능한 자에게는 사형 폭력범죄인 – 본능적인 살상범죄인에게 무기자유형, 기타의 폭력범죄인에게는 부정기자유형 재산범죄인 – 본능적·상습적인 자에게는 유기징역, 그렇지 않은 자에게는 소년이면 농장·형무소에서의 수용훈련, 성년이면 강제노역을 과하도록 하였다. 풍속범죄인 – 성범죄를 저지르는 자를 말하며 부정기유형을 과함
자연범 이외의 범죄인 (법정범)	자연범 이외에 실정법에 범죄로 규정되어 있어 범죄자가 되는 경우를 말하며 정기구금을 과할 것을 주장
과실범	불처벌

4. 리스트의 분류

리스트(Franz von Liszt, 1851-1919)는 「처벌되어야 할 것으로 행위가 아니고 행위자이다」라는 주관주의, 목적형주의의 입장에 서서 행위자의 반사회성의 종류 및 성질을 표준으로 하여 범죄인 및 이에 대한 처우를 분류할 것으로 주장하였다.

법익침해의식이 결여되었거나 희박한 범죄인(ex, 과실, 태만, 무사려 등에 기한 범죄인)
타인에 대한 동정으로 인한 범죄인(ex, 애정, 연민으로 인하여 범행을 한 경우)
긴급범죄인
성욕범죄인
격정범죄인
명예심·지배심 등에 기한 범죄인
특정한 주의의 고집으로 인한 범죄인
이욕, 쾌락욕 등에 기한 범죄인

5. 국제형사학회(I.K.V.)에 의한 분류

개선가능	순간적(기회적) 범죄인
개선곤란	범행과 경력으로 보아 소질 또는 교육 혹은 그 후 감화의 결핍때문에 사회생활에의 적응능력이 현저하게 약화되었다고 인정되는 범죄인
개선불능	합법적인 사회생활에의 적응을 이미 기대할 수 없는 범죄인

6. 야샤펜부르크의 분류

독일의 유명한 정신의학적 범죄학자였던 야샤펜부르크(G. Aschaffenburg, 1866 - 1944)는 롬브로조의 범죄인 유형론을 부정하고 있으나 범죄인에게 정신적·신체적 이상자가 많음을 인정하지 않을 수 없다고 하고, 범죄인의 개인적 요소와 환경적 요소를 결합하여 주로 행동양식에 따라, 즉 범죄인의 행위로부터 생겨나는 법적 안정성의 위태화라는 관점을 기초로 다음과 같이 분류하였다.

우발범죄인	과실범의 유형으로서 부주의로 성냥을 던진 결과 발생한 화재, 부주의한 운전으로 인한 열차의 충돌 등이고, 이런 종류의 범죄인에게는 공공의 법적 안전을 해하려는 의도는 전혀 존재하지 않으나 사회방위의 입장에서는 적절한 대책을 요한다.
격정범죄인	순간적인 충동적 흥분으로 사려를 잃어 평소의 인격과는 전연 무관한 행위로 나오는 자이고, 이 경우도 위해의 의도는 적지만 범죄인 자체내에 위험한 인격 특성을 발견할 수 있으므로 충동이 순간적으로 폭발한 행위자만 한정되고 계속적으로 격정적 행위를 하는 성격자는 제외된다
기회범죄인	격정범죄인과 유사하지만 감정적 흥분때문이 아니고 우연한 기회가 동기로 되어 범죄를 하는 자로서, 사려부족과 유혹에 잘 빠지는 것이 특징이지만 특별한 성격적 결함으로 인한 경우도 있다.
예모범죄인	모든 기회를 노리고 찾으려는 자, 경우에 따라서는 범죄의도를 폭력으로라도 실현하려는 생각을 흉기의 소지 등을 통해 나타내고 있는 자, 고도의 공공위험성을 보이는 자이다.
누범범죄인	형법적 의미가 아니라 널리 심리학적 의미로 이해하여 수형의 유무를 불문하고 범죄를 반복하는 자를 말하며, 동종의 범죄의 반복(상습범)도 포함하며, 이런 범죄인은 그 인격과 결부해서만 이해된다.
관습범죄인	그 대부분이 소극적인 성격자이고 예컨대 부랑자, 매춘부 기타 범죄적 환경에서 성장하여 형벌을 불명예라고도 생각하지 않고 나태와 무기력으로 살아가는 자로서, 그 중요한 원인은 심리적 변질이라고 한다.
직업범죄인	일반적인 관습범죄인에 비하여 강고한 의지와 높은 지성을 가지고 있고, 고등사기·조직적인 부녀매매업자·대규모의 침입절도 등과 같이 적극적인 범죄욕구를 가지고 있는 관습범죄인으로서 그들은 환경보다도 오히려 특이한 소질로 인한 경우이다.

7. 그룰레의 분류

그룰레(Hans Gruhle, 1880~1958)는 독일의 정신의학적 범죄학자로서 범죄심리에 대한 연구를 하였고, 그는 범죄는 각종 동기에서 일어나는 생활형식이라고 하면서 동기에 따라 범죄자를 분류하였다.

경향범죄인	능동적 범죄자는 직업적 범죄인의 유형으로서 범죄를 보내 직업으로 하고 있으나 수동적 범죄자는 그와는 달리 일반적으로 범죄를 거부하지는 아니하나 자진하여 범죄를 범하려고도 하지 않는다
박약범죄인	대부분이 누범자이고 범죄를 행하는 때에는 그때마다 범죄의 반복을 뉘우치고 자기의 약점을 호소한다.
격정범죄인	순간적인 감정폭발로 인하여 범행을 하는 자를 말하고, 예컨대 순간적인 성욕을 억제를 억제할 수 없어 어쩔 수 없이 범하게 된 성적 범행, 질투로 인한 애정살해, 절망으로 인한 정사 또는 가족살해, 분노로 인한 상해와 폭행 등을 든다. 이런 범죄는 주로 명정상태에서 이루어지는 경우가 많다.
명예, 확신범죄인	주로 정치범·사상범이 여기에 해당한다.
빈곤범죄인	빈곤으로 인한 범죄인은 그 대부분이 기회범죄인이라고 한다.

8. 슈툼플의 범죄인 분류

슈툼플(F. Stumpfl)은 범죄인의 성격적 태도 또는 범죄인의 장래에 대한 징후를 기준으로 하여 범죄인을 다음과 같이 분류하였다.

(1) 경범죄인과 중죄인

경범죄인 (또는 갈등범죄인)	외적 사정이나 내적 갈등으로 인하여 범죄를 범한 자를 말한다.
중범죄인	이런 외적 사정이나 내적 갈등없이 이상한 퇴화가 결정적인 원인이 되어 범죄를 범한 자를 말한다.

(2) 조발성범죄인과 지발성범죄인

조발성범죄인	25세 이전에 범죄를 범한 자
지발성범죄인	25세 이후에 처음 범죄를 범한 자

9. 젤리히의 범죄인 분류

오스트리아의 젤리히(E. Seelig, 1895-1955)는 범죄학과 형법, 정신의학 등을 관계되는 학문을 포괄하여 범죄의 원인과 대책을 광범위하게 연구한 범죄학교과서를 저술하였는데, 그의 범죄인 분류는 다음과 같다.

일하기 싫어하는 직업범죄인	걸식·좀도둑 등으로 생활하는 부랑자나 소매치기·침입절도 등과 같이 일상생활비를 범죄를 통하여 얻고 노동을 싫어하는 것이 특징이다.
저항력이 약한 재산범죄인	일반적인 사회적응성은 인정되지만 환경자극에 대한 저항이 약하여 때때로 재산범죄를 저지르는 자이다.
공격성으로 인한 범죄인	대개 내재된 만성흥분이나 긴장상태로 인하여 사소한 자극에 내하여 폭발적으로 적내행위를 취하는 자이다.
성적 억제력이 없는 범죄인	대개 성도착상태에서 억제력의 결여로 풍속범죄를 저지르는 자이다.
기회범죄인	생리적 또는 환경적인 갈등상황에 처하게 되어 그 난관을 극복하기 위하여 범죄를 저지르는 자이다.
원시반응의 범죄인	월경시의 단락반응과 같이 정동에 인격적 통제가 곤란한 상태에서 범죄를 저지르는 자이다.
확신범죄인	일정한 개인적 사회적 신조를 지키기 위하여 범죄를 저지르는 자이다.
사회적 훈련이 부족한 범죄인	교통법규·경제법규 등 국가가 요구하는 행위규범에 대한 적응능력이 미숙하여 범죄를 저지르는 자(과실범 포함)이다.

Ⅱ. 다원적 분류방법

범죄인의 분류는 범죄학의 방법과 범죄학자의 관점을 어디에 두는가에 따라 각기 다를 수 있는데, 엑스너(Exner)는 이런 상황을 다각적인 측면에서 분류·정리한 바 있다.

1. 성격적 범죄인 분류

범죄인의 성격을 기초로 하는 범죄인의 분류방법을 말한다. 여기에는 두 가지 방법이 있는데 (1) 범죄인의 유사한 성격적 특징에 따른 분류로서, 크레취머의 분류가 유명하다. 그는 신체구조와 성격의 내적 관련성에 착안하여 인간의 신체구조를 비만형, 세장형, 투사형, 발육부전형, 혼합형으로 나누고, 각 유형과 범죄와의 관련성을 지적하였다. (2) 범죄인의 성격적 태도를 기준으로 하여 범죄인을 상태범죄인과 기회범죄인으로 구분하는 방법인데, 이를 상술하면 다음과 같다.

(1) 상태범죄인이란 범죄인의 성격적 경향에서 범죄가 유래하는 것을 말하고, 성격범죄인 또는 성향범죄인이라고도 하는데 반드시 다회적인 누범자일 필요는 없고 초범자라도 일정한 성향이 성격에 내재하고 있으면 상태범죄인으로 된다.

(2) 기회범죄인의 중요한 원인은 외적 사정에 있고 그 성향에 있지 않다는 데 특색이 있다. 예컨대 낙태를 하는 여성, 공무원의 범죄, 인플레 · 전쟁 등으로 급격히 증가하는 범죄 등의 대부분은 여기에 속한다.

2. 유전생물학적 범죄인 분류

유전생물학적 인격연구의 성과를 기초로 하여 범죄인의 성격이 어떻게 형성되었는가를 기준으로 하는 분류방법을 말하는데 유전생물학적 범죄인 분류에 있어서는 유전생물학의 입장을 기초로 범죄인을 '내인성(內因性) 범죄인' 과 '외인성(外因性) 범죄인' 으로 나뉜다. 전자는 주로 소질에 기한 경우이며, 후자는 환경에 기한 경우라고 한다. 또한 랑게를 위시한 쌍생아의 연구에서는 이란성 쌍생아에 비하여 일란성 쌍생아의 경우에 범죄일치율이 높다는 것이 증명되었다. 이런 이유로 범죄의 원인으로서 유전소질의 중요성이 크다고 한다.

3. 범죄심리학적 범죄인 분류

이 분류는 범죄인의 범행동기에 의한 분류로서 예컨대 이욕, 성욕, 원한, 복수, 정치적 확신 등의 동기로 인한 범죄를 들 수 있다. 동기는 분류방법에 따라 여러 가지로 나눌 수 있으므로 이 분류에서는 수많은 범죄유형이 나올 수 있다. 또한 이 분류는 죄종에 의한 범죄인 분류와는 다르다. 다만 동기가 행위자의 인격으로부터 직접 나오는 경우에는 이 분류의 의의가 클 것이나 모든 범죄가 다 그렇다고 보기는 어렵고, 또한 이 분류가 주로 행위로부터 귀납적으로 행해진 것으로서 행위자로부터 연역된 것이 아니라는 점에서 결함을 안고 있다.

4. 체질학적 범죄인 분류

크레취머(Ernst Kretschmer)가 신체구조를 유형화한 다음 이것과 기질유형과의 관계를 지적한 이래 많은 학자들이 이런 체질학적 분류를 범죄인 연구에 응용하여 체질학적 유형과 범죄의 연관성을 어느 정도 밝히게 되었고, 그 결과 범죄자에는 세장형과 투사형이 많고 비만형이 상대적으로 적다는 결과를 얻어내게 되었으나 이 분류도 외부적으로 드러난 체형만을 통해 기질을 파악하고 이를 통해 범죄와의 관련성을 단정한다는 점에서 단편적이라는 비판을 받고 있다.

5. 범죄사회학적 범죄인 분류

범죄인의 성격적 특징보다도 범죄인 경력의 외적 현상형태를 기준으로 하는 분류방법이다.

(1) **범죄의 특질, 즉 범죄적 태도의 공격방향을 기초로 하는 경우** : 이 방법은 일정한 행위의 인격특성이 서로 관련되어 있음을 전제로 하고 외적 태도의 유형보다도 범죄인의 인격을 유형화하려는 것이다. 이 방법은 상태범죄인에 대하여 그 타당성이 인정된다. 그러나 죄종을 달리하는 누범이나 수개의 죄종에 걸친 누범의 경우에는 이러한 관련을 찾기 어렵고, 특히 기회범죄인의 경우에는 이 방법은 별 의미를 갖지 못한다.

(2) **범행시의 연령을 기준으로 하는 경우** : 이 분류방법은 범죄인의 최초의 범행시기가 인생의 전기인가 후기인가를 기준으로 조발성범죄인과 지발성범죄인으로 나뉜다. 즉 소질적인 것 또는 기타 인격에 뿌리박힌 범죄경향은 그 환경과 인격발전에 가장 동요가 심한 청소년기에 출현하고, 그런 조발범죄가 그들의 범죄적 인격을 징표하는 것이라고 한다. 따라서 전과가 많은 누범자 또는 관습범죄인의 대부분은 조발성범죄인이라고 한다.

(3) **직업범죄인의 경우** : 일반적으로 계획적, 지속적으로 같은 죄종의 범죄를 함으로써 그 생계의 전부 또는 일부를 마련하는 범죄인을 말하는 것으로서 그 특징은 일을 싫어하고 이욕적이며 범죄를 갑자기 지속하는데, 범죄의 종류와 실행형식의 특수

성을 띠고 있다. 직업범죄인이 아닌 경우의 범죄행위는 그때그때의 기회와 필요성에 따라 가변적이고 직업범죄인과 같이 특정되어 있지 않다. 또 직업범죄인은 일반적으로 적극적, 지능적이고, 소극적인 저능아나 정신박약자는 많이 보이지 않는다고 한다.

제2절 우리나라에서의 범죄인 분류

종래 우리나라의 형사사법에서의 범죄인의 분류는 이미 1950년대에 일본의 마사끼(正木亮)교수[2)]가 분류한 기준을 거의 그대로 답습하여 우발범죄인, 상습범죄인, 심신장애범죄인, 사상범죄인 및 소년범죄인 등 다섯 가지로 나누고 있다.

I. 우발범죄인

이 범죄인의 특징은 범죄의 동기가 우발적이어서 계획적으로 범죄를 감행하지 않고 그 행위에 습관성이 없다는 데 있다. 즉 순간적으로 자극되거나 긴급한 상황의 압박에 몰려 평소에는 선량한 자가 범죄인으로 되는 경우이다. 요컨대 우발범죄인은 주로 외부사정에 자극되어 범죄를 하는 자이고, 범죄적 개성이 비교적 약한 자라고 할 수 있다. 이런 우발범죄인에 대해서는 범행 당시의 정황 등을 고려하여 위험성이 없는 경우에는 기소유예나 선고유예·집행유예 등을 충분히 활용할 필요가 있으며, 행형단계에서도 초범자로서의 특수한 분류와 처우가 요청된다.

II. 상습범죄인

일반적으로 성격상의 소질로 인해 얻어진 내적 성벽의 결과로 반복해서 법을 위반하는 경향이 있는 인격을 가진 자를 말하며, 행위의 특성이 아니라 행위자의 인격적 특성이라는 점에서 누범과는 구별된다. 상습범죄인은 외부적 자극으로 인하여 죄를 범하는 경우가 비교적 적고, 내부적인 개인적 요소가 우월한 성격범죄인을 말한다. 상습범은 범죄에의 성벽을 기초로 하여 결정되는 개념인데, 현행 형법에서는 도박죄이외에도 많은 범죄, 예컨대 상해와 폭행죄, 절도와 강도죄, 사기와 공갈죄 등에 상습범을 인정하고 그 형을 가중하고 있으며, 폭력행위 등 처벌에 관한 법률

2) 참고문헌으로는 正木 亮, 『刑事政策汎論』, 有斐閣, 昭和 13年.

제2조 제1항, 특정범죄가중처벌 등에 관한 법률 제5조의 제4항도 상습범에 대한 형의 가중을 규정하고 있으나 상습범에 대한 형의 가중은 행위 자체의 불법보다 위험성을 기준으로 한 것으로 책임주의에 반한다는 비판이 있다. 상습범에 대해서는 형사정책상 그 범죄인이 개선가능한가 또는 개선불가능한가를 결정해야 한다는 중요한 문제가 있고, 또한 범죄대책의 문제로서 부정기형주의에 의할 것인가 또는 보안처분에 의할 것인가 등의 문제가 있다.

Ⅲ. 심신장애범죄인

심신장애범죄인은 행위자의 심신장애로 인하여 죄를 범하는 자를 말하는데, 현행 형법은 심신장애의 정도에 따라 그 정도가 강한 자와 미약한 자로 구별하여 전자를 책임무능력자로 하고 후자를 한정책임능력자로 하여, 전자는 형벌의 대상에서 제외하고 후자에 대해서는 형을 감경하고 있다(형법 제10조 제1항, 제2항 참조). 심신장애는 인간의 이상인격을 기초로 하여 나타나는 것이므로 이러한 범죄인에 대하여 형을 과하지 아니하거나 형을 감경하는 것은 책임주의에 입각하는 한 불가피한 것이라 할 수 있으나, 범죄방지라는 형사정책적 입장에서는 한 불가피한 것이라 할 수 있으나, 이에 대한 별도의 대책이 요구된다. 따라서 심신장애범죄인에 대해서는 특별한 개선 및 보안처분, 예컨대 격리 및 치료처분이 필요하다.

Ⅳ. 사상범죄인

사상범죄인이란 정치, 경제, 법률 등의 사상에 기한 일정한 활동이 비합법적으로 행하여졌을 때에 범죄인으로 되는 경우이다. 이것은 주로 현재 행하여지고 있는 일정한 법률, 정치, 경제제도에 대하여 불만을 품고 이를 개혁하는 것이 옳다고 믿고서 이에 기하여 불법한 행위로 나가는 경우와 같이, 범죄의 동기나 원인이 사상적, 종교적 또는 정치적 신념에 기하는 범죄인을 모두 포함하는 것이다. 이와 같이 사상범죄인은 보통 자기의 신념에 기하여 이런 행동으로 나가는 것이므로 확신범 또는 양심범이라고도 한다. 사상범죄인에 대한 대책과 관련하여 종래 문제되어 온 점은 사상범죄인에 대하여 어떤 제재방법을 취할 것인가(보안처분 또는 부정기형의 채택 등) 이들에 대해 행형상 특별한 처우를 요하는가 여부, 사상범죄인은 비파렴치범인가 또 이들은 개선가능한가 등인데, 이에 관한 많은 논의가 있다. 요컨대 형사정책의 목적에 비추어 볼 때, 사상범죄인라고 해서 일률적으로 엄벌주의로 나오는 것은 재고를 요하며, 정상에 따라서는 개선가능성을 인정하여 교육형주의의 입장에서 적당한 개별처우를 인정해야 하고, 금고형이 가지는 폐단을 고려하여 자유형을 단일화하는 방향도 검토해야 한다. 다만 사상범죄인에 대해서는 행형 단계에서 그들의 신념을 사회제도에 순치시키는 방향으로 특별한 처우가 고려되어야 할 것이다. 현행법에서는 사상범죄인에 대한 대책으로서 국가보안법, 반국가행위자의 처벌에 대한 특별조치법, 보안관찰법 등에 특별규정을 두고 있다. 확신범인 사상범죄인에 대해 현행 국가보안법이 공소보류제도를 인정하고 있는 것(동법 제20조 참조)은 사상범죄인의 특징을 반영한 것이라 할 수 있다. 그리고 현행 보안관찰법이 사상범죄인에 대하여 보안관찰처분심의위원회의 결정으로 형의 집행 후 보안관찰을 과할 수 있도록 하고 있는데, 이 점에 대해서는 입법론상 재검토가 요청되고 있다.

V. 소년범죄인

소년범죄인은 범죄인의 연령에 의한 구별로서, 범죄인이 현재 성장발육과정에 있다는 점을 특징으로 한다. 현행 소년법상 소년은 19세 미만의 자이다(동법 제2조). 현행법은 소년보호의 관점에서 14세 이상 20세 미만의 **소년범죄자**이외에도, 형법법규에 저촉되는 행위를 하였으나 10세 이상 14미만인 **촉법소년**, 보호자의 정당한 감독에 복종하지 않는 성벽, 정당한 이유없이 가정에서 이탈하거나 범죄성이 있는 자 또는 부도덕한 자와 교제하거나 자기 또는 타인의 덕성을 해롭게 하는 성벽이 있는 자로서 그의 성격이나 환경에 비추어 장래 형벌법령에 저촉되는 행위를 할 우려가 있는 10세 이상의 자인 **우범소년**을 보호처분의 대상으로 하고 있다(동법 제4조).[3] 비행소년에 대해서는 소년보호와 교화육성의 차원에서 보호처분을 인정함과 동시에 형사절차에서도 특별한 보호조치를 취하고 있고, 행형에서도 특수성을 인정하고 있다.

3) 김동림, "소년법상 보호대상자에 관한 고찰", 강원법학 제8권, 1996, 445면.

Ⅵ. 소 결

지금까지 범죄인 분류에 관한 전통적인 견해들을 살펴보았다. 그 분류기준들을 보면, 범죄행위, 범죄동기, 범죄자가 가지는 사회적・문화적 생활패턴, 심리학적・정신의학적 특성 등을 기초한 것으로서 매우 다양한 대부분이 범죄원인론이나 범죄대책론 어느 일방에만 치중된 것이다. 대책을 염두에 두지 않은 범죄인 분류는 실질적으로 가치가 없는 것이며, 더욱이 범죄행위와 범죄자를 종합적으로 고려하지 않은 범죄원인론적인 분류 역시 매우 불완전한 것이다. 한편 범죄원인과 절연된 채 대책론에만 입각한 범죄인 분류도 진정한 효과를 거둘 수 없다. 이런 의미에서 범죄인의 분류는 전통적인 분류방법과 함께 범죄현상의 태양을 개별 특징에 따라 분류하는 '범죄자유형론' 에 대한 연구가 병행되어야 하며, 수형자 처우를 위한 분류와도 유기적으로 관련되어야만 한다. 이와 같은 여러 가지 측면을 결합을 실용적 유형화의 시도로서 가장 대표적인 것이 생활력이라는 개념을 매개로 하여 행위특성과 행위자특성을 통합하려는 미국의 사회학자들의 입장이라고 할 수 있다. 그들은 생활력의 가장 중요한 요소로서 비행행위가 생활의 일부를 형성하는 정도, 자기관념의 구조, 범죄와의 동일화, 범죄의 발전과 비행행위를 생활조직에 편입시키는 정도, 비행행위에 대한 집단지지, 사회적 반작용 등을 들고 있다. 이런 요소들을 통하여 판단되는 생활력은 범죄인의 행위상황, 당시의 환경관계, 범죄인의 성향 등에 따라 다르며, 초범의 경우에는 이러한 생활력을 인정하기 곤란한 점도 없지 않으나, 위와 같은 기준에 따라 범죄인을 유형화하는 것이 어느 정도 가능한 것만은 부정할 수 없고 또한 범죄방지대책으로서도 유효한 것이다. 더 나아가서 소위 문화관련 범죄인에 대한 유형을 어떻게 논의할 수 있을까하는 가설은 범죄의 원인적 해명과 관련이 된다고 할 수 있다. 따라서 문화라 할 수 있는 것과 문화와 관련된 범죄현상을 고찰하여 그 유형론과 그 방법을 제시할 수 있다.

◇ 생각하여 볼 문제

1. 학문적으로나 실무적으로 범죄의 유형과 범죄인의 유형에 대한 당신의 견해는 어떠한가?
2. 앞으로 범죄유형론은 어떠한 형태로 발전되어야 한다고 생각하는가?

제 4 편 피 해 자

제1장 총 설

전통범죄학은 범죄자에 초점을 누거나 또는 가해자지향적인 측면에서 범죄의 원인과 범죄자에 대한 처리 및 처우를 중심으로 범죄문제를 다루어 왔다. 따라서 전통적인 범죄학은 범죄의 원인을 밝히는 데 초점을 맞추고 있으나 범죄자에 중심을 두는 경우에는 범죄문제의 실체 및 피해자에 대한 적절한 보호대책을 하기에는 부족하므로 가해자와 피해자 사이의 관계, 범죄에 대한 공포, 피해자에 대한 과학적 분석, 양형에 있어서 피해자의 역할 또는 책임고려 등 범죄자 뿐만 아니라 피해의 원인 및 피해자조사를 통하여 범죄피해를 사전에 방지하고, 예상되는 피해를 최소화하며, 이미 발생한 피해자에 대한 회복방법을 강구하는 등의 노력이 필요할 것이다.

피해자학은 범죄의 피해를 받거나 받을 위험이 있는 자에 대하여 그 생물학적 및 사회학적 특성을 과학적으로 연구하고, 이를 기초로 범죄에 있어 피해자의 역할, 형사사법에 있어서 피해자 보호 등을 연구대상으로 하는 학문분야를 말한다. 원래 피해자학이라는 용어는 미국의 **워덤**(Wartham)이 1948년 「폭력의 현장(The Show of Violence)」라는 저서에서 처음 사용한 표현인데, 1950년 이후에 독자적인 학문분야로서의 성격이 논의되어 왔다. 제2차 대전 이후부터 범죄학과 형사사법의 분야를 중심으로 피해자에 대한 본격적인 논의가 전개되기 시작하였다. 이런 변화는 크게 두 가지의 점에 기인한 것이라고 할 수 있는데, 하나는 종래의 범죄대책이 범죄자의 측면에서만 논의됨으로써 일정한 한계를 드러내면서 범죄자 - 피해자 관계에 대한 논의를 통해 보다 효과적이고 광범위한 범죄방지대책을 논의할 필요성이 제기되었다는 점이고, 다른 하나는 시민사회에서 시민의 권리와 자유를 보장하기 위해서는 범죄자의 권리보호 못지 않게 중요한 것이 형사사법을 통한 피해자 보호라는 자각이 생기게 되었다는 점이다. 피해자학은 제2차 대전 이후에 급속히 발달하였다. 당시에 실질적으로 피해자학을 체계적 및 학문적 수준에서 처음 구성한 학자는 **헨티히**(Hans von Hentig)였다. 그는 1925년 '근친상간에 관한 연구' 라는 논문에서 피해자가 지니는 태도를 바룬 바 있고, 1948년「범죄자와 그 피해자」이라는 저서를 통해, 피해자에 대한 연구를 "범죄" 의 피해자에 대한 학문으로서 범죄학에 대한 보조과학으로서의 성격을 가진다고 보고, 피해자를 범죄의 발생원인 내지 환경요소로 파악하고자 하였다. 그는 죄를 범한 자와 그로 인해 고통을 받는 자라는 도식을 통하여 "피해자의 존재가 오히려 범죄자를 만들어 낸다" 고 지적하면서, 범죄자와 피해자의 관계에 대한 과학적 연구의 필요성을 강조하고, 피해자를 일반적 유형으로서의 피해자와 심리적 유형으로서의 피해자로 나누어 각각의 유형에 속하는 피해자들을 예시하였다. 한편 피해자의 문제는 단지 범죄원인의 과학적 규명에 머무르지 않고 피해에 대한 보호 내지 공적 구제라는 차원에서도 논의되었다. 1956년 **멘델존**(Benjamin Mendelsohn)은 '생물 · 심리 · 사회학의 새로운 과학의 분야 : 피해자학' 이라는 논문에 의해 범죄학에서 독립한 피해자학이 탄생하였다. 그는 피해자학이 범죄학과는 독립된 고유의 과학으로 존재해야 함을 역설하면서 학문으로서 독자성을 주장하여 오늘날 '피해자학의 아버지' 라고 부른다.[1] 1957년 영국의 사회운동가 프라이(Fry) 여사는「피해자를 위한 정의」라는 논문을 통하여 형사사법에서 '잊혀진 존재'로 취급되어 온 피해자의 공적 구제에 대한 관심을 촉구하였고, 그 영향 아래 1963년 뉴질랜드가「범죄피해자보상법」을 처음 제정 · 실시한 이래, 영연방국가들과 미국 그리고 유럽에서 범죄피해자에 대한 공적 구제를 위한 입법이 일반화되어 갔다. 또한 이러한 영향 아래 1970년 이후에는 형사절차에서 피해자의 보호와 지위강화가 논의되어, 형사절차에서 피해자의 보호와 지위강화가 논의되어, 형사절차에서 피해자의 진술권, 정보권, 통제권, 인격권 및 변호인의 조력을 받을 권리를 보장하고 범죄자에 의한 원상회복을 인정해야 한다는 주장이 유력해지고 있다. 이제 피해자학은 적어도 범죄학의 중요한 일부분을 차지하고 있고, 이 문제에 대한 국제적인 논의도 활발해지고 있다. 즉 1973년에 이스라엘의 예루살렘(Jerusalem)에서 제1차 국제피해자학 심포지엄이 개최된 이래 3년마다 심포지엄이 열려, 최근 1994년에 호주의 애들레이드(Adelaide)에서 제8차 심포지엄이 개최되었으며, 1979년에 개최된 제3회 국제피해자학 심포지엄 기간에는 피해자학 연구와 국제적인 학문정보 교환을 위해 세계피해자학회가 설립되었다. 우리나라에서는 1992년 피해자학회[2]가 설립되어 오늘에 이르고 있다.

---

1) 김재민, 55면.
2) http://www.victimology.or.kr/

제4편 피해자

제 2 장 피해자학의 연구과제와 연구방법

제1절 학문적 성격

피해자학이 독립과학인가에 대해서는 종래 많은 논의가 있었다. 나겔(Nagel)은 피해자학을 범죄학의 하위범주로 취급하는데 반대하고 범죄학에 새로운 지표를 제시해 주고 동시에 범죄학을 더 높은 과학적 차원인 새로운 영역으로 지적한 것처럼 최근에 범죄학이 피해자학의 관점을 받아들이기 시작함으로써 이른바 '관계의 범죄학(Criminology of Relationships)'으로 발전해 나가고 있다.[3] 따라서 논의의 중점은 피해자학이 독립과학인가 여부가 아니라 피해자의 문제에 대한 과학적・규범적 접근을 보다 활성화하면서 인접 학문분야와의 밀접한 관련을 유지해 나가는 일이다. 먼저 형법학은 범죄자에 대한 초점을 맞추어 그의 행위에 대한 가벌성 평가에 중점을 두고 있으나, 여기서 피해자의 관점을 올바로 고려하지 않고는 올바른 평가와 양형이 이루어질 수 없다는 점에서, 피해자학의 발전은 형법학에 중요한 기초가 되는 것이며, 피해자학 연구 역시 형법학의 토대를 벗어나서는 올바로 유지・발전되기 어려운 것이다.

3) 오재환, "피해자학의 위치와 전망", 『범죄와 피해자』제5회 세미나(1991.9.13)자료, 한국형사정책연구원, 23면.

제2절 피해자학의 과제와 연구방법

피해자학이 제시한 것처럼 범죄를 범죄자와 피해자의 관계라는 차원에서 바라보게 되면, 피해자 측면에 대한 다양한 접근과 이를 위한 과학적인 연구방법이 요구된다. 이러한 관점에서 먼저 피해자학의 과제를 정리해보면 다음과 같다.

1. **범죄원인** 내지 **피해원인**의 해명이다. 이를 위해서는 피해자로 되기 쉬운 사람들을 유형화하고, 일반인이 피해자로 되기 쉬운 사회적・사회심리적 상태를 밝혀야 하며, 피해자를 만들어내는 사회구조 및 사회현상을 규명해야 한다. 범죄의 발생, 범행을 촉진한 요인으로서, 피해자, 인간 및 사회라는 영역에서의 사실상태의 해명을 고려해야 하는데, 이 경우에 피해자가 개인으로서 그리고 사회구성원으로서 가지는 양면성을 고려해야 하며, 범죄자와 피해자가 만나게 된 사회적 관계를 밝힐 필요가 있다. 다양한 기준에 따라 피해자를 유형화해야 하는데, 여기에 '내인적 요인'에 의한 경우와 '외인적 요인'에 의한 경우를 구분할 필요가 있으며, 시간적 및 장소적 선택과정에서 발생한 피해자에 대한 유형화도 요구된다. 이런 논의를 위한 기초로서 인간관계의 상호작용에 대한 연구가 필요한데, 종래와는 달리 범죄자 개인의 인격발현이라는 측면에 그치지 않고 인격의 상호작용을 고려하여 범죄를 파악하는 일이 요청된다. 이런 범죄원인의 해명을 통하여 방범의 과학화, 범죄수사의 단서 제공, 양형이나 소년에 대한 보호처분의 과학화를 위한 보조수단, 행형단계에서 수형자에 대한 교정교육의 지침 제공, 피해자보상제도의 합리적인 운용 등이 가능하게 된다.

2. 다음으로 형사절차에서의 **피해자보상**이다. 현행 형사절차는 실체적 진실발견과 피고인 등을 위한 적정절차라는 두 개의 축을 가지고 운영되고 있으나, 여기에다 피해자의 권리보호라는 제3의 측면이 고려되어야 한다. 현행 형사소송법도 피해자의 진술권 보장, 배상명령제도 등을 통하여 피해자의 보호를 고려하고 있으나, 피해자에 대한 변호인의 조력을 받을 권리의 보장, 피해자인 증인의 보장제도, 피해자에 대해 절차진행에 대한 정보를 제공하기 위한 제도 등을 검토할 필요가 있다. 그리고 절차를 통한 원상회복, 집행과정, 실체법에서 원상회복을 형면제사유나 집행유예의 조건

으로 하는 방안도 검토를 요한다.

3. 피해자에 대한 **공적 구제**이다. 범죄자에 의한 피해자보상은 현실적으로 일정한 한계를 가질 수 밖에 없으므로, 국가가 위험분담이라는 차원에서 피해자에 대해 일정한 공적 구제를 하는 방안을 보다 합리화, 현실화시킬 필요가 있다.

4. 피해자학은 다양한 연구대상을 포함하고 있으므로, 그에 대한 연구도 분야별로 다양한 접근방법을 요한다. 특히 피해자 유형연구의 경우에는 범죄학의 경우와 마찬가지로 그것이 가지는 **간학문**(間學問)적 성격을 고려하여 인접과학의 연구성과를 활용하는 데 관심을 기울여야 한다. 특히 의학, 심리학, 사회학, 정신의학, 생물학 등 밀접한 연계하에 항상 학문적 논의가 이루어져야 한다. 이와 함께 피해현상에 대한 올바른 파악을 위해서는 공식통계에 머무르지 않고 피해자조사(victim survey) 등이 활발히 이루어져야 한다. 피해자조사는 피해자의 자발적 참여와 협조를 얻기가 어려우며, 피해자의 범인에 대한 자의적·적대적 태도를 여과하기 곤란하므로 자료의 취사선택 및 이에 대한 과학적 분석이 요청된다. 한편 피해자의 보호나 피해자의 공적 구제를 위한 제도도입 내지 개선과 관련해서는 실태에 대한 올바른 파악을 토대로 하면서 규범내용에 대한 정확한 분석 및 형법이론과의 조화 등을 염두에 두는 규범적 접근이 매우 중요하다.

제 3 장 피해자의 분류와 범죄유형

제1절 피해자의 분류

피해자학의 발전은 피해자에 대한 과학적 분류에서 출발하였고, 현재에도 피해자 분류가 중요한 문제로 제시되고 있다. 아래에서는 피해자학의 발전에 중요한 기여를 했던 헨티히, 엘렌베르거, 멘델존 등의 피해자 분류를 살펴보기로 한다. 먼저 헨티히(Hentig)는 피해자 유형을 일반적 피해자 유형과 심리학적 피해자 유형으로 구분한 다음, 전자에 속하는 예로서 어린이, 여성, 노인, 심신장애자, 이민, 소수민족 등을 들고, 후자에 속하는 예로서 폭군, 탐욕자, 변덕꾼, 울화병에 걸린 자, 궁박한 자, 정서불안자, 파멸된 자 등을 들고 있다. 엘렌베르거(E.Ellenberger)는 심리학적 기준에 따라 피해자가 되기 쉬운 경향을 가진 잠재자성과 일반적 피해자성을 구분하여 전자에 속하는 경우로서 피학대자, 우울한 자, 자기만족에 빠진 자, 막연하게 불안감을 느끼는 사람, 공포증환자, 죄책감에 빠진 자 등을 들고, 이런 자가 아니더라도 피해자가 범죄자와 신경학적, 심리학적, 유전학적, 생물학적으로 특수한 관계를 맺고 있는 경우에는 범죄가 발생할 수 있다. 한편 멘델존(B.Mendelsohn)은 범죄에 대한 피해자의 유책성의 정도를 기준으로 하여 피해자를 네 가지 유형으로 나누고 있다. 이상적인 피해자로서 완전히 무책한 피해자(영아살해죄의 영아, 약취 및 유인된 유아 등), 무지에 기한 피해자로서 유책성이 적은 피해자(낙태로 사망한 임산부 등), 자발적 피해자로서 가해자와 동일한 정도로 유책한 피해자(자살미수, 동반자살 등), 가장 유책한 피해자로서 공격적 피해자(정당방위의 상대방), 기만적 피해자(무죄자의 범인), 상상적 피해자(피해망상으로 인한 경우)가 있다.

제2절 피해자의 분류와 피해자의 입장에서 본 범죄유형

모든 범죄가 피해자의 관점에서 파악될 수 있는 것은 아니고, 주로 개인적 법익에 대한 범죄가 피해자학의 관점에서 논의될 수 있다. 이런 범죄들을 피해자의 관점에서 분류해 보면 크게 세 가지로 나누어 볼 수 있는데, 하나는 피해자 없는 범죄이고, 다른 하나는 피해자가 동의 또는 기여한 범죄이고, 그 외에는 대부분의 범죄처럼 가해자와 피해자가 분명히 구별되는 범죄이다.

1. 피해자 없는 범죄(victimless crime)는 사회나 공공의 이익이 보호법익인 경우에 주로 많이 나타나는데(특히 행정형법에서 많이 나타남), 범죄인지율이 낮고 단속이 곤란하다는 특징을 나타내며, 범죄라기 보다는 행정목적을 위한 단속의 필요성으로 인해 처벌하는 경우가 많다.

2. 피해자가 동의, 기여한 범죄의 경우에는 가해자와 피해자를 구별하기 곤란하고, 경찰에 통보되거나 발각되는 경우가 적은데, 동의낙태, 장물수수, 증수뢰, 매춘, 도박, 마약밀매, 간통, 동성애 등이 여기에 해당한다. 이런 유형의 범죄에 대해서는 구체적인 내용에 따라 다양한 대책이 제시하고 있는데, ① 범죄자와 피해자가 합의하에 범죄를 행한 경우에는 사회적 위험성이 없는 한 비범죄화해야 한다는 주장 ② 피해자의 동의에도 불구하고 처벌하는 것이 국가적·사회적 요청이라는 주장 ③ 동의자체를 부정하고 양자는 필요적 공범관계에 서는 경우가 많으므로 역할에 상응한 처벌을 필요로 한다는 주장 등이 있다.

3. 가해자와 피해자가 분명한 대부분의 범죄에서도 피해자의 역할이 문제되는데, 무의식적으로 범죄에 기여한 경우가 주로 문제되고 이때에는 범죄예방이나 양형에 있어서 그 점을 고려에 넣어야 한다. 그리고 개인적 법익에 대한 범죄의 경우에는 피해를 입은 프라이버시의 내용 및 침해 정도에 따라 범죄의 인지율이 달라지게 된다.

제 4 장 범죄피해자보상제도

제1절 의 의

범죄피해자보상제도란 범죄의 피해자에 대하여 범죄로 인하여 받은 피해의 전부 또는 일부를 국가가 금전의 급부로써 구제하는 제도를 말한다. 종래 범죄와 관련된 국가의 관심이 범죄자에 쏠려 있었던 결과, 국가의 재정도 범죄자를 재사회화하는 데 필요한 비용을 적절히 배분하는 데 중점을 두어 왔고, 피해자가 받은 피해에 대해서는 범죄자와의 관계에서 해결되어야 할 문제로 생각해 왔으나, 범죄자가 밝혀지지 않은 경우가 적지 않고 설사 밝혀진 경우가 하더라도 범죄자의 열악한 재산상태에 따른 배상능력의 한계 등으로 인하여 피해자의 비참한 상태가 야기되었고, 이에 따라 피해자구제에 대해 국가가 관심을 돌려야 한다는 주장이 1950년대부터 제기되었다. 어느 나라든지 일정한 양의 범죄가 발생하고, 이에 따라 피해자가 열악한 처지에 놓이는 경우가 적지 않으므로 위험의 공정한 분산이나 사회연대적인 생활보호의 필요라는 차원에서 - 민사재판을 통한 구제나 가해자 자신에 의한 보상의 한계를 고려하여 - 형사사법을 통해 국가가 범죄피해자를 보호해야 할 필요성이 나타나게 되는 것이다.

읽을거리 : 범죄피해자보상법

1957년 영국의 사회운동가인 프라이 여사는 앞서 소개한 것처럼 「피해자를 위한 정의」라는 논문을 통해 형사사법에서 '잊혀진 존재'로 취급되어 온 피해자의 공적 구제에 대한 관심을 촉구하였고, 그 영향아래 1963년 뉴질랜드가 최초로 「범죄피해자보상법」을 처음 제정후 실시하게 되었고, 영연방국가들과 미국 그리고 유럽의 여러 국가들이 이 제도를 입법화하기에 이르렀다. 한편 국제회의에서도 새롭게 이 주제가 다루어지기 시작하였는데, 1968년 미국의 로스엔젤레스에서 제1회 범죄피해자보상 국제회의가 개최되었고, 1973년에 처음 개최된 국제피해자학 심포지엄에서 매 회기마다 이 문제를 다루어왔다.

우리나라에서는 "타인의 범죄행위로 인하여 생명·신체에 대한 피해를 받은 국민은 법률이 정하는 바에 의하여 국가로부터 구조를 받을 수 있다" 는 헌법 제30조를 근거로 1987년에 「범죄피해자구조법」[법률 제7766호, 2005.12.29, 일부개정]을 제정하여 1988년 7월 1일부터 시행되었으나 2010년 5월14일 범죄피해자구조법은 폐지되고 범죄피해자보호법으로 대체되었다.

제2절 법적 성격

피해자보상을 위한 국가의 재정은 국민의 세금으로 조성되는 것을 감안할 때, 이 제도의 정당성을 법적으로 어떻게 정당화시키는가 하는 문제가 제기된다. 일반적으로 말하면, 각 국가마다 일정량의 범죄자 발생하고 이에 대한 방지대책에 한계를 가지고 있는 국가의 입장에서는 스스로 선택한 범죄방지체제에서 불가피하게 파생되는 일정량의 범죄로 인한 피해를 사회 전체가 인수해야 할 책임을 진다고 할 수 있고, 다른 한편으로는 범죄자 처우로 인해 엄청난 국고를 할당하면서 피해자에 대해서는 국가가 방치하고 있는 현실의 불균형 내지 불공정을 시정할 필요가 있으며, 보다 넓게는 현대 복지국가에서 복지정책의 일환으로 국가가 피해자구제에 대한 정치적 의무를 진다고 할 수 있다. 이런 관점에서 종래 피해자보상제도의 법적 성격에 다양한 근거가 제시되어 왔다. 이런 법적 성격의 문제와 관련하여 각국의 보상제도에서 제기되는 논점을 보면 몇 가지로 요약할 수 있는데, ① 먼저 보상의 대상은 원칙적으로 범죄행위로 인한 인신상의 피해에 한정되는데, 여기서 범죄의 종류를 어디까지로 한정할 것인가 하는 점과 과실범의 포함 여부가 문제로 된다. ② 다음으로 보상액에 대한 한정과 관련하여 보상의 요건으로서 생활곤궁상태가 발생하였음을 전제로 하는가 여부가 문제로 된다. 이외에도 보상요건으로서 피해자의 과실 유무를 고려하는가 그리고 보상심사와 형사절차를 분리할 것인가 하는 점 등이 문제로 된다. 현행 범죄피해자구조법은 피해자에 대한 국가의 보상이라는 차원보다는 피해자의 열악한 생활상태를 구조한다는 측면에 중점을 두고 있으므로, 법적 성격으로 볼 때 사회복지설에 입각한 생활보호형 입법방식을 취하고 있다.

제3절 현행 피해자구조제도

I. 구제요건

1. 적극적 요건

먼저 타인의 범죄행위로 인해 피해가 발생한 경우에 한한다. 여기서 범죄행위란 생명 또는 신체를 해하는 범죄행위에 국한되며, 정당방위 및 정당행위로 인한 경우, 과실범의 경우는 제외한다. 피해는 사망하거나 장해 또는 중상해를 입은 것을 말한다. '장해' 란 범죄행위로 입은 부상이나 질병이 치료(그 증상이 고정된 때를 포함한다)된 후에 남은 신체의 장해로서 대통령령으로 정하는 경우를 말한다(범죄피해자보호법 제3조 제1항 제5호). '중상해' 란 범죄행위로 인하여 신체나 그 생리적 기능에 손상을 입은 것으로서 대통령령으로 정하는 경우를 말한다(동법 제3조 제1항 제6호). 국가는 구조피해자가 피해의 전부 또는 일부를 배상받지 못하거나, 자기 또는 타인의 형사사건의 수사 또는 재판에서 고소 · 고발 등 수사단서의 제공, 진술, 증언 또는 자료제출을 하다가 구조피해자로 된 경우에 구조피해자 또는 그 유족에게 범죄피해 구조금(이하 "구조금" 이라 한다)을 지급한다(제16조).

2. 소극적 요건

구조피해자와 가해자 사이에 ① 부부(사실혼 포함), ② 직계혈족, ③ 4촌 이내의 친족, ④ 동거친족의 어느 하나에 해당하는 친족관계가 있는 경우에는 구조금을 지급하지 아니하고(동법 제19조 제1항), 제19조 제1항에 해당하지 아니하는 친족관계가 있는 경우에는 구조금의 일부를 지급하지 아니한다(동법 제2항). 구조피해자가 ① 해당 범죄행위를 교사 또는 방조한 행위, ② 과도한 폭행 · 협박 또는 중대한 모욕 등 해당 범죄행위를 유발한 행위, ③ 해당 범죄행위와 관련하여 현저하게 부정한 행위, ④ 해당 범죄행위를 용인한 행위, ⑤ 집단적 또는 상습적으로 불법행위를 행할 우려가 있는 조직에 속하는 행위(다만, 그 조직에 속하고 있는 것이 해당 범죄피해를 당한 것과 관련이 없다고 인정되는 경우는 제외), ⑥ 범죄행위에 대한 보복으로 가해자 또는 그 친족이나 그 밖에 가해자와 밀접한 관계가 있는 사람의 생명을 해치거나 신체를 중대하게 침해하는 행위의 어느 하나에 해당하는 행위를 한 때에는 구조금을 지급하지 아니하고(제3항), 구조피해자가 ① 폭행 · 협박 또는 모욕 등 해당 범죄행위를 유발한 행위, ② 해당 범죄피해의 발생 또는 증대에 가공한 부주의한 행위 또는 부적절한 행위의 어느 하나에 해당하는 행위를 한 때에는 구조금의 일부를 지급하지 아니한다(동법 제4항).

Ⅱ. 구조금의 지급 및 종류

구조금은 유족구조금 · 장해구조금 및 중상해구조금으로 구분하며, 일시금으로 지급한다(동법 제17조). 유족구조금은 ① 배우자(사실혼 포함) 및 구조피해자의 사망당시 구조피해자의 수입으로 생계를 유지하고 있는 피해자의 자녀, ② 구조피해자의 사망당시 구조피해자의 수입으로 생계를 유지하고 있는 구조피해자의 부모, 손자 · 손녀, 조부모 및 형제자매, ③ 위의 ①②에 해당하지 아니하는 구조피해자의 자녀, 부모, 손자 · 손녀, 조부모 및 형제자매 중 1순위의 유족에게 지급한다(같은 법 제18조 제1항). 그 순위는 맨 앞의 순위인 유족에게 지급하고, 동순위의 유족이 2인 이상인 경우에는 똑같이 나누어 지급한다(동법 제17조 제2항). 태아는 유족의 범위를 정함에 있어서 이미 출생한 것으로 본다(동법 제18조 제2항). 피해자나 유족은 대한민국 국민에 한함이 원칙이지만, 외국인이 구조피해자이거나 유족인 경우에도 해당 국가의 상호보증이 있는 경우에는 구조금을 지급한다(동법 제23조).

Ⅲ. 구조결정절차

구조금의 지급신청은 해당 범죄피해의 발생을 안 날로부터 3년 및 해당 범죄피해가 발생한 날로부터 10년이 경과하기 전에 그 주소지 · 거소지 또는 범죄발생지를 관할하는 각 지방검찰청 범죄피해구조심의회(지구심의회)에 한다(동법 제25조). 지구심의회는 신속하게 구조금을 지급하거나 지급하지 아니한다는 결정(지급결정에는 그 금액을 정하는 것을 포함)하여야 하고(동법 제26조), 구조피해자의 장해 또는 중상해의 정도가 명확하지 아니하거나 그 밖의 사유로 신속하게 결정할 수 없는 사정이 있으면 신청 또는 직권에 의해 긴급구조금을 지급하는 결정을 할 수 있다(동법 제28조 제1항). 구조피해자나 유족이 해당 구조대상 범죄피해를 원인으로 하여「국가배상법」이나 그 밖의 법령에 따른 급여 등을 받을 수 있는 경우에는 대통령령으로 정하는 바에 따라 구조금을 지급하지 아니한다(동법 제20조 제1항). 구조피해자나 유족이 해당 구조대상 범죄피해를 원인으로 손해배상을 받았으면 그 범위에서 구조금을 지급하지 아니하고(동법 제21조 제1항), 국가는 지급한 구조금의 범위에서 해당 구조금을 받은 사람이 구조대상 범죄피해를 원인으로 하여 가지고 있는 손해배상청구권을 대위(代位)한다(동법 제21조 제2항).

유족구조금은 구조피해자의 사망당시의 월급액이나 월실수입액 또는 평균임금에 18개월 이상 36개월 이하의 범위에서 유족의 수와 연령 및 생계유지상황 등을 고려하여 대통령령으로 정하는 개월 수를 곱한 금액으로 하고(동법 제22조 제1항), 장해구조금과 중상해구조금은 구조피해자가 신체손상을 입은 당시의 월급액이나 월실수입액 또는 평균임금에 2개월 이상 36개월 이하의 범위에서 피해자의 장해 또는 중상해의 정도와 부양가족의 수 및 생계유지상황 등을 고려하여 대통령령으로 정한 개월 수를 곱한 금액으로 한다(동법 제22조 제2항). 구조피해자의 월급액이나 월실수입액이 평균임금의 2배를 넘는 경우에는 평균임금의 2배에 해당하는 금액을 구조피해자의 월급액이나 월실수입액으로 본다(동법 제22조 제4항).

◇ 생각하여 볼 문제

1. 피해자가 가해자가 되는 경우는 피해자학에 어떤 의미가 있는가?
2. 규범학과 피해자학의 관련성에 대하여 생각하여 보세요.

제 5 편

범죄대책론

제 1 장 범죄대책의 일반이론

제1절 범죄대책의 이론구성

형사정책은 범죄의 현상과 그 원인을 규명하고 이와 함께 범죄인과 피해자에 대해 과학적 분석을 행함으로써 궁극적으로는 범죄방지대책을 수립하는 데에 그 목적이 있다. 따라서 범죄대책론은 형사정책론은 형사정책의 핵심영역이라 할 수 있고, 따라서 근자에는 이 분야에 관한 많은 연구들이 다양한 각도에서 이루어지고 있다. 제프리는 범죄방지를 위한 대책을 수립하는 세 가지 모델을 제시하고 있는데, 범죄억제 모델, 사회복귀 모델, 환경공학을 통한 범죄통제 모델이 그것이다. 먼저 **범죄억제 모델**(the Deterrent Model)은 범죄통제 모델을 통하여 범죄를 방지하고 범죄인을 개선 및 교화하는 것을 말하며, 가장 전통적인 방법으로서 종래 형사정책의 주된 관심방향이었다고 할 수 있다. 둘째로 **사회복귀 모델**(the Rehabilitation Model)은 임상적 개선방법, 지역활동, 교육・직업훈련, 복지정책 등을 통하여 범죄인을 재사회화하는 데 중점을 두는 것을 말하며, 최근에 사회정책의 일환으로서 그 중요성이 강조되고 있다. 이것은 주로 재범의 방지에 중점을 두고 있으며, 후술하는 행형론의 주요한 모델이 되고 있으나 이 모델은 범죄인의 생물학적・심리학적 특성과 사회적 환경에 따라 그 효과가 차이가 난다는 난점을 갖고 있다. 셋째로 **환경공학적 범죄통제 모델**(Crime Control through Environmental Engineering Model)은 도시정책, 환경정화, 인간관계의 개선, 정치, 경제, 사회 각 분야에서의 갈등해소 등을 통하여, 즉 환경개혁을 통하여 범죄를 예방하려는 것을 말한다. 범죄대책은 사회통제의 일환이라고 할 수 있고, 따라서 근본적인 사회환경의 개선을 통하여 비로소 궁극적인 범죄방지가 가능하다는 보는 것이다.

현재 외국에서는 '범죄방지(crime prevention)' 라는 표현이 자주 사용되고 있다. 이것은 범죄발생의 원인을 제거하거나 범죄를 억지하는 작용을 하는 여러 원인들을 강화·조장함으로써 범죄의 발생을 미연에 방지하는 것을 말하며, 넓은 의미로는 범죄자의 재범방지를 위한 활동도 포함하는 것으로 본다. 종래 형사정책은 현행법이 인정하고 있는 제재수단이 범죄를 방지하는 데 효과적인가 그리고 자유형의 집행으로서 시설(교도소)내 처우를 어떻게 할 것인가 하는 문제에 초점을 두어 왔으나, 근자에 와서는 논의가 매우 다양해지고 있다. 형사정책 이외의 방법을 통한 일반예방의 실현이 광범위하게 논의되고 있고, 제재수단과 관련해서도 일반예방 및 특별예방의 차원에서 다양한 방안들이 제시되고 있을 뿐만 아니라, 행형분야에서도 사회내 처우(community based treatment) 내지 개방처우(open treatment)가 주목을 받고 있다. 특히 가장 커다란 문제의 하나로 지적되고 있는 소년비행과 관련하여 이를 근본적으로 해결하는 방법은 비행의 사전예방을 위한 각종 사회정책의 수립 및 시행에 있다는 점이 강조되고 있으나, 이와 함께 이미 범죄를 저지른 자를 어떻게 정상적으로 사회에 복귀시킬 것인가 하는 문제, 즉 재범방지대책에 대해서도 많은 논의가 이루어지고 있다. 따라서 여기서는 현재 논의되고 있는 재범방지를 위한 대책과 초범예방을 위한 대책을 개괄적으로 살펴보기로 한다.

I. 재범방지대책

1. 형벌

형벌의 재범방지기능은 전통적으로 두 가지 측면에서 생각할 수 있는데, 하나는 범죄자에게 그의 범행에 상응하는 고통을 부과함으로써 다시 범죄에로 나아가지 않게 하는 것이고, 다른 하나는 범죄자를 사회로부터 격리함으로써 고립감·자책 등을 통하여 반성 혹은 개전케 하는 것이다. 그러나 이런 기능은 매우 소극적일 뿐만 아니라 여러 가지 폐단을 가져오기 쉬우므로 현재 형벌을 집행하는 과정에서 교육 또는 개선을 위한 여러 가지 제도적 장치를 두고 있다. 예컨대 수형자분류 및 이에 기한 (누진) 처우가 그 대표적인 예로 할 수 있다.

2. 기계적 개선법

이것은 주로 형벌에 부수하는 효과로서, 예컨대 직업훈련과 같은 강제적인 방법을 통하여 기계적으로 준법생활을 하는 습관을 기르게 한다든가, 각종 교회방법을 통한 도덕화 과정을 행한다든가, 선서 등을 통해 개선을 위한 결의를 하게 하는 것 등을 말한다. 그러나 이런 방법은 범죄자가 사회에 복귀한 후에 생활환경이 바뀌면 그 기능이 중단되고 효과도 유지되기 어려워 실효성을 거두기 어려우므로, 석방 후에 개선에 따른 사회적인 배려가 뒤따라야만 한다. 우리나라에서 한국법무보호복지공단이 하는 활동도 바로 이런 사후적 배려로서 의미를 가지는 것이다.

3. 임상적 개선법

이것은 범죄자 개인에게 내재하는 범죄원인 즉, 생물학적, 정신의학적, 심리학적 이상이나 결함이 발견되는 경우에 이를 발견 및 치료하는 데에 중점을 두는 방법을 말한다. 주로 개인적 원인으로 인한 범죄자의 경우에 그 실효성이 인정되지만, 실제로 이런 임상적 개선은 그 비용과 시간에 비하여 효과가 크지 못한 실정이다. 시설내에서 자유형을 집행하는 경우에 수용절차에서 의사의 진찰을 받도록 하고 있으나, 이것은 시설내 위생 및 보건이라는 관점에서 행해지는 것이고 임상적 개선을 위한 방편으로 이루어지는 것이라고 보기는 어렵다. 한편 현행 치료감호법이 정신적 결함을 가진 자에 대해 치료감호처분을 인정하고 있는 정도가 이런 예가 될 수 있을 것이다.

4. 집단관계에 의한 개선법

이것은 임상적 개선법과는 반대로 범죄인의 행동을 사회적 차원에서 파악하는 데에 따른 대책이라고 할 수 있다. 즉 범죄인의 행동은 특수한 성격이나 속성의 결과가 아니고 집단관계나 집단문화의 소산으로 보아 이런 차원에서 대책을 제시하려고 하는데, 이를 위해 다음과 같은 전제가 필요하다. 이상과 같은 개선법은 주로 교정시설내에서 수형자의 개선을 촉진하기 위해 사용되며, 수형자 자치제를 도입・실시하는 것도 이런 취지에서 검토할 만하나, 수형자에 대한 과학적 분류가 전제로 되지 않는다면 교정시설내에서 집단관계를 통한 개선은 거의 불가능하다. 또한 이런 전제가 갖추어지더라도 교정시설내에서 비공식집단을 활용하는 데에 따른 한계도 지적되고 있으나, 이런 방법은 특히 인격발달과정에 있는 소년들을 수용하는 소년원이나 소년교도소 그리고 각종 중독자들을 집중수용하는 금단시설 등에서 활용을 고려할 만한다.

5. 교육 · 훈련

이 방법은 특히 사회 적응이나 직업에의 적응 등에 필요한 지식 · 기능 · 태도 등을 갖지 못하여 범죄를 한 것으로 진단된 경우에 그에 관한 교육 · 훈련 등을 시키는 것을 말한다. 여기에는 교육기회의 확대, 교육프로그램의 개선, 직업훈련교육을 받을 조건을 구비하기 위한 복지정책, 적절한 직업의 알선 등이 포함된다. 그러나 실제로 범죄의 원인이 오직 교육이나 훈련의 결여로 인한 경우란 거의 찾아보기 어려우며, 따라서 이 방법은 기계적 개선법 등을 위한 보충적인 수단으로서의 의미를 가지는 데에 그친다.

6. 전문적 기술의 응용에 의한 개선

심리학적 · 정신의학적 진단과 치료는 범죄를 개체의 문제로만 파악하는 데 한계를 가진다는 점을 전술한 바 있으나, 이 외에 전문적 기술을 응용하는 방안으로 소위 사회사업(social work)이 있다. 이것은 대상 범죄인의 능력을 발견하고 이를 발전시키고 사회적 자원들을 활용하여 범죄자 스스로 당면한 문제를 해결하고 사회에 복귀할 수 있도록 원조 · 지도하는 과정이다. 특히 사회사업은 사회적 자원들의 이용뿐만 아니라 지역사회 전체를 치료적인 기능을 가지도록 조직화하는 데에 의의를 가진다. 이런 방법은 교정과정에 전문가들을 참여시키고 지역사회를 교정시설과 연결시킴으로써 가능해지는데, 현재로는 민간독지가라는 비전문화된 인력만이 활용되는 데 그치고 있는 실정이다.

Ⅱ. 범죄예방대책

1. 형벌

형벌은 특별예방기능과 함께 일반예방기능도 가지고 있다. 형벌의 일반예방기능은 단순한 위하(威嚇)에 그치는 것이 아니라 일반인으로 하여금 준법에로 이끄는 기능을 포함하고 있다. 이런 일반예방기능이 올바로 이루어지고 그 결과 일반인이 범죄를 저지르지 않고 준법생활을 하도록 하기 위해서는 무엇보다 형사법규의 적용과정이 규칙적이고 평등하게 이루어져야 한다.

2. 지역사회의 조직화

범죄나 비행을 사회적 현상으로 파악하는 입장에서, 지역사회가 범죄에 대하여 미치는 영향을 중시하고 그 환경을 정비하여 범죄·비행의 예방을 의도하는 활동을 말한다. 이것은 초범의 예방뿐만 아니라 재범의 방지를 위해서는 유효한 수단으로 인정되고 있다.

3. 여가지도

여가지도나 조직적인 레크레이션 활동이 범죄예방대책으로 다루어지는 것은 전통적으로 건전한 레크레이션을 하게 되면 범죄를 행하지 않는다는 가정에 기초하고 있다. 이러한 방법은 특히 반달리즘(Vandalism ; 예술 및 문화파괴행위)을 특징으로 하는 청소년집단 등에 대하여 효과적인데, 레크레이션 클럽이 범죄자나 비행소년에게 일반인들보다 더 매력적으로 작용하게 되면 그 클럽 자체가 범죄나 비행의 온상이 될 수 있다는 병리적 측면이 지적되고 있다.

4. 그룹워크

범죄예방활동으로서의 그룹 워크(group work)에는 두 가지가 있다. ① 하나의 방법은 범죄를 저지를 가능성이 높은 사람들이나 그 가족뿐만 아니라, 범죄를 할 개연성이 있다는 점 외에는 치료를 받는 사람들의 집단도 포함하여 행하여진다. 이 방법은 범죄를 저지를 가능성을 가진 사람들에게 그의 개인적 욕구를 만족시키고 수단으로서, 그를 그룹에 가입시키고 거기에 적응하도록 도움으로써 그를 범죄를 이끈다고 생각되는 요인들을 극복하기 위한 치료를 행하는 개체중심적인 방법이다. ② 또 하나의 방법은 반사회적 성격이 강한 집단의 활동방향을 전환시키는 데 중점을 둔다. 즉, 이런 집단에 대하여 일정한 합법적 과제를 부여하고 그 수행을 높이 평가하여 자립의식의 회복을 도모하여 준법적인 방향에로 이끄는 것이다. 이러한 그룹 워크를 위해서는 먼저 유능한 자격자가 있어야 할 것이며, 뿐만 아니라 지역사회의 관계기관으로부터 조직적이고 계속적인 지원을 받아야 한다.

5. 관련기관의 협력

범죄예방을 위한 기관 또는 그것을 기능의 일부로 하는 기관들이 범죄예방의 통합적 및 조직적 프로그램을 연계하여 행하는 활동을 말한다. 즉 경찰, 소년법원, 학교, 아동상담소, 행정당국, 사회복지단체 등이 협력하여 지역사회의 요구와 이용할 수 있는 사회적 자원들에 대해 진단을 하고, 단체들의 연대회의 예컨대 청소년문제협의회 등을 조직하여 이들이 주체가 되어 대책을 세우며, 지역에 연고를 둔 활동추진단체를 육성하여 이를 실현함으로써 범죄의 요인으로 작용하는 지역사회의 요소들을 제거하려는 것이다. 그런데 이 경우 지역주민이나 그 조직을 사회자원으로서 이용하면 지역사회의 조직화에 의한 범죄예방과 거의 유사하게 될 것이다. 그러나 이 방법은 자칫하면 분파주의에 빠질 위험이 있다는 점이 지적되고 있으며, 실제로 협력회의의 활동을 단지 실적주의나 형식주의에 빠지는 경향도 보인다.

제2절 범죄예측

I. 의의

범죄 또는 비행이란 범죄자나 비행소년을 조사하여 그 장래의 범죄나 비행을 예측하는 것을 말하고, 이를 **사회적 예측**라고도 한다. 범죄통계가 집단현상으로서의 범죄를 파악하는 데 기여하는 것이라면, 범죄예측은 개별현상으로서의 범죄에 대한 이해를 돕는 것이라고 할 수 있다. 범죄나 비행에 대한 예측을 하는 경우에도 예측하려고 히는 시점에서 수집할 수 있는 디양한 정보들, 예컨대 대상자의 인격적 특성, 범죄력, 환경조건 등에 대한 분석을 함으로써 일정한 법칙을 설정하고 그 법칙을 통하여 장래 개인의 범죄나 비행의 개연성을 판단하고, 일정한 개연성이 인정되는 자에 대해 그에게 알맞는 예방조치를 찾아내는 데 주된 목적이 있다. 따라서 범죄원인을 올바로 파악하고 이를 기초로 적절한 범죄방지대책을 수립하기 위해서는 범죄행동에 대한 정확한 예측이 선행되어야 하고 범죄행동을 예측할 수 있는 범위내에서 범죄를 예방할 수 있다는 점에서 범죄에 대한 예측이 중요성을 가지는 것이는 것이며, 이런 의미에서 범죄예측은 범죄원인의 파악과 범죄방지대책의 수립이라는 두 가지 영역에 걸쳐 있는 문제이다.

올바른 예측이 가능하더라도 그것을 실증하는 방법이 없으면 단순한 예상이나 점의 영역을 벗어나지 못하므로, 예측의 역사는 어떻게 하면 보다 객관적이고 보다 올바르게 개인의 장래의 범죄나 비행을 예견할 수 있는가를 밝히기 위한 노력의 역사였다고 할 수 있다. 일반적인 독일의 경우에는 정신의학자들을 중심으로 범죄원인론의 일환으로 발달해 왔지만, 미국의 경우에는 사회학자들에 의한 실천적 필요에 기하여 발달하여 왔으며, 오늘날 범죄예측에 대한 연구는 후자가 주류를 차지하고 있다. 범죄예측은 미국에서 처음 발달되었는데, 1923년 워너(Waner)가 매사추세츠 주교도소의 수형자에 대해 그들이 가석방되기 전의 기록에서 약 60항목을 조사한 후 점수법에 의해 가석방 성공 여부에 대한 사전판단을 한 데에서 출발하였으며, 그 후 이런 점수법은 하트의 비판을 거쳐 더욱 심화되었다. 1928년에 버제스(Burgess)가 수형자들에게 공통된 인자들을 추출하여 이를 토대로 경험표라고 부른 예측표를 작성함으로써 재범예측에 사용하였고, 곧이어 글룩(Gluck)부부가 1930년의 재범예측과 함께, 1940

년대에 가중실점방식에 의한 조기예측법을 소개하였고, 그 영향을 받아 뱁스트(Babst)의 형상분석, 윌리암스의(Williams) 관련분석, 맥너튼과 스미스(Mcnaughton&Smith)에 의한 예측적 속성분석 등 새로운 방법이 계속 고안되었고, 현재에도 MMPI(미네소타 방식), CPL(캘리포니아 인성검사법), 브리스톨 사회적응성 지침, KD위험성 척도 등 다양한 분석방법이 제시되고 있다. 미국에서 예측법이 발달하면서 다른 나라에도 많은 영향을 미쳤는데, 예컨대 독일의 경우에는 엑스너(Exner)가 1935년 미국을 방문한 후 버제스의 연구결과를 소개하고 예측의 필요성을 강조하면서, 다음 해에는 쉬이트(Schiedt)가 범죄예측표를 작성하여 처음으로 범죄예측을 시도하였다. 한편 스위스에는 프라이(Fry)가 글륙의 영향을 받아 사전예측, 사후예측 및 종국예측을 위한 예측인자를 찾아내어 예측표를 작성하였고, 영국에서도 1960년대에 만하임(Manheim), 윌킨스(Wilkins) 등이 회귀방식의 방법을 사용하여 재범예측표를 작성한 바 있다.[1)]

Ⅱ. 예측법의 분류

1. 예측방법에 따른 분류

(1) 전체적 관찰법

전체적 관찰법이란 범죄생물학의 입장에서 인격 자체를 분석・종합하여 대상자의 범죄행동을 논리적으로 예측하는 방법으로서, '임상적 예측법' 혹은 '직관적 예측법'이라고도 부른다. 이 방법은 마치 임상을 통한 진단과정에서 병리학적 지식을 통해 완치가능성, 치료기간 등을 예측하는 것처럼, 의학, 심리학, 사회학 등의 지식과 이론을 원용하여 개별 범죄자의 개선가능성 및 개선을 위해 필요한 기간 등을 예측하게 된다. 따라서 이 과정에서 범죄자를 검사하고 장래의 범죄자를 저지르는데 중요하다고 믿는 요소들의 주관적 비중에 기초한 의사를 전달하는 전문가가 개입하게 된다. 이 방법은 전문적인 판단자의 개인차로 객관적 기준을 확보하기 곤란하다는 단점이 있으나, 범죄자에 대한 정밀진단을 하는 방법으로 활용할 수 있으며, 1970년대 이후에는 임상을 통한 예측의 정확성을 평가하기 위한 과학적 시도가 이루어져 왔다.

---

1) 정영석/신양균, 295면 참고.

(2) 통계적 예측법

통계적 예측법(또는 점수법)이란 과학적 여러 지식과 논리로 범죄원인론을 기초로 하면서 범인성 특성을 계량화하고 그 점수의 다소에 의하여 장래의 범죄행동을 예측하는 방법이다. 이 방법에서는 구체적인 범죄자의 특성을 파악하여 그것을 일정한 득점이 매겨진 예측표와 대조하여 전체 득점을 계산함으로써 범죄 또는 갱생의 비율을 수치로 파악한다. 이 방법은 이미 만들어진 예측표를 사용하므로 판단과정에 전문가의 개입을 요하지 않고 객관적 기준에 따라 범죄예측이 이루어질 수 있다는 특징이 있다. 이 방법은 전체적 관찰법에 비하면 객관적 기준에 따라 범죄예측을 의미한다는 점에서 실효성 및 공평성을 확보할 수 있다는 장점이 인정되지만, 개별 범죄자마다 고유한 범죄의 특성 내지 개인의 편차가 예측에 제대로 반영되지 않을 가능성이 있다.

2. 예측시점에 따른 분류

범죄예측은 범죄 또는 비행을 예측하는 시점의 차이에 따라 조기예측, 재판시 예측, 석방시 예측으로 구분할 수 있는데, 이것은 각기 환자를 치료할 때 예방검진, 진찰, 퇴원시 진단을 하는 것에 내응한다고 할 수 있다. 원래 범죄예측은 연혁적으로 석방시 예측, 재판시 예측 그리고 조기예측의 순서로 발달해 왔다.

(1) 석방시 예측

석방시 예측은 주로 가석방을 할 것인가 여부 그리고 가석방을 한다면 어느 시기에 하는 것이 가장 효과적인가 하는 점에 관해 판단자료를 얻기 위해 행해진다. 수용될 때까지의 생활력, 행형성적, 복귀할 환경 등을 고려하고 통계를 통해 성적과 인자의 관계를 확인하여 전체적 평가법이나 점수법을 통해 예측을 한다. 현행 형법이 가석방의 요건 가운데 하나로써 수형자의 "행상이 양호하여 개전의 정이 현저한 때"임을 요하고 있는데(제72조), 이런 실질적 요건은 수형자가 재소시에 규율을 준수하고 선행이 보장되어 개전하고 있다는 정상을 의미하지만, 결국 가석방 후의 재범의 우려가 없다는 예측이 가능해야 한다는 의미로 이해할 수 있다.

1) 버제스(Burgess)의 연구

그는 힐리(Healy)가 1926년에 처음 사용한 추행조사의 방법을 범죄예측에 도입하여 범죄자가 석방전의 생활에서 보여준 인자 가운데 가석방 예측에 사용할 수 있는 것을 구하려고 시도하였다. 즉 3,000명의 범죄자를 대상으로 21개의 인자를 사용하여, 각 인자에 대하여 평점을 부여하고 그것과 가석방 위반율과의 상관관계를 확인하기 위해 예측표를 작성한 다음, 예측표에 따른 점수가 높을수록 위반율이 낮다는 점을 지적하였다.

2) 글륙 부부의 연구

이들은 버제스의 연구방법을 개선하여 재범예측을 시도하였는데, 먼저 50개의 인자를 선정하여 피어슨의 수식에 의한 상관관계를 구하여 점수법에 따라 예측표를 작성하였다. 그리고 그 결과 범죄예측에 유효한 일곱 가지 인자를 선정하고 다시 소종별 분류한 다음 가석방 후의 생활과 비교하여 성공, 실패에 관한 평점을 하였다.

3) 쉬이트(Scheidt)의 연구

이 연구는 범죄예측에 관해서 독일에서 처음 이루어진 점에서 의의가 있는데, 상태범이나 기회범과 관련된 인자, 행형중의 상태변화와 관련된 인자, 장래생활관계와 관련된 인자 15개를 선정하여 예측표를 작성한 후 다음 난점법(難點法)을 통하여 재범예측을 하였다.

(2) 재판시 예측

재판시 예측이란 재판의 단계에서 개별처우를 위해 범죄인의 장래 행동을 예측하는 것을 말한다. 양형단계에서 법정형의 폭에 따라 법관에게 상당한 재량의 여지가 주어져 있으므로 예측판단에 의한 개별화의 가능성은 매우 넓다고 할 수 있다. 여기서 개별화란 범죄뿐만 아니라 범죄자의 정상에 따라 과형을 선택해 나가는 것을 말하며, 이런 관점에서 현행 형법 제51조도 양형상 참작할 조건을 정하고 있다. 범죄는 과거의 행위이므로 범죄사실을 인정하는 것 자체는 회고적 판단이지만, 범죄인의 정상은 범죄자의 행동을 전행적으로 예측하여 판단할 필요가 있다. 다만 재판시 예측에서는 단기간에 조사와 심판이 이루어지므로 계속해서 범죄자의 행동을 관찰하기 어렵고, 따라서 재판시까지 수집한 증거자료에 기하여 예후의 양부를 판단해야 할 것이다. 재판시 예측은 유럽이나 미국에서 보호처분을 명하는 경우나 위험한 상습범에 대해 보안처분을 명하는 경우에 행해지고 있고, 우리나라에서도 형의 선고유예나 집행유예의 요건 가운데 양형조건을 참작하여 결정하도록 하고 있는데 이 경우에도 재판시 예측을 필요하게 될 것이다.

(3) 조기 예측

조기 예측은 그대로 범죄를 행하기 이전에 미리 범죄를 예측하는 것을 말한다. 여기서는 주로 소년비행을 대상으로 초범예측, 즉 범죄의 사전예방을 주된 목적으로 하고 있다는 점에 특징이 있다. 형사정책은 범죄의 예방이라는 차원에서 논의되는 것이 가장 바람직하다는 점에 비추어 보면, 한번도 범죄에 빠지지 않은 자에 대해 범죄의 가능성을 예측하여 예방조치를 강구하는 것이야말로 가장 좋은 형사정책이라고 할 수 있다. 조기예측은 연소한 소년의 범죄나 비행의 예방에 중요한 의미를 가진다. 예컨대 초등학교에 입학하거나 중학교에 재학중일 때 미리 장래의 범죄나 비행을 예측함으로써 교육기관이나 사회복지기관을 통해 범죄방지의 효과를 얻을 수 있게 된다. 우리나라의 경우 최근에 소년분류심사원에서 일반 소년에 대한 외래분류심사가 증가하고 있는 것도 초범예측 내지 조기예측의 일환이라고 할 수 있다.

Ⅲ. 범죄예측의 발전과 전망

범죄예측은 범죄방지 및 범죄자 처우를 효과적으로 하기 위한 보조수단으로서, 그 필요성은 범죄의 발생 이전부터 형사사법절차 전과정에 걸쳐 나타나고 있으나 범죄예측이 가져올 수 있는 여러 가지 폐단도 동시에 존재한다. 먼저 예측표 작성을 통한 예측의 정형화로 범죄자의 개성이 무시되기 쉽다. 그리고 조기예측을 토대로 일정한 강제조치를 취하거나 재범예측에 기하여 범죄자에게 책임의 범위를 넘는 기간에 걸쳐 구금을 하게 되면 인권침해가 생기게 되고, 양형예측 자체도 법관이 이미 상정하고 있는 형량을 합리화하기 위한 도구로 사용될 위험을 안고 있다. 또한 예측 자체가 범죄자에게 낙인을 찍는 결과로 될 수 있으며, 예측 자체가 범죄자에게 낙인을 찍는 결과로 될 수 있으며, 예측에 아무런 문제가 없는 경우라도 그 결과를 어떻게 이용하는가에 따라 죄형법정주의에 반하는 결과를 낳을 수 있으므로 예측결과의 이용에도 신중한 배려를 할 필요가 있다.

범죄예측을 효과적인 것으로 이용해 나가기 위해서는 적어도 다음과 같은 점이 전제되어야 한다. 따라서 누가 예측을 하더라도 동일한 결과가 나올 수 있도록 예측표의 작성과 예측방법을 객관화해야 한다(신뢰성) 즉 범죄예측이 개별 예측방법

에 따른 목적에 대하여 올바른 기능을 할 수 있도록 해야 한다(타당성) 예측을 위해 사용되는 방법이 조작이 간단하고 시간이 오래 걸리지 않아야 한다(단순성). 가능한 적은 예측인자를 통하여 높은 정밀도가 얻어지는 예측방법이 가장 바람직한 것이다(효율성).

Ⅳ. 우리나라의 범죄예측

우리나라에서는 1960년서울가정법원 소년부가 소년심판을 위한 자료로 글룩의 「사회적 배경에 의한 5개 인자」를 원용한 것을 제외하면, 1960년대 초까지 범죄예측에 관한 실증적 연구가 거의 없었으나, 1964년 김기두 교수가 글룩의 예측표를 응용하여 「조기예측표」 및 「진성불량소년식별표」를 작성하여 1967년에 『한국소년범죄연구』로 공간하여, 범죄예측에 대한 관심이 고조되어 1967년부터 4년간 청소년보호대책위원회가 전문가를 모아 조사를 행하여 「비행성예측표」를 만들었다. 이 예측표는 사회적 예측인자와 성격 테스트에 의한 예측인자를 조사하는 것을 내용으로 하고 있는데, 특히 성격 테스트에서 위험성의 원인을 어느 정도 파악할 수 있도록 하기 위해 종래의 로르샤하 방식을 따르지 않고 MMPI(Minnesota Multiphasic Inventory : 다면성 인성검사표 검사법) 방식을 따르고 있다는 데 특징이 보인다. 소년비행과 관련하여 범죄수사규칙 제209조 제1항에 따라 「비행성예측자료표」를 활용하고 있다.

비행성예측자료표 〔별지 제187호 서식〕

이름		성 별		비행명 :
		연 령		

비행환경	조사항목	점수	조사항목	점수	비행환경평가	점수	비행위험 환경요인	체크란
	1. 생계담당자		5. 교우관계			0-11	낮다	
	2. 결손가정		6. 가출경험			12-20	약간 높다	
	3. 교육수준		7. 조발비행			21-29	높다	
	4. 무단결석		계			30이상	아주 높다	

인성검사												
	척도	ICN (비일관성)	INF (저빈도)	NIM (부정적인상)	PIM (긍정적인상)	SOM (신체적호소)	ANX (불안)	ARD (불안장애)	DEP (우울)	MAN (조증)	PAR (망상)	SCZ (정신분열병)
	점수											
	척도	BOR (경계선특징)	ANT (반사회적특징)	ALC (음주문제)	DRG (약물사용)	AGG (공격성)	SUI (자살관념)	STR (스트레스)	NON (비지지)	RXR (치료거부)	DOM (지배성)	WRM (온정성)
	점수											

인성검사소견	
종합소견	재비행 위험성 : ___① 낮다 ___② 약간 높다 ___③높다 ___④ 매우 높다

작성일자	20 . . .	범죄심리사 ㊞ 범죄심리전문가 ㊞

제 2 장 형벌과 보안처분

제1절 형벌제도

I. 사형제도

오늘날 형사정책에서 범죄대책으로서 가장 중요한 지위를 차지하고 있는 것이 형벌이라는 점이다. 따라서 형사정책에 대한 논의의 전제로서, 그 주된 수단 가운데 하나인 형벌이 어떻게 정립 및 시행되어 왔고, 그것이 범죄인에게 어떠한 효과를 미치고 있는가, 즉 형벌제도가 범죄대책으로서 가지는 가치를 검토 및 비판하는 일이 매우 중요한 의미를 가진다. 이를 위해서는 먼저 형벌의 본질적 내용, 근거 및 목적, 형벌의 효과와 작용, 형벌적인 평가대상의 중점 등이 논의되어야 할 것이나, 여기에서는 현행 형법이 정하고 있는 개별 형벌제도의 내용과 형사정책적인 의의 및 개선방향 등을 언급하는 데 중점을 두기로 한다.

1. 사형의 의의 및 본질

사형은 수형자의 생명을 박탈하여 그 사회적 존재를 말살하는 것을 내용으로 하는 형벌이다. 사형의 본질은 생명의 박탈이므로 이를 **생명형**이라고도 하고, 형벌 가운데 가장 중요한 형벌이므로 이를 극형이라고도 한다. 사형은 형벌의 역사에서 가장 오랜 전통을 가지고 있고, '형벌사는 사형의 역사' 라고 할 만큼 중요한 지위를 차지하고 있으며, 특히 중세봉건시대부터 근세 초기의 이른바 위하시대에는 형벌 중 사형이 가장 많은 비율을 점하고 있었으나, 프랑스혁명 이후 근대국가의 형벌은 인도주의를 지향하면서 점차 사형의 적용범위를 제한하고 나아가서 제도 자체를 폐지하는 경향을 보이는 한편 그 집행의 잔혹성을 제거하고 밀행하는 방향을 취하게 되었다.

현행 형법도 법정형으로 사형을 인정하고 있지만, 소년법에서는 범죄행위시 18세 미만인 소년에 대하여는 사형을 과하지 못하도록 하고 있다(동법 제59조). 또한 형법에서도 절대적 법정형으로서 사형을 과할 수 있는 죄는 여적죄(동법 제93조)뿐이고, 그 이외의 경우에는 상대직 법정형으로서 법관의 재량으로 자유형을 선택적으로 과할 수 있도록 규정하고 있다.

2. 사형존폐론

사형의 본질은 범죄인의 생명을 박탈하는 데에 있지만, 생명박탈을 내용으로 하는 사형을 인정하려는 법률적 내지 형사정책적인 의의는 사형에 해당하는 범죄를 저지른 자가 형사책임이 가장 중하다는 것을 수형자뿐만 아니라 사회 일반인에게 알리는 동시에 범죄인을 영구히 국가사회로부터 격리시킴으로써 장래의 위험으로부터 사회를 방위하려고 하는 데에 있다고 하겠다. 그러나 사형에 이러한 형사정책적인 효과가 있겠는가, 특히 사형의 위하력의 유무를 중심으로 하여 종래 많은 학자들 사이에서 사형존폐론이 전개되었다.

(1) 사형폐지론

사형폐지론이 논의의 대상으로 된 것은 18세기 후반 이탈리아의 베까리아(C. Beccaria)가 『범죄와 형벌』(1764년)이라는 저서를 통해 법률적으로나 형벌의 효과면에서 사형은 불필요하다고 역설한 데서부터이다. 베까리아는 형벌제도의 합법성을 사회계약에서 구하면서 사형은 사회계약의 본뜻에 반하는 것이라고 주장하였다. 즉 "사회는 각인의 총의의 징표이다. 그러나 사회를 조직하는 사람들이 그 사회에 생명을 박탈하는 권능까지 부여한 것은 아니다" 라고 하고, "사형은 하나의 권리가 아니고 또 권리가 될 수도 없다. 사형은 한 사람의 국민에 대하여 국가가 그 생명을 파멸케

하는 것을 필요로 하고 유익하다고 판단한 경우에 선포하는 선전이다." 라고 말하고 있다. 다음으로 그는 사형이 형벌로서 가지는 실제적 효과를 비판하여, 사실상 순간적이고 타인에 대한 위하 및 경계의 면으로 보면 사형보다는 오히려 장기간의 자유박탈이 보다 효과적이라고 하였다. 베까리아에 뒤이어 영국의 유명한 감옥개량가 호워드(J. Howard)는 그의 저서 「감옥상태론」에서 당시의 비참한 감옥상태를 비판하고 베까리아에 동조하여 사형폐지운동을 전개하였다. 20세기에 들어와서는 영국의 캘버트(E.R. Calvert), 독일의 리프만(M.Liepmann), 미국의 서더랜드(E.H. Sutherland), 일본의 마사끼(正木亮) 교수 등이 사형폐지론을 주장하였다. 사형폐지론자의 중요한 논거는 대체로 다음과 같다.

1) 사형은 야만적이고 잔혹하므로 인도주의 견지에서 허용할 수 없다. 인간의 생명은 신성하므로 사람을 살해하는 것은 악이라든가 인간이 인간을 심판하여 그 생명을 박탈할 권리가 있는가 인간에게 생명을 부여할 수 없는 국가가 이런 생명을 박탈하는 것이 허용되는가 사형은 반문화적이 아닌가 하는 등의 논의가 제기되고 있다.
2) 국가가 사람을 살해한 범죄인의 행위를 비난하면서 국가 자신이 같은 행위를 하는 것은 응보 이외에 아무 것도 아니고 국가가 도살꾼을 인정하는 결과로 된다.
3) 사형의 집행이 오판에 기한 것으로 드러난 경우에는 영구히 구제할 수 없는 결과를 가져온다.
4) 사형은 일반 사회인이 기대하는 것처럼 위하적인 효과를 가지지 못한다. 특히 사형의 주된 대상이 되는 특정한 흉악범이나 정치적 확신범에 대하여는 거의 무력하며, 사형을 폐지한 나라에서 특별히 그러한 범죄가 증가하지 않은 것도 이에 반증이 될 수 있다.
5) 사형은 형벌의 주된 기능인 교육 및 개선기능을 전혀 가지지 못한다.
6) 사형은 피해자에 대한 손해배상 내지 구제의 견지에서도 전혀 도움이 되지 못한다.
7) 사형은 그 자체가 위헌이다.

(2) 사형존치론

사형폐지론에 대하여 사형존치론자들은 대개 사형제도가 가지는 위하력, 즉 일반예방효과로서의 범죄억지력을 강조하고 있다. 대표적인 학자는 칸트(I.Kant)는 범죄는 자유의사를 가진 자의 도덕률에 반한 행위이기 때문에 이에 대한 형벌은 필연적인 응보로서 정의의 명령이라고 한다. 루소(Rousseau, Jean Jacques)는 사회적 원리를 침해하는 악인은 자신의 범죄로 인하여 조국에 반역자가 되는 것이므로 추방에 의하여 격리되거나 공중의 적으로서 죽음에 의해 격리되어야 한다고 주장하였다. 19세기말 롬브로소는 생래적 범죄인은 개인적 소질에 의하여 지배되기 때문에 형벌에 의하여 개선 불가능하고 사형에 의하여 사회로부터 격리할 것을 주장하였다.

이 점을 포함한 사형존치론의 논거를 보면 대개 다음과 같다.

1) 사람을 살해한 자가 자신의 생명을 박탈당할 수도 있다는 것은 아직까지 일반 국민이 가지고 있는 법적 확신이다.
2) 법질서를 유지한다는 면에서 보아도 흉악범 등 중대범죄에 대해서는 사형으로 이를 위하하지 않으면 법익보호의 목적을 달성할 수 없으므로 사형은 일종의 필요악이다.
3) 극악한 인물은 사회에 대하여 유해하므로 사회방위를 위해서는 그를 이 사회로부터 완전히 말살해야 한다.
4) 오판의 위험을 전제로 하여 사형의 폐지를 주장하는 것은 잘못이다. 즉 오판은 사형에 한 해 생기는 문제도 아니고, 오판에 의하여 일어나는 결과는 자유형의 경우에도 마찬가지로 회복할 수 없는 것이며, 현행 제도상으로도 오판의 방지를 위하여 사형제도를 신중하게 운영하고 있으므로, 결국 사형의 문제는 오판의 여지가 없는 명백한 사건에 대하여 사형을 과할 것인가 여부를 논의의 출발점으로 삼아야 한다.
5) 사형제도자체를 위헌이라고 할 수는 없다. 즉 헌법이 생명을 박탈하는 형벌 자체를 부정하는 것은 아니며, 단지 생명을 박탈하는 데 필수적으로 수반되는 고통 이외의 해악을 주는 것을 허용하지 않는다는 취지로 보아야 한다.

(3) 논의의 방향

사형존폐의 문제에 관해서 이론상 날카로운 대립이 있어 왔다. 카우프만(Arthur Kaufmann)이 적절한 지적한 바와 같이 "형벌의 인도화의 역사는 원래 시대정신에 반항하면서 희망을 가지고 인내로써 미래의 성숙을 기대한 인간의 역사" 라고 할 수 있으므로, 사형의 완화 내지 폐지는 인류문화의 향상 및 발전에 따르는 당연한 추세라 할 수 있고, 장차 사형을 폐지하는 방향으로 나아가야 한다는 점에서는 이론이 있을 수 없다. 따라서 현재의 논의는 폐지론과 시기상조론으로 요약할 수 있다. 사형폐지론의 근거 가운데 대부분이 인도적인 관념론 내지 감정론에 치우쳐 있고, 특히 형사정책의 측면에서 논의의 핵심이 되어 있는 사형의 일반예방효과 즉 위하력에 대해서도 그 실증적 기초가 약하다. 또한 형벌만큼 위하력이 없는 세법이나 교통법규의 금전적 제재에도 그 나름대로 범죄억지효과가 있다는 점을 고려한다면 가장 중한 형벌인 사형의 위하력 자체를 부정하는 것은 타당하다고 보기 어려운 측면이 있다. 그리고 사형존폐의 문제는 당해 국가의 현실적인 정치적, 문화적, 사회적 기반과 결부시켜 상대적으로 논의되어야 하는 측면이 있음은 부인할 수 없다. 그러나 법이론적으로 볼 때, 어떤 형태로든 국가권력에 대해 시민의 생명을 박탈할 권리를 부여하는 것은 정당화될 수 없으며, 사형이 가지는 위하력이라는 일반예방효과가 긍정된다 하더라도 재사회화가 차단된 특별예방을 내용으로 하는 사형제도의 단편적 성격은 제도 자체의 한계를 나타내는 것이라 할 수 있다. 흉악범이 증가하고 이념대립으로 인한 정치범이 엄존하고 있는 우리의 현실 역시 다원화된 사회가 안고 있는 사회구조의 문제와 연결시켜 생각해 본다면 사형제도를 유지할 만한 근거가 된다고 보기는 어려울 것이다. 더욱이 오판의 위험은 다른 형벌제도와 비교할 수 없는 심각한 결과를 가져온다는 점에서 여전히 존치론에 대한 유효한 비판이 될 수 있을 것이다. 현재 많은 국가들이 사형제도를 그대로 존치시키다는 것은 문화국민으로서의 위상과 걸맞지 않은 것이고, 사형제도를 폐지하려는 입법자의 의지가 국민의 법감정에 바탕을 둔 시기상조론을 극복하는 중요한 관건이 된다는 점을 잊어서는 안된다.

우리 법이 사형제도를 두고 있지만, 사형은 사람의 목숨을 빼앗는 마지막 형벌이므로, 사형의 선고는 범행에 대한 책임의 정도와 형벌의 목적에 비추어 그것이 정당화될 수 있는 특별한 사정이 있는 경우에만 허용될 수 있으므로, 사형을 선고함에 있어서는 범인의 연령, 직업과 경력, 성행, 지능, 교육정도, 성장과정, 가족관계, 전과의 유무, 피해자와의 관계, 범행의 동기, 사전계획의 유무, 준비의 정도, 수단과 방법, 잔인하고 포악한 정도, 결과의 중대성, 피해자의 수와 피해감정, 범행 후의 심정과 태도, 반성과 가책의 유무, 피해회복의 정도, 재범의 우려 등 양형의 조건이 되는 모든 사항을 참작하여 위와 같은 특별한 사정이 있음을 명확하게 밝혀야 한다.2)

사형제도에 대한 위헌심사의 범위에 대하여 사형제도가 위헌인지 여부의 문제는 성문헌법을 비롯한 헌법의 법원을 토대로 헌법규범의 내용을 밝혀 사형제도가 그러한 헌법규범에 위반하는지 여부를 판단하는 것으로서 헌법재판소에 최종적인 결정권한이 있는 반면, 사형제도를 법률상 존치시킬 것인지 또는 폐지할 것인지의 문제는 사형제도의 존치가 필요하거나 유용한지 또는 바람직한지에 관한 평가를 통하여 민주적 정당성을 가진 입법부가 결정할 입법정책적 문제이지 헌법재판소가 심사할 대상은 아니다(헌재 2010.2.25. 2000헌가23).

2) 대법원 2000. 7. 6. 선고 2000도1507

3. 사형의 집행방법

사형의 집행은 이를 공개하는 것과 공개하지 않는 것으로 구분할 수 있다. 중세봉건시대에는 사형의 집행을 공개하였고, 그 집행방법도 가장 잔악한 방법으로써 행하였다. 그러나 오늘날 문명국가에 있어서는 될 수 있는 대로 잔악성을 제거하는 방법으로 사형을 집행하고, 또 이를 공개하는 나라도 종교적 전통을 이유로 한 중동지역 7개 국가를 제외하고는 거의 없는 실정이다. 사형의 구체적인 집행방법은 총살, 전기살, 참살, 교수 등의 다섯 가지가 있다.

(1) 총살

대상자를 총으로 사살하는 방법으로서 보통 수형자의 명예를 존중하는 의미에서 사용하는 경우가 많다. 총살이 과연 명예를 존중하는 집행방법인가는 각국의 국민감정에 따라 일정하지 않지만, 평화적인 방법이라고 하기는 어렵다.

(2) 참살

사형에 처힐 자의 머리를 절단하여 그 생명을 빼앗는 방법이다. 우리나라에서는 이조시대에 칼을 사용하였고, 서양에서는 과거 손도끼를 사용하였는데, 근래까지는 사용되어 온 가장 유명한 것이 프랑스에서 사용했던 기요틴(guillotine:단두대형)이다. 그 형태와 방법은 두 개의 지주 사이에 상부가 철부로 되어 있고 수형자의 수부를 하부의 요부에 두게 하고 상부의 철부를 낙하하게 하여 참수시키는 것이나 기요틴은 1981년 프랑스가 사형제도를 전면폐지함으로써 190년만에 그 모습을 감추게 되었다.

(3) 전기살

전기살은 대상자의 몸에 전류를 통하게 하여 생명을 빼앗는 방법으로, 그 장점은 고통이 덜하고 순간적으로 끝나며 또 집행인이 직접 손을 대지 않기 때문에 집행인의 심리적 압박이나 불쾌감을 덜어준다는 이익이 있다고 한다. 다만 사체의 참혹상태와 종교적 인생관을 몰각하고 있다는 폐단이 지적되기도 한다. 이 집행방법은 1889년 1월 미국의 뉴욕 주(New York州)의 법률에 의하여 처음으로 시행되어 그 후 오하이오, 매사추세츠, 뉴조지아 등 일부 주에서 채용된 적이 있다. 그 방법은 특별히 만든

집행실의 한 가운데 의자를 놓아 사형수의 손·발·몸을 묶고 머리에 전기모자를 쓰게 한 다음 얼굴은 천으로 가린다. 그리고 사형수의 다리부분부터 2,000내지 3,000볼트의 전류를 흐르게 하여 감전, 살해하는 것이다.

(4) 가스살

가스살은 사형수를 밀폐된 가스실에 감금시키고 가스를 통하게 하여 질식, 사망하게 하는 방법이다. 이것은 전기살을 개량하기 위하여 고안된 방법으로서 1912년 미국의 네바다주(Nevada州)에서 최초로 사용한 후, 오늘날 미국에서는 이 방법을 채용하는 주가 증가하고 있다. 이 방법의 장점은 사망의 신속성과 인도성 그리고 가장 고통을 적게 하는 것이라는 데 있으나 기계문명이 인류를 몰아내는 비참한 장면이라는 비판도 있다.

(5) 교살

교살은 끈을 이용하여 수형자의 목을 메어 질식케 함으로써 생명을 빼앗는 방법이다. 현재 50여개국 이상이 이 방법을 채용하고 있는데, 우리나라를 비롯하여 영국, 미국의 6개주, 일본, 아랍공화국, 이란, 가나 등이 교살의 방법으로 사형을 집행하고 있다. 우리나라에서는 처형 전에 두건을 수형자의 얼굴을 씌우고 처형대에 앉게 한 다음 결찰을 목에 건 다음, 바닥을 개폐하는 레바를 제쳐 5-6m 깊이의 웅덩이 속으로 떨어뜨려 매달리게 한 후 웅덩이 아래에 떨어뜨리고 생사를 확인한다. 이런 방법을 수하교능식 집행이라고도 한다.

(6) 기타

이외에도 사형에 처할 자에게 스스로 독약을 음용하게 하여 자살하도록 독약살이 있다. 사우디, 이란, 예멘 등에서도 특정한 성범죄에 대해 돌을 던져 살해하는 석형을 법으로 정하고 있고, 미국의 텍사스 주에서는 1977년 9월부터 무통주사에 의한 처형을 인정하고 있다.

4. 사형제도의 운용방안

사형이 폐지되어야 할 형벌제도임에도 불구하고 사형을 현실적인 필요악으로 받아들이고 있는 것이 우리 형사사법의 현실이라고 할 수 있다. 따라서 현 단계에서 사형폐지론과 더불어 중요한 의미를 가지는 것이 사형제도 운영의 합리성 확보방안이라고 할 수 있다. 즉 사형제도가 현존하고 있는 우리의 현실에서, 사형폐지에 대한 차선책으로서, 사형제도를 합리적으로 운영하고 그 타당한 범위를 일탈하지 않도록 하기 위한 제도적 장치가 요청된다. 이 문제는 크게 세 가지 차원에서 고려할 필요가 있다.

(1) 사형대상범죄의 제한

사형제도를 그대로 둔다 하더라도 그 대상이 되는 범죄를 어디까지로 할 것인가 하는 점이 문제로 된다. 즉 법정형으로 사형을 인정할 범죄를 어느 범위까지 인정할 것인가 하는 문제이다. 사형존치론을 주장하는 학자들도 사형은 원칙적으로 살인을 전제로 하여 인정해야 한다는 입장을 취하고 있으나, 그 범위에 대하여는 일정한 차이가 있다. 먼저 사상적·정치적 범죄에 대한 사형조항, 예컨대 국가적 법익에 대한 죄 및 국가보안법상의 사형조항 등이 문제로 되는데, 남북한의 이념대립이 상존하고 있는 현실에서는 불가피하다는 견해와 이런 조항이 민주주의의 이념과 걸맞지 않는다는 견해가 대립하고 있다. 전시의 군형법상의 범죄를 저지른 경우에는 국가의 존립이 구체적으로 위태롭게 되므로 일정한 범위내에서 사형제도를 인정하는 것이 불가피하다 하더라도 단순히 이념의 차이 등을 이유로 한 평시의 사상범죄에 대해서 사형제도를 두는 것이나 특히 절대적 법정형으로 사형을 규정하는 것은 민주주의 이념을 출발로 하는 형사정책의 방향과도 합치하지 않는다고 할 것이다. 또한 특별법을 통하여 특정한 범죄에 대하여 그 규모나 조직, 악질성 등에 비추어 가중처벌로서 사형을 인정하는 경우도 적지 않다. 이런 현상은 각국에서 드물지 않게 보이고 있는데, 이것도 임시적인 필요를 앞세운 법률에 대해 극형을 인정한 것은 적정절차의 관점에서 적절한 것이라고 하기 어렵다. 따라서 특별형법의 사형규정은 폐지하는 것이 합당하다. 한편 살인범이라 하더라도 순간적인 격정범이라든가 아무런 사전의도없이 행해진 고살에 대해서는 사형을 인정하지 않는 것이 바람직하며, 가중적인 결과로서 사망이 나타난 경우, 예컨대 방화·강도강간치사죄 등과 같은 결과적 가중범에 대해서도 사형을 폐지하는 것이 타당하다.

(2) 사형선고의 신중

현행법은 절차를 통한 적법성을 보장하고 오판의 가능성을 최소화한다는 차원에서 보면 사형을 법정형으로 정한 범죄에 대해서도 사형선고를 신중하게 하기 위한 방안이 필요하다는 취지에서 사형을 포함한 사건에 대해 필요적 변호제도를 인정하고 있고(형사소송법 제282조, 제283조), 사형이 선고된 판결에 대해서는 상소포기를 할 수 없도록 자동상소제도를 인정하고 있으나, 이와 함께 사형을 선고하는 경우에 필요적 재심사유로 한다든가 합의의 정족수를 강화하는 방안이 필요하다. 특히 후자의 방법으로서 사형을 선고할 사건에 대해서는 대법원 전원재판부에서 대법관 3분의 2 내지 5분의 4의 찬성을 요구하는 방안을 고려해 볼 수 있다. 이와 함께 판결전 조사제도도 사형판결에 신중을 기한다는 취지에서 활용할 수 있다.

(3) 사형집행의 제한

사형의 적용에 극히 신중을 기하고 있는 현재의 실정하에서 굳이 집행단계에서까지 그 제한을 둘 필요는 없고, 자유형의 경우와는 달리 사형은 범죄인을 개선 및 교화하는 것을 목적으로 하고 있지 않으므로 집행유예에 상응하는 제도를 둘 필요가 없다고 생각할 수 있으나, 사형을 선고할 당시에 범죄인의 개선 여부를 평가하는 것과 마찬가지로 사형을 집행하는 단계에서도 집행할 때까지 범죄인이 개선할 수 있도록 제도적 장치를 두고 그 효과에 대하여 재평가를 할 수 있는 기회를 가지는 것도 의미있는 일이다. 현행법상으로는 사면제도를 통하여 사형의 집행을 면제하는 길이 열려 있으므로(사면법 제5조) 이를 활용하는 것도 하나의 방법이 될 수 있으나 종래 이 제도는 사형제도의 신중한 운영이나 범죄인의 개선이라는 차원에서 운영되어 왔다기 보다는 정치적인 차원에서 대통령의 재량에 따라 일회적이고 잠정적인 조치로서 운영되어 왔다. 한편 사면제도와 함께 사형의 집행을 제한하기 위한 제도로서 사형의 집행유예제도를 들 수 있다. 우리나라의 경우에 사형집행은 판결확정 후 6개월까지 연기될 수 있으나(형소법 제465조 제1항), 이것은 법무부장관의 행정명령으로서 집행을 위한 편의적인 제도에 불과한 것이므로, 집행연기를 통하여 사형수의 개선을 꾀하고 그에 상응한 형의 감경(무기형으로) 인정하는 집행연기제도와는 별개의 것이다. 입법론으로서는 우리나라에서는 이런 제도를 도입하여 모든 사형수에 대하여 원칙적으로 일정한 기간(3년 내지 5년)에는 반드시 집행을 연기하면서(필요적 집행유예) 그 사람의 개선효과를 재평가하여 무기형으로 감형할 수 있도록 하는 것도 사형의 폐해를 극소화하는 좋은 방안이 될 수 있을 것이다. 또 이런 제도는 사형을 선고받은 사람들 가운데에도 그 법정에 경중이 있을 수 있다는 점을 고려한다면, 형벌의 개별화라는 형사정책적인 목적과도 부합하는 것이다.

Ⅱ. 자유형제도

1. 자유형의 본질

자유형이란 범죄인을 사회생활로부터 격리시킴으로써 그 자유를 박탈하는 것을 내용으로 하는 형벌이다. 고대 및 중세에 있어서의 형벌은 주로 사형 및 신체형이 형벌의 중심이었으나, 근세에 이르러서는 자유형이 사형 및 재산형에 비하여 형벌체계 중 가장 중요한 지위를 차지하게 되었고, 현대의 자유형을 중심으로 하고 있다. 자유형의 발달은 현대 형법의 특색이라고 할 수 있고, 특히 형사정책적 요청에 기한 것이다. 자유형을 형벌로서 인정하게 된 이유로서는 그 종류에 따라 다소 차이는 있으나 범죄인을 사회생활로부터 격리시켜 그 자유를 박탈함으로써 법적 해악으로서의 징벌성을 충족하게 되고 범죄인에 대하여 원칙적으로 노동을 강제함으로써 범죄인을 개선・교화하여 질서있는 국민생활에 적응하도록 이끌고 범죄인이 자유를 구속함으로써 그 장래의 범죄적 위험행위에 대하여 사회를 방위하려는 점에 있다.

2. 자유형의 집행방법

고대와 중세에 있어서는 주로 노예제 내지 노역제의 형태를 취하였고, 근대에 이르러서는 자유형이 사형 및 재산형에 비하여 중요한 위치를 차지하게 되었다. 근대적인 자유형은 1595년 암스텔담에 위치한 노역장이 대표적이다. 18세기 후반 영국의 호워드(J. Howard)는 '감옥상태론'을 저술하여 기존의 응보형적 행형제도에 대해 비판을 가하여 감옥운영 등의 개선방향에 대해 주장하였다.

(1) 구금주의

구금주의는 수형자를 본국내의 일정한 장소에 구금하는 제도이며, 일반적으로 자유형이라고 할 때에는 구금주의를 말한다. 이 주의는 개인의 사회생활의 자유를 박탈하고 일정한 장소에 구금하여 고통을 줌으로써 일반예방적인 효과를 거둠과 함께 보다 적극적으로 수형자의 사회복귀를 도모하려는 데에 의의가 있다. 특히 종래에는 주로 수형자에게 규칙적인 노동의 습관을 몸에 배게 한다고 하는 형태로 이루어졌으나, 오늘날에 와서는 단순한 노동일반이 아니라 각자에게 적합한 직업훈련이나 각종 요법적 처우 등을 통하여 보다 적극적인 사회복귀를 위한 기능이 요청되고 있다. 이런 구금제도는 다시 독거제, 반독거제, 혼거제 등으로 나누어지며 근자에는 수형자의 원활한 사회복귀라는 측면에 중점을 두어 교도소내에서의 개방처우가 고려되고 있고, 나아가서 외부통근제라든가 반구금제, 주말구금제, 귀휴제 등이 각국에서 채택되고 있다.

(2) 유형주의

유형주의(流刑主義)는 국가의 강제력으로 수형자를 원격지에 송치하여 그곳에서 일정한 기간 또는 무기한 체제하게 하는 제도이다. 우리나라를 비롯한 동양의 율에서도 유형을 인정한 바 있으며, 서양에서는 식민지통치시대에 영국, 프랑스, 스페인 등이 해외의 식민지를 유형지로 활용한 적이 있고, 러시아도 소위 시베리아 유형으로 잘 알려져 있다. 이 제도의 본질은 일면 자유형에 유사한 형벌이나 다른 한편으로는 사형에 대한 환형으로서 대치되는 일종의 사형완화방법으로도 이용되고 있으며, 이 형벌의 특색은 형벌의 대상자를 사회로부터 격리한다는 점 이외에도 동시에 국가의 교도소운영에 따른 경제적 부담을 덜어준다는 데에 있다. 그러나 오늘날 식민지제도의 폐지와 함께 이런 유형주의를 채택하는 나라는 거의 없고 다만 유형지에서의 노동력부족과 교도소내의 과잉구금완화라는 유형주의의 발상이 오늘날 교도소내의 개방처우제도를 발전시켰다는 역사적 의의만이 남아 있다.

3. 자유형제도의 개선방향

이와 같은 현대의 자유형제도는 범죄대책으로서의 형사정책적 입장에서 볼 때, 완전무결하다고 할 수 없고 상당한 결함이 내포되어 있다. 특히 근대적 의미에서의 수형자에 대한 개선·교화의 측면에서 볼 때 현대적인 자유형의 집행상황에 대한 문제는 별론으로 하더라도, 현대의 자유형제도가 많은 수정을 받아야 할 처지에 있다.

(1) 단기자유형의 폐지와 그 대체방안

1) 단기자유형의 의의

이는 구류와 함께 극히 단기간의 징역이나 금고를 선고하는 경우를 말하는데, 단기라는 것은 매우 상대적인 개념이므로 어느 정도의 기간을 단기자유형이라고 하겠는가에 대해서는 종래 다양한 견해가 제시되어 왔다. 일반적으로 6월 이하의 형을 단기간으로 보고 있다. 예컨대 단기자유형의 문제는 이를 수량적으로 표시하여 한정하고 획일화하는데 의미가 있는 것은 아니고 이 제도가 가지는 폐해를 과학적으로 연구하여 그 위험성이 확인될 수 있는 형기의 범위를 개별적으로 찾아내는 데에 그 의미가 있다.

2) 폐지론의 근거

단기자유형의 폐지가 형사정책에서 논의되게 된 이유는 단기간의 구금으로서 개선에 도움이 못되고 위하의 효과도 없으며, 오히려 수형자의 장래에 큰 위험을 가져다준다는 점에서 형벌로서 무가치할 뿐만 아니라 도리어 폐해가 많은 제도이므로, 형사정책의 관점에서 볼 때 이를 폐지하든가 그렇지 않으면 다른 형벌로 대치할 것을 주장한 데에서 비롯된 것이다. 그 근거로서 행형과정에서 직업훈련·성격개선 등 사회복귀를 위한 개선·교화의 효과를 거둘 시간적 여유가 없다. 수형자에 대한 정신적 고통이 적어 위하력이 약하다. 경한 죄질의 범죄자에게 과해지는 경우가 많고 따라서 그 가족의 경제적 파탄을 가져오기 쉬우며 정신적 부담도 크다. 전과자로서 낙인이 찍히므로 석방 후에도 사회로 복귀하는 데 여러 가지 어려움을 겪게 되어 오히려 재범을 저지르지 않을 수 없게 될 위험이 있다. 단기자유형이 집행되는 사실은 일반적으로 시설이 불충분하고 많은 사람이 한꺼번에 수용되기 때문에 무질서, 통제곤란, 타인으로부터의 범죄적 악폐감염 등이 야기되어 범죄를 조성하기 쉽다. 통계상 단기자유형을 받는 자는 대개 하층계급에 속하므로 구금을 하더라도 시설내 생활에 공포감을 갖지 않는 수가 많고 오히려 일시적인 사회생활고에서 시설로 도피하기를 희망하는 경우마저 있다. 행형을 위한 입소시 교육훈련과 분류조사의 기간이 지나면 바로 석방해야 하므로 수형자처우의 실태에 맞지 않는다. 단기 자유형의 폐지에 대한 문제와 함께 그 폐해를 가능한 한 줄이고 특히 청소년범죄나 교통범죄·경제범죄 등에 대해서는 제한적으로나마 단기자유형을 효과적으로 활용하기 위한 방안이 함께 모색되어야 한다.

3) 단기자유형의 대체방안

원칙적으로 단기자유형을 폐지하는 것이 타당하다고 한다면 그 대체방안으로서 어떠한 조치를 할 것인가가 문제로 된다.

① **벌금형의 활용** : 벌금형의 양정 및 집행방법을 개선하여 단기자유형에 대한 대

체효과를 거두려는 것으로서, 이를 위해서는 피고인의 재산상태에 부합하는 벌금액의 양정, 분납 및 납입정지 등의 편의가 선행되어야 한다.

② **각종 유예제도의 활용** : 선고 내지 집행유예제도들의 원래 목적은 범죄자를 사회내에서 처우한다는 데 있으나, 부차적으로는 단기 자유형의 폐해를 제거하는 데에도 중요한 역할을 하는 것이며, 이를 위하여 유예제도와 보호관찰을 결합시킴으로써 보다 효과적인 범죄방지대책이 될 수 있다.

③ **기소유예제도의 확대운용** : 이것은 단기자유형의 폐해를 기소단계에서 제거하려는 것으로서, 범죄인의 조속한 재사회화라는 관점에서 매우 의미있는 것이나 기소유예제도라는 검사의 자의적인 재량하에 단기자유형의 개선방안을 맡긴다는 점에 대한 비판도 있다.

④ **구금제도의 완화** : 주말구금, 휴일구금, 단속구금, 반구금제도 등이 그 방법이 될 수 있으며, 무구금강제노역도 여기에 포함될 수 있다.

⑤ **기타** : 선행보증, 가택구금, 거주제한 등 자유제한을 수반하는 독자적인 보호관찰 등을 실시하는 방안도 고려할 수 있다.

(2) 단기형의 단일화

1) 의의

목적형 및 교육형주의의 입장에서 자유형의 내용에 따른 구별을 폐지하고 자유형을 자유박탈을 내용으로 하는 형벌로 단일화하는 것을 의미한다. 현행 자유형을 징역, 금고, 구류의 3종으로 구별하고 있는데, 징역은 정역에 복무해야 함에 대하여(형법 제67조), 금고 및 구류는 단지 시설에 구치되는 데 그치고 형식상으로는 정역에 복무할 의무가 없으며(동법 제68조), 구류는 그 기간이 1일 이상 30일 미만이라는 점에서 차이가 있다(제46조).

2) 자유형 단일화의 논거

징역과 금고의 구별기준이 되는 파렴치범이라는 개념 자체가 시대와 상황에 따라 변하는 상대적인 것이고, 비파렴치범에 대하여 금고를 과하여 강제노역을 부과하지 않는다는 발상은 지나치게 법에다 윤리적 성격을 부여한 것이다. 현행 형법을 보더라도 전통적으로 금고형의 대상인 확신범에 해당하는 국가의 존립에 대한 죄, 국가보안법 위반의 죄에 대하여 징역형을 인정하고 있으며, 과실범의 전형이라 할 수 있는 교통사범에 대하여도 도로교통법은 징역형을 인정하고 있을 뿐만 아니라 현행 형법과 같이 동일한 범죄에 대하여 징역과 금고를 선택형으로서 규정하고 있는 경우에 수형자 처우의 기준을 법원의 자의적인 판단에 맡기게 되어 부당한 경우가 생길 우려가 있다. 금고형을 주장하는 측에서는 형벌의 기능이 행형을 통한 개선 이외에 책임에 따른 개별화에 있다고 지적하는데, 오히려 금고형을 인정함으로써 징역에 처해지는 자는 파렴치범이라는 낙인이 찍히고 사회복귀가 어렵게 된다. 오히려 금고형을 통한 교정의 초점은 오늘날 행형에서 노동강제로서의 교정작업이 범죄자 처우를 위한 하나의 유효한 수단임을 부정할 수 없다.

(3) 자유형 집행기준의 정립

과거에는 자유형을 집행하는 경우에 어떠한 기준에 따라야 하는가, 즉 수형자의 인권을 어느 선에서 존중해야 하는가에 대해서 두 가지 입장이 대립되어 왔다. ① 하나는 자유형을 집행할 때 수형자의 생활은 재산 없는 실업상태에 있는 자의 생활 이하로 해야 한다는 생각(나치 독일의 행형사상의 일단)이고, ② 다른 하나는 수형자도 인간이므로 인간의 최저생활수준이 보장되어야 한다는 생각(개인주의적 자유주의시대에 있어서 행형사상)이다.

4. 자유형 제도의 현황

현행 형법에 규정한 자유형은 징역, 금고 및 구류의 3종이 있다. 그 어느 것이나 수형자를 교도소내에 구금한다는 점에서는(동법 제67조, 제68조) 공통되지만, 구류는 그 기간이 30일 미만(동법 제46조)이라는 점에서 징역 및 금고와 구별되고 또 징역은 정역에 복무케 한다는 점에서(동법 제67조) 금고 및 구류와 구별된다(동법 제68조). 또한 징역과 금고에는 무기와 유기의 구별이 있으며, 유기는 1월 이상30년 이하이지만(동법 제42조 본문), 형을 가중하는 때에는 50년까지로 한다(동조 단서). 앞서 언급한 바와 같이 단기자유형은 많은 문제점을 내포하고 있으므로 현행법하에서도 재사회화의 관점을 고려한 벌금형이나 집행유예제도의 활용 내지 활성화 등이 요청된다.

5. 부정기형제도

(1) 의의 및 연혁

자유형의 선고방식에는 정기형과 부정기형이 있다. 정기형은 재판에서 일정한 자유형의 기간을 확정하여(예컨대 징역 5년) 선고하는 것을 말하고, 부정기형은 자유형의 기간을 미리 정하지 않고 그 집행상황, 즉 행형의 성적에 따라 사후에 집행을 종료함으로써(석방의 결정) 비로소 그 기간이 정하여지는 것을 말한다. 그리고 부정기형은 다시 재판에서 전혀 형기를 정하지 않고 선고하는 '절대적 부정기형'과 일정한 장기와 단기를 정하여 형을 선고하는 '상대적 부정기형'의 두 가지로 나눌 수 있다.

이미 19세기 전반에 실증주의의 입장에서 형벌의 목적을 범죄인의 개선 및 교육이라고 본 데에서 영향을 받아, 독일, 프랑스, 영국의 학자들은 부정기형의 필요성을 주장하였으나, 유럽에서는 이를 실시하는 데 이르지는 못하였다가 19세기 후반에 들어와 미국에서는 드와이트(Dwight), 와인즈(E.C. Wines), 브록웨이(Z.R, Brockway) 등이 아메리카 감옥협회를 조직하여 부정기형 운동을 전개하였다. 이런 운동이 결실을 맺어 1877년 뉴욕 주의 엘마이라 감옥(Elmira Reformatory)에서 처음으로 상대적 부정기형이 채택·실시되었다.

(2) 형사정책적 평가

1) 도입에 대한 논의

부정기형제도를 이론적으로 받아들일 수 있는가에 대해서는 다양한 논의가 있어왔다. 이런 논의는 주로 형법이론에서 이른바 신파의 등장이 부정기형의 이론적 기초가 되었다고 할 수 있다. 여기에 대하여 종래 형사정책의 관점에서 부정기형제도의 도입에 대해 전개되어 온 찬반양론을 살펴보면 다음과 같다.

① 부정기형제도를 찬성하는 논거

· 부정기형은 개선의 목적을 달성하기 위하여 가장 적합한 방법이라는 점
· 위험한 범죄자나 상습적 누범자에 대하여 장기간 구금이 확보되기 때문에 그들로부터 사회를 방위할 수 있다는 점
· 부정기형을 채용함으로써 형의 불균형이 시정된다는 점
· 초범자나 범죄성이 계속되지 않는 자에게 수형기간을 단축한다는 이점이 있고, 자신의 석방기일을 스스로의 노력에 따라 당길 수 있으므로 개선의욕이 촉진된다는 점
· 형기가 부정기라는 사실 자체가 범죄자에 대하여 위하효과를 가진다고 하는 점
· 사회복귀가 충분히 기대될 수 없는 범죄자에 대해서는 교정시설에 계속 구금함으로써 처우의 효과를 기할 수 있다고 하는 점
· 수형기간을 처우진도에 따라 결정할 수 있다는 것은 사회나 수형자 모두에 대해 이익이 된다고 하는 점

② 부정기형에 반대하는 논거

· 장기화될 경향이 있는 부정기형이 개선효과를 가지고 있는가는 매우 의심스럽다.
· 주로 빈곤하고 사회적으로 불이익을 받고 있는 자에 대해 과해지는 경향이 있으므로 사회적 불공정을 초래하기 쉽다고 한다.
· 운용의 실제에 있어서 인권침해를 가져 올 염려가 있다.
· 부정기형을 선고받은 수형자는 언제 석방될지 모른다는 정신적 불안을 가지며, 석방시기의 결정이 교정담당기관의 평가에 달려있다고 하는 점
· 부정기형은 교활한 수형자에게는 유리하지만, 사회적 위험성이 적고 융통성이 없는 수형자에게는 오히려 준엄한 형벌로 되어버린다는 점
· 석방기일이 분명하지 않기 때문에 수형자간에 지나친 긴장을 가져올 뿐만 아니라 그 가족에 대해서도 상당한 압박을 주게 된다고 하는 점
· 각종 실태조사에 따르면 부정기형은 효과가 적고 유리한 형사정책적 수단이라고 하기 어렵다고 하는 점
· 가석방의 결정과정에 관하여 적정절차의 보장이 결여되어 있고 그 판단기준도 모호하다고 하는 점

2) 제도에 대한 평가

부정기형의 도입 여부가 가능한가에 대해서는 책임주의라는 형법의 대원칙하에서 부정기형의 도입이 가능한가 하는 차원에서 검토해야 할 문제이다. 책임주의 자체에 대한 논의는 형법학의 과제에 속하는 문제이므로 여기서 자세히 논할 수는 없으나, 적어도 책임주의를 관철하는 이상 행위자의 책임의 정도를 넘어서는 부정기형은 보안처분으로서의 성격을 띠는 것이라고 해야 하므로 형사정책의 뛰어 넘을 수 없는 한계라고도 말해지는 형법의 이론구성을 따르면 부정기형은 행위자의 책임의 정도를 넘어선 자유의 구속을 가능하게 한다는 점에서 명백히 책임주의에 반한다고 해야 할 것이다. 형사정책의 측면에서도 부정기형의 개선효과 자체에 대하여 찬반 양론이 대립되어 있다고 할 수 있다. 부정기형제도는 그 이론적 당부의 문제는 제외하더라도 어떻게 다른 보조장치들 예컨대 석방결정기관, 재범예측수단, 보호관찰과의 결합 등과 합리적으로 연결되어 있다고 본다면 우리나라와 같이 교정시설이 인적 구성면이나 물적 설비면에서 매우 미흡한 상황하에서 이 제도를 도입하더라도 도저히 그 소기의 효과를 기대하기 어렵다.

(3) 현행법의 태도

우리나라에서는 특별법인 소년법에 의하여 소년범죄인에 대한 자유형에 대해서만 상대적 부정기형을 채용하고 있다. 즉 동법 제60조 제1항은 「소년이 법정형 장기 2년 이상의 유기형에 해당하는 죄를 범한 때에는 그 형의 범위 안에서 장기와 단기를 정하여 선고한다. 다만 장기는 10년, 단기는 5년을 초과하지 못한다」고 하여 규정하고 있다. 부정기형이 장기 2년 이상의 법정형이 규정된 범죄에 한하여 선고된다는 점을 고려한다면, 소년범 가운데 부정기형을 선고받는 비율이 적지 않다는 것은 그만큼 청소년범죄가 악질화하고 있다는 것을 의미하기도 한다.

Ⅲ. 재산형제도

1. 재산형의 의의

국가가 범죄인에 대하여 일정한 금전의 지급을 명령하여 그 한도내에서 범죄인이 재산적 이익을 박탈하는 것을 내용으로 하는 형벌이다. 재산형의 종류로는 벌금, 과료, 몰수가 있는데, 앞의 두 가지는 금액의 차이에 불과하며, 몰수는 독자적인 성격을 가지고 있다.

2. 벌금형

(1) 벌금형의 특성

벌금형은 일신전속성을 가지고 있을 뿐만 아니라 특히 재산형이라는 성질로 인하여 다음과 같은 특성을 가지게 된다.

1) 범죄인을 대신하여 제3자가 벌금을 대신 지불하는 소위 대납은 허용되지 않는다.
2) 범죄인이 국가에 대하여 가지고 있는 채권과 상계할 수 없다.
3) 범죄인은 벌금에 대하여 각자 독립하여 책임을 져야 하며, 다수인이 벌금을 납입하는 경우에도 공동연대의 책임을 지지 않는다.
4) 원칙적으로 벌금은 상속되지 않으므로 범죄인이 사망하게 되면 벌금은 소멸한다. 다만 예외로서 현행 형사소송법은 "……조세, 전매 기타 공과에 대한 법령에 의하여 재판한 벌금……은 그 재판을 받은 자가 재판확정 후 사망한 경우에는 그 상속재산에 대하여 집행할 수 있다" 고 규정하고 있다(동법 제478조). 또한 "법인에 대하여 벌금, 과료……" 을 명한 경우에 법인이 그 재판확정 후 합병에 의하여 소멸한 때에는 합병 후 존속한 법인 또는 합병에 의하여 설립된 법인에 대하여 집행할 수 있다(동법 제479조).

(2) 벌금형의 형사정책적인 의의

벌금형은 범죄인에게 일정한 금전의 지급의무를 강제적으로 부담시키는 데 그치므로, 자유형에 비하면 직접 범죄인의 인격에 대한 교육・개선 작용이 극히 적고 응보 내지 속죄의 관념이 강하다고 할 수 있다. 그럼에도 불구하고 범죄인의 개선 및 교화를 주된 임무로 하는 오늘날의 형사정책에서는 벌금형이 다른 형벌에 비하여 많이 활용되고 있고, 개정 형법도 직권 남용죄를 비롯한 16개 범죄유형에 대해 선택형으로서 벌금형을 추가하고 있다. 이와 같이 벌금형의 비중이 커지고 있는 이유로는 다음 몇 가지 점을 들 수 있다.

1) 벌금형은 특히 이욕에 기한 범죄(예컨대 도박죄, 장물죄, 기타 조세법위반 등 경제사범)의 동기를 억압할 수 있다.
2) 벌금형의 성질상, 자유형과는 달리, 수형자의 자유를 구속하지 않으므로 동료 수형자들에 의한 악폐감염의 염려가 전혀 없고, 벌금형의 합리적 양정을 통하여 보다 나은 사회복귀를 가능하게 하며, 오판의 회복도 상당 부분 가능하다.
3) 벌금형의 집행에는 많은 비용을 요하지 아니하고, 특히 즉결심판이나 약식절차에 의하는 경우에는 소송경제상으로도 큰 도움이 되며, 범죄인 나아가서 피

해자의 명예를 회복할 수 있다.

4) 벌금형을 통하여 직접 국고수입을 증대시킬 수 있고, 이를 범죄방지대책에 사용함으로써 또 다른 형사정책상 효과를 거둘 수 있다.

5) 오늘날과 같이 기업, 회사 등과 같이 법인에 의한 범죄가 격증하고 있는 실정하에서, 그 성격상 자유형을 과할 수 없으므로 이러한 경우에 벌금형이 효과적인 제재수단이 될 수 있다.

(3) 벌금형의 문제점과 개선방향

범죄인의 경제적 지위에 따라 형벌의 위하력에 차이가 생기고 직업적 범죄자에게는 벌금이 일종의 세금으로 여겨져 형벌경시의 폐풍을 조장할 염려도 없지 않다. 이와 같은 벌금형의 특성을 고려하여, 벌금형을 운영할 때에는 다음과 같은 점들을 고려해야 한다.

1) 벌금형의 탄력성

① 의의

벌금의 위하력은 고정된 것이 아니고 수형자의 성격, 자산 및 수입 등에 따라 각기 다르게 나타나므로, 범죄인 각자에 상응하는 벌금을 과함으로써 비로소 형벌의 목적을 달성할 수 있다는 특성을 가지게 된다. 즉 벌금형이 '행위자의 경제적 사정에 대한 완전한 고려' 를 하지 못한다는 취약점을 가능한 보완하기 위해 벌금형의 탄력적인 운용이 요청된다. 이러한 탄력성을 인정하게 되면, 같은 죄종, 같은 죄질의 범죄라 하더라도 수입이 많은 자에 대해서는 고액의 벌금이 과해지고 그렇지 못한 자에 대해서는 낮은 액수의 벌금을 과할 수 있게 된다. 이렇게 함으로써 범죄행위가 특히 이욕에 기한 것인 경우에는 자유형보다도 도리어 벌금형을 과하여 금전박탈로써 대처하는 경우가 효과적일 수 있게 되고, 지나친 양정으로 피고인의 사회적 기반을 박탈하거나 벌금의 미납으로 노역장에 유치되어 결과적으로 단기자유형의 폐해를 그대로 노정시키는 것을 방지할 수 있게 된다.

② 일수벌금형제도

현행법은 일정한 범죄에 대해 벌금형을 선고하는 경우에 전체 벌금액을 확정, 선고하는 이른바 총액벌금제도를 취하고 있다. 이에 비하여 벌금형을 벌금의 일수와 1일 벌금액으로 구분하여 선고하는 방식을 **일수벌금형제도**(Gesamtsummungsystem)라고 한다.

즉 이 제도는 행위자의 경제상태 내지 지불능력을 고려하는 벌금형 선고방식의 하나로서, 먼저 행위자의 불법과 책임에 따라서 「……일의 일수벌금에 처한다」는 점을 판단하고, 다음으로 행위자의 수입, 자산, 부양의무 기타 행위자의 경제사정을 고려하여 1일 벌금액을 산정한 다음 양자를 정하는 방법을 말한다. 이 제도는 무엇보다 범행 자체에 대한 평가를 분명히 하면서 행위자가 받는 고통의 내용에 대하여 실질적으로 평등을 기한다는 것, 즉 책임주의와 희생동등의 원칙의 조화를 이루는 데 그 근본취지가 있다.

③ 벌금의 연납 내지 분납

벌금액 산정제도가 아무리 합리적이라 하더라도 **벌금의 연납** 내지 **분납제도**를 인정하고 있다.

독일형법 제42조는 "형의 선고를 받은 자의 일신상 또는 경제상의 형편에 비추어 그에게 벌금의 즉시 납부를 기대할 수 없는 때에는 법원은 그에게 납부의 유예기간을 인정하거나 벌금을 일정한 분납액으로 납부할 것을 허용할 수 있다" 고 하여 법원에 의한 연납 내지 분납 허가를 규정하고 있다.

이러한 벌금의 연납 내지 분납도 이를 필요로 하는 자가 대개 무산자이므로 결국은 지급불능으로 되기 쉽다든가, 형벌로서의 성격을 상실할 염려가 있다든가, 집행기관의 부담이 증가한다는 비판 등이 있으나 벌금의 미납에 대하여는 환형처분이 가능하고 이 제도를 부정하는 것은 적절치 못하다. 다만 이런 제도에 따른 벌금의 납부를 해태하는 자에게는 그 특권을 박탈하는 등의 제도적 보완이 요청된다.

④ 벌금형에 대한 유예제도

현행 형법은 벌금형에 대해 선고유예만을 인정할 뿐(동법 제59조) 집행유예는 인정하지 않고 있다. 이러한 입법태도는 벌금형이 대개 경한 범죄에 대해서만 규정되어 있다는 점을 고려한 것으로 보이는데, 이와 함께 우리나라의 경우처럼 총액벌금형제도를 취하는 경우에는 선고유예와 집행유예의 대상을 구별하는 것이 용이하지 않는다는 점도 고려된 것이나 벌금형도 그 액수에 따라 경중이 있고, 벌금형의 대상이 되는 범죄의 죄질도 천차만별이므로, 벌금형에 대해서도 형사정책의 목적에 비추어 집행유예를 인정할 필요가 있다.

2) 벌금의 현실화

현행형법상 징역 1년에 벌금 140만원으로 계산된 경우가 있는가 하면(동법 제323조 ; 권리행사방해죄), 징역 1년에 벌금 667만원으로 계산된 경우도 있어(동법 제171조 ; 업무상실화죄), 벌금형의 액수가 자유형의 기초로 되어 있는 불법과 책임에 상응하지 않아 일정한 기준과 원칙 없이 자의적으로 정해진 듯한 인상을 줄 수 있을 뿐만 아니라 매우 비현실적인 것임을 알 수 있다. 이와 함께 화폐가치의 변동이 현저한 경우에는 그나마 형벌법규에 규정되어 있는 벌금의 다액으로는 아무런 실효성도 기대할 수 없게 되는데, 이러한 사실은 두 차례에 걸친 세계대전을 통하여 패전국인 독일이나 일본에서 절실하게 경험한 바 있다. 우리나라에서도 경제사정의 변동에 따르는 벌금, 과료 또는 과태료의 액에 관하여 특별법인 벌금등임시조치법을 제정하여 이에 대처하고 있고 벌금은 50,000원 이상으로, 과료는 2,000원 이상 50,000원 미만으로 하고 있다(형법 제47조).

3) 대체자유형제도

특히 벌금액수가 고액의 경우 재판관의 자유재량으로 벌금형을 자유형으로 환형시킬 수 있다는 주장을 **환형처분** 내지 **대체자유형제도**라고 한다. 현행 형법에 따르면, 일종의 환형처분으로서, 벌금을 납부하지 아니한 자는 1일 이상 3년 이하(과료의 경우에는 1일 이상 30일 미만)의 기간동안 노역장에 유치하여 작업에 복무하게 할 수 있다(형법 제69조). 그러나 관세법 위반이나 조세법 위반 등의 경제사범에 있어서는 경우에 따라서 벌금액이 수천만원에 달할 수 있으므로 예컨대 특정경제범죄가중처벌등에 관한 법률 제3조에 따르면, 형법상의 업무상 횡령죄 등을 범하여 1억원 이상의 재물 또는 재산상의 이익을 취득한 경우에 자유형과 함께 이득액 이하에 상응하는 벌금을 병과할 수 있다. 이러한 모순을 해소하기 위하여 주장된 것이 자유형의 환형처분이다.

독일에서도 대체자유형(Ersatzfreiheitsstrafe)이라는 명칭으로 형법 제43조에서 "징수할 수 없는 벌금은 자유형으로 대체된다. 1일의 자유형은 1일의 일수벌금에 상당한다. 대체자유형의 최저한도는 1일이다."라고 규정하여 이를 인정하고 있는데, 대체자유형도 일수벌금형제도와 통합할 때 비로소 범죄인의 불법과 책임에 상응한 형벌로서 의미를 가지게 된다.

4) 벌금형제도의 현황

우리나라의 경우 다른 나라의 경우처럼 벌금형이 가장 많이 활용되는 형벌로 나타나 있고, 이 점은 벌금형이 단기자유형의 폐해를 막기 위한 대체방안으로서 의미를 가질 수 있다. 우리나라의 경우 벌금의 연납 및 분납제도의 필요성이 매우 높고, 이와 함께 벌금액의 합리적 조정을 위한 제도로서 일수벌금형제도의 도입도 매우 필요하다는 점을 반증하고 있다. 또 유치기간의 상한이 낮은 노역장유치에 대신하여 대체자유형제도를 도입하는 문제도 신중히 검토되어야 한다.

3. 몰수 및 추징

(1) 의의

몰수(Einziehung, confiscation)란 범죄의 반복을 막거나 범죄로부터 이득을 얻지 못하게 할 목적으로 범행과 관련된 재산을 박탈하여 이를 국고에 귀속시키는 제재방법을 말하는데 몰수에는 범인의 전재산을 국고에 귀속시키는 것을 내용으로 하는 일반몰수와 범죄와 관계되는 특정한 물건의 소유권을 국고에 귀속시키는 특별몰수가 있는데 일반적으로 후자를 가리킨다. 몰수는 다른 형벌에 부과하여 과하는 것을 원칙으로 하지만 예외적으로 행위자에게 유죄판결을 하지 않는 경우에도 몰수의 요건을 갖추고 있으면 몰수만을 선고할 수 있다(형법 제49조). 몰수에는 임의적 몰수와 필요적 몰수가 있는데, 전자가 원칙이고, 다만 뇌물죄의 경우에 「범인 또는 정을 아는 제3자가 받은 뇌물이나 뇌물에 제공할 금품」에 대해서는 필요적 몰수를 인정하고 있다(형법 제134조).

한편 몰수의 대상이 되는 물건을 몰수할 없는 경우에는 그 가액을 추징할 수 있고, 문서, 도화, 전자기록 등 특수매체기록 또는 유가증권의 일부가 몰수에 해당하면 그 부분을 폐기하도록 하고 있다(형법 제48조 제2항 및 제3항).

(2) 법적 성격

다수설은 형법이 몰수를 형벌의 일종으로 규정하고 있으므로 일종의 형벌이지만 실질적으로는 **대물적 보안처분**에 속한다고 본다. 즉 현행법이 몰수의 대상을 범죄에 사용된 물건과 범죄로 인해 생긴 물건을 포함하여 폭넓게 인정하고 있고 제3자에 대한 몰수도 인정하고 있으므로, 예방의 관점을 고려한 (대물적) 보안처분의 일종이라고 보아야 하나 범죄로 인하여 생겼거나 이로 인해 취득한 물건 또는 그 대가로 취득한 물건의 경우에는 반드시 장래의 범죄를 직접 예방하는 취지라고 보기 어렵고, 범인이나 공범 이외의 제3자가 소유한 물건에 대한 몰수는 오히려 형벌로서의 성격이 강하다고 보아야 한다. 따라서 몰수는 형벌과 보안처분의 성격을 동시에 가진 독자적 형사제재라고 봄이 타당하다. 또한 추징은 몰수할 대상물의 전부 또는 일부를 몰수하기 불능한 때에 몰수에 갈음하여 그 가액의 납부를 명하는 사법처분의 일종이지만, 실질적으로는 부가형으로서의 성격을 가진 것이다.[3]

(3) 범죄수익박탈제도

이 제도는 조직범죄나 기업범죄의 근저에는 수익과 재정상의 이익이 범죄실행의 주된 동기를 이루고 있으므로, 범죄활동으로부터 생긴 이득을 박탈하는 것이 그러한 범죄를 억제하고 범죄를 무력화하는 데 중요한 역할을 한다는 점을 고려한 것이나 이 문제와 관련하여 현행 몰수제도는 몰수의 대상을 「범죄행위로 인하여 생겼거나 이로 인하여 취득한 물건 또는 그 대가로 취득한 물건」에 한정하고 있으므로, 범죄인이 가진 재산이 그러한 요건을 충족시키는지의 여부가 의심스러운 경우, 효과적인 범죄수익박탈이 곤란하다는 문제점을 안고 있다. 특히 돈세탁(money laundering)이 빈번히 이루어지고 있는 현실에서 이러한 인과관계의 증명 문제는 매우 어렵게 된다는 점을 고려하여 범죄인의 재산 일반에 대한 박탈 내지 몰수를 인정하기 위해 안출된 제도를 의미하는데 이 제도는 형사정책의 초점이 범죄인의 재사회화나 정당한 처벌에서 범죄무력화에로 이행되는 경향을 나타내는 것이라는 점을 주목할 만한 하나, 여기에 대해서는 헌법상 재산권을 침해하는 것이고 개별책임의 원칙에 반하다는 비판이 제기될 수 있다.

4. 명예형제도

(1) 명예형의 의의

명예형이라 함은 범죄인의 명예감정을 손상시키거나 명예를 내포하는 권리를 박탈 또는 제한하는 형벌을 말하는데 하나는 치욕형 내지 오욕형으로 많은 사람들 앞에서 범죄자에게 치욕을 주어 사회적 명예를 침해하는 것이고, 다른 하나는 권리박탈형 내

3) 대법원 1979.4.10, 78도3098.

지 자격형으로서 범죄자의 사회생활상의 권리나 신분을 박탈, 정지시키기는 것으로서 박탈되는 권리가 일반인에게 큰 영향이 없는 것과 사회생활에 직접 영향을 주는 것이 있다. 현행 형법은 권리박탈형 내지 자격형만을 인정하고 이것을 다시 자격상실과 자격정지로 나누어 규정하고 있는데, 공무원이 되는 자격, 공법상의 선거권과 피선거권, 법률로 요건을 정한 공법상의 업무에 관한 자격, 법인의 이사 · 감사 또는 지배인 기타 법인의 업무에 관한 검사역이나 재산관리인이 되는 자격이다. 사형, 무기징역, 무기금고를 받은 경우에는 자격을 상실한다(형법 제43조 제1항). 유기징역 또는 유기금고의 판결을 받은 자는 그 형의 집행이 종료 및 면제될 때까지 공무원이 되는 자격, 공법상의 선거권과 피선거권, 법률로 요건을 정한 공법상의 업무에 관한 자격이 정지된다(형법 제43조 제2항). 한편 자격정지는 선택형이나 병과형으로서 별도로 선고될 수도 있는데(선고정지), 법원은 1년 이상 15년 이하의 범위내에서 위의 자격 전부 또는 일부를 일정기간 정지시킬 수 있다(형법 제44조).

(2) 자격형의 형사정책적인 의의

범죄실현을 통하여 부정의를 실현했다는 사실 자체가 개인에게는 불명예가 되는데, 여기에다 별도로 개인의 명예를 박탈하는 형벌을 과하는 것이 바람직하지 않고, 형벌의 내용으로 자격을 박탈하거나 견책을 하는 것은 일반예방이나 특별예방의 효과를 기대하기 어렵고 특히 자격정지를 병과형으로 하는 경우에는 다른 형의 집행을 종료한 후에 다시 형기가 기산되어 사회에의 적응을 가로막는 결과로 되고, 자격박탈이나 자격정지로 인한 병역의무면제나 증인의 자격박탈 등은 오히려 이익으로 여기게 될 위험을 안고 있다. 한편 직무수행과정에서 행해진 범죄에 대한 제재로서 직업금지를 보안처분의 일종으로서 도입한 입법례도 보이는데, 이러한 방법은 대상자의 생계를 현저하게 곤란케 할 우려가 있으므로 신중한 검토를 요한다.

(3) 자격형제도의 현황

현재 실무에서도 자격형이 별도로 선고되는 경우는 그리 많지 않다. 이것은 자격형의 대부분이 다른 형에 대한 부가형으로 과해지고, 주형이나 병과형으로 규정되어 있는 범죄유형이 한정되어 있다는 점에 원인이 있다.

제2절 보안처분제도

I. 보안처분의 의의

보안처분이란 형벌을 보충하거나 대체하는 의미에서 범죄자나 범죄의 위험이 있는 자에 대하여 국가가 과하는 형벌 이외의 범죄예방처분을 말한다. 넓은 의미에 있어서 보안처분이라고 할 때에는 범죄자나 범죄의 위험성이 있는 자에 대하여 시행하는 이른바 대인적 보안처분(협의의 보안처분) - 즉 범죄를 예방 및 진압하기 위하여 국가가 시행하는 형벌 이외의 일체의 강제조치 - 뿐만 아니라 몰수, 영업장의 폐쇄, 법인의 해산 등과 같이 재산에 대한 처분 즉 대물적 보안처분은 물론이고 자녀를 양육할 능력이 없는 부모에 대한 친권의 박탈, 선동적인 연설의 정지, 선행보증(善行保證[4]) 등도 여기에 해당한다.

II. 보안처분의 법적 성격

보안처분이 법적 성격과 관련하여 주로 보안처분과 형벌과의 관계가 문제로 된다. 즉 보안처분은 그 성격상 형벌과 본질적으로 구별될 수 있는가가 문제로 되는데, 이에 대해 종래의 많은 논의가 있어 왔으나, 기본적으로는 형벌의 본질에 대해 응보형주의(이원론)를 취하는가, 교육형 내지 목적형주의(일원론)를 취하는가에 따라 견해를 달리하게 된다.

1. 이원론(Zweispurigkeit)

주로 형벌의 본질이 응보에 있다고 보는 입장에 서서, 형법과 보안처분은 각각 그 성격을 달리하므로 형벌과 보안처분은 동시에 선고되고 중복해서 집행될 수 있다고

4) 선행보증이란 보증기간 중에 죄를 범하면 보증금을 국고에 귀속시키거나 피해자에 대한 배상에 충당하게 하고, 기간 안에 범행이 없으면 공탁자에게 반환하는 제도이다. 明治41年6月18日 베델 재판사건은 영국총영사관에서 열린 고등법원에서 지난 15일부터 17일까지 계속 공판에 붙여져 18일 판결 선고를 했고, 베델을 3주간의 금고형에 처하는 것 외에 6개월간의 善行保證으로 1,000圓을 제공케 하였다.

한다(병과주의). 이러한 입장을 취하는 학자로는 독일의 마이어(M.E.Mayer), 비르크마이어(K. Birkmeyer), 벨링(E. Beling) 등을 들 수 있으며, 이탈리아, 브라질, 프랑스, 아르헨티나, 네덜란드 등의 법률이 이러한 방식을 취하고 있다. 이원론을 주장하는 논거로는 다음과 같다.

〈표 3〉 형벌과 보안처분의 구분

	형 벌	보안처분
본질	범죄행위에 대한 해악의 부과로서 규범적 비난이고 그 본질은 응보이다.	사회방위와 본인의 교정·교육을 목적으로 하는 처분이다.
기초	책임(도의적 비난가능성)	사회적 위험성
전제사항	범죄를 전제	위험한 성격
성격	회고적 성격	전망적 성격
처분	과거의 범죄에 대한 형사처분	장래의 위험에 대한 행정처분

(1) 형벌은 과거의 범죄에 대한 응보이지만, 보안처분은 장래의 행위자의 위험성의 예방이 목적이다.

(2) 형벌의 기초는 비난가능성(非難可能性)으로서의 책임이나 보안처분은 사회적 위험성인 것이다.

(3) 형벌은 일반예방을 의도하나 보안처분은 특별예방을 꾀하자는 것이라고 한다.

이상과 같은 근거를 들어 응보형론자들은 형벌과 보안처분이 그 성격을 달리한다고 보나, 형벌과 보안처분은 실제 집행에 있어서 이원적으로 구별할 수 없다는 중요한 문제점을 안고 있다. 즉 보안처분이 이론적으로는 형벌과 달리 해악을 내용으로 하지 않는다 하더라도 실제로는 보안처분도 억압적인 성격을 가지고 있고, 따라서 실제로는 형벌의 효과를 가지므로 이원론과 같이 형벌과 보안처분을 별도로 중첩하여 집행하는 경우에는 이중처벌(Doppelbestrafung)을 인정하는 결과로 되기 때문이다. 특히 보호감호처분의 경우에는 이를 집행하는 기관이 인적·물적으로 매우 유사하므로, 피처분자는 자신의 책임에 따른 형벌 이외에 이중의 처벌을 받는다는 인상을 가지게 된다. 따라서 이원론이 주장하는 병과주의의 입장은 원칙적으로 받아들이기 곤란하며, 따라서 실제 적용상 수정을 요하게 된다.

2. 일원론(Einspurigkeit)

주로 형벌의 본질을 사회방위, 범죄인의 개선·교화에 있다고 보는 입장에 서서, 형벌과 보안처분은 모두 사회방위와 범죄인의 개선·교육을 목적으로 하는 것이고, 행위자의 반사회적 위험성을 기초로 하여 과하는 사회방위처분이므로 양자가 본질적으로 차이는 없고 형벌이나 보안처분 가운데 어느 하나만을 선고·집행해야 한다. 이러한 입장을 취하는 학자로는 리스트(F. von Liszt), 페리(Ferri) 등을 들 수 있으며, 스웨덴, 영국, 벨기에, 덴마크 등이 이러한 입법방식을 취하고 있다. 일원론을 주장하는 논거로는 다음과 같은 점들을 들 수 있다.

(1) 형벌도 개선 및 격리를 통한 사회방위를 목적으로 하고 있다는 점에서 넓은 의미의 보안처분에 속하는 것이며, 다만 행위자에게 형벌적응성이 없는 경우에는 형벌에 대신하여 보안처분을 과하는 것으로서, 양자는 단지 그 정도와 분량의 차이가 있을 따름이다.
(2) 고전적 형벌론과 같이 형벌을 범죄에 대한 해악으로 보는 응보형론의 입장은 부당하며, 형벌도 수형자의 사회복귀에 중점을 두어야 한다.
(3) 보안처분이 합목적성을 강조하기는 하지만 윤리적으로 무색한 것은 아니며, 다만 사회방위를 고려하여 행위자의 반사회적 성격에 대한 평가를 내용으로 한다.

이상과 같은 이유를 들어 목적형론자들은 형벌과 보안처분이 본질적으로 같은 것이라고 본다. 형사정책이 추구하는 범죄방지라는 측면에서 본다면, 고전적인 형벌이론을 넘어서서 범죄에 보다 효과적으로 대응하기 위해서는 이와 같은 일원론의 방향으로 나아가야 할 것이고 최근의 입법추세도 이러한 방향에 서있다. 그러나 여기도 문제가 없지는 않다. 먼저 이론적으로 일원론은 형법의 대원칙인 책임주의에 반하게 된다. 즉 단순히 행위자의 개별행위에 대한 책임을 넘어서 소위 생활형성책임을 인정하는 결과로 된다. 따라서 행위자의 책임과 위험성을 합일한 별개의 척도로서 예컨대 비례의 원칙 - 범죄에 대한 제재를 결정하는 이론수정을 전제로 하지 않는 한 일원론은 한계에 부딪치게 된다. 다음으로 형사정책의 차원에서도 양자의 중복이 문제로 되는 경우에 일원론이 과연 타당한 해결방안인가의 의문이 있다. 예컨대 한정책임능력자의 경우에 현행 형법과는 달리 그 위험성에 따라 치료감호처분만을 과하는 것은 그 자의 범죄행위에 대한 형벌적 평가를 배제한다는 점에서 문제를 안고 있기 때문이다.

3. 대체주의와 이론적 근거

현대적인 형사정책의 관점에서 볼 때 형벌과 보안처분을 일원화하여 범죄에 대한 유효하고 적절한 대책을 수립하는 것이 요청되고 있다고 할 수 있는데, 문제는 이러한 방향을 어떻게 전통적인 형벌이론과 조화시키는가 하는 데에 있다. 이러한 관점에서 등장한 것이 **대체주의**(vikarlierendes System)이라고 할 수 있다. 대체주의 내지 제한적 이원론은 이원론과 일원론을 절충한 것이라고 할 수 있는데, 형벌은 언제나 책임의 정도에 따라 선고되지만 그 집행단계에서는 보안처분으로 대체되거나 일정한 상황하에서 보안처분의 집행이 종료된 후에 집행하는 제도를 말한다. 슈토스(Stooβ) 초안 이래 스위스 형법이 이 제도를 채용하고 있고, 독일형법도 1969년 제2차 형법개정법률을 통하여 이원주의에서 대체주의로 전환하게 되었다. 현재 이 제도는 각국에 보편화되어 있지는 않지만 많은 학자들에 의해 지지되고 있는데, 그 요지는 형벌과 보안처분의 요건과 선고에 관하여는 양자를 서로 별개의 것으로 보아 이원주의를 선택하고 그 집행에 관하여는 보안처분에 의한 형벌의 대체를 인정하여 일원주의를 채택하는 데에 있다. 대체주의의 이론적 근거와 구체적 내용을 보자. 먼저 대체주의의 입장에서도 형벌의 응보적 성격을 긍정한다. 다만 전술한 통합설의 입장에서 응보를 기초로 한 책임의 한정을 원칙으로 하면서, 그 범위내에서 일반예방 및 특별예방의 목적을 달성해야 한다고 본다. 따라서 적어도 그 요건이나 선고에 있어서는 형벌과 보안처분을 별개로 보지만, 양자가 모두 범죄자의 사회복귀라는 동일한 목적을 추구하고 있으므로 집행에 있어서는 대체할 수 있다고 보는 것이다. 다음으로 양자의 집행순서에 관해서는 보안처분의 집행이 구체적인 행위자의 개인적 처벌 필요성에 적합한 것이므로 사회복귀라는 관점에서 이를 먼저 집행하는 것이 합목적적이라고 한다. 또한 보안처분이 비록 부차적이기는 하나 형벌과 같이 행위자에 대한 해악의 부과라는 성격을 가지고 있으므로 보안처분이 집행된 경우에 그 기간을 형기에 산입하거나 형벌을 전혀 집행하지 않는 기능적인 대체가 가능하다고 한다. 결국 대체주의는 형벌과 보안처분의 관계를 순수이론적 측면보다도 기능적이고 형사정책적인 고려를 기초로 해결하고자 하는 이론이라고 할 수 있으며, 이러한 의미에서 현실적응성이 가장 뛰어난 이론으로 평가할 수 있다.

4. 관련문제

(1) 보안처분의 대체성

보안처분의 성격과 관련하여 보안처분을 형벌 대신 선택할 수 있는가 또는 형벌을 보충하는 것으로서 병과할 수 있는가가 문제로 된다. ① 이원론에서는 형벌과 보안처분의 본질적 차이를 인정하기 때문에, 그 귀결로서 양자의 병과는 인정할 수 있지만 대체는 허용할 수 없다고 한다. ② 이에 반하여 일원론에서는 양자 사이에 본질적인 차이를 인정하기 않기 때문에 대체를 인정하는 것이 타당하다고 한다. 그리고 대체주의의 입장에서도 양자의 집행단계에서 대체성을 인정하고 있으므로 일원론과 동일한 결론에 이르게 된다. 생각컨대 병과를 인정하는 경우에는 보안처분의 경우에도 실질적으로 개인의 자유가 구속되는 경우가 많아 결국 보안처분이라는 이름하에 가중처벌을 하는 결과로 된다. 그러므로 개인의 기본권의 보장이라는 차원에서 형벌과 보안처분의 대체를 인정하여야 할 것이다. 따라서 먼저 보안처분을 집행하고, 그것이 종료된 후에 그 기간을 형기에 산입한 다음 나머지 형을 집행하거나 집행을 면제하는 것이 타당하다.

그러나 우리나라 (구)사회보호법과 독일형법은 위험한 상습범에 대하여 집행하는 보호감호처분에 대하여는 병과주의를 취하고 있는데((구)사회보호법 제23조 제1항 ; 독일형법 제67조 제1항 참조), 이것은 대체주의를 취함으로써 위험한 상습범이 형벌로부터 면제되어 일반범죄자보다 유리하게 처우되는 부당한 결과를 피하고, 보호감호라는 최후의 형사정책적 수단은 형벌이 과해진 후에 집행하는 것이 타당하다는 데에 근거를 두고 있으나 보안처분 가운데 가장 자유제한적 성격이 강한 것이므로 이를 형벌과 병과하는 것은 기본권 보장의 이념과 일치하지 않으며, 이와 함께 보호감호처분의 종료 후에도 형벌을 집행할 수 있으므로 형벌과의 대체성을 인정하는 것이 타당하며, 이러한 방법이 오히려 형벌의 위하에 영향을 받지 않는 위험한 상습범에 대하여 효과적이라고 할 수 있다.

(2) 보안처분의 선고기간

양자의 성격과 관련하여 또 하나 문제로 되는 것은, 보안처분을 선고하는 기관이 누구이어야 하는가이다. 먼저 이원론의 입장에서는 양자는 기본적 성격을 달리하므로, 그 선고기관도 구별해야 하고 따라서 보안처분은 형벌의 경우와는 달리 법원 이외의 행정기관이 선고하도록 해야 한다(보안관찰법 제12조 참조). 이에 반하여 일원론의 입장에서는 양자를 다같이 형사처분으로 이해하여 그 선고기관도 원칙적으로 법원에서 통일할 것이라고 한다.

Ⅲ. 보안처분의 종류

1. 분류방법

보안처분은 여러 가지 관점에서 분류할 수 있다. 일반적으로 보안처분의 분류는 대상자의 연령에 의하여 크게 소년에 대한 보안처분(보호처분)과 성년에 대한 보안처분으로 구분할 수 있다. 그리고 그 대상에 따라 대인적 보안처분과 대물적 보안처분으로 구분되며, 다시 대인적 보안처분은 자유박탈의 정도에 따라 자유를 박탈하는 보안처분과 자유를 제한하는 보안처분으로 나누어진다. 소년에 대한 보안처분은 후에 소년범죄대책론에서 상론하기로 하고, 여기서는 주로 성인에 대한 보안처분에 관하여 현행법과 각국의 형법전(또는 초안) 또는 단행법에 규정되어 있는 보안처분의 종류를 개별적으로 살펴보기로 한다.

2. 대인적 보안처분

각국의 입법이 규정하고 있는 대인적 보안처분의 대상을 보면, 주로 책임무능력자, 음주벽자, 약물사용습벽자, 부랑자, 걸인, 상습범, 누범 및 노동혐오자 등으로 되어 있다. 장래의 범죄행위를 예방하기 위하여 특정인에게 선고되는 이러한 대인적 보안처분은 오늘날 보안처분의 주된 역할을 하고 있으며, 일반적으로 자유침해의 정도에 따라 자유를 박탈하는 보안처분과 자유를 제한하는 보안처분으로 나누어진다.

(1) 자유를 박탈하는 보안처분

이것은 대상자의 자유를 박탈하여 일정한 시설에 수용하고 그 사람이 가진 범죄적 위험성을 제거하거나 치료를 함으로써 사회방위와 범죄인의 재사회화를 도모하려는 처분을 말한다. 여기에는 치료감호처분, 사회치료처분, 교정처분, 노동개선처분, 보안감호처분 등이 있다.

1) 치료감호처분

이것은 정신병자, 정신쇠약자, 히스테리 환자 및 농아자 등과 같은 책임무능력자 또는 한정책임능력자 등이 심신장애로 인하여 범죄를 한 경우에, 그 자에 대하여 불기소처분, 무죄나 형의 감경을 선고하거나 형의 집행 후에 치료를 위하여 일정한 시설(주로 정신병원)에 수용하는 처분을 말한다. 특히 치료는 의학적인 치료를 원칙으로 하기 때문에 수용처분의 기간을 한정하지 않는 것이 일반적이며 형의 집행보다 선행하는 것이 바람직하다. 치료감호처분은 현행 치료감호법(제2조)를 비롯하여 1959년 영국의 정신위생법(Mental Health Act) 제60조, 제72조, 제73조, 미국의 모범형법전 제4장 제8조, 독일형법 제63조, 오스트리아 형법 제21조, 스위스 형법 제43조, 벨기에 사회방위법 제1장, 스웨덴 형법 제31장 제3조, 덴마크 형법 제16조, 이탈리아 형법 제215조와 제222조 등이 이를 규정하고 있으며, 일본의 개정형법초안(1973년)도 제98조에서 이를 규정하고 있다.

2) 사회치료처분

이것은 의학적인 치료효과를 기대할 수 없는 정신병질자에 대하여 인격의 장애를 제거하기 위하여 각종 사회치료, 예컨대 환경요법, 행동요법, 작업요법, 정신요법 등을 행하는 시설에 수용하는 처분을 말한다. 정신병질자 내지 성격편의자는 그 심신상태가 책임무능력이나 한정책임능력의 상태에 이르지 않는 경우가 많고 그 사회적 위험성이 크기 때문에 이들에 대한 별개의 보안처분이 요청되고, 의학적인 치료효과를 기대하기 어려우므로 전술한 치료감호처분이 무력하다고 할 수 있다. 이러한 점을 고려하여 소위 범죄의 경향이 있는 정신병질자에 대한 새로운 보안처분으로 각광을 받고 있는 것이 바로 사회치료시설에의 수용처분이다. 덴마크 형법 제70조, 네덜란드 형법 제37조 등이 이를 인정하고 있고, 그 시설로는 덴마크의 Herstedvester Anstalt, 네덜란드의 Vander-Heoven Kliniek이 유명하다. 그러나 사회치료처분을 위한 전제로서 사회치료시설의 막대한 예산과 인원이 요구되므로, 당장 우리나라에서 도입하기에는 실행가능성의 면에서 많은 문제를 안고 있을 뿐만 아니라 정신병질자를 보안처분의 대상으로 하는 경우에 그 범위가 불명확하여 오히려 인권침해의 우려마저 있으므로, 정신병질자에 대하여는 형벌(자유형)을 집행하고 행형과정에서 특별한 처우를 하는 것이 적절할 것이다.

3) 교정처분

이것은 음주 또는 마약류 사용의 습벽이 있는 자나 중독자가 명정 또는 마취상태에서 범죄를 범하여 습벽을 교정할 필요가 있는 경우에 일정한 기간 이러한 습벽이나 그 중독증상을 제거하기 위하여 그를 금단시설(Entziehungsanstalt)에 수용하여 치료하는 처분을 말한다. 알콜 및 약물중독은 행위자 자신에 대하여 유해한 영향을 줄 뿐만 아니라 다시 그 자손에게도 영향을 미칠 염려가 있고, 대개 심신장애에 시달리고 있으므로 형벌만으로는 유효한 범죄대책이 될 수 없다는 데에 교정처분의 의의와 그 시설의 설치 필요성이 인정된다. 독일형법 제64조, 스위스 형법 제44조, 오스트리아 형법 제22조, 덴마크 형법 제73조 그리고 모범형법전 제6장 제13조, 일본 개정형법초안 제101조 등도 교정처분을 인정하고 있다.

4) 노동개선처분(노작처분)

이것은 부랑자, 걸인, 노동을 싫어하는 자 등이 상습적으로 범죄를 하는 경우에 이들에 대하여 형을 선고하면서 그 재판과 함께 노역장에 수용하는 처분을 말한다. 이 처분을 받은 자는 일정한 노역장에 수용되어 일정한 작업에 종사케 함으로써 근면하고 규율있는 생활에 적응하도록 한다. 현재 스위스 형법 제100조의 2(18세 이상 25세 미만의 자에 국한), 프랑스 형법 제274조, 이탈리아 형법 제216조, 그리스 형법 제72조, 덴마크 형법 제62조가 이를 인정하고 있다. 그러나 노작처분의 대상으로 되어 있는 부랑자, 걸인, 노동혐의자 등은 그 죄질이 경미하고 재범의 위험성이 크지 않으므로 이들에 대하여 보안처분을 과하는 것은 타당하지 않고 정역을 내용으로 하는 자유형의 집행을 통해서도 충분히 그 효과를 거둘 수 있다는 견해가 유력하다. 생각컨대, 자유형의 집행을 통해 정역을 부과하고 이를 통하여 노동생활에 적응케 할 수 있으므로 이러한 보안처분을 별도로 인정할 필요는 없을 것이다. 이러한 취지에서 독일형법도 구형법 제42조 a 3호에 규정되어 있던 노동개선처분을 삭제하였고, 일본의 개정형법초안도 개정형법가안(1931년)에 있던 제126조 3호의 규정을 삭제하였다.

5) 보안감호처분(보호감호처분)

이것은 종래 예방처분 또는 예방구금이라고 불리온 것으로서, 자유형의 집행을 종료하였음에도 아직 개선되지 않아 이를 방치할 때에는 다시 범죄를 반복할 염려가 있는 특수한 범죄인에 대하여 특별한 시설에 수용하는 처분을 말한다. 보안감호처분의 대상은 각국의 입법예에 따라 일정하지 않지만, 대체로 사상범, 상습범, 누범의 위험성이 있는 강력범 등을 대상으로 하는데, 주로 부정기형의 문제점을 보완・대체한다는 의미에서 상습범에 대한 대책으로 많이 논의되고 있다. 이 제도를 처음 채택한 것으로 1908년 영국의 범죄예방법을 들 수 있으며, 스위스 형법 제42조, 오스트리아 형법 제23조, 독일형법 제66조, 스웨덴 형법 제3장 30절 등이 이를 채용하고 있다. 과거 일제하에서 일본이 우리 민족의 독립운동을 탄압하기 위하여 치안유지법을 제정하여 이러한 예방구금제도를 악용하였던 적도 있다.

(2) 자유를 제한하는 보안처분

이것은 일반적 혹은 특수한 관점에서 대상자의 자유를 제한함으로써 효과적인 범죄예방을 기하려는 처분으로서, 자유를 박탈하는 보안처분과 상호보완하는 기능을 가진다. 특히 후자에 비하여 자유에 대한 침해 정도가 낮다는 점에서 근자에 다양한 형태로 활용되는 경향이 있다. 대표적인 것으로서 보호관찰제도가 있고, 그 외에도 선행보증, 직업금지, 운전면허박탈, 주거제한, 국외추방, 주점 출입금지, 단종・거세 등 다양한 형태가 있다. 각각의 내용을 살펴보면 아래와 같다.

1) 보호관찰

보호관찰(probation)은 보안처분 가운데 가장 의미가 있고 오랜 역사를 가진 제도로서, 범죄인에 대하여 형벌을 집행하지 않고 범죄인으로 하여금 정상적인 사회생활을 영위하게 하면서 일정한 준수사항을 명하고 이를 준수하도록 하여 그 개선・갱생을 도모하려는 제도이다. 원래 보호관찰제도는 영미법계와 대륙법계에서 각각 다른 형태로 발달해 왔다. 영미법계의 프로베이션(probation)은 유죄인정(conviction)과 선고절차(sentence)가 분리된 그들의 소송구조를 기초로, 일단 유죄를 인정한 후 형의 선고를 유예하고 일정한 기간 동안 특별한 기관의 보호・관찰하에 두는 것이다.[5] 영국에서는 이미 10세기에 소년에 대한 보호관찰을 인정한 바 있으며, 가혹한 형벌로부터 범죄인을 보호하기 위해 보통법의 관행으로 13세기부터 성직자의 특혜와 선행

5) 박상기, 『형의 집행유예에 관한 연구』, 한국형사정책연구원, 1993, 24면 참고. 미국에서는 유죄판결만을 받은 상태에서는 어떠한 형도 선고받지 않은 것이 되어 probation이 이에 해당하나, 우리나라에서는 형은 선고되었으나 그 집행만이 유예된 상태인 집행유예와 차이가 있다.

의 서약제도를 두고 있었다. 그 후 1879년 「약식재판법」을 거쳐 1887년 미국의 프로베이션 제도를 전형으로 한 「초범자 보호관찰법」이 제정됨으로써 거의 완전한 보호관찰제도가 확립되었다. 한편 미국의 경우에는 1841년 사회사업가 어거스터스(John Augustus)가 소년, 절도범, 흉악범, 매춘범 등의 보증인만을 자원하여 그들에게 선고를 유예하게 하고 보호관찰을 실시한 것에서 출발하여, 스피어(J.M.Spear), 태쳐(P.O. Tacher), 쿠크와 버어햄(R.R. Cook & L.P. Burham) 등의 선구적 활동을 거쳐 1878년 매사추세츠 주에서 최초로 현대적인 보호관찰법이 제정되어, 그 후 1917년까지 와이오밍 주를 제외한 모든 주가 소년에 대한 보호관찰을 법제화하기에 이르렀다.[6)]

한편 대륙법계에서는 소위 조건부판결(bedingte Begnadingung)의 형식으로 발전하였는데, 1888년 벨기에와 1891년 프랑스에서 처음으로 도입되어 소위 집행유예제도로서 확립되었다. 대륙법계의 보호관찰은 영미법의 경우와는 달리 선고유예(집행유예)나 가석방제도와 반드시 결합하는 것이 아니며, 자유를 제한하는 보안처분으로서 상습범 기타 법률이 정한 특수한 범죄 나아가서 장기간의 형집행이 종료되어 석방된 자에게도 적용된다는 점에 특징이 있다. 현재 영미법계에서는 영국의 「형사재판법」, 미국의 48개 주법과 모범형법전 제6장 제2조 등이 프로베이션 제도를 채택하고 있고, 대륙법계에서는 덴마크 형법 제56조 내지 제61조, 네덜란드 형법 제14조의 C, 스웨덴 형법 제28장, 독일형법 제68조 내지 제68조의 g, 이탈리아 형법 제229조, 제230조 등이 보호관찰을 인정하고 있다.[7)]

우리나라에서는 대륙법계의 보호관찰제도를 받아들여 「보호관찰 등에 관한 법률」을 통하여 보호관찰을 전면실시하기 위한 근거를 마련하였고, 개정형법도 선고유예와 집행유예 그리고 가석방된 자에 대하여 보호관찰을 명할 수 있도록 규정하고 있다.

2) 선행보증

선행보증(Friedensbürgeschaft)은 형의 집행유예를 선고하거나 가석방을 명하는 경우에, 장래의 위험에 대비하여 상당한 금액 기타 유가증권을 제공하게 하거나 보증인을 세워 그 효과발생의 정지조건으로 하는 보안처분의 일종이다. 따라서 보증기간 중에 죄를 범한 경우에는 보증금을 국고에 귀속시키거나 피해자에 대한 배상에 충당

6) 정영석/신양균, 383면.
7) 정영석/신양균, 384면.

케 하고 기간내에 범행이 없으면 공탁자에게 반환하게 된다.

이 제도는 결국 보증금 몰수라는 심리적 압박을 통하여 선행을 확보하려는 것이며, 영국의 형사재판법 제11조 제1항, 이탈리아 형법 제237조 내지 제239조, 스위스 형법 제57조, 프랑스 형법초안 제58조, 일본 형법 가안 제98조 등이 이를 도입하였다.[8)]

3) 직업금지

직업금지(Berufsverbt)는 일정한 직업이나 영업활동을 남용하거나 그와 관련된 의무에 반하여 죄를 범하거나 장래에 죄를 범할 위험이 있는 자에게 일시적 또는 영구적으로 금지시키는 것을 말한다. 독일 형법 제70조, 덴마크 형법 제79조, 프랑스 형법초안 제79조 등이 이 제도를 도입하였으며, 스위스, 오스트리아, 프랑스, 그리스 등에서는 보안처분이 아닌 형법에 대한 부가형으로서 이를 규정하고 있다.[9)]

4) 주거제한

이 제도는 특정한 범죄인에 대하여 그 주거를 제한하는 처분으로서 주로 사상범죄인 등에 대하여 인정하고 있다. 스위스 형법 제16조, 이탈리아 형법 제215조 제2항 제2호 및 제230조, 프랑스 형법초안 제70조 제1호 등이 이를 규정하고 있으며, 구사회안전법 제5조도 보안처분대상자 중 죄를 다시 범할 위험성이 있다고 인정하였으나, 개정된 보안관찰법은 이를 폐지하였다.[10)]

5) 국외추방

이 제도는 외국인 범죄자를 대상으로 하여, 외국인 범죄자의 국내체류가 공공의 안전이나 질서를 위태롭게 할 염려가 있다고 인정되는 경우에 과해진다. 스위스 형법 제55조, 이탈리아 형법 제235조, 프랑스 형법 제272조 그리고 1958년 독일 형법초안 제85조 제9호 등이 이를 규정한 바 있다. 우리나라의 경우에는 행정처분의 형태로 인정하고 있는데, 출입국관리법을 위반하였거나 외국인으로서 금고 이상의 형의 선고를 받고 석방된 자에 대하여는 국외로 강제퇴거를 시킬 수 있다(출입국관리법 제46조).

6) 주점 출입금지

이 제도는 범죄의 원인이 알콜음료의 과음에 있는 경우, 범죄인이 책임무능력을 이

8) 정영석/신양균, 384면.
9) 정영석/신양균, 385면.
10) 정영석/신양균, 385면.

유로 처벌되지 않는 경우에 과하는 처분이다. 스위스 형법 제56조, 이탈리아 형법 제215조 제2항 제3호 및 제234조, 구체코슬로바키아 형법 제61조 등이 이를 규정하고 있다.[11)]

7) 단종 및 거세

단종은 생식능력을 가질 수 없게 하는 것이고, 거세는 생식능력을 가질 수 없게 할 뿐만 아니라 생식선(예컨대 고환이나 난소)을 제거하는 것을 의미한다. 이것은 범죄소질이 유전한다는 것을 전제로 하여, 주로 상습범에 대하여 과해진 바 있다. 단종에 관한 입법례로서, 미국에서는 일찌기 정신박약자, 백치 등에 대하여 행해졌고, 1907년 인디애나 주법에서 최초로 이를 법제화하였으며, 그 후 각주에서 규정되었는데, 그 입법 중에는 풍속범죄인, 상습범죄인 등 범죄에 관련하여 단종을 행하는 경우가 많다. 그리고 1934년 노르웨이, 1935년 덴마크, 1950년 핀란드가 각기 「단종·거세에 관한 법률」을 제정한 바 있으며 멕시코도 이를 인정하고 있다. 한편 일본의 우생보호법(1948년), 우리나라의 모자보건법(1973.2.8, 법률 제2514호)도 국민보건향상을 목적으로 불임수술을 인정하고 있으나 이러한 특별법은 범죄방지대책과 직접적인 관련은 없는 것이다. 거세는 나치시대에 유태인의 단종을 위하여 채용되었던 것이나(나치 독일 형법 제42조 a 5호), 종전 후 인간의 존엄과 가치를 침해하는 비인도적인 처분이라고 하여 1946년 연합국관리위원회법(Kontrolratsgesetz) 제11호에 의하여 폐지되었으나 근래에 와서 스웨덴, 덴마크, 노르웨이, 핀란드 등 북구제국에서 - 당사자의 동의하에 - 위험한 성범죄자의 성적 충동을 제거하기 위한 보안처분으로 활용되고 있음은 주목할 만하다.[12)]

3. 대물적 보안처분

대물적 보안처분(sachlich sichernde Massregeln)은 범죄 및 그로 인한 법익침해의 위험을 방지하기 위해 일정한 물건에 대해 과해지는 보안처분을 말하나 몰수가 보안처분과 형벌이라는 양면적 성격을 가지고 있고 영업소의 폐쇄나 법인의 해산도 대인적 보안처분의 일종으로 보는 견해에 따르면, 대물적 보안처분을 별도로 논의할 실익은 매우 적다고 할 수 있다.

11) 정영석/신양균, 385면.
12) 정영석/신양균, 385면.

대물적 보안처분의 대표적인 경우로는 영업소의 폐쇄나 법인의 해산을 들 수 있다. 이것은 범죄에 이용되는 영업소를 일시적 또는 영구적으로 폐쇄시키거나 범죄와 관련된 법인조직 자체의 해산을 명함으로써 범죄의 위험을 방지하려는 처분이다.

> 1934년의 프랑스 형법초안은 시설의 폐쇄, 법인의 해산 또는 영업정지를 금제품의 몰수와 함께 재산에 대한 보안처분으로 규정한 적이 있고, 현행 프랑스 형법도 1975년의 개정을 통해 매춘에 이용된 시설이나 매춘에 종사하는 자들이 드러나는 것을 항시 허용하는 시설의 일부 또는 전부에 대해 3월 이상 5년 이하의 폐쇄선고를 할 수 있도록 규정하고 있다(동법 제335조 제1조). 또한 음료판매업법 L. 62조도 범죄방지를 위해 주점 및 식당의 폐쇄를 인정하고 있다.

Ⅳ. 보안처분의 원칙과 적용

1. 보안처분법정주의

(1) 보안처분법정주의와 기본권보장

보안처분법정주의(Gesetzlichkeit der Massregeln)라 함은, 형벌의 경우와 마찬가지로 보안처분에 대해서도 그 종류, 요건 그리고 효과 등에 대해 법률로 미리 정해두어야 한다는 요청을 의미한다. 보안처분은 형벌의 경우와 달리 정의보다는 합목적성의 관점에서 인간의 자유를 제한하는 것이라는 이유에서, 종래 인간의 존엄과 가치를 규정한 헌법의 기본권보장에 반하는 것이 아닌가 하는 의문이 제기되어 왔다. 그러나 기본권이란 내재적 한계를 가지는 것으로서, 개인의 자유가 범죄로 남용되거나 남용될 위험이 큰 경우에는 사회가 그의 자유를 박탈하거나 제한하는 것이 공통선을 추구하고 법질서를 유지하기 위해 불가피한 것이므로 보안처분제도 자체가 인간의 존엄과 가치를 침해하는 것은 아니라 하겠으나, 보안처분을 구체적으로 적용하는 과정에서는 법질서가 추구하는 가치나 인간으로서의 존엄과 가치를 비롯한 개인의 기본권이 본질적으로 침해하는 일이 없도록 엄격한 제한을 과할 필요가 있다. 이러한 취지에서 보면 보안처분에 대해서는 그 종류, 적용요건, 효과 등에 대해 법률로 엄격히 정해 두어야 한다. 즉 보안처분이 실제로 개인의 자유나 재산 등 법익을 박탈 내지 제한하는 것을 내용으로 함으로써 사실상 형벌과 다름이 없으므로, 기본권보장의 취지에서 - 죄형법정주의에 상응하는 - 보안처분법정주의가 요청되는 것이다.

> 이미 1928년에 로마에서 열린 제2회 「형법통일에 관한 국제회의」의 결의에서도 제1조에 "누구에게든지 법률로 명시되어 있지 않은 보안처분이 적용되지 않으며, 법률에 규정이 없으면 보안처분을 적용하지 않는다" 고 선언하고 있고. 현행 헌법도 제12조 제1항은 "누구든지 법률에 의하지 아니하고는 …… 보안처분을 받지 아니한다" 고 선언하여, 보안처분법정주의를 선언하고 있다.

(2) 구체적인 내용

현행 헌법은 법률주의(Gesetzlichkeitsprinzip)를 통해 보안처분법정주의를 선언하고 있는데, 그 외에 보안처분법정주의와 동일한 구체적 내용을 가지는 것인가에 대해서는 개별적으로 검토를 요한다. 죄형법정주의는 법익을 침해하는 가벌적인 범죄와 그에 대한 제재수단인 형벌을 법률로 정해야 한다는 요청으로서, 국가권력의 자의적인 행사로부터 개인의 자유와 재산을 보호하고 나아가서 범죄인에 대해서도 범죄에 대한 제재를 미리 알려줌으로써 부당한 형벌을 받지 않도록 한다는 데 그 의의가 있다. 이 점에서 본다면 보안처분의 경우에도 그것이 개인의 자유와 권리를 침해하는 것인 이상, 그 성격을 어떻게 보는가와 상관없이 적용요건이나 효과 등에 대해서는 법률로 정해야 하고 그 실질적 내용도 적용법정주의와 동일한 것으로 보아야 할 것이다. 그러나 보안처분은 형벌과는 달리 합목적성의 관점에서 그 정당성이 인정되는 것이므로, 죄형법정주의의 구체적인 내용들을 그대로 적용하는 경우에는 본래의 목적을 달성하기 어렵다는 측면을 가지고 있다. 따라서 죄형법정주의의 구체적 내용들이 그대로 보안처분의 경우에도 적용되는가에 대해서는 개인의 기본권보장과 합목적성이라는 두 가지 대립될 수 있는 측면을 고려하면서 개별적으로 검토해 볼 필요가 있다.

1) 부정기처분의 문제

죄형법정주의의 구체적 내용으로서 명확성의 원칙에 따라 형벌에 대해서는 절대적 부정기형이 금지되어 있다. 그런데 보안처분의 경우에도 이 원칙이 그대로 적용되는가 하는 문제가 있다.

보안처분의 경우에는 형벌의 경우와는 달리 행위자의 위험성을 제거하는 데 그 목적이 있으므로, 대상자가 재범의 위험성을 가지는 한 처분의 효과가 기소될 필요가 있고 따라서 부정기처분이 필요하나, 처분의 기간을 위험성 제거 여부에 따라 정하게 되면 개인의 자유가 무제한 박탈되거나 제한되어 인권보장의 측면에서 많은 폐단을 초래할 수 있음을 부정할 수 없다. 따라서 치료처분의 경우를 제외하면 다른 보안처분에 대해서는 그 상한을 정하는 것이 일반적인 입법경향이라고 할 수 있으며, 이와 아울러 일정한 기간마다 정기적으로 처분의 계속 여부를 심사하도록 하고 있다. 현행 치료감호법도 치료감호처분에 대해서만 "감호의 필요가 없을 정도로 치유될 때까지"로 하여 기간을 정하지 않고, 다른 보안처분에 대해서는 기간을 정하고 있으며, 보안관찰법이나 보호관찰법도 그 기간을 한정하고 있다.

2) 유추해석금지의 문제

보안처분에 대해서도 유추해석금지의 원칙이 적용되는가에 대해서는 학설이 대립하고 있다. 보안처분이 위험성에 대해 합목적적 조치라는 점을 강조하는 입장에서는 이를 허용해야 한다는 견해도 있으나, 부정하는 견해가 일반적이다. 보안처분이 개인의 지위에 대해 중대한 제약을 초래한다는 점을 고려한다면 법률에 대한 자의적인 적용을 초래하는 유추는 당연히 금지된다.

3) 소급효금지의 문제

보안처분에 대해서 소급효금지의 원칙이 적용되는가에 대해서는 긍정설과 부정설이 대립되고 있다. 생각컨대, 보안처분법정주의를 출발점으로 삼는 한, 보안처분의 소급효를 인정하여 재판시법에 따라 보안처분을 과하게 되면 법정주의가 가지는 예측기능, 즉 개인에게 그 행위가 법질서에 의해 어떻게 평가되고 있는가를 알려준다는 취지와 부합하지 않으므로 형벌과 마찬가지로 행위자에게 유리한 경우가 아니면 소급효를 부정함이 타당하다.

입법례를 살펴보면, 나치 독일형법 제2조의 24항, 현행 독일형법 제2조 제6항, 이탈리아 형법 제200조 제1항, 프랑스 형법개정초안 제9조 등은 보안처분의 소급효를 긍정하고 있다.

2. 보안처분의 정당성 (비례의 원칙)

형벌은 범죄방지수단으로서 일정한 한계를 정하고 있다. 즉 국가형벌권에 대한 제약원리로서의 책임주의에 입각하고 있는 까닭에 비록 범죄방지를 위하여 필요한 경우라고 하더라도 행위자의 책임의 범위를 넘어 형벌을 과할 수는 없기 때문이다. 이러한 이유에서 형벌 이외의 수단에 의하여 형법의 사회통제기능을 보완하도록 해야 한다는 요청이 나타나게 되는데, 이것이 바로 '보안처분제도의 필요성'이라고 할 수 있는 것이다. 그러나 보안처분도 형벌 못지않게 개인의 자유를 박탈·제한하는 것을 내용으로 하고 있으므로 그 자체를 정당화하기 위한 근거를 필요로 하게 된다. **비례의 원칙**이란 보안처분에 의한 개인의 자유에 대한 침해는 보안처분의 목적이라 할 수 있는 사회방위와 균형을 이루어야 한다는 요청을 말한다.

> **독일형법 제62조는 "개선·보안처분이 행위자가 저지른 범행과 그에게 기대되는 범죄의 의미 및 그 자로부터 나타나는 위험의 정도와 비례되지 아니하는 경우에는, 그것을 명해서는 안된다"고 하여 비례의 원칙을 명문화하고 있는데, 이 규정에 따르면 비례의 원칙을 명문화하고 있는데, 이 규정에 따르면 비례의 원칙의 명문화하고 있는데, 이 규정에 따르면 비례의 원칙의 관건이 되는 비례성 여부는 행위자가 행한 범행의 의미 행위자에게 기대되는 범행의 의미 행위자로부터 나타나는 위험의 정도라는 세 가지 요소에 따라 판단되어야 한다.**

따라서 보안처분은 이러한 요소들을 고려하여 사회와 개인에 대하여 가장 경미한 방법으로 행해져야 하며 그 범위내에시 합목적성을 추구해야 할 것이다. 예컨대 사회의 안전과 질서를 명분으로 경미한 범죄자에게 자유를 경미한 방법으로 행해져야 하며 그 범위내에서 합목적성을 추구해야 할 것이다. 예컨대 사회의 안전과 질서를 명분으로 경미한 범죄자에게 자유를 박탈하는 보호감호처분을 명하는 것은 비례의 원칙에 반하게 되므로 금지해야 마땅하다. 이 원칙은 보안처분을 선고하는 경우뿐만 아니라 선고된 처분을 집행하거나 집행중인 자를 석방하는 경우에도 마찬가지로 적용해야 한다. 예컨대 보호감호를 집행중인 자에 대하여 감호소내에 수용함으로써 위험을 제거할 필요가 없어졌다고 인정되는 경우에는 즉시 가출소결정을 내려야 하고, 다만 비례의 원칙에 따를 때 필요성이 인정되는 경우에는 보호관찰을 명할 수 있을 것이다. 그러나 비례의 원칙은 단지 형식적인 기준만을 제시할 뿐이므로, 구체적인 기준은 개별 보안처분마다 그 구체적인 내용에 따라 적용기준을 발견해야 하고, 이것은 책임주의가 일정한 범죄행위에 대하여 구체적인 형량을 제시하는 원칙이 아닌 것과 마찬가지이다.

3. 보안처분의 적용요건

보안처분에는 여러 가지 종류가 있으므로 개별처분에 따라 그 선고를 위한 요건도

상이하나 모든 보안처분은 비례의 원칙에 입각하여 선고됨으로서 비로소 정당성을 가지게 되므로, 그러한 의미에서 보안처분 일반의 적용요건이 문제로 된다. 보안처분의 적용요건으로서는 위법한 행위의 존재, 중대한 위법행위의 기대 상당한 개연성을 가진 위험성의 존재 등을 들 수 있으며, 형벌과의 관계상 보안처분의 대상이 되는 행위자가 형벌적응성이 없어야 한다.

(1) 위법한 행위의 존재

먼저 구성요건에 해당하고 위법한 행위가 존재해야 한다. 보안처분도 형벌과 마찬가지로 형법상의 제재이기 때문에 위험성 제거를 위한 일정한 조치를 취하기 위해서는 일정한 불법한 행위가 전제되어야 하나, 보안처분의 성질상 이러한 행위는 반드시 유책할 필요는 없고 형법상 불법한 행위, 구성요건에 해당하는 위법한 행위이면 족하다. 한편 구성요건에 해당하는 위법한 행위가 모두 보안처분의 대상이 되는 것은 아니고 그 행위가 보안처분의 본질적인 요소인 행위자의 위험성을 징표하는 것이어야 한다. 법률이 보안처분의 대상이 되는 행위를 열거하여 한정하고 있는 것도 이러한 이유이며, 일반적으로 일정한 범죄행위가 행위자의 범죄적 성벽이나 상습성으로 인한 것이라든가, 심신장애, 각종 중독 등으로 인한 것인 경우에 한하여 보안처분의 대상이 될 수 있다.

(2) 중대한 위법행위의 기대

이와 함께 중대한 위법행위가 기대되는 경우라야 한다. 특히 자유박탈을 내용으로 하는 보안처분의 경우에는 기대되는 행위가 중대한 것이어야만 한다. '중대성' (Erheblichkeit)에 대한 판단은 구체적인 경우에 따라 각기 다를 것이나, 일반적으로 예상되는 침해법익의 내용, 행위실행의 방법, 범죄의 경중, 범죄에 대한 행위자의 표상 등을 기준으로 해야 할 것이다.

> **독일 형법 제63조 내지 제66조는 중대성의 요건을 명문화하면서, 보호감호처분의 경우에 중대한 범죄행위라 함은, "피해자에게 정신적·육체적으로 손해를 입히거나 경제적으로 중대한 손해를 입히는 행위" (동법 제66조 제1항 제3호)를 예시적 규정을 두고 있다.**

현행 치료감호법은 단지 "재범의 위험성" 이라고만 표현하고 있다(치료감호법 제1조).

(3) 상당한 개연성을 가진 위험성의 존재

행위자가 나타내는 위험성의 정도는 개연성의 정도에 이르러야 한다. 위험성(Gefahrlichkeit)은 여러 가지 의미로 사용될 수 있으나, 전술한 비례의 원칙에 입각할 때 보안처분의 전제조건으로서의 행위자의 위험성은 엄격히 판단해야 할 것이다. 따라서 비록 과거의 위법행위가 특수한 위험성을 징표하고 있고 장래에 기대되는 행위가 중대한 위법행위라고 하더라도, 단순히 재범의「가능성」(Maglichkeit)」만으로는 부족하고 보다 높은 정도의「개연성」(Wahrscheinlichkeit)을 요한다고 할 것이다. 물론 개연성의 정도는 보안처분의 종류와 기대되는 행위의 성질에 따라 상이하고, 비교적 경미한 위법행위가 기대되는 자유박탈처분의 경우에는 가장 높은 정도의 개연성이 요구되어야 할 것이다. 위험성에 대한 판단(Gefahrlichkeit)은 장래에 대한 가정적 판단이므로, 보안처분이 선고 또는 집행되는 시기를 기준으로 하여 법관이 개별처분에 따른 법정사유를 기초로 하면서 행위자의 인격과 그의 행위를 종합하여 판단해야 한다(종합판단). 따라서 행위자의 출신과 부모・가족관계, 교육정도, 범죄초범연령과 죄질, 사회적 행상과 직업, 지능과 성격, 전과사실 그리고 위법행위의 내용 등이 모두 판단의 대상에 포함되어야 한다.

4. 적용과 관련된 문제

(1) 보안처분과 집행유예

보안처분에 대해서도 형벌의 경우처럼 집행유예를 인정해야 하는가에 대해 논란이 있지만, 종래 보안처분의 전제조건인 위험성의 제거는 집행유예제도와는 서로 모순된다고 하여 부정적 입장을 취해 왔고, 1930년 프라하에서 열린「국제형법 및 형무회의」에서도 특별한 경우를 제외하고는 이를 인정하지 않기로 결의한 바 있다. 그러나 이 문제는 형벌과 보안처분의 집행에 관하여 어떠한 입장을 취하는가에 따라 달라진다는 점에 주목할 필요가 있다. 예컨대 전술한 바와 같이 대체주의를 취하는 경우에는 - 예컨대 치료감호처분의 경우와 같이 - 보안처분의 집행이 선행하므로 집행유예의 여지가 없게 되나, 병과주의에 따르는 경우에는 형의 집행이 선행하므로 보안처분에 대하여도 집행유예를 인정할 필요가 있게 된다.

(2) 보안처분과 가석방

보안처분, 특히 자유를 박탈하는 보안처분에 대해 가석방을 인정할 것인가에 관해서는 최근의 학설과 입법례가 이를 인정하는 경향이 보인다. 보안처분은 원칙적으로 부정기이므로, 처분기간 동안 정기적으로 위험성에 대한 심사를 함으로써 피처분자를 사회에 복귀시키기 위한 노력을 해야 하고, 이러한 관점에서 특히 보호감호처분, 치료감호처분, 교정처분 등을 받은 자에게 일정한 심사를 거쳐 가석방(가출소) 여부를 결정해야 한다고 한다. 그리고 가석방은 위험성의 소멸 유무를 확인하기 위한 실험기간으로서도 의미가 있다.

(3) 보안처분과 시효

보안처분에 대해서도 형벌과 마찬가지로 시효를 인정할 것인가에 대하여 찬반 양론이 나누어져 있다. 부정설은 보안처분의 전제조건인 위험성은 일정한 기간이 경과하더라도 소멸되는 것은 아니므로 시효제도는 인정할 수 없다고 하고, 긍정설은 소추 및 집행의 양자에 대하여 시효를 인정할 수 있다고 한다. 생각건대, 행위자의 위험성은 범죄행위가 기대되는 내적・외적 조건이 복합적으로 작용하여 나타나는 것이므로 시간의 경과에 따라 변화해 나가는 것이고, 뿐만 아니라 시간의 경과에 따라 감호의 선고와 그 집행에 대한 일반 사회의식도 감소되어 가는 것이다. 따라서 보안처분, 특히 보호감호처분, 치료감호처분, 교정처분 등에 대하여는 행위자의 위험성이 인정되지 않는 한, 시효를 인정해야 할 것이다.

현행 치료감호 등에 관한법률도 시효를 인정하고 있다. 즉 치료감호청구에 대해서는 감호청구된 사건과 동시에 심리하거나 심리할 수 있었던 죄에 대한 공소시효 기간의 경과로 완성되고, 치료감호가 청구된 사건은 판결의 확정 없이 치료감호가 청구되었을 때부터 15년이 지나면 청구의 시효가 완성된 것으로 본다(동법 제45조 및 형사소송법 제249조 제1항), 감호집행의 시효에 대해서는 7년 또는 10년 이하의 기간을 정하고 있다(제46조).

V. 현행법의 보안처분제도

가장 대표적인 보안처분법이라 할 수 있는 치료감호 등에 관한 법률, 특정한 범죄인에 대한 보호관찰을 주된 내용으로 하고 있는 보호관찰 등에 관한 법률에 대해 간단하게 그 내용과 문제점 등을 소개하고, 그 보안처분의 적용실태를 살펴보기로 한다.

1. 치료감호 등에 관한 법률상의 보안처분

2005년 우리 입법자는 보호감호의 근거가 되었던 종전의 '사회보호법'을 폐지하였다. 이 법률이 그 제정단계에서 민주적 정당성을 결여하였을 뿐만 아니라 권위주의적 사회방위사상에 입각하고 있다는 점이 폐지의 주된 근거가 되었다.

그러나 입법자는 심신장애 또는 마약류·알코올 그 밖에 약물중독 상태 등에서 범죄행위를 한 자에게 재범의 위험성이 있는 경우 이들의 범죄로부터 사회를 방위해야 할 필요성을 계속 인정하여 대체입법으로 '치료감호법'을 제정하였다. 이와 같이 '사회보호법'으로부터 '치료감호법'으로 이행하는 과정에서 보호감호는 폐지되었다.

(1) 치료감호

치료감호(治療監護)는 심신장애 또는 마약류·알코올 그 밖에 약물중독 상태 하에서 범죄행위를 한 자로서 재범의 위험성이 있고 특수한 교육·개선 및 치료가 필요하다고 인정되는 자에 대하여 가하는 보호와 치료의 처분이다. 치료감호의 선고를 받은 자에 대해서는 치료감호시설에 수용하여 치료를 위한 조치를 행한다(치료감호 등에 관한 법률 제16조 제1항).

치료감호법은 치료감호의 대상자로 3가지의 유형을 규정하고 있다. 첫 번째 대상자는 심신상실로 벌할 수 없거나 심신미약으로 형이 감경되는 심신장애자로서 금고 이상의 형에 해당하는 죄를 범한 자이다. 심신장애자에 대한 치료감호시설에의 수용은 15년을 초과할 수 없다.

두 번째 대상자는 마약·향정신성의약품·대마 그 밖에 남용되거나 해독작용을 일으킬 우려가 있는 물질이나 알코올을 식음·섭취·흡입·흡연 또는 주입받는 습벽이 있거나 그에 중독된 자로서 금고 이상의 형에 해당하는 죄를 범한 자이다. 약물중독자 등을 치료감호시설에 수용하는 때에는 2년을 초과할 수 없다.

세 번째 대상자는 소아성기호증, 성적가학증 등 성적 성벽이 있는 정신성적 장애자로서 금고 이상의 형에 해당하는 성폭력범죄를 지은 자이다. 성적 성벽이 있는 정신성적 장애자은 치료감호시설에의 수용은 15년을 초과할 수 없다.

치료감호의 선고를 받은 자는 그 치료감호의 집행이 종료되거나 면제될 때까지 ① 공무원이 될 자격 ② 공법상의 선거권과 피선거권, ③ 법률로 요건을 정한 공법상 업무에 관한 자격이 정지된다.

치료감호법에 의하여 설치된 위원회가 치료감호심의위원회이다. 치료감호심의위원회는 피치료감호자에 대하여 치료감호 집행을 시작한 후 6개월마다 치료감호소에서 지정법무병원으로 이송할 것인지를 심사·결정한다. 지정법무병원으로 이송된 피치료감호자가 수용질서를 해치거나 증상이 악화되는 등의 사유로 지정법무병원에서 계속 치료하기 곤란할 경우 치료감호심의위원회는 지정법무병원의 피치료감호자를 치료감호소로 재이송하는 결정을 할 수 있다. 치료감호심의위원회는 피치료감호자에 대하여 치료감호 집행을 시작한 후 매 6개월마다 치료감호의 종료 또는 가종료 여부를 심사·결정하고, 가종료 또는 치료위탁된 피치료감호자에 대하여는 가종료 또는 치료위탁 후 매 6개월마다 종료 여부를 심사·결정한다. 치료감호와 형이 병과된 경우에는 치료감호를 먼저 집행한다. 이 경우 치료감호의 집행기간은 형 집행기간에 포함한다. 소위 대체방식을 채택한 것이다. 이 경우 치료감호의 집행기간은 형기에 산입한다. **대체방식**이란 보안처분의 집행을 형벌의 집행으로 갈음할 수 있도록 허용하는 방식을 말한다.

(2) 보호관찰

보호관찰은 재범의 위험성이 있는 범죄인을 사회 내에서 지도·감독하는 사회내 처분이다. 치료감호법은 ① 피치료감호자에 대한 치료감호가 가종료되었을 때와 ② 피치료감호자가 치료감호시설 외에서 치료받도록 법정대리인 등에게 위탁되었을 때에 보호관찰을 시작하도록 규정하고 있다. 보호관찰의 기간은 3년이다.

보호관찰은 ① 보호관찰기간이 끝났을 때, ② 보호관찰기간이 끝나기 전이라도 치료감호심의위원회의 치료감호의 종료결정이 있을 때, ③ 보호관찰기간이 끝나기 전이라도 피보호관찰자가 다시 치료감호 집행을 받게 되어 재수용되거나 새로운 범죄로 금고 이상의 형의 집행을 받게 되었을 때에는 종료한다.

피보호관찰자는 '보호관찰 등에 관한 법률' 이 규정한 준수사항을 성실히 이행하여야 한다(치료감호 등에 관한 법률 제33조 제1항). 치료감호심의위원회는 피보호관찰자의 특성을 고려하여 위의 준수사항 외에 치료나 그 밖에 특별히 준수하여야 할 사항을 과할 수 있다.

치료감호법상의 보호관찰은 재범의 위험성이 있는 심신장애자나 약물중독자 등으로부터 사회를 방위하는 한편 재범의 위험성 있는 이들 범죄인을 사회에 복귀시키기 위한 사회내 보안처분이다.

치료감호법상의 보호관찰은 형법이 형의 선고유예 및 형의 집행유예와 관련하여 도입한 보호관찰과 구별된다. 전자가 재범의 위험성이 있다는 비관적 전망에 기초한 것이라면 후자는 정상에 참작할 만한 사유가 있다는 점에서 낙관적 전망에 기초한 것이라고 할 수 있다. 이 점에서 형법상 형의 선고유예 및 형의 집행유예와 관련하여 부과되는 보호관찰(형법 제59조의 2, 제62조의 2)은 치료감호법상의 보호관찰과 그 성질을 달리한다. 따라서 전자는 재판시법주의가 적용되지만, 후자는 행위시법주의가 적용된다.

2. 그 밖의 보안처분

(1) 「보호관찰 등에 관한 법률」에 따른 보호관찰

보호관찰 등에 관한 법률(1995년 1월 5일 법률 제4933호)은 본래 보호관찰 및 갱생보호라는 두 가지 형태의 사회내 처우 일반을 규율하기 위해 종래의 보호관찰법과 갱생보호법을 통합하여 새로이 만든 법률이다. 이 법은 죄를 지은 사람으로서 재범 방지를 위하여 보호관찰, 사회봉사, 수강 및 갱생보호 등 체계적인 사회 내 처우가 필요하다고 인정되는 사람을 지도하고 보살피며 도움으로써 건전한 사회 복귀를 촉진하고, 효율적인 범죄예방 활동을 전개함으로써 개인 및 공공의 복지를 증진함과 아울러 사회를 보호함을 목적으로 한다. 이 법에 따른 보호관찰대상자는 「형법」 제59조의2에 따라 보호관찰을 조건으로 형의 선고유예를 받은 사람, 「형법」 제62조의2에 따라 보호관찰을 조건으로 형의 집행유예를 선고받은 사람, 「형법」 제73조의2 또는 이 법 제25조에 따라 보호관찰을 조건으로 가석방되거나 임시퇴원된 사람, 「소년법」 제32조 제1항 제4호 및 제5호의 보호처분을 받은 사람, 다른 법률에서 이 법에 따른 보호관찰을 받도록 규정된 사람이다(동법 제3조 제1항 제1호 내지 제5호 참조). 보호관찰의 기간은 적용대상에 따라 다르다. 즉 ① 보호관찰을 조건으로 형의 선고유예를 받은 사람: 1년, ② 보호관찰을 조건으로 형의 집행유예를 선고받은 사람: 그 유예기간. 다만, 법원이 보호관찰 기간을 따로 정한 경우에는 그 기간, ③ 가석방자: 「형법」

제73조의2 또는 「소년법」 제66조에 규정된 기간, ④ 임시퇴원자: 퇴원일부터 6개월 이상 2년 이하의 범위에서 심사위원회가 정한 기간, ⑤ 「소년법」 제32조 제1항 제4호 및 제5호의 보호처분을 받은 사람: 그 법률에서 정한 기간, ⑥ 다른 법률에 따라 이 법에서 정한 보호관찰을 받는 사람: 그 법률에서 정한 기간으로 한다(동법 제30조). 보호관찰은 일정한 경우에 임시해제를 할 수 있으며 정지결정도 가능하다(제52조, 제53조). 보호관찰은 보호관찰 기간이 지난 때, 보호관찰을 조건으로 한 형의 선고유예가 실효되거나 보호관찰을 조건으로 한 집행유예가 실효되거나 취소된 때, 석방 또는 임시퇴원이 실효되거나 취소된 때, 보호처분이 변경된 때, 부정기형 종료 결정이 있는 때, 보호관찰 기간 중 금고 이상의 형의 집행을 받게 된 때, 보호관찰이 정지된 임시퇴원자가 「보호소년 등의 처우에 관한 법률」 제43조 제1항의 나이(22세)가 된 때에는 종료된다(동법 제51조). 보호관찰에 관한 사항에 관한 심사 및 결정은 법무부장관 소속하의 보호관찰심사회가 행하며(보호관찰 등에 관한 법률 제5조), 보호관찰, 사회봉사, 수강 및 갱생보호에 관한 사무를 관장하기 위하여 법무부장관 소속으로 보호관찰소를 두며, 보호관찰소의 사무 일부를 처리하게 하기 위하여 그 관할 구역에 보호관찰지소를 둘 수 있다(동법 제14조). 보호관찰대상자에 대해서는 준수사항을 부과하며(동법 제37조), 보호관찰관은 보호관찰대상자에 대해 지도 및 원호를 행한다(동법 제33조, 제34조). 보호관찰소의 장은 응급구호 및 조사, 경고를 행하고 필요한 때에는 일정한 요건하에 구인 및 유치 등을 할 수 있다(동법 제35조 내지 제45조 참조). 이 법도 보호관찰에 관한 사항의 심사, 결정을 법원의 권한으로 하지 않고 보호관찰심사위원회의 권한으로 하고 있다는 점에서 여전히 일정한 문제점을 안고 있다.

(2) 보안관찰법

보안관찰법은 특정범죄를 범한 자에 대하여 재범의 위험성을 예방하고 건전한 사회복귀를 촉진하기 위하여 보안관찰처분을 함으로써 국가의 안전과 사회의 안녕을 유지함을 목적으로 하고 있다(동법 제1조). 이 법은 과거에 사상범죄인에 대한 지나친 보안처분의 부과로 논란이 되었던 사회안전법에 대한 대체입법으로 제정된 것이다(일부개정 2007.5.17. 법률 8435호). 이 법은 과거의 사회안전법에 비하면 보호감호나 주거제한 등 중한 형태의 보안처분을 삭제한 점에서 개선된 점이 있으나, 여전히 중요한 문제점을 안고 있다. 이 법의 적용대상은 보안관찰해당범죄(국가적 법익에 대한 죄 또는 군형법 또는 국가보안법 위반 : 동법 제2조) 또는 이와 경합된 범죄로 금고 이상의 형의 선고를 받고 그 형기 합계가 3년 이상인 자로서 형의 전부 또는 일부의 집행을 받은 사실이 있는 자로서, 보안관찰해당범죄를 다시 행할 위험성이 있다고 인정할 충분한 이유가 있어 재범의 방지를 위한 관찰이 필요한 자이다(제3조 및 제4조 참조). 보안관찰의 기간은 2년이지만, 검사의 청구와 보안관찰심사위원회의 의결이 있으면 얼마든지 갱신할 수 있다(제5조). 보안관찰처분에 관한 사항의 심사, 면제결정은 보안관찰처분심사위원회의 권한이며(제10조, 제11조), 보안관찰대상자는 일정한 사항에 대한 신고의무를 지고, 검사 및 사법경찰관리는 대상자에 대한 지도, 보호, 응급구호 및 경고를 할 수 있다(제19조 내지 제22조). 이 법에 따른 결정에 대한 이의는 행정소송의 방법으로 한다(제23조 내지 제24조). 이 법 역시 보안관찰을 행정처분의 형태로 하고 있다는 점에서 문제를 안고 있고, 근본적으로 사상법에 대한 감시 및 전향 유도를 내용으로 함으로써 개인의 양심의 자유를 침해한다는 비판이 크다.

4. 보안처분의 현황

보호관찰 등에 관한 법률에 따른 보호관찰은 1989년 7월 1일부터 전면실시가 되었는데, 보호관찰법은 아직 시행기간이 짧아 시행에 대한 평가를 하기에는 이르다. 주로 소년법에 의해 보호관찰처분을 받거나 가퇴원한 소년의 비율이 높다. 이에 비하면 형의 유예로 인한 보호관찰은 그 비율이 매우 낮은데, 보호관찰제도가 도입된 이상 범죄소년에 대한 유예제도의 적극적인 활용이 요청된다 하겠다.

제 3 장 범죄처리절차

가장 대표적인 범죄방지대책이라 할 수 있는 형벌과 보안처분의 제도들은 실체법 규범을 통한 범죄방지대책이므로 그 자체만으로는 일반예방효과를 가지는 데 그치는 것이고, 일정한 절차법 규범이나 제도 등을 통하여 비로소 범죄대책으로서의 기능을 가지게 된다. 따라서 형사정책은 형벌과 보안처분이 구체적으로 실현되는 과정이나 그 기초가 되는 규범들을 논의의 대상으로 해야 하는데, 이러한 분야를 **형사사법대책론**이라고 부른다. 형사사법절차의 목적은 일정한 증거를 기초로 하여 사안의 진상을 명확히 하고 이에 상응하는 형벌법령을 적정 · 신속하게 적용함으로써 구체적인 국가적 형벌권의 존부 및 범위를 확정하는 데에 있다. 형사사법절차는 크게 수사절차 및 공소제기절차, 공판절차 그리고 형집행절차로 구분할 수 있다.

[그림 1] 성인범 형사처리절차

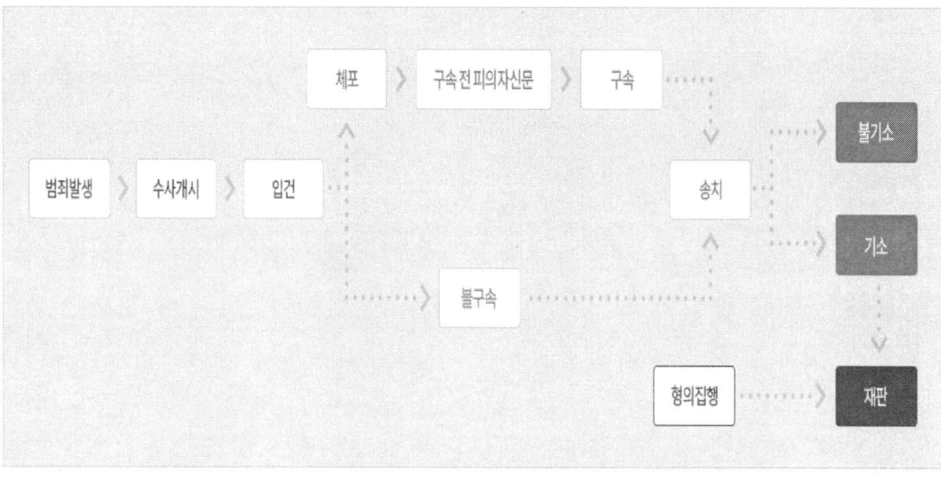

제1절 경찰단계

범죄수사(crime investigation)란 인지된 사건에 대하여 공소제기 여부 및 그 유지 여부를 결정하기 위한 수사기관의 활동으로서, 범죄사실을 조사하고 범인 및 증거를 발견, 수집, 보전하는 것을 주된 내용으로 한다. 그런데 이러한 수사활동은 관념적으로 수사를 담당하고 있는 자의 기술과 추리를 토대로 하여 범죄의 존재를 확인하여 나아가는 과정과 범인 및 증거의 발견, 수집, 보전을 통하여 피의사실을 확정하고 당해 피의자에 대한 기소 여부를 확정하는 과정으로 나누어 볼 수 있다. 따라서 수사활동은 사실적 성격과 법률적 성격을 모두 가지고 있는데, 여기서 주된 관심은 수사기관의 사실적 활동에 있다. 범죄수사는 피의자나 참고인 등 사람을 대상으로 이루어지는 경우가 많아 그 과정에서 불가피하게 혹은 자의적으로 개인의 인권을 제한하거나 침해하는 수가 있다. 다른 한편으로 수사활동이 원활하게 이루어지지 않게 되면, 범죄자로 하여금 자신의 행위가 법에 의해 쉽게 발각되지 않는다는 안일한 생각을 가지게 만들고 이로 인해 일반인들도 법에 대한 신뢰가 낮아지게 되어 결국 범죄의 증가와 피해의 확대 나아가서는 사회의 불안을 초래하게 된다. 이러한 의미에서 수사활동의 적정 내지 과학화라는 문제가 형사정책에서 중요한 과제로 자리잡게 된다.

I. 범죄수사의 내용

1. 수사운영

수사운영이라 함은 수사의 목적을 달성하기 위하여 수사의 방향을 제시하고 수사를 통합 혹은 조정하는 기능을 말하며, 본래의 수사활동을 하기 위한 준비기능이라는 의미를 가진다. 이것은 다시 수사관리와 수사지휘로 나눌 수 있는데, 전자는 수사의 단서인 인적 및 물적 시설, 비용 등에 대한 합목적적인 관리업무를 말하며, 후자는 구체적인 사건수사의 조직적 활동을 위한 편성업무를 말한다. 이와 같은 수사운영의 문제는 수사의 준비로부터 종결에 이르기까지 수사활동을 전반적으로 보조하는 중요한 분야라고 할 수 있으며, 수사활동의 적정은 이러한 수사운영이 구체적으로 얼마나 과학적 혹은 체계적으로 이루어지는가에 달려있다.

2. 수사의 원칙

(1) 적정성의 원칙

범죄수사의 적정은 무엇보다도 인권보장에서 출발해야 한다. '열 사람의 죄인을 놓치더라도 한 사람의 죄 없는 자를 벌해서는 안된다' 는 법격언은 수사에 대해서도 그대로 적용되는 말이다. 따라서 증거 없이 단순한 육감만으로 혐의자를 체포한다든가, 수사상의 필요만을 내세워 자의적으로 출석이나 임의동행 등을 요구해서는 안되며, 조사과정에서 자백을 얻는 데 급급하여 침해하는 언동을 하는 일이 없도록 해야 한다. 이와 함께 범죄수사에서는 형법, 형사소송법, 경찰관직무집행법, 사법경찰관리집무규칙, 범죄수사규칙 등 수사상 준거해야 할 각종 법령을 준수해야 한다. 이러한 법령의 준수를 통하여 인권보장과 공공복리의 유지가 적절히 조화될 수 있도록 노력하고, 그 범위내에서 수사에 대한 국민의 신뢰를 높일 수 있도록 구체적 타당성과 능률성을 견제하도록 하여야 한다.

(2) 합리성의 원칙

범죄수사의 합리화는 과학적 수사방법을 내용으로 하며, 이러한 관심은 이미 19세기말 오스트리아의 그로쓰(Gross)에 의하여 범죄학의 주요과제로 등장하면서 본격적으로 이루어지기 시작했다. 특히 현행법이 증거재판주의를 채택한 결과 범죄수사는 주로 인적, 물적 자원, 증거의 수집 및 보전이라는 문제에 집중되지 않을 수 없고, 바로 그러한 과정에 대한 과학적 도입이 중요한 과제로 등장하게 된다. 범죄도 인간의 행동 가운데 하나이므로 그 형태는 일반적인 사회행동의 법칙에 따르게 마련이며 또 한편으로는 일정한 범적을 남기기 쉽다. 따라서 인간의 형태 일반과 범적(犯跡)을 과학적 경험법칙에 따라 종합분석함으로써 범인과 범행의 구체적 관련성을 확인하는 것은 수사활동의 주된 기능 가운데 하나이다. 따라서 자연과학, 법의학, 심리학, 사회학 등 인접과학의 연구 성과를 원용하고 그에 기한 추론을 효과적으로 활용하는 것이야말로 수사활동의 과학화를 위한 기초가 된다. 한편 범죄인의 신체적 특징을 파악하기 위하여 지문, 혈액, 모발 등 유형적 범적에 대한 과학적 수사활동도 중요한데, 최근에는 DNA 감정법 등에 의한 동일성 확인이 실무에 도입되어 많은 주목을 받고 있다. 이와 함께 무형적 범적에 대한 과학적 연구를 위해 심리학 및 사회학 등도 활용되어야 함은 물론이다. 그 이외에도 각종 교통통신시설의 이용, 거짓말탐지기의 활용 등은 심문기법의 과학화라는 측면에서 중요한 의미를 가진다.

3. 수사활동의 구체적 원칙

수사자료의 획득을 위한 범죄수사활동에서는 먼저 증거의 자연적 혹은 인위적 멸실을 막기 위해 가능한 신속한 수사의 착수를 요하며, 실체적 진실의 발견을 위한 터전이라고 할 수 있는 현장을 잘 보전해야 하고, 범죄와 관련된 여러 사항을 수집하기 위하여 시민의 제보를 얻도록 노력해야 한다. 이러한 구체적인 원리를 전제로 하여 수사를 진행하면서 항상 인권보장과 공공복리의 유지라는 두 가지 이념이 적절히 조화되도록 노력해야 할 것이다.

〈표 4〉 수사실행의 5대 원칙

구 분	내 용
수사자료 완전수집의 원칙	수사의 제1단계로서 사건에 주어진 모든 자료를 완전히 수집하여 문제를 명확히 한다.
수사자료 감식·검토의 원칙	수집된 자료는 감식·검토의 과정을 통하여 자료에 대한 가치를 충분히 검토하도록 한다.
적절한 추리의 원칙	수사자료에 대한 정리가 끝나면 이를 기초로 범인과 범죄사실에 대하여 가상의 예측과 판단을 한다.
검증적 수사의 원칙	여러 가지 추리 가운데 과연 어느 추리가 정당한 것인가를 가리기 위해 추리 하나하나를 모든 각도에서 검토하여야 한다는 원칙이다.
사실판단 증명의 원칙	수사관의 판단은 누구에 대해서도 그 판단이 진실이라는 것을 객관적으로 증명되어야 한다.

Ⅱ. 수사활동의 종류

1. 죄질(죄종)에 따른 구별

수사활동의 대상으로 되는 범죄를 기준으로 하면 강력범수사, 지능범수사, 군집범수사 등으로 나눌 수 있다. 살인, 강도, 강간 등 강력범의 수사에서는 현장수사가 중요한 의미를 가지며, 사기, 횡령 등 지능범의 수사에서는 범죄의 탐지가 곤란할 뿐만 아니라 증거수집에 특수한 지식이나 기술이 요구된다. 내란・소요 등 군집범죄에 대하여는 군중심리가 작용하므로 특히 조직적 수사활동이 요구된다.

2. 수사활동의 방법에 따른 구별

수사활동의 방법으로는 수배수사, 수법수사, 유류품수사, 탐문수사, 장물수사, 감별수사, 알리바이 수사, 미행, 잠복수사 등 여러 가지가 있다.

〈표 5〉 수사수단의 방향

횡적수사	현장관찰, 탐문수사, 행적수사, 미행, 수색, 감별수사
종적수사	유류품수사, 수법수사, 장물수사, 인상특징수사, 수배수사

횡적수사란 자료수집을 위한 수사로서 범행에 관계있는 모든 자료의 발견과 수집을 목적으로 수사의 폭을 넓혀 나가는 수사활동이다. 종적 수사는 수사자료에 의한 수사로서 범인을 발견하기 위하여 수집된 특정자료의 성질, 이동, 특정 등을 면밀히 관찰하여 깊게 파고드는 수사활동이다.

3. 형사소송법에 따른 구별

형사소송법에서는 수사를 그 방법에 따라 임의수사와 강제수사로 구분하는데, 수사를 받는 상대방의 동의나 승낙을 전제로 하는 임의수사를 원칙으로 한다(동법 제199조 제1항). 그러나 일정한 요건하에 구속, 압수, 수색, 검증 등의 강제수사를 할 수 있다. 경찰관직무집행법 제3조 제3항에 의한 불심검문에 따른 임의동행도 동행의 시각방법, 심문방법 등을 종합적으로 고려하여 강제의 성격을 가진 때에는 그 시점에서 구속된 것으로 보아야 한다. 또한 임의수사라 하더라도 피의자는 참고인 기타 관계자의 인권을 제약하는 경우가 많으므로 세심한 배려를 요한다고 할 것이다(형사소송법 제198조).

Ⅲ. 현행 형사사법과 범죄수사

우리나라에서도 특히 1970년대 이후 범죄수사의 적정, 과학, 조직화에 대한 많은 관심과 지원이 이루어져 점차 그 기반을 다져가고 있으나, 아직 많은 문제점을 안고 있다.

1. 검거율의 문제

검거율이라 함은 인지된 범죄건수에 대한 검거건수의 비율을 말하며, 이것은 경찰활동의 수준을 나타내는 중요한 지표가 될 수 있다. 외국의 검거율과 관련하여 검거율을 높이기 위하여 인위적으로 조작하고 있는 경우가 드물지 않다는 점, 흉악범 등을 제외하고는 아예 인지되지 않은 범죄가 매우 많다는 점, 죄종에 따라서는 검거건수가 인지건수로서 기록되는 경우가 있다는 점, 수사단계에서 자백이 많다는 사실이 그 나라의 검거율을 높이고 있다는 점 등이 지적되고 있다.

2. 구속율의 문제

구속율이라 함은 여러 가지 의미로 사용될 수 있으나, 일반적으로 검찰청 처리사건 가운데 구속처리된 사건의 비율을 말한다. 우리나라의 경우에 아직도 영장청구가 남발되는 경향을 보인다고 할 수 있다.

제2절 검찰단계

검사는 수사활동을 통해 범죄의 충분한 혐의를 확인하고 소송조건이 구비되어 있는 경우에 피의사건을 법원에 기소하나 이러한 요건이 갖추어진 경우에 반드시 기소를 해야 하는가는 각국의 입법례마다 동일하지 않다. 기소유예라 함은 공소를 제기하기에 충분한 범죄의 혐의가 있고 소송조건도 구비되어 있는 경우라도 검사의 재량에 의하여 기소하지 않은 처분을 말한다. 국가소추주의를 취하는 경우 소추기관이 기소여부를 결정할 때에 재량의 여지를 인정하는가에 따라 기소법정주의와 기소편의주의로 나누어진다. 현행 형사소송법 제247조 제1항은 "검사는 형법 제51조의 사정을 참작하여 공소를 제기하지 아니할 수 있다." 고 함으로써 검사에게 기소 혹은 불기소에 관한 재량의 여지를 인정하여 기소편의주의에 입각하고 있다. 이러한 기소편의주의에 입각하여 검사가 범죄의 혐의가 충분하고 소송조건이 구비되었음에도 불구하고 그 재량에 의하여 공소를 제기하지 않는 것을 '기소유예처분' 이라고 한다. 오늘날에 와서는 학파의 대립이 지양되면서, 기소에 대한 재량의 문제에 대해서도 일정한 제한하에 이를 인정하는 것이 일반적인 경향이라고 할 수 있다.

I. 기소유예제도의 형사정책적 의의

1. 제도의 장점

기소편의주의에 입각한 기소유예제도를 인정하는 것은 다음과 같은 점에 근거를 두고 있다.

(1) 기소법정주의에 따른 형식적 공평과 경직성을 지양하고 구체적 사건의 정상에 기초를 둔 구체적 정의의 실현과 실질적 공평의 추구에 필요한 탄력성을 부여한다.

(2) 기소 여부를 결정하면서 형사정책적인 고려를 반영할 수 있다. 단기자유형의 폐해와 관련하여 다른 제도와는 달리 피의자에게 전과의 오명을 씌우지 않고 기소 전의 단계에서 사회복귀를 가능하게 한다는 점이 지적되고 있다.

(3) 합리적인 필요가 인정되는 경우에만 공소제기를 제한할 수 있어 결과적으로 형사사법절차에 대한 사회 일반의 신뢰를 높이고 공소제기 자체의 일반예방효과와 특별예방효과를 증대시킨다. 현행 형사소송법이 기소유예처분을 인정함에 있어서 범행의 수단의 결과 - 범죄의 경중 - 를 고려하도록 한 것은 일반예방의 측면을 그리고 범인의 위험성, 범죄 후의 정황, 그리고 피해자에 대한 관계를 고려하도록 한 것은 특별예방의 측면을 각기 반영한 것이라고 할 수 있다(동법 제 247조 제1항 및 형법 제51조 참조).

(4) 충분한 범죄의 혐의가 있고 소송조건도 구비되어 있는 경우라고 검사의 재량으로 기소를 유예함으로써 법원 및 교정시설의 부담을 덜어 줄 수 있다. 법원이 사무처리의 과중으로 심리가 지연되고 적정을 기할 수 없게 되는 폐해와 수용과밀로 인해 수형자의 처우에 많은 어려움을 느끼고 있는 교정시설의 부담을 줄일 수 있다.

2. 제도의 문제점

(1) 범죄인의 유・무죄에 대한 판단은 원칙적으로 법원에 의한 사법처분을 통하는 것이 인권보장의 측면에서 볼 때 합리적임에도 불구하고, 기소단계에서 검사의 행정처분에 이를 맡기는 것에 대해 비판이 있다.

(2) 실무상으로 기소유예처분이 피의자의 개선・교화라는 차원보다 검사의 자의적인 재량에 의해 좌우되고, 오히려 불기소처분을 해야 할 사건에 대하여 안이하게 기소유예처분을 내리는 폐단마저 생긴다는 비판이 있다.

결국 기소유예처분은 협의의 불기소처분과는 달리 적어도 장래 별개의 정상에 대하여 참고자료로 남게 되는 것인 만큼, 검사의 입장에서 일정한 사건에 대하여 불기소처분이 아닌 기소유예처분을 하는 경우에는 기소처분을 하는 만큼 신중을 기해야 한다. 이와 함께 그러한 처분을 함에 있어 가능한 정치적 개입이나 검사의 자의적인 재량에 의하여 좌우되지 않도록 제도적 장치를 두어야 할 것이다. 이러한 의미에서 기소유예처분을 내용으로 하는 기소편의주의는 그 합리적 운용을 전제로 하는 기소합리주의라고 보아야 할 것이며, 따라서 검사의 기소유예처분도 일종의 기속재량행위로 이해되어야 할 것이다.

Ⅱ. 기소유예제도에 대한 억제와 보완

먼저 현행법이 인정하고 있는 부당한 불기소처분에 대한 억제조치로서는 재판상 준기소절차(형사소송법 제260조 내지 제264조), 검찰항고제도(검찰청법 제10조) 등을 들 수 있고, 검찰권행사에 대한 법무부장관의 추상적 지휘감독권의 제한(검찰청법 제8조)도 간접적인 사전억제조치로서 의미를 가진다. 이런 점을 감안한다면 기소유예처분에 대하여 피의자 자신에게도 검찰항고를 인정할 필요가 있다.

제3절 재판단계

이하에서는 재판상 중요한 위치를 차지하는 양형의 문제를 양형합리화의 방안이라는 차원에서 검토하고, 양형과 관련하여 형사정책의 측면에서 중요한 제도라 할 수 있는 형의 유예제도에 대해 차례로 살펴보기로 한다.

Ⅰ. 양형과 형사정책

1. 양형의 일반이론

(1) 양형의 의의

법관은 형사사건에 대하여 유죄의 심증을 형성한 경우에 실체판결을 통하여 구체적인 형벌의 내용을 정하게 된다(형의 선고). 그런데 형벌법규는 일정한 범죄구성요건에 대하여 형벌의 종류 및 그 범위를 상대적으로 규정하고 그 범위내에서 법관에게 재량의 여지를 주고 있는데 이를 근거로 당해 사건에 대해 법정형을 찾아내고 이를 기초로 처단형을 확인한 다음 구체적인 선고형을 도출해 내는 일련의 과정을 형의 적용이라고 하고 그 가운데에서도 법정형을 토대로 형종을 선택하고 필요한 가중감경을 한 처단형의 범위내에서 당해 사건에 상당하다고 인정되는 형벌의 종류와 정도를 구체적으로 결정하는 법원의 작용을 형의 양정 또는 양형이라고 한다.

(2) 양형의 원칙

형벌은 책임을 전제로 하고 책임의 정도에 따라 정해져야 한다(**책임주의**). 이 원칙은 형사사법절차 전과정을 통하여 적용되는 것으로서 양형과정에서도 그대로 유지되어야 한다. 즉 양형에서 정해지는 형벌의 양은 행위자의 개별적인 책임과 균형을 이루는 범위내에서 정해져야 한다. 현행 형법 제51조는 양형을 할 때 범인의 연령, 성행, 지능과 환경, 피해자에 대한 관계, 범행의 동기, 수단과 결과 범행 후의 정황 등을 참작하도록 하여 양형의 조건(표준)을 제시하고 있으나, 이것만으로는 형벌의 목적도 분명치 않고 책임주의와의 관계도 확실하지 않다. 그러나 오늘날 책임주의는 법치

국가의 이념을 기초로 하여 개인의 자유와 권리를 보호하는 데 그 의미가 있는 것이므로, 적극적인 내용을 가진다기보다는 형벌의 최상한을 정한다고 하는 소극적 의미(소극적 책임주의)를 가지다고 보아야 하며, 그 범위내에서 범죄인의 개선 및 교화와 사회복귀의 목적을 함께 추구해야 한다.

(3) 양형의 조건

양형은 책임주의를 원칙으로 하면서 응보와 예방의 목적을 동시에 고려하여 행해져야 하나, 사회의 분화에 따라 범죄의 태양이 다양해지고 이에 따라 일정한 범죄유형에 대하여 위 원칙을 기초로 개별적인 법정형을 세분화한다는 것은 입법기술상으로 불가능할 뿐만 아니라 배분적 정의의 실현에도 불합리한 것이다. 따라서 현대의 형사사법에서는 양형의 합리화를 통하여 그 해결방안을 찾게 되었다. 그 전제로서 양형의 문제를 법관의 자유재량에 맡기면서도 자의적이거나 균형을 잃는 양형을 제한하기 위해 일정한 표준을 두고 있는 것이 일반적이다(양형의 조건).

2. 양형의 현황과 문제점

현행법은 법정형의 범위를 넓게 인정하여 법관의 합리적인 양형을 통한 형벌의 개별화를 추구하고 있고, 이러한 측면에서 적정하고 균형있는 양형이 법관에게 기대되고 있으나, 현실적으로 양형에는 법관 개인의 태도나 법원 일반의 관행 등이 중요한 요인으로 작용하고 있다. 구체적으로 법관에게 존재하는 개인차(human equation)가 양형과정에서 어떤 형태로 어느 정도까지 나타날 수 있는가를 연구하고 그 편차를 가능한 한 좁히기 위한 노력이 필요하다. 한편 법관은 양형시에 「사건의 전체적 인상」을 계기로 같은 종류의 범행에 관해 일반적으로 양정되고 있는 형벌량을 미리 상정해 놓고, 그것에 따라 양형을 구상하여 다시 당해 사건의 특수한 사정들을 고려하여 그것을 수정하여 선고형을 정하는 것이 통례이다. 특히 양형에 대한 법원의 관례는 법관의 개인차를 줄일 수 있다는 면에서 장점이 있긴 하지만, 양형의 본래 목적인 책임과 예방이라는 두 가지 원칙과는 거리가 먼 결과를 가져올 수 있다는 문제점을 피할 수 없다. 한편 재판실무의 문제로서 무죄판결의 곤란이라는 점을 지적해 둘 필요가 있다. 즉 현행법에서는 유죄판결에 대해 그 이유로서 범죄사실, 증거요지, 법령의 적용을 명시하도록 하고 있지만(형사소송법 제323조), 무죄판결에 대해서는 그런 규정이 없다.

3. 양형의 합리화 방안

양형합리화 방안은 근본적으로 법관 자신이 형사사법을 통해 정의를 실현한다는 자각과 자질향상에서 출발해야 한다. 현행법에서도 양형 합리화를 위해 상소심에 의한 양형통제(형사소송법 제361조의5 제15호 : 형의 양정이 부당하다고 인정할 사유가 있는 때)를 인정하고 있으나 이것만으로는 충분치 않다.

(1) 양형표의 작성

양형합리화를 위해서는 우선 추상적인 구성요건 내용을 실현하는 구체적인 범행에 대한 유형적 분류가 선행되어야 한다. 이를 위해 개별 범죄유형에 따라 구체적인 사건들의 검토를 통한 실증적 연구와 과학적 분류가 선행되어야 한다. 양형표를 작성하는 방법으로는 대량통계의 방법, 대표적 사건에 대한 개별적 형량을 비교하는 방법, 양형법관회의의 개최로 의견을 수렴하는 방법, 별도로 양형표작성위원회를 구성하는 방법 등이 있다. 그러나 이러한 양형의 수량화는 형벌목적의 이율배반이나 판결효과의 예방적 작용에 대한 무지 등 개인적 평가의 차원을 처리하는 데 한계가 있고 단지 과거의 시실에 대한 통계회에 그치므로 미래에 대한 예측기능을 수행하기 어렵다는 문제점을 안고 있다.

(2) 양형위원회제도

양형위원회제도라 함은 유죄가 인정된 자에 대한 양형과정에서 양형문제를 위원회 형식의 협의체에 맡기는 방법을 말하는데, 이 위원회에는 법관 이외에 일반 범죄학자, 교정전문가 등을 참여시키게 된다.

(3) 판결전조사제도

판결전조사제도(Presentence Investigation System)라 함은 형사절차에서 법관이 개별 범죄자에 대해 그에게 적합한 처우를 선택하는 데 도움을 주기 위해 판결 전에 피고인에 대해 그 소질・환경에 관한 과학적 조사를 행하는 것을 말한다.[13] 이 제도는 미국에서 프로베이션(probation) 제도의 발전과 함께 보호관찰관(probation officer)에게 피고인에 대한 과학적 조사를 의뢰하고 이를 기초로 법관이 판결을 선고

13) 정영석, 『형사정책』, 법문사, 1992, 382면.

한 데에서 유래한 것이다. 일정한 중죄 기타 중한 형이 예상되는 경우에는 법원이 조사관으로 하여금 양형의 기초가 되는 사정을 조사하도록 할 필요가 있다.[14] 판결전조사는 피고인이 유죄를 인정하였거나 사실인정에 대해 이의를 제기하지 못하도록 확정된 때부터 시작해야 하며 조사결과에 대해서는 피고인의 반대신문권을 최대한 보장해야 할 것이다. 그러나 이 제도가 시행되기 위해서는 먼저 형사절차를 전면적으로 재정비해야 한다. 이 제도를 도입하더라도 판결전조사를 해야 할 대상사건을 일률적으로 정함으로써 판결에 대한 불리한 예측을 하는 일이 없도록 하고, 현실적으로 특정한 중대사건에 대해 이 제도를 우선 실시하면서 단계적으로 그 적용범위를 확대해 나가는 방향이 바람직하다.

(4) 양형의 합리화를 위한 부수적인 문제들

구형의 합리화에 대한 검사의 인식이 필요하다. 검사의 구형은 양형기준을 합리적, 종합적으로 검토한 다음 범위를 설정해야 함에도 불구하고 실제로는 법관의 안일한 양형을 예정하여 구형 자체를 높이는 경향이 적지 않다. 판결서에 양형이유를 명시하는 방안을 검토할 필요가 있다. 현행법은 판결서의 내용에 범죄사실, 증거요지 그리고 적용법령만 명시하도록 하고 있고 이에 대해 명문규정이 없는데, 양형이유를 명시하게 되면 법관의 양형과정을 분명히 할 수 있고 합리적인 양형 여부에 대한 자율적인 통제가 가능하며 상소이유인 「양형부당」의 주장을 실질화하는 결과로 된다.

Ⅱ. 형의 유예제도

현행 형법은 형의 선고유예제도와 집행유예제도 양자를 모두 인정하고 있다. 형의 유예제도는 단기자유형이나 다른 형벌의 폐해를 될 수 있는 대로 피하려는 취지에서 형을 집행하지 않고도 형벌의 목적을 달성할 수 있는 제도이다.

14) 이상철, 『판결전조사제도에 관한 연구』, 한국형사정책연구원, 1994, 11면. 수집된 자료를 법관이 피고인에 대한 양형에 참고한다는 의미에서 '양형자료조사제도' 라고도 하고, 법원의 종국처분에 앞서 행하여진다는 의미에서 사전조사 또는 예비조사라고도 한다.

1. 선고유예

(1) 의의

현행 형법은 범정이 비교적 경미한 범죄인에 대하여 일정한 요건하에 형의 선고를 유예할 수 있도록 하고 있다.

이것은 미국의 대부분 주가 판결의 선고 자체를 유예하고 있는 것과 구별되며 오히려 영국의 경우와 유사한 것이라고 할 수 있다. 1948년 영국의 형사재판법 제3조 제1항은 "일정한 범죄로 인하여 재판소에 의하여 유죄로 된 자는, 범죄의 성질, 범인의 성격을 포함한 일체의 사정에 비추어 적당하다고 인정된 때에는 재판소는 형을 선고하는 대신 1년 이상 3년 이하의 범위내에서 보호관찰을 명하고 보호관찰관의 감독에 따르게 한다" 고 하여 형의 선고유예를 인정하고 있다. 그러나 구형법하의 선고유예제도는 영미법계의 경우와는 달리 선고유예를 보호관찰과 결합시키지 않고 있다는 점에 특징이 있다. 영국의 형사재판소 제7조 제1항에 따르면 형의 선고유예에 따른 보호관찰명령이 적당하지 않다고 인정하는 경우에, "재판소는 본인에게 절대적으로 형을 면제하는 명령이나 재판소가 인정하는 바에 따라 그 명령이 있는 날로부터 12개월의 범위내에서 명령에 정해진 기간 동안 범죄를 하지 않을 것을 조건으로 하여 형의 면제를 명할 수 있다" 고 규정하고 있는데, 이것과 유사한 취지라고 할 수 있다.

구법하에서는 영미법계의 프로베이션(probation)과는 달리 오히려 법원에 의한 조건부 사면의 성격을 띠고 있다고 할 수 있다. 따라서 그만큼 적용범위를 제한해야 한다는 주장도 가능하였으나 원래 선고유예제도가 개선가능한 초범에 대하여 재판단계에서 사회내 처우를 명하여 범죄인의 사회복귀를 촉진시킨다는 데에 그 취지가 있는 것인 만큼, 그 적용범위를 가능한 확대시켜 나아가야 한다는 점을 고려한다면 이런 해석은 바람직하지 못하다. 또한 지나치게 관대한 선고유예는 범죄자 또는 일반국민의 법질서경시나 법불신을 초래할 우려가 있을 수도 있기 때문에 어떤 의미에서는 집행유예가 당해행위에 대한 도의적 비난을 명확하게 한다는 점에서 선고유예보다도 형사정책적인 의미가 있을 수도 있다. 그러나 판결의 선고로 유예하는 것은 범죄자가 존재하는 낙인을 회피하게 하고 형의 선고유예는 범죄성의 강약의 낙인을 회피하게 한다.

(2) 요건과 효과

현행 형법은 다음과 같이 엄격히 제한하고 있다(형법 제59조 제1항). ① 1년 이하의 징역이나 금고, 자격정지 또는 벌금형을 선고할 경우라야 한다. ② 형법 제51조의 사정(양형의 조건)을 참작하여 개전의 정상이 현저한 때임을 요한다. ③ 자격정지 이상의 형을 받은 전과가 없음을 요한다. 이상의 요건이 갖추어지면, 형을 병과할 경우에도 형의 전부 또는 일부에 대하여 그 선고를 유예할 수 있다(동법 제59조 제2항). 형의 선고를 유예하는 경우에 재범방지를 위하여 지도 및 원호가 필요한 때에는 보호관찰을 받을 것을 명할 수 있고, 그 기간은 1년으로 한다(동법 제59조의 2). 선고유예를 받은 자는, 형의 선고유예를 받은 날로부터 2년을 경과한 때에는 면소된 것으로 간주한다(동법 제60조).

(3) 실효

형의 선고유예를 받은 자가 유예기간 중 자격정지 이상의 형에 처한 판결이 확정되거나 자격정지 이상의 형에 처한 전과가 발견된 때에는 유예하였던 형을 선고한다(동법 제61조). 또한 보호관찰의 명한 선고유예를 받은 자가 보호관찰기간 중에 준수사항을 위반하고 그 정도가 무거운 때에는 유예한 형을 선고할 수 있다(동조 제2항).

2. 집행유예

(1) 의의

유죄판결을 한 후 형을 선고하면서 정상에 따라 일정한 기간 그 형의 집행을 유예하면서 유예기간 중 특정한 사고 없이 그 기간을 경과하면 형의 집행뿐만 아니라 일단 선고한 유죄판결 그 자체의 효력도 상실하게 하여 형의 선고가 없었던 것과 동일한 효과를 부여하는 제도이다. 원래 유예의 방법과 관련하여 유예기간 중에 형의 집행유예의 선고가 취소되지 않는 한 자동적으로 형의 선고가 없었던 것과 동일한 효과를 발생케 하는 조건부 유죄판결주의와 형의 집행만을 면제하고 형의 선고는 여전히 유효로 하는 조건부 특사주의가 있으며, 우리나라와 일본은 전자의 입장을, 독일형법 제25조는 후자의 입장을 각기 취하고 있다. 형의 집행유예는 형의 집행으로 인한 범죄인의 사회적 복귀의 곤란을 제거할 뿐만 아니라 일정기간 동안 그 취소를 통해 형의 집행을 경고함으로써 범죄인에게 심리적 압박을 가하고, 기간이 경과한 후에는 형의 집행면제뿐만 아니라 형의 선고 자체의 효력이 상실된다는 희망을 가지게 함으로써 범죄인의 개선을 촉진한다는 데 중요한 의의가 있다. 특히 개전의 정이 뚜렷한 초범자에 대하여 그 장래를 경고함으로써 족한 경우도 있고, 이때 실형을 과하게 되면 사회생활이 중단되어 본인이 사회에 복귀하기 어렵게 될 뿐만 아니라 나아가서는 그 가족에게도 큰 어려움을 주는 수가 많다. 더욱이 석방 후 전과자로 낙인이 찍혀 범죄인에 대한 사회의 불신이 범죄인의 갱생에 커다란 장애가 된다. 따라서 이런 초범자는 형사정책의 차원에서도 될 수 있는 대로 교도소에 보내지 않는 것이 좋다. 또 집행유예제도는 단기자유형의 폐해를 피하기 위한 대용방안으로서도 의의가 크다. 형의 집행유예제도는 영미법계에서 범죄자의 적극적인 사회내처우를 목적으로 발달한 프로베이션(probation) 제도가 유럽대륙에 도입되면서 약간 변형된 것이라고 할 수 있다. 즉 엄격한 책임주의를 원칙으로 하는 유럽대륙의 형법체계가 단기자유형의 폐해 방지라는 문제에 직면하면서 영미법의 프로베이션 제도에 눈을 돌리게 되었으나 그 제도가 행위자의 책임의 정도에 따른 형벌의 부과라는 책임주의와 조화하기 어렵다는 점을 고려하여, 적어도 유죄판결만은 하지 않을 수 없다는 생각이 지배적이었고, 이에 따라 변형된 형태로서 등장하게 된 것이 형의 집행유예라고 할 수 있다.

우리나라에서는 아직 보호관찰과 결합시키지 않고 단지 조건부 유죄판결의 형태로 집행유예를 인정하고 있으며, 구형법(2년 이하의 자유형)에 비하여 그 범위를 넓혀 3년 이하의 자유형을 그 대상으로 하고 있다.

(2) 요건

법원은 다음과 같은 요건이 구비된 경우에 형의 선고와 동시에 형의 집행을 유예할 수 있다(제62조 제1항).

1) 3년 이하의 징역이나 금고의 형을 선고할 경우라야 한다.

형의 집행유예는 형을 선고하면서 그 집행만을 일정기간 유예하기로 하는 법원의 공권적 의사표시이다. 형의 집행유예는 자유형의 집행으로 인한 악성의 감염을 방지함으로써 피고인의 사회복귀에 도움을 주기 위하여 마련된 장치이다.[15] 집행유예의 기준이 되는 '3년 이하의 징역 또는 금고의 형'은 최종적인 선고형을 의미한다. 벌금형을 선고할 때에는 집행유예를 내릴 수 없다. 집행유예의 경우에는 형의 선고 자체에 따르는 불이익을 면할 수 없다. 따라서 집행유예기간이 경과한 사람은 '자격정지 이상의 형을 받은 전과가 있는 자'(제59조 제1항 단서)로서 선고유예의 결격사유에 해당하게 된다. 이미 처벌받은 전과 있는 사람에 대해 일정기간 집행유예를 허용해서는 안된다는 것이다.

15) 신동운, 『형법총론(제3판)』, 법문사, 2008, 798면.

2) 형법 제51조의 사항(양형의 조건)을 참작하여 그 정상을 참작할만한 사유가 있어야 한다.

형법 제51조의 양형조건은 동시에 집행유예를 위한 정상참작사유로서 인정되고 있다. 제51조는 범인의 연령, 성행, 지능과 환경, 피해자에 대한 관계, 범행의 동기, 수단과 결과, 범행후의 정황을 참작하여 형을 정하도록 하고 있다. 이런 기준은 종국적으로 형의 선고만으로도 형벌의 목적(경고기능)을 달성할 수 있고 또한 범인의 재범가능성이 낮기 때문에 자유형 집행이 불필요하다는 판단을 하게 하는 기능을 한다. 이상의 기준은 전체적이고 종합적인 관점에서 판단하여야 하며 판단시점은 판결선고시이다. 그리고 판단기준으로 추가되는 것이 바람직한 사항은 범인의 전력이다. 범인의 전력이야말로 장래예측의 중요한 자료가 될 수 있기 때문이다.

3) 금고 이상의 형의 선고를 받아 집행을 종료한 후 또는 집행이 면제된 후로부터 5년 이상을 경과한 자라야 한다(동조 제1항 단서).

① "금고 이상의 형의 선고"의 의미

"금고 이상의 형의 선고"에서 "형"에는 실형만을 의미하는가 아니면 집행유예까지도 포함하므로 집행유예기간 중에 있는 자는 새로이 집행유예의 대상이 될 수 없는가가 문제된다. 이에 대해서 "금고 이상의 형의 선고"라 함은 실형의 선고뿐만 아니라 집행유예의 선고까지를 포함하므로 입법론적인 문제점은 별론으로 하더라도 집행유예기간 중에는 재차의 집행유예는 불가능하다고 보는 것이 종래의 판례[16] 및 학설의 입장이다. 이런 입장에 따르면 실형을 선고받은 자에 대하여는 복역 후 5년 이내에는 집행유예를 선고할 수 없음은 물론이지만, 또한 집행유예기간 중에 범한 범죄에 대해서는 재차의 집행유예를 선고할 수 없다고 본다(소극설). 이에 대해 최근 대법원[17]은 형법 제37조(후단)의 경합관계에 있는 수죄가 전후로 기소되어 각각 별개의 절차에서 재판을 받게 된 결과 어느 하나의 사건에서 먼저 집행유예가 선고되어 그 형이 확정되었을 경우 다른 사건의 판결에서는 다시 집행유예를 선고할 수 없다면 그 수죄가 같은 절차에서 동시에 재판을 받아 한꺼번에 집행유예를 선고받을 수 있었던 경우와 비교하여 현저히 균형을 잃게 되므로 이런 불합리가 생기는 경우에 한하여 형의 집행유예를 선고받은 경우를 포함하지 않는 것으로 재차의 집행유예를 허용하고 있다(여죄설). 이는 집행유예기간 중에는 새로 재판할 사건의 범죄행위가 먼저 집행유

16) 대법원 1984. 6. 24, 83도 2198 ; 1989. 4. 11, 88도 1155.
17) 대법원 2007. 2. 8, 2006도6196.

예의 선고를 받았던 범죄사실이 있기 전의 행위이거나 그 후에 있었던 행위이거나를 막론하고 그 사건에 있어서는 다시 집행유예를 선고할 수 없다는 종래의 대법원의 입장과는 부분적으로 다른 새로운 판례이다. 그러나 집행유예제도 본래의 취지가 자유형의 기계적인 집행으로 인한 폐단을 방지하고 피고인의 개선이라는 특별예방의 형벌목적을 달성하는데 있으므로 이를 위해서는 집행유예기간중이라 하더라도 재차의 집행유예를 허용하는 것이 타당하다고 본다(적극설). 그리고 이런 해석이 형벌규정과 배치되는 것도 아니다. 또한 이와 내용이 동일한 누범가중규정(제35조)의 경우에는 집행유예 전과가 누범사유에 해당하지 않는다고 해석하는 것이 통설·판례의 입장이라는 점을 감안할 때 적극설의 입장에서 해석하는 것이 타당하다.

② "5년을 경과하지 아니한 자" 의 의미

집행유예가 허용되지 않는 "5년을 경과하지 아니한 자" 의 의미를 어떻게 해석할 것인가가 문제가 된다. 즉 5년이라는 기간계산의 기준점을 어디에 두어야 할 것인가의 문제이다. 이에 대해 대법원은 다시 재판할 사건의 범죄를 언제 범하였는가는 문제되지 않으며 뒤의 재판의 형을 선고하는 시점을 기준으로 하여 먼저 선고받은 형의 집행을 종료하였거나 집행이 면제된 후로부터 5년의 기간이 경과되어야 하는 것으로 판시하고 있다(선고시기준설).[18] 이에 대해 먼저 선고받은 형의 집행을 종료하였거나 집행이 면제된 후로부터 새로운 범죄시까지 5년의 기간이 경과되어야 하는 것으로 보아 5년의 기간이 경과되기 전에 재범하는 경우에는 그 후 이 범죄에 대한 형의 선고시에 설사 5년의 기간이 경과되었다 하더라도 집행유예를 할 수 없다는 견해가 있다(범죄시기준설). 범죄시기준설은 집행유예제도의 취지나 형사정책적 견지에서 앞의 범죄 이후에 5년의 기간이 경과되지 않은 시점에서 다시 범죄를 한 때에는 이 범죄에 대해 형을 선고하는 시점을 따질 것 없이 집행유예선고를 할 수 없다는 입장이다. 반면에 선고시기준설은 뒤의 범죄행위시는 관계없고 이 범행에 대한 재판선고시에 5년의 기간이 경과되었는지의 여부가 집행유예 허부의 기준이 된다고 보며 이것이 형법 제62조 제1항 단서에 부합되는 해석이라고 본다. 이 두 학설 가운데 어느 것이 피고인의 입장에서 유리한가 여부는 경우에 따라 다르다. 일반적으로는 범죄시기준설에 의할 경우 이에 대한 형의 선고시보다 시간적으로 앞설 것이기 때문에 선고시기준설 보다 피고인에게 불리할 것이나 형법 제37조 후단의 경합범의 경우에는 나중에 드러난 범행이 확정판결 이후의 범행이 아니라 그 이전에 범한 것이므로 기

18) 대법원 1990. 11. 23, 90도 1803 ; 1968. 7. 2, 68도 720 ; 1969. 6. 10, 69도669 ; 1969. 10. 28, 68도 26 ; 1989. 6. 26, 83도 2198 ; 1989. 4. 11, 88도 1155.

간의 제한없이 집행유예가 가능하게 되어 범죄시기준설이 형의 선고시기준설보다 피고인에게 유리하게 된다. 이런 해석상의 차이점은 형법규정과 어떠한 관계에 서는가가 문제가 된다. 이는 법해석상 피고인에게 유리한 해석을 하는 것이 해석상의 일반원칙이라는 점을 고려할 때에는 선고시기준설이 보다 타당한 것으로 볼 수도 있다. 반면에 형사정책적 취지와 연관시켜 생각할 때에는 범죄시기준설이 적합한 해석이라고 볼 수 있다. 종합적으로 평가할 때 집행유예가 형벌의 다양화라는 형사정책상 목적을 달성하기 위하여 인정된 제도인 점을 감안한다면 바로 이 점이 실현되도록 해석하는 범죄시기준설이 옳다. 끝으로 현행법은 실형을 선고받은 자는 그 형기의 장단을 불문하고 일률적으로 5년간은 집행유예를 선고할 수 없도록 하여 가혹하다는 것이 문제점으로 지적되고 있다. 그 결과 피고인에게는 '징역 2월'의 선고를 받은 경우가 '징역 2년에 집행유예 3년'의 선고보다 불리한 결과가 되는 것이다. 2개월간의 징역으로 끝나는 것이 아니라 그 후 5년간 집행유예가 허용되지 않기 때문이다. 그렇기 때문에 형기의 장단에 따른 집행유예 제한기간의 차별화가 필요하다고 본다.

4) 형의 일부의 집행유예

집행유예의 기간은 1년 이상 5년 이하이며(제62조 제1항), 그 범위내에서 법원의 재량에 의하여 정한다. 그리고 형을 병과할 경우에는 그 일부에 대하여도 집행을 유예할 수 있다(동조 제2항). 형의 집행을 유예하는 경우에는 보호관찰을 받을 것을 명하거나 사회봉사 또는 수강을 명할 수 있으며(제62조의2 제1항), 그 기간은 집행을 유예한 기간으로 하거나 법원이 유예기간의 범위내에서 보호관찰기간을 정할 수 있다(동조 제2항). 사회봉사명령 또는 수강명령은 집행유예기간내에 이를 집행한다(동조 제3항).

(3) 효과

집행유예의 선고를 받은 후 그 선고가 실효 또는 취소됨이 없이 유예기간을 경과한 때에는 형의 선고는 효력을 잃는다(제65조). 따라서 전과자로도 되지 않는다.

(4) 실효와 취소

집행유예의 선고를 받은 자가 유예기간 중 금고 이상의 형의 선고를 받아 그 판결이 확정된 때에는 집행유예의 선고는 효력을 잃는다(제63조). 따라서 이 경우에는 유예한 형을 집행하게 된다. 집행유예의 선고를 받은 후, 형법 제62조 단서, 즉 금고 이상의 형을 받아 집행을 종료한 후 또는 집행이 면제된 후로부터 5년이 경과하지 아니한 자라는 사실이 발각된 때에는 집행유예의 선고를 취소한다(제64조 제1항). 집행유예의 취소는 임의적이 아니고 필요적이며, 일단 취소가 결정되면 유예되었던 형을 집행한다. 또한 보호관찰이나 사회봉사 또는 수강을 명한 집행유예를 받은 자가 준수사항이나 명령을 위반하고 그 정도가 무거운 때에는 집행유예의 선고를 취소할 수 있다(동조 제2항).

Ⅲ. 보호관찰제도의 도입

선고유예나 집행유예의 본래의 취지가 범죄인의 사회복귀와 이에 따른 사회내처우를 하는 데 있다는 점을 감안한다면 이러한 처분을 받은 자에 대하여 사회에 복귀시킨 후 갱생을 위한 노력이나 재범방지를 위한 적절한 조치가 수반되어야만 한다. 행상감독과 생활보호라는 두 가지 측면을 동시에 고려하는 보호관찰제도의 도입이 요청되고 있다. 결론적으로 우리나라에서도 보호관찰제도를 도입하여 선고유예나 집행유예의 처분을 받은 자에 대해서도 재범의 위험성을 고려하여, 법관이 재량으로 보호관찰을 선고할 수 있도록 하는 것이 바람직하다. 다만 여기서 재량에 따른 인정은 현실적 여건을 고려한 결과가 아니라, 보안처분의 일종인 보호관찰처분도 행위자의 위험성을 기준으로 하지 않으면 안된다는 이론적 귀결에 따른 것이다.

제4절 행형단계

I. 행형의 기초이론

1. 범죄자의 처우

(1) 개념

오늘날 형사정책의 주된 논의는 범죄방지와 범죄자처우라는 두 가지 축을 중심으로 전개되고 있다. **범죄자처우**란 널리 형사사법과정에서 범죄자의 인격을 고려하여 그에 알맞게 범죄자를 다루는 것을 말한다. 현재 범죄자처우라는 표현은 사법처우, 보호처우, 교정처우 등 다양한 의미로 사용되고 있다.[19] 사법처우(司法處遇)란 처우의 개별화를 위해 행형 내지 교정 이전의 단계에서 제재의 종류와 정도를 결정하는 것을 말한다. 사법처우는 재판의 선택과 재판의 양정으로 나누어지는데 전자는 어떤 제재를 과할 것인가를 결정하는 것을 말하고, 후자는 범죄자의 행위, 인격, 환경 등을 고려하여 어느 정도의 제재를 과할 것인가를 결정하는 것을 말한다. 한편 보호처우(保護處遇)란 사법처우와 연계하여 또는 교정처우 이후의 단계에서 범죄인의 재사회화를 주된 목적으로 하는 처우를 말하며, 사회내 처우의 가장 대표적인 형태인 보호관찰이 중심을 이룬다. 끝으로 교정처우(矯正處遇)란 교정단계에서 이루어지는 범죄자의 처우를 말하며 가장 좁은 의미의 범죄자처우라고 할 수 있는데, 주로 시설내 처우가 논의의 대상이 된다.

(2) 범죄자처우의 원칙

1) 인도적 처우의 원칙

범죄자에 대한 처우는 자유박탈의 여부를 불문하고 인간의 존엄을 해치지 않는 범위내에서 이루어져야 한다. 세계인권선언 제5조에 기초한 유엔인권규약의 제7조도 이러한 취지에서 "누구든지 고문 또는 잔혹하고 비인도적이거나 품위를 손상시키는

---

19) 처우라는 말은 라틴어의 trahere에서 유래하는 것으로 취급하다, 대우하다, 치료하다 등을 의미하지만, 특히 행형단계에서의 처우라고 할 때에는 교정처우를 의미한다.

취급이나 형벌을 받지 아니한다" 고 규정하고 있고, 동 규약 제10조 제1항은 "자유를 박탈당한 자는 인도적이고 인간 고유의 존엄을 존중받도록 취급한다" 고 규정하고 있다.

2) 공평처우의 원칙

범죄자에 대한 처우는 법 앞의 평등이라는 헌법의 원칙에 따라 인종, 성별, 언어, 종교, 정치적 신조, 국적, 사회적 신분, 재산 기타 지위에 의해 차별받아서는 안된다. 이 규약 제26조도 이 점을 명시하여 선언하고 있으며, 피구금자처우에 관한 최저기준규칙 제6조도 같은 취지의 규정을 두고 있다.

3) 법적 지위에 상응하는 처우의 원칙

피구금자는 그의 법적 지위에 상응하는 처우를 받아야 한다. 따라시 처우를 받는 자마다 그 법적 지위에 따라 시설 내에서의 권리와 의무가 달라지게 되는데, 연령, 기·미결, 피구금사유 등에 따른 분류를 통하여 각각에 알맞는 처우를 해야 한다. 여기서는 시설내처우 뿐만 아니라 사회내처우를 받는 자에 대해서도 각 지위에 따른 처우를 고려해야 한다.

(3) 범죄자처우의 동향

1) 처우의 개별화

처우의 개별화란 범죄자를 처우하는 각 단계에서 각 범죄자에게 알맞는 개별적인 처우를 도모하는 것을 말하는데, 19세기 범죄자처우의 이념이 강조되면서 나타난 가장 핵심적인 명제라고 할 수 있다. 범죄자의 재사회화라는 관점에서 보면 처우의 개별화는 재사회화를 위해 필수불가결한 조건이라고 할 수 있는데, 처우의 개별화를 위해서는 범죄자 개인에 대한 정확한 이해를 위한 절차와 제도적 장치가 마련되어야 하며, 처우기관에게 처우선택에 따른 여지가 확대되어야 한다. 따라서 양형절차와 합리화, 판결전 혹은 판결전조사제도의 채택 그리고 시설의 다양화, 전문인력의 확보, 재정지원 등이 이루어져야 하며, 다른 한편으로는 수형화에 대한 과학적 분류와 이에 기한 처우기법의 개발 등이 요청되고 있다.

2) 교정처우의 모델

① **개선 모델**은 19세기 교육형 사상을 기초로 범죄자의 개선 및 교화를 통한 범죄

방지에 주된 목적을 둔 것을 말한다. 그러나 범죄인의 개선에 대한 낙관적인 태도를 기초로 한 개선모델은 당시에 개별범죄자의 개선 여부에 대한 판단의 곤란, 시설내 처우를 통한 개선의 한계라는 문제 등에 부딪치게 되었다.

② **치료모델**은 범죄자를 인격이나 사회화에 결함이 있는 사람으로 보아 환자에 대한 치료방식을 처우에 도입하려는 시도를 말하는데, 미국에서 부정기형제도의 이론적 기초가 되었다고 할 수 있다.

③ **사법모델**은 극단적인 개선모델이나 치료모델이 초래하는 범죄자의 인권침해라는 문제점을 고려하여, 범죄자의 법적 권리의 보장이라는 차원에서 처우의 문제에 접근하려는 시도를 말한다. 특히 미국에서 부정기형이 확대되고 법관이나 가석방심사위원회의 재량이 확대되면서 교도소 폭동 등의 문제점이 드러나자, 교정에 대한 회의론이 제기되면서 부정기형이나 가석방을 폐지하고 법정형의 폭을 제한하여 법관의 재량의 폭을 줄이면서 선시제 등을 통한 형기의 단축 등을 시도한 것도 이러한 경향을 나타내는 것이다.

④ **재통합모델**은 수형자의 주체성과 자율성을 인정하면서 수형자의 동의와 자발적인 참여하에 교정처우프로그램을 결정, 집행하려는 모델이다.

2. 교정처우로서의 행형

(1) 행형의 의의

행형(Strafvollzug)이란 확정판결을 기초로 수형자에게 시설내에서 자유형을 집행하는 것을 의미한다(시설내처우). 따라서 좁은 의미로는 자유형, 즉 징역・금고 및 구류의 집행방법을 말하지만, 현행 형의 집행 및 수용자의 처우에 관한 법률형의 집행 및 수용자의 처우에 관한 법률 (약칭: 형집행법) [시행 2020. 8. 5.] [법률 제16925호, 2020. 2. 4., 일부개정]은 이외에도 사형수의 수용, 노역장 유치 및 미결수용(동법 제11조) 등도 같이 규정하고 있으므로 이를 포함하여 널리 행형이라고 부르기도 한다. 좁은 의미로는 자유형의 집행에 관한 기본적인 사항을 규정하고 있는 법률로 볼 수 있다. 자유형의 집행은 수형자에 대한 개선・교육 즉, 교정적 요소를 포함하고 있는 반면에 수형자의 자유를 제한하는 것이므로 법률로써 그 집행방법 등을 규율하는 것이 요청되며 이러한 의미에서 행형에 관한 법은 수형자의 「마그나 카르타(Magna Carta)」로서의 성격을 지니고 있다.

(2) 행형의 목적

현대의 행형제도는 자유구금주의로부터 처우중심주의로 이행해 왔다고 할 수 있다. 이 점은 현행 「형의 집행 및 수용자처우에 관한 법률」 이 행형의 목적을 명시하고 있다. 즉 동법 제1조는 "이 법은 수형자의 교정교화와 건전한 사회복귀를 도모하고, 수용자의 처우와 권리 및 교정시설의 운영에 관하여 필요한 사항을 규정함을 목적으로 한다." 라고 규정하고 있는데, 이는 수형자의 교정 및 교화, 완전한 사회복귀를 꾀하려는 행형의 중요한 목적이다.

Ⅱ. 교정시설

1. 의의

교정시설이라 함은 원래 행형 내지 수형자처우를 위한 국가시설을 말하지만(행형시설), 넓은 의미로는 형벌뿐만 아니라 보안처분을 집행하기 위한 국가시설도 포함한다. 행형시설인 교도소는 좁은 의미로는 수형자, 즉 자유형이 확정된 자 및 노역장유치를 선고받은 자를 사회로부터 격리수용하여 개선 및 수용하여 개선 및 교화시키기 위한 국가시설을 말하지만, 넓은 의미로는 형사피고인이나 피의자와 같은 미결수용자와 사형의 선고를 받은 자를 수용하는 미결수용실과 구치소를 포함한다. 과거의 자유형집행의 목적은 범죄자의 행위에 대한 응보로서의 범죄인을 금고하여 해악이나 고통을 주는 데 있어서 자유형을 집행하는 장소로서의 감옥의 건축설비 등은 고려의 대상이 되지 않았으나 근대적인 의미의 교정시설은 수형자의 격리와 개선 및 교화라는 두 가지 기능을 지니고 있으므로 건축의 견고성과 아울러 수형자의 개선작용을 위한 시설(위생보건, 교육, 작업 등)들을 필요로 하게 되었다. 이를 위해 근대적인 교정시설은 첫째로 교도소는 각종 산업, 노동기구의 조직이 요구되는 이른바 대교도소제가 요망된다. 둘째로 개별처우의 방법으로서 수형자의 교화가능성, 작업기능, 연령, 성별, 범수, 형기 등을 참작한 과학적 분류를 필요로 한다.

2. 교정시설의 종류 및 구조

(1) 교정시설의 종류

1) 교정자의 연령에 따른 구별

교도소는 수형자의 연령에 따라 성년교도소 또는 일반교도소와 소년교도소로 구별된다, 만 19세 미만의 수형자는 소년교도소에 수용된다(형의 집행 및 수용자의 처우에 관한 법률 제11조). 성년과 소년을 구분하여 수용하는 것은 심신이 모두 미숙하고 환경의 자극에 저항력이 약한 소년을 성년수형자와 혼거수용하게 되면 범죄감염화의 우려가 있고 소년에 대한 교화 및 육성의 이념을 제대로 구현하기 곤란하다는 점에 그 근거를 두고 있다. 우리나라에서는 천안소년교도소는 2010년 2월 23일에 외국인 전담교도소인 천안교도소로 기능이 전환되어 현재는 김천소년교도소만이 유일한 소년전담교도소로서의 기능을 하고 있으며, 다른 교도소내에서도 소년에 대하여 분계된 지역에 수용하고 있다.

2) 수형자의 성별에 따른 구별

남자수형자와 여자수형자는 각기 남사와 여사에 격리수용한다(동법 제13조). 성별로 구분수용하는 것은 남녀의 신체적 특성이나 정서의 차이 등을 고려한 것이라고 할 수 있다. 격리수용의 방법에는 분리주의와 분계주의가 있으나, 남사와 여사를 각기 독립된 시설로 하여 성별 차이를 배려하려는 분리주의는 상당히 재정적 뒷받침을 요하므로, 동일한 시설내에서 양자를 엄격히 분리하는 분계주의가 많이 채택되고 있다. 우리나라에서는 청주에 여자교도소를 설치하고, 다른 교도소내에서도 여성수형자를 분계수용하고 있다.

3) 판결확정 유무에 따른 구별

교도소는 피구금자에 대해 판결이 확정되었가 여부에 따라 기결수용실과 미결수용실로 구분된다. 전자는 수형자를 구금하기 위한 장소로서 형의 종류에 따라 징역감, 금고감, 구류장(그리고 노역장, 유치장)으로 구분되며, 후자는 아직 형이 확정되지 않은 형사피고인 및 형사피의자를 구금하는 장소로서, 미결수용실 또는 구치소라고 한다(동법 11조). 사형의 선고를 받은 자도 교도소 또는 구치소에 수용한다. 미결수용은 절차확보를 주된 목적으로 하고 미결수용자는 아직 형이 확정된 것이 아니므로 헌법상 보장된 무죄추정의 원칙에 비추고 기결수용자에 의한 악폐감염을 방지하기 위하여 미결감과 기결감은 분리되지 않으면 아니된다. 2002.12.31 현재 전국의 교정기관은 중간감독기관인 4개의 지방교정청과 30개의 교도소, 8개의 구치소, 2개의 보호감호소, 5개의 구치지소 등 총 49개소에 이르고 있다.[20] 이와 함께 구치소나 미결수용실에 준하는 시설로서 각 경찰서의 유치장이 있다. 특히 검찰에 송치된 이후의 피의자나 피고인을 수용하는 시설을 대용감방(또는 대용교도소)[21]이라고 부르는데 이는 전국에 대용감방이 운영되고 있는데, 이 시설은 미결수용실에 비해 처우가 전무한 형편이고, 그 운영도 경찰서장에게 일임되어 있어 수사기관에 의한 자백강요 등의 우려가 있어 피의자 등의 인권에 중대한 제약을 초래하고 있다.

〈관련 판례〉

현행범으로 체포된 청구인들을 경찰서 유치장에 수용하는 과정에서 흉기 등 위험물 및 반입금지물품의 소지·은닉 여부를 확인하기 위하여 실시한 피청구인들에 대한 정밀신체수색이 헌법재판소법 제68조 제1항의 공권력의 행사에 해당하는지 여부에 대하여 유치장에 수용되는 자에게 실시하는 신체검사는 수용자의 생명·신체에 대한 위해를 방지하고 유치장 내의 안전과 질서를 유지하기 위하여 흉기 등 위험물이나 반입금지물품의 소지·은닉 여부를 조사하는 것으로서, 위 목적에 비추어 일정한 범위 내에서 신체수색의 필요성과 타당성은 인정된다 할 것이나, 이러한 행정목적을 달성하기 위하여 경찰청장이 일선 경찰서 및 그 직원에 대하여 그 직무권한 행사의 지침을 발한「피의자 유치 및 호송규칙」에 따른 신체검사가 당연히 적법한 것이라고는 할 수 없고, 그 목적 달성을 위하여 필요한 최소한도의 범위 내에서 또한 수용자의 명예나 수치심을 포함한 기본권이 침해되는 일이 없도록 충분히 배려한 상당한 방법으로 이루어져야 한다. 이를 위반해서 신체수색을 했다면 헌법소원심판청구의 대상이 되는 헌법재판소법 제68조 제1항의 공권력의 행사에 포함된다(헌재 2002.7.18. 2000헌마327).

20) 법무부,『법무연감』, 2003, 58면.

21) 구치소 등 교정시설에 수용돼야할 미·기결수를 수용하는 경찰서 유치장을 일컫는 대용감방은 영월, 밀양, 해남경찰서 등 전국에 14개가 있지만, 과밀수용, 위생불량, 의료지원 미비 등 인권의 사각지대로 지적되어 법무부는 대용감방을 올해말까지 충주, 제천, 통영 등의 3개 대용감방을 일선 구치소나 교도소로 이관받을 예정이며 2009년말까지 나머지 11개 대용감방을 각각 이관받기로 했다(동아일보 2003.9.1자 기사내용)

4) 특별법의 처분에 따른 구별

자유형의 선고를 받은 수형자는 교도소에 수용되지만, 보호감호처분을 받은 자는 특별한 시설에 수용된다. 형벌과 보호처분은 이원론에 입각하는 한 그 성격을 달리하므로 각 제재의 대상이 되는 자에 대한 처우도 달라져야 한다. 특히 보안감호처분을 받은 자는 대개 누범자를 그 대상으로 하므로 재사회화를 위하여 보다 과학적인 처우가 요청된다. 이러한 취지에서 각국에서는 보안처분을 집행하는 시설은 교도소와는 별개로 시설로 하고 있고 별도로 훈련을 받은 직원이 처우를 담당하도록 하고 있다.

우리나라에서 2014.1.1 현재 17개 보호관찰소 및 40개 지소가 있다.[22] 보호감호처분를 받은 자는 이곳에 수용되어 감호, 교화, 사회복귀에 필요한 직업훈련과 작업을 한다. 그리고 치료감호처분을 받은 자를 수용하기 위해 공주에 치료감호소를 시험・운영하고 있다.

5) 특수목적에 따른 구별

특별한 처우를 필요로 하는 수형자에 대해서는 그러한 처우를 가능한 특별교도소에 수용하는 것이 바람직하다. 현재 우리나라에서는 공주교도소가 불구자 및 정신미약자를, 마산교도소가 폐결핵환자를, 순천교도소 소록소지소가 나병환자를 각각 수용하고 있으며, 대전 및 김해교도소는 미전향좌익수형자 등 사상범을 수용하고 있다. 한편 출입국관리법에 따라 수용되어야 할 외국인 수형자를 위하여 수원교도소내에 외국인수용시설을 두고 있다. 또한 군행형법과 육군교도소령에 따른 군수형자 및 미결수용자를 구분수용하기 위하여 1개의 육군교도소(경기도 광주)와 지소(부산)을 두고 있으며, 여기에는 타군수형자 등도 함께 수용하고 있다(육군교도소령 제8조).

6) 계호의 정도에 따른 구별

수형자의 개별처우와 구금시설의 안전이라는 측면에서 보면 교정시설은 시설의 크기 및 구금계호의 경중에 따라 구분할 필요가 있는데, 미국에서는 대구금교도소, 중구금교도소 그리고 경구금교도소로 구분하고 있다. 우리나라에서는 대부분이 중구금시설이라고 할 수 있는데, 개방교도소인 천안교도소와 우량수형자를 수용하고 있는 군산교도소가 경구금시설의 성격을 가지고 있다.

22) 법무부, 『보호관찰』, 2008.

(2) 교도소의 구조

교도소의 구조에는 중정(中庭)형, 폐쇄형, 점재(點在:흩어져 있음)형, 학교형, 고층형, 일자형 X, H, T, L, Y 등 부정형, 절충형, 전주(電株)형, 원형(Panopticon 모델[23])), 방사형 등이 있으나 우리나라에서는 대개 일자형 사동을 병렬하는 전주형[24])이 일반적인데, 자연위생면에서 유리한 점을 가지고 있으나 앞으로 이 분야에 대한 많은 연구가 요청된다. 교도소의 건축에 있어서 자연적 입지조건에 대한 고려와 함께 보다 더 중요한 것이 내부시설이다. 각종 위생시설, 난방시설, 작업시설과 함께 오락시설, 교양시설 등 문화시설을 적절히 배치하여 수형자의 사회복귀에 만전을 기하도록 하여야 한다.

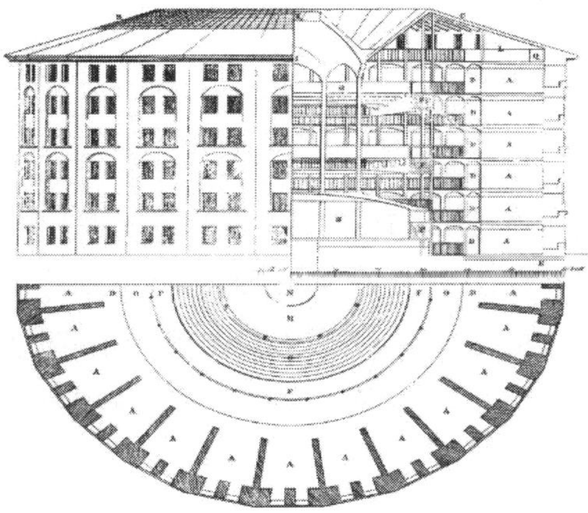

[그림] 벤담의 파놉티콘 설계모형

[그림] 파놉티콘 모형을 적용한 쿠바감옥내부

23) 이백철, 84-85면 참조 : 1770년대 벤담의 업적은 '파놉티콘(Panopticon)' 의 설계라고 할 수 있는데, 파놉티콘의 어원은 그리스어로 "모든 것을 본다" 를 의미한다. 당시 벤담의 설계는 중앙의 감시탑을 중심으로 원형으로 개인 독방이 둘러싸인 형태를 하고 있었다. 감시탑에는 창문이 있어 각 감방을 감시할 수 있었으나, 수용자들은 창문의 덮개 때문에 감시탑 내부를 들여다 볼 수 없도록 구조되어 있었다. 이러한 형태의 파놉티콘은 상당한 관심과 지지를 받았지만, 영국에서는 건축되지 못하였고, 유사한 형태는 네델란드와 스페인, 미국 등에서 찾아볼 수 있다.

24) 이백철, 357면. : 전주형 구조는 전봇대나 한자 양(羊)의 모양에서 보는 바와 같이, 횡으로 긴 중앙복도가 중심이 되고 좌우로도 복도가 나있으면서 계속적으로 이어져나가는 형태를 취하고 있다. 우리나라의 대부분 교도소는 일자형 사동을 병렬로 하는 형태를 취하고 있다.

3. 현행 교정행정의 조직

(1) 중앙조직

정부조직법에 따르면 행형에 관한 업무는 법무부장관이 관장하도록 되고 있고, 법무부장관은 이를 위하여 산하에 교정본부을 두고 있다(www.corrections.go.kr/) . 교정행정을 총괄하는 중앙기구로는 법무부장관과 법무부차관 아래에 교정본부장이 있고, 교정행정 전반에 걸쳐 교정본부장을 보좌하는 기구로서 교정정책단장과 보안정책단장이 있으며, 각 소관업무에 관하여 정책을 입안하는 교정기획과, 직업훈련과, 사회복귀과, 복지과, 보안과, 분류심사과, 의료과 등 7개과를 두고 있다. 1991년에는 법무부와 그 소속기관직제를 개정하여 서울, 대구, 대전, 광주에 4개 지방교정청이 신설되어, 각 지역 교정기관을 직접 감독하는 중간감독기능을 부여하고 있다.

(2) 교정시설

교정행정의 일선기관으로 교도소, 구치소, 개방교도소, 감호교도소, 보호감호소의 내부조직은 각 시설의 기능에 따라 약간 차이가 있다. 교도소는 형의 집행 등 행형사무 및 미결수용사무를 관장하며, 소장을 정점으로 하여 서무과, 보안과, 작업과, 용도과, 의무과 및 교무과를 두고 있다. 대규모 교도소의 경우 소장은 교정부이사관(3급), 소규모 교도소장과 대규모 교도소의 부소장은 교정감(4급), 각 과장은 교정관 또는 교감으로 각각 보하고 있다.

Ⅲ. 수형자의 인권과 법적 지위

수형자의 인권문제는 현실적으로는 교도소내의 인권침해와 관련하여 제기되는 것이다. 미 연방대법원의 러핀사건(Ruffine. Commonwealth 15th. 62 V. 790)에서 수형자는 법의 보호 밖에 있는 자로 보았다. 그러나 법치국가의 이념이 발달하면서 수형자도 법적 주체의 하나로 인식할 수 있었다. 수형자의 권리보장을 이론적으로 주장한 사람은 프로이덴탈(B. Fredenthal)이었다. 그는 수형자의 권리제한은 법률에 의해서만 가능하고, 국가와 수형자의 관계는 법률관계라고 하였다.

1. 이론적 기초

수형자의 법적 지위에 대해서는 전통적으로 **특별권력관계의 이론**이 원용되어 왔다. 따라서 일반 시민에게 보장된 헌법상의 기본권, 법률에 의한 행정·사법적 구제는 배제되며, 수형자를 어디에서 어떻게 수용하고 어떤 자유를 허용하는가 하는 점은 행정기관의 재량에 따라 정해진다. 최근에는 특별권력관계이론 자체에 대한 부정적인 입장이 유력해지면서, 수형자의 법적 지위에 대해서도 새롭게 조명되고 있다. 즉 수용관계를 행형기관이 수형자에 대해 일정한 공권력을 발동하는 것으로 보고 이에 대해서는 법치주의에 입각하여 형식적 의미의 법률을 통해 권리를 제한해야 한다는 점이 지적되고 있다. 수형자의 인권에 대한 제한은 일반적인 공권력행사의 경우와 마찬가지로 법률의 근거가 있는 경우에 한한다고 할 것이며, 비록 수형자의 사회복귀를 위하여 필요한 조치라 하더라도 인권침해의 우려가 있는 경우에는 법률의 규정이 없는 한 이를 인정해서는 안될 것이다.

2. 수형자의 기본권

현행 헌법 제10조는 "모든 국민은 인간으로서의 존엄과 가치를 가지며, 행복을 추구할 권리를 가진다" 고 규정하고 있는데, 이것은 수형자에 대하여도 원칙적으로 그대로 적용되나 기본권보장 일반에 일정한 한계가 있는 것처럼 수형자의 인권 특히 신체의 자유도 법률에 따른 구속을 받지 않을 수 없다. 어떠한 권리가 어느 정도까지 제한될 수 있는가는 일률적으로 말하기 어렵지만, 일반적으로 말하면 헌법이 보장하고 있는 기본권의 성격과 당해 수용관계의 설정목적을 비교형량하여 구체적인 권리를 법률로 제한해야 하고, 제한을 하는 경우에도 행형목적을 위하여 필요한 최소한도의 범위에 그치도록 해야 할 것이다. 예컨대 형의집행 및 수형자처우에 관한 법률시행령에 따르면 수형자의 접견은 시간(공무원 복무규정에 따른 근무시간내에 한하여), 빈도수(매월 4회), 장소(접촉차단시설이 성립된 장소) 등에 제한을 두고 있다. 또한 서신에 대하여는 수용자가 보내거나 받는 서신이 법령에 어긋나지 아니하면 횟수를 제한하지 아니한다.

3. 수형자의 권리구제

수형자의 시설내 처우가 적정하게 이루어지고 권리가 충분히 보장되기 위해서는 무엇보다 행형시설을 개방하고 운영에 외부인사를 실질적으로 참여시키는 방향을 꾸준히 추진해야 한다. 미국의 경우에는 수형자의 권리가 침해된 경우에 소송을 제기하는 방법 이외에 수형자의 고충을 조사하고 그 대책을 행형시설에 제시하는 독립한 공적 기관으로 행형 옴부즈만[25]을 두고 있고, 독일의 경우에는 행형에 대한 관할권을 가진 법원의 형집행부가 사법기관으로서 신속하고 간편한 고충처리를 행하고 있다.

(1) 순회점검

법무부장관은 교정시설의 운영, 교도관 및 경비교도의 복무, 수용자의 처우 및 인권실태 등을 파악하기 위하여 매년 1회 이상 교정시설을 순회점검하거나 소속 공무원으로 하여금 순회점검하게 하여야 한다. 순회점검은 교도소 등을 순회하여 일반교도사무와 수용자의 처우실태를 점검하는 것을 말하는데, 수용자는 순회점검공무원에게 고충과 애로를 구두나 서면으로 청원할 수 있다.

(2) 청원

수용자는 그 처우에 관하여 불복하는 경우 법무부장관ㆍ순회점검공무원 또는 관할 지방교정청장에게 청원할 수 있다. 청원하려는 수용자는 청원서를 작성하여 봉한 후 소장에게 제출하여야 한다. 다만, 순회점검공무원에 대한 청원은 말로도 할 수 있다. 소장은 청원서를 개봉하여서는 아니 되며, 이를 지체 없이 법무부장관ㆍ순회점검공무원 또는 관할 지방교정청장에게 보내거나 순회점검공무원에게 전달하여야 한다. 순회점검공무원이 청원을 청취하는 경우에는 해당 교정시설의 교도관등이 참여하여서는 아니 된다. 청원에 관한 결정은 문서로써 하여야 한다. 소장은 청원에 관한 결정서를 접수하면 청원인에게 지체 없이 전달하여야 한다(제117조).

(3) 소송의 제기

수형자는 소송을 제기할 수도 있다. 일반적으로 수형자의 신체에 대한 직접강제, 특히 계구(포승, 수갑, 사슬, 안면보호구) 사용에 따른 문제와 관련하여 교정직원에

---

25) 교정옴브즈만제도는 수용자 처우 등 소속기관의 교정행정과 관련된 수용자 또는 민원인 등의 모든 불만(재판 또는 수사 중이거나 법률에 다른 권리구제절차가 진행 또는 종결된 경우 제외)과 소속기관의 처분에 대한 불만 제기자와의 접촉 및 상담을 실시하고 필요한 경우 현장 확인 및 교정기관 관계자와의 면담 등을 통하여 문제점에 대하여 의견을 제시할 수 있는 교정옴브주만 제도를 2006년 5월 이후 시행 중에 있다.

대한 형사처분을 구하는 고소가 가능할 것이며, 처우방법에 대한 인권침해를 이유로 한 행정소송의 제기도 가능하다.

Ⅳ. 구금제도

1. 전통적인 구금방식

근대적인 구금제도는 격리작용과 함께 수형자에 대한 개선 및 교화기능을 동시에 가지고 있고, 최근에는 사회생활로부터의 격리라는 측면보다 가능한 한 수형자를 원활하게 사회에 복귀시킨다는 측면이 강조되면서 사회와 밀착된 형태로 처우하는 방안이 강구되고 있는데, 이는 수형자에 대한 처우의 개별화라는 관점과도 부합하는 것이다. 구금방식은 수형자의 개선, 교화, 위생, 보건, 국가재정 등 여러 가지 점을 고려하여 정해지게 된다. 전통적으로 시설내 처우를 원칙으로 하고 있지만, 최근에는 시설내 처우도 **'개방처우'** 의 방향으로 나아가고 있고, 한 걸음 더 나아가 사회적응을 위한 방안으로서 중간처우제도와 사회내 처우제도가 활발히 논의되고 있다.

(1) 독거제

독거제(獨居制)는 수형자를 교도소내의 독방에 구금하여 수형자간의 상호면식·접촉을 방지하려는 제도이다. 1704년 교황 클레멘스 11세가 산 미켈레 소년감화원에서 소년에 대해 야간 독거구금을 실시하였고, 1772년에서 1775년까지 간트(Gand)교도소에서도 야간독거구금을 실시하였다.[26] 독거제는 영국의 감옥개량가 호워드(John Howard, 1726-1709)에 의해 단독거제형태인 주간 또는 야간독거제를 주장하면서 처음으로 제기되었다. 그 결과 영국의 3개 도시와 특히 펜실바니아 주를 중심으로 필라델피아 협의의 주도하에 필라델피아시에 월넛(Walnut)교도소(1790)를 시작으로 피츠버그시 외곽에 서부교도소(1826), 필라델피아시 근처의 동부교도소(1829)가 설립되었다. 이 독거제는 수용자간의 통모를 방지하고 동료수형자간의 불량한 감염을 회피하며 독거를 통한 반성회오의 기회를 제공하고 개별처우에 유리하다는 등의 장점을 가지고 있으나, 다른 한편으로는 장차 사회생활에 복귀할 수형자에

26) 송광섭, 418면.

게 공동생활의 훈련을 시킬 수 없고, 특히 수형자 자치제의 활용이 불가능하며 본질적으로 사회성을 갖는 인간을 고독상태에 둠으로써 구금자의 심리적 및 생리적 장애를 가져오게 하며 감시에 불편하고 집단적인 교육 및 작업이 어렵고 국가재정의 부담이 크다는 등의 단점을 안고 있다.

펜실바니아주 동부교도소

(2) 혼거제

혼거제(混居制)는 교도소내의 동일한 방실에 다수의 수형자를 함께 수용하는 구금방식을 말한다. 혼거제는 독거제에 비하여 관리상 편리하고 국가의 재정부담도 덜하므로 구금제도로서 오랫동안 활용되어 왔으나 아무런 기준없이 무질서하게 수형자를 함께 수용하게 되면, 수형자를 적절하게 처우할 수 없을 뿐만 아니라 시설의 안전도 유지하기 어렵다. 이러한 폐해를 가능한 한 줄이기 위해 근대적인 혼거제는 다양한 수정노력을 기울여 왔는데, 그 대표적인 것이 **오번제**(Auburn System)라고 할 수 있다. 오번제는 1816년에 설립된 보스턴 교도소협회를 중심으로 활동이 전개되었다[27]. 이 제도는 독거제와 혼거제의 장점을 살리기 위한 제도로서 1823년 미국 뉴욕 주의 오번 감옥에서 당시 소장이었던 **헬람 린즈**(E. Lynds)에 의하여 최초로 시행되었다. 산업사회의 노동력 확보라는 시대적 요구에 부응하는 '새로운 혼거제' 하고도 부르는 이 제도는 수형자를 주간에는 엄중한 침묵을 지키게 하면서 혼거시켜 일정한 작업에 종사하게 하고, 야간에는 각자 독방에 수용하여 취침케 하는 제도를 말한다.

27) 이백철, 94면.

뉴욕주 오번시 오번교도소

(3) 분류제

분류제는 혼거제의 폐해를 제거하고 그 장점을 활용할 목적으로 수형자를 여러 가지 관점에서 분류하여 구금하는 방법이다. 오번제 이후 구금방식은 기본적으로 주간 혼거・야간독거라는 형태로 정착되었으나, 각국의 행형시설이나 인적 자원 등으로 주야간 혼거의 방식도 아직 적지 않은 실정이다. 따라서 그 이후 구금방식은 수형자의 과학적 분류를 전제로 다양한 처우방식의 개발에 중점이 두어졌다. 즉 누진처우제도, 수형자 자치제, 가석방 등이 여기에 속한다고 할 수 있는데, 여기에 전제가 되는 것이 '분류제' 라고 할 수 있다. 우리나라에서도 실제 혼거방식을 따르면서 분류제를 실시하고 있다.

2. 구금방식의 변화

독거제나 혼거제는 실질적으로 응보라는 전통적인 형벌관에 입각한 자유형의 집행방식이라고 할 수 있으나, 단기자유형의 폐단이 드러나고 과잉구금의 문제, 행형의 경제성, 처우의 효과 및 사회기여도 등이 문제로 되면서 수형자의 건전한 사회복귀라는 관점에서 구금제도를 완화 내지 보완하는 방안이 고안되었다. 이를 널리 「**중간처우**」라고 하는 데 정확히 말하면 시설내 처우에 기반을 두면서 기존 시설을 활용하는 개방처우와 사회내처우에 기반을 두면서 중간시설을 활용하는 개방처우와 사회내처우에 기반을 두면서 중간시설을 이용하는 협의의 중간처우가 있다.

(1) 개방처우

개방처우란 폐쇄처우에 대응하는 개념으로서 수형자의 생활환경을 가능한 사회와 유사하게 조성하여 교정효과의 극대화를 도모하는 처우방식을 말한다.[28] 개방처우의 개념은 광의의 개방처우와 협의의 개방처우로 나눌 수 있는데, 광의의 개방처우(open treatment)는 개방시설(open institution)에서의 처우뿐만 아니라 폐쇄시설에서도 실시되고 있는 외부통근제(work release system), 귀휴제(forlough), 부부접견제(conjugal visit system)[29], 주말구금제(weekend imprisonment) 등과 같은 반자유처우(semi-liberté : SL) 또는 중간처우의 집(Halfway House)과 같은 중간처우까지도 포함하는 것을 말하고, 협의의 개방처우란 개방시설(open institution), 즉 형벌집행에 영향을 미치지 않는 범위내에서 높은 외벽, 쇠창살, 자물쇠 등 물리적 시설을 대폭 제거한 개방시설에서의 처우만을 의미한다.[30] 유엔의 피구금자처우 최저기준규칙 제63조 제2항[31]은 '개방시설은 도주에 대한 물리적 경비수단을 가지지 아니하고 피수용자의 자율을 신뢰하고 있다는 점에서 신중하게 선발된 수형자의 사회복귀를 위하여 가장 바람직한 조건을 제공한다' 고 규정하고 있다.

1) 개방시설

개방시설(open institution)이란 구금시설 자체의 폐쇄적 성격, 보안기능을 최소화한 시설을 말하며, **개방교도소**라고 부르기도 하며, 이러한 제도는 19세기 후반 영국을 중심으로 유럽의 국가들이 식민지의 노동력을 확보하기 위해 식민지에 구금시설을 건설한 데에서 비롯된 것이데, 2차 대전 후에는 처우의 개별화와 시설관리라는 차원에서 새로운 문제로 떠오르고 있다.

유엔의 피구금자처우 최저기준규칙 제63조 제2항에서 과학적으로 분류된 수형자들의 개별처우를 위해서는 일정한 자에 대해서는 물리적 경비시설이 없는 개방처우가 바람직하다는 점을 선언하고 있다. 개방시설은 도주방지를 위한 물적 수단을 전혀

28) 허주욱, 『교정학』, 법문사, 2002, 759면 ; 조병인, 『현대사회와 범죄』, 법문사, 2001, 309면 ; 남상철, "개방처우의 효율적 시행방안", 교정연구(제17호), 2002, 32면.

29) 이백철, 243면. : 1959년 미국 미시시피 주의 레드하우스(Red House)에서 부부접견을 허용하는 데에서 공식화되었고, 가족유대강화 내지 교화개선보다는 흑인들의 노동력 향상을 위하여 창안되었으며, 점차 백인 남자수형자에게도 확대 시행하게 되었다.

30) 허주욱, 상게서, 759면 ; 정갑섭, 『교정학』, 을지서적, 1990, 249면.

31) § 63 (2) These institutions need not provide the same degree of security for every group. It is desirable to provide varying degrees of security according to the needs of different groups. Open institutions, by the very fact that they provide no physical against escape but rely on the self-discipline of the inmates, provide the conditions most favourable to rehabilitation for carefully selected prisoners.

갖추지 않고 피수용자의 자율에 호소하는 완전개방시설과 도주방지를 위한 최소한의 물적 수단만을 갖춘 반개방시설이 있다. 일정한 수형자에 대해 처음부터 수형기간 내내 개방시설에서 지내도록 하는 방안도 있으나, 대개는 전통적인 시설내 처우를 받아온 수형자에 대해 석방전 처우 내지 중간처우로서 활용하기도 한다. 개방시설을 운영하는 경우에는 입지조건, 수용자의 선별과 수용인원, 작업의 내용, 직원의 선발, 지역사회와의 관계 등을 고려해야 한다.

2) 구금상태를 완화하는 방안

전통적인 구금방식은 정해진 일과에 따라 형기 동안 계속 시설에 수용되는 방식을 취하고 있으나 이런 획일적인 구금방식이 수형자의 개별처우라는 이념과 부합되지 않고 사회복귀에도 어려움을 줄 수 있다. 이에 따라서 최근에는 구금에 따른 폐해를 가능한 줄이기 위해 각국에서 다양한 방안들이 제시되고 있다. 이런 방안들을 널리 **반자유처우**라고 부르는데, 이것은 수형자를 구금시설에 계속 구금하지 않고 일정한 시간대에만 시설내에서 생활하게 하고 나머지 시간은 자유롭게 일반인과 사회생활을 영위하도록 하는 처우방안을 말한다. 반자유제도는 외부활동의 종류에 따라 외부통근제, 외부통학제, 외부통원제 등으로 구분되고, 구금완화의 방식에 따라 주말구금, 휴일구금, 야간구금, 단속구금 등으로 구분된다.

① 외부통근제(work release)

수형자를 주간에는 감독자 없이 시설외의 직장에 통근시키고 야간에는 시설에서 규정에 따라 생활하게 하는 제도를 말하며 **주간석방자제도**라고도 부르는데, 가장 대표적인 반자유처우라고 할 수 있다. 연혁적으로는 1913년 미국의 위스콘신 주에서 이른바 후버법(Huber Law)[32]을 제정하여 이 제도를 채택하였고, 현재에도 미국의 24개 주에서 실시하고 있으며, 유럽에서는 프랑스, 벨기에 등에서 실시하고 있다. 이 제도의 적용대상은 주로 단기자유형을 받은 자나 소년수형자인 것이 일반적이나 형기 5년 이하의 수형자에 대하여 이를 인정하는 입법례도 있다.

우리나라에서도 천안과 군산의 개방교도소 그리고 청주여자교도소에서 부분적으로 이를 실시하고 있으나, 이 제도를 시행하기 위해서는 임금제의 확립, 대상 직장의

32) 외부통근제가 처음으로 법제화된 것은 1913년 미국 위스콘신주의 후버법(Huber Law)이며, 일명 주간가석방제도(Day Parole)라고도 한다.

개발, 특별한 교정직원의 양성, 노동계약의 확립, 산업재해의 보상 등이 선별되어야 한다.

읽을거리 : 한국의 개방교도소

한국의 경우 개방교도소는 1988년 11월 30일 문을 연 천안개방교도소 하나뿐이다. 수용 대상은 가석방이 가능한 3범 이하의 과실범 및 교통사범 수형자 가운데 형기 5년 이하, 남은 형기 5개월 이상 2년 이하인 자, 가석방이 가능한 초범 수형자에 한한다. 과실범 또는 교통사범 이외의 전과 경력이 있는 자는 제외된다. 천안개방교도소에서는 수용자 자치제가 허용되고, 외부 통근작업, 귀휴제도, 사회생활 체험, 가족 합동접견, 수용자 외박, 수용자 공중전화 자유 사용, 언론매체 허용, 사회 봉사활동 교육, 한자 교육, 수용자 정보화 교육, 사물놀이 보급 등 열린 교정을 통해 사회적응 능력을 키워주고 있다. 조직은 소장(3급)·부소장(4급) 아래 서무과·지도과·작업과·교무과·용도과·의무과 등 6개 과가 있다. 개방형 직위 소장제를 채택하고 있으며, 2002년 1월 1일부터 가석방 예정자 생활지도소에서 과실범 전담교도소로 기능을 전환하였다. 산하에 분류처우회의·급식관리위원회·귀휴심사위원회·징벌위원회가 있다.

※ http://cheonanopen.corrections.go.kr

② 주말구금제(weekend imprisonment)

주말구금제도는 평일에는 사회인과 다름없이 생활하게 하고 토요일 저녁부터 월요일 아침까지는 형을 집행하는 소위 형의 분할집행을 말한다. 종래의 엄격한 구금제도를 완화하여 범죄인의 재사회화를 꾀하려는 움직임을 교도소의 개방화 경향이라 한다. 이 제도는 수형자의 가정, 직장 또는 학교, 대인관계 등을 파괴하거나 고통을 주지 않고 휴일의 태만을 방지하며, 규율있는 일과나 카운셀링 등의 집중적인 처우를 통해 반성의 기회를 제공하는 데 의의가 있다.

이 제도는 원래 1943년 독일의 소년법원법이 규정한 소년구금(Jugendarrest)의 한 형태로 휴일구금을 인정한 데에서 출발하였는데, 현재는 독일 이외에도 벨기에·네덜란드 등에서 실시하고 있으며, 영국의 1948년 형사재판법이 도입한 「출석 센터에의 출석(attendance at attendance center)」제도도 이와 유사한 것이다. 이러한 형의 분할집행은 실제로 단기수형자(독일의 경우 1주 내지 4주, 벨기에의 경우 1월 이하)에 대해서만 의미가 있고 장기수형자의 경우에는 실효성이 없으므로, 이를 효과적으로 운용하기 위해서는 일정 기간 행장을 관찰하여 형기를 완전히 채우지 않고도 구금을 해제하는 방안이 보완되어야 할 것이다.

이 제도의 실시를 위해서는 대상자의 주거나 직장에서 멀지 않은 장소에 적당한 시설을 운영해야 하며 휴일에 근무하는 교정직원을 양성해야 한다는 어려움이 있다.

③ 귀휴제(forlough)

일정한 사유와 조건하에 기간과 행선지를 제한하여 수형자에게 외출・외박을 허가하는 제도를 말하며, **외박제** 또는 **형벌휴가제**라고도 한다. 1913년 미국 위스콘신 주에서 통과된 후버법(Huber Law)에서 비롯되어 1918년 미국의 미시시피 주에서 최초로 시행되었다. 우리나라에서는 고려시대부터 죄수가 친상을 당하였을 때 상을 치를 수 있도록 기간을 정하여 집에 다녀오게 하는 귀휴제가 시행되었다.[33] 이 제도는 수형자의 가족관계나 사회관계를 유지시킴으로써 사회복귀를 촉진시키기 위한 제도로서 수형자의 외부교통권을 강화한 처우형태라고 할 수 있다. 귀휴제의 방식은 수형자의 개선촉진과 사회복귀준비를 위한 가석방 전의 중간처우로서 허가하는 것, 특정한 작업의 취업자나 모범수형자에 대한 상우로서 허가하는 것, 근친자간의 사망, 중병시에 허가하는 것, 일신상 혹은 직업상 또는 법률상 긴급을 요하는 이유가 존재하는 경우에 중대한 불이익을 피하기 위하여 허가하는 것, 부부간의 특별면회 또는 시설내의 가족과의 동서 등의 제도에 대신하는 것 등 입법례에 따라 각기 다르나 대개 수형자의 외부교통권의 보장과 중간처우의 도입이라는 차원에서 귀휴제가 인정되고 있으며, 그 기간은 비교적 단기(대개 30일 이내)이고 행장이 양호하고 도주 등 귀휴를 악용할 염려가 없는 자에 대한 탄력적인 처우방법으로서 허용되고 있다. 귀휴기간은 형기에 산입하는 것이 바람직하다. 귀휴제도의 장점으로는 가족간의 유대를 강화하고 지역사회의 연계를 통해 출소 후 생활을 준비할 수 있으며, 귀휴제도의 활용을 통하여 가석방 대상자를 선별하고 석방시기를 판단하는 자료를 수집할 수 있다.

3) 형사정책적 평가

개방처우제도는 이미 세계적인 경향이나, 이론과 실무에서는 다음과 같이 개방처우제도에 대한 문제점이 노정된다. 첫째, 우리나라 형법 제67조에 '징역은 형무소내에 구치하여 정역에 복무하게 한다' 고 규정하고 있어 이 조항의 해석과 관련하여 개방처우도 자유박탈의 형식이어서 폐쇄시설처우와 다름이 없다는 견해, 형의 종류와 그 내용은 유동적이어서 자유형의 내용도 시대와 함께 변화되고 있는 것이 역사적 사

33) 이백철, 236면.

실이며 앞으로 이와 같은 변화가 있을 수 있다는 견해, 형의 본질은 주로 자유의 박탈이고, 이를 위해 반드시 자물쇠와 쇠창살을 설치해야 하는 것은 아니라는 견해 등이 있다. 이와 관련하여 이에 대한 대립은 법적 근거조항을 둠으로써 형벌의 명확성의 원칙을 실현할 수 있다. 둘째, 개방처우에 대한 비판은 형벌로서의 고통이 없기 때문에 위하의 효과나 재범방지에 도움이 되지 않아 형벌답지 않다는 일반시민의 법감정의 문제이다. 이와 관련하여 개방시설도 마찬가지로 '도망하려고 마음먹으면 언제든지 도망할 수 있으나, 이를 자제하여 도망치지 않는 것은 자기와의 엄숙한 대결이며 더욱 큰 고통이다' 라는 말과 같이 자유를 상실한 고통은 가장 큰 고통이므로 형벌로서의 고통은 그것으로 족하다. 셋째, 범죄자 사이의 불평등한 처우현실이 존재한다는 비판이 제기될 수 있다. 따라서 현대의 행형이 처우의 개별화에 따라 그 개인에게 가장 적합한 개별화된 처우를 한다는 것에 오히려 역행하고 있는 모순이 있다. 넷째, 개방처우의 큰 문제점은 실제로 도주에 있다. '수형자가 개방시설에서 도주하였다 하여도 직원은 극단적으로 말하면, 손가락하나 움직이지 않는다' 라는 말이 있듯이, 개방시설에서의 도주 및 외부와의 접촉을 악용할 위험성 등의 불이익을 보상하고도 남을 만한 많은 이점을 가지고 있으므로 결국 개방시설에서의 도주는 원칙적으로 직원보다도 수형자 자신의 문제로 생각하여야 할 것이다.

(2) 중간처우[34]

1) 의의

중간처우(intermediate treatment) 란 일반 사회와 수형자간의 교류확대를 통해 수형자의 사회복귀를 용이하게 하기 위한 제도로서, 시설내 처우와 사회내 처우의 중간형태[35] 내지 결합형태라고 할 수 있는데, 시설 자체나 시설과 연계된 다른 장소에서 폭넓은 자유를 허용하는 처우방식을 말한다. 과잉구금 등으로 인해 시설내 처우가 여

34) '높은 담안에서라도 중간처우라는 이름으로 불리워지는 처우가 있다면 그것은 교도소에서는 천당이다. 그렇다면 개방시설은 그 운영을 개인사회의 천당으로 만들어야 한다' (김용우, "수형자의 개방처우론", 교정 139, 1987, 51면 인용).

35) 이백철, 250-251면. : 중간이라는 단어에 대한 개념이 명료하게 정착된 것은 아니지만, 중간이라는 개념은 대체로 범죄자에 대한 처우행위가 정규교정시설과 지역사회와의 사이에서 이루어진다는 장소적 의미로 사용되기도 하고, 한편으로는 정규시설의 엄격한 통제로부터 사회 내 자유 상태로 전이되는 과정에서 보다 완화된 통제를 실시한다는 점에서 중간처벌이나 중간처우소라는 말로 널리 알려져 있다.

러 가지 폐해를 초래하고 있고 수형자가 석방 후에 사회의 낙인 등으로 사회에 적응하기 어려우며 폐쇄시설 내에서의 사회적응에 한계가 있다는 점 등을 고려하여 한편으로는 사회내 처우가 강조되고 있고, 다른 한편으로는 시설내 처우를 사회화하거나 사회내에 있는 시설을 수형자처우에 이용하는 방향이 제시되고 있는데 후자를 널리 중간처우라고 부른다. 특히 협의로 이해하는 경우에 중간처우란 사회와 구금시설 중간에 위치한 일정한 시설에 수형자를 수용하여 사회생활기능을 회복시키기 위한 훈련을 실시하고 직업에 대한 원조를 비롯한 특별한 처우를 행하여 원활한 사회생활에의 이행을 도모하려고 하는 제도를 의미한다. 결국 이 제도는 수형자처우의 인도화와 합리화라는 관점에서 나온 제도라고 할 수 있다. 이렇게 본다면 중간처우는 두 가지 유형으로 생각할 수 있는데 시설내 처우를 사회화하는 방식으로 전술한 개방처우가 여기에 해당하고 다른 하나는 시설내 처우를 위해 사회내 시설을 이용하는 방식으로서 교도소와는 다른 폭넓은 자유를 허용하는 중간시설을 이용하여 사회내 처우의 효과적인 운영을 도모하는 방식인데, 이를 **협의의 중간처우**라고 할 수 있다. 여기서는 후자의 의미로 한정하여 중간처우의 문제를 설명한다면 1850년경 아일랜드 감옥 소장이었던 크로프턴(Crofton)이 누진제를 실시하면서 가석방의 전단계로서 중간감옥을 설치한 데에서 비롯되었다고 할 수 있으며, 그 후에도 크로프턴의 영향 아래 헝가리의 바츠, 함부르크의 글라스모, 프러시아 등에 중간감옥이 설치되었다. 그러나 당시에는 사회내 노동력의 부족을 메우는 방안으로 중간처우가 활용되어 수형자의 사회복귀는 부차적인 의미를 가진 데 불과했다. 한편 미국에서는 1817년 메사추세츠주에서 범죄자를 위한 거주시설의 설립을 제안하였고 그 후 1864년 보스턴에 여자출소자를 위한 임시보호소가 설립되어 사회복귀를 주된 목적으로 하는 중간처우가 점차 각광을 받게 되었는데, 본격적인 형태의 중간처우는 20세기에 들어와서부터 나타났다. 즉 수형자가 비교적 장기간에 걸쳐 사회로부터 격리됨으로써 가석방이 되더라도 사회에 적응하기 매우 어렵다는 점을 고려하여, 교정당국이 그들의 사회적응을 도와주기 위해 사회내 처우에 이행하기 위한 전단계로서 중간처우를 구상하게 되었는데, 미국의 중간처우소(Halfway House)나 영국의 호스텔(Hostel) 등이 그 대표적인 형태다. 우리나라 중간처우의 형태로서는 2009년 1월부터 안양교도소는 10명 내외의 수형자를 대상으로 외부통근작업과 개방처우를 내용으로 하는 시설 내 중간처우, 천안개방교도소 내 사회적응훈련원 등에서 한 차례 이상 교육을 받은 출소 직전의 모범수 중에서 엄격한 심사를 통해 선발하여 주간에는 제조업체에 출근하여 일하고 야간에는 기숙사형태의 생활관에서 거주하여 사회복귀를 돕는 사회내 중간처우 형태 등이 있다.

> **제93조(중간처우)**
> ① 소장은 개방처우급 혹은 완화경비처우급 수형자가 다음 각 호의 사유에 모두 해당하는 경우에는 교정시설에 설치된 개방시설에 수용하여 사회 적응에 필요한 교육, 취업지원 등 적정한 처우를 할 수 있다.
> 1. 형기가 3년 이상인 사람
> 2. 범죄 횟수가 2회 이하인 사람
> 3. 중간처우를 받는 날부터 가석방 또는 형기 종료 예정일까지 기간이 3개월 이상 1년 6개월 이하인 사람
>
> ② 소장은 제1항에 따른 처우의 대상자 중 중간처우를 받는 날부터 가석방 또는 형기 종료 예정일까지의 기간이 9개월 미만인 수형자에 대해서는 지역사회에 설치된 개방시설에 수용하여 제1항에 따른 처우를 할 수 있다.
> ③ 제1항에 따른 중간처우 대상자의 선발절차는 법무부장관이 정한다.
> [본조신설 2015.12.10]

2) 외국의 경우

① 중간처우소(Halfway House)

중간처우의 초기 형태는 영국에서 1953년에 교도소내에 특별한 구역을 설치하여 운영했던 호스텔(Hostel)제도라고 할 수 있는데, 미국에서는 이와 유사한 형태로 발전된 것이 중간처우시설인 중간처우소(Halfway house)이다. 1961년에 뉴욕, 시카고, 로스엔젤레스에 구금시설과 분리된 석방전 보도센터가 설치되었다. 이들 시설은 20명 전후를 정원으로하여 커다란 저택이나 YMCA호텔의 일부를 사용하였는데, 주간에는 직장에 통근을 하고 야간이나 휴일에는 시설내에서 자유롭게 활동하면서 자율적인 생활을 영위하도록 하였다. 그 대상은 주로 성인수형자 가운데 석방예정자들로서 석방 3,4개월 전에 이 시설에 수용하여 외부통근제를 실시하였다.

② 사회내 처우 센터

사회내 처우 센터는 중간처우소(Halfway House)와 유사하지만 후자가 통상의 시설구금과 일반 시민생활의 가교적인 기능에 중점을 두고 있는 데 비하여, 전자는 이

와 함께 종래 시설구금이 가지는 결함을 보충하거나 대신한다는 의미를 가진 것이라는 점에 특징이 있다. 수용대상은 가석방대상자뿐만 아니라 보호관찰을 받고 있는 자 가운데 문제가 있는 자도 포함하며, 소년수형자를 대상으로 하는 경우가 많다.

읽을거리 : 진전된 논의

먼저 가석방(석방전) 보도센터(Prerelease Guidance Center)는 수형자가 석방을 준비하는 단계에서 구금시설과 일반사회의 중간에 설치한 시설에 수용하는 것을 말하는데, 호스텔(Hostel)제도나 중간처우소(Halfway House)가 현대화된 것이라고 할 수 있다. 즉 수형자를 형기만료 수주일 전에 특수한 시설에 수용함으로써 사회에 단계적으로 복귀시키도록 하며, 사회생활에 따른 책임감을 부여하고 사회생활을 준비하도록 하는 데 주된 목적이 있다. 구금시설이 실제로 개별처우에 한계를 가진다는 점을 고려하여 이 시설에서는 전문적인 생활환경조사원(case worker) 등을 통해 개별 수형자에 대한 지도와 보호에 중점을 두고 있다. 가석방 호스텔(Parole Hostel)은 대개 중간처우소(Halfway House)라고도 부르는데, 가석방된 자의 보호와 관찰을 통해 사회복귀를 돕기 위하여 마련된 것으로서, 우리나라의 갱생보호공단과 유사한 것이라고 할 수 있으나 미국에서는 종교단체나 자선단체가 주로 운영하고 있다는 점에 특징이 있다. 한편 보호관찰 호스텔(Probation)도 있는데, 이것은 군(county)단위로 설치되어 있으며, 프로베이션을 과하면서 그 조건으로 거주를 지정하는 경우와 그렇지 않은 경우가 있다. 다목적 센터(Community Diagnostic and Treatment Center)는 위와 같은 특정한 목적을 위해 시설을 운영하는 것이 재정상 어려움이 있다는 점을 고려하여 주로 소년을 대상으로 다양한 목적에 봉사하기 위해 만들어진 것으로서 우리나라의 소년분류심사원과 유사하다.

③ 과제와 전망

중간처우제도는 초기에 수형자의 사회복귀를 돕기 위한 단계처우의 일환으로 출발했으나, 현재는 점차 사회내 처우와 결합된 형태로 운영되고 있다고 할 수 있다. 그리고 행형의 사회화라는 요청에 비추어 보면 중간처우의 개발은 행형의 중대한 과제 가운데 하나라고 할 수 있으나, 이 제도는 수형자에 대한 과학적 분류가 전제로 되어야 하며, 이와 함께 그 도입에 따른 몇 가지 점을 고려해야 한다. ㉮ 지역주민들의 태도이다. 수형자를 시설 외에서 처우하는 것에 대해 일반인들은 막연한 저항감 내지 불안감을 가지고 있으며, 근자에 팽배되고 있는 지역이기주의 현상은 이 문제를 더욱 가중시키고 있다. 따라서 구외작업이나 외부통근 등을 확대 실시하여 단계적으로 이러한 저항감을 어느 정도 해소시킨 후에 중간처우제도를 도입하는 것이 가능할 것이다. ㉯ 처우담당직원의 문제이다. 중간처우를 실시하기 위해서는 교정직원들의 시설내 처우 현실과 같이 일방적인 처우태도를 가져서는 아니된다. 대상자와 수평관계에서 수형자와 상호교류를 통해 처우를 한다는 의식이 선행되지 않으면 안된다. 또한 처우기술면에서도 밀도 있는 연구 등을 통해 전문성을 갖추는 일이 병행되어야 한다. ㉰ 새로운 처우계획에 따른 재정의 문제이다. 중간처우가 활발히 이루어지고 있는 미국의 경우를 보면, 구금시설을 운영하는 경우보다 경비가 1/4 내지 1/8에 그친다는 보고도 있으나, 당장은 소규모 시설을 많이 두고 그에 따른 전문인력을 확보하는 과정에서 국가재정에 적지 않은 부담이 예상된다.

3. 현행 구금제도

(1) 시설내 구금방식

현행 형의 집행 및 수용자의 처우에 관한 법률에 따르면 수형자의 수용은 독거구금을 원칙으로 하고 필요한 경우에 혼거수용을 할 수 있도록 하고 있다(동법 제14조).

현행법은 혼거수용을 인정하면서도 이에 따른 폐해를 줄이고 개별처우의 이념을 실현하기 위해 분류제를 전제로 하는 구분수용을 명시하고 있다. 동법 제15조에서는 "소장은 수용자의 거실을 지정하는 경우에는 죄명 · 형기 · 죄질 · 성격 · 범죄전력 · 나이 · 경력 및 수용생활 태도, 그 밖에 수용자의 개인적 특성을 고려하여야 한다" 고 규정한 것이 그러하다. 또한 동법 제56조에서는 개별처우의 원칙을 선언하고 있다.

(2) 구금방식의 변화

1) 귀휴제

동법 제77조에서 1962년 개정에서 구금제도를 완화하는 방법으로서 귀휴제(歸休制)를 채택하였다. 귀휴는 행형성적이 우수한 수형자를 일정 기간 동안 가족 또는 사회에 보내어 장기간 수형생활로 단절된 사회사정을 익히고 가사를 돌보거나 출소 후의 직업문제를 해결하도록 하여 사회적응을 보다 용이하게 하는 데 주된 목적이 있다. "소장은 6개월 이상 복역한 수형자로서 그 형기의 3분의 1(21년 이상의 유기형 또는 무기형의 경우에는 7년)이 지나고 교정성적이 우수한 사람이 다음 각 호의 어느 하나에 해당하면 1년 중 20일 이내의 귀휴를 허가할 수 있다" 고 규정하고 있다(동법 제77조). 귀휴사유로는 ① 가족 또는 배우자의 직계존속이 위독한 때 ② 질병이나 사고로 외부의료시설에의 입원이 필요한 때 ③ 천재지변이나 그 밖의 재해로 가족, 배우자의 직계존속 또는 수형자 본인에게 회복할 수 없는 중대한 재산상의 손해가 발생하였거나 발생할 우려가 있는 때 ④ 그 밖에 교화 또는 건전한 사회복귀를 위하여 법무부령으로 정하는 사유가 있는 때이다.

2) 개방시설과 외부통근작업

동법은 1995년 개정 이후 개방처우에 대한 근거규정을 마련하게 되었다. 즉 동법 제57조 제3항은 '수형자에 대한 처우는 교화 또는 건전한 사회복귀를 위하여 교정성적에 따라 상향 조정될 수 있으며, 특히 그 성적이 우수한 수형자는 개방시설에 수용되어 사회생활에 필요한 적정한 처우를 받을 수 있다.' 고 규정하고 있다. 이 규정에 따르면 개방시설이라 함은 '도주방지를 위한 통상적인 설비의 전부 또는 일부를 갖추지 아니하고 수형자의 자율적 활동이 가능하도록 통상적인 관리·감시의 전부 또는 일부를 하지 아니하는 교정시설' 라고 명시하고 있고, 본격적인 개방처우를 실시하기 위하여 1988년 11월에 처음으로 천안개방교도소를 개소하였고 이를 계기로 각 지역별로 기존 교도소에 개방시설을 부설하여 운영하기로 하였다. 이러한 계획의 일환으로 1988년 11월 군산교도소에 100명 정도의 모범수형자를 수용할 수 있는 개방시설을 부설한 바 있다. 한편 형의 집행 및 수용자처우에 관한 법률 제68조 제1항은 외부통근제를 인정하여, 수형자의 사회복귀와 기술습득을 촉진하기 위하여 필요하다고 인정되는 경우에는 외부기업체 등에 통근작업을 할 수 있도록 하고 있다. 이것은 개방처우자 및 모범수형자가 교정시설밖의 외부기업체에 취업하여 통근작업을 하도록 하는 것으로서 재소자에게 자율성과 책임감을 함양시켜 사회적응능력을 배양하고 석방 후 취업을 용이하게 자립갱생기반을 마련하면서 재범방지의 효과를 도모하는 데 그 목적이 있다.

Ⅴ. 수형자의 분류와 처우

1. 수형자의 분류

(1) 의의

수형자의 분류란 일반적으로 수형자를 일정한 기준에 따라 동질적인 집단으로 구분하는 것을 말하는데, 이 개념의 이해에 대해서 유럽과 미국이 상당한 차이를 보이고 있다. 일반적으로 수형자의 분류는 수용분류 내지 관리분류와 처우분류로 구분할 수 있는데 전자는 수형자의 외부적 특징(성별·연령·죄질·구금의 근거 등)을 기초로 수형자의 보호나 행형목적에 중점을 둔 분류이며, 후자는 재사회화를 목적으로 하는 수형자의 처우를 위한 분류로서 유럽의 경우에는 집단별 분류의 방식을 취한다.

현행법은 1980년 개정 이후 제55조에서 "수형자에 대하여는 교육·교화프로그램, 작업, 직업훈련 등을 통하여 교정교화를 도모하고 사회생활에 적응하는 능력을 함양하도록 처우하여야 한다."고 규정함으로써 수형자처우의 원칙을 선언하고 있다.

(2) 분류를 위한 전제

첫째로, 수형자의 과학적 분류를 위한 기관이 설치되어야 한다. 외국에서는 분류위원회나 분류 센터를 별도로 운영하여 분류업무를 과학화·전문화하고, 분류업무를 담당할 직원을 양성하고 있다. 둘째로, 과학적 분류와 처우를 연계시키는 방안이 강구되어야 한다. 먼저 과학적 분류를 위해서는 다른 보조과학을 통한 광범위한 협력이 전제되어야 하며, 판결전조사제도를 확립하고 이를 통해 얻어진 자료들을 분류 및 처우에 활용하는 방안을 강구해야 한다.

2. 현행법의 분류제도

(1) 분류심사

분류심사란 수형자 처우의 기본지침을 확보하기 위해 수형자에 대한 개별처우계획을 합리적으로 수립하고 조정하기 위하여 수형자의 인성, 행동특성 및 자질 등을 과학적으로 조사·측정·평가하는 작업을 말한다.

입소시의 신입심사에 따라 분류급이 결정되면, 수형자는 각기 적당한 처우를 위한 알맞는 시설에 수용되는 데 이를 '수용분류'라고 부른다. 그리고 수용된 시설에서는 거실 및 작업의 지정 등 수형자 개인에게 알맞는 처우를 하기 위해 세부사항에 걸쳐 분류를 하는데 이를 **처우분류**라고 부른다. 그러나 이러한 분류결과는 고정된 것이 아니라 그 후 처우를 실시하는 과정 및 새로 얻은 자료 등에 따라 보다 적절하다고 생각되는 처우로 수정을 과할 수 있다(재심사). 따라서 분류전담기구가 설치된다 하더라도 분류조사는 분류 센터뿐만 아니라 개별 교정시설에서도 이루어질 필요가 있는 것이다.

(2) 현행법의 분류기준

수형자의 분류기준에 대하여 형의 집행 및 수용자의 처우에 관한 법률은 주로 수용분류와 관련하여 그 대강만을 정하고 있는데, 그 내용은 다음과 같다. 연령에 따라 성년수형자와 소년수형자로 분류하여, 19세 이상은 교도소에 19세 미만은 소년교도소에 구분하여 수용한다. 수용자를 수형자와 미결수용자로 구분하고, 미결수용자를 수용하기 위하여 구치소를 둔다. 성별에 따라 남자수형자와 여자수형자로 분류하며, 그들을 각기 남사와 여사에 분류수용한다(동법 제13조). 시설내에의 수용자에 대한 분류수용은 독거수용을 원칙으로 하며, 필요한 경우에는 혼거수용할 수 있다(동법 제14조). 소장은 수용자의 거실을 지정하는 경우에는 죄명、형기、죄질、성격、범죄전력、나이、경력 및 수용생활 태도, 그 밖에 수용자의 개인적 특성을 고려하여야 한다(동법 제15조).

3. 수형자의 처우방식

(1) 분류처우와 누진처우

수형자의 과학적 분류는 궁극적으로 수형자의 처우를 개별화하여 교정・교화에 이바지하기 위한 것이라고 할 수 있다. 따라서 수형자의 교정・교화를 목적으로 하는 처우제도야말로 행형의 핵심이라고 할 수 있다. 동법 제59조는 "소장은 수형자에 대한 개별처우계획을 합리적으로 수립하고 조정하기 위하여 수형자의 인성, 행동특성 및 자질 등을 과학적으로 조사・측정・평가(이하 "분류심사" 라 한다)하여야 한다." 고 규정한 것도 이러한 '처우의 개별화' 를 밝히고 있는 것이라고 할 수 있다. 그런데 처우의 방법으로 논의되고 있는 방법으로서 분류처우와 누진처우가 있는데 전자는 분류제도에 입각하여 다양한 분류기준에 따른 개별처우에 중점을 두는 것이고 후자는 수용분류를 전제로 하여 어떤 시설에 수용하는가는 분류기준에 따라 정한 다음 그 시설내에서 어떻게 처우하는가는 누진계급에 따라 획일적으로 정하는 것을 말한다.

우리나라의 교정제도와 현실을 고려한다면, 누진제와 분류제는 병존할 가능성이 있고 실제로도 양자의 성격을 동시에 고려한 규정을 두고 있다. 다만 문제는 어느 쪽에 비중을 두는가 하는 점인데, 이것은 단계별로 획일적인 처우를 하게 되는 누진제의 결함을 보완한다는 점에서도 매우 중요한 문제이다.

(2) 누진처우제도

1) 의의

누진처우제도라 함은 자유형의 집행에 있어서 재판상 선고된 형기를 수개의 단계로 나누어 집행하고, 일정한 행형성적을 올리는 데 따라 수형자에 대하여 그 처우를 점차 완화해 나가는 처우방법을 말하며, **행형누진제**라고도 부른다. 이 제도는 구금에 따라 강제를 완화하여 처우상의 특진과 자유를 증가시키고 특히 1급 수형자에 대해서는 조기에 석방시킴으로써 수형자의 전도에 희망을 주고 그 자발적인 분발 및 노력을 촉진시켜 자력적인 개선을 꾀하려는 데 기본취지가 있다.

2) 연혁

이 제도는 19세기 초부터 독일에서도 논의한 바 있으나, 1840년 영국의 유형지였던 식민지 오스트레일리아의 노포크(Norfalk) 섬에서 가석방과 결합된 형태로 처음 시행되었다. 당시 그 곳의 감옥소장으로 있었던 마코노키(A. Maachonochie, 1787-1860)는 수형자에 대해 각자의 형기에 상당하는 책임점수를 정하여, 이를 행상・작업・면학성적 등을 통해 얻은 득점으로 소각케 하고, 책임점수를 모두 소각한 자를 석방하는 일종의 점수제(mark system)를 채용하였고, 이 제도가 본국인 영국에 도입되어 이른바 잉글랜드제가 확립되었다. 그 후 1856년 아일랜드의 감옥위원장이었던 크로프턴(W. Crofton, 1815-1897)은 마코노키의 점수제에 수정을 가한 아일랜드제를 제안하였다. 그는 마코노키의 점수제를 채용하면서 당시 영국에서 인정되어 있었던 3단계(독거구금-혼거구금-가석방)의 누진제에 다시 중간감옥이라는 단계를 추가하여 여기서의 훈련에 합격하지 못하면 가석방증서를 주지 않았다. 중간교도소는 그 곳에 부속되어 있는 경작지와 공장에서 주간에는 거의 일반인과 같은 생활을 하게 하여 자기통제력과 외부의 유혹에 대항하는 능력을 판단함으로써 결국 수형자가 감화되었는가를 실제로 증명하기 위하여 설치한 것이다. 이 제도가 성공하면서 각국 행형의 주목을 받게 되었는데, 특히 미국에서는 뉴욕 감옥협회 회원이던 드와이트(Dwight), 와인즈(Wines), 샌본(Sanborn), 브록웨이(Brockway) 등이 위의 두 가지 제도와 부정기형제도를 결합한 - 19세기 행형사상의 결합체라고 할 수 있는 - 엘마이라제를 제창하여 1869년에 제정된 법률에 따라 1876년 엘마이라 감화원이 설립되었다. 우리나라에서는 1934년 11월 9일 총독부령 제178호로 「조선행형누진처우규칙」이 제정하여 시행되었으나 1944년 행상심사규정으로 바뀌어 일종의 고사제의 형식으로 시행되다가 바로 그 적용이 정지되었다. 해방이후에도 누진처우제도가 한 동안 실시되지 못하다가 1969년 「교정누진처우규정」(1969. 5. 13, 법무부령 제111호)이 제정 및 공포되면서 이 제도가 본격적으로 시행되었고, 1991년에는 법률의 명칭이 「수형자분류처우규칙」으로 바뀌었으나, 2008.12.19에 폐지되고 다만 새롭게 형의 집행 및 수용자처우에 관한 법률시행규칙으로 현재까지 이르고 있다.

(3) 적용범위

이 제도는 수형자의 자발적 노력을 전제로 수형자에게 시설내 자유의 폭을 넓혀주고 조속히 사회에 복귀할 수 있도록 조직적인 교육방법이다. 따라서 누진제는 그 성질상 단기수형자 또는 생리적 혹은 심리적 관계로 교육이 곤란한 자는 적용대상에서 제외하는 것이 일반적이다. 따라서 이 제도는 모든 수형자에 대해 적용할 것이 아니라 이를 적용하여 소기의 효과를 거둘 수 있는 자를 대상으로 하게 되고, 따라서 그 대상범위가 문제된다.

수형자에게 누진제를 적용하더라도 각자의 개성, 능력, 교육정도, 범죄의 원인 등을 과학적으로 판단하여 적용하지 않으면 그 효과를 기대할 수 없다. 따라서 누진제를 적용하기 위한 전제조건으로서 전술한 수형자의 과학적 분류가 요청되고 있다.

(4) 실행방법

1) 누진계급의 측정

누진처우제도는 집행해야 할 형기를 몇 단계로 나누어 집행하는 것을 전제로 하므로, 각 단계의 진급을 위한 평가기준이 필요한데, 이것을 누진계급의 측정이라고 한다. 이미 소개한 것처럼 이를 방안으로서 고사제와 점수제가 있다. 고사제는 일정한 사항의 고사를 담당하는 행형직원의 보고로 행형위원회가 심사하여 누진 결과를 결정하는 방법을 말하며, 일정한 기간이 경과하였을 때 행형성적을 고사하여 진급을 결정하기 때문에 '기간제' 라고도 한다. 이 제도는 진급과 가석방의 구체적 타당성을 기대할 수는 있으나, 계급의 진급이 행형직원의 자의에 따라 좌우되기 쉽다는 단점이 있다. 한편 점수제는 성적을 정하는 표준으로 될 점수를 정하고(책임점수) 이를 행형성적을 통한 취득점수로 소각케 하여 책임점수를 다 소각하면 진급을 시키는 제도이며, 점수소각제라고도 한다. 여기에는 이미 소개한 것처럼 잉글랜드제, 아일랜드제 그리고 엘마이라제가 있다. 우리나라에서는 기본적으로 잉글랜드제에 입각하면서 부분적으로 고사제를 병행하고 있다. 현행 누진제도는 누진계급을 4단계로 구분하고 있으며, 신입자는 먼저 제4급에 편입되어 점수제에 의하여 진급 내지 강급되게 된다.

1. 1급 : 범죄성향의 진전과 개선정도 및 교정성적에 따라 가장 높은 수준의 처우가 필요한 수형자
2. 2급 : 범죄성향의 진전과 개선정도 및 교정성적에 따라 통상적인 수준보다 높은 수준의 처우가 필요한 수형자
3. 3급 : 범죄성향의 진전과 개선정도 및 교정성적에 따라 통상적인 수준의 처우가 필요한 수형자
4. 4급 : 범죄성향의 진전과 개선정도 및 교정성적에 따라 가장 낮지만 기본적인 수준의 처우가 필요한 수형자

2) 진급방법

진급은 점수제를 기초로 하는데, 원칙적으로 책임점수를 소득점수로 소각케 하는 방법을 취하고 있다(시행규칙 제77조 이하 참조 : 수형생활 태도는 5점 이내, 작업 또는 교육 성적은 5점 이내). 각 수형자의 책임점수는 그 형기・죄질에 따라 개별적으로 부여되는데, 집행할 형기를 월수로 환산하고 이를 수형자분류계급에 따른 기본점수와 곱한 것이 책임점수로 된다.

제78조(소득점수 평가 기간 및 방법) ① 소장은 수형자(제62조에 따라 분류심사에서 제외되거나 유예되는 사람은 제외한다)의 소득점수를 별지 제1호서식의 소득점수 평가 및 통지서에 따라 매월 평가하여야 한다. 이 경우 대상기간은 매월 초일부터 말일까지로 한다. 〈개정 2013.4.16〉

② 수형자의 소득점수 평가 방법은 다음 각 호로 구분한다.

1. 수형생활 태도: 품행·책임감 및 협동심의 정도에 따라 매우양호(수, 5점)·양호(우, 4점)·보통(미, 3점)·개선요망(양, 2점)·불량(가, 1점)으로 구분하여 채점한다.
2. 작업 또는 교육 성적: 법 제63조·제65조에 따라 부과된 작업·교육의 실적 정도와 근면성 등에 따라 매우우수(수, 5점)·우수(우, 4점)·보통(미, 3점)·노력요망(양, 2점)·불량(가, 1점)으로 구분하여 채점한다.

③ 제2항에 따라 수형자의 작업 또는 교육 성적을 평가하는 경우에는 작업 숙련도, 기술력, 작업기간, 교육태도, 시험성적 등을 고려할 수 있다.

④ 보안·작업 담당교도관 및 관구(교정시설의 효율적인 운영과 수용자의 적정한 관리 및 처우를 위하여 수용동별 또는 작업장별로 나누어진 교정시설 안의 일정한 구역을 말한다. 이하 같다)의 책임교도관은 서로 협의하여 소득점수 평가 및 통지서에 해당 수형자에 대한 매월 초일부터 말일까지의 소득점수를 채점한다. 〈개정 2013.4.16〉

제79조(소득점수 평가기준) ① 수형생활 태도 점수와 작업 또는 교육성적 점수는 제78조 제2항의 방법에 따라 채점하되, 수는 소속 작업장 또는 교육장 전체 인원의 10퍼센트를 초과할 수 없고, 우는 30퍼센트를 초과할 수 없다. 다만, 작업장 또는 교육장 전체인원이 4명 이하인 경우에는 수·우를 각각 1명으로 채점할 수 있다.

② 소장이 작업장 중 작업의 특성이나 난이도 등을 고려하여 필수 작업장으로 지정하는 경우 소득점수의 수는 5퍼센트 이내, 우는 10퍼센트 이내의 범위에서 각각 확대할 수 있다.

③ 소장은 수형자가 부상이나 질병, 그 밖의 부득이한 사유로 작업 또는 교육을 받지 못한 경우에는 3점 이내의 범위에서 작업 또는 교육 성적을 부여할 수 있다.

(5) 급별 처우내용

개방처우급부터 중경비처우급까지 각 급별 처우내용은 시행규칙 제83조 내지 제96조에서 규정하고 있다.

구분 \ 급별	개방처우급	완화경비처우급	일반경비처우급	중(重)경비처우급
봉사원	선정가능	선정가능		
접견횟수 및 장소	1일 1회 접촉차단시설 외의 적당한 장소 허용	월 6회	월 5회	월 4회
가족만남의 행사 등	만남 허용 및 만남의 집 이용	만남 허용 및 만남의 집 이용	처우상 필요한 경우 허가	처우상 필요한 경우 허가
전화통화	월 5회 이내	월 3회 이내	처우상 특히 필요한 경우 월 2회 이내	처우상 특히 필요한 경우 월 2회 이내
자치활동	허가	허가	처우상 필요한 경우 허가	처우상 필요한 경우 허가
사회적 처우	1. 사회견학, 2. 사회봉사, 3. 종교행사, 4. 문화공연 참석 허용	1. 사회견학, 2. 사회봉사, 3. 종교행사, 4. 문화공연 참석 허용	처우상 필요한 경우 허가	처우상 필요한 경우 허가
작업상여금	2분의 1이내	3분의 1이내	4분의 1이내	
개인작업	1일 2시간 이내	1일 2시간 이내		
외부직업훈련	허용	허용		

(6) 제도의 문제점

누진처우제도는 수형자에게 자발적 노력에 의한 개선의욕을 불러일으키고 사회복귀를 촉진시키는 것을 목표로 한다. 그러나 현행 제도는 이러한 목표에 도달하기에는 몇 가지 문제를 안고 있는데, 그것은 운영에 따른 것에 그치지 않고 제도 자체가 안고 있는 결함도 있다. ① 이 제도는 수형자의 인격특성에 따른 처우의 개별화에 중점을 두지 않고 있다. 즉 이 제도는 먼저 모든 수형자를 중경비처우급에 위치시키고 각 계급에 대해 사실상 동일한 처우를 하고 있어 탄력성이 결여되어 있다. 특히 작업 위주로 되어 있는 현행 일과에 따르면 급별 처우 이외의 개별처우를 받을 수 있는 기회는 협조하다고 볼 수 있다. ② 수형자의 법적 지위나 일반적인 생활수준이 향상되고 있는 현실에 비추어 보면 급별 처우내용이 지나치게 열악하다. 예컨대 급여나 교육·교회의 경우 제2급 수형자 이상에게 주어지고 있는 우대조치의 대부분은 모든 수형자에게 확대되어야 하는 것들이다. ③ 점수산정기준에 대한 면밀한 분석이 되어 있지 않고 기술적이다. 먼저 책임점수의 경우에는 수형자의 죄질과 개선가능성만이 반영되어 개인적 특성이 별로 고려되지 못하고 있다. 또한 소득점수도 그 기준이 주된 내용을 이루는 행상이나 작업에 대한 평가가 형식적・획일적이고 수형자의 사회복귀보다는 시설내 적응도에 중점을 두고 있는 인상을 준다. ④ 누진제가 개방처우와 폭넓게 연결되어 있지 못하다. 수형자의 사회복귀를 주된 목표로 하는 행형제도를 전제로 한다면, 처우내용에 탄력성을 부여하고 필요한 경우에는 각 누진급을 개방처우와 연결시킬 수 있는 가능성을 폭넓게 열어놓을 필요가 있다.

(7) 수형자 자치제도

1) 의의

수형자 자치제(Inmate Self-Government System)라 함은 행형의 운영을 수형자 자신의 손에 맡기고 그들의 책임하에 교도소의 질서를 유지하고 스스로 개선하여 사회에 복귀하는 준비를 하게 하려는 처우방법이다. 종래의 행형제도가 행형직원에 대한 수형자의 절대복종을 기본으로 하고 있었던 것이라면, 이 제도는 수형자의 자치심과 책임감을 기본으로 한다는 데 특징이 있다. 제도는 자치의 범위를 어느 정도까지 허용할 것인가에 따라 여러 가지 형태를 생각할 수 있으나, 예컨대 그 목적은 수형자들이 사회생활에 대해 자유와 책임을 가진다는 점을 인정하고 교도소내의 질서를 그들 스스로 유지하도록 훈련시킴으로써 수형자의 사회적응능력을 함양하는 데에 있다.

읽을거리 : 수형자자치제도의 유래

본 제도는 19세기 초 유럽이나 미국의 소년감화원, 소년구호원 또는 빈민원 등에서 자치제를 실시한 데서 그 기원을 찾을 수 있으나, 행형제도로 처음 실현된 것은 1914년 미국 뉴욕 주의 오번감옥에서 오스번(T.M.Osborne)이 수형자 자치제를 시도한 때부터라고 할 수 있다. 오스번은 자원수형자로서 – 그는 당시에 이미 오번 시장, 뉴욕 주 민주당위원장 등을 역임한 바 있고, 교도소 개량위원회 위원장을 지내고 있었다 – 오번 감옥에 들어가 감옥의 실상을 경험하고 당시 감옥제도가 안고 있던 많은 결함을 지적하면서, 그 시정방법의 하나로서 행형은 수형자의 자치에 의해야 한다고 생각하였다. 그리고 그는 실제로 수형자의 자치단체인 상호부조연맹을 조직하여, 그 가운데에서 대의원 49명을 선출하여 자치적으로 질서의 유지와 상호향상을 도모하였다. 그 후 이러한 자치제는 뉴욕의 싱싱교도소를 비롯하여 미국내 몇 개의 감옥에서 실시되었으나, 현재에도 세계 각국에 일반화되어 있지는 않고, 다만 많은 나라들이 누진처우의 최상급자에게 일정한 범위에서 자치를 인정하는 데에 그치고 있다.

2) 전제조건

종래의 행형제도하에서는 타율적인 개선이 전제되어 있었던 데 비하여, 수형자 자치제는 수형자 스스로가 개선에 노력하도록 한다는 데 특징이 있다. 그러나 그 실시를 위해서는 다음과 같은 점이 전제되어야 한다. ① 자치라고 하더라도 그것은 어디까지나 자유형을 집행하는 과정에서 인정되는 자치라는 점을 고려해야 한다. 따라서 교육효과에도 스스로 한계를 두어야 하고, 더욱이 자치는 자유를 의미하는 동시에 규율을 의미한다는 점을 유의하여야 한다. ② 수형자 자치제는 모든 수형자를 대상으로 하기는 어렵다. 자치는 필연적으로 혼거를 예정하고 있으므로, 타인에게 나쁜 영향을 미칠 염려가 있는 자는 제외해야 한다. ③ 수형자 자치제는 정기형제도하에서 충분히 그 기능을 다할 수 없다. 왜냐하면 형기가 만료되면 아직 자치심이 형성되지 않은 사람이라도 사회에 복귀시키지 않을 수 없기 때문이다. ④ 수형자 자치제는 교도소를 소규모로 운용하는 경우에 보다 큰 효과를 가져올 수 있다. 대규모 교도소에서는 수형자대표 등에 의하여 힘없는 수형자들이 희생당하는 사례가 미국에서도 많이 발견된 바 있다. ⑤ 근본적으로 사회 자체가 민주적이 아니면 이 제도는 무의미할 뿐만 아니라 도리어 폐해를 가져올 염려가 있다. 사회의 민주화가 이루어지고 건전한 시민의식이 정착된 곳이라야 교도소내의 문화도 민주적으로 이루어질 수 있는 가능성이 있기 때문이다. 그러나 이 제도의 최대 난점 가운데 하나는 행형직원이 자칫하면 수형자 중 선발된 소수의 보스의 수중에 장악되어, 이들의 전횡으로 대다수의 수형자를 그릇되게 지배하는 결과를 가져오기 쉽다는 점이다. 행형시설이 종래의 엄정한 관치로부터 이러한 탈법상태에 빠지게 되면 많은 수형자의 불평, 불만이 부적되어 교도소폭동을 유발할 염려도 없지 않다.

3) 우리나라의 경우

우리나라의 경우에도 위와 같은 점들을 고려하여 교정직원의 관리하에 수형자 자치제를 부분적으로 실시하고 있는데, 그 현황을 살펴보면 아래와 같다. 먼저 일반교도소의 경우에는, 일정한 범위내에서 자치를 인정하고 있다. 소장은 개방처우급 · 완화경비처우급 수형자에게 자치생활을 허가할 수 있다. 수형자 자치생활의 범위는 인원점검, 취미활동, 일정한 구역 안에서의 생활 등으로 하고, 소장은 자치생활 수형자들이 교육실, 강당 등 적당한 장소에서 월 1회 이상 토론회를 할 수 있도록 하여야 한다. 소장은 자치생활 수형자가 법무부장관 또는 소장이 정하는 자치생활 준수사항을 위반한 경우에는 자치생활 허가를 취소할 수 있다(시행규칙 제86조 제4항). 수원교도소는 1962년부터 모범수형자의 집금시설로서 운용되어 자치제를 기본으로 반자유구금을 실시하고 있으며, 천안개방교도소도 자치제를 실시하고 있다. 소년교도소에서는 무계호의 자치제하에 일반 소년단과 같이 군사훈련, 체조, 수기신호, 야외캠프, 청소 등을 행하고 있으며, 이를 위해 천안의 경우는 충의소년단, 김천의 경우는 화랑소년단을 각기 운영하고 있는데, 교육활동, 봉사활동, 야외활동 그리고 명예회의 등을 주된 활동내용으로 하고 있다.

영화감상	
	◇ 다음 2009년 제작된 강대규 감독의 하모니 영화를 감상하시고 교정복지에 대한 본인의 의견과 수형자 자치제에 대한 당시의 의견을 어떠한지를 발표하여 보자.

3. 수형자에 대한 처우내용

교정시설내에서는 수형자뿐만 아니라 미결수용자의 경우에도 그 생활은 일반 사회와는 다른 특징을 가지고 있다. 즉 타율적이고 획일적인 집단생활로 이루어진다. 수용자의 일상생활은 아침에 일어나면서부터 잠들 때까지 거의 모든 시간을 일률적인 일과(동작시간표)에 따라 이루어지며, 항상 지도와 감시로 개인의 사생활이 극도로 제약되어 있고, 특히 누진제하에서는 행형성적에 따라 처우가 좌우되어 타인의 이목을 항상 염두에 두어야 한다. 또한 일반 사회에 비하여 생활조건도 매우 열악하다. 즉 최소한의 문화생활도 상당한 제한을 받을 뿐만 아니라 정보매체로부터도 어느 정도 차단되어 있으며, 가족이나 친인척 그리고 친구와의 만남도 쉽지 않다. 이로 인하여 교정시설내에는 외부와의 단절에 따라 시설내의 독특한 하위문화가 형성되기 쉽다. 아래에서는 이러한 점을 고려하면서, 수형자에 대한 구체적인 처우내용에 대해서 살펴보기로 한다.

(1) 개별적 생활조건 및 교육, 교회

1) 급여

소장은 수용자에게 건강유지에 적합한 의류ㆍ침구, 그 밖의 생활용품을 지급한다

(동법 제22조). 특히 수형자에게 제공되는 의류는 그의 품위를 손상시키거나 치욕을 주는 것이어서는 안된다(유엔 최저기준규칙 제17조). 또한 소장은 수용자에게 건강상태, 나이, 부과된 작업의 종류, 그 밖의 개인적 특성을 고려하여 건강 및 체력을 유지하는 데에 필요한 음식물을 지급한다(동법 제23조 제1항). 수용자는 소장의 허가를 받아 자신의 비용으로 음식물ㆍ의류ㆍ침구, 그 밖에 수용생활에 필요한 물품을 구매할 수 있다(동법 제24조).

〈관련판례〉

구치소 측은 수용자들이 희망하는 경우에 한하여 그의 비용부담으로 외부업체에서 플라스틱 컵을 구매하여 당해 수용자에게 지급하였고, 수용자가 희망하지 않는 경우에는 세라믹 재질로 된 밥그릇에 식수를 제공하고 있는 사실을 확인할 수 있는 바, 이러한 사정을 고려하면 플라스틱 컵 제공행위를 헌법소원의 대상이 되는 권력적 사실행위로 볼 수는 없다 할 것이다(헌재 2012.11.6. 2012헌마828).

2) 위생과 의료

자유가 극도로 제한된 집단생활을 하는 수형자에게는 건강에 대한 배려가 매우 중요하다. 이러한 취지에서 현행법은 소장은 수용자가 건강유지에 필요한 운동 및 목욕을 정기적으로 할 수 있도록 하여야 하고, 수용자에 대하여 건강검진을 정기적으로 하여야 하며, 전염의 우려가 있는 질병의 발생과 확산을 방지하기 위하여 필요하다고 인정하면 수용자에 대하여 예방접종ㆍ격리수용ㆍ이송, 그 밖에 필요한 조치를 하여야 한다(동법 제33조~제35조). 이외에도 수형자의 목욕(매주 1회 이상), 건강검진(1년에 1회 이상) 등을 규정하고 있다(동법 시행령 제50조~제51조). 이는 위생의 차원보다는 실제로 집단생활에 따른 규율이라는 성격이 강하다고 볼 수 있다.

〈관련판례〉

피청구인이 2010.07.경부터 2010.11.17.경까지 청구인에 대하여 지속적이고조직적으로 실시한 생활지도 명목의 이발 지도행위(이하 '이 사건 이발지도행위(이하 '이 사건 이발지도행위'라 한다) 및 2010.11.17.경 앞머리는 눈썹이 보이도록, 옆머리는 귀를 가리지 않도록, 뒷머리는 목을 가리지 않도록 실시한 이발행위(이하 '이 사건 이발행위'라 한다)가 공권력 행사에 해당하는지 여부 및 권리보호이익이 인정되는지 여부에 대하여 이 사건 이발지도행위는 피청구인이 수용자의 자발

적 참여를 전제로 두발 등을 단정하게 유지할 것을 지도·교육한 것에 불과하고 피청구인의 우월적 지위에서 일방적으로 청구인에게 이발을 강제한 것이 아니므로, 헌법소원심판의 대상인 공권력의 행사하고 보기 어렵다[헌재 2012. 04. 2010헌마751]

수용자에 대한 건강진단이 이미 실시되어 종료하였는데, 건강진단이 불충하게 실시되었다고 하면서 그 건강진단의 위헌확인을 구하는 내용의 심판청구에 대해 권리보호이익이 인정되는지 여부에 대하여 청구인에 대한 건강진단은 2004.4.19. 실시되어 그 즉시 종료하였으므로 이 사건 건강진단으로 인한 청구인의 기본권 침해는 이 사건 심판천구 당시 이미 종료하였고, 그 후 법무부는 각급 교정기관에 대해 수용자 건강진단을 외부 의료기관에 의해 실시하되, 그 내용과 수준을 국민건강보험공단이 공무원을 대상으로 하는 건강검진과 동일한 것이 되도록 하는 「수용자 건강검진 실시계획」을 수립하여 2006년부터 실시하도록 하였으며 피청구인도 2006. 4.경 위 계획에 따른 건강진단을 실시하였으므로 청구인이 주장하는 내용의 기본권 침해가 반복될 위험이 있다거나 그 위헌 여부에 대한 헌법적 해명이 헌법질서의 수호·유지를 위한 긴요한 사항으로 볼 수 없다[헌재 2006.7.27. 2004헌마476].

외부의료시설 진료 후 환소차를 기다리는 과정에서 병원 밖 주차장 의자에 앉아 있을 것을 지시한 행위는 외부의료시설 진료에 이미 예정되어 있던 부수적 행위로서 강제성의 정도가 미약한 단순한 비권력적 사실행위에 불과하다(헌재 2012.10.25. 2011헌마429).

(2) 교육과 교회

수형자에 대한 처우가 사회복귀에 중점이 두어짐에 따라 교도소내에 이루어지는 교정교육의 중요성이 강조되고 있고, 이와 함께 수형자의 도덕성 함양과 건건한 인격형성을 위한 교회도 수형자의 재사회화에 중요한 몫을 차지하고 있다.

〈관련판례〉

1970년부터 교육자, 사회사업가 등 교육교화에 뜻을 가진 유지들을 교화위원으로 위촉하여 교도소와 지역사회의 융화에 기여함은 물론 수형자의 상담, 생활계획지도, 자매결연, 취업알선, 교화도서기증 등의 지원을 받고 있는데 1993년 말 현재 1,745명이 교화위원으로 활동하고 있다. 한편 1983년부터 수형자의 신앙생활 지도 및 심성순화를 위하여 종교인을 종교위원

으로 위촉하여 종교지도, 교리지도, 자매결연, 교화도서 기증 등의 지원을 받고 있는데, 1993년말 현재 1,392명이 종교위원으로 활동하고 있다.

1) 교육

형의 집행 및 수용자처우에 관한 법률 제63조 제1항에서 '소장은 수형자가 건전한 사회복귀에 필요한 지식과 소양을 습득하도록 교육할 수 있다.' 고 규정하고 있고, 동조 제2항에서는 '소장은「교육기본법」제8조의 의무교육을 받지 못한 수형자에 대하여는 본인의 의사·나이·지식정도, 그 밖의 사정을 고려하여 그에 알맞게 교육하여야 한다' 고 규정함으로써 생활교육 일반에 대한 근거와 함께 다양한 교육내용의 실시를 가능하도록 하고 있다.

학과교육은 일반적인 교육과정에 따른 초중등교육을 내용으로 하고 있으며 초등과정·중등과정 그리고 고등과정이 있다. 특히 소년교도소에는 교육부인가 정규 고등학교과정을 설치하고 있다. 한편 생활교육은 신입자와 석방자에 대한 교육과 일반교육으로 구분할 수 있다. 일반교육내용으로 연 1회 2주간 실시하는 정신교육, 생활지도그리고 소내 방송을 통한 이념 및 생활교육 등을 실시하고 있다. 교육의 방법으로는 교류분석, 상담, 현실요법, 행동요법, 참선법 등에 의한 심리지도와 생활지도가 있다. 한편 시설내의 재소자에게 출소 후 직업안정을 위해 실시하는 직업훈련도 넓은 의미의 교육에 포함된다.

2) 교회

동법 제45조 제1항은「수용자는 교정시설의 안에서 실시하는 종교의식 또는 행사에 참석할 수 있으며, 개별적인 종교상담을 받을 수 있다」고 규정함으로써 종교교회에 대한 근거규정을 두고 있다. 그러나 교회란 수형자의 도덕성을 함양하고 인격을 도야하기 위해 행해지는 일체의 활동을 포함하므로 종교교회에 한하지 않고 다양한 형태로 이루어지고 있다. 교회는 그 방법에 따라 총집교회·개인교회·특수교회가 있고, 내용에 따라 종교교회와 일반교회가 있다. 총집교회란 다수의 수형자를 교회당이나 공장 등 일정 장소에 정기 또는 임시로 집합시키고 사회저명인사나 교정직원 또는 교화위원·종교위원 등이 작업시간을 피하여 행하는 것을 말한다. 개인교회는 수형자 개개인에 대하여 교화상 필요한 경우에 본인의 희망에 따라 이루어지는 것을 말하고, 특수교회는 수형자가 부고를 받고 면업된 경우에 그에게 교회사가 시행하는 조상교회, 가석방 등 은전을 베푸는 식장에서 수형자를 집합시켜 행하는 의식(은전)교회,

수형자가 사망하였을 때 연고가 있거나 필요한 자를 집합시켜 행하는 관전교회 등이 있다. 한편 일반교회란 인격도야와 개과천선을 촉구하기 위해 이루어지는 종교교회 이외의 교화방법을 말하며, 교화위원이나 사회저명인사의 강연 등의 형태로 이루어진다.

〈관련판례〉

구치소에서 미결수용자에 대한 종교의식 또는 행사의 참여를 금지한 행위에 대하여 미결수용자는 무죄추정원칙이 적용되는 만큼 기본권 제한에 해당한다고 보고 있다(헌재 2011.12.29. 2009헌마527).

교정시설의 종교집회도 교정교화를 목적으로 실시되는 한 구치소장이 원칙적으로 수형자를 대상으로 종교집회를 실시하는 것에는 합리적 이유가 있다. 그러나 구치소장은 미결수용자와 미지정 수형자 인원의 1/8에 불과한 출력수에게 매월 3~4회의 종교집회 참석 기회를 보장하는 반면, 미결수용자와 미지정 수형자에 대해서는 원칙적으로 매월 1회, 그것도 공간의 협소함과 관리 인력의 부족을 이유로 수용동별로 돌아가며 종교집회를 실시하여 실제 연간 1회 정도의 종교집회 참석 기회를 부여하고 있다. 이는 미결수용자 및 미지정 수형자의 구금기간을 고려하면 사실상 종교집회 참석 기회가 거의 보장되지 않는 결과를 초래할 수도 있어, 구치소의 열악한 시설을 감안하더라도 종교의 자유를 과도하게 제한하는 것이다(헌재 2014.06.26. 2012헌마782).

(2) 외부와의 교통

1) 의의

외부와 단절되어 있는 수형자는 심리적으로나 신체적으로 퇴행현상을 보이기 쉽고, 이를 막기 위해서는 외부와 어떤 형태로든 접촉할 기회를 제공해야 하며, 이러한 기회는 수형자의 원활한 사회복귀를 위해서도 매우 중요하다. 뿐만 아니라 수형자가 외부와 교통할 수 있는 권리는 위에 소개한 일반적인 생활조건들과는 달리 단순한 권능이 아니라 적극적인 권리로서의 성격을 가지고 있다. 외부와의 교통이란 다양한 의미로 사용될 수 있는데, 넓게는 신문·잡지 등의 구독이나 라디오·TV의 시청 등 외부의 정보를 입수할 수 있는 모든 방법과 귀휴제·외부통근제·교회위원과의 상담 등 외부와 접촉하는 모든 방법을 의미하지만, 일반적으로는 현행법 제5장에 정해진「접견, 서신수수 및 전화통화」만을 의미한다. 외부와의 교통은 사회적 존재로서의 인간의 본성에 기하여 요청되는 것일 뿐만 아니라, 수형자가 일반 사회에 대한 올바른 이해를 가지고 구금 이전에 접촉하던 사람들과의 관계를 유지하고 출소 후에 원활한 사회생활을 유지하기 위해서도 매우 중요한 의미를 가진다.

2) 제한원리

수형자의 사회복귀를 위해서는 외부와의 교통을 가능한 널리 인정하는 것이 바람직하지만, 시설내 구금이라는 자유형의 성격에 내재하는 일정한 제한을 받지 않을 수 없다. 따라서 외부와의 교통은 알 권리, 표현의 자유, 통신의 자유 등 국민의 기본권 보장과 구금시설내 질서의 유지와 안전의 확보라는 두 가지 상반된 요청을 어떻게 조화시킬 것인가 하는 차원에서 검토할 필요가 있다. 외부와의 교통을 어떤 범위내에서 허용할 것인가에 대해 크게 두 가지 입장이 있는데, 하나는 헌법에 따른 제한원리 가운데 「명백하고 현존하는 위험(clear and present danger)」의 법리를 원용하여 시설의 유지 및 관리에 명백하고 현존하는 위험을 생기게 하는 경우에만 - 「시설의 유지 및 관리에 지장을 초래할 상당한 개연성이 있는 경우」라고 어느 정도 완화하는 입장도 있다 - 제한이 가능하다는 입장과 그 정도에 이르지 않더라도 교도소장이 전문적이고 기술적인 판단에 따라 제한할 수 있다는 입장이 있다. 후자의 입장에 따르면 그 제한이 교도소장의 재량이나 판단에 맡겨져 단순한 시설의 유지 및 관리의 필요에 따라 수형자의 외부와의 교통권이 현저하게 제한될 우려가 있으므로, 전자의 입장이 타당하다고 할 수 있다.

3) 현행법과 외부교통

현행법은 소장의 허가를 전제로 수용자의 접견 및 서신수발을 인정하고 있는데, 소장은 교화 또는 처우상 특히 부적당한 사유가 없는 한 수용자의 접견과 서신수발을 허가하여야 한다. 접견(매월 4회 이내)이나 서신수발에 대해서는 교도관의 참여와 검열을 받도록 하고 있으나, 미결수용자와 변호인(변호인이 되려는 자 포함)이 접견하는 경우에는 그 내용을 청취하거나 녹취할 수 없으며 보이는 곳에서 수용자에 대한 감시만을 할 수 있다.

〈관련판례〉

변호사가 접견을 핑계로 수용자를 위하여 휴대전화와 증권거래용 단말기를 구치로 내로 몰래 반입하여 이용하게 한 행위가 위계에 의한 공무집행방해죄에 해당한

다고 한 원심의 판단을 수긍하였다(대판 2005.08.25. 2005도1731).

미결수용자의 변호인 접견교통권에 대하여 제한가능성여부에 대하여 대화내용에 대하여 비밀이 보장되어야 하고, 어떠한 제한, 압력 또는 부당한 간섭이 없이 자유롭게 대화할 수 있는 '자유로운 접견'을 보장해야 하지만 국가안전 보장, 질서유지, 공공복리를 위해 필요한 경우 법률로써 제한할 수 있다고 하고 있다(헌재 2011.5.26. 2009헌마341).

변호인접견실에 설치된 CCTV는 교도관이 CCTV를 통해 미결수용자와 변호인간의 접견을 관찰하더라도 접견내용의 비밀이 침해되거나 접견교통에 방해가 되지 않도록 조치를 취하고 있는 점, 금치금품의 수수를 적발하거나 교정사고를 효과적으로 방지하고 교정사고가 발생하였을 때 신속하게 대응하기 위하여는 CCTV를 통해 관찰하는 방법 외에 더 효과적인 다른 방법을 찾기 어려운 점 등에 비추어 보면, CCTV 관찰행위는 그 목적을 달성하기 위하여 필요한 범위 내의 제한으로 침해의 최소성을 갖추었다. 따라서 CCTV 관찰행위가 청구인의 변호인의 조력을 받을 권리를 침해한다고 할 수 없다(헌재 2016.4.28. 2015헌마243).

형의 집행 및 수용자처우에 관한 법률시행령에서는 접견과 서신에 대한 상세한 제한규정을 두고 있다. 먼저 접견장소는 원칙적으로 미결수용자를 제외하고는 접촉차단시설이 설치된 장소이고(동법 시행령 제58조 제4항), 소장은 수형자가 교정성적이 우수한 때, 교화 또는 건전한 사회복귀를 위하여 특히 필요하다고 인정되는 때에는 접촉차단시설이 없는 장소에서 접견하게 할 수 있다(동법 시행령 제59조 제2항, 제3항). 다만 수형자의 교화 또는 건전한 사회복귀를 위하여 특히 필요하다고 인정하면 접견 시간대 외에도 접견을 하게 할 수 있고 접견시간을 연장할 수 있다(동법 시행령 제59조 제1항). 또한 수용자의 접견시간은 - 교화상 특별히 필요한 경우가 있다면 - 변호인과의 접견을 제외하고는 회당 30분내로 하며, 공무원복무규정에 의한 근무시간내에 한하여 이를 허가한다.

한편 수용자가 발송하거나 받는 서신에 대해서는 횟수를 제한하지 아니한다. 소장은 마약류사범ㆍ조직폭력사범 등 법무부령으로 정하는 수용자인 때, 서신을 주고받으려는 수용자와 같은 교정시설에 수용 중인 때, 규율위반으로 조사 중이거나 징벌집행 중인 때, 범죄의 증거를 인멸할 우려가 있는 때에는 그 내용을 검열할 수 있다(동법 시행령 제66조).

〈관련판례〉

수용자가 밖으로 내보내는 모든 서신을 봉함하지 않은 상태로 교정시설에 제출하도록 규정하고 있는 '형의 집행 및 수용자의 처우에 관한 법률 시행령' (2008.10.29. 대통령령 21095호로 개정된 것) 제65조 제1항(이하 '이 사건 시행령 조항 '이라 한다) 이 청구인의 통신 비밀의 자유를 침해하는지 여부에 대하여 교정시설의 안전과 질서유지, 수용자의 교화 및 사회복귀를 원활하게 하기 위해 수용자가 밖으로 내보내는 서신을 봉함하지 않은 상태로 제출하도록 한 것이나, 이와 같은 목적은 교도관이 수용자의 면전에서 서신에 금지물품이 들어 있는지를 확인하고 수용자로 하여금 서신을 봉함하게 하는 방법, 봉함된 상태로 제출된 서신을 X-ray 검색기 등으로 확인한 후 의심이 있는 경우에만 개봉하여 확인하는 방법, 서신에 대한 검열이 허용되는 경우에만 무봉함 상태로 제출하도록 하는 방법 등으로도 얼마든지 달성할 수 있다고 할 것인바, 위 시행령 조항이 수용자가 보내려는 모든 서신에 대해 무봉함 상태의 제출을 강제함으로써 수용자의 발송 서신 모두를 사실상 검열 가능한 상태에 놓이도록 하는 것은 기본권 제한의 최소 침해성 요건을 위반하여 수용자인 청구인의 통신비밀의 자유를 침해하는 것이다(헌재 2012.2.23. 2009헌마333).

소장은 수용자의 지식함양 및 교양습득에 필요한 도서를 비치하고 수용자가 이용할 수 있도록 하여야 한다(동법 제46조). 또한 수용자는 정서안정 및 교양습득을 위하여 라디오 청취와 텔레비전 시청을 할 수 있다(동법 제48조 제1항).

4. 계호 및 징벌

(1) 계호

1) 의의

계호(戒護)는 교도소 등 행형시설의 안전과 수형자의 구금질서를 유지하기 위한 일체의 강제력 행사를 말하며, 경계와 보호라는 두 가지 성격을 가지고 있다. 경계란 구금확보에 장애가 되는 요인들을 예방하고 배제하는 작용을 말하며, 보호란 수형자나 제3자의 생명, 신체, 재산에 대한 장애나 위험을 예방·배제하여 수형자를 구제하는 작용을 말한다. 계호는 행형의 목적을 달성하기 위해 수형자에 대한 지휘 및 감독과 경비관계 전반을 담당하는 업무로서 행형질서를 확립하는 데 주된 목적이 있다. 그러나 이와 함께 수형자의 개선 및 교화라는 측면을 고려해야 하고, 특히 후술하는 통상계호는 피수용자의 신체와 인격의 발달을 돕도록 이루어져야 한다. 현행법 제11장과 시행령 제8장~제10장에서 계호를 규정하고 있다.

2) 계호행위

계호권자가 구금확보와 질서유지 그리고 수형자의 보호를 위해 취하는 각종 조치를 **계호행위**라고 부르는데, 여기에는 시찰, 명령, 강제, 검사, 정돈, 구제, 배제 등 다양한 형태가 있다. 시찰이란 수형자의 동정 및 교정시설의 상태를 살피는 예방조치를 말하고, 명령이란 계호권자가 직무상 권한의 범위내에서 직무목적을 달성하기 위해 수형자에게 일정한 부작위나 작위를 요구하는 것을 말하고, (직접)강제란 법령이나 직무에 기한 계호권자의 정당한 명령을 수형자가 정당한 이유없이 이행하지 않는 경우에 이행을 한 것과 동일한 상태를 실현하기 위한 행위(예컨대 강제급식, 강제출역, 계구사용 등)을 말한다. 한편 검사는 교정사고를 예방하기 위해 보안업무상의 장애를 사전에 발견하기 위한 행위(예컨대 소지품검사)를 말하고, 정돈이란 수형자의 규칙적인 생활을 유도하고 시설내 물품이나 시설의 이상 유무를 확인하는 행위를 말한다. 구제는 위험이 발생한 경우에 수형자를 구하기 위한 사후조치를 말하고, 배제는 위험발생에 개연성이 있는 경우에 이를 사전에 방지하기 위한 예방조치를 말한다. 계호행위 가운데 강제와 같이 수형자의 권리나 자유를 침해할 개연성이 큰 경우에는 사전에 예고절차가 필요하며, 강제조치를 취하는 경우에도 비례의 원칙이 적용되어야 한다. 현행 계호제도는 시설내에서 광범위하게 이루어지고 있는데, 인권보장의 차원을 고려하면서 계호행위의 과학화가 요구되고 있고, 개별 수형자의 특성을 고려하여 경계와 보호를 개별화하기 위해 계호행위의 탄력적 운영도 요청되고 있다.

(3) 계호의 종류

계호는 계호대상, 계호수단, 계호장소, 사태의 긴급성, 계호대상의 특수성 등에 따라 다양한 형태로 구분된다. 계호대상을 기준으로 할 때 계호는 대인적 계호와 대물적 계호로 구분된다. 전자는 직접 사람의 신체에 대해 행해지는 계호로서 신체검사와 계구나 무기의 사용 등이 있으며, 후자는 물건에 대해 행해지는 계호로서 각종 검사가 여기에 해당한다. 또한 계호수단에 따른 구분으로는 인적 계호와 물적 계호가 있는데, 전자는 계호권자의 신체적, 정신적 기능을 통한 계호로서 사방이나 공장, 목욕시 등의 계호근무를 가리키는 직접 인적 계호와 출입구 경계나 순찰과 같은 간접 인적 계호가 있다. 한편 후자는 구금시설물을 통한 계호를 의미하는데, 건조물이나 계구, 무기사용 등이 여기에 해당한다. 한편 계호장소를 기준으로 하면 외부로 이동하는 경우에 행하는 호송계호와 사법기관의 소환에 응하기 위한 출정계호가 있다. 사태의 긴급성을 기준으로 하면, 피수용자의 신체에 대한 강제적 침해를 수반하지 않는 통상계호와 도주와 폭동 등이 행해지는 경우 특별한 계호수단과 방법을 사용하여 피수용자의 법익을 현저하게 침해하는 비상계호가 있다. 한편 특별한 재소자에 대해 교정사고를 미연에 방지하고 구금을 확보하기 위해 취해지는 계호를 특별계호라고 한다.

〈관련판례〉

1. 피청구인이 청구인들로 하여금 경찰관에게 등을 보인 채 상의를 속옷과 함께 겨드랑이까지 올리고 하의를 속옷과 함께 무릎까지 내린 상태에서 3회에 걸쳐 앉았다 일어서게 하는 방법으로 실시한 정밀신체수색은 인간의 존엄과 가치로부터 유래하는 인격권 및 신체의 자유를 침해하는 정도에 이르렀다고 판단한다(헌재 2002.07.18. 2000헌마327).

2. 교도소 내에서 수용자가 자살한 사안에서, 담당 교도관은 급성정신착란증의 증세가 있는 망인이 자살사고의 발생위험에 대비하여 계구(보호장비)의 사용을 그대로 유지하거나 또는 계구의 사용을 일시 해제하는 경우에는 CCTV상으로 보다 면밀히 관찰하여야 하는 등의 직무상 주의의무가 있음에도 이를 위반하여 망인이 사망에 이르렀다고 보았다(대판 2010.01.28. 2008다75768).

3. 이 사건 신체검사는 교정시설의 안전과 질서를 유지하기 위한 것으로 그 목적이 정당하고, 항문 부위에 대한 금지물품의 은닉여부를 효과적으로 확인할 수 있는 적합한 검사방법으로 그 수단이 적절하다. 교정시설을 이감 · 수용할 때마다 전자영상 신체검사를 실시하는 것은, 수용자가 금지물품을 취득하여 소지 · 은닉하고 있을 가능성을 배제할 수 없고, 외부관찰 등의 방법으로는 쉽게 확인할 수 없기 때문이다. 이 사건 신체검사는 필요한 최소한도를 벗어나 과잉금지원칙에 위배되어 청구인의 인격권 내지 신체의 자유를 침해한다고 볼 수 없다(헌재 2011.5.26. 2010헌마775).

(4) 보호장비 및 무기의 사용

직접강제를 위해 사용되는 신체적인 힘의 보조수단인 보호장비(계구)의 사용[36]은 물적 계호수단의 하나라고 할 수 있다. 현행법이 인정하고 있는 계구로는 1. 수갑 2. 머리보호장비 3. 발목보호장비 4. 보호대 5. 보호의자 6. 보호침대 7. 보호복 8. 포승이 있다(동법 제98조).

1. 수갑・포승 : 이송・출정, 그 밖에 교정시설 밖의 장소로 수용자를 호송하는 때, 도주・자살・자해 또는 다른 사람에 대한 위해의 우려가 큰 때, 위력으로 교도관등의 정당한 직무집행을 방해하는 때, 교정시설의 설비・기구 등을 손괴 하거나 그 밖에 시설의 안전 또는 질서를 해칠 우려가 큰 때 2. 머리보호장비 : 머리부분을 자해할 우려가 큰 때 3. 발목보호장비・보호대・보호의자 : 도주・자살・자해 또는 다른 사람에 대한 위해의 우려가 큰 때, 위력으로 교도관등의 정당한 직무집행을 방해하는 때, 교정시설의 설비・기구 등을 손괴하거나 그 밖에 시설의 안전 또는 질서를 해칠 우려가 큰 때 4. 보호침대・보호복 : 자살・자해의 우려가 큰 때

계구의 사용은 인적 계호가 불가능한 경우에 한해서만 인정된다고 보아야 할 것이고, 계구를 사용하는 경우에도 규정에 맞는 적법한 사용은 물론이고 최소한의 침해를 주는 방법으로 행해져야 하며, 기대되는 효과와 예상되는 침해가 균형을 이룰 수 있도록 배려해야 할 것이다(독일 행형법 제96조 참조).

〈관련판례〉

9일 동안 계속 보호장비를 사용하거나(대판 1998.1.20. 96다18922), 소년 수용자에 대해 27시간 동안 보호장비를 사용하거나(대판 1998.11.27. 98 다17374), 1년 동안 소송서류작성, 목욕, 세탁 등을 위해서만 수갑을 채우지 않고 그 외는 수갑을 채운 경우 그 외는 수갑을 채운 경우(헌재 2003.12.18., 2001헌마163 결정)

---

36) 1957. 7. 31. 유엔 경제사회이사회에서 채택된 '피구금자 처우에 관한 최저기준규칙'(Standard Minimum Rules for the Treatment of Prisoners, 이하 최저기준규칙) 제33조는 "수갑(handcuffs), 연쇄(chains), 차꼬(irons) 및 구속복(strait-jacket) 등 계구는 결코 징벌의 수단으로 사용해서는 안 된다. 특히 연쇄나 차꼬는 계구로서 사용되어서는 안 된다"고 규정하고 있다. 나아가 그 밖의 계구를 사용하는데 있어서는 호송 중 도주를 방지하기 위한 목적, 의료상의 이유에 의하여 의사의 지시를 받은 경우, 피구금자가 자기 또는 타인에게 침해를 가하거나 재산에 손해를 주는 것을 다른 수단으로써 방지할 수 없어서 소장이 명령하는 경우로 한정하고 있다. 또한 최저기준규칙 제34조는 "이러한 계구는 엄격히 필요한 시간을 초과하여 사용되어서는 안 된다"고 규정해 놓고 있다.

등은 위법한 보호장비 사용으로 보고 국가배상책임을 인정하였다.

한편 무기도 예외적인 경우에 한해 사용할 수 있으나, 여기에 대해서는 엄격한 제한이 요청된다. 즉 다른 직접강제의 방법으로는 실효를 거둘 수 없는 경우에 목적달성을 위해 필요한 한도내에서만 허용되는데, 현행법은 수용자에 대하여 '무기'를 사용할 수 있는 경우로서, ① 수용자가 다른 사람에게 중대한 위해를 끼치거나 끼치려고 하여 그 사태가 위급한 때 ② 수용자가 폭행 또는 협박에 사용할 위험물을 소지하여 교도관등이 버릴 것을 명령하였음에도 이에 따르지 아니하는 때 ③ 수용자가 폭동을 일으키거나 일으키려고 하여 신속하게 제지하지 아니하면 그 확산을 방지하기 어렵다고 인정되는 때 ④ 도주하는 수용자에게 교도관 등이 정지할 것을 명령하였음에도 계속하여 도주하는 때 ⑤ 수용자가 교도관 등의 무기를 탈취하거나 탈취하려고 하는 때 ⑥ 그 밖에 사람의 생명·신체 및 설비에 대한 중대하고도 뚜렷한 위험을 방지하기 위하여 무기의 사용을 피할 수 없는 때를 들고 있다(동법 제101조 제1항). 한편 교도관 등은 교정시설의 안(교도관이 교정시설의 밖에서 수용자를 계호하고 있는 경우 그 장소를 포함한다)에서 자기 또는 타인의 생명·신체를 보호하거나 수용자의 탈취를 저지하거나 건물 또는 그 밖의 시설과 무기에 대한 위험을 방지하기 위하여 급박하다고 인정되는 상당한 이유가 있으면 수용자 외의 사람에 대하여도 무기를 사용할 수 있다(동법 동조 제2항). 다만 생명이나 신체에 대한 현재의 위험을 방지하기 위해 필요한 최소한도로 그리고 최후의 수단으로 이루어져야 하고 공포탄을 발사하거나 그 밖에 적당한 방법으로 사전에 상대방에 대해 경고가 이루어져야 한다(동법 동조 제4항과 제5항).

(2) 징벌

1) 의의

징벌(懲罰)이란 행형시설 내에서 '구금의 확보'와 '시설내 질서유지'를 위해 제정한 일정한 규율에 위반한 수용자(수형자 및 미결수용자)에 대해 과하는 불이익처분을 말한다. 징벌은 행정법의 징계의 일종으로서 수용자의 권리에 대한 제한을 수반하므로 엄격한 제한하에서만 인정된다. 즉 징벌의 요건, 절차, 내용 등에 대해 법률이나 권한이 있는 행정기관의 규칙으로 명시해야 하며, 구금의 목적과 질서유지를 위해 필요한 최소한에 그쳐야 하고(**필요최소한의 원칙**), 정서적 긴장감의 해소에 의한 미연

방지에 중점을 두어 질서유지를 위해 다른 방법이 없는 경우에 한해 과해져야 하며(**보충의 원칙**), 그러한 경우라도 위반원인과 위반내용에 대한 정확한 분석을 통해 처벌내용의 적정을 기하도록 해야 한다(**비례의 원칙**). 징벌제도에 대하여 법 제107조에 근거한 법적 근거를 마련하고 있다. 아래에서는 현행 징벌제도를 간단하게 살펴보고, 그 문제점을 지적해 두기로 한다.

(3) 현행 징벌제도

1) 징벌기관

징벌은 징벌위원회의 의결로 하는데, 징벌위원회는 위원장을 포함한 5인 이상 7인 이하의 위원으로 구성하며, 위원장은 소장의 바로 다음 순위자가 되며, 위원은 소장이 소속기관의 과장(지소의 경우에는 7급 이상의 교도관) 및 교정에 관한 학식과 경험이 풍부한 외부인사 중에서 임명 또는 위촉한다. 이 경우 외부위원은 3인 이상으로 한다(동법 제111조).

2) 징벌사유

① 「형법」, 「폭력행위 등 처벌에 관한 법률」, 그 밖의 형사 법률에 저촉되는 행위
② 수용생활의 편의 등 자신의 요구를 관철할 목적으로 자해하는 행위
③ 정당한 사유 없이 작업 · 교육 등을 거부하거나 태만히 하는 행위
④ 제92조의 금지물품을 반입 · 제작 · 소지 · 사용 · 수수 · 교환 또는 은닉하는 행위
⑤ 다른 사람을 처벌받게 하거나 교도관의 직무집행을 방해할 목적으로 거짓 사실을 신고하는 행위
⑥ 그 밖에 시설의 안전과 질서유지를 위하여 법무부령으로 정하는 규율을 위반하는 행위

3) 징벌절차

① 조사

담당교도관은 수용자의 규율위반행위가 있음을 발견하였을 때에는 지체없이 교도소 등의 장 또는 그 대리자에게 그 사실을 보고하고 그의 지시에 따라 조치하여야 한다. 조사를 받는 수용자에 대하여는 충분한 진술의 기회를 주어야 하며 공정한 절차와 객관적 증거에 의하여 조사하고 선입견이나 추측에 의한 처리를 하여서는 아니된다. 조

사업무는 조사를 담당하는 교도관이 별도로 설치된 조사실에서 수행하여야 한다. 또한 조사를 수용자에게 부당한 인권침해가 없도록 유의하여야 한다. 소장은 징벌대상자가 증거를 인멸할 우려가 있는 때, 다른 사람에게 위해를 끼칠 우려가 있거나 다른 수용자의 위해로부터 보호할 필요가 있는 때에 접견 · 서신수수 · 전화통화 · 실외운동 · 작업 · 교육훈련 · 공동행사참가 등 다른 사람과의 접촉이 가능한 처우의 전부 또는 일부를 제한할 수 있다(동법 제110조 제2항). 이 때 조사기간은 10일 이내로 한다(동법 시행규칙 제220조).

② 징벌절차

소장이 징벌대상자에 대하여 징벌의결을 요구하는 경우에는 별지 제14호서식의 징벌의결 요구서를 작성하여 징벌위원회에 제출하여야 한다(동법 시행규칙 제226조). 징벌위원회는 재적위원 과반수의 출석으로 개의하고, 출석위원 과반수의 찬성으로 의결한다(동법 시행규칙 제228조 제3항). 징벌위원회는 출석한 징벌대상자를 심문하고, 필요하다고 인정하는 경우에는 교도관이나 다른 수용자 등을 참고인으로 출석하게 하여 심문할 수 있다(동법 시행규칙 제228조 제1항). 징벌혐의자가 정당한 사유 없이 출석하지 아니하거나 이를 거부한 때에는 서면 심리만으로 징벌의결을 할 수 있다(동법 동조 제2항). 소장은 징벌을 집행하려면 징벌의결의 내용과 징벌처분에 대한 불복방법 등을 기록한 징벌집행통지서에 징벌의결서 부본을 첨부하여 해당 수용자에게 전달하여야 한다(동법 시행규칙 제229조 제2항).

4) 징벌의 집행

종전 행형법은 징벌의 종류를 5가지만 규정하고 있는데, 경고, 1월 이내의 도서열람 제한, 청원작업의 정지, 작업상여금의 전부 또는 일부의 소멸, 2월 이내의 금치 등이 그것이다(종전 행형법 제46조). 현행 시행령에 따르면, 먼저 소장은 징벌의 결의 통고를 받은 경우에는 징벌을 지체 없이 집행하여야 한다(형의 집행 및 수용자의 처우에 관한 법률시행령 제133조 제1항). 소장은 수용자가 징벌처분을 받아 접견, 서신수수 또는 전화통화가 제한된 경우에는 그의 가족에게 그 사실을 알려야 한다. 다만, 수용자가 통지를 원하지 아니하면 그러하지 아니하다(동법 동조 제2항).

소장은 30일 이내의 금치처분을 집행하는 경우에도 수용자의 기본적인 건강유지를 위하여 특히 필요하다고 인정하면 실외운동을 허가할 수 있다(동법 동조 제3항). 소장은 실외운동의 정지 및 30일 이내의 금치에 대한 징벌집행을 마친 경우에는 의무관에게 해당 수용자의 건강을 지체 없이 확인하게 하여야 한다(동법 동조 제4항).

〈관련판례〉

금지 처분을 받은 수형자에 대하여 금치기간 중 운동을 금지하는 행형법시행령 제145조 제2항 중 운동 부분이 수형자의 인간의 존엄과 가치, 신체의 자유 등을 침해하는지 여부에 대하여 실외운동은 구금되어 있는 수형자의 신체적 · 정신적 건강 유지를 위한 최소한의 기본적 요청이라고 할 수 있는데, 금치 처분을 받은 수형자는 일반 독거 수용자에 비하여 접견, 서신수발, 전화통화, 집필, 작업, 신문 · 도서열람, 라디오청취, 텔레비전 시청 등이 금지되어 외부세계와의 교통이 단절된 상태에 있게 되며, 환기가 잘 안 되는 1평 남짓한 징벌실에 최장 2개월 동안 수용된다는 점을 고려할 때, 금지 수형자에 대하여 일체의 운동을 금지하는 것은 수형자의 신체적 건강뿐만 아니라 정신적 건강을 해칠 위험성이 현저히 높다. 따라서 금치 처분을 받은 수형자에 대한 절대적인 운동의 금지는 징벌의 목적을 고려하더라도 그 수단과 방법에 있어서 필요한 최소한도의 범위를 벗어난 것으로서, 수형자의 헌법 제10조의 인간의 존엄과 가치 및 신체의 안전성이 훼손당하지 아니할 자유를 포함하는 제12조의 신체의 자유를 침해하는 정도에 이르렀다고 판단된다(헌재 2004.12.16. 2002헌마478).

5) 징벌의 정지와 면제

소장은 질병이나 그 밖의 사유로 징벌집행이 곤란하면 그 사유가 해소될 때까지 그 집행을 일시 정지할 수 있다. 그리고 소장은 징벌집행 중인 사람이 뉘우치는 빛이 뚜렷한 경우에는 그 징벌을 감경하거나 남은 기간의 징벌집행을 면제할 수 있다(동법 제113조).

(4) 현행 징벌제도의 문제점

징벌은 재소자에게 직접 신체적, 정신적 고통을 줄 뿐만 아니라 그 내용이 신분장에 기록되어 처우에 영향을 미치고 나아가서 가석방의 시기를 결정하는 데에도 영향을 주는 등 그 영향이 매우 크다. 따라서 징벌에 대해서는 원칙규정을 두고 그 내용을 엄격히 제한해야 한다. 이러한 취지에서 유엔 최저기준규칙 제27조는 「규율 및 질서는 엄정하게 유지되어야 한다. 그러나 제한은 안전한 구금 및 질서 있는 소내생활을 위해 필요한 한도를 넘어서는 아니된다」고 선언하고, 이어서 제28조에서는 가능한 한 피구금자의 자치에 맡기는 제도를 활용할 것을 권고하고 있다. 현행법은 이러한 원칙규정을 두고 있지 않을 뿐만 아니라 구체적인 내용에서도 몇 가지 문제점을 안고 있다. ① 징벌기관과 관련하여, 시설내 질서위반행위에 대해서 과해지는 징벌에 대한 결정을 시설내 직원들로만 구성된 징벌위원회에서 내리도록 함으로써 징벌의 공정성을 유지하기 어렵다. 따라서 징벌위원회에 외부인사의 참여를 인정하고 그 폭을 넓게 할 필요가 있으며, 특히 중한 징벌의 경우에는 검사나 판사 등 인권옹호기관의 참여를 제도화할 필요가 있을 것이다. ② 징벌절차와 관련하여, 징벌혐의자의 절차적 권리를 제대로 보장하지 않고 있다. 징벌절차에서도 혐의자에게 사전에 징벌이 요구되어 있다는 사실을 고지해 주는 제도를 두지 않아 대상자가 자신을 항변할 기회를 충분히 갖지 못할 우려가 있다(유엔 최저기준규칙 제30조 제2항 참조). 또한 의결된 징계내용에 대해 대상자가 불복하는 경우에도 이에 대한 구제방법이 마련되어 있지 않다. 그리고 당연한 것이지만 이중처벌의 금지도 명시해 둘 필요가 있다. ③ 징벌의 전제가 되는 수용자의 준수사항이 너무 광범위하다. 이미 지적한 것처럼 현행 징벌규칙은 35개의 준수사항을 정해놓고 있는데, 그 내용을 보면 수용자의 일반적인 생활을 지나치게 제약하고 있다는 비판을 면하기 어렵다. 따라서 준수사항 가운데 35호의 포괄적인 규정을 삭제하고 징벌의 대상이 되는 준수사항을 엄격하게 한정하는 것이 바람직하다. ④ 징벌내용과 관련하여, 구법하에서 문제가 되었던 징벌의 종류, 예컨대 운동정지 · 작업정지 · 접견 및 서신금지 등을 삭제하였다는 점에서 개선된 점을 인정할 수 있다. 그러나 수형자가 가지는 기본권을 보장한다는 취지에서 보면 도서열람도 알 권리라는 차원에서 제한의 대상이 될 수 없다고 생각한다. 따라서 도서열람도 징벌내용에서 삭제하고 징벌기간은 현재보다 단축하는 한편 경한 종류의 징벌을 개발할 필요가 있다.

Ⅵ. 교도작업

1. 의의 및 본질

교도작업이란 교도소에서 수형자에게 실시하는 작업, 즉 자유형인 징역형의 집행내용인 정역을 의미한다. 형법 제67조는 「징역은 교도소내에 구치하여 정역에 복무하게 한다」고 규정함으로써 징역형에 대해서는 교도작업을 강제하고 있다. 금고와 구류에 대해서는 이를 인정하지 않고 있으나, 형의 집행 및 수용자의 처우에 관한 법률

제67조는 「소장은 금고형 또는 구류형의 집행 중에 있는 사람에 대하여는 신청에 따라 작업을 부과할 수 있다」고 규정함으로써 청원작업이 인정되어 있고, 실제로 금고수형자의 70% 이상이 이에 종사하고 있으므로 사실상 모든 자유형의 집행은 교도작업과 밀접한 관계에 있다고 할 수 있다.

읽을거리 : 교도작업의 성격

교도작업의 성격은 시대의 변천과 형벌사상의 추이에 따라 달리 평가되어 있다. 즉 고대에는 수형자의 노동력이 오로지 국가의 자원이나 상인의 영리수단으로서 이용되었고, 수형자는 노예로서 국가 또는 상인의 착취대상으로 되었을 뿐이므로, 수형자의 노동은 고통이나 해악의 부과(afflictive nature) 그 자체일 뿐 범죄예방이나 교화수단으로 여기지 않았다. 작업에 따른 고통이라는 점은 중세에 이르러서도 변함이 없었다. 그러나 17세기에 들어서면서 암스테르담 노역장에서 노동과 근면에 의한 개선·교화라는 개신형의 정신에 입각한 노역이 시행되었고, 거기서는 직업보도 등도 행해졌으며 교도직업이 수형자의 교화수단·구직수단으로서 역할을 하게 되었다. 따라서 당시의 유명한 감옥개량가 호워드(Howard)는 암스테르담 노역장을 방문한 후 감옥개량의 방법으로 일정한 작업의 강제를 제안하였다. 이러한 교육형 사상이 대두하면서 교도작업은 점차 고통을 주기 위한 작업이 아니라 수형자의 개선·교화의 수단이자 석방 후의 구직수단으로서 의미를 가지게 되었다.

2. 형사정책적인 의의

오늘날 교도작업은 수형자의 처우와 관련하여 유효한 방안으로 인정되고 있는데, 그렇다면 형사정책의 측면에서 교도작업에 대해 어떠한 효과를 기대할 수 있겠는가를 살펴볼 필요가 있다. 이 점을 관리적 측면, 경제적 측면 그리고 사회윤리적 측면으로 나누어 살펴본다.

(1) 관리적 측면에서 보면, 수형자가 시설내 구금상태로 방치되어 있는 경우에는 부패의 우려가 크므로, 교도작업을 과함으로써 교도소내의 질서를 유지하고 수형자의 부패와 타락을 방지할 수 있으며, 특히 심신이 약한 자의 경우에는 작업요법을 통한 치료도 가능하다.
(2) 경제적 측면에서 보면, 교도작업은 행형에 따른 비용을 보상하게 한다는 효과를 가진다. 바꾸어 말하면 행형의 원칙 가운데 하나인 자급자족의 원칙을 실현하는 수단으로서의 효과를 가진다.
(3) 사회윤리적 측면에서는, 교도작업을 통하여 수형자를 무위도식하게 하지 않고

> 규칙적인 노동에 익숙케 함으로써 고독감 기타 번민에 대한 저항력을 길러줌으로써 정신적, 육체적 건강을 지키게 할 뿐만 아니라, 직업에 대한 훈련을 통해 석방 후 생계를 얻을 기회를 조장하는 수단으로서도 중대한 의미를 가진다.

현행 형법은 자유형 가운데 징역형에 대해서만 정역을 강제함으로써 교도작업이 실질적으로는 형집행을 가중하는 성격을 가지고 있으므로, 그 한도내에서는 작업의 해악성을 부정하기 어렵다. 그러나 수형자에게 해악 및 고통으로서의 작업을 강제한다는 것은 오늘날 형사정책의 요청에 비추어 보면 거의 의미가 없다. 유엔 최저기준규칙 제71조 제1항이 "교도작업은 고통을 주는 성질의 것이어서는 안된다" 고 규정한 것도 이러한 취지를 나타낸 것이라고 할 수 있다. 자유형 단일화에 대한 논의에서 지적한 것처럼, 일정한 범죄 특히 확신범이나 과실범에 대해 금고형을 인정하는 것은 그 성격이 비파렴치하다는 점을 고려하여 범죄자를 다소 우대한다는 의미에서 징역을 강제하지 않은 것이다. 그러나 이것은 노동을 천시하였던 구사상의 잔재에 불과한 것이고, 오늘날에는 노동이 인간으로서 당연히 종사하여야 할 의무이며 더욱이 교육형주의의 입장에서는 수형자에게 일정한 작업을 과하는 것은 교육의 수단이고 고통을 주기 위한 노예적 노동이 아니다. 우리나라의 현행 형의 집행 및 수용자처우에 관한 법률도 교도작업의 수형자에 대한 교화·개선의 수단으로서의 형사정책적인 효과를 중시하여, 형법상으로는 정역의 복무가 인정되어 있지 아니한 금고형이나 구류형을 받은 수형자에게도 신청에 의하여 작업을 과할 수 있음을 인정하고 있다(동법 제67조). 또한 교도작업은 수형자의 연령, 형기, 건강, 기술, 성격, 취미, 작업과 장래의 생계 기타 사정을 참작하여 과하도록 되어 있다(동법 제65조 제2항).

3. 교도작업의 경영방식과 종류

(1) 경영방식

교도작업의 경영방식으로서는 관사(직영)방식, 수부(임대)방식, 위탁(단가)방식, 도급방식의 네 가지가 있다.

1) 직영방식

이것은 작업의 전체가 모두 교도소에 의하여 직접 경영되는 방법으로 관사방식이라고도 한다. 즉 제품종목의 선정, 원료의 구입, 기계의 설비, 제품의 생산 및 판매 등 일체를 교도소의 지휘, 감독에 따라 행하는 작업방식이다. 이 방식은 작업에 대한 통제가 용이하고, 사인의 관여를 금지할 수 있으며, 수형자의 적성에 따라 작업을 부과할 수 있고, 국고수입을 증가시키면서 자급자족을 할 수 있다는 장점이 있으나, 후술하는 민업(사기업) 압박의 문제와 시장개척 및 경쟁이 어렵다는 문제점을 안고 있다.

2) 노무방식

이것은 교도소와 사인 간의 계약을 기초로 교도소가 사인에게 노무를 제공하고 그 대가로 노임을 징수하는 작업방식을 말한다. 이 방법은 설비투자 등에 따른 경비의 부담없이 상당한 수익을 올릴 수 있다는 장점이 있으나, 수형자에 대해 통일성을 기하기 어렵고 사인의 관여범위가 넓어지며 수형자의 교화목적이 외면될 우려가 있다.

3) 위탁방식

이것은 사인인 위탁자로부터 원료의 전부 또는 일부를 제공받아 교도소가 취업자로 하여금 위탁된 물건의 제작 및 수리를 하게 하며, 위탁자로 부터 제품의 수리비, 단가 등을 징수하는 작업방식을 말한다. 이 방법은 전술한 두 가지 방식에 비하여 사기업 압박이 덜하고 적은 비용으로 행해질 수 있다는 장점이 있으나, 노무방식과 마찬가지로 부당경쟁의 사례가 생기기 쉽고 일시적인 작업으로 교도작업의 목적과 부합하지 않을 염려가 있다.

4) 도급방식

교도소와 사인 간의 계약에 의하여 교도소가 수형자의 취업인원과 취업일수에 따라 정한 보수를 받고 노동력, 자료, 비용 등 일체를 부담하며 그 사용에 따른 지휘・감독을 사인에게 맡기는 작업방식을 말한다. 이 방법은 대량작업을 전제로 하므로 수형자의 대규모 취업을 가능케 하고 높은 수익이 보장된다는 장점이 있으나, 사인의 관여로 인하여 교화 및 개선의 목적을 달성하기 어려우며, 대개 구외작업인 까닭에 계호상 어려움이 많고 민업압박의 우려가 크다. 교정시설의 특수한 여건이나 교도작업의 목적실현이라는 점을 고려한다면 위의 네 가지 경영방식 가운데 사인의 관여가 전혀 없는 직영방식이 가장 이상적이라고 할 수 있다. 그러나 이 방식에 따르는 경우에는 판매망을 개척하는 데 어려움이 있고, 사기업 압박을 최소화하여야 하므로 후술하는 관용주의와 결합하는 방식이 이루어지는 것이 일반적이다. 현재 우리나라에서도 직영방식을 원칙으로 하고 있으나, 교도소장은 법무부장관의 승인을 얻어 수형자를 도급작업에 취업시킬 수 있도록 하고 있다.

(2) 교도작업의 종류

교도작업은 여러 가지 기준에 따라 분류될 수 있다. 예컨대 교도작업의 성격에 따라 일반작업과 청원작업으로 나눌 수 있고(징역형 이외의 자유형의 수형자나 미결수용자에게 인정되는 청원작업의 내용은 일반작업과 차이가 없으나, 작업시간과 작업과정이 다소 경시되고 있다), 교도작업의 경영방식에 따라 직영작업, 노무작업, 위탁작업, 도급작업으로 나눌 수도 있다. 이러한 구분에 대해서는 앞에서 이미 설명한 바가 있으므로 여기서는 그 외의 중요한 구별기준에 따라 교도작업의 종류를 살펴보기로 한다.

1) 작업의 내용에 따른 구분

작업의 내용에 따라 교도작업을 분류할 수 있는데, 교도작업의 업종은 각국의 사정에 따라 일정하지 않고 개별 교도소의 입지조건과 설비, 교화·개선의 목적과 경제적 목적에 따라 차이가 있다. 일반적으로 분류해 보면 크게, 기능작업(목공, 인쇄, 양재, 철공, 피혁, 죽세, 제지, 기계, 자동차 등), 중노동작업(경운, 축산, 토목, 제재, 죽세, 제염 등), 경노동작업(내의, 단추, 모자, 신발 등)으로 구분할 수 있다. 현재는 보다 생산적이고 기능작업이 중시되는 경향에 있다. 특히 작업의 유용성이란 국가재정의 측면에서 생산성이 높은 작업인가에 중점이 있는 것이 아니라, 작업이 가지는 교육적 기능 즉 수형자의 사회복귀에 기여하는 작업인가에 중점이 있는 것이라는 점을 간과해서는 안된다. 따라서 교도작업은 수형자가 석방된 후 스스로 생계를 유지하는 데 도움이 되는 것이어야 하므로 수형자에게 작업기술이나 지식을 몸에 배게 하는 직업교육이나 직업보도, 각종 자격증 취득 등을 목적으로 하는 직업훈련이 중시되어야 한다.

2) 작업의 목적에 따른 구분

한편 교도작업은 그 목적에 따라 생산작업, 직업훈련 그리고 자영작업(관용작업)으로 구분할 수 있다. 생산작업은 행형에 따라 경제적 비용을 마련하고 수형자에게 직업을 보도하려는 목적에 따라 시장성이 있는 상품을 만들거나 서비스에 종사하도록 하는 것을 말한다. 교도작업의 경영방식이나 종류는 주로 생산작업과 관련된 것이라고 할 수 있다. 직업훈련은 수형자의 사회복귀와 기능인력의 양성을 목적으로 하는 것으로서, 직업훈련기본법에 의해 시행하는 공공직업훈련과 일반직업훈련으로 구분된다. 우리나라의 경우 공공직업훈련은 작업병행 직업훈련, 정예직업훈련, 지원직업훈련, 영농훈련으로 구분되는데, 이를 위해 전국 13개의 교정시설에 공공직업훈련소를 설치하고 각자의 직업적성을 고려하여 자동차정비, 건축, 전기 등 55개 분야에 걸쳐 3월 내지 1년 과정의 직업훈련을 실시하고 있으며, 일반직업훈련은 안양교도소 등 20개 교도소에서 활판인쇄 등 8개 직종에 걸쳐 실시하고 있다. 자영작업(관용작업)은 피수용자의 수용 및 시설의 유지 및 관리 등 교도소 자체의 기능유지를 위해 행해지는 내부의 작업을 말하며, 취사, 세탁, 청소, 경리, 이발, 간병, 자체건물의 보수 등이 여기에 속한다. 현행 수형자분류처우요강에 따르면 자영작업은 처우분류급의 내용으로 되어 있으며(관용작업적격자를 N급으로 분류되고 있다), 당해 작업에 경험 또는 적성이 있고 행상이 양호하며 작업에 열심히 임할 수 있는 자가 그 대상으로 된다.

(3) 구외작업

1) 의의

교도작업은 작업내용의 성격에 따라 구내작업과 구외작업으로 나눌 수 있다. 구외작업은 '외역 또는 감외작업' 이라고도 부르는데, 교정시설 밖에서 행해지는 작업을 말하고, 교도시설에서 통근을 하거나 외부의 작업장에서 숙박을 하는 형태로 이루어진다. 구외작업은 농경작업이 주종을 이루며, 그 외에도 건축, 개간, 벌목, 토목, 채광, 토사채취 등을 위해 이루어지기도 한다.

읽을거리 : 구외작업의 유래

원래 구외작업은 18세기 영국에서 시민지의 노동력 부족을 메우기 위하여 식민지였던 호주에 수형자를 유배하여 공공작업에 취업시킨 데서 시작되었는데, 특히 1845년 아일랜드의 크로프톤이 가석방 전의 반자유 구금을 인정한 것이 대표적이라고 할 수 있다. 그 후 구외작업은 수형자의 구금상태를 완화하고 사회적응을 위한 훈련을 행하는 제도로 발전되어 개방처우의 출발점이 되었고, 특히 석방 전 수형자의 사회복귀를 위한 중간처우로 활용되게 되었다(미국의 후버법이나 스웨덴의 행형법 등이 그 대표적인 예이다).

우리나라의 경우에도 한동안 외박작업으로서 수원교도소의 남양제염장, 마포교도소 의정부 농장, 영등포교도소 뚝도 농장, 안동교도소 과수원, 부산교도소 김해농장 등을 운영하였으나, 교도소로 독립하거나 폐지되었다.

2) 형사정책적인 의의

구외작업은 출소시기가 가까워진 자나 모범수형자에 대해서 교도소외에서 작업을 시킴으로써 사회에 대한 거리감을 해소하고 사회에의 적응능력을 향상시킬 뿐만 아니라, 장기구금에 따른 정신적・신체적 장애를 해소시키는 데 기여한다. 뿐만 아니라 구외작업은 구내작업에 따른 교정시설의 재정적 부담을 줄일 수 있으며, 교정직원과 수형자간의 신뢰를 두텁게 할 수 있다. 따라서 단기수형자뿐만 아니라 장기수형자에 대해서도 적절한 활용이 바람직하다. 그러나 이 제도는 계호에 따른 어려움이 있고 교정사고의 우려가 크며, 여러 사람이 함께 참여함으로 인해 잡거제의 폐단을 가져올 수 있으며, 민간인들과의 접촉이 수형자의 인격발현에 지장을 초래할 수도 있다. 따라서 구외작업의 경우에는 그 대상자를 엄격히 선정하고 계호에 따른 문제점을 보완하는 일이 병행되어야 한다.

3) 우리나라의 경우

현행 형의 집행 및 수용자처우에 관한 법률도 소장은 수형자의 건전한 사회복귀와 기술습득을 촉진하기 위하여 필요하면 외부기업체 등에 통근 작업하게 하거나 교정시설의 안에 설치된 외부기업체의 작업장에서 작업하게 할 수 있다. 현재 일부 교도소에서 소별로 소규모 구외작업이 실시되고 있는데, 천안개방교도소가 실시하는 외부통근제도도 구외작업의 일종이라고 할 수 있다.

4. 교도작업의 현황

현행법은 수형자의 연령, 형기, 건강, 기능, 성격, 취지, 직업과 장래의 생계 기타 사정을 과하도록 규정하고, 금고와 구류형을 받은 자에게도 신청에 의하여 작업을 과할 수 있도록 하고 있다. 작업수입은 국고수입으로 하여(동법 제73조 제1항), 수형자에게는 법무부장관이 정하는 바에 따라 작업의 종류・성적과 행상 기타 사정을 참작하여 작업장려금을 - 원칙적으로 석방시기에 전부를 그리고 본인의 가족생활 부조 또는 교화상 특별히 필요하다고 인정할 때에는 그 전이라고 일부 또는 전부를 - 지급할 수 있도록 하고 있다(동법 제73조 제2항과 제3항).

그러나 교도작업을 통하여 생산되는 제품의 기술이나 품질이 뒤떨어져 시장경쟁력이 매우 취약하고, 작업을 위한 시설이나 운영면에서도 낙후를 면치 못하고 있다. 값

싼 노동력에 의존하는 교도작업의 현실은 국가재정의 측면은 물론이고 수형자의 사회복귀에도 바람직하지 못하므로, 위탁작업 등을 통해 민간인의 참여폭을 넓히는 방안이 바림직하다.

5. 교도작업과 관련된 문제

(1) 자급자족의 문제

교도작업은 작업수익으로 교도소의 경비에 충당하고 국민의 부담을 경감시킬 수 있는 경제적 의미를 가진다. 이와 같이 교도작업을 통하여 교정시설 운영에 따른 경비를 충당하는 것을 **자급자족의 원칙**이라고 부른다. 이러한 자급자족의 원칙을 실현하기 위해서는 필연적으로 경영의 합리화를 꾀하여 그 수입의 증대에 노력하여야 할 것이다. 그러나 자급자족의 원칙을 지나치게 강조하게 되면, 교정시설이 기업화되거나 수형자의 노동력을 지나치게 강조하게 되면, 교정시설이 기업화되거나 수형자의 노동력을 착취하는 결과로 되어 교도작업의 본래의 기능, 즉 교화수단으로서의 형사정책적인 의의가 몰각될 염려가 없지 않다. 교도작업을 통한 경제적 이익은 교도작업의 형사징책직인 효과, 즉 재소자의 기술습득과 출소 후의 자립갱생 유지에의 유용성 보장이 확보된 후에 추구되어야 할 문제이다. 유엔 최저기준규칙 제72조 제2항이 「시설에서 작업으로부터 재정적 수익을 거둔다는 목적을 위하여 수형자의 이익 및 그 직업훈련의 중요성이 경시되어서는 아니된다」고 규정한 것도 같은 취지라고 할 수 있으며, 현행법이 교도작업의 경영방식으로 직영방식을 원칙으로 하고 있는 것도 동일한 의미를 가지는 것이다.

(2) 사기업 압박의 문제

비록 다른 경영방식을 통해 생기는 문제보다도 그 정도가 심하지는 않지만, 직영방식을 통해 생산되는 저렴한 가격의 제품이나 저렴한 가격의 노동력이 일반 상품시장이나 노동시장에 나오게 되면, 사기업 및 일반 노동자는 이로 인하여 큰 압박을 받게 마련이다. 따라서 사기업 및 일반 노동자를 보호하기 위해서는 어떠한 방법으로든 교도작업을 통한 상품이나 노동력의 시장가격을 참작하여 결정한다든가 사기업과의 경쟁을 방지하는 방안 등이 제시되고 있고, 미국의 각 주에서 채용되고 있는 이른바 교도작업 관용주의를 취하는 방안도 있다. 관용주의라 함은 교도작업의 생산품을 주로 국가 또는 지방공공단체, 국영기업체 또는 정부관리기업체에 우선 공급하는 것을 말한다.

(3) 작업임금제의 문제

1) 의의

현행법은 교도작업에 의한 수익을 국고수입으로 하고 있으므로 수형자는 자신의 노무에 대한 대가로 임금을 청구할 권리가 없고, 다만 국가가 수형자의 출소 후 생계기반조성 등을 위해 수형자에게 작업상여금을 지급하고 있을 뿐이다. 현재 작업상여금은 작업기능의 등급, 행형성적, 작업시간 등을 고려하여 15개 등급으로 나누어 출소시에 일시금으로 지급하고 있는데, 1일 액수는 최저 250원에서 최고 3,000원까지로 되어 있다. 1992년의 경우 우리나라 노동자 최저임금액이 일급의 경우 7,400원, 월급의 경우 200,950원인 점을 고려하면, 작업장려금은 현행 임금수준과는 거리가 멀다고 할 수 있다. 뿐만 아니라 작업장려금은 명칭에서도 나타나는 것처럼 다분히 '국가의 은혜' 와 '작업장려' 라는 차원에서 정책적으로 지급하는 것이므로 작업수입과 직접 관계되는 것이 아니라는 점에서 한계를 안고 있다. 그런데 각국에서는 수형자에 대해서도 작업에 대한 대가로서 - 동일임금의 원칙을 기초로 - 임금을 받을 권리가 있음을 인정하는 경향이 보이고 있는데 이를 작업임금제라고 부른다.

읽을거리 : 작업임금제의 주장

이 제도는 이미 1884년 독일의 바알베르그(Wahlberg)에 의해 주장되었고, 1895년 파리에서 열린 제5차 국제형법 및 형무회의에서도 지지되었다. 현재 미국의 일부 주, 영국, 이탈리아, 스웨덴, 프랑스, 아르헨티나, 핀란드, 노르웨이, 네덜란드 등이 이 제도를 채택하고 있고, 유엔의 최저기준규칙 제76조는 「수형자의 작업에 대해서는 그에 상응하는 보수체제가 있어야 한다」고 규정함으로써 작업임금제를 간접적으로 지지하고 있다.

2) 제도에 따른 논의

노동에 대한 정당한 대가를 지불하는 것은 개인의 기본권보장이라는 차원에서 당연한 것이라 할 수 있다. 수형자라 하더라도 신체의 자유를 비롯한 일부 기본권이 제한될 뿐이고 노동의 성과를 대가도 없이 착취하는 것은 형벌의 내용으로도 정당화될 수 없기 때문이다. 따라서 작업임금제의 실시에 따른 적극적인 효과를 고려하지 않더라도 수형자의 기본권보장과 재사회화라는 행형목표를 고려한다면 임금제를 실시하는 것이 바람직하다고 생각한다. 그러나 이 제도의 도입에 대해 반대하는 견해도 유력하다. 즉 교도작업의 비영리적인 성격에 비추어 임금제를 실시하더라도 행형비용을 제외하면 수형자에게 돌아가는 액수는 현재의 상여금보다 많지는 않다는 점, 자영작업이나 직업훈련에 종사하는 수형자에 대해서는 임금제의 실시가 어렵다는 점 등이다.

3) 형사정책적인 효과

작업에 대한 적절한 임금의 지급은 수형자의 사회복귀를 원활하게 할 뿐만 아니라 생활수단의 자급을 통해 수형자의 자긍심을 높이는 결과를 가져올 수 있다. 더 나아가서 임금을 효과적으로 사용함으로써 부수적인 효과를 가져올 수도 있다. 수형자의 임금은 생활에 필요한 물품구입, 가족의 생계보장을 위한 송금, 피해자에 대한 배상, 갱생자금의 적립 등에 사용될 수 있을 뿐만 아니라, 수형자가 자신의 임금을 자유롭게 사용할 수 있게 되면 작업의 능률도 올라가게 된다. 특히 최근에 피해자에 대한 원상회복의 문제가 자주 논의되고 있는데, 이 점과 관련하여 임금의 일부를 피해자에 대한 원상회복에 사용하도록 하는 방안을 강구할 필요가 있다. 현행법에 따르면 개방처우급 또는 완화경비처우급 수형자 가운데 작업기술이 탁월하고 작업성적이 우수한 자는 작업시간 이외에 1일 2시간 이내로 자기를 위한 노작 즉 개인작업을 할 수 있는데(동법 시행규칙 제95조), 자기작업에 의한 수입은 개인에게 돌아가므로 부분적으로 임금제의 효과를 가진다고 할 수 있다.

Ⅶ. 사회내 처우

1. 현행법에 따르면 수형자가 사회로 복귀하는 방법은 만기석방을 비롯하여, 사면 및 감형에 의한 경우, 형의 집행정지에 의한 경우 그리고 가석방에 의한 경우를 들 수 있다. 만기석방이란 형기만료로 인한 경우로서(동법 제124조 제2항) 소년에 대한 부정기형의 경우에는 장기의 만료로 석방된다. 귀가시에는 여비나 의류를 지급할 수 있으며, 피석방자가 질병으로 인해 귀가가 곤란한 경우에는 본인의 청구에 따라 일시수용이 가능하다(동법 제125조). 사면은 일반사면과 특별사면으로 구분되는데, 전자는 죄를 범한 자 모두를 대상으로 일정한 자에 대해 형의 선고의 효력을 상실시키는 것을 말하고, 후자는 형의 선고를 받은 자를 대상으로 일정한 자에 대해 형의 집행만을 면제하는 것을 말한다. 감형도 그 대상은 특별사면과 동일하나 형을 변경하는 일반감형과 형의 집행을 변경하는 특별감형이 있다. 사면이나 감형 모두 검찰총장의 신

청을 받아 법무부장관의 상신으로 대통령이 이를 행한다. 형의 집행정지는 사형과 자유형에 대해 인정되는데, 자유형의 경우 심신장애로 인하여 의사능력이 없는 상태에 있는 경우에는 반드시 집행을 정지해야 하고 그 사유가 소멸할 때까지 형의 집행이 정지된다(형사소송법 제469조 내지 제471조 참조). 형집행정지자에 대해서는 「형집행정지자관찰규정」에 따라 감호 및 관찰을 실시한다. 그러나 수형자의 사회복귀는 수형자를 사회로 조속히 복귀시키는 데 그쳐서는 안된다. 처음부터 시설내에 수용하지 않고 재사회화될 수 있는 방안이 강구되어야 하며, 일단 시설내에 수용되었던 자라도 그 사람이 사회로 복귀한 후에 사회에 쉽게 적응할 수 있도록 원조하고 재범을 방지하기 위한 조치를 취하는 일이 매우 중요하다. 최근의 형사정책의 동향에서 나타나는 특징으로서 시설내 처우보다 사회내 처우가 강조되고 있는 것도 같은 취지라고 할 수 있다.

2. **사회내 처우**라 함은 범죄자나 비행소년을 소년원 등 수용시설내에 수용하여 교정하는 대신 사회내에서 보호관찰관 등의 지시와 원호를 통하여 교정하는 제도로서, **비시설처우** 혹은 **지역사회교정**(community based correction)이라고도 한다. 또한 일정한 감시·통제 프로그램을 통해 범죄를 유발하지 않을 생활조건을 조성하고 지도한다는 점에서 이를 보호적 처우라고도 한다. 이 제도는 이미 1817년 미국 매사추세츠주의 교도소협회에서 설립을 주장하였으나 1840년대에 와서 본격적으로 이루어졌다. 실질적인 최초의 보호관찰법은 1878년의 매사추세츠주법이라고 할 수 있는데 이는 오늘날 보호관찰제도의 마그나카르타(Magna Carta)라고도 한다.

3. 이 제도는 구금의 범죄배양효과 혹은 낙인효과를 피할 수 있을 뿐만 아니라 통상의 형사재판절차에 처해질 범죄인들에 대한 전환처분으로도 활용할 수 있다. 그러나 지역이기주의 현상으로 인한 반대 움직임이 있을 뿐만 아니라 사회내처우의 혜택을 받지도 못하는 소수자에 대해서는 역으로 낙인효과를 남기는 효과를 가지게 되어 비인도적이라는 비판이 있다. 또한 이는 과잉구금의 문제를 해결하기 위한 하나의 새로운 사회통제전략이라고 한다(이를 **형사사법망의 확대**(net-widening)라고 부른다).

1. 보호관찰제도

(1) 의의

보호관찰은 유죄선고를 받은 자에게 법원이 지정하는 조건에 따를 것을 전제로 하여 형의 선고나 집행을 유예하는 법적 상태를 말한다. 이는 자유형의 집행 이전 단계에서 활용되는 사회내 처우 형태의 하나이면서 **조건부 석방**이다. 또한 보호관찰은 보호 내지 처우라는 측면뿐만 아니라 관찰 내지 감시라는 측면을 동시에 가진다.

(2) 보호관찰의 장 · 단점

가장 큰 장점이라고 할 수 있는 것은 시설내 구금처분에 대한 유용한 대안으로서 널리 활용할 수 있다는 점이다. 또한 범죄자를 사회와 단절 · 격리시키지 않고 정상적인 사회적 접촉과 유대를 지속시킴으로써 범죄자의 사회복귀를 용이하게 하며 시설내 구금에 따르는 부정적인 낙인효과를 피할 수 있고, 구금비용에 따르는 재정부담을 줄일 수 있다.

(3) 보호관찰의 실시 및 종류

1) 일반적 실시방법

일반적으로 보호관찰의 결정은 범죄인이 자백하거나 재판 결과 유죄가 인정된 후에 이루어지는데 판사는 보호관찰 대상이 되는가를 먼저 심사하고 인정될 경우 판결전조사보고서의 결과와 그 밖의 사정을 고려하여 상당한 이유가 있는 경우 이를 선고한다. 이에 대한 일반조건은 일반적으로 선고받는 사람의 개인적인 특징에 따라서 부과할 수 있고 이에 대한 특수조건으로 범죄자에게 의료 혹은 심리치료처분을 부과하거나 주거지역제한, 금주단체의 활동참가 등의 특별치료프로그램에 참여하게 할 수 있다. 그러나 불이행으로 인한 취소사유에는 새로운 범죄를 저지를 경우와 보호관찰의 준수사항을 위반한 경우의 두 가지 경우로서 상당성이 존재해야 한다.

2) 보호관찰의 방법

그 구체적인 방법으로서 갱집단이나 약물중독자 등에 대한 주 5회 이상의 전자추적장치를 부착하여 실시하는 **집중감독보호관찰**(Intensive Probation Supervision : IPS), 형유예처분을 받은 초범자에 대해 3~4개월 정도의 병영식 캠프(boot cam p)[37]에 수용하여 군대식의 훈련을 실시한 후 일반 보호관찰로 전환하는 **충격보호관찰**(shock probation), 금주운전자의 차량에 감시용 잠금장치를 부착하거나 소변검사 등을 통해 음주운전을 억제하고 그 교육을 실시하는 프로그램인 **음주운전보호관찰**(driving while intoxicated probation) 그리고 교통범죄자에 대하여 3~4개월간의 교육을 실시하는 **교통사범보호관찰** 등이 있다.

3) 가택구금과 전자감시

보호관찰제도의 실효성이 의문시되자 보호관찰의 방법 가운데의 하나로서 그 논의를 보면 다음과 같다.

① 가택구금

가택구금(Home Arrest)이란 수형자를 그 자택에 둔 채로 자유형의 일부 혹은 전부를 집행하는 프로그램을 말하며 이는 자유형의 성격이 강하다는 점에서 보호관찰을 기본으로 하는 집중감독보호관찰과는 다르다. 가택구금 대상자는 법원이 사전에 인가한 특정한 활동 즉 출근, 학교에의 출석, 의료상 필요한 경우의 처우프로그램이나 금주(禁酒)회의 참가, 교회에의 출석 등을 제외하고는 외출이 금지된다. 따라서 개별적으로 그 준수사항을 정하고, 그 실효성을 위하여 계속적인 감시가 필요하고, 재범 혹은 준수사항 위반시 이를 취소하고 재수감절차를 밟게 되며, 형벌로서의 엄격성 확보를 위하여 피해보상이나 사회봉사명령을 병과하기도 한다. 가택구금의 장점으로는 시설수용에 비해 그 비용이 절감되고, 사법의 각 단계에서 탄력적으로 운용할 수 있고, 특히 임신 중의 여자수형자나 에이즈(AIDS)환자 등의 수형자에게 유리하고, 범죄자의 직업을 잃거나 가정이 파괴되는 등 수감에 의한 사회비용을 방지할 수 있다. 그러나 가정의 사생활을 침해할 염려가 있고 그 활용으로 인한 보호관찰대

---

37) 이언담, 505면 : 1983년 미국 조지아주에서 구금형과 일반보호관찰에 대한 대체방안의 하나로서 개발되었다. 3~4개간 군대식 훈련을 중심으로 엄격한 규율과 규칙적인 생활습관 및 책임의식을 강조하며 청소년을 대상으로 단기훈련기간을 갖는 것을 특징으로 하는 시설이다. 이는 수형자의 자원에 의해 실시하며 국가와 수형자에게 과잉수용해소와 형기감소라는 목표를 달성할 수 있고, 1990년대에 이르러 가장 보편적인 중간처벌 형태로 확산·정착되었는데, 그 운영주체는 주로 민간에게 맡겨지고 있다. 엄격한 규율을 유지하면서 마약이나 알코올과의 접촉을 차단시켜 건강을 회복하도록 고안된 단기교정프로그램이다. boot camp라는 병영식 수용시설에 수감하여 군대식 극기훈련, 노동, 작업뿐만 아니라 직업교육, 상담 등 다양한 교화적 측면도 강조된다. 충격보호관찰과 유사하나 주교정국 관할이 아니고 보호관찰소 관할이라는 점에서 구별된다.

상의 폭이 축소되어 형사사법망의 확대될 우려가 있으며 입법을 통한 절차적 공정성 확보가 문제될 소지가 있으며 감시요금으로 인한 빈자의 어려움을 더욱 부추길 수 있다. 결과적으로 이 제도는 그 감독과 감시는 보호관찰관이 담당하지만 사실은 범죄자의 사회복귀를 위한 원조에서 감시로 역할을 재조정하는 것을 강요하는 결과로 될 것이다.

② 전자감시

전자감시(electronic monitering)란 일정한 조건으로 가석방된 범죄자가 미리 지정된 시간에 지정된 장소에 있는지 여부를 확인하기 위하여 범죄자의 손목 또는 발목 등에 전자감응장치를 부착시켜 사용되는 새로운 원격감시 시스템이다. 그 방법으로는 외출금지 시간대에 그 대상자가 있는지 전화로 확인하는 방법, 무선송신기를 그 대상자의 신체에 부착하는 방법 등이 있다. 전자감시의 대상자로는 일반적으로 재범위험성이 낮고, 폭력적이지 않는 자로서 본인이 희망하는 경우가 일반적이다.[38] 이는 1964년 쉬프게벨(Schwitzgebel)이 최초로 고안하여 미국에서 본격으로 보호관찰 등에 새로운 감독방법으로 도립되었다. 이는 가택구금 뿐만 아니라 보호관찰과도 결합시킬 수 있는 방안으로 사회내 처우의 과하화에 기여하는 방안이라고 할 수 있다. 그러나 시민의 자유에 대한 위협, 그 효과성에 대한 불분명, 구체적인 감시의 불명확, 대상자가 특수직업을 소지시 안전상의 문제발생, 빈자의 경우 빈부의 격차에 의한 불평등 소지발생, 전자감시로 인한 통제망의 확대로 형벌의 확대로 이어질 우려가 있다는 비판이 제기된다.

우리나라의 경우에는 성폭력범죄자의 재범방지와 특정범죄자(성폭력범죄와 미성년자 대상 유괴범죄)의 재범방지를 위하여 각각 「특정 성폭력범죄자에 대한 위치추적 전자장치 부착에 관한 법률」 제5조와 「특정 범죄자에 대한 위치추적 전자장치 부착 등에 관한 법률」 제5조에 따라 전자장치를 부착명령을 청구할 수 있도록 하고 있다. 전자발찌 부착제도는 가석방되는 성폭력범에게 평균 6개월간 적용해왔으며 2009년 7월부터 성폭력범이 실형 선고를 받고 형기를 마치면 전자발찌를 착용하는 제도가 본격 시행되고 있다. 2012년에는 특정범죄자에 대한 보호관찰을 추가로 포함시키는 「특정범죄자에 대한 보호관찰 및 전자장치 부착 등에 관한 법률」로 법명이 변경되었다.

---

38) 홍정원, "성인 보호관찰대상자 지도, 감독, 원호 등 보호관찰기법에 관한 연구", 법무연구 25호, 법무연수원, 1998, 248면. ; 우리나라에서는 성범죄자에게 위성항법장치(GPS) 기능을 지닌 칩이 부착된 전자팔찌나 시계 등을 착용케 하여 감시함으로써 범죄 재발 가능성을 낮추는 방안이 논란되었다(서울신문 2005.4.27)

사례연구 Electronic Monitoring of Offenders in the Community

Michigan's electronic monitoring system is meant to provide community supervision staff with additional tools to more intensely supervise offenders who are not incarcerated. The department also provides this monitoring service for some district and probate courts, sheriffs' departments and juvenile offenders. The Radio Frequency monitoring program was successfully piloted in 1986 for selected Washteaw County probationers. By the end of 1987, it was being used on a statewide basis. It allows for the monitoring and enforcement of curfews and other conditions of community supervision. With the exception of prisoners living in corrections centers, tethered offenders are more closely supervised than any other offenders in the public. Because most offenders are placed on the system in lieu of prison or jail, the program is much less costly. While the Radio Frequency monitoring system does not "track" offenders' whereabouts like a homing device, it is able to determine if offenders are home when they should be. Known in the MDOC as the "Electronic Tether Program," the system allows the department to tell 24 hours a day, seven days a week, whether an offender is living up to the supervision requirements of his or her placement.

A new feature for the Radio Frequency monitoring program is the Digital Cellular monitoring device. This device allows Radio Frequency monitoring of offenders who do not have telephone service. It is a more costly alternative, and therefore intended to act as a short term solution until the offender is able to secure traditional land-based telephone service. The Digital Cellular monitoring device contains cellular telephone technology in an additional piece of equipment which is placed in the offenders' home. The information from the traditional Radio Frequency monitoring device is communicated to the host computer through the technology in the Digital Cellular device. Internal security features alert staff if there is an attempt to move the unit.

In 2004 the monitoring program for alcohol consumption expanded with the introduction of the S.C.R.A.M.(Secure Continuous Remote Alcohol Monitoring) alcohol monitoring device. This technology also uses fuel cell technology, but monitors for alcohol consumption twenty-four (24) hours per day, seven days per week. While the Sobrietor takes a "snapshot" to determine if the offender currently has alcohol on his/her breath, the S.C.R.A.M. device takes readings 24 hours per day. Each sample is tested and the readings are stored in the bracelet. Those readings are transmitted to a host computer through the use of a modem at a pre-determined time. S.C.R.A.M. does not offer the curfew monitoring feature of the Radio Frequency and Sobrietor equipment, but does provide continuous alcohol monitoring.

Global Positioning System(GPS) technology was officially introduced as an electronic monitoring option within the Department of Corrections in January 2007. Its' current primary target population is specific paroled sex offenders. This device records offender movement throughout the community and reports those movements to a host computer. Department of Corrections staff are able to review maps and track the movement of the parolee throughout the day.

※ http://www.michigan.gov/corrections

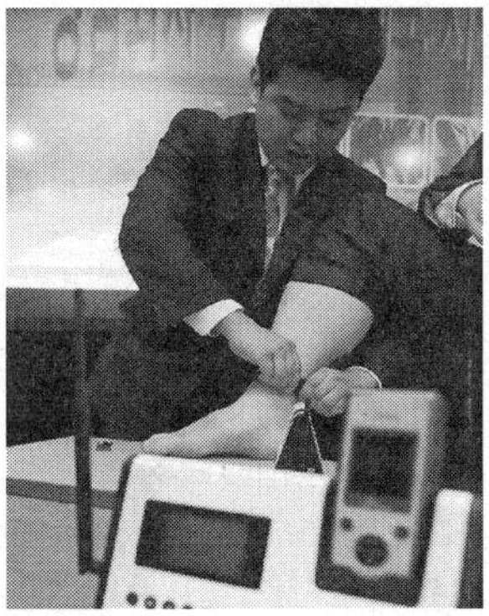

※ 참고그림 : [아시아투데이] 2009.03.12

(4) 현행 보호관찰제도

1) 의의

보호관찰제도는 이론적으로 생성된 제도가 아니라 정책적 의미가 강한 제도로 그 개념을 간단히 정의하기는 어려우나 일반적으로 보호관찰제도란 범죄자 및 비행소년의 자유를 박탈하지 않고 사회내에서 생활하게 하면서 지시되어진 준수사항의 이행을 위해 지정된 보호관찰관의 지도와 원호를 통하여 개선·교육함으로써 재범을 방지하고, 관찰의 기간이 종료되면 원만하게 사회에 복귀할 수 있도록 하기 위한 제도로서 영미제국에서 발달한 보호관찰부 형의 유예(probation)와 보호관찰부 가석방(parole)이 중심적 제도이다. 보통 양자를 통합하여 사용하고 있으나 양자는 범죄자를 시설 내에서 수용하지 않고 국가기관의 감독 아래 사회내에서 자유로운 생활을 허용하는 점에서는 동일하나, 보호관찰부 가석방은 교도소에서 형의 일부라도 집행된 경우에 인정되는 행정처분으로서 그 처분의 취소에 관하여 재심사나 항소가 불가능하지만, 보호관찰부 형의 유예는 사법장치로서 그 취소에 모든 사법절차가 적용된다. 이 제도의 기능은 보호관찰관이 대상자에 대한 개별적인 상담자로서 범죄자를 보호·감독하는 기능과 보호관찰관이 사회자원의 활용자라는 입장에서 대상자의 개선·교육을 위해 사회단체와 관련을 맺으면서 원호와 보도되는 일에 역점을 두고 있다.

읽을거리 : 보호관찰제도의 기원

보호관찰제도의 기원은 12-13세기경 영국의 보통법상 나타난 재판시 관행들을 시발로 19세기 중엽 소수의 독지가들의 활동에서 비롯된 것이나 영국의 보통법상 관행들은 당시의 가혹한 형벌로부터 범죄인들을 보호하기 위한 단순한 목적에서였다. 특히 그 당시 영국에서는 성직자의 특혜와 선행의 서약에 의한 석방을 효시로 점차 일반인까지 확대 및 작용되어 죄질이 가벼운 자들을 석방시켜 보호했던 것인데, 이와 같은 관행이 14세기경 보증부유예제도와 함께 보호관찰제도의 최초의 단계로 간주되고 있다. 오늘날 보호관찰제도의 직접적인 기원은 1814년 미국의 어거스터스(J. Augustus)와 영국의 힐(M.D. Hill) 판사 등으로부터 시작되었다. 그 후 1878년 미국 메사추세츠주에서는 사상 최초로 보호관찰이라는 용어를 채용하는 등 오늘날 보호관찰제도에서 갖추어져야 할 많은 요소를 포함하고 있어 하나의 법제도적 표본이 되고 있다. 대륙법계 국가들의 보호관찰제도는 프랑스, 벨기에의 집행유예제도와 독일의 조건부 유예제도를 중심으로 발전되었는데, 독특한 사회구조와 법의 인간존중사상에 입각한 제도라기보다는 범죄로부터 사회를 방위한다는 면이 더 강하였다.

2) 법적 성격

보호관찰제도는 범죄자에 대한 국가대응수단으로서 단순한 복지행정 또는 사면의 제도가 아니라 **형사사법상의 제도**라는 점에는 이론상 다툼이 없으나, 형사사법에 있어서의 보호관찰의 법적 성격에 대해서는 다음과 같이 견해의 대립이 있다. 자유형의 변형설은 보호관찰은 형의 집행유예를 중단하고 그 대신에 사회내 처우를 통하여 형의 집행과 같은 효과를 얻게 되는 것으로 자유형의 변형 또는 그 대체수단이라는 설이다. 보안처분설은 보호관찰은 특별예방적 고려에서 장래의 범죄를 예방하기 위한 수단이므로 보안처분의 일종이라는 설이다. 형법상 제재설은 보안처분은 자유형이 변경된 것도 아니고 순수한 보안처분도 아닌 형법상의 독립된 제재수단이라는 설이다. 생각컨대, 보호관찰은 범죄인의 보호를 주목적으로 형벌을 완화하여 사회내에서 자유를 부여하는 영미법상의 제도이나, 보안처분은 사회방위를 주목적으로 형벌의 대체 또는 보완으로 사회내에서 자유를 규제하는 대륙법상의 제도라는 점에서 엄연히 구별된다고 하겠다. 따라서 형집행을 종료한 후에 행하여지는 보호관찰 등에 관한 법률 및 보안관찰법상의 보호관찰은 보안처분임에는 틀림없으나, 형의 선고・집행유예나 가석방 등과 함께 부여되는 보호관찰은 자유형의 일변형인 형사사법제도라고 보는 다수설이 타당하다.

3) 보호관찰의 필요성

보호관찰제도는 법의 권위를 옹호하고 일반시민들을 또 다른 범죄로부터 보호함과 동시에 개개인의 자유를 극대화시킨다. 또한 다른 범죄자를 사회와 단절・격리시키지 않고 정상적인 사회적 접촉과 유대를 지속시킴으로써 범죄자의 사회복귀를 용이하게 하며 시설내 구금에 따르는 부정적인 낙인효과를 피할 수 있고, 구금비용에 따른 재정부담을 크게 줄일 수 있다. 그러나 범죄의 심각성에 비하여 범죄자를 너무 관대히 다룬다는 점, 범죄자를 사회에 방치함으로써 공공의 안전을 해친다는 점, 대상자가 너무 많아 시효를 거두기 어렵고 대상자에 대한 필요한 재원과 인력을 확보하기 어렵다는 점, 대상자선별에 있어서 자의와 독선이 개재할 염려가 적지 않고, 보호관찰조건이 가혹하거나 엄격한 경우 또는 자의적이거나 애매한 경우가 적지 않다는 점 등이 그것이다.

4) 우리나라의 보호관찰제도

우리나라의 보호관찰제도는 1988년 12월 31일 보호관찰법을 제정하여 1989년 7월 1일부터 소년범에 대해 전면적으로 실시되기에 이르렀으며, 성인범죄자에 대해서는 1989년 3월 25일의 사회보호법 개정으로 보호감호가출소자 등에 대하여 한정적으로 시행되다가 1993년 12월 성폭력범죄의 처벌 및 피해자보호 등에 관한 법률 제정으로 1994년 4월 1일부터는 성인 성폭력 가석방에 대해서도 선고유예, 집행유예, 가석방시보호관찰을 명할 수 있도록 규정하고 있다. 1989년에서 1993년 성인범 4,560명, 소년범 46,867명이 보호관찰을 종료하였으며, 1990년에 비해 1993년에는 대상자가 약 2배로 증가하는 등 보호관찰제도가 제도적으로 정착되어가고 있다. 더욱이 1995년 1월 5일에 개정된 보호관찰 등에 관한 법률은 그동안 이원적으로 조직·운영되어 오던 보호관찰과 갱생보호를 일원화하여 단행법률로 규정하고 있으며 사회내 처우가 필요한 자에 대해 지도 및 원조를 함으로써 건전한 사회복귀를 촉진하고 효율적인 범죄예방활동을 전개하여 공공의 복지증진과 사회보호를 목적으로 하고 있다.

① 보호관찰의 담당기관

우리나라의 보호관찰은 법무부 소관사항이다. 보호관찰기관은 중앙기관으로서 법무부 내에 범죄예방정책국이 있고, 중간기관인 보호관찰심사위원회가 있으며, 일선기관으로 보호관찰소가 있다. 그리고 피보호관찰자에 대한 처우는 보호관찰관이 담당하고, 민간독지가인 보호선도위원이 보호관찰관의 업무를 보조지원한다.

(i) 범죄예방정책국

범죄예방정책국은 범법자의 재범을 방지하기 위하여 건전한 사회 내 생활을 영위하면서 보호관찰, 사회봉사명령, 수강명령 등 체계적인 법 집행을 함으로써 사회를 보호하고 범죄인의 역량을 강화시키는 보호관찰소와 보호처분을 받은 소년을 수용하여 규율 있는 생활 속에서 전인간적인 성장발달을 도모하여 사회적 적응력을 높이는 소년원 그리고 정신질환 범죄자를 수용, 치료하여 사회를 보호하고 범법자의 재활을 도모하는 치료감호소를 총괄하는 기관이다.

(ii) 보호관찰심사위원회

보호관찰심사위원회는 소년에 대한 가석방, 가퇴원 및 부정기형 종료 등에 관한 사항을 심사 결정하는 준사법적 행정위원회로서 영미의 가석방위원회(Parole Board)에 해당하는 기관이다. 보호관찰에 관한 심의, 결정하기 위해 법무부장관 소속하에 설치되는 것으로 고등검찰청 소재지 등 대통령령이 정하는 곳(서울, 부산, 대구, 광주)에 설치하도록 되어 있다(보호관찰 등에 관한 법률 제5조 제1항, 제2항). 위 위원회의 구성에 대해서는 보호관찰 등에 관한 법률 제7조 이하에서 규정하고 있다. 전국고등검찰청 소재지에 설치된 보호관찰심사위원회에서는 가석방과 그 취소에 관한 사항, 임시퇴원, 임시퇴원의 취소 및「보호소년 등의 처우에 관한 법률」제43조제3항에 따른 보호소년의 퇴원(이하 "퇴원" 이라 한다)에 관한 사항, 보호관찰의 임시해제와 그 취소에 관한 사항, 보호관찰의 정지와 그 취소에 관한 사항, 가석방 중인 사람의 부정기형의 종료에 관한 사항, 이 법 또는 다른 법령에서 심사위원회의 관장 사무로 규정된 사항 등을 심사, 결정하는 업무를 수행하여 보호소년 및 소년수형자의 개선가능성, 보호관찰 적합성에 중점을 둔 실질적, 전문적 심사를 통해 가석방, 가퇴원제도의 탄력적 운영을 도모한다.

(iii) 보호관찰소

보호관찰소는 보호관찰의 실시 및 범죄예방활동 등 보호관찰행정실무를 담당하고 있고 그 조직은 보호관찰소마다 약간씩 다르나, 우리나라에서 규모가 제일 큰 서울보호관찰소의 경우 소장 밑에 사무과, 관호과 및 조사과를 두고 있으며, 관찰구역이 넓은 지역의 업무수행을 위해 지소를 두고 있다.

〈표 6〉 서울보호관찰소의 주요업무

보호관찰실시	- 보호관찰대상자면담, 현장방문 등 준수사항 이행여부 확인 점검 - 취업알선, 복학주선 등 자립 개선지원 - 보호관찰 성적 양호자에 대한 지도감독 조기해제, 준수 사항 위반자에 대한 구인 · 유치 또는 법원에 집행유예취소 등 재수감 신청
사회봉사명령집행	- 일정기간 무보수로 공공분야 근로활동 - 장애인보조, 재난복구작업 등 지역사회에 도움이 되는 분야에 노동력 제공 - 대상자의 능력과 특기를 살려 속죄 봉사할 수 있는 기회 제공
수강명령집행	- 약물중독, 가정폭력, 성폭력 등 전문적인 도움이 필요한 범죄자를 보호관찰소 또는 지정 기관에서 일정시간 교육 - 준법의식과 인간관계 개선 등 사회적응능력 배양
판결전조사	- 법원이 요청한 소년 피고인의 생활환경, 성행 등 조사 통보 - 재판시 양형, 집행유예 등 판결 자료로 활용
환경조사 개선활동 사안조사	- 소년 수용자의 범죄동기 생활환경 등을 조사하여 가석방 가퇴원심사 등에 활용 - 범죄를 유발할 수 있는 환경에 대한 개선활동 - 성인 가석방 예정자에 대한 보호관찰 필요여부 심사자료로 제공
범죄예방활동	- 범죄예방위원에 대한 교육 - 검찰, 범죄예방위원 등과 함께 지역사회에서 우범지역 순찰, 청소년 선도 캠페인 등 범죄예방활동 전개

※ 참고자료 : http://seoul.probation.go.kr

보호관찰소가 담당하는 사무에 대해서는 보호관찰 등에 관한 법률 제15조에서 규정하고 있다. 보호관찰관은 보호관찰을 직접 수행하는 자로서 형사정책학, 행형학, 사회사업학, 교육학, 심리학 그 밖에 보호관찰에 필요한 전문적 지식을 바탕으로 보호관찰, 사회봉사명령 및 수강명령의 집행, 갱생보호, 검사가 보호관찰관이 선도함을 조건으로 공소제기를 유예하고 위탁한 선도 업무, 범죄예방 자원봉사위원에 대한 교육훈련 및 업무지도, 범죄예방활동, 이 법 또는 다른 법령에서 보호관찰소의 관장 사무로 규정된 사항을 관장한다(보호관찰 등에 관한 법률 제16조). 범죄예방활동을 하고, 보호관찰활동과 갱생보호사업을 지원하기 위하여 범죄예방 자원봉사위원을 둘 수 있다. 법무부장관은 법무부령으로 정하는 바에 따라 범죄예방위원을 위촉한다(동법 제18조 제1항, 제2항).

② 보호관찰대상

(i) 소년법상의 보호관찰대상

소년법은 보호처분의 일환으로 보호관찰을 규정하고 있다(소년법 제32조 제1항 제2호 및 제3호). 그리고 보호관찰등에관한법률은 보호처분을 받은 자를 보호관찰의 대상으로 하고 있다(보호관찰등에관한 법률 제3조 제1항 제4호). 따라서 소년부 보호사건의 심리대상 즉 보호처분의 대상은 곧 보호관찰의 대상인 것이다. 먼저 소년(Juvenile)이란 19세 미만의 자를 말하나 소년법 제4조와의 관련에서 보호대상으로서의 소년 즉 보호관찰대상 소년은 10세 이상 19세 미만의 자라고 할 것이다. 여기서 소년의 연령기준시가 문제된다. 우리나라에서는 명문의 규정이 없어 논란이 있으나 학설과 판례는 처분시주의를 지지하고 있다. 그러나 이처럼 처분시주의를 취하면 연령에 맞추어 법이 예정한 여러 가지의 보호적 처우를 시행할 수 있다는 장점이 있으나 심판절차 진행과정이라는 불확정한 사정에 의해 처분이 결정된다는 문제가 있다. 다음으로 "죄를 범한 소년(**범죄소년**)" 이란 형벌법규를 위반한 19세 미만의 소년을 말한다. 형법범이거나 특별법범이거나를 불문하며 14세 미만의 형사미성년자는 포함되지 않는다. 범죄소년이기 위해서는 책임성을 필요로 하는가에 대해서는 적극설과 소극설로 견해가 나뉜다. 보호처분은 범죄소년에 대한 책임을 묻는 것이 아니고 비행성을 제거하여 사회에 적응시키는 데에 목적이 있으므로 행위의 비난가능성을 필요로 하지 않는다는 견해도 있으나, 역시 보호처분의 대상이 되는 것은 별론으로 하고 여기서 말하는 '죄를 범한 소년' 의 범주에는 들어가지 않는다고 본다. 따라서 심신장애자 등 책임조각사유에 해당하는 소년은 소년법 제4조 제1항 1호의 '죄를 범한 소년' 에 포함되지 않는다. **촉법소년**이란 형벌법령에 저촉되는 행위를 한 10세 이상 12세 미만의 소년을 말한다(소년법 제4조 제1항 제2호). 즉 범죄를 저질렀으나 형법상 책임능력(형법 제9조)이 없는 14세 미만의 소년 중에 10세 이상의 소년을 범죄소년과 구별하여 특별히 보호대상으로 하는 것이다. 그러므로 촉법소년은 범죄소년에 있어서의 범죄성립요건 중에서 다만 책임능력을 결하고 있는 셈이다. 여기서의 형벌법령도 범죄소년의 경우와 마찬가지로 형벌 이외의 특별법범이 포함된다. **우범소년**이란 소년법 소정의 객관적인 우범사유가 있고, 그의 성격 또는 환경에 비추어 앞으로 형벌법령에 저촉되는 행위를 할 우려가 있는 10세 이상의 소년을 말한다(법 제4조 제1항 제3호). 즉 우범소년은 아직 형벌법령에 저촉되는 행위를 하지는 않았지만 범죄적 성향이 강하기 때문에 장래에 범죄를 저지를 개연성이 높다고 판단되는 소년이다. 이는 소위 신분비행(status offense)을 저지른 소년이다. 이처럼 우리 소년법은 동법에 열거한 우범사유 즉 「집단적으로 몰려다니며 주위 사람들에게 불안감을 조성하는 성벽이 있는 것」, 「정당한 이유 없이 가출하는 것」, 「정 술을 마시고 소란을 피우거나 유해환경에 접하는 성벽이 있는 것」 외에도 우범성 즉 「그의 성격이나 환경에 비추어 앞으로 형벌 법령에 저촉되는 행위를 할 우려」를 우범요건으로 하고 있다. 그러나 일본에서는 이와 같은 우범요건들이 우범소년 판단에 있어서 동시에 구비되어야 하는가에 대해서는 의견이 갈리고 있으나, 통설 · 판례는 「어느 정도 구체성을 가진 범죄의 개연성」이라고 하고 있다. 우리 소년법상 우범소년은 동법 제4조 제1항 제3호가 규정하는 각 우범소년은 각 우범사유가 존재할 뿐만 아니라, 그의 성격, 환경에 비추어 볼 때 장래 형벌법령에 저촉되는 행위를 할 우려가 있는 성질 즉 우범성을 가지는 것이라고 판단되는 소년이라고 할 수 있으나 일부학자는 소년법의 대상에서 제외하여야 한다고 하는데 그 이유는 소년법상 우범소년규정에 의한 처리건수가 거의 없고 전혀 범죄구성요건행위조차 하지 않은 소년을 부정적으로 낙인찍게 되므로 그의 범죄적 성격을 심화시킬 위험성이 있으므로 소년보호주의의 이념에 모순되는 것이라고 한다. 다만 다른 아동복지법이나 청소년보호법 등에 의해 순수한 행정적 및 복지적 처우를 하는 것이 바람직하다. 그러나 형사특별법인 소년법상에 명문의 규정이 있고 범죄구성요건행위조차 하지 않은 행위 자체는 비범죄라고 할 수 있으므로 위 견해는 타당하지 않다.

(ii) 「보호관찰등에관한법률」상의 보호관찰대상

a. 보호관찰부 선고유예를 받은 자

법원은 형법 제59조의2에 따라 보호관찰을 조건으로 형의 선고유예를 받은 사람에 대해서 보호관찰을 받을 것을 명할 수 있다(보호관찰 등에 관한 법률 제3조). 선고유예를 하기 위하여서는 1년 이하의 징역이나 금고, 자격정지 또는 벌금의 형을 선고할 경우 개전의 정상이 현저할 것 자격정지 이상의 형을 받은 전과가 없을 것의 요건이 구비되어야 한다(형법 제59조 제1항). 그러나 이상의 요건을 갖춘다고 해서 반드시 선고유예의 판결을 하여야 하는 것은 아니다. 즉 선고유예의 판결을 할 것인가는 법원의 재량에 속한다. 선고유예의 판결을 하는 경우에는 범죄사실과 선고할 형을 결정하여야 한다. 그런 의미에서 선고유예의 판결도 유죄판결의 일종인 것이다.

b. 보호관찰부 집행유예를 받은 자

집행유예는 범죄사실을 확정하여 형을 선고하되 일정기간 동안 그 집행을 유예하고 그 기간중에 취소의 사유가 발생하지 않는 한 형을 집행하지 않을 뿐만 아니라 유예의 기간이 경과하면 자동적으로 형의 선고가 실효되는 조건부 유죄판결인 것이다. 법은 선고유예와 마찬가지로 법원이 형의 집행유예를 선고함에 있어 지도 및 원호가 필요하다고 판단될 때에는 보호관찰을 받을 것을 명할 수 있도록 하고 있다(보호관찰 등에 관한 법률 제3조). 이 집행유예의 법적 성질에 관해서는 견해가 대립되고 있다. 즉 형벌과 보안처분의 성질을 함께 가지고 있는 고유의 종류의 제재 또는 형법에 있어서의 제3의 길이라고 할 수 있는 독립된 제재라고 하는 주장, 그리고 집행유예는 외래적 처우라는 의미에서 특수성을 가진 형집행의 변형이라는 주장들이 그것이다. 전술한 선고유예는 형의 선고를 유예함으로써 형벌을 피하기 위한 제도이므로 형집행의 변형이라고 할 수는 없으나 집행유예는 형을 일단 선고하고 집행만을 유예한다는 점에서 변형된 형집행이라고 할 수 있다. 이와 같은 변형된 형집행으로서의 성격은 보호관찰이 함께 부과됨으로써 더욱 명확해진다고 하겠다. 집행유예가 선고될 수 있는 자유형의 범위에 대하여 영·미에서는 제한을 두지 않고 있으나 대륙법 국가들은 제한을 두고 있다. 우리나라에서는 3년 이하의 징역 또는 금고의 형을 선고할 경우 정상에 참작할 만한 사유가 있는 때에는 1년 이상 5년 이하의 기간내에서 형의 집행을 유예할 수 있다. 다만 금고 이상의 형을 선고한 판결이 확정된 때부터 그 집행을 종료하거나 면제된 후 3년까지의 기간에 범한 죄에 대하여 형을 선고하는 경우에는 그러하지 아니하다(형법 제62조 제1항)고 규정함으로써 집행유예가 선고될 수 있는 범위를 제한하고 있다. 선고유예에 있어서와 마찬가지로 법관의 재량에 의한 임의적 보호관찰이고, 필요적 규정이므로 변경하여야 한다.

c. 가석방 또는 가퇴원처분을 받은 자

가석방이란 자유형을 받고 있는 자가 개전의 정이 현저하다고 인정되는 때에 형기만료전에 조건부로 수형자를 석방하고, 일정한 기간을 경과한 때에는 형의 집행을 종료한 것으로 간주하는 제도를 말한다(형법 제72 및 제76조). 불필요한 형집행기간을 단축함으로써 수형자의 사회복귀를 용이하게 하고, 형집행과정에 있어서 수형자의 자발적인 사회복귀를 위한 노력을 촉진한다는 특별예방사상을 가진 제도다. 전술한 형의 집행유예 및 선고유예와 형사정책적 목적을 같이 하면서도 행정처분에 의하여 수형자를 석방한다는 점에 그 특성이 있다. 같은 관점에서 무기형의 경우에는 5년, 15년 유기형의 경우에는 3년, 부정기형의 경우에는 단기의 3분의 1의 기간이 지난 소년수형자 또는 수용 중인 보호소년에 대하여 법무부령으로 정하는 바에 따라 관할 심사위원회에 가석방, 퇴원 또는 임시퇴원 심사를 신청할 수 있다(보호관찰 등에 관한 법률 제22조).

d. 검사가 보호관찰의 선도를 조건으로 공소제기를 유예한 자

법은 검사가 보호관찰관이 선도를 조건으로 공소제기를 유예하고 위탁한 자에 대한

선도를 보호관찰소의 관장업무의 하나로 하고 있다(보호관찰 등에 관한 법률 제15조 제3호). 1994년의 개정에서 신설된 조항인데 법에 근거하고 있지 않지만 현재 검찰 실무에서 소년범에 대하여 민간 선도위원의 선도를 조건으로 기소유예를 하는 소위 선도조건부 기소유예제도가 있다. 그러나 양자는 우리 형사소송법이 인정하고 있는 검찰의 기소편의주의를 근거로 하는 조건부 기소유예라는 점에서 동일하다. 따라서 현재는 검찰의 기소재량권에 의한 기소부 기소유예제도가 이원적으로 운영되고 있는 셈이다.

e. 다른 법률에 의하여 보호관찰을 받도록 된 자

현행법상 다른 법률이 보호관찰 등에 관한 법률에 의한 보호관찰을 받도록 위임하고 있는 것은 「성폭력범죄의 처벌 등에 관한 법률」뿐이다(동법 제3조 제4항). 동법에 의하면 성폭력범죄를 범한 자에게 선고를 유예하는 경우에는 1년의 기간 동안 보호관찰을 부과할 수 있다(성폭력범죄의 처벌 등에 관한 법률 제16조 제1항 및 제2항). 성인에게는 경우에 따라 부과할 수 있도록 하는 임의적 규정이나 소년의 경우에는 반드시 보호관찰을 부과하여야 하는 필요적 규정이다. 또한 성폭력범죄를 범한 자로서 형의 집행중에 가석방된 자도 가석방을 허가한 행정관청이 필요가 없다고 인정하는 경우를 제외하고는 가석방기간동안 보호관찰을 받는 것으로 하고 있다(동법 동조 제8항). 즉 가석방의 경우에는 성인과 소년을 묻지 않고 보호관찰을 부과하는 것을 원칙으로 하는 필요적 규정이다. 성폭력범죄의 처벌 등에 관한 법률의 본 취지는 날로 심각되어가고 수법이 다양화되어 가는 성폭력범죄에 대처하기 위하여 형벌을 강화하고 사법처리절차에서 피해자를 특별히 보호하자는 것이다.

③ 보호관찰의 내용

(i) 판결전조사, 환경조사 및 개선

판결전조사는 법원이 적절한 처우방법을 선택하는 자료로 쓰기 위하여 보호관찰소장에게 요청함에 따라 판결 전에 보호관찰관이 범죄인의 성격, 인생관, 경력, 전과, 환경과 교우관계 등 범죄에 영향을 미치는 제반사항에 관한 사실조사를 하는 것이다. 이 제도는 보호관찰처분에 도움을 주고, 나아가 보호관찰의 효율성을 확보하는데 그 목적이 있다. 한편, 보호관찰소에서는 소년원 및 교도소 등 시설에 수용중인 소년범에 대한 환경을 조사하여 필요한 개선활동을 전개하고 있다. 이는 가석방 및 가퇴원 전에 면밀한 환경조사를 하여 범죄유발 요인을 제거함으로써 건전한 사회복귀 기반을 조성하고, 효율적인 보호관찰 실시의 여건을 마련하는데 그 목적이 있다.

(ii) 보호관찰소의 처우

a. 지도

개별지도로서는 보호관찰관과 보호위원은 정기적으로 또는 수시로 대상자를 소환하거나 직접 방문하여 준수사항 이행여부를 확인하고, 사회생활 적응에 따른 애로사항을 청취한 후 대상자의 건전한 사회복귀를 위하여 적절한 지도를 실시하는 등 재범방지를 위한 교화개선에 주력하는 등 필요한 조치를 취하고 있다. 또한 집합교육은 보호관찰소에서는 매월 1회 신규 접수된 보호관찰 대상자에 대하여 보호관찰기간 중 지켜야 할 준수사항을 고지하고, 건전한 인격형성과 사회적응에 필요한 정신교육을 실시함으로써 대상자로 하여금 올바른 생활방식 및 문제해결 능력을 갖도록 지도한다(개시교육). 보호관찰기간동안 준수사항을 성실히 이행하여 보호관찰이 종료하게 되는 보호관찰 대상자들을 격려하고 향후 건전한 사회활동을 하도록 계도하며 다양한 설문조사 및 보호관찰 결과분석을 통해 보호관찰법 개발 등 업무개선발전을 도모한다(종료교육). 보호관찰소에서는 매주 토요일 오후 정례적인 집합교육 프로그램으로서 청소년 비행예방 교실을 개설 · 운영한다. 소년 보호관찰 대상자에 대한 개별적인 지도 및 원호활동과 병행하여 토요일 오후에 대상자들의 여가시간을 활용하여 집합적인 선도교육을 실시함으로써 교육효과를 높이고 있다. 동 교실에서는 지역사회의 저명인사, 교수, 상담전문가 등을 강사로 초빙하여 보호관찰대상 청소년들에게 준법교육, 가치관, 윤리 및 도덕교육, 예절교육, 성교육, 약물교육 등을 실시하고 있으며, 그외 심리극(Psycho drama), 심성개발 등 다양한 치료적 프로그램을 적용, 청소년들의 건전한 인성 발달과 사회성 함양 및 비행성 개선을 도모하고 있다(청소년 토요교실). 보호자나 가족의 역할이 비행성교정 및 재범방지에 필수적임을 감안하여 대상소년의 보호자들에게 보호관찰제도의 의의, 가족의 중요성, 부모의 역할 등에 대해 교육함으로써 대상 소년의 건전한 사회복귀에 그 가족도 적극 참여하도록 유도한다(보호자 교육).

b. 원호

보호관찰 대상자의 자립갱생을 위한 지원 및 주변환경의 개선을 통해 실질적이고 항구적인 사회복귀를 도모하여 숙소 및 취업을 알선해 주고, 직업훈련 등 교육훈련의 기회를 제공하며, 기타 행정적 지원, 사회적 자원의 수혜대상이 되도록 주선해 주는 것을 주요 내용으로 하고 있다.

c. 응급구호

보호관찰 대상자의 부상, 질병 등 급한 사유 발생시 복지적 차원에서의 의료비 지원 등을 실시하고 있다.

④ 보호관찰의 종료 및 가해제

(i) 보호관찰의 종료

보호관찰의 종료에는 부정기형의 종료, 보호관찰의 종료(보호관찰 등에 관한 법률 제50조, 제51조) 등이 있다. 부정기형의 종료는「소년법」제60조 제1항에 따라 형을 선고받은 후 가석방된 사람이 그 형의 단기)가 지나고 보호관찰의 목적을 달성하였다고 인정되면 같은 법 제66조에서 정한 기간 전이라도 심사위원회는 보호관찰소의 장의 신청을 받거나 직권으로 형의 집행을 종료한 것으로 결정할 수 있으며(보호관찰 등에 관한 법률 제50조 제1항), 임시퇴원자가 임시퇴원이 취소되지 아니하고 보호관찰 기간을 지난 경우에는 퇴원된 것으로 본다(보호관찰 등에 관한 법률 제50조 제2항). 또한 보호관찰은 보호관찰대상자가 다음의 사유에 해당하는 때에는 종료한다(보호관찰 등에 관한 법률 제51조). ① 보호관찰 기간이 지난 때, ②「형법」제61조에 따라 보호관찰을 조건으로 한 형의 선고유예가 실효되거나 같은 법 제63조 또는 제64조에 따라 보호관찰을 조건으로 한 집행유예가 실효되거나 취소된 때, ③ 제48조 또는 다른 법률에 따라 가석방 또는 임시퇴원이 실효되거나 취소된 때, ④ 제49조에 따라 보호처분이 변경된 때, ⑤ 제50조에 따른 부정기형 종료 결정이 있는 때, ⑥ 보호관찰 기간 중 금고 이상의 형의 집행을 받게 된 때, ⑦ 제53조에 따라 보호관찰이 정지된 임시퇴원자가「보호소년 등의 처우에 관한 법률」제43조 제1항의 나이가 된 때

(ii) 보호관찰의 임시해제

보호관찰의 임시해제란 보호관찰 대상자의 성적이 양호하여 더 이상 지도 및 감독이 필요하지 않다고 인정될 때 보호관찰을 해제하는 것을 말한다. 이는 보호관찰소장의 신청 또는 직권으로 이루어지며(보호관찰 등에 관한 법률 제52조 제1항), 임시해제 중에는 보호관찰을 하지 아니하나, 피보호관찰자의 준수사항에 대한 준수의무는 계속된다(동법 제52조 제2항). 심사위원회는 임시해제결정을 받은 자에 대하여 다시 보호관찰을 실시하는 것이 적절하다고 인정되는 때에는 보호관찰소장의 신청에 의해 또는 직권으로 임시해제결정을 취소할 수 있고(동법 제52조 제3항), 임시해제결정이

취소된 때에는 그 임시해제 기간을 보호관찰기간에 포함한다(동법 제52조 제4항).

⑤ 문제점

보호관찰의 담당기관, 전문담당자의 확보, 대상자선정, 유관기관 및 사회단체와의 유기적인 협력 및 지원체계의 확립에 관한 방안들이 구체적으로 규정되어야 할 것이며 범죄소년의 개선, 원호, 치료를 돕기 위한 각종 시설의 구비와 과학적인 운용방안 등이 연구, 개발되어야 할 것이다.

2. 가석방제도

(1) 의의

가석방(假釋放)은 자유형의 집행중에 있는 자가 행상이 양호하고 개전의 정이 현저할 때에 형기만료 전에 일정조건부로 석방시키고 그 형기만료시까지 또는 법이 정하는 일정기간동안 조건을 위반하지 않아 아무런 사고없이 지나게 되면 형의 집행이 종료한 것과 같은 효과를 발생하게 하는 행정처분이다. 가석방제도는 불필요한 형집행기간을 단축함으로써 수형자의 사회복귀를 앞당기는 동시에 형집행에서 수형자의 자발적인 사회복귀동기를 부여하는 기능을 한다. 또한 가석방제도는 정기형제도에 따른 결함을 보충하고 시설 내의 질서를 유지하고 개선의욕을 촉진시키며 형의 종료 후에 사회에 쉽게 적응토록 하며 개선한 수형자에 대해 불필요한 구금의 회피라는 형사정책적인 의의를 가진다. 형의 집행 및 수용자처우법률시행규칙 제237조에서는 객관적 자료와 기준에 따라 공정하게 하여야 한다고 하고 있다.

읽을거리 : 가석방제도의 유래

가석방제도는 영국의 유형지였던 오스트레일리아에서 시발되었다. 영국에서는 특정수형자들을 오스트레일리아의 노포크(Norfork)섬에 수용하였는데, 이들은 노동을 기피하거나 사회에 위험한 범죄자들로서 가혹한 형벌적 강제노동에 종사하였다. 그러나 수형자의 과도한 유입으로 인한 과밀구금상태와 가혹한 강제노동에 불만을 가진 유형 수용자들의 빈발한 폭동에 대처하기 위한 수단으로서 1790년 당시 호주의 뉴사우스웨일즈(New South Wales) 주지사인 필립(Commodore Philip)이 유형자에게 희망을 주고 교정사고를 없애고 유형지 내의 질서를 유지하려는 생각에서 조건부 사면(conditional pardon)으로서의 가석방제도를 창안하였다. 이와 같이 가석방제도는 이론적인 배경하에서 출발된 것이 아니라 영국에서 보내진 유형수형자의 증가와 폭동을 통제하기 위한 수형자분류를 법률에 채용함과 때를 같이 하여 본국으로 가지 않는다는 조건하에 석방허가장을 발부하는 제도를 인정하여 확립되었고, 1853년에 유형제도 대신 강제노역법을 제정하여 누진제도를 체택하고 가석방제도와 결합시켰다. 한편 프랑스에서는 누진제에 관심을 가지면서 가석방제도를 채택하는 대신 보호관찰이 수반되지 않는 단순한 조건부 가석방제도만을 채택하는 경우가 일반적이었고, 독일에서는 1862년 작센주를 출발로 하여 전국적으로 실시되게 되었는데, 행형상의 누진제와 관계없이 보호관찰에도 부하지 않고 가석방을 인정하였다. 미국에서는 1876년 뉴욕의 엘마이라 감화원에서 처음으로 채용되어 1944년 미시시피주를 마지막으로 모든 주에서 가석방제도를 채택하였다. 우리나라에서는 형법제정시에 선고유예·집행유예 등과 함께 가석방제도를 도입하였고, '가석방심사 등에 관한 규칙'을 제정하여 형집행 과정에서 가석방을 실시하기 위한 심사기준·절차·취소절차 등에 관한 상세한 내용을 규정하고 있고, '가석방자관리규정'에는 가석방자에 대해 가석방기간 중의 감호에 관한 필요한 사항을 규정하고 있다.

(2) 법적 성질

가석방제도의 법적 성질에 관하여 보상설, 행정처분설, 사회방위설, 행형제도설 등이 있다. **보상설(은사설)**은 수형자의 교도소 내에서의 모범적인 행상에 대한 포상의 일종으로 보아 시설내의 행상과 질서유지를 유도하기 위한 수단으로 보는 견해이다. 가석방만을 포상만으로 파악하는 것은 타당하지 않으나, 가석방제도의 부차적인 효과인 것은 부정할 수 없다. **행정처분설**은 자유형의 폐해를 피하고 특별예방적 의미에서 형벌개별화의 수단으로서 사회적용가능성을 전제로 석방하고, 가석방의 취소가능성을 담보로 석방 후의 적절한 행동을 유도하려는 것이라는 견해이다. 현행 형법 제72조 제1항은 가석방을 행정처분의 일종으로 규정하고 있는데, 이는 이런 취지에 입각한 것이다. 또한 원칙적으로는 행정처분이라 할 수 있으면서도 사회방위와 행형제도의 성격을 가지고 있다는 설도 있다. **사회방위설**은 가석방의 대상자 본인을 위한 것이 아니고 가석방을 하면서 보호관찰과 결합을 전제로 하여 사회적응능력이 충분치 않다고 판명된 경우에는 다시 수용하여야 한다는 사회방위를 강조하는 견해이다. 또한 만기전 석방이라는 측면보다 석방 후 보호관찰의 측면을 강조하여 가석방 자체는 선량한 수형자에 대하여 당연한 권리로서 인정된다는 특징이 있다. **행형제도설**은 행형의 연장으로서 형의 집행유예와 마찬가지로 행형누진제도의 최종단계에서 이루어지는 처분으로 자유형의 탄력적 집행의 결과이고, 시설 외에서의 갱생을 도모하는데 목적이 있다고 하는 견해이다. 즉 자유형의 집행을 가능한 한 억제함으로써 형식적 정의보다는 구체적이고 실질적인 합목적성을 실현하는 것이 가석방의 목적이라고 한다. 현행 가석방제도가 누진처우제도의 일환으로 행해지고 있는 것은 행형제도설의 취지에 따른 것이다.

(3) 요건

가석방은 형식적 요건과 실질적 요건이 갖추어진 경우 행정처분으로서 행할 수 있다.

1) 형식적 요건

이는 수형자가 가석방의 허가를 받기 위한 최소한의 수형기간을 말하는 것으로서 성년범에 대하여는 무기형에 있어서는 20년, 유기형에 있어서는 형기의 3분의 1이 경과되어야 하고, 벌금 또는 과료의 병과가 있는 때에는 그 금액을 완납하여야 한다(형법 제72년 제1항, 제2항). 소년범에 있어서는 18세 미만인 소년이 사형 또는 무기형으로 처해야 할 경우에는 심신이 미숙한 상태임을 감안하여 15년의 유기징역에 처하도록 하고 있고(소년법 제59조), 소년이 법정형 장기 2년 이상의 유기징역에 해당하는 죄를 범한 경우에는 그 형의 범위 안에서 장기는 10년, 단기는 5년을 초과하지 못하도록 되어 있기 때문에(소년법 제60조 제1항). 가석방의 요건을 무기형에는 5년, 15년의 유기징역에는 3년, 부정기형일 때에는 단기의 3분의 1을 경과하여야 한다(소년법 제65조). 이 경우 형기에 산입된 판결선고전 구금일수는 가석방에 있어서 집행을 경과한 기간에 산입된다(형법 제73조 제1항). 이와 같은 최소의 수형기간은 외국에 비해 길다고 볼 수 없지만 실제의 형집행율은 매우 높다.

2) 실질적 요건

형법 제72조 제1항 전단은 징역 또는 금고형의 집행 중에 있는 수형자의 "행상이 양호하여 개전의 정이 현저한 때" 라고 규정하고 있는데, 이 요건은 가석방자로서 요구되어지는 개선의 정도와 예후를 규정한 것이다. 형의 집행 및 수용자처우에 관한 법률시행규칙 제245조에 따르면, 소장은 「형법」 제72조 제1항의 기간을 경과한 수형자로서 교정성적이 우수하고 뉘우치는 빛이 뚜렷하여 재범의 위험성이 없다고 인정하는 경우에는 분류처우위원회의 의결을 거쳐 가석방 적격심사신청 대상자를 선정한다. 소장은 가석방 적격심사신청에 필요하다고 인정하면 분류처우위원회에 담당교도관을 출석하게 하여 수형자의 가석방 적격심사사항에 관한 의견을 들을 수 있다.

(4) 신청과 허가

가석방을 법무부장관에게 신청하기 위하여 교도소·소년교도소 또는 구치소에 가석방심사위원회를 두며(형의 집행 및 수용자의 처우에 관한 법률 제119조), 이 위원회에는 위원장을 포함한 5인 이상 7인 이내의 위원으로 구성하며, 위원장은 법무부차관이 되고, 위원은 판사, 검사, 변호사, 법무부소속공무원, 교정에 관한 학식과 경험이 풍부한 사람중에서 법무부장관이 위촉 또는 임명한다(동법 제120조). 위원회는 가석방 적격심사를 위하여 필요하다고 인정하면 심리학·정신의학·사회학 또는 교육학을 전공한 전문가에게 수형자의 정신상태 등 특정 사항에 대한 감정을 촉탁할 수 있다(동법 시행규칙 제257조). 가석방위원회가 가석방신청 여부를 결정함에 있어서는 수형자의 나이, 범죄동기, 죄명, 형기, 교정성적, 건강상태, 가석방 후의 생계능력, 생활환경, 재범의 위험성, 그 밖에 필요한 사정을 고려하여(동법 제121조 제2항), 가석방의 신청을 결정하였을 때에는 위원장은 결정서에 필요한 서류를 첨부하여 5일 이내에 법무부장관에게 신청하여야 한다(동법 제122조 제1항). 이에 따라 법무부장관은 위원회의 가석방 허가신청이 적정하다고 인정하면 허가할 수 있다(동법 제122조 제2항).

(5) 효과

소장은 동법 제122조제2항의 가석방 허가에 따라 수형자를 가석방하는 경우에는 가석방자 교육을 하고, 준수사항을 알려준 후 증서를 발급하여야 한다(동법 시행령 제140조). 가석방의 효과는 소년수형자의 경우에는 가석방된 후 그 처분이 취소되지 아니하고 가석방 전에 집행을 받은 기간과 동일한 기간을 경과한 때에는 형의 집행을 종료한 것으로 한다. 다만 형기가 15년인 자가 가석방되었을 때 형기가 먼저 경과하거나 부정기형인 자가 가석방되었을 때 장기의 기간이 먼저 경과할 때에는 그 형의 집행을 종료한 것으로 한다(소년법 제66조).

(6) 실효와 취소

가석방자는 가석방 기간 중 준수사항 및 관할 경찰서장의 명령 또는 조치를 따라야 하며 이를 위반하는 경우에는 「형법」 제75조에 따라 가석방을 취소할 수 있다. 위원회가 심사를 한 결과 가석방을 취소하는 것이 타당하다고 결정한 경우에는 가석방 취소심사 및 조사표를 첨부하여 지체 없이 법무부장관에게 가석방의 취소를 신청하여야 한다(동법 시행규칙 제261조 제2항). 이 때 가석방자가 「가석방자관리규정」등의 법령을 위반하게 된 경위와 그 위반이 사회에 미치는 영향, 가석방 기간 동안의 생활태도, 직업의 유무와 종류, 생활환경 및 친족과의 관계, 그 밖의 사정을 고려하여야 한다(동법 시행규칙 제262조 제1항). 소장은 가석방이 취소 또는 실효된 경우에는 지체 없이 잔형 집행에 필요한 조치를 취하고 법무부장관에게 가석방취소자 또는 가석방실효자 잔형집행보고서를 송부하여야 한다.

(7) 가석방제도의 개선방안

1) 삼권분립주의와의 관계

가석방은 사법권에 의한 확정판결을 행정기관의 재량에 의하여 변경한다는 것은 삼권분립주의에 반한다. 즉 가석방의 허가 및 취소가 행정관청에 의하여 행하여질 때 이는 행정권에 의한 사법권의 부당한 간섭이라는 것이다. 그러나 가석방은 법원에 의하여 추정된 형기 그 자체를 단축변경하는 것이 아니고, 그 형의 집행방법을 변경하는 것에 불과하다.

2) 죄형법정주의와의 관계

가석방의 운영은 재판의 선고에 대하여 행정처분으로서 그 집행내용에 변경을 가함으로 인하여 부정기화한다는 의미에서 이를 인정함은 죄형법정주의에 반한다. 그러나 죄형법정주의가 인간의 자유와 권리는 선천적이고 무제한한 것이라는 자연법사상과 결부하여 국가권력의 전제로부터 범인의 자유와 권리를 보장하려는데 그 사상적 기반이 있고, 가석방이 제약된 구금상태에서 완화된 구금상태로 수형자의 이익을 위하여 운영된다면 구태여 이것에까지 죄형법정주의라는 이유로 수형자에게 불이익을 강요할 필요가 없다.

3) 가석방의 심사기관

가석방심사기관의 형태는 다음과 같이 구분할 수 있다.

① 각 교도소에 가석방심사위원회를 두고 자체적으로 심사하여 허가 여부를 결정하는 것

② 교도소의 심사위원회에서 심사하여 이를 법무부장관이 최종적으로 심리하여
③ 독립된 가석방위원회를 교도소 외에 설치하여 전문적인 가석방 심리 및 결정을 하게 하는 형태가 있다.

이 중 선진국들이 채택하고 있는 것은 ③이며, 위원회에서는 가석방의 허가와 함께 취소에 관한 심리까지 맡게 되어 이 기구의 산하에 보호관찰관을 두어 보호관찰의 효율성을 기하고 있다. 우리나라는 교도소 내에 가석방심사위원회를 두고 법무부장관에게 신청하여 법무부장관이 최종 결정하고 있고, 소내의 가석방위원은 교도소장이 위원장이 되고 판사, 검사, 변호사 등으로 구성되어 있으나 전문직 상근위원으로 구성된 독립된 위원회가 바람직하다. 이는 심사 자체가 신중하게 이루어지고 독립된 위원회는 공정성과 그 권위로 가석방제도의 적극적 활용이 가능하고 보호관찰의 감독도 담당함으로써 가석방자의 사회적응을 효율적으로 추진할 수 있는 이점이 있다.

(4) 가석방과 단기수형자

우리나라의 수형자 중 대부분을 차지하는 단기수형자는 현행법상 가석방이 인정되지 않고 있으나, 구류이외의 징역, 금고 수형자로서 단기수형자에 대하여는 가석방을 부인하는 규정이 없다. 그러나 현행 수형자분류처우규칙상 집행할 형기가 6월 미만인 자는 누진처우대상에서 제외되고 실무상으로도 일반경비처우급 이상자를 가석방 신청대상자로 하고 있어 집행할 형기가 6월 미만의 단기수형자는 가석방의 혜택을 받지 못하고 있다. 대부분의 단기수형자는 범죄가 경미한 초범자로서 단기자유형의 폐해를 제거하고 개선을 촉진시키기 위하여 가석방을 실시하는 것이 타당하다.

(5) 가석방과 누진제

수형자의 개선을 누진단계에 있어서 최상급자에게 인정되는 제도가 가석방이다. 다시 말하면 수형자의 정신적 개선과 물질적, 사회적 개선을 위하여 시설 내의 처우로부터 시설 외의 처우로 전환함으로써 사회생활에 적응시키려는 것이 가석방제도의 근본취지이다. 더욱이 사회와 단절된 구금상태에서 삶의 의지와 활동력이 감소된 수형자 개개인으로 하여금 자기개선에 분발할 수 있는 동기를 부여하고 처우를 완화하여 사회에 적응할 수 있도록 하는 데 그 목적이 있다. 결국 누진제도와 가석방제도는 상호유기적인 불가분의 관계에 있는 것이다.

3. 사회봉사명령제도

(1) 의의

사회봉사명령(Community Service Order)은 사회내처우의 새로운 방안으로 등장한 제재수단으로서 법원이 주로 단기 자유형을 선고해야 할 범죄자에 대하여 자유형에 대신하여 일정기간 무보수로 봉사작업을 하도록 명하는 제도이다. 이는 비행소년 등을 시설내에 수용하지 않으면서 사회에 대하여 비행을 배상하도록 하는 동시에 건전한 시민정신을 함양케 함을 목적으로 하며, 자유의 박탈과 무보수근로라는 점에서 처벌과 피해자에 대한 배상, 그리고 범죄자의 사회에의 재통합(reintegration)이라는 이념적 요소를 지닌 제도이다. 현재 영국을 비롯한 많은 국가에서 도입·시행되고 있지만, 사회봉사명령의 개념에 대하여 확립된 정의가 없다. 왜냐하면 각국의 형벌체계에 따라 사회봉사명령의 법적 성격이 다르고, 각국의 행형실무와 사회·문화적 여건에 따라 서로 다른 형태로 운영되고 있기 때문이다. 이 제도는 보호관찰과 마찬가지로 구금형의 폐해를 방지하고 범죄자의 사회복귀를 촉진하기 위하여 고안된 사회내 처우의 한 방안이며, 국가에 따라서는 보호관찰에 따르는 부수적 처분으로 인정하기도 한다. 우리나라에서는 1988년의 개정을 통한 현행 소년법 제32조 제2항 및 제33조 제4항에 사회봉사명령제도를 도입하여 1989년 7월 1일부터 시행되고 있으며 1989년 11월 11일 서울보호관찰소에서 「사회봉사 프로그램 실시계획」을 준비하여 서울가정법원에 제출함으로서 1989년 11월 14일 최초로 사회봉사명령을 부과하게 되었다. 2005년 형법 개정으로 성인범에 대하여도 사회봉사명령제도를 도입하였다.

읽을거리 : 사회봉사명령제도의 창안

사회봉사명령제도는 1972년 영국의 형사재판법(Criminal Justice Act)에 의하여 최초로 창안되어 오늘날 다른 국가들의 입법적 모델이 되고 있는데, 이 제도는 1970년 우튼위원회(The Wootton Committee)에서 1950년대 후반과 1960년대 초에 나타난 범죄의 급증현상에 따라 기존의 형벌수단으로는 범죄증가를 막을 수 없고 새로운 형태의 형벌수단이 필요하다는 인식하에 자유박탈형의 대안을 마련하고 기존의 비구금적 형사처분을 활성화하는 방안으로 연구되었다. 이 위원회에서는 당초 사회봉사명령을 단기구금형의 대안으로서 뿐만 아니라 벌금, 벌금체납에 대한 조치 등의 대안과 보호관찰을 강화하기 위한 수단으로서도 활용될 수 있도록 제안되었다. 그러나 우튼위원회의 보고서를 검토한 내무부 실무반에서는 이를 구금형에 처해질 수 있는 범죄로 유죄평결을 받은 자에 한하여 선고할 수 있도록 제안하였다. 사회봉사명령을 독립적인 처분으로 할 것인지, 또는 보호관찰에 있어 준수사항의 하나로 할 것인지에 대한 논의 끝에 결국 하나의 독립된 처분으로 결정하게 되었다. 그 후 사회봉사명령은 영국을 비롯한 유럽에서 널리 이용되고 있는 제도이나, 아시아에서는 우리나라, 피지, 스리랑카, 홍콩 등 극히 제한된 국가에서 시험적 단계로서 운용되고 있는 형편이다.[39]

(2) 법적 기능 및 성격

사회봉사명령은 기본적으로 사회내에서 자유를 허용하는 법원의 판결이라는 점에서 법률적 처분이고, 일반인 또는 범죄자의 보편적 견해로는 관용을 받는다는 의미에서 은시적인 의미를 기진다. 또한 시설내의 구금은 이니지만 무보수의 공익적 노동을 강제한다는 점에서는 형벌적인 성격이 있고, 범죄자 개개인의 특성을 고려한 재범방지를 위한 구제적 수단이라는 점에서 사회사업적 처우의 성격도 가지고 있다. 또한 사회봉사명령이 별개의 독립된 처분인지, 또는 부가적 처분이거나 명령에 불과한지에 대하여 견해의 대립이 있으나, 구체적 입법형태에 따라 차이가 있다.

영국에서는 사회봉사명령을 구금형에 처해질 수 있는 범죄로 유죄평결을 받은 16세 이상의 자에 대하여 과힐 수 있는 독자적 형벌수단으로서 독립된 처분으로 보고 있다. 독일에서는 사회봉사명령을 벌금미납에 대한 환형처분으로 이용되는 경우 실질적으로 독자적인 형벌수단으로 보고 있으나, 기소유예, 공판절차의 중지, 형의 선고유예, 가석방에 따른 조건으로 이용되는 경우에는 유예 등에 따른 부가적 처분으로 보고 있다. 스위스에서는 주형으로서의 사회봉사명령과 벌금형의 대안으로서의 부가형인 사회봉사명령의 2가지 형태를 모두 인정하고 있다. 미국에서는 각 국에 따라 다르며, 일부 주에서는 단순히 보호관찰의 조건으로 선고되기도 하고, 형의 선고유예의 조건으로 선고되거나 독립된 형의 일종으로 선고되기도 한다.

39) 비교법적 연구에 대한 자세한 논의는 김영환/오영근/조준현/최병각, 『사회봉사명령제도에 관한 비교법적 연구』, 한국형사정책연구원, 1992.

우리나라의 소년법은 사회봉사명령을 독자적인 보호처분으로 규정하지 않고 보호처분을 할 때에 동시에 명할 수 있는 부가적 명령으로 명백히 규정하고 있다(소년법 제32조 제3항).

(3) 내용

1) 사회봉사명령의 결정

① 사회봉사명령의 결정권자

사회봉사명령의 결정은 법원의 고유권한이다. 법원이 사회봉사명령의 결정을 할 때에는 보통의 경우에는 사회봉사명령의 결정에 도움을 받기 위하여 보호관찰관의 보고서를 요구한다. 따라서 사회조사보고서에서 범죄인의 개인적 환경, 가정적 환경, 범죄에 대한 범죄인의 태도, 법원이 선고할 가능성이 높은 판결이 범죄인에게 미칠 영향 등에 대한 의견을 보고하게 되는데 이를 위해 보호관찰관은 범죄인 및 그의 가족을 면담할 수 있고, 범죄인을 알고 있는 의료기관이나 기타 직원들의 의견을 들을 수 있다. 그러나 법원의 요구가 없는 경우에 의견을 제시하거나, 사회봉사명령이 적합한지의 여부에 대한 권고를 할 수 있다. 피고인의 변호인도 사회봉사명령을 제안할 수 있고, 변호인이 없는 경우에는 범죄인 스스로가 제안할 수도 있다.

② 사회봉사명령의 절차

법원이 사회봉사명령의 가능성에 대하여 보호관찰관에게 요청하는 경우 또는 보호관찰관이 사회봉사명령을 권고하는 경우에 보호관찰관은 사회봉사담당직원의 의견을 묻는다. 이 의견은 그 범죄인이 사회봉사명령에 적합한지의 여부, 노동기회의 여부, 일반인에의 위험성 여부 등이다. 법원은 사회봉사명령을 선고하기 전에 범죄인에게 사회봉사명령의 목적과 효과, 준수사항 불이행시의 조치 등을 설명한다. 법원은 본인의 동의를 얻은 후 이 명령을 선고하여야 하고, 사회봉사담당직원은 명령의 조건 등을 구체적으로 설명하고, 범죄인이 평일에 취업을 하거나 종교활동 등의 시간을 지정하고, 범죄인의 위험성과 기술습득여부를 확인하여 적절한 노동을 지정하여 준다.

2) 대상자

사회봉사명령이 선고될 수 있는 범죄는 '구금에 처해질 수 있는 범죄' 이다. 그러나 실무적으로는 거의 모든 범죄라고 이해되고 있다. 사회봉사명령에 적합하지 않은 범죄인은 다음과 같다. 주거 · 직장 · 가정생활 등과 같이 안정된 생활영역이 결여된 자, 마약이나 알콜 등 약물중독자, 상습적인 폭력 또는 성도착범죄자, 사회봉사명령을 구금을 면하기 위한 수단으로 사용하는 자, 가정 · 직장문제로 인해 12개월 안에 노동을 끌어낼 수 없는 자, 정신질환이나 심한 정신장애의 증거가 있는 자, 육체적 장애로 인해 주어진 노동을 수행할 수 없는 자, 보호관찰관이 판단컨대 장기의 사회사업적 처우를 요하는 자이다. 그러나 이런 요인들은 종합적으로 고려하여야 하고, 어떤 단점은 다른 장점에 의하여 보정될 수 있음에 주의하여야 한다. 반대로 사회봉사명령에 적합한 자는 다음과 같다. 고립되고 소외된 자로서 사회봉사로 인해 자신감을 가질 수 있는 자, 사회적 훈련을 받지 못한 자로서 단편적인 행동양식을 극복할 수 있는 일관성과 계속성을 배울 필요가 있는 자, 자기 인생에서 적합한 사회적 기회가 제공되지 않았기 때문에 범죄를 저지른 자, 중대한 범죄를 저지르기는 하였으나 안정된 가족관계, 직업, 좋은 지능 등 안정된 생활환경에 있는 자, 자신을 비하하고 목적없이 생활함으로써 자신이 사회에 무엇인가 베풀 수 있는 능력이 있음을 모르는 자이다.

3) 내용 및 위반자

① 사회봉사의 내용

사회봉사명령을 선고받은 범죄인은 관계직원에게 보고를 하고, 주소가 변경된 경우 그에게 통지하고, 명령에 의해 부과된 노동시간동안 관계직원이 지시한 시간에 작업을 수행하여야 한다. 노동시간은 범죄인이 16세인 경우에는 40-120시간, 17세 이상인 경우에는 40-240시간의 범위내에서 법원이 정한다. 전형적인 노동으로는 건축 · 땅파기 · 가구수리 · 페인트칠 등이다. 노동장소는 교회, 호스텔, 청소년수련원, 양로원, 노인들의 개인주택, 야영장, 공원 등 다양하다. 일반적으로 범죄인들이 일정한 감독하에 집단적으로 노동을 하지만, 노인들을 위한 정원가꾸기나 장식, 탁아소에서 아이들 돌보기, 노인의 수발들기 등은 개별적으로 하기도 한다.

② 사회봉사명령에 대한 위반자

사회봉사명령을 선고받은 자가 담당직원에 대한 보고사항이나 주소변경이 있는 경우 그 사실을 통보하지 않거나, 담당직원의 지시에 따라 작업을 하지 않는 등의 사회봉사명령을 지속시키며 벌금을 과하거나 명령을 취소하고 원래 범죄에 대하여 형벌을 선고할 수 있다.

4) 형사정책적인 효과

① 범죄인의 처벌

사회봉사명령은 범죄자의 여가시간을 박탈하여 노동을 행하게 함으로서 형벌적 요소를 가진다. 즉 과거에는 시설 내에 구금하는 것만을 범죄자에 대한 제재라고 하였으나, 현대에는 여가시간을 박탈하는 것이 하나의 형벌이 될 수 있다는 것이다. 따라서 사회봉사명령은 형벌로써 부과되는 것이고, 형벌을 위하여 부과되는 것은 아니다. 여기에는 상당한 제재가 요구되고, 많은 사람들이 부담하지 않는 의무가 수반된다.

② 사회에 대한 배상

범죄인이 자신의 범죄로 인하여 사회에 입힌 해악에 대한 배상으로서 자신의 노동을 통하여 사회에 이득을 주는 노동을 수행하여 그 침해를 전보하는 것이 사회봉사명령의 배상적 요소이다. 다만 이때의 배상은 피해자에 대한 것이 아니라 사회에 대한 것이다. 사회가 범죄인에게 죄값을 치르게 하는 것을 응보라고 한다면, 사회봉사명령은 범죄인이 자기의 잘못을 이유로 다른 사람의 이익을 위한 노동으로써 사회에 그 죄값을 치르는 것이다. 또한 이와 같은 배상적 노동으로 인하여 범죄자는 범죄의 부담감에서 벗어날 수 있다.

③ 범죄인의 사회복귀

사회봉사명령으로 인한 노동을 함으로써 범죄자에게 유리한 영향을 미쳐 그들의 사회복귀를 촉진한다는 것이다. 즉 사회봉사명령을 통해 범죄인의 사회적 책임감의 함양과 사회에서 자신의 역할에 대한 새로운 관념을 가지게 되고, 다른 사람들과의 교제로 인한 긍정적 가치관이 형성될 수 있고, 여가시간을 건설적으로 활용할 수 있으므로 범죄인의 사회복귀에 도움을 준다.

④ 범죄행위에 대한 속죄

사회봉사명령은 자신들의 무책임한 행동에 대해 보상하고 싶어하는 범죄인들의 속죄수단이 될 수 있다. 즉 범죄인들이 죄책감을 가지고 다른 사람들을 위한 노동을 행함으로써 그 죄책감을 완화시킬 수 있다는 것이다.

5) 우리나라의 사회봉사명령제도

① 연혁

> 우리나라에서는 1989년 7월 1일 개정된 소년법에 의하여 도입하였으나 구체적인 시행방법에 관한 법적 규정이 전무하였고, 법원도 집행기관의 집행가능성도 확인되지 않은 상태에서 명령을 내릴 수도 없었다. 그 후 서울보호관찰소에서 1989년 11월 11일 사회봉사프로그램 실시계획을 마련하여 서울가정법원에 제출하였고, 1989년 11월 14일부터 서울가정법원은 비행청소년에 대하여 사회봉사명령을 내리기 시작하였다. 소년법원은 범죄 또는 비행을 저지른 14세 이상의 소년에 대하여 보호관찰처분을 하면서 일정한 시간 – 200시간을 초과하지 않는 시간 – 내에 사회봉사활동을 명할 수 있다. 그러나 동 제도는 보호관찰처분에 부수하는 처분으로서의 성질이 강하기 때문에 사회봉사명령에 대하여 당사자의 동의를 전제조건으로 하지 않고 그 집행도 보호관찰관이 담당하도록 되어 있기 때문에 지역사회에 기반을 둔 민간독지가에 의한 처우라는 성격이 없다는 점에서 사회봉사명령제도 본래의 취지와는 달리 취지와는 달리 운용되고 있다. 그 후 1995년 12월 29일 형법 중 개정법률(법률 제5057호)이 공포되었는데, 이 형법개정에 의하여 수강명령제도를 성인범에도 확대·적용하게 되었다. 즉 형의 집행을 유예하는 경우에 사회봉사명령을 명할 수 있게 하였고(형법 제62조의 2), 이 수강명령은 보호관찰과는 별개의 독립처분으로서 법관이 과할 수 있게 하였다.

사회봉사명령은 1989년 11월 14일 7명의 소년에게 부과된 이래 매년 증가하고 있는 추세이며, 보호관찰기간 중 사회봉사명령 대상자의 재범률 5.0% 내외로서 사회봉사명령이 부과되지 않은 보호관찰대상자보다 현저히 낮으므로 이 제도가 비행소년의 선도에 매우 효과적인 것으로 분석된다.

② 사회봉사명령의 절차

(i) 대상자

사회봉사명령의 적용대상자는 보호관찰처분을 선고받은 14세 이상의 소년으로서 사회봉사명령을 받은 자(소년법 제32조 제3항)와 형법상 사회봉사명령을 선고받은 자(형법 제62조의 2 제2항)이다.

(ii) 집행기관

사회봉사명령은 보호관찰관이 집행한다(소년법 제33조 제4항). 그러나 소년부판사는 조사관, 소년부 법원서기관, 법원사무관, 법원주사, 법원주사보, 보호관찰관, 소년원 또는 소년분류심사원 소속공무원 기타 위탁 또는 송치받을 기관소속의 공무원으로 하여금 그 결정을 집행할 수 있다(소년법 제35조). 실무적으로 보호관찰소 소속의 보호관찰관이 보호선도위원의 협력을 받아 사회봉사명령으로 집행하고 있다.

(iii) 집행절차

사회봉사명령의 집행은 법원의 결정, 즉 사회봉사명령이 확정된 때로부터 시작된다(보호관찰 등에 관한 법률 제29조 제1항). 이에 따라 대상자는 주거, 직업, 생활계획 기타 필요한 사항을 관할 보호관찰소장에게 신고하여야 한다(동법 제29조 제2항). 보호관찰관은 집행시기, 일정, 봉사작업의 종류 및 장소 등의 사회봉사 집행계획을 수립하여야 한다. 이 계획에 따라 사회봉사 프로그램을 실시하는데, 이는 입소식, 봉사작업, 수료식의 순으로 실시된다. 사회봉사명령을 집행함에 본인의 정상적인 생활을 방해하지 아니하도록 하여야 한다. 따라서 대상자가 소년인 경우에는 방학기간에, 직업인인 경우에는 휴가기간 또는 주말이나 휴일에 실시하고 있다.

(iv) 사회봉사의 내용

서울보호관찰소의 사회봉사명령의 집행계획에는 구체적인 종류에 관하여 다음과 같이 열거하고 있다.

〈표 7〉 서울보호관찰소의 사회봉사명령의 집행계획

자연 보호	빈병, 비닐, 폐휴지 등 쓰레기 줍기, 오물제거 및 자연보호 활동 등
식물원 봉사활동	화분 물주기 및 정리, 꽃가꾸기 및 잡초제거, 화초 등 식물에 거름주기, 해충구제약 살포, 실내외청소 및 수목 가꾸기 등
도서관 봉사활동	서적정리 및 분류, 책제본 및 복사, 실내외 청소 및 정리, 화단 및 수목 가꾸기 등 원예활동, 의자, 책상 및 서가 등 수리정비
문화재 보수 및 관리작업보조, 관람객안내 및 질서계도	
사법 및 교정시설 봉사활동	유치장 등 시설내외의 청소 및 정리, 거리교통질서 계도 및 청소, 방범순찰 보조, 화분관리 화단, 수목가꾸기 등
장애자 및 노약자 보호활동	지체장애자 등 활동부자유자 보조, 상담 및 레크레이션, 현장 학습 보조, 목욕 및 세탁의 조력, 수목가꾸기 및 실내외 청소 등

(4) 사회봉사명령의 법적 효과

사회봉사명령의 법적 효과는 대상소년이 부과된 사회봉사명령을 이행한 경우, 기간 내에 이행하지 못한 경우, 불이행한 경우로 구분하여 살펴 볼 수 있다. 사회 봉사작업을 기간 내에 이행한 경우에는 단기보호관찰 또는 보호관찰의 임시해제가 가능하다(동법 제52조 제1항). 그러나 대상소년이 사회봉사작업을 보호관찰기간 내에 이행하지 못한 경우에는 소년부 판사는 보호관찰관의 신청에 따라 결정으로써 1년의 범위 안에서 1차에 한하여 그 기간을 연장할 수 있다(소년법 제33조 제3항 단서). 따라서 보호관찰기간을 연장하여 사회봉사작업을 이행하도록 하여야 한다. 대상소년이 사회봉사작업에 참가하지 않는 경우에는 먼저 재참가를 지시한다. 그럼에도 불구하고 계속 작업에 참가를 거부하거나 가출한 경우에는 보호관찰이나 보호관찰소의 장은 소년부 판사에게 보호처분의 변경을 신청한다.

(5) 사회봉사명령제도의 문제점

우리나라의 사회봉사명령제도는 1989년 7월부터 시행되었다. 따라서 시행기간도 짧고, 그 성격도 원래의 사회봉사명령의 성격과도 차이가 있어 제도 자체 또는 운영상의 문제점을 지적하기에 이른 감이 없지 않으나 다음과 같은 점이 제기되고 있다. ① 사회봉사명령제도의 목적이 불분명하다는 것이다. 즉 사회봉사명령제도는 범죄인의 처벌, 사회에 대한 배상, 범죄인의 사회복귀 등의 목표를 가지고 있으나 이에 충분한 물적·인적 자원을 갖춘 시설이어야 하고 전문 보호관찰관도 부족한 실정이다. ② 지역사회의 기반 위에 저우의 유용성이 실증되지 못한다는 점이다. 즉 우리나라에서 사회봉사명령의 집행인원은 실시 초기인 1989년 후반에는 비교적 소수에 대하여 실시한 이래 1990년 이후부터는 매년 획기적으로 그 숫자가 증가하고 있는 실정이다. 또한 보호관찰기간 중 사회봉사명령대상자의 재범율은 5.0%로서 이 제도가 비행소년의 선도에 매우 효과적인 것으로 분석되고 있으나, 영국의 경우에는 성인범의 경우 1년 이내의 재범률이 44.2%에 달한다고 한다. 따라서 우리나라의 성인범의 경우 이에 대한 대책이 수립되어야 한다. ③ 소년사법실무가들은 사회봉사명령을 하나의 독립한 보호처분으로 이용할 수 있도록 할 필요가 있다고 주장되기도 할 뿐만 아니라 사회봉사명령을 다른 보호처분 예컨대 1호처분에도 병합하여 부과할 수 있도록 해야 한다고 주장하고 성인범에의 도입과 관련하여 단기 자유형의 대체방안으로 그리고 형벌 다양화 또는 경미범죄의 비범죄화라는 측면에서 사회봉사명령을 다각적으로 이용하는 방안도 모색되고 있다. ④ 사회봉사명령은 소년법의 규정에 따라 법원의 결정에 의하여 소년에게 비행의 배상 및 사회복귀를 목표로 노동을 강제하는 것이기 때문에 헌법에 위배된다고 할 수 없으나 외국의 입법례나 제도의 연혁, 취지 등을 고려하여 대상자의 동의를 요건으로 하는 것이 바람직하다. ⑤ 현행 소년법은 사회봉사명령의 대상자를 14세이상의 소년으로 한정하고 있는데 이 경우 14세 이상이라는 연령은 사회봉사명령을 부과하는 때를 기준으로 하는데 실무에서는 보호관찰기간내에 14세 이상이 되는 경우에도 사회봉사명령을 부과할 수 있도록 하는 것이 바람직하다. ⑥ 대상자 선정에 관한 기준이 설정되어 있지 않아 전문적이고 충분한 조사관의 확보가 필요하고 조사방법의 개발, 소년법원의 활발한 이용이 필요하고 사회봉사명령과 수강명령을 병합하여 부과하는 것이 바람직하다. ⑦ 사회봉사명령을 집행함에 있어 실무상으로 사회복지시설이나 아동복지시설 또는 공공기관 등을 이용하고 있으나 봉사작업에 적합한 작업장의 설치방안도 모색하여야 한다.

4. 수강명령제도

(1) 의의

수강명령제도(Attendance Centre Order)는 각 국가의 형벌체계에 따라 그 법적 성격이 다르고, 국가마다의 형편에 따라 그 실정에 맞는 개념을 개발하여 활용하고 있으므로 한 마디로 정의하기는 어렵다. 그러나 일반적으로 수강명령은 일정한 범죄자에 대하여 일정한 기간 동안 지정된 장소에 출석하여 강의, 훈련, 상담 등을 받도록 하는 제도이다. 수강명령에는 1948년 영국의 형사재판법에 의해 최초로 도입되었으나 당시에는 활용되지 못하다가 1960년대에 들어서 범죄인의 급증에 따른 과잉구금으로 인한 폐해, 즉 수용시설의 한계와 그에 따른 재정지출의 증가가 사회문제로 되어 구금형에 대한 비판이 고조되었다. 또한 사회사업적 방법론에 기초한 보호관찰부 집행유예(probation)나 보호관찰부 가석방(parole)을 중심으로 한 범죄자에 대한 사회내 처우제도의 한계에 대하여 효과면에서의 비판이 제기되었다. 이러한 상황하에서 수강명령제도는 사회봉사명령제도와 함께 구금형의 폐해를 방지하고 기존의 사회내 처우의 한계를 극복하여 효율적으로 범죄자의 사회복귀를 도모하기 위한 새로운 사회내 처우제도로서 각국에서 그 존재가 새롭게 인식되게 되었다. 이 제도가 최초로 영국에 도입될 당시에는 범죄자의 여가시간을 박탈하여 자유를 제한한다는 처벌적 목적이 강하였으나, 이후 범죄자에 대한 적정한 교육을 실시하여 준법정신을 함양하고 심성개발 및 훈련을 통하여 재범방지와 함께 사회적응능력을 배양하는 교육적 · 개선적 목적이 강해지게 되었다. 수강명령과 사회봉사명령은 같은 목표를 가지고 있으나 그 수단이 다르다. 즉 사회봉사명령은 강제노역의 의미를 지닌 노동을 통하여 이를 달성하고자 하는 것이고, 수강명령은 교육 및 훈련 등을 통해 이를 달성하고자 한다.

(2) 법적 성질

수강명령제도의 부과형태에는 독자적인 명령과 보호관찰과 결부되어 부과되는 경우가 있다. 보호관찰과 결부되어 부과되는 경우에는 보호관찰의 성격을 가지고 있으므로 특별히 문제될 것은 없지만 독자적인 명령으로 행하여지는 경우에는 범죄자의 자유시간을 박탈하여 자유를 제한한다는 점에서 형벌적 성격을 가지고 있고, 또한 범죄자의 개별적 특성을 고려하여 범죄자를 처우함으로써 재범의 예방적인 성격을 가진다는 점에서는 보안처분의 성격도 지니고 있다. 또 수강명령이 독자적인 명령으로 행하여지는 경우에도 별개의 독립적 명령인 경우와 부가적 명령인 경우가 있다. 영국에 있어서는 만 21세 미만의 자가 구금형을 받을 죄를 범하여 유죄가 인정된 경우에 그 형을 대신하거나, 보호관찰명령의 준수사항 위반자에게 부과하는 독자적인 처분과 유죄로 인정된 17세 이상의 자에게 보호관찰명령을 하는 경우에 부과하는 경우를 인정하고 있다. 미국의 경우에는 독자적인 수강명령제도는 존재하지 아니한다. 다만 보호관찰을 부과하면서 이와는 별개로 필요한 경우에 한하여 수강명령과 유사한 조건을 부과한다. 일본에서는 독자적인 형태의 수강명령제도는 없으나 보호관찰제도의 한 형태로서 교통단기보호관찰제도가 시행되고 있다. 이 제도는 교통사고자나 음주운전자 등 교통사범에 대해 음주문화나 부족한 운전기술 등에 대한 교육을 실시하여 그들의 태도나 행동변화를 목적으로 한다.

(3) 프로그램

1) 위탁 프로그램

푸른교실은 양천 적십자회관에서 운영되는 프로그램으로서 그 목적은 5일간의 집중적이고 일관성있는 교정전문교육을 통하여 비행청소년들로 하여금 자신의 문제를 인식하게 하고, 가정과 학교·직장 또는 사회 속에서 바람직한 민주시민으로 성장·발전할 수 있도록 돕는 데 있다. 교육대상은 법원으로부터 보호관찰처분과 함께 수강명령을 받은 12세 이상의 소년이다. **희망교실**은 서울시립 동부아동상담에서 실시하는 수강명령 프로그램으로서 그 목적은 비행소년이나 방황하는 청소년들에게 단계별로 전문적인 교육과 상담을 통하여 그들이 자신의 문제를 인식하고 해결해 나갈 수 있도록 도우며, 나아가 미래사회가 필요로 하는 인간다운 심성을 갖추고, 자아를 실현하며, 건강한 청소년으로서 사회에 적응해 나가도록 하는 것이다. 여기에는 서울보호관찰소가 본드 · 환각제 등 환각물질 흡입비행을 치유해 주도록 요청하여 환각물질 흡입비행소년 또는 다른 비행을 저지른 자라 해도 환각물질 흡입 경험이 있는 자들을 선정하여 교육시키고 있으며, 현재에는 약물남용소년뿐만 아니라 다른 유형의 비행소년을 함께 교육하고 있다. 청소년 **건강교실**은 면목사회복지관에서 실시되고 있는데, 그 목적은 약물의 영향에 대하여 교육하고, 약물남용문제의 심각성을 인식시키고, 약물중독에 이르는 것을 예방하고, 치료가 필요한 경우에는 이를 받아들이도록 격려하며 건전한 삶을 위한 잠재력을 최대화하도록 돕는 것이다. 구체적 목표로는 약물에 대한 사실적인 정보 제공, 약물에 대한 올바른 인식 및 태도 형성, 자아존중감 증진, 대인관계 및 의사소통기술을 발달시키고 약물남용치료기관에 대한정보제공 등이다. 청소년 건강교실의 교육대상자는 유해화학물질관리법을 위반하여 보호관찰처분을 받은 15-20세까지의 남녀청소년 및 그 가족이다. **얄개교실**은 서울 청소년회관에 실시하는 수강 프로그램이다. 그 목적은 비행청소년이라는 낙인을 받고 사회통제상황에 있는 청소년들에게 인간의 존엄성을 발견하게 하고, 긍정적인 자아성의 확립을 유도하고, 비행청소년의 재비행을 예방하며, 정상적인 사회인으로서의 성장을 유도한다.

2) 청소년 토요교실

보호관찰소에서 보호관찰대상 청소년 및 수강명령을 받은 비행소년에 대하여 매주 토요일 오후 13:00-17:00가지 4시간씩 교육을 실시한다. 토요교실은 청소년들이 비행에 빠지기 쉬운 토요일 오후의 여가시간을 이용하여 의식개혁을 위한정신교육과 심성순화를 도모함으로서 비행성을 교정 및 교화하려는 목적에서 이루어진다. 교육내용은 준법교육을 비롯하여 윤리, 도덕, 가치관 교육, 예절교육, 성교육, 약물교육 및 심성치료 프로그램으로서 사이코드라마, 감수성훈련과 레크레이션 및 합창지도, 시청각교육 등 다양한 프로그램이 진행된다.

(4) 우리나라의 수강명령제도

우리나라의 수강명령제도는 사회봉사명령제도와 함께 1988년 12월 31일 법률 제4057호로 전면 개정(1989. 7. 1. 시행)된 소년법에 의하여 도입되었다. 그러나 우리나라에서는 수강명령에 관하여 법률에 의해 자세히 규정되어 있지 않고, 소년법과 소년심판규칙에 간단히 언급되어 있을 뿐이다. 즉 보호관찰관의 단기보호관찰관과 보호관찰관의 처분시 12세 이상의 소년에 대하여는 수강명령을 명할 수 있게 하였고(소년법 제32조 제3항), 수강명령은 100시간을 초과할 수 없으며, 보호관찰관이 그 명령을 집행함에는 본인의 정상적인 생활을 방해하지 아니하도록 하여야 한다(소년법 제33조 제4항). 또한 소년심판규칙에는 수강명령을 명하는 경우 이행하여야 할 총수강시간, 수강할 강의의 종류나 방법 및 그 대상이 될 시설 등을 지정할 수 있게 하였고(소년심판규칙 제31조 제2항), 법원장은 수강장소 및 시설을 지정할 수 있고(소년심판규칙 제34조 제2항), 위탁받는 기관 등은 소년에 대한 환경의 조정과 품행의 교정이나 보호자에 대한 특별교육에 적당한 곳이어야 하고, 이를 지정할 때에는 미리 그 시설의 운영자와 협의하여야 한다(소년심판규칙 제34조 제5항). 따라서 수강명령이 보호관찰과 병과되는 처분이므로 수강명령의 집행은 보호관찰소에서 실시한다.

(5) 문제점

1) 연령제한문제

현행 소년법에는 수강명령은 보호관찰처분시를 기준으로 12세 이상의 소년에 대해서만 명할 수 있도록 규정하고 있다(소년법 제32조 제3항). 그러나 소년 보호처분제도의 근본적 존재이유는 대부분 일시적 충동에서 비행을 저지르며, 또한 감수성이 예민해서 교정가능성이 높고, 구금에 의한 악습에 감염될 가능성이 높으므로 교육과 치료를 통하여 보호 및 육성하는 데 있다. 이러한 교육을 통한 개선가능성은 연령이 낮을수록 더욱 효과적이다. 따라서 소년법 적용대상자인 10세 이상 12세 미만의 소년에 대해서도 수강명령을 할 수 있도록 하여야 한다.

2) 수강명령 프로그램의 적정한 운영

보호관찰 본래의 목적을 달성하기 위한 기법과 수강명령 및 사회봉사명령 프로그램의 적정한 운영은 전문성이 있는 직원, 예산 등의 확보와 함께 보호관찰에 있어서 필수적이나 성인범에게까지 보호관찰이 확대되고 있는 현실에서는 더욱 필요하다. 적정한 수강명령프로그램이 운영되려면 그 개발 · 운영업무를 담당할 수 있는 전담부서와 전담직원배치, 교육기관의 전문적 배치와 교육프로그램 교육과정 등이 이루어져야 한다.

3) 유형별 수강명령 프로그램 개발

보호관찰대상자 또는 성인 수강명령의 부과자 개개인의 특성은 연령, 범죄, 성별 등에 따라 다양하다. 이러한 특성을 무시한 수강명령 프로그램은 효과가 적을 것이다. 따라서 프로그램의 개발에 있어서 전문성을 요구하는 약물, 성문제 등의 특정수강 프로그램을 전문기관에 위탁하거나, 합동으로 개발하는 방법으로 연령별, 범죄별, 직업별로 특성있는 유형별 수강명령프로그램을 개발하여야 한다.

5. 갱생보호

(1) 의의

갱생보호는 일반적으로 형사사법기관에 의해 유죄로 인정된 다음 일정한 절차를 거쳐 석방된 범죄자에 대해 국가나 지방공공단체 또는 일반시민단체가 범죄자의 사회복귀를 위해 필요하고 적절한 보호를 행하는 활동만을 의미하는데, 이를 **석방자보호**라고도 한다. 현행 보호관찰 등에 관한 법률 제1조에서 이 법은「이 법은 죄를 범한 자로서 재범방지를 위하여 보호관찰, 사회봉사 · 수강 및 갱생보호 등 체계적인 사회내 처우가 필요하다고 인정되는 자에 대하여 지도 · 원호를 함으로써 건전한 사회복귀를 촉진하고, 효율적인 범죄예방활동을 전개함으로써 개인 및 공공의 복지를 증진함과 아울러 사회를 보호함을 목적으로 한다」고 하고 있다. 갱생보호는 보호방법에 따라 유권적 갱생보호와 임의적 갱생보호로 구분할 수 있는 바, 전자는 본인의 동의나 신청 없이 국가가 권한과 필요에 따라 일정기간 강제적으로 보호하는 것을 말하는데 현행 보호관찰 등에 관한 법률에서는 이를 따르고 있다. 후자는 본인의 동의나 신청을 전제로 한 보호를 말한다.

(2) 우리나라의 갱생보호제도

1) 연혁

우리나라에서는 1911년 출옥인 보호회, 보호단 등으로 발족되어 교도소의 장을 대표로 추대하고, 회원의 회비와 기부금으로 운영되었다고 한다. 1942년 조선사법보호사업령과 조선보호위원령이 제정되면서 일본이 사법보호제도가 도입되어 정부의 보조금을 받는 독자적인 갱생보호활동이 전개되었다. 해방 이후에도 1961년 갱생보호법

(1961.9.30, 법률 제730호)이 제정되어 사법보호회가 해산되고 이들 기관의 재산과 사업을 승계하는 갱생보호회가 각 도청 단위로 설립되었고, 산하에 각 교도소 소재지마다 갱생보호회가 설립되었다. 1995년 1월 5일 갱생보호법과 보호관찰법을 통합한 「보호관찰 등에 관한 법률」(법률 제4933호)이 제정되어 한국갱생보호공단이 설립되었다. 2009년에는 한국법무보호복지공단으로 명칭이 변경되었다.

2) 현행 보호관찰 등에 관한 법률에 따른 갱생보호

① 갱생보호의 대상자

형사처분 또는 보호처분을 받은 자로서 자립갱생을 위한 숙식제공, 여비지급, 생업도구와 생업조성 금품의 지급 또는 대여, 직업훈련 및 취업알선 등 보호의 필요성이 인정되는 사람이다(동법 제3조 제3항). 그러나 이러한 보호대상자 중에서 본인의 동의나 신청이 있는 경우에만 보호대상자가 된다는 의미에서 '임의적' 갱생보호제도라고 할 수 있다. 다만 보호관찰 등에 관한 법률에 따르면, 보호관찰소장이 원호 및 응급구호를 위하여 필요한 경우 국·공립기관, 갱생보호사업을 허가를 받은 자, 한국법무보호복지공단(https://koreha.or.kr/), 그 밖의 단체에 대하여 숙식제공이나 그 밖의 적절한 원조 또는 협력을 요청할 수 있으므로(동법 제36조 참조), 이러한 경우에 한하여 필요적 갱생보호의 성격을 가지게 된다.

② 운영기준

보호관찰 등에 관한 법률 제4조에 따르면 '보호관찰, 사회봉사, 수강 또는 갱생보호는 해당 대상자의 교화, 개선 및 범죄예방을 위하여 필요하고도 적절한 한도 내에서 이루어져야 하며, 대상자의 나이, 경력, 심신상태, 가정환경, 교우관계, 그 밖의 모든 사정을 충분히 고려하여 가장 적합한 방법으로 실시되어야 한다.' 고 규정하고 있다.

③ 갱생보호의 절차

보호관찰 등에 관한 법률 제15조에 따르면 갱생보호의 실시에 관한 사무는 보호관찰소가 담당하는데, 동법 제66조는 갱생보호의 절차를 다음과 같이 정하고 있다. 갱생보호는 갱생보호대상자 및 관계기관의 신청에 의해서만 개시되는 임의적 보호에 한한다(동법 동조 제1항). 갱생보호의 신청을 받은 보호관찰소의 장, 한국법무보호복지공단 또는 갱생보호사업자는 지체없이 보호가 필요한지 결정하고 보호하기로 한 경우 그 방법을 결정하여야 한다(동법 동조 제2항). 보호방법의 결정은 신청서의 기재사항, 본인과의 면담 등을 통하여 보호대상자 개인의 전과와 죄질, 연령, 학력, 경력, 가정환경, 교육관계 및 자립계획 등을 조사한 후 본인에게 가장 적합한 보호가 되도록 그 방법을 결정해야 한다. 그리고 보호결정을 한 경우에는 지체없이 갱생보호에 필요한 조치를 하여야 한다(동법 동조 3항). 갱생보호의 목적을 달성하거나 갱생보호대상자가 신청을 철회한 경우에는 보호가 종료된다.

④ 갱생보호의 방법

그 방법에는 지도와 원호를 포함하는데, 숙식제공, 여비지급, 생업도구 · 생업조성금품의 지급 또는 대여, 직업훈련 및 취업알선, 기타 갱생보호대상자에 대한 자립지원, 위와 같은 보호방법에 부수하는 선행지도가 있으며(동법 제65조 제1항), 그 구체적인 내용은 대통령령으로 정하도록 하고 있다(동법 동조 제2항). 또한 보호관찰 등에 관한 법률은 갱생보호의 방법으로써 보호에 부수하는 선행지도를 신설함으로써, 갱생보호에 지도가 포함됨을 명문으로 인정하고 있다. 개정된 보호관찰 등에 관한 법률에 따르면 관찰보호는 폐지되고 직접보호의 방법만을 규정하고 나아가 갱생보호업무의 특성화를 기하고 있다.

⑤ 한국법무보호복지공단 갱생보호회의 공단화

한국법무보호복지공단은 보호관찰 등에 관한 법률에 의하여 설립된 특수법인으로서 법무부장관의 감독하에 출소자 사후관리 및 자립지원 업무를 수행한다. 1995년 5월 20일 한국갱생보호공단의 정관을 인가받아 1995년 6월 1일 한국법무보호복지공단 설립등기를 함으로써 한국법무보호복지공단이 설립되었다. 공단에는 의결기관으로서 이사회를 두어 공단의 업무에 관한 주요사항을 의결하게 하고 있으며, 이사장은 이사회를 소집하고 의장이 된다. 한국법무보호복지공단 각 지부의 업무에 관해 지원장의 자문에 응하기 위하여 7인 이내의 자문위원회를 두고 있다. 공단은 갱생보호, 갱생보호제도의 조사 · 연구 및 보급 · 홍보, 갱생보호사업을 위한 수익사업, 공단의 목적 달성에 필요한 사업을 내용으로 하고 있다(동법 제82조). 공단에는 갱생보호사업의 추진에 필요한 재원을 확보하기 위하여 갱생보호기금을 설치하도록 하고 있으며(동법 제86조), 이 기금의 재원, 운용과 관리, 사용 등에 대해서도 법률로 규율하고 있다(동법 제87조 내지 제91조).

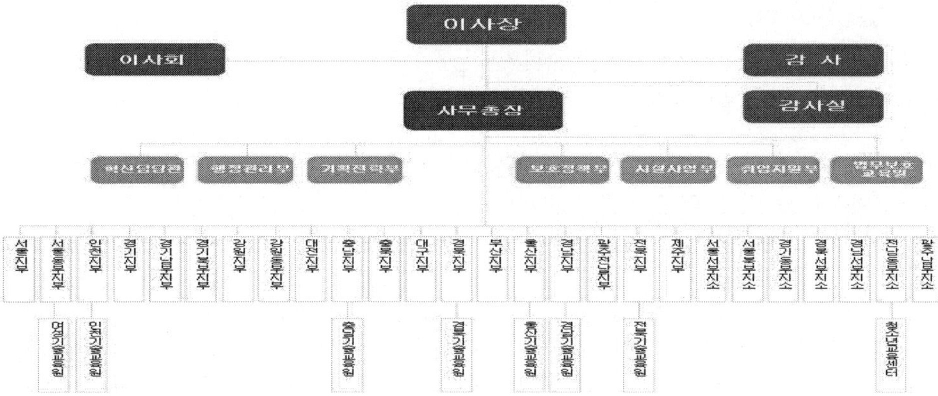

[그림] 한국법무보호복지공단의 조직도

3) 갱생보호의 현황과 개선방안

1993년 현재 139명의 갱생보호회 직원과 12,609명의 갱생보호위원이 갱생보호업무에 종사하고 있는데, 갱생보호위원은 기업인이 14% 정도로 가장 많고 대학생, 종교인, 법조인, 교직자 등으로 구성되어 있다. 1993년에는 60쌍에 대한 합동결혼식, 무연고자 결연 352명, 무호적자 취적 192명 등 대상자에게 필요한 보호사업을 실시하였다. 그러나 갱생보호제도가 사회내 처우로서 중요한 기능을 가지고 있음에도 불구하고 우리의 경우에는 갱생보호가 제 기능을 다하지 못하고 있다. 그 원인은 전문직원의 부족, 사회인들의 관심부족과 국가재원의 빈약한 지원이라고 볼 수 있다. 형법상에 보호관찰이 도입되어 보호관찰업무와 갱생보호업무가 보호관찰소를 통하여 연계될 수 있고, 갱생보호공단의 설립으로 그 보호활동도 적극적일 것으로 예상된다.

최신정보 Update

출소자들에게 직업훈련 및 취업알선·상담, 숙식제공 등을 제공하며 이들의 사회복귀를 지원해 온 한국갱생보호공단이 '한국법무보호복지공단'으로 명칭을 변경하고 새로운 전진을 시작했다. 공단은 출소자의 성공적인 사회정착지원을 위해 지역사회의 적극적인 참여를 유도하는 한편, 여성출소자 지원을 위한 여성통합지원센터도 올 상반기 중으로 개청하기로 했다.
한국법무보호복지공단은 2009년 3월 26일 서울 양천구 고척동 본부에서 이귀남 법무부차관, 소병철 법무부 범죄예방정책국장, 김종인 서울동부지검장, 홍보대사인 탤런트 정영숙씨 등 50여명이 참석한 가운데 현판식을 가졌다. 이날 행사는 공단의 명칭변경과 성인범에 대한 판결전 조사제도, 소년에 대한 결정전 조사제도 도입을 주요 내용으로 하는 '개정 보호관찰등에관한법률'이 지난 27일부터 시행된 데 따른 것이다. 한국법무보호복지공단은 "출소자에게 새로운 삶과 희망을 전하는 공단 본연의 책무를 다하는 동시에 시대변화에 발맞춰 '출소자 사회재통합(Changing Lives, Changing Communities : CLC) 프로젝트'를 추진해 사회방위적 형사정책사업의 중추적인 역할을 다하겠다"고 밝혔다. 출소자의 재범을 차단해 범죄문제를 근본적으로 해결하기 위해서는 이들의 성공적인 사회복귀를 돕는 진정한 사회재통합 과정이 필요하다는 것이다. 공단은 이를 위해 출소자 개인의 심리적 개선 뿐만 아니라 지역사회의 역할이 중요하다는 점을 홍보하고 출소자 지원사업에 국민참여를 확대하는 방안 등을 추진해 나가기로 했다.
※ 자료 : 법률신문 2009.4.1 기사내용

6. 그 밖의 사회내처우제도

(1) 미국에서는 ① 지역사회자원의 동원 혹은 기존의 청소년자원의 강화 및 새로운 자원의 개발, 비행유발조건의 치유를 위하여 여러 프로그램 등을 통하여 사법절차로부터 청소년을 전환시키기 위하여 설치된 비강제적 · 독립적인 공공기관이라 할 수 있는 **청소년봉사국**(Youth Service Bureau) ② 소년법원 혹은 가정법원에서 비행소년을 대리 혹은 양육가정에 보내어 24시간 보호와 훈련을 받도록 하는 **대리가정**(foster homes) ③ 일종의 장기거주 프로그램으로서 가족 같은 분위기에서 가정과 같은 생활을 강조하는 비안보적 거주 프로그램인 **집단가정**(group homes) ④ 주간에는 교육을 행하고 야간에는 가정으로 돌려보내는 것으로서 거주처우에 비하여 강제성이 적고 비처벌지향적이며 청소년에 대한 부모의 관심과 참여를 고조시킬 수 있는 방법인 **주간처우**(day treatment) 등이 있다.

(2) 위와 같이 행형단계에서 수형자의 재사회화 조치와 개방처우 등 사회내처우를 통해 행형의 이념을 달성해야 한다. 그러나 기본적으로 형벌기능을 무력화하지 않는 범위내에서 사회복귀준비금으로 기능하는 작업상여금제도를 점차로 임금제로 전환

하여 사회복귀를 위한 경제적 터전을 마련하고 더 나아가 외국인 수형자문제와 교도소 내에서의 마약남용 및 에이즈 감염 등의 문제에도 관심을 기울어야 하며 앞으로 사회내처우자에 대한 전자감시장치, 족쇄형, 가택구금 등 감시장치를 연구개발해 나가야 한다. 현재 일반적으로 채택하고 있는 개방처우 내지 반자유처우도 구금적 요소가 강하게 잔재하고 있는 바, 위험한 소수의 범죄자만 보안적인 견지에서 구금하는 것은 일단 사회내처우를 하는 것이 바람직하지 않겠는가이다. 사법운영에 있어서 기소유예, 선고유예, 집행유예 및 가석방을 활용하고, 기왕에 소년범에 대하여 「probation형」 및 「parole형」 보호관찰제도를 시행함과 동시에 형법개정으로 성인범죄에까지 보호관찰제도를 규정하고 있음은 처우이론에 있어서 「**시설내처우**(Institutional Treatment)부터 **사회내처우**(Community based Treatment)」로 그 패턴이 변화하고 있음을 말한다.[40] 한편 형벌은 응보적, 속죄적 기능과 동시에 목적적, 교육적 기능을 가지고 있으며, 목적적 기능에도 일반예방적인 및 특별예방적인 기능도 가지고 있다. 따라서 행형의 이념이 수형자의 개선, 재사회화를 의미하지만, 수형자의 과거 범죄에 대한 속죄를 전제로 하여야 함은 물론이다. 아무리 사회내처우가 범죄자의 개선과 사회복귀에 필요하다 하더라도 구금에 의한 사회적 격리가 불필요하다라고까지 말할 수는 없다. 중대한 또는 위험한 범죄자에 대하여서는 다른 「대체적 형벌」이 고안되지 않는 한, 자유형은 역시 필요하다. 또한 위험한 범죄자에 대하여 응보적, 일반예방적인 목적으로 시설내처우를 하더라도 자유형의 「순화」라는 미명하에 개선, 갱생적 처우를 포기하여서는 물론 안된다. 「처우의 과학화」라는 처우이념에 따라 누진처우와 분류처우가 시설내처우 중 가장 중요한 제도로서 부각되어 있다. 한편 현대의 행형사조가 시설내처우로부터 사회내처우로 변천된다는 사실에는 시설내처우와 사회내처우의 중간형태로서 개방처우와 같은 중간처우, 그리고 보호관찰, 사회봉사명령과 같은 사회내처우의 활성화와 새로운 제도의 개발이 요청됨과 동시에 「교정처우」(Correctional Treatment)의 효과를 제고하기 위하여서는 현대의 처우이론에 적합한 사법적 처우가 당연히 전제되어야 한다. 「응보적 정의」에 의한 「공정한 처우」가 중시되는 재판단계에서도 범죄자의 개선가능성의 고려가 강력히 요청되고, 범죄자의 사회복귀를 위하여 유예제도의 보다 적극적인 활성화가 요망된다. 또한 시설내처우의 종국적인 효과를 기대하기 위하여서는 보호관찰, 사회봉사명령 및 수강명령

40) 박양삼, "시설내처우와 사회내처우의 조화", 교정(97.4), 63면.

등 사회내처우에 의하여서만이 기대될 수 있다. 결국 범죄자처우의 효과는 시설내처우, 사회내처우 및 사법적 처우의 보완적 기능을 충분히 수행함으로써만이 가능하다.

(3) 회복적 사법개념의 등장

존 브레이스웨이트(John Braithwaite)의 재통합적 수치이론(reintegrative shaming theory)은 회복적 사법(restorative justice)의 기본적 이론의 틀이다. 회복적 사법은 종종 응보적 형사사법에 대응하는 개념으로서, 범죄를 피해자 · 가해자 · 지역사회가 조정 등을 통하여 해결하자는 것이다. 회복적 사법 정의는 오늘날 대부분의 국가들이 겪고 있는 교정환경의 한계와 어려움이 가중되고 있는 가운데 새로운 비전과 새로운 접근방법을 시도하게 해주고 미래에 대한 의미심장한 시사점을 제공하여 주고 있다.[41] 회복적 사법 패러다임 내에서는 범죄자는 구금되지 않는 것이 일반적이며, 가해자는 피해자의 사과와 용서, 보상을 통하여 지역사회의 공동체로 다시 재통합되게 된다. 국가독점의 징벌적 형사사법은 19세기부터 형사법학계의 내외에서 다양한 형태의 비판이 제기되면서 다시 피해자를 형사사법의 장으로 편입되기 시작하였다. 1878년부터 1900년 사이에는 유럽에서 개최된 '감옥 및 형벌에 관한 회의' 에서 피해자의 다양한 형태의 배상과 보상이 논의되었고, 2000년 4월 비엔나에서 열린 'UN 제10차 범죄예방과 범죄자 처우에 관한 제10회 UN범죄방지회의' (Congress on Crime Prevention and Treatment of Offenders)에서 채택된 '범죄와 사법에 관한 비엔나 선언' (Vienna Declaration)에서 회복적 사법 프로그램을 적극 활용할 것을 결의하였다. 이에 영향을 받은 'UN범죄방지형사사법위원회' 는 제9회 회의에서 '형사에 관련한 계획에 있어서 회복적 사법의 이용에 관한 기본원칙' 을 채택하였다. 오늘날 회복적 사법의 시초는 1974년 캐나다 온타리오 주의 Kitchener에서 시행된 '피해자와 가해자의 화해(Victim Offender Mediation)' 프로그램이라고 본다. 이를 시작으로 하여 현재는 미국의 45개 이상의 주에서 약 300개, 유럽에서는 약 900개 이상의 피해자 · 가해자 조정(VOM) 프로그램이 실시되고 있다. 1989년에는 뉴질랜드에서는 마오리족의 'Whana회의' 에 착안하여 시행된 전통적인 시스템으로서 회복적 사법의 기본적인 원칙을 공유하기 위해서 청소년범죄를 다루는 형태로 현재는 성인범죄까지 확대실시

41) 배임호, 『교정복지론』, 공동체, 2021, 277면

되고 있다. 호주의 회복적 사법은 일반적인 Wagga-Wagga(경찰단계에서의 다이버전)를 제외하고는 뉴질랜드의 FGC모델(Family Group Conference)에 근거하고 있다.

〈표 8〉 응보중심의 사법정의와 회복적 사법정의의 개념

	응보주의	회복적 사법정의
1. 범죄에 대한 이해	- 범죄는 위법행위로써 국가를 거역한 것임 - 위법행위가 법 규정을 따라 기술적(technical) 용어로 한정됨	- 범죄는 개인을 거역한 것이며 또한 관계를 파괴시킨 것 - 위법행위는 윤리적, 사회적, 경제적, 정치적인 전체 맥락에서 이해됨
2. 정의에 내한 개념	범죄자와 국가사이의 상호 경쟁적 관계에서 법에 의하여 죄를 결정하여 이에 따르는 고통을 부과하는 것	이러한 범죄는 범죄피해자, 범죄자, 그리고 시역사회가 범죄로 인한 상처를 고치고 화해를 가져올 수 있는 해결책을 강구하는데 참여케 함
3. 정의에 대한 여러 측면들	- 죄의 댓가를 치르는 것이 중심 - 과거에 초점을 둠 - 범죄에 관계된 사람들의 욕구는 부차적임 - 서로간에 적대적으로 싸우는 모델 - 서로간에 차이점들이 강조됨 - 범죄자가 저지른 해(harm)를 정정하도록 규정 - 범죄자에 초점, 피해자는 무시됨 - 국가와 범죄자가 핵심 - 손해배상이 거의 이뤄지지 않음 - 국가가 범죄자에게 조치를 취함 - 범죄자는 피동적임 - 국가가 독립적으로 사건처리 - 범죄자는 문제를 해결할 책임없음 - 범죄자와 지역사회의 관계가 악화됨 - 반성과 용서를 못하게 함 - 경쟁적이고 개인주의적인 가치가 격려됨	- 문제해결이 중심 - 미래에 초점을 둠 - 욕구가 우선적임 - 대화하는 모델 - 서로간의 공유점을 추구함 - 상응하는 해를 부과 - 피해자의 욕구가 중요시됨 - 피해자와 범죄자가 핵심 - 손해배상이 이뤄지는 것이 정상적임 - 범죄자가 문제해결에 일익담당 - 피해자, 범죄자, 지역사회가 문제 해결에 참여할 수 있는 역할인정 - 범죄자는 문제를 해결해야 할 책임있음 - 지역사회로의 범죄자 통합이 증가됨 - 반성과 용서가 격려됨 - 상호성과 협력이 격려됨

※ 참고문헌 : 배임호, "회복적 사법정의의 배경, 발전과정, 주요 프로그램 그리 고 선진교정복지" 『교정연구』 통권 3호, 2007, 151쪽.

인물연구

John Braithwaite (born 1951) is an Australian criminologist. His works include "Corporate Crime in the Pharmaceutical Industry" (1984), Not Just Deserts. A Republican Theory of Criminal Justice (1990), Crime, Shame and Reintegration (1989), Restorative Justice and Responsive Regulation (2002), Global Business Regulation (2000), Information Feudalism (2002) and Markets in Vice, Markets in Virtue (2005).

Braithwaite is editor of the scientific journal Regulation and Governance and the originator of the "reintegrative shaming" theory, which posits that youthful first-time offenders can be literally shamed out of a life of crime by being confronted with their victims.

http://en.wikipedia.org/wiki/John_Braithwaite_(academic)

제 4 장 교정복지론

I. 교정복지의 개념

미국의 Correctional Social Work는 교정사회사업으로 번역될 수 있고, 영국의 Correctional Service는 교정사업으로 번역될 수 있으며, 한국 사회복지대학교협의회에서 제시한 사회복지학 교과목지침서에는 교정복지로 명명되어 있다. 교정(correction)이란 사실적 의미로서 범죄인이나 수형자를 관리할 책임이 있는 조직, 시설, 서비스 그리고 프로그램의 집합이라 할 수 있으며, 보편적 의미로는 유죄가 확정된 범죄자, 즉 수형자에게 적용된 행동으로 볼 수 있다. 그리고 교도소내에서 행해지는 권력적인 행형과 대립되는 개념으로서 비뚤어진 것을 바로잡아 고친다는 의미도 내포하고 있다.[42] 교정사업(correctional service)이란 범죄인 또는 비행자를 교화, 개선시켜 건전한 사회인의 한 사람으로 사회에 복귀하게 하는 일련의 활동으로 볼 수 있다. 또한 교정활동(correction)은 교화, 개선의 측면에서 본 것이라면, 재활(rehabilitation)은 사회복귀라는 측면에서 바라본 것이다.

그러나 우리나라에서는 이들 용어에 대한 개념정립 및 사법단계의 마지막에 해당하는 교정 단계에서 조차도 폭넓은 사회복지사의 개입이 이루어지지 않고 있는 실정이므로 학자들과 실무가들 사이의 충분한 논의와 합의가 이루어져야 할 것으로 본다.[43]

미국에서 'Corrrection'이라는 용어는 수사, 기소 등의 법집행단계(Law

42) 구종회 외 10인, 『교정복지학』, 홍익채, 2001, 176면.
43) 김주연, "인권과 교정복지의 이해". 인권복지연구 제3권(2008년 4월), 한국인권사회복지학회, 102면.

Enforcement)와 재판단계(the Courts), 그리고 교정단계(Correction)로 이어지는 형사사법체계의 연속과정에서 마지막 단계에만 집중하는 경향이 있어 이들 전 단계에서 사회복지사의 개입의 의미가 강한 Forensic Social Work라는 용어를 사용하기도 한다.[44] 우리나라에서는 다음 학자들의 교정복지에 대한 개념을 설득력있게 제시하고 있다는 점에서 주목할 만하다. 구종희는 "교정사회사업은 교정기관에서 비행과 범죄로 인하여 조사받거나 수용보호, 또는 처벌 대상자, 그리고 교육명령, 사회봉사명령에 가담하는 교정 수혜자와 그들의 가족들에게 사회사업의 윤리와 철학에 기초하여 사회적 기능을 회복시켜 주며 예방시키고 보다 안녕된 사회생활을 돕는 전문직" 이라고 설명하고 있다.[45] 남진열은 협의로는 "사회복지사가 청소년과 성인 범죄인에게 보복이나 처벌을 하기 위한 것보다는 오히려 재활 또는 지역사회 재통합·재적응을 할 수 있도록 사회복지의 가치와 지식, 기술을 기초로 사회복지실천 방법을 활용하여 시설과 지역사회 내에서 범죄인에 대한 처우를 통해 범죄인의 가치와 행동을 지역사회의 가치와 행동에 모순되지 않도록 변화시키는 사회복지의 전문 분야라고 할 수 있다" 고 하였다." 그리고 광의로는 "범죄에 대한 처우뿐만 아니라 범죄예방 활동과 범죄피해자에 대한 보상 그리고 피해 이전의 정상적인 생활로 복귀할 수 있도록 사회복지적인 접근에서의 모든 지원 활동이라고 할 수 있다" 고 하고 있다.[46] 또한 최옥채는 "교정복지란 개별사회사업(case work), 집단사회사업(group work), 지역사회사업(community work) 등과 같은 기초적인 사회복지실천 방법론을 활용하여 범죄인이나 비행청소년이 심리·사회적으로 가장 편안한 상태를 유지하면서 사회에 적용해 갈 수 있도록 돕는 활동이다. 그러므로 범죄인의 재활을 위해 정상적이고 원칙적인 활동에 참여하려는 사회복지사는 사회복지실천에 관한 전문적인 지식과 지술을 익혀야 하고, 나아가 범죄인과 비행청소년에 대한 전반적인 상황 그리고 당국의 당책 등을 필수적으로 이해해야 한다" 고 설명하고 있다.[47]

생각컨대, 교정복지는 위와 같은 교정사상을 바탕으로 범죄인의 사회복귀를 용이하게 하고, 재범을 방지하기 위한 사회적, 교육적, 의료적 및 심리적 처우의 총체이며 이는 오늘날 사회사업의 한 부분이면서 경찰-검찰-재판-형행에 이르기까지 형사사

---

44) 홍봉선, 『교정복지론』, 공동체, 2008, 24면.
45) 정우식 외, 『교정복지학의 이해』, 홍익채, 2001, 178면.
46) 한국사회과학연구소 사회복지연구실, 『한국사회복지의 현황과 쟁점』, 인간과 복지, 2000, 390면.
47) 최옥채, 『교정복지론』, 학지사, 2007, 61면.

법제도상의 범죄인처우를 다루는 분야라고 할 수 있다. 다만 최근에는 전통적인 교정복지의 대상을 범죄인관점을 넘어서서 범죄의 피해자를 포함시키는 흐름에 따라야 할 듯 보여진다.

II . 교정복지의 필요성

사회복지의 특성 차원에서 교정복지의 필요성은 세 가지 측면에서 도출할 수 있다. 첫째, 사회복지는 인간의 존엄성과 변화의 능력을 인정하고 인간을 돕는 정신을 바탕으로 태동하고 발전하였기 때문에 다른 여타 분야보다도 사회복지의 분야에서 범죄인의 재활을 돕고 원조하는 데 적극적으로 개입할 수 있다. 둘째, 사회복지에서 중요시되는 것 중의 하나는 넓은 관점에서 대상자에게 접근을 시도한다는 것으로, 이것은 사회복지가 다른 분야에 비해 보다 전인적이고 통합적인 차원에서 범죄인의 재활에 효과적으로 대응할 수 있는 것이다. 셋째, 사회복지실천가는 그 개인의 능력에 따라 클라이언트가 지니는 심층적인 문제까지도 접근할 수 있는 기술을 개발하고 있어 범죄인에 대한 팀접근(Team Approach)이나 사례관리자(case manager)로서 대상자에 대한 다양한 지원망을 연결하고 대입하여 도움을 제공하는 장점을 지니고 있다. 이밖에 경제적인 관점에서 교정복지의 활동은 민간차원의 자원봉사자나 지역사회자원을 활용하고, 재소자에 대한 사회내처우를 중시한다는 점에서 상당한 비용을 절감할 수 있다. 또한 사회적으로 재범방지와 재활을 도움으로써 상습범죄가 줄어들고, 사회안정에 기여한다는 점에서 교정복지의 의의가 있는 것이다.[48]

III. 사회내처우에 있어서 교정복지실천

교정복지의 실천의 목적은 인간존엄이라는 사회복지 기본 가치 아래 범죄인이나 비행청소년들에게 이와 같은 서비스를 제공하여 재사회화할 수 있도록 하는 데에 있다. 범죄인이나 비행청소년들을 단지 처벌한다는 차원을 넘어서서 사회복지의 차원에서 그들이 교정·교화될 때까지 사회적 지원이 이루어져야 한다. 이에 따른 교정복지실

48) 이윤호, "사회복지관에서 교정복지의 활성화 방안", 한국복지재단, 2001, 44면.

천의 목표는 비행청소년과 범죄인의 재활, 비행과 범죄예방, 시민의 참여 확대에 초점을 둘 수 있다.

1. 교정복지실천의 개념

교정복지실천은 교정복지실천 현장의 대상자를 위해 교정복지사가 사회복지 실천 지식과 기술[49]을 바탕으로 구체적으로 개입하여 활동하는 것을 의미한다.[50] 교정복지사는 전문사회복지실천 방법론을 분명히 이해해야 하고, 이 이해를 바탕으로 교정 현장 특성에 따른 기술과 모형을 개발교정하여야 하고, 어느 특정이론이나 방법론에 치우치지 말고 두루 익힌 후 자신의 성향에 맞는 기술과 모형에 전념하여야 하며, 이론을 맹신하는 것보다 풍부한 현장 경험을 받아들여 이론과 경험을 함께 중시하는 균형있는 전문가로 발전하려는 자세를 가져야 한다.[51]

2. 교정복지실천의 과정

(1) 계획단계

계획단계는 어떤 대상자를 상대로 무슨 프로그램을 실천할 것인가를 구상하는 단계이다. 계획단계의 주요 목표는 프로그램에 참여하는 대상자의 욕구와 교정복지사의 능력을 고려하여 실천 가능한 프로그램을 기획하는 것이다. 이 과정에서 교정복지사가 염두에 두어야 할 내용을 요약하면 다음과 같다.

첫째, 교정복지사는 프로그램의 적절성과 가능성을 분명히 한다. 둘째, 교정복지사는 프로그램의 전 과정을 인지해야 한다. 셋째, 교정복지사는 프로그램에 투입되어야 할 자원을 적절히 동원하고 활용할 수 있도록 계획하여야 한다. 넷째, 교정복지사는 프로그램의 전체 과정에 어떻게 진행될 것인가를 예측해야 한다.

교정복지사는 계획단계에서 다음과 같은 주요 업무를 수행하여야 한다.

---

49) 홍금자 외 2인, 『교정복지론』, 학현사, 2009, 181면 이하에서 '관련지식과 기술'이라 함은 클라이언트가 관련된 사법관련 법제를 비롯하여 교정이론과 처우원리, 형벌론, 범죄학 이론과 범죄원인론 및 범죄대책, 교정심리와 상담에 관한 기본이론 등을 들 수 있다.

50) 박영숙 외 7인, 『교정복지론』, 청목출판사. 2008, 245면.

51) 최옥채, 전게서, 275면.

① 프로그램에 합당한 참여 대상자를 선정한다. ② 자신과 프로그램을 돕는 자원봉사자 그리고 관계 기관의 능력과 자원을 파악한다. ③ 프로그램에 참여하는 대상자와 교정복지사는 프로그램 실천과 ④ 필요한 재정, 공간, 교정자원봉사자 등을 확보한다. ⑤ 전체 프로그램의 일정을 상세하게 잡고, 이를 문서화한다. ⑥ 평가단계에서 활용할 평가 방법이나 구체적인 평가 틀을 만든다.

효율적이고 실천 가능한 프로그램을 계획하기 위해서는 먼저 교정복지사의 풍부한 경험이 중요하다. 나아가 사회의 변화에 따라 프로그램에 참여하는 범죄인·비행청소년 자신과 이들의 환경이 늘 변화하고 있으므로 새로운 프로그램을 창조해야 한다.

(2) 실천단계

실천단계는 실제 프로그램을 진행하는 과정으로 도움을 원하는 교정복지실천 대상자에게 계획한 서비스를 제공하는 일이다. ① 대상자가 자신의 욕구 혹은 문제를 해결할 수 있도록 돕는다. ② 시민이 교정사업에 관심을 갖도록 하고, 나아가 이들이 이 분야에 적극 참여하도록 유도한다. ③ 교정제도의 발전을 꾀한다.

실천단계에 있어서 주요업무는 다음과 같다. ① 프로그램의 시작부터 끝까지 책임지고 이행한다. ② 프로그램의 전체 과정을 꼼꼼히 기록한다. ③ 프로그램 진행상 제기되는 문제점 혹은 장애요인들을 발견한다. ④ 새로운 기술과 모형 탐색에 심혈을 기울인다. ⑤ 프로그램의 성공적 진행을 위해 필요로 하는 관계인 혹은 관계기관과 접촉한다. ⑥ 프로그램을 진행하는 도중에 참여했던 자원봉사자가 빠져나갈 경우 이 인력을 신속히 대체해야 한다. ⑦ 프로그램을 통해 발견된 문제점을 바탕으로 교정제도의 변화를 꾀한다.

(3) 평가와 종결단계

평가와 종결단계의 목표는 다음과 같다. ① 프로그램 계획과 실천에 대해 반성한다.
② 프로그램의 새로운 모형을 개발한다. ③ 평가 결과에 따른 기술 보완이나 새 모형 개발에 힘쓴다.

평가와 종결단계의 주요 업무는 다음과 같다. ① 종결 프로그램으로 대상자가 선호하는 사항을 반영하여 종결에 식을 갖는다. ② 계획단계에서 결정한 평가 방법에 따라 평가를 실시한다. ③ 평가 이전의 실천 과정에서 평가를 위한 자료를 충분히 준비한다. ④ 평가 결과에 따른 기술 보완이나 새 모형 개발에 힘쓴다.

3. 교정복지실천 현장에서의 교정복지적 개입

교정복지는 교정의 문제를 사회복지적 차원에서 대처함으로써 범죄자나 비행청소년의 개인차원은 물론이거니와 그들을 둘러싼 사회환경에 개입함으로써 당면한 문제뿐 아니라 재범예방 차원에서 효율성을 증진시키고 범죄나 비행이 야기시킨 부정적인 결과를 제거하여 사회구성원의 복지증진에 기여하고자 체계적으로 연구하는 새로운 학문분야이다. 교정활동현장에는 교정기관 및 교정시설은 물론 교정대상자들의 상담, 훈련 및 교육을 위한 민간 또는 공공·국가기관이 있다. 그리고 범죄사건을 다루는 경찰, 검찰, 법원 등 사법기관, 각종 학교 종교기관 및 시설 그리고 지역사회복지관과 다양한 복지기관과 시설이 포함될 수 있다.[52]

사회내처우에 있어서 교정복지사의 개입할 수 있는 활동영역은 다음과 같다. 먼저 보호관찰과 관련하여 판결전조사, 환경조사, 환경개선활동, 보호관찰의 집행시 보호관찰관의 지도·감독, 통신지도와 소환조사, 접촉지도, 범죄예방활동과 사회봉사명령과 수강명령의 집행과정에서 교정복지사는 보호관찰공무원을 보좌하거나 또는 사무의 일부를 위탁받아 개입할 수 있다. 그리고 법무보호공단의 시설과 위탁시설에 수용되어 있는 성인과 청소년들은 대개 직계보호자가 없으므로 교정복지사는 이들의 재활에 필요한 자원을 평소 관계하고 있는 연결망을 활용하여 도울 수 있으며, 교정복지사는 자원봉사자 또는 후원자 또는 협력자로서 활동할 수 있다.[53] 또한 중간처우의 집이 공식적으로 확대하여 실시되지 않는 상황에서 교정 현장과 지역사회복지관의 협조로 복지관의 사회복지사가 참여하는 시스템을 구축할 필요가 있을 것이다.[54]

교정복지실천은 교정복지의 실천현장에서 교정복지사와 클라이언트가 만나 나누는 대화를 통하여 시작하고, 교정복지사는 클라이언트의 욕구나 문제를 파악하게 되고 그들의 과업을 수행하게 된다. 교정복지사가 교정복지실천과정에서 그들

52) 배임호 외 4인, 『교정복지론』, 양서원, 2007, 34면.
53) 천정환, 『신범죄학』, 백산출판사, 2006, 588, 597면.
54) 박영숙 외 7인, 전게서, 397면.

에게 요구되어지는 것은 비행과 범죄관련 프로그램을 수행할 수 있는지에 관한 것이다. 따라서 교정복지사의 개입 활동은 철저한 교정복지실천 기술을 바탕으로 이루어져야 하고, 비행청소년과 범죄인의 재활과 비행 및 범죄 예방에 초점을 두어야 한다.[55] 우리나라의 교정복지실천은 아직 초보적인 수준에 머물러 있고 교정의 전(全)단계에서 사회복지사의 역할을 검토하여 보고 우리나라 교정 현장에서의 사회복지사의 개입과 역할을 전망하여 보는 것은 교정복지의 핵심적인 과제 중의 하나일 것이다.[56]

IV. 교정복지의 과제

교정복지의 과제에 대하여 다음과 같은 학자들의 견해를 살펴볼 수 있다. 이윤호 교수는 교정복지의 과제를 전문인력의 양성과 자질향상, 교육시설의 개방화와 중간시설의 활성화, 교정분야의 전문적 자원봉사의 활성화, 사회적 연계망의 활용, 국가의 교정관련 연구의 활성화와 다양한 프로그램의 개발 등을 들고 있다.[57] 최옥채 교수는 교정복지의 과제로서 사회복지학을 전공한 전문인력이 교정현장에서 근무할 수 있는 제도, 교정복지 교육과 연구의 활성화, 교정복지 관련 전문 기술과 프로그램 개발 등을 들고 있다.[58] 박영숙 외 7인『교정복지론』에서는 교정복지의 특별예방적 정신과 부합되거나 가해자와 피해자의 복지가 최대한으로 보장되는 미래지향적인 형벌의 형태, 출소 이후의 사회복귀와 재범, 초보적인 수준의 교정의 전단계에서의 사회복지사의 개입과 역할 등을 들고 있다.[59]

55) 이종갑, “형사법에 있어서 교정복지실천의 기초 기술에 관한 연구”, 교정복지연구 제11호(2008년 3월), 119면.
56) 박영숙 외 7인, 전게서, 387면.
57) 이윤호, 상게논문, 60면.
58) 최옥채, 전게서, 77-78면.
59) 박영숙 외 7인, 전게서, 387면.

제 6 편 개별 범죄론

제 1 장 소년범죄론

제1절 총 설

I. 소년보호의 원칙

소년보호라 함은 범죄 내지 비행소년을 대상으로 하여 궁극적으로는 소년의 건건한 육성을 기하고 구체적으로 문제된 소년을 개별적으로 관찰하여 그 요보호성을 제거하고 소년을 보호, 육성하는 것 그리고 그 가정과 사회환경을 적절히 조정하여 소년을 범죄로부터 보호하려는 일련의 활동을 말한다. 따라서 소년보호는 비행소년에 대한 적극적인 보호육성을 위한 교육조치인 동시에 가장 진보적인 형사정책의 목적 및 이념과도 일치한다. 그리고 이러한 소년보호는 단지 개인 또는 단체의 일이 아니고 국가 주요정책의 일환으로 실시되고 있다는 점에 근대적인 소년보호의 특징이 있는데, 이러한 태도는 국가가 소년을 형벌의 대상으로 보지 않고 소년의 부모된 입장에서 보호할 책임이 있다고 하는 이른바 국친 사상에 바탕을 둔 형평법 이론을 하나의 출발점으로 한다. 비행소년을 어떻게 처우하고 보호할 것인가에 대하여 19세기 말부터 20세기 초에 걸쳐 각국에서 많은 논의가 있어 왔고 점차 그 점을 제도화해 왔는데, 그것은 비행소년을 될 수 있는 대로 보호의 대상으로 하려는 사고의 구체화 과정이라고 할 수 있다.

1. 인격주의와 규범주의

소년보호를 위해서는 비행소년의 과거의 행동이나 태도와 같은 개성과 환경을 중시해야 하는데, 그 주된 내용은 인격에 대한 보호이다. 보호절차에는 교육기능과 사법기능이 서로 교차하고 있으므로, 객관적인 비행사실의 유무와 내용이 무시되어서는 아니될 것이나, 일정한 단계, 예컨대 사건의 수리 또는 보호처분·형사처분 등을 결정할 때에는(소년법 제7조 참조) 특히 소년의 인격에 내재하는 범죄적 위험성의 판단과 평가가 중요하다. 예컨대 목적주의·인격주의 그리고 규범주의가 교착되는 가운데 소년보호의 기능을 이해하여야 할 것이다.

2. 예방주의

소년보호는 죄를 범한 소년뿐만 아니라 장차 죄를 범할 우려가 있는 이른바 우범소년도 그 대상으로 하여, 소년이 사회에 적응하지 못하는 상태에 빠지지 않도록 보호 및 육성해야 한다(소년법 제4조 제3호 참조). 말하자면 범죄로부터 소년과 사회를 미리 보호하는 것을 주된 목적으로 한다. 따라서 비행에 빠진 자라도 목전의 처우로 일관하지 않고 장래를 전망하여 다시 비행을 하지 않도록 예방하는 것을 중시한다. 소년사건의 조사·심판에서 예측(예후, prognose)이 중요한 의미를 가지는 것도 이 때문이다.

3. 개별주의

소년에 대한 보호조치를 취할 때에는 소년 개개인을 1건으로 독립해서 취급하고, 그 개성을 중시하여 행위와 외형에만 구애되지 않고 소년의 인간성을 인식하는 것이 중요하다. 원래 개별주의는 형사법분야에 있어서 「범죄에 알맞는 처우」라는 형벌의 개별화의 이념에 따라 전개된 것이다. 그리고 여기서 범죄인은 평균화된 추상적인 인간이 아니고 각기 다른 개성을 가지고 각기 다른 사회환경 가운데 살고 있는 구체적인 인간을 말한다. 따라서 개별주의는 개별화된 처우를 의미한다. 소년사건의 조사에서 대상소년의 개성·환경 등에 대하여 정확한 규명을 필요로 하는 이유가 바로 여기에 있다(소년법 제9조 참조).

4. 과학주의

근대의 소년보호는 사안의 처우의 이론과 방법에 대하여 과학적 지식을 활용하고 있는 것을 하나의 특징으로 하고 있다. 즉, 소년범죄인의 처우는 단지 법률가에만 맡기지 않고, 인간관계, 인간행동에 관한 여러 과학, 예컨대 정신의학, 심리학, 사회학, 교육학 등의 전문가의 협력을 얻어 그들의 진단과 의견을 참작하여야 한다(소년법 제12조 참조). 각국의 소년보호에 관한 법률은 거의 예외없이 이 원칙을 규정하고 있다.

5. 교육주의

소년보호는 소년의 건전한 육성을 주안으로 하고 실제로 문제된 소년 및 그 환경에 치료, 개선, 지도 등의 조치를 강구하는 것이다. 따라서 소년보호의 절차와 보호활동의 모든 과정에서 교육적 정신이 관철되어야 한다. 특히 그 대상으로 되어 있는 소년은 성격의 결함, 가정환경 또는 사회환경 등에 지배되어 불량하게 된 경우가 많으므로 이들을 교화 및 육성하여 정상적인 생활을 회복하게 하는 데에 교육의 목적이 있다고 하겠다(소년법 제1조 및 소년업무 처리규칙 제1조 참조).

6. 협력주의

원래 사법은 국가독점의 색채가 강하나 소년보호를 위해서는 사법과 행정, 관과 민의 일치 · 협력이 요청된다. 소년의 보호자 및 관계기관은 물론이고 사회 전반에 걸쳐 소년보호활동에 상호부조, 협력이 이루어질 수 있도록 국민의 연대감이 뒷받침되어야 한다. 따라서 소년보호는 사법의 권위를 배경으로 하면서도 강한 서민적 색채를 띠고 있다고 한다. 여기에 전통적인 형사절차의 방법이라든가 시혜(施惠)적인 사회사업과는 다른 성격과 특색이 있다고 할 수 있다.

7. 밀행주의

보호소년의 개선을 도모하고 사회생활에 적응케 하며 건전한 육성을 기하기 위해서는 함부로 소년을 외부에 노출시켜 과거의 비행을 공표한다든가 본인이라고 추지될 만한 노골적인 기사를 신문, 잡지 등에 게재하는 것은 금물이다. 어디까지나 소년의 명예와 정조를 존중하여 절망에 빠지지 않도록 유의하여야 한다. 이러한 비공표성은 인권보장의 견지에서나 재범방지라는 공공복지의 유지라는 측면에서 매우 중요한 것이다. 어느 나라의 소년법에나 거의 예외없이 소년심판의 비공개와 함께 기사게재, 방송 등 보도를 금지 또는 제한하는 규정을 두고 있는 것도 이 원칙에 따른 것이다(소년법 제68조 ; 일본 소년법 제61조 ; 독일 소년법원법 제48조 등 참조).

Ⅱ. 소년보호의 현대적인 특징

1. 세계 각국의 추세

제2차 대전 후 1970년대까지 청소년범죄의 격증은 세계 각국의 공통적인 현상이라고 할 수 있으나 소년범죄의 특징은 이러한 양적 증가라는 면 이외에도 질적인 면에서 두드러진다. 현대의 소년범죄의 질적 특징 역시 세계적으로 공통된 현상이라고 할 수 있다. 따라서 소년비행은 세계 각국의 공통적인 문제이기 때문에 소년범의 문제를 정확히 이해하여 그 대책을 강구하기 위해 국제적 시각에서 범죄현상을 살피고 그 배경을 관찰해야 한다. 제2차 「UN 범죄방지 및 범죄자처우 회의」(1960. 8. 8, 영국 런던 개최, 세계 84개국 참가)에서도 이미 「소년비행의 새로운 양상, 그 원인, 방지 및 대책」이라는 주제하에 광범위한 토의가 이루어졌다. 이 회의에서 지적된 소년비행의 새로운 양상으로는 알콜, 마약 기타 약품과 관계있는 비행의 증가. 조폭범의 증가, 성범죄의 증가, 집단비행의 증가, 중류 이상 가정출신소년의 비행화 경향, 소년비행의 연령저하, 스피드 또는 스릴이 요소로 되어 있는 자동차 절도, 이유없는 비행의 증가 등이 있다. 이러한 새로운 범죄현상의 일반적인 원인에 관해서는 오늘날 세계의 많은 나라가 정치, 경제, 사회, 문화, 사상 등 각 방면에 걸쳐 불안과 혼란 중에 있어 젊은 세대가 희망과 삶의 목적을 상실하고 있음을 지적하고 있고, 특히 근자에 이르기까지 식민지로서 억압되어 있는 지역 또는 아시아, 아프리카, 남아메리카 여러 나라에서는 종래의 낡은 제도, 정치, 윤리관에 반대하는 청소년의 행동이 비행으로 나타나는 경우도 적지 않다는 것을 지적하고 있다.

2. 우리나라의 경우

지난 1974년부터 1991년까지 17년간의 범죄백서의 통계에 나타난 변화를 중심으로 이에 대한 경향은 ① 폭력화의 경향 ② 누범 및 상습범의 경향 ③ 집단화의 경향 ④ 범죄연령의 저하 경향 ⑤ 학생범죄의 증가 경향 ⑥ 중류 이상 가정출신자의 증가 경향 등이다.

사 례

지난해 초 여중생 A양(당시 14세)이 남자 친구와 함께 또래 아이들을 폭행하고 도둑질을 일삼다 경찰에 붙잡혔다. 학교는 이미 그만둔 상태였고, 임신 중절 수술 경험도 한 차례 있었다. 재판부는 초범인 점을 감안, 보호관찰처분을 내렸지만 A양은 1년도 안 돼 다시 법정에 섰다. 그 사이 임신 중절 수술을 한번 더 했고, 재판받을 당시도 임신 5개월째였다

※자료 : 세계일보(2009.6.6)

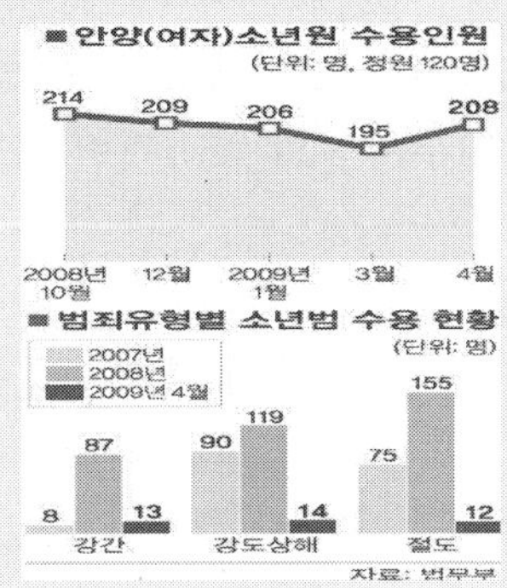

Ⅲ. 소년범죄의 대책

소년범죄 내지 소년비행에 대한 대책은 크게 규범적 대책과 사회적 대책으로 나눌 수 있다. 전자는 주로 소년(법원)법을 통한 소년보호를 의미하며, 후자는 일반 사회의 계몽적 사회운동을 중심으로 하는 사회정책을 통한 소년보호를 의미하나 어떠한 대책이든 기본적으로 그것이 '소년보호' 라는 이념하에 이루어져야 함은 물론이며, 그 원인에 대한 구체적이고 정확한 해명이 선행되어야 할 것이다. 먼저 규범적 대책은 궁극적으로 소년에 대한 형사처분이나 보호처분을 행함에 있어서 소년보호의 이념을 어떻게 반영할 것인가 하는 점이 논의의 대상으로 되고, 따라서 소년에 대한 수사 및 공소제기 그리고 공판절차상의 특수성과 함께 행형상의 고려 등이 광범위하게 논의되어야 할 것이다. 우리나라에서도 수사단계에서 소년업무 처리규칙을 두어 소년경찰 활동에 대한 기본원칙과 각종 직무사항을 규율하고 있으며, 공소제기단계에 있어서도 검찰에서 1981년부터 전국적으로 '선도조건부기소유예' 를 인정하여 청소년에

대한 기소유예의 범위를 확대하고 있다.[1] 이와 함께 공판단계 및 교정단계에서도 소년법에 따라 여러 가지 특칙이 인정된다. 다음으로 사회적 대책은 주로 소년비행에 대한 연구를 통하여 이루어지고 있는데, 여기에는 크게 두 가지 방향이 있다. 하나는 심리학이나 정신의학의 연구성과를 중시하여 소년범죄의 원인을 개체로서의 소년이 가지는 문제성에 환원하여 그에 대한 치료라고 하는 점에 중점을 두는 입장이고, 다른 하나는 사회학의 연구성과를 중시하여 소년을 둘러싼 일반적 사회환경이나 가정, 학교 등 특수적 상황에 대하여 광범위한 환경개선을 하는 것이 필요하다고 보는 입장이나 어느 일방만을 강조하는 것은 올바르다고 할 수 없고, 미시적 · 거시적 양면에서 종합적인 대책을 세우는 것이 바람직하며, 따라서 관련분야에 종사하는 학자들이나 실무자들의 효과적인 연계가 뒷받침되어야 할 것이다.

1) 선도조건부기소유예제도는 검찰이 주도하는 소년보호제도 가운데 가장 핵심적인 것으로 범죄소년을 소년절차의 초기단계에서 이탈시켜 민간선도위원의 선도보호를 받도록 함으로써 그 소년의 사회복귀와 재범방지를 도모하는 제도를 말한다(오영근 · 최병각, 『선도조건부기소유예제도에 관한 연구』, 한국형사정책연구원, 1994, 15면).

제2절 소년법

I. 소년법의 이론적 배경

먼저 형평법이론은 소년법의 법제원리는 형평법(Equity)의 사상에서 유래한다고 설명한다. 즉 영국에서 보통법(Common Law)에 대한 보충 내지 추가를 의미하는 형평법이론에 따르면 국가 또는 법원은 국민 중의 약자, 보호를 요하는 아동·소년에 대하여 궁극적인 어버이로서 이를 보호하고 육성해야 한다는 것이다. 이러한 형평법 사상을 국친이론(parens partiae)이라고도 하며, 후견을 요하는 소년, 방임된 소년, 부조를 요하는 소년 기타 비행소년에 대하여 국가가 자진하여 이러한 소년의 어버이나 보호자로 되어야 한다는 것이다. 미국의 소년법원운동은 형평법(衡平法)이론을 기초로 하여 발전되었으므로 그 대상소년을 형사정책의 대상이라기 보다는 국가사회의 애호와 후견의 대상으로서 보려고 한다. 둘째로 형사정책이론은 근대 범죄학의 사상에 영향을 받아 발달한 교육형이론에서 유래한다고 설명한다. 즉 소년은 사려가 싶지 않고 형법의 책임면에서도 성인과 동일시할 수 없으며 또한 그 범죄원인을 보더라도 소질, 가정사정, 사회환경 등에 지배되어 불량화된 경우가 대부분이므로, 이에 대하여는 바로 형벌로 대응하는 것은 적절치 않고, 감수성과 변화성이 많아 교화·개선의 여지도 크므로 특히 개선의 방법을 광범위하게 인정하는 것은 바람직하다고 한다. 이러한 두 가지 상이한 소년법의 이론적 배경은 서로 영향을 주면서 발전해 왔으나, 오늘날 각국의 소년법은 두 가지 조류의 합류점에 서서 반성과 수정의 단계에 도달함으로써 종래 형사정책의 측면을 도입하고, 다른 한편으로 지나치게 아동복지가 강조되고 있었던 영미법계의 소년법에서는 소년심판에 내재하는 사법기능을 강조하게 되었다.

Ⅱ. 우리나라의 소년보호입법

우리나라에서도 이미 1942년부터 「조선소년령」이 실시되어 왔으나, 해방 이후에는 1958년에 「소년법」(1958. 7. 24. 법률 제489호)이 새로이 제정되어 2차에 걸쳐 개정된 후, 1988년에 전면개정되었고 1995년에 일부 개정되었고 또한 2007.5.17, 2007.12.21, 2014.1.7에 개정되어 오늘에 이르고 있다. 현행 소년법의 특징은 종래 조선소년령이 단지 범죄소년의 개선, 교화와 범죄억제의 방책을 규율하였으나, 해방 이후의 소년법은 한걸음 더 나아가 소년에 대하여 그 장래를 고려하면서 사회적으로 부적응한 상태에 빠지지 않도록 보호, 육성하는 데 중점을 두었다. 이러한 취지에서 동법 제1조는 "이 법은 반사회성 있는 소년에 대하여 그 환경의 조정과 성행의 교정에 관한 보호처분을 행하고 형사처분에 관한 특별조치를 행함으로써 소년의 건전한 육성을 기함을 목적으로 한다" 고 규정하고 있다. 현행 소년법에 의하면, 소년범에 대해서 원칙적으로 보호처분을 행하여 그 교육 · 개선을 도모하고, 형사처분을 해야 할 경우에도 사형이나 무기형의 완화(동법 제59조), 상대적 부정기형의 채용(동법 제60조) 등 행형상 특별한 교육형주의에 입각하고 있다. 또한 특히 현행 소년법은 소년사법에 대한 기본방향으로서의 균형 · 회복적 사법 도입, 수사단계에서의 다이버전(diversion)의 확대, 보호처분의 다양화 및 내실화, 검사선심주의의 단점에 대한 개선, 소년범의 인권보장 관련 규정을 강화하고, 청소년 비행예방에 관한 기본적 규정을 신설하였다.

이러한 소년법 외에도 비행소년의 보호에 관한 입법으로서 소년에 대한 보호관찰의 전면적 실시를 내용으로 하는 「보호관찰 등에 관한 법률」(일부개정 2014.01.27 법률 제121189호)이 있으며, 요보호아동 등의 보호 · 육성을 위한 「아동복지법」(일부개정 2013.03.22 법률 제11690호), 미성년자의 선량한 풍속을 행하는 행위를 금지하고 미성년자의 보호에 필요한 사항을 규율하여 미성년자의 건강을 보호하고 그를 선도 및 육성하기 위한 「청소년보호법」(일부개정 2013.08.06 법률 제11998호)이 있다.

현행 소년법의 주요 특징

(1) 회복적 사법 도입

회복적 사법이란 특정범죄에 이해관계가 있는 당사자들이 함께 모여서 범죄의 결과와 그것이 장래에 대하여 가지는 의미를 어떻게 다룰 것인지를 해결하는 과정이다. 회복적 사법의 당사자에게는 가해자와 피해자뿐만 아니라 그들의 가족과 지역사회의 구성원들까지도 포함된다. 회복적 사법은 피해자와 가해자 사이의 화해를 위한 절차적 과정을 중시한다. 오늘날 공식적인 프로그램으로 등장한 경우는 1976년 캐나다 온타리오 키치너(Kitchener)에서 설립된 피해자-가해자 화해프로그램(victim-offender mediation)으로 알려져 있다.

제25조의3 (화해권고) ① 소년부 판사는 소년의 품행을 교정하고 피해자를 보호하기 위하여 필요하다고 인정하면 소년에게 피해 변상 등 피해자와의 화해를 권고할 수 있다.

② 소년부 판사는 제1항의 화해를 위하여 필요하다고 인정하면 기일을 지정하여 소년, 보호자 또는 참고인을 소환할 수 있다.

③ 소년부 판사는 소년이 제1항의 권고에 따라 피해자와 화해하였을 경우에는 보호처분을 결정할 때 이를 고려할 수 있다. [본조신설 2007.12.21]

(2) 보호사건에서의 대상

1) 촉법소년의 연령

소년범죄의 저연령과 소년의 육체적·정신적 발육의 정도가 과거보다 빨라졌다는 점과 비행소년의 조기발견과 조기처우가 범죄예방에 중요하다는 점을 고려한 것이다. 소년법 제4조 제1항 제2호에서는 "... 10세 이상 ..."으로 촉법소년의 연령을 한정하고 있다.

2) 소년보호대상 상한연령

최근 소년의 발육상태를 감안한다면 과거에 비하여 정신적·육체적 발육의 상태가 빨라졌으므로 소년보호대상의 상한연령을 소년법 제2조에서는 소년을 19세 미만의 자로 규정하고 있다.

3) 우범소년 규정

최근 급속한 가정해체 현상으로 비행소년이 증가하고 있는데, 비행초기에 적절한 조치를 하여 비행이 범죄로 전이되는 것을 억제해야 할 필요성이 있게 된다. 현행 소년법 제4조 제1항 제3호에서는 우범소년을 "집단적으로 몰려다니며 주위 사람들에게 불안감을 조성하는 성벽이 있거나, 정당한 이유 없이 가출하거나, 술을 마시고 소란을 피우거나 유해환경에 접하는 성벽이 있고 그의 성격 또는 환경에 비추어 장래 형벌법령에 저촉되는 행위를 할 우려가 있는 10세 이상의 소년"으로 규정하고 있다.

(3) 수사단계에서의 다이버전 확대

대체적으로 법원의 판결이 내려지기 전에 형사사법기관이 통상의 사법처리절차를 중지하는 조치를 다이버전이라 한다. 범죄소년에 대한 훈방처분을 사실상의 경찰단계에서의 다이버전이라 할 수 있다. 경찰의 다이버전을 허용하게 되는 경우 형사소송법에 규정된 검찰의 수사지휘권이 범죄소년에 대해 예외적으로 적용되지 않는다는 문제점이 발생하여 추후 형사소송법의 개정논의와 맞물려 있다. 그리고 검찰이 범죄소년에게 부과하는 선도조건부기소유예는 검찰단계에서의 다이버전이라 할 수 있다.

제49조의3 (조건부 기소유예) 검사는 피의자에 대하여 다음 각 호에 해당하는 선도 등을 받게 하고, 피의사건에 대한 공소를 제기하지 아니할 수 있다. 이 경우 소년과 소년의 친권자·후견인 등 법정대리인의 동의를 받아야 한다.

1. 범죄예방자원봉사위원의 선도
2. 소년의 선도·교육과 관련된 단체·시설에서의 상담·교육·활동 등[본조신설2007.12.21]

(4) 보호처분의 다양화 및 내실화

보호처분의 다양화와 내실화의 필요성에 의해 제32조 제1항 제2호와 제3호에서는 수강명령과 사회봉사명령을 주된 처분으로 규정하였고, 제3호 사회봉사명령은 14세 이상, 수강명령은 12세 이상으로 대상연령을 규정하였으며, 제33조 제4항 사회봉사명령은 200시간을, 수강명령은 100시간을 초과할 수 없도록 시간적 제한규정을 두었다. 제32조 제1항 제8호에 1월 이내의 소년원 송치규정을 두어 이는 사회내처우를 부과하기에는 적합하지 않지만 단기 소년원에 송치하는 것 역시 적합하지 않은 소년에 대해 쇼크구금을 통해 집중적인 비행예방프로그램을 실시하기 위한 처분이다. 또한 제32조의2 제2항, 제3항에서는 외출제한명령과 보호자에 대한 교육명령을 명문화함으로써 보호처분을 다양화하고, 그 실효성을 확보하였다.

(5) 검사선심주의의 문제점 개선

먼저 검사의 결정에 따라 소년부에 송치되지 않고 형사재판부에 기소된 소년피고인이 미결구금된 상태에서 다시 소년부에 송치될 경우 형사재판부와 소년부를 오고가면서 좌절감을 겪을 수 있고, 이러한 과정속에서 소년부에 송치된 범죄소년에 대하여 부과되는 보호처분이 결국 더 강도 높은 국가의 개입이라 할 수 있는 문제점이고, 다음으로 수사기관에서 수사한 결과 명백히 형사사건으로 심리하는 것이 타당한 경우에도 일단 법원에 송치해야 하고, 법원서 다시 절차에 대한 판단을 하는데 일정한 기간이 소요될 수 있고 검찰에 대한 역송 등의 절차를 다시 거쳐야 하기 때문에 절차지연 및 절차중복의 문제점이 있다. 현행 소년법은 일단 검사선심주의를 유지하고 있다. 보호처분의 내실화와 판결전·결정전 조사의 내실화를 통한다면 위와 같은 검사선의주의[2]의 단점은 보완될 것이 때문이다.

제49조의2 (검사의 결정 전 조사) ① 검사는 소년 피의사건에 대하여 소년부 송치, 공소제기, 기소유예 등의 처분을 결정하기 위하여 필요하다고 인정하면 피의자의 주거지 또는 검찰청 소재지를 관할하는 보호관찰소의 장, 소년분류심사원장 또는 소년원장(이하 "보호관찰소장 등"이라 한다)에게 피의자의 품행, 경력, 생활환경이나 그 밖에 필요한 사항에 관한 조사를 요구할 수 있다.

② 제1항의 요구를 받은 보호관찰소장 등은 지체 없이 이를 조사하여 서면으로 해당 검사에게 통보하여야 하며, 조사를 위하여 필요한 경우에는 소속 보호관찰관·분류심사관 등에게 피의자 또는 관계인을 출석하게 하여 진술요구를 하는 등의 방법으로 필요한 사항을 조사하게 할 수 있다.

③ 제2항에 따른 조사를 할 때에는 미리 피의자 또는 관계인에게 조사의 취지를 설명하여야 하고, 피의자 또는 관계인의 인권을 존중하며, 직무상 비밀을 엄수하여야 한다.

④ 검사는 보호관찰소장등으로부터 통보받은 조사 결과를 참고하여 소년피의자를 교화·개선하는 데에 가장 적합한 처분을 결정하여야 한다. [본조신설 2007.12.21]

(6) 소년범 인권보장 관련 규정 강화

보호처분도 형사처분의 일종이므로 적법절차에 대한 보장이 필요하다. 따라서 국선보조인제도 및 검사의 결정 조사 제도를 두어 소년조사제도의 실효성을 확보하였다(제17조의 2와 제49조의 2).

(7) 청소년 비행예방에 관한 기본규정

소년법은 사법적 성격뿐만 아니라 복지적 성격도 가지고 있고, 비행소년은 보호 및 상담과 교육이 긴급한 소년에 해당하므로 소년법 제3장의 2 비행예방에 관한 규정을 명시하여 사회내처우를 통한 비행소년의 개선을 통하여 건전한 육성을 보장하여 주고 있다.

※참고문헌 : 한국소년법학회 2007년 동계학술대회 학술회의 자료(2007.2.23)

---

2) 검사선의주의 : 소년보호사건에 대한 소년심판 절차는 소년법에 규정하면서 소년 형사사건에 대하여는 소년법상 특별히 규정이 없을 때는 형사소송법에 의한 형사소송절차에 따르도록 하고 있는데 이렇게 절차가 구분되어 있기 때문에 범죄소년의 경우 보호사건으로 할 것이냐, 형사사건으로 할 것이냐의 선행에 대한 문제가 있는데 우리나라는 이러한 선의권의 문제에 대하여 검사선의주의를 취하고 있다.

제3절 소년사건처리

소년사건의 처리는 소년보호사건과 소년형사사건의 이원적 구조를 가지고 있다. 소년보호사건은 가정법원 소년부나 지방법원 소년부에서, 소년형사사건은 일반형사사건과 동일하게 처리된다. 관련기관으로는 소년분류심사원, 소년원(전국 10개, 지원 1개), 소년교도소(천안과 김천)가 있다.

I. 보호처분

1. 의 의

주로 보호처분은 성인에 대한 것이고, 소년에 대한 보호처분을 특히 보호처분이라고 한다. 보호처분은 보통 보안처분의 일종이라고는 하지만, 보안처분이 예방처분으로서 사회방위의 사상을 배경으로 하는 형사처분이라는 점을 상기한다면 보호처분을 단순히 보안처분의 일종으로만 보는 것은 적절치 않다. 보호처분의 대상이 되는 비행소년은 모두 심정이 미숙하고 사회와의 조화, 적응이 불완전한 소년이므로 이러한 소년에 대하여는 우선 그 건전한 육성(소년법 제1조 참조)에 중점을 두어야 하고, 따라서 보호처분의 본질은 무엇보다 먼저 육성과 교화이어야 한다. 그러나 보호처분에 사회방위적 의미가 없지는 않다. 즉 비행소년에게 보호처분을 과하는 경우에는 먼저 육성 및 교화에 중점을 두면서 동시에 그 소년이 다시 비행을 하여 사회에 불안과 위해를 주지 않도록 사회방위를 위한 배려도 함께 이루어져야 한다. 이와 같이 보호처분은 육성 및 교화와 사회방위의 측면을 함께 가지고 있는 복합적 성격의 처분이라고 할 수 있다. 소년법 제1조는 이 점을 「환경의 조정과 성격의 교정에 관한 보호처분」이라고 표현하고 있다.

2. 소년심판절차

(1) 관할과 심판대상

보호사건에 대한 관할은 당해 소년의 행위지, 거주지 또는 현재지의 가정법원 소년부 또는 지방법원 소년부에 속하며, 소년보호사건의 심리와 결정은 소년부 단독판사가 행한다(동법 제3조). 보호사건의 대상이 되는 소년은 다음과 같다.

1) 죄를 범한 소년(제4조 제1항 제1호 : **범죄소년**)

검사의 수사 결과 또는 (소년형사법원) 법관의 심리 결과, 벌금 이하의 형에 해당하는 범죄이거나 보호처분에 해당할 사유가 있다고 인정한 경우에, 당해 검사 또는 법관은 사건을 관할 소년부에 송치한다(동법 제49조 제1항 및 제50조). 보호자 또는 학교와 사회복지시설의 장도 범죄소년을 관할 소년부에 통고할 수 있다(동법 제4조 제3항).

2) 형벌법령에 저촉되는 행위를 한 10세 이상 14세 미만의 소년(동법 동조 제1호 : **촉법소년**)

이에 해당하는 소년에 대해서는 경찰서장이 직접 관할 소년부에 송치해야 하고, 보호자 등도 이러한 소년을 관할 소년부에 통고할 수 있다(동법 제4조 제2항 및 제3항).

3) 다음에 열거하는 사유가 있고, 그의 성격 또는 환경에 비추어 장래 형벌법령에 저촉되는 행위를 할 우려가 있는 10세 이상의 소년(동법 동조 제3호 : **우범소년**)

경찰서장과 보호자 등은 ① 집단적으로 몰려다니며 주위 사람들에게 불안감을 조성하는 성벽이 있는 경우, ② 정당한 이유 없이 가출하는 경우,③ 술을 마시고 소란을 피우거나 유해환경에 접하는 성벽이 있는 경우 이 가운데 어느 하나에 해당하고 그의 성벽이나 환경에 비추어 장래 형벌법령에 저촉되는 행위를 할 우려가 있는 10세 이상의 소년을 관할 소년부에 송치해야 하거나 또는 통고할 수 있다(동법 제4조 제1항 제3호 및 동조 제2항, 제3항).

(2) 처리절차

보호대상소년을 송치 또는 통고받은 지방법원(또는 가정법원) 소년부 판사는 조사 또는 심리를 한 후 처분 여부와 내용을 결정한다.

1) 조사 및 심리

소년부 판사는 조사관에 대해 보호대상 소년 본인, 보호자 또는 참고인의 심문 기타 필요사항의 조사를 명할 수 있고, 보호자 등으로부터 통고받은 사건에 대해서는 조사를 해야 한다(동법 제11조). 조사는 의학, 심리학, 교육학, 사회학 기타 전문적인 지식을 활용하여 소년과 보호자 또는 참고인의 품행, 경력, 가정상황, 그 밖의 환경 등을 밝히도록 노력해야 하고(동법 제9조), 소년부는 조사 또는 심리를 할 때에 정신건강의학과의사 · 심리학자 · 사회사업가 · 교육자나 그 밖의 전문가의 진단, 소년 분류심사원의 분류심사 결과와 의견, 보호관찰소의 조사결과와 의견 등을 고려하여야 한다(동법 제12조). 조사나 심리를 위해 필요한 때에는 본인, 보호자 또는 참고인을 소환할 수 있고, 본인과 보호자를 - 동행영장 내지 긴급동행영장에 기하여 - 동행을 할 수 있다(동법 제13조 내지 제16조). 정당한 이유없이 소환에 응하지 않는 자는 100만원 이하의 과태료에 처한다(동법 제71조). 소년부 또는 조사관이 범죄 사실에 관하여 소년을 조사할 때에는 미리 소년에게 불리한 진술을 거부할 수 있음을 알려야 한다(동법 제10조). 소년이나 보호자는 - 보호자나 변호사를 보조인으로 선임하는 경우를 제외하고는 - 소년부 판사의 허가를 받아 보조인을 선임할 수 있다(동법 제17조).

소년부 판사는 송치서와 조사관의 조사보고에 의하여 사건을 심리할 필요가 있다고 인정한 때에는 심리개시의 결정을 해야 한다(동법 제20조). 심리개시의 결정이 있는 때에는 보호처분의 결정이 확정될 때까지 공소시효의 진행이 정지된다(동법 제54조). 한편 소년부 판사는 송치서와 조사관의 조사보고에 따라 사건의 심리를 개시할 수 없거나 개시할 필요가 없다고 인정하면 심리를 개시하지 아니한다는 결정을 하여야 한다. 이 결정은 사건 본인과 보호자에게 알려야 한다(제19조 제1항 : **심리불개시의 결정**). 사안이 가볍다는 이유로 심리를 개시하지 아니한다는 결정을 할 때에는 소년에게 훈계하거나 보호자에게 소년을 엄격히 관리하거나 교육하도록 고지할 수 있다(동법 동조 제2항).

2) 이송 및 송검

소년부는 보호의 적정을 기하기 위하여 필요하다고 인정한 때에는 결정으로써 다른 관할 소년부에 사건을 이송할 수 있고, 관할권이 없는 사건에 대해서는 관할 소년부에 이송해야 한다(동법 제6조 제1항 및 제2항). 소년부는 조사 또는 심리한 결과 금고 이상의 형에 해당하는 범죄 사실이 발견된 경우 그 동기와 죄질이 형사처분을 할 필요가 있다고 인정하면 결정으로써 사건을 관할 지방법원에 대응한 검찰청 검사에게 송치하여야 한다(동법 제7조 제1항). 본인이 19세 이상임이 밝혀진 경우에도 동일하다(동법 동조 제2항). 소년부는 관할 소년부에 송치된 사건을 조사 또는 심리한 결과 그 동기와 죄질이 금고 이상의 형사처분을 할 필요가 있다고 인정할 때에는 결정으로써 해당 검찰청 검사에게 송치할 수 있다(동법 제49조 제2항). 이 경우를 이송이라고 하는데, 이와 같이 필요적 역송제도를 인정하는 것은 법원을 통한 소년보호의 이념과 합치되지 않는다. 소년부가 이송 및 송검을 한 때에는 그 사유를 본인과 보호자에게 지체없이 통고해야 한다(동법 제8조).

3) 처분의 결정

이송하거나 송검하는 경우가 아니면, 소년부는 조사·심리한 보호사건에 대해 처분 여부에 대한 결정을 내린다. 소년부 판사는 심리 결과 보호처분을 할 수 없거나 할 필요가 없다고 인정하면 그 취지의 결정을 하고, 이를 사건 본인과 보호자에게 알려야 하고(동법 제29조 제1항). 한편 소년부 판사는 사건을 조사 또는 심리하는 데에 필요하다고 인정하면 소년의 감호에 관하여 결정으로써 보호자, 소년을 보호할 수 있는 적당한 자 또는 시설에 위탁, 병원이나 그 밖의 요양소에 위탁, 소년분류심사원에 위탁을 할 수 있다(동법 제18조 제1항). 소년을 보호할 수 있는 적당한 자 또는 시설에 위탁, 병원이나 그 밖의 요양소에 위탁의 위탁기간은 3개월을, 소년분류심사원에 위탁의 위탁기간은 1개월을 초과하지 못한다. 다만, 특별히 계속 조치할 필요가 있을 때에는 한 번에 한하여 결정으로써 연장할 수 있다(동법 동조 제3항).

(3) 소년분류심사원

소년법 제12조에서는 "소년부는 조사 또는 심리를 할 때에 정신건강의학과의사·심리학자·사회사업가·교육자나 그 밖의 전문가의 진단, 소년 분류심사원의 분류심사 결과와 의견, 보호관찰소의 조사결과와 의견 등을 고려하여야 한다" 고 규정하고 있고, 동법 제18조 제1항에서는 "소년부 판사는 사건을 조사 또는 심리하는 데에 필요하다고 인정하면 소년의 감호에 관하여 결정으로써 임시조치를 할 수 있다." 고 규정하고 있으며, 동법 제49조의 2 제1항에서는 "검사는 소년 피의사건에 대하여 소년부 송치, 공소제기, 기소유예 등의 처분을 결정하기 위하여 필요하다고 인정하면 피의자의 주거지 또는 검찰청 소재지를 관할하는 보호관찰소의 장, 소년분류심사원장 또는 소년원장에게 피의자의 품행, 경력, 생활환경이나 그 밖에 필요한 사항에 관한 조사를 요구할 수 있다" 고 규정하고 있다. 우리나라에서는 서울, 부산, 광주, 대구, 대전,에 설치되어 있다. 소년분류심사원에의 위탁은 소년법원의 일시조치(감호조치)의 하나로서, 소년의 신병확보라고 하는 사법적 측면과 소년법원에 의한 잠정적인 소년보호기능의 수행이라고 하는 보호적 측면을 동시에 가지고 있다. 그러나 이 경우에도 소년보호의 이념이 일차적으로 작용해야 함은 물론이다. 소년분류심사원에서는 법원 소년부로부터 위탁된 소년의 수용 · 분류심사 및 주간출석 상담조사, 법원의 조사 · 심리 자료로 제공, 소년원장 또는 보호관찰소장이 의뢰한 소년의 분류심사 , 검사가 조사를 의뢰한 소년의 품행 및 환경 등의 조사 등의 업무를 하고 있다.

3. 보호처분의 종류와 내용

소년부 판사는 조사, 심리의 결과 보호대상소년에 대해 보호처분이 필요하다고 인정한 때에는 개별직 및 과학직 심리결과를 토대로 적절한 보호치분을 괴한다.

(1) 보호처분의 종류와 기간

소년법에 따르면 보호처분은 다음과 같은 1호 내지 10호 처분이 있다(동법 제32조 제1항).

1. 보호자 또는 보호자를 대신하여 소년을 보호할 수 있는 자에게 감호 위탁
2. 수강명령
3. 사회봉사명령
4. 보호관찰관의 단기 보호관찰
5. 보호관찰관의 장기 보호관찰
6. 「아동복지법」에 따른 아동복지시설이나 그 밖의 소년보호시설에 감호 위탁
7. 병원, 요양소 또는 「보호소년 등의 처우에 관한 법률」에 따른 소년의료보호시설에 위탁
8. 1개월 이내의 소년원 송치
9. 단기 소년원 송치
10. 장기 소년원 송치

여기서 1호처분, 6호처분, 7호처분은 개인이나 소년보호시설에 보호교육을 위탁하는 이른바 위탁처분이고, 대개 저연령자를 대상으로 하여 원칙적으로 신체의 자유를 구속하지 않는 처분이다. 제32조 제8호를 둔 것은 사회내처우를 부과하기에는 적합하지 않지만 단기 소년원에 송치하는 것 역시 적합하지 않은 소년에 대해 쇼크구금을 통하여 집중적인 비행예방프로그램을 실시하기 위한 처분이다.

보호관찰처분에 대해서는 처분시 14세 이상의 소년에 대하여는 사회봉사명령을, 수강명령과 제10호의 처분은 12세 소년에게만 명할 수 있도록 하고 있다(동법 제32조 제3항, 제4항).

보호처분의 기간은 처분의 종류마다 다르다. 1호, 6호 및 7호처분의 위탁기간은 6월이나, 1회에 한하여 6월의 범위내에서 연장이 가능하다. 그리고 4호 처분은 1년이다. 5호처분은 2년이나, 소년부 판사는 보호관찰부의 신청에 따라 결정으로 1년의 범위 안에서 1차에 한하여 그 기간을 연장할 수 있다. 한편 보호관찰과 동시에 명해지고 사회봉사명령이나 수강명령은, - 당해 처분이 종료되거나 가해제됨을 정지조건으로 하여 - 2호처분의 경우에는 100시간 이내, 3호처분의 경우에는 200시간 이내로 한다(동법 제33조 제4항).

(2) 보호처분의 효력

보호처분을 받은 소년에 대해서는 그 심리 · 결정된 사건은 - 제38조 제1항 제1호의 경우를 제외하고는 - 다시 공소를 제기하거나 소년부에 송치할 수 없다(동법 제53조). 소년부 판사는 수탁자 또는 보호처분을 집행하는 자의 신청에 따라 - 보호관찰과 소년원 송치의 경우를 제외하고는 직권으로도 - 결정으로 보호처분을 변경할 수 있다(동법 제37조 제1항). 보호처분의 변경은 당해 보호처분의 내용이 소년보호에 부적당하다고 인정되는 경우에 행해지는 것이 일반적이다. 또한 소년부 판사는 다음과 같은 세 가지 경우에 보호처분을 취소한다. 보호처분의 계속 중 본인이 처분 당시 19세 이상인 것으로 판명된 경우에는 결정으로 보호처분을 취소하고, 검찰청 검사 또는 송치한 법원에 송치 또는 이송한다(동법 제38조 제1항). 본인은 처분 당시 10세 미만인 것으로 판명된 경우에도 결정으로 취소한다(동법 제38조 제2항). 보호처분이 계속 중일 때에 사건 본인에 대하여 새로운 보호처분이 있었을 때에는 그 처분을 한 소년부 판사는 이전의 보호처분을 한 소년부에 조회하여 어느 하나의 보호처분을 취소하여야 한다(동법 제40조). 보호처분이 계속 중일 때에 사건 본인에 대하여 유죄판결이 확정된 경우에 보호처분을 한 소년부 판사는 그 처분을 존속할 필요가 없다고 인정하면 결정으로써 보호처분을 취소할 수 있다(동법 제39조).

(3) 보호처분에 대한 구제방법

보호처분의 결정이 해당 결정에 영향을 미칠 법령위반이 있거나 중대한 사실오인이 있는 경우 또는 처분이 현저히 부당한 경우에는 본인, 보호자, 보조인 또는 그 법정대리인은 관할 가정법원 또는 지방법원 본원 합의부에 7일 이내에 항고를 할 수 있다(동법 제43조). 그러나 항고는 집행을 정지하는 효력이 없다(동법 제46조). 항고를 기각하는 결정에 대하여는 그 결정이 법령에 위반되는 경우에만 대법원에 재항고를 할 수 있다(동법 제47조).

Ⅱ. 형사처분

1. 의의

소년에 대한 보호처분은 일반적인 형사제재와는 기반이 다른 별개의 성격을 가지고 있는 데, 소년에 대한 형사처분은 「형사처분(형벌에 의한 제재)」이라는 점에서 일반 형사처분과 그 기반이 같고, 다만 그 대상이 소년이라는 점에서 특별규정에 의하여 약간의 수정이 인정될 뿐이다. 소년법 제1조가 「…… 형사처분에 관한 특별조치를 행함으로써……」라고 규정한 것이나, 동법 제48조가 「소년에 대한 형사소송절차는 이 법에 특별한 규정이 없으면 일반 형사사건의 예에 의한다」고 규정한 것은 이러한 의미라고 할 수 있으나, 소년에 대한 형사처분도 궁극적으로는 소년에 대한 건전한 육성이라는 관점에서 행하여지지 않으면 안되며(동법 제1조 참조), 이와 함께 형사소송법의 이념이라고 할 수 있는 피고인의 인권보장 내지 적정절차의 원리가 여기서도 유지되어야 한다.

2. 소년범에 대한 특칙

(1) 조사 및 심리상의 배려

법원은 소년에 대한 형사사건에 관하여 필요한 사항을 조사하도록 조사관에게 위촉할 수 있으며(소년법 제56조), 소년에 대한 형사사건의 심리는 다른 피의사건과 관련된 경우에도 심리에 지장이 없으면 그 절차를 분리하여야 한다(동법 제57조). 소년에 대한 형사사건의 심리는 친절하고 온화하게 해야 하며, 심리에는 소년의 심신상태, 품행, 경력, 가정상황, 그 밖의 환경 등에 대하여 정확한 사실을 밝힐 수 있도록 특별히 유의하여야 한다(제58조). 소년에 대한 구속영장은 부득이한 경우가 아니면 발부하지 못한다(동법 제55조).

(2) 사형과 무기형의 완화

죄를 범할 당시 18세 미만인 소년에 대하여 사형 또는 무기형으로 처할 경우에는 15년의 유기징역으로 한다(동법 제59조). 여기서의 연령은 범죄행위시를 기준으로 하므로 과형 당시에는 성인이 되었더라도 이 규정이 적용된다.

(3) (상대적) 부정기형의 인정

소년이 법정형 장기 2년 이상의 유기징역에 해당하는 죄를 범한 경우에는 그 형의 범위에서 장기와 단기를 정하여 선고한다. 다만, 장기는 10년, 단기는 5년을 초과하지 못한다(동법 제60조 제1항). 소년의 특성에 비추어 상당하다고 인정되는 때에는 형을 감경할 수 있고(동법 동조 제2항), 형의 선고유예나 집행유예를 선고할 때에는 부정기형을 선고하지 못한다(동법 동조 제3항 참조). 교화개선주의의 입장에서 소년에 대한 자유형은 상대적 부정기형으로 과하는 것을 원칙으로 하고 있으며, 이것은 일반적인 성인에 대한 부정기형제도의 도입 문제와는 별개로 이해해야 한다.

(4) 환형처분의 금지

18세 미만의 소년에 대하여는 형법 제70조의 규정에 의한 유치선고를 하지 못한다(동법 제62조). 소년에 대하여 벌금형의 환형으로서 노역장 유치처분을 금지하는 것은 주로 소년의 심정에 대한 교육적 배려에서 유래하는 것이다. 한편 소년분류심사원에 위탁의 조치가 있었을 때에는 그 위탁기간은 판결선고 전 구금일수로 보고(동법 제61조), 판결선고 전 구속되었거나 소년분류심사원에 위탁의 조치가 있었을 때에는 그 구속 또는 위탁의 기간에 해당하는 기간은 노역장에 유치된 것으로 보아 판결선고 전 구금일수를 적용할 수 있다(동법 제62조 단서).

(5) 집행시 분리주의

징역 또는 금고를 선고받은 소년에 대하여는 특별히 설치된 교도소 또는 일반 교도소 안에 특별히 분리된 장소에서 그 형을 집행한다. 다만, 소년이 형의 집행 중에 23세가 되면 일반 교도소에서 집행할 수 있다(동법 제63조).

현재 범죄소년을 위하여 설치된 교도소로서는 초등학교 졸업 이상의 초범자를 수용하는 천안 소년교도소, 그 이외의 자를 수용한 김천 소년교도소가 있으며, 여자소년은 별도의 시설이 마련되지 않고 모두 일반교도소내에서 성인 및 남자 수형자와 분리하여 구획 · 수용하고 있다. 소년법에서는 소년이 형의 집행유예중에 23세에 달한 때에는 일반교도소에서 나머지 형을 집행할 수 있도록 규정되어 있으나(소년법 제63조 단서), 실제 운영상으로는 소년이 20세가 되면 일반교도소로 이송하고 있다. 이상과 같이 분리수용을 요하는 것은 소년수형자에 대하여 성인과는 달리 행형에서 교양훈련에 중점을 두기 위해 특별한 조치를 필요로 하기 때문이다.

(6) 가석방조건의 완화

징역 또는 금고의 선고를 받은 소년에 대하여는 무기형의 경우에는 5년, 15년의 유기형의 경우에는 3년, 부정기형의 경우에는 단기의 3분의 1이 경과하면 가석방을 허가할 수 있다(동법 제65조). 이 규정은 가석방의 조건인 기간의 경과에 대한 형법 제72조의 원칙에 대한 특칙으로서, 가석방을 허가할 수 있는 기간이 단축되어 있다. 또한 가석방기간의 종료에 대한 특칙으로서, 징역 또는 금고의 선고를 받은 소년이 가석방된 후 그 처분이 취소되지 아니하고 가석방 전에 집행을 받은 기간과 동일한 기간을 경과한 때에는, 형의 집행을 종료한 것으로 한다(동법 제66조). 성인의 경우에 형법상 가석방기간의 종료가 잔형기간과 동일한 것과 구별된다.

(7) 자격에 관한 법령의 적용

소년이었을 때 범한 죄에 의하여 형을 선고받은 자가 그 집행을 종료하거나 면제받은 경우 자격에 관한 법령을 적용할 때에는 장래에 향하여 형의 선고를 받지 아니한 것으로 본다(동법 제67조). 이 규정은 소년이 전과로 인하여 자격이 상실 또는 정지된다면 이로 인해 자포자기에 빠져 갱생의 길을 잃고 재범을 저지르기 쉬우므로 이를 방지하기 위해 배려한 특칙이다.

3. 벌 칙

(1) 보도금지

소년법에 따라 조사 또는 심리 중에 있는 보호사건이나 형사사건에 대하여는 성명·연령·직업·용모 등으로 비추어 볼 때 그 자가 당해 사건의 당사자라고 미루어 짐작할 수 있는 정도의 사실이나 사진을 신문이나 그 밖의 출판물에 싣거나 방송할 수 없다(동법 제68조 제1항). 이 규정은 소년의 건전한 육성을 기한다는 소년법의 정신에 따라 소년의 명예를 존중하고 그 장래성을 해하지 아니하려는 취지이다.

이 규정에 위반할 때에는 신문의 경우에는 편집인과 발행인, 그 밖의 출판물의 경우에는 저작자 및 발행자, 방송의 경우에는 방송편집인 및 방송인을 각기 1년 이하의 징역이나 금고 또는 1천만원 이하의 벌금에 처한다(동법 동조 제2항).

(2) 연령의 허위진술

성인이 고의로 나이를 거짓으로 진술하여 보호처분이나 소년 형사처분을 받은 경우에는 1년 이하의 징역에 처한다(동법 제69조).

제4절 소년범에 대한 사회적 대책

소년범에 대한 대책으로서는 소년법이라는 형사법을 통한 대책만으로서는 한계가 있을 수 밖에 없고, 정부와 사회단체 그리고 국민이 일치협력하여 사회적으로 소년범 내지 소년비행에 대한 대책을 강구해야 한다. 리스트(F. von Liszt)가 "확실히 소기의 목적을 달성하는 사회정책은 동시에 가장 유효한 형사정책" 이라고 지적했듯이, 형사정책은 사회정책과 밀접불가분의 관계를 가지고 있다. 특히 개발도상국에서는 급속한 사회발전에 따라 나타난 사회적 및 경제적 변화가 가정이 가지는 사회화, 가치관의 전달이라는 기능을 감소시키는 기능의 결과를 초래하고, 이것은 다시 도시화의 진행, 인구이동, 산업화 등 가족의 결합이나 지역사회의 조직화를 약화시키는 상황을 만들어내고 있다. 이러한 상황에서 소년범죄의 원인은 무엇보다도 가족관계와 사회적 · 경제적 관계에 있다고 할 수 있고, 바로 이와 같은 범죄원인에 즉응하는 사회적 입법 및 사회사업상의 대책이 요청되고 있다. 여기에서 교육, 가정, 지역, 국가가 청소년의 건전한 육성을 위한 역할, 책임이 중요하고, 필요한 각종 서비스와 입안과 이행, 조정 및 평가, 위기상황하에 있는 청소년을 위한 시책의 수립 · 평가 등이 주요한 논점으로 등장하게 된다. 1990년에 개최된 제8차 범죄방지 및 범죄자처우에 관한 유엔회의는「청소년범죄방지, 청소년사법, 청소년보호에 관한 정책접근과 방향」이라는 소의제를 논의하면서, 제7차 회의에서 논의된「청소년비행예방을 위한 유엔 지침」(리야드 지침)을 채택하였는데, 리야드 지침은 여섯 가지 기본원칙을 제시하고, 지침의 범위, 일반예방 그리고 사회화과정, 입법과 청소년 재판의 집행 그리고 조사 및 정책개발과 조정 등의 항목에 대해 66개 조문을 갖추고 있다. 사회적 입법이나 사회사업은 바로 위와 같은 점을 기초로 이루어져야 할 것이다. 우리나라의 경우 새로이 개정된「아동복지법」(일부개정 2021. 12. 21 법률 제18619호)이나「청소년보호법」(일부개정 2021. 12. 07 법률 제18550호)은 이러한 방향을 기초로 하고 있는 입법이라 할 수 있으며, 사회사업은 선진외국의 제반 활동을 충분히 연구 · 검토하여 우리 실정에 알맞는 활동을 전개해야 할 것이다. 청소년의 가소성(可塑性)을 고려하여, 그들의 권리를 보장하고, 건전한 심신발달을 위한 여러 가지 여가시설(예컨대, 영화관, 과학관, 종합운동장, 청소년캠프의 설치)이 확대되어야 하며, 이에 대한 국가적 지원이 요청된다고 할 것이다.

참고자료 : 최신정보 Update

경찰의 회복적 사법제도 절차 (자료:경찰청)

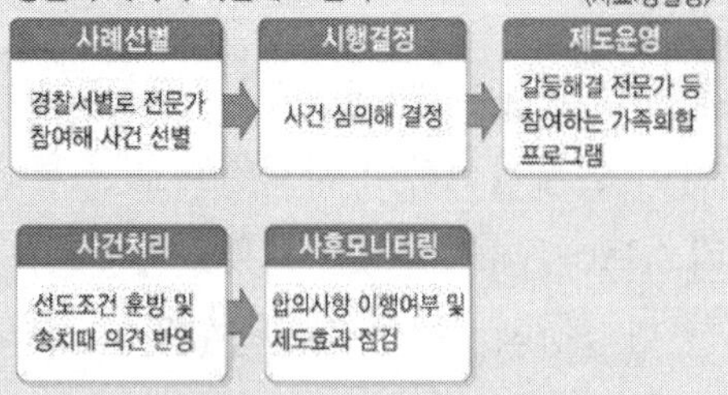

청소년 폭력 가해자와 피해자 사이에 화해를 통한 갈등 해결 방안이 국내에 도입된다. 회복적 사법제도(restorative justice)란 범죄자와 피해자 간 자발적인 참여와 대화를 통해 화해를 이끌어내는 대안적 갈등해결 절차로 피해자의 정신적 피해 회복과 가해자의 반성을 중시하는 제도다. 이 제도가 국내에 도입되긴 처음이며 유럽·미국 등에선 소년범뿐 아니라 성인 범죄자까지 확대 운영되고 있다.이 제도가 시범 실시되는 곳은 서울 서대문·마포·강남·송파·노원 등 5개 경찰서다. 1차 시범운영 기간은 10일부터 학교폭력 자진신고 기간이 끝나는 다음달 11일까지다. 자진신고한 청소년 중 선도를 조건으로 훈방 처리될 수 있는 초범 청소년을 대상으로 운영된다. 2차 시범운영은 다음달 12일부터 7월13일까지로 경미한 소년범죄가 대상이 된다. 2개월여간의 시범운영 기간에는 학교폭력 가해자와 피해자의 가족이 갈등해결 전문가 및 경찰관과 함께 모여 해결방안을 모색하는 '가족회합 프로그램'이 운영된다. 일선 경찰서 실무자, 한국형사정책연구원 김은경 박사, 한국외국어대 이호중 교수 및 갈등해결 전문단체인 평화여성회 갈등해결센터 소속 전문가 등 20여명이 참여한다. 경찰은 1·2차 시범운영 결과를 분석한 뒤 실효성이 입증되면 경찰단계의 회복적 사법제도를 정착시킬 계획이다. 경찰 관계자는 "무분별한 형사처벌로 인한 '낙인효과'를 차단함으로써 가해자의 재범 위험을 줄이고 피해자에게 실질적인 문제 해결을 가져다주는 것이 소년범에 대한 회복적 사법 도입의 목표"라고 설명했다.

※ 출처 : 국민일보 2007.05.09 기사내용

제 2 장 경제범죄론[3)]

이는 경제적 지배계층에 의한 범죄라고 할 수 있는 것으로서 특히 자연인에 의해 이루어지기보다는 이윤추구를 주된 목적으로 하는 기업이라는 거대한 조직을 통해 이루어지는 경우가 많으므로 범죄대책에 새로운 변화를 촉구하고 있다. 이런 측면에서 최근에 자주 논의되는 것 가운데 하나가 **기업범죄**라고 할 수 있다. 기업범죄라는 개념은 여러 가지 의미로 사용될 수 있고 그 범위도 한정하기 어려우나 화이트 범죄의 일부로서 「정상적인 기업활동에 수반해서 이루어지는 위법행위」라고 할 수 있을 것이다. 특히 최근에 법인의 행위를 특별형법에서 양벌규정을 두고 있는 경우가 적지 않은데, 양벌규정이 문제되는 경우가 기업범죄에 해당한다고 할 수 있다. 기업의 이윤추구방식이 다양함에 따라 그로 인한 병리적 현상으로서의 기업범죄도 다양한 형태로 나타나는데, 피고용자에 대한 부당한 대우 등으로 야기되는 노동관계법 위반, 물건의 제조, 관리상의 결함으로 인해 야기되는 범죄, 환경보전의 측면에서 시설관리의 소홀로 야기되는 환경관련법 위반, 극단적인 이윤추구과정에서 나타나는 세법 위반, 유흥업소를 중심으로 한 영업시간 위반 등 변태영업 그리고 타회사와의 경쟁, 소비자에 대한 경시 등으로 야기되는 소비자보호법 위반, 방문판매 등에 관한 법률 위반 등을 들 수 있다. 이런 기업범죄는 화이트칼라 범죄와 마찬가지로 암수가 많은 것을 특징으로 하고 있는데, 또 다른 특징으로는 사안이 경미한 경우도 많다는 점이다. 따라서 화이트칼라 범죄에 대한 사회성 내지 도덕성에 대한 기업인들의 의식전환이 선행되어야 하고, 경미한 기업범죄에 대한 행정청에 의한 꾸준한 지도와 단속이 요청된다.

3) 자세한 논의에 대해서는 장영민/조영관, 『경제범죄의 유형과 대처방안』, 한국형사정책연구원, 1993. ; 옥필훈, "경제범죄의 실태와 대책에 관한 연구", 전북대학교 대학원 박사학위논문, 2006.

제1절 경제범죄

경제범죄는 경제질서 자체 내지 각 경제제도에 대한 일반적 신뢰를 깨뜨림으로써 경제의 운행을 교란하는 범죄이다.[4] 경제범죄의 특성으로는 지능적 · 전문적 · 조직적으로 행하여지고, 초개인적인 법익을 침해하는 범죄이기 때문에 처벌하기가 쉽지 아니하다는 점이다. 또한 경제범죄는 모방되기 쉽고 연쇄작용을 일으켜 경제적 손실은 물론 국민경제에 지대한 파급효과를 미치게 된다. 이러한 범죄적 특성과 더불어 원인 · 발생형태 · 피해정도 및 암수에 대한 분석과 대응이 필요하다. 본 연구는 기존의 경제범죄에 대한 실태와 분석이 미흡한 점을 토대로 경제범죄에 대한 개념정의를 시도하여 이에 대한 경제범죄의 범주를 획정하고 이를 토대로 경제범죄의 실태와 대응방안을 모색하는 것을 목적으로 하였다. 경제범죄의 개념은 범죄학적 개념정의, 수사실무상의 개념정의, 법이론상의 개념정의 및 특별법상의 개념정의로 대별할 수 있다. 본서에서는 법이론적 관점에서 경제범죄를 정의하여 '경제생활에서 요구되는 신뢰를 훼손하여 국민경제질서 등 사회적 혹은 초개인적 법익을 침해, 위협하거나, 경제적으로 중요한 지위, 수단방법 등을 불법이용하여 중대한 재산적 손실을 초래하는 행위' 를 의미한다. 위와 같은 여러 가지 개념정의에 따라 경제범죄를 분류한다 할지라도 본서에서는 법익보호에 따른 분류방법을 택하여 그 경제범죄의 유형을 다음과 같이 구성하였다. 국가재정 관련범죄, 국민경제 관련범죄, 기업경제 관련범죄 그리고 소비경제 관련범죄로 나누어 본다면, 첫째, 국가재정 관련범죄에는 재정수입범죄(조세범죄 및 관세범죄)와 재정지출부분 관련범죄(정부보조금 사기범죄)를 포함하고, 둘째, 국민경제 관련범죄에는 독점 및 불공정거래행위와 금융거래신용훼손범죄를 포함하며, 셋째, 기업경제 관련범죄에는 기업범죄훼손범죄, 지적재산권훼손범죄, 산업스파이범죄를 포함하며, 넷째, 소비경제 관련범죄에는 광고사기, 파산사기, 증권범죄를 포함하며, 다섯째, 기타 컴퓨터 관련범죄로 나누어 볼 수 있다. 그리고 이러한 법익보호에 따른 분류방법은 모든 범죄가 법익침해를 전제로 하고, 범죄이론의 체계화 기능을 원활히 수행한다는 점에서 타당할 것이다. 이에 따라 우리나라 경제범죄 발생의 실태는 해마다 양적으로 증가하고, 질적으로는 경제질서가 복잡화되면서 암수의 영역은 커지고 이에 대처하는 법적, 제도적인 대응책은 미흡한 실정이라 하겠다. 최근에

4) 옥필훈, "경제범죄의 실태와 대책에 관한 연구", 전북대학교 법학과 박사학위논문, 2006, 1면.

급속하게 발전하는 첨단기술과 경제생활의 변화로 인하여 새로운 유형의 범죄인자가 속출하게 되었다. 첫째, 국제거래의 비약적인 발달로 인하여 조세피난처에 서류상의 회사를 설립하여 조세를 회피하는 경우, 둘째, 경제환경의 다양화에 따라 유사수신행위, 고리대금행위 및 전환사채(CB; convertible bond:일정한 조건에 의하여 발행회사의 주식으로 전환시킬 수 있는 권리가 부여되어 있는 사채임)나 신주인수권부사채(BW; Bond with Warrant : 사채권자에게 발행 후 소정의 기간이 경과한 후 일정한 가격으로 발행회사의 일정수의 신주를 인수할 수 있는 권리가 부여된 사채임)의 불법이용한 변칙증여 또는 편법상속 등, 셋째, 경제환경의 복잡화와 거래내용이 다양화됨에 따라 신금융기법이라는 명목하에 분식회계에 의한 사기대출 등, 넷째, 공적자금·공공기금 등의 불법행위, 다섯째, 컴퓨터와 인터넷과 같은 급격한 발달로 인하여 사이버카드깡, 인터넷 증권범죄, 인터넷을 이용한 사기 등이다. 이로부터 기존의 법률의 한계를 교묘하게 빗어나거나 새로운 수법을 동원하는 신종경제범죄에 대해서는 전문수사인력의 양성 및 전담부서의 신설이 중요하다. 경제범죄의 일반적 문제점으로서는 인식수단의 미흡과 분류·관리체계의 미흡, 규제원리의 부재 및 규제절차의 다원화이고, 그 제재로서 크게 민사적 제재, 형사적 제재, 행정적 제재로 나누어 볼 수 있다. 마지막으로 경제범죄에 대한 대책으로서는 다음과 같다. 첫째, 형사사법적 대책으로는 수사의 전문화 및 전담부서의 운용, 법인에 대한 형사법적 대책, 형벌제도의 개선, 돈세탁의 규제 등을 들 수 있고, 형사정책적 대책으로서는 형사사법제도의 전산·정보화, 경미범죄의 비범죄화, 새로운 제재방안 등을 들 수 있고, 입법적 대책으로는 규제의 국제화, 입법기술상의 형식 등을 들 수 있다. 요약컨대, 우리나라의 경제범죄에 대한 규제법규는 주로 경제행정법률 내지 형사정책적 목적을 달성하기 위한 수단으로 이용되어 온 것이 사실이어서 특히 IMF 경제위기와 그 이후의 경제질서 위반자에 대한 적절한 처벌이 미흡하기 때문에 경제범죄와 경제형법에 대한 지속적이고 많은 연구가 선행되어야 한다.

제2절 화이트칼라범죄

Ⅰ. 의 의

서더랜드(E. H. Suthland)는 1939년 화이트칼라범죄라는 용어를 부와 권력이 있는 자들의 범죄를 기술하기 위해 사용한 이래 이는 중요한 사회적 문제가 되었다. 따라서 높은 사회적 지위를 가지고 존경받고 있는 사람이 자신의 직업과정에서 범하는 범죄로서 정의하고 이 범죄로 인하여 신뢰를 파괴하고 불신을 초래하며, 대규모적인 사회해체를 유발하고 사회적 도덕을 저하시킨다고 주장하였다. 한편으로 이 범죄는 형사적 처벌의 대상이 되기보다는 피해자의 손실을 회복하는 민사적 문제로 전통적 범죄학의 주요대상이었다. 이 범죄의 특징은 피해자가 불특정 다수이거나 피해 자체를 쉽게 느낄 수 없고 그 피해는 장기적으로 나타난다. 따라서 이로 인한 기소는 드물고 벌금형으로 부과되는 경우가 많다. 하지만 이에 대한 비판이 제기된다. 첫째로 화이트칼라범죄는 범죄라기보다는 단지 이윤을 추구하는 기업세계의 정상적인 한 부분이고 서더랜드의 정의 보다는 그 적용범위를 확대하여 반드시 사회적 지위가 높은 사람에 의해 범해지는 것만은 아니다라는 것이다. 이런 의미에서 콘클린(Conklin)은 이를 기업범죄하고 하였다. 이는 피해자없는 범죄의 일부로서 독과점과 같은 공정거래위반관련범과 허위광고, 환경공해범와 안전위배범을 들 수 있다. 일부 학자들은 이를 이 용어대신에 상사범죄라는 표현을 쓰기도 한다. 결과적으로 폭넓게 적용된다면 가격담합, 조세포탈, 신용카드범, 횡령, 뇌물공여 및 수수, 의료 및 금융사기도 포함된다.

Ⅱ. 원인

화이트칼라범죄의 원인은 심리적 기질에 의한다는 심리적 소질론, 학습이 기인하는 차별적 접촉론, 정당화 혹은 합리화에 의한 중화이론을 이용하여 설명될 수 있다.

Ⅲ. 유형

화이트칼라범죄의 유형으로서는 먼저 티오(Thio)는 범죄의 피해자를 기초로 구분하였는데 회사에 대한 범죄, 고용원에 대한 범죄, 고객에 대한 범죄 그리고 일반시민에 대한 범죄로 분류하였다. 에델헤르츠(Edelhertz)는 범행의 수법, 목적 등 가해자를 중심으로 분류한다. 따라서 사기 등의 개인적 이득을 위한 특별위반, 신뢰남용, 기업의 이득을 위한 기업범죄 그리고 고객을 속이기 위한 사기수법이다. 그리고 무어(Moore)는 범행수법을 기준으로 구분하여 ① 어음사기 등의 신용사기, ② 소비자를 속이는 사취 그리고 ③ 검증허가의 대가로 금품요구 등 사회적 지위를 이용하여 개인적 이익을 위한 권한남용, ④ 횡령과 고용인사 및 신종범죄로서의 컴퓨터범죄 ⑤ 고객사기 등의 절도 ⑥ 정보판매와 뇌물 ⑦ 환경범죄로 구분되어진다.

Ⅳ. 특징

화이트칼라범죄의 특징은 피해자의 부주의와 무지에 기인한 피해자의 무의식적 협조, 사회의 무관심 속에서의 범죄자를 존경의 대상으로 본 범죄자의 비범죄적 자기인상을 들 수 있다. 예컨대 가격담합을 한 주범이 물가를 안정시켜 국가경제에 기여하였다고 한다든지 횡령범은 자신이 단지 빌렸을 따름이라고 합리화하는 경우를 들 수 있다.

Ⅴ. 폐해

화이트칼라범죄의 폐해는 경제적 손실, 신체적 손상, 사회적 폐해를 초래하게 되는데 실로 피해의 정도와 범위는 명확하지 않다. 왜냐하면 피해자 자신도 피해를 모르고 있다는 사실로부터 직접적으로 추적하기 어렵기 때문이다. 이러한 의미에서 지연된 폭력이라고 한다. 그리고 경제적 손실보다 사회적 손실이 큰 경우에는 우리 사회윤리를 저하시키고 사회해체를 조장할 수 있다는 것이다. 한편 청소년비행과 기타 하부계층의 범죄성의 동기를 유발할 수 있다. 또한 변질된 음식이나 불법약품의 제도 및 판매는 신체적 손상을 야기시키게 된다.

제 3 장 약물범죄론

제1절 마약과 범죄

대부분의 상용자나 중독자들이 마약을 얻기 위하여 각종 수단을 강구하게 되어 불량한 비행집단에 들어가 사기, 강도 등의 범죄를 저지르거나 매춘 등을 감행하게 된다. 뿐만 아니라 자기중심적 행동의 경향, 변덕, 불쾌, 허위남발 등 인격변화를 일으켜 가정파괴를 가져오고 악행이나 범죄를 저지르기 쉽다. 이와는 별도로 1960년대 후반부터 미국부대를 중심으로 유포되기 시작하여 한때 커다란 사회문제가 되었던 대마초, 소위 마리화나는 1976년부터 대마관리법을 통하여 이를 규제한 이래 점차 그 비율이 감소하는 추세를 보이고 있다. 마약류사범에 대한 단속을 효과적으로 하기 위하여 향정신성의약품관리법 · 마약법 · 대마관리법을 폐지하고 마약류관리에 관한 법률로 일원화하였다.

〈표 9〉 마약류의 종류

향정신성 의약품	**각성제**	메스암페타민(히로뽕, 필로폰), 암페타민류
	환각제	L.S.D., 페이요테 캑터스(페이요테), 사일로사이빈 등
	억제제	바르비탈염제류, 벤조다이아핀제재 등
대마	대마초(마리화나), 대마수지(대마초보다 10배 효과), 해쉬쉬미네랄오일	
마약	**천연마약**	앵속, 양귀비[5], 코카인, 크랙, 몰핀
	한외마약	합법적인 마약(코데솔, 코데날 등)
	합성마약	메사돈계, 페티딘계 등
	반합성마약	헤로인, 옥시코돈, 하이드로폰

제2절 향정신성의약품과 범죄

향정신성의약품이라 함은 주로 사람의 중추신경제에 작용하여 환각, 각성, 억제 등의 반응을 일으키며, 이를 남용하는 경우에 습관성, 중독성 기타 인체에 매우 유해한 효과를 주는 의약품을 말한다. 이런 약품들도 마약과 마찬가지로 인간의 정신이나 신체에 현저한 장애를 초래하며, 이로 인하여 각종 범죄가 유발될 수 있다. 우리나라에는 향정신성의약품관리법을 통하여 의약품의 밀조, 소지, 사용, 수출입 등을 규제하고 있는데, 1980년 이후 동법 위법사례가 계속적으로 증가하여 1980년 63건이었던 것이 1988년에는 최고 2,084건까지 적발되었다.

제3절 환각성 유해물질과 범죄

마약이나 필로폰 등과 함께 청소년계층에서 문제되고 있는 것이 본드, 신나 등의 유기용매와 헤어스프레이, 일회용 부탄가스 등에 의한 발사가스 등의 남용이다. 이러한 물질들을 들이마시게 되면, 중추신경계의 기능저하, 의식혼탁, 마비감 등이 생기고, 즐거움, 행복감, 흥분, 운동능력감퇴, 언어장애, 시각장애, 이명 등의 현상이 나타난다. 이러한 물질들은 골수, 뇌, 간, 신장 등의 조직을 손상시키기 쉽고, 여기에 중독되면 공격적 혹은 충동적이 되며 때로는 판단장애를 일으켜 모험적인 행동을 하거나

5) 영어로는 Opium poppy, 중국어(보통어)에서는 罌粟(yīngsù, 앵속), 일본어에서는 ケシ(keshi, 芥子, 罌粟)라고 한다. 북한 문화어로는 '아편꽃'. 이 꽃의 표준어 명칭이 독특한데, 한자어인 앵속(罌粟)이 아니라 당현종의 후궁이었던 양귀비의 미모에 빗대어 양귀비라고 불린다. 실존인물 양귀비 때문에 한 나라가 파탄난 것처럼 한 사람의 인생, 혹은 나라를 파탄내는 마약의 원료라는 점에서 정말 적절한 작명이 아닐 수 없다. 양귀비의 일종으로 아편 성분이 없는 개양귀비의 별명은 우미인초다. 항우의 연인이었던 그 우미인의 이름이 붙었다. 같은 미인이지만 나라를 말아먹은 양귀비는 아편이 있는 양귀비에 이름을 남겼고, 그저 사랑만 하다 죽은 우미인은 아편이 없는 양귀비에 이름을 남겼으니 확실히 적절하기는 하다. 양귀비와 구분하기 위해 양귀비꽃이라고 부르기도 한다. 양귀비는 Papaveraceae라는 과이며, Papaver속과 Meconopsis속으로 나뉜다.

범죄를 저지르기 쉽다. 우리나라의 경우에도 유기용매나 발사가스의 사용이 최근에 급증하고 있으나 공식적인 통계는 찾을 수 없다. 다만 최근에 소년범죄의 원인 가운데 마약이나 각성제 중독이 차지하는 비율이 늘고 있다는 사실에 비추어 볼 때 유기용매 등의 사용도 상당히 증가하고 있다.

제4절 약물남용에 대한 대책

종래 약물중독이나 이로 인하여 범죄를 저지르는 자는 대개 인격적으로 미성숙한 청소년이거나 정신적인 결함이 있는 자였지만 점차 일반인들에까지 그 대상이 확대되고 있다. 약물중독도 알콜과 마찬가지로 직접 및 간접으로 범죄를 촉진하는 작용을 하며 근자에는 중대한 사회문제의 하나로 등장하고 있다. 일본에서는 약물남용에 대해 제1기는 전후 '히로뽕' 이라고 불리워지는 각성제가 피로 회복제 등으로 칭하고 그 남용이 사회문제화된 시기로서 엄정한 처벌, 중독자에 대한 강제입원조치, 유해성에 대한 사회운동차원 등으로 진정화되었고, 제2기는 1955년부터 1965년까지 헤로인의 유행이 된 시기로서 사회적인 남용방지운동 등이 전개되고, 종식된 시기이며, 제3기는 1965년부터 현재까지로서 그 특징은 각성제의 남용이 시민뿐만 아니라 소년에 이르기까지 확대되어 싯나 및 LSD 등의 각종약물의 남용이 두드러져 교묘화되고, 외국인이 관계되는 사범으로서 주목받고 있다.[6] 마약 및 향정신성 물질의 단속은 인류의 복지와 보호의 관점에서도 중요한 것이다. 따라서 약물중독이나 남용에 대한 일반적인 대책으로서 먼저 그 유통과정을 철저히 감시 및 차단하는 일이 일차적으로 중요하다.

현행 마약류관리에 관한 법률이 일정한 약물의 공급 및 유통을 제한하고, 이에 위반하는 행위에 대해 엄격한 형사제재를 과하고 있는 것도 이러한 취지라고 할 수 있으나 이런 법규에도 불구하고 중독성 내지 환각성 약물의 유통이 끊이지 않고 있는 현실에 비추어 볼 때, 약물남용에 대한 국민교육 강화, 사회적 예방활동, 약물문제 전담기구설치 등이 요청된다. 한편 근자에 청소년의 경우에 약물남용이나 환각성 물질복용이 늘어나고 있는 현상과 관련해서는 처벌의 강화라는 단기적인 대응보다는 청소년의 놀이문화를 개발하고 건전한 생활관과 인생관을 가질 수 있도록 교육을 실시하는 일이 매우 절실한 과제라고 할 수 있다. 이와 함께 약물중독자와 그로 인하여 범죄를 한 자에 대하여는 형벌보다 치료가 우선되어야 한다. 2005년에 제정된 치료감호법은 "심신장애 상태, 마약류·알코올이나 그 밖의 약물중독 상태, 정신성적장애가 있

6) 木村裕三・平田 紳, 『刑事政策概論』, 成文堂, 平成18年, 263-264頁.

는 상태 등에서 범죄행위를 한 자로서 재범(재범)의 위험성이 있고 특수한 교육 · 개선 및 치료가 필요하다고 인정되는 자에 대하여 적절한 보호와 치료를 함으로써 재범을 방지하고 사회복귀를 촉진하는 것을 목적하고 있다." 규정하고 있다(동법 제1조).

〈관련판례〉

마약류사범이 구치소에 수용되는 과정에서 반입금지물품의 소지 · 은닉여부를 확인하기 위하여 실시한 구치소 수용자에 대한 정밀신체검사는 수용자에게 일방적으로 강제하는 성격을 가지는 권력적 사실행위로서 공권력의 행사에 해당한다(헌재 2006.6.29. 2004헌마826).

마약류사범인 청구인에게 마약류반응검사를 위하여 소변을 받아 제출하게 한 것은 교도소의 안전과 질서유지를 위한 것으로 수사에 필요한 처분이 아닐 뿐만 아니라 검사대상자들의 협력이 필수적이어서 강제처분이라고 할 수도 없어 영장주의의 원칙이 적용되지 않는다(헌재 2006.7.27. 2005헌마277).

제 4 장 교통범죄론

교통범죄는 아직 학문적으로 정립된 개념은 아니나 일반적으로 협의, 광의, 최광의로 구분할 수 있다. 협의의 교통범죄는 이른바 교통형사범, 즉 교통수단을 범죄의 수단 또는 대상으로 하여 행해진 형법상의 범죄를 말한다. 광의의 교통범죄는 협의의 교통범죄와 교통위반, 즉 각종의 교통단속법규에 위반한 경우 등 그에 대하여 법적 제재를 과하도록 되어 있는 도로교통법상의 무면허운전금지위반 등을 포함하는 개념이다. 최광의로 보면 광의의 교통범죄에 교통규칙 이외의 교통관계 행정법규에 위반한 경우 중 그에 대하여 법적 제재를 과하도록 되어 있는 것까지 포함된 개념이다.[7)]

독일의 엑스너(Exner)는 1921년부터 1936년까지의 자료를 기초로 자동차등록수와 과실치사상의 발생건수와의 관계는 전체로서 거의 명백한 정비례관계가 인정된다고 한 바 있으나, 이런 전체적인 과실범죄를 속단할 수 없더라도 우리나라에서도 자동차대수의 증가와 교통사고 및 이로 인한 교통범죄의 증가 사이에 일정한 비례관계가 나타나고 있다. 교통범죄는 크게 두 가지로 나누어진다. 하나는 형법 제268조의 규정(업무상 과실치사상죄)에 위반하는 경우이고(형법범), 다른 하나는 도로교통법의 처벌규정에 위반하는 경우이다(행정범). 다만 1982년부터 새로이 교통사고처리특례법이 제정, 시행되면서 교통사고로 인한 형법범의 대부분이 이 법이 따라 접수, 처리되고 있다. 최근 25만건이 넘게 발생하는 이런 교통사고는 대개 운전자의 과실과 차량 또는 도로환경의 요인이 복합적으로 작용하여 발생하고 있는데, 법규위반의 내용을 보면, 안전운전 불이행, 안전거리 미확보, 중앙선 침범, 무면허운전, 교차로통행

7) 송광섭, "교통범죄의 현황과 대책", 형사정책연구 29 (1997.3), 229면 참고.

방법 위반, 신호위반, 보행자보호의무 위반 등의 순으로 나타나 있다. 격증하는 교통사고는 많은 인명과 재산의 피해를 가져오고 있다. 이를 억제하기 위해서는 도로의 개선, 도로운행에 관한 자동차의 규제, 운전면허제도의 개선, 도로운행에 관한 자동차의 규제, 운전면허제도의 개선 등 많은 행정시책이 선행되어야 함은 물론이나 교통사범에 대한 규범적 대책이 새롭게 정립되어야 한다. 이런 경향은 교통범죄나 관련법규의 특성을 반영하는 것인데, 교통범죄로 인한 법익침해가 날로 심각해지고 있는 현실에 적응하지 못하고 있다는 비판도 있다. 그러나 대부분의 교통범죄가 비교적 죄질이 경미한 과실범이라는 점을 고려한다면 교통범죄에 대해서는 비범죄화 내지 비형벌화라는 방향이 일관되게 유지될 필요가 있다. 이런 관점에서 현행 도로교통법 제14장에서 신설된 범칙행위에 관한 처리의 특례라든가, 교통사고처리특례법 제4조가 규정한 보험가입시의 특례 등은 바람직하다. 한편 현행법과 같이 교통사고를 일으킨 경우에 그 내용을 점수화하여 운전면허의 정지나 취소를 결정하는 점수제도의 도입은 매우 바람직한 방향이라 할 수 있으며, 교통사고로 인하여 유죄판결을 받은 자에 대해서는 행형과정에서 집금처우를 하는 것이 바람직하다.

제 5 장 조직범죄론

제1절 총 설

1. 미국의 형사사법기준 및 목표에 관한 국가자문위원회는 조직범죄는 강탈행위에 관여하고 적절한 경우에는 복잡하게 얽힌 금융조작에도 개입함으로써 불법적 이익과 권력을 추구하기 위하여 형법을 위반하는 활동으로 정의한 바 있다. 모라쉬(Morash)는 이 공식적 견해가 마피아와 같은 전형적 범죄 조직을 의식한 정의라고 비판을 가하고 있다. 조직범죄를 기능면에서 본다면 사회의 주요한 부분일 수 있지만 그것이 사회적 해악을 야기한다는 점에서 문제가 있다. 한편 범죄학계에서는 조직범죄는 불법적 또는 합법적 활동에 참여함으로써 이득과 권력을 확보할 목적으로 구성원 상호간 긴밀한 상호작용을 하는 위계적 근거로 조직된 사람들의 비이념적 사업으로 해석하고 있다. 조직범죄의 특성으로는 ① 2인 이상의 다수인의 존재 ② 폭력의 행사를 통한 이익의 추구 ③ 조직 내의 계급 구조를 통한 위계질서 ④ 계속적 그리고 조직적 활동 ⑤ 수단의 불법성을 들 수 있다.[8)]

2. 조직범죄에 대한 원인의 연구로서는 소위 외래적 음모이론으로 정부의 입장으로 이탈리아 마피아에 의해 결국 미국으로 들어오게 되었다는 주장이다. 그러나 벨(Daniel Bell) 등의 사회학자들은 야심있는 빈자들에게 성공을 이룰 수 있게 하는 궁

8) 양태규, "조직범죄의 실태와 대책에 관한 연구 - 조직폭력범죄를 중심으로 - ", 전북대학교 법학과 박사학위논문, 2003, 14면.

정적 시각으로 이해한다. 한편 브록(Block)은 조직범죄를 미국구조를 반영하는 느슨하게 구조화된 사회체계로 간주하여 전문적 범죄인, 정치인, 법집행자 그리고 다양한 기업인을 연결한다는 것으로 그 사회세계는 경쟁집단간의 끊임없는 세력투쟁으로 이해한다.

3. 알비니(Albini)에 의하면 테러 등에 의한 정치적 범죄활동, 갱과 같은 집단범죄, 심리적 만족을 위한 집단내부지향적 조직범죄, 공공의 수요가 큰 불법용역을 제공하고 정치적 부패를 통해 면책을 확보하려는 조직범죄의 유형으로 나눌 수 있다. 한편 모라쉬에 의하면 현대조직범죄의 보편적 추세이고 특성인 합법적 사업이나 기업에 침투하는 방법으로서 ① 불법적 경제활동을 지원하는 기업활동 ② 보호비용을 요구하는 등의 약탈적 착취 ③ 경쟁을 제한하기 위해 전매나 카르텔을 형성하고 ④ 관리를 매수하거나 노조를 이용하여 불공정한 이점을 확보하고 ⑤ 주식 등의 합법적 장치에 대한 불법적 이용 등을 제시하였다.

4. 형사사법의 기준과 목표에 관한 국가자문위원회의 보고서에서는 조직범죄는 불법적 음모적 활동이고 불법적인 경제적 이득의 확보이며 불법적 용역의 제공에 국한되지 않고 위협, 폭력, 매수 등의 약탈적 전술을 구사하며 조직구성원, 관련자 그리고 피해자 등에 대한 훈육과 통제가 매우 효과적이라고 한다. 한편 아바딘스키(Abadinsky)는 조직범죄는 ① 정치적 목적이나 이해관계가 개입되지 않고 ② 매우 위계적이고 계층적이고 ③ 조직구성원이 매우 제한적이고 매우 배타적이고 ④ 조직활동은 영구적일 정도이고 ⑤ 불법적 폭력과 뇌물을 활용하고 ⑥ 임무와 역할이 분업화 및 전문화되었으며 ⑦ 이익을 증대키 위해 특정지역 혹은 사업분야를 독점하며 ⑧ 조직의 규칙과 규정에 의해 통제된다는 8가지 특성을 제시하였다. 그리고 하스켈(Haskell)과 야블론스키(Yablonsky)는 조직범죄는 ① 대기업과 군과 비슷한 계층구조를 가지고 있고 ②통상 무력으로 위협하고 ③ 기업운영, 인사관리, 정치인과 경찰과의 연계 그리고 이익분배에 대한 철저한 계획을 하고 ④ 형사처벌로부터 면제되는 경우가 많으며 ⑤ 관련집단의 지도자끼리 연대하는 경우가 있다는 5가지 특성을 제시하였다.

제2절 한국의 조직범죄

1950년대 정치깡패조직을 시초로 1960년대 후반을 전후하여 '조직폭력', '조직폭력배', '깡패', '불량배' 의 등장은 현대판 폭력조직의 원조이었다.[9] 1970년대 형성된 서울의 3대 패밀리로 불리는 '서방파', '양은이파', 'OB파' 는 아직도 그 명맥을 유지하고 있고 그 밖에 대소이권에 따라 이합집산이 이루어지고 있는 실정이다.[10] 1980년대에는 경제규모가 확대되면서 폭력배들이 범법행위를 할 수 있는 기회가 되어 각종 단체 및 조직이 늘어나고 기업적 형태로 변모하였고, 1990년대에는 정부가 '범죄와의 전쟁' 을 선포하면서 많은 폭력조직이 단속대상이 되었는데 1992년 2월 29일자로 검찰이 파악한 폭력조직이 총 303개 조직에 조직원은 6,729명이었다[11]. 조직폭력범죄의 구조는 그 범위나 규모에 따라 다양하지만 보통 수괴를 정점으로 하는 피라미드식 계층구조를 가지고 있다. 대개 수괴 (두목) 밑에 간부급으로 부두목, 행동대장등이 있고 하부조직원으로 행동대원이 있다.[12] 수괴에 대하여 대법원은 "면전에서 조직원들을 직접 통솔하는 자뿐만 아니라 배후에서 일체의 조직활동을 지휘하거나 중간간부를 통하여 조직활동을 지휘라는 자도 포함된다" 고 하고 있다.[13] 참모는 수괴 또는 간부에게만 연결된 횡적 조직원으로서 수괴 및 간부에 대해 자금을 제공하거나, 폭력범죄조직에 문제가 있을 경우 운영방법을 제시하거나, 로비 활동을 담당하는 자이고, 부두목은 두목의 명령을 받아 소속된 조직원을 지휘통솔하는 자로서 대부분 범죄의 실행책임자인 행동대장을 통하여 행동대원을 지휘하며 행동대장은 범죄일선에서 하부조직원을 직접 지휘하는 자인데 두목, 부두목과 행동대원간의 의사연락을 담당한다. 또한 행동대원 (소위 '똘마니') 은 행동대장 소속 하부조직원으로서 행동대원간에는 나이, 범죄조직 가입시기, 선후배관계, 범죄경력 등에 따라 서열이 정해지고 위계질서가 확립된다.[14]

9) 송광섭, 전게서, 575면.
10) 조병인,『현대사회와 범죄』, 법문사, 2001, 347면 ; 배종대, 전게서, 636면.
11) 배종대, 상게서, 636면.
12) 정지운, "조직범죄에 대한 연구", 경기대학교 박사학위논문, 1996, 24면.
13) 대법원 1992.2.25, 91도3195.
14) 정지운, 전게논문, 25-26면.

제3절 조직범죄의 대책

I. 수사상의 대책

최근 조직범죄는 그 수법이 날로 지능화 및 교묘화되어 가고 있기 때문에 이러한 범죄에 대한 수사력을 강화하기 위하여는 전담수사체제의 마련 및 확보된 인적 및 물적 수사방법의 효율적인 활용이 필요하다.[15] 조직범죄의 효율적인 수사를 위해서는 증인을 보호하고 면책할 수 있는 대책을 수립할 필요가 있다.

1. 전담수사체제의 확립

조직범죄는 장기적이고 지속적으로 그리고 반복적으로 이루어진다는 점에서 그 대처방식에 있어서도 전문적 및 지속적인 대처가 요구되어지므로 조직범죄의 수사를 지휘·총괄하고 정보를 수집, 전파하는 전문부서를 설치하여야 한다.[16] 현재 검찰의 강력부, 특별 수사부와 경찰의 조직폭력범죄 전담수사반과 조직폭력사범전담 서울지역합동수사부 및 각 지방 경찰청내 조직폭력전담반 등이 설치되어 운용되고 있으나, 조직폭력범죄 이외의 조직범죄에 대해서는 전담수사체제가 확립되어 있지 않아 수사의 중복 및 불필요한 예산과 인력의 낭비를 초래할 수 있다. 따라서 실무상 조직범죄의 개념에 따른 분류방식을 체계화하여 업무분담과 전문화에 기여할 수 있다.

2. 효율적인 수사방법의 활용

(1) 감청

감청(監聽 ; wiretapping)이란 타인간의 비공개의 대화나 전화통화 등을 기계적 및 전자적 수단을 사용하여 몰래 엿듣거나 녹음하는 것을 의미한다. 현재 감청은 통신비밀보호법[17]을 통해 법적 근거가 마련되어 있어 조직범죄 수사를 위한 유력한 수사기

15) 김형만, "조직범죄의 실태와 대책", 대불대학교 논문집 제10집, 2004, 83면.
16) 허경미, "한국의 조직범죄 실태와 그 대응방안에 관한 연구", 동국대 박사학위논문, 2000, 153면.
17) 통신비밀보호법 제5조는 도청의 허용요건으로 범죄를 계획 또는 실행하고 있거나 실행하였다고 의심할 만한 충분한 이유가 있고, 그 범죄실행을 저지하거나 범인의 체포 또는 증거의 수집이 어

법으로 적극적으로 활용될 필요가 있다.

(2) 잠입수사

잠입수사(潛入搜査 ; undercover operation)란 신분을 위장한 수사관을 범죄조직에 침투시키거나, 범죄조직의 구성원이나 그 주변인물을 수사기관의 정보원으로 포섭하여 그 조직의 핵심사항에 대한 정보를 수집하거나, 범죄의 기회 등을 제공하여 범인을 검거하는 수사기법을 말한다. 현재 우리나라는 잠입수사에 관한 명문규정이 없다. 잠입수사의 방법에는 범죄사실의 인지를 위한 경우, 범죄예방을 위한 경우, 범죄실행을 조장하는 경우 등이 있다. 범죄실행을 조장하는 경우와 관련한 수사방법을 함정수사의 문제로 볼 수 있는 바, 수사의 상당성 문제로서 인정하지 않는 것이 다수설과 대법원[18]의 입장이다.

(3) 자료검색을 통한 수사

컴퓨터 검색수사란 수사기관이 아닌 관청 등 다른 기관이 가지고 있는 개인관련 자료를 기계적으로 자동 비교하여 범죄억지의 목적을 달성하는 범죄기술학적인 의미에서의 수사기법을 말한다. 우리나라에서는 범죄수사상 이동통신전화 내역조회를 통한 범죄단서의 확보 및 피의자 검거활동에 주로 사용되고 있다. 수사기관에서 조직범죄자의 범죄경력과 계보, 수법 등을 데이터베이스화하여 집중적으로 관리하고 있는 것은 수사의 효율화에 기여한다고 할 수 있다. 그러나 개인의 프라이버시 등 개인정보 이용에 관련된 뚜렷한 법적 근거가 없이 이용되고 있다는 데에 위헌의 소지가 있다.[19]

Ⅱ. 형사법상의 대책

현행법상 조직범죄를 대상으로 한 규정은 형법 제114조의 범죄단체조직죄가 있다.

려운 경우를 들고 있다.

18) 대법원 1984.4.12, 82도2433 ; 대법원 1992.10.27, 92도1377.

19) 임상곤/박기범, 전게논문, 110면 ; 송태종, "조직범죄에 관한 연구 - 범죄론 및 형사사법적 대응책 을 중심으로 - , 호남대학교 박사학위논문, 2005, 163면 ; 허경미, 전게논문, 156면.

본죄는 범죄를 목적으로 하여 단체를 조직 또는 이에 가입함으로써 성립한다. 그러나 본죄는 조직범죄 이전 단계를 처벌하는 예비 · 음모행위로서 조직범죄단체 결성행위를 처벌의 대상으로 한다. 폭력행위 등 처벌에 관한 법률 제4조 제1항에 규정된 범죄를 목적으로 단체 또는 집단을 구성하거나 가입한 때(제1항), 단체 또는 집단의 존속 · 유지를 위한 공무집행방해 등(제2항), 가입강요 · 권유(제3항), 금품강요(제4항) 등을 처벌한다. 이 조항은 형법의 범죄단체조직죄의 가중처벌규정이다. 특정범죄가중처벌에 관한 법률 제5조의 8은 타인의 재물을 절취할 목적으로 단체 또는 집단을 구성한 자를 처벌한다. 또한 동법 제5조의 9는 자기 또는 타인의 형사사건의 수사 또는 재판과 관련한 보복범죄를 가중처벌하는 규정을 두고 있다. 특정강력범죄의 처벌에 관한 법률 제2조 제1항 제5호는 폭력행위 등 처벌에 관한 법률 제4조와 특정강력범죄의 처벌에 관한 법률 제5조의 8의 단체의 범죄단체조직죄를 특정강력범죄로 규정하여 특별관리하고 있다. 또한 동법 제7조에 증인에 대한 신변안전조치를, 제8조에 피해자 · 신고자 · 고발자 또는 그 법정대리인에 대한 출판물 등으로부터의 보호규정을 두고 있다. 이와 관련하여 통신비밀보호법은 수사기관이 범죄수사를 위해 필요하다고 판단될 경우 합법적 감청(도청)을 허용하고 있으나 범죄에 대한 자의적 혐의를 확인하기 위한 예방적 · 탐색적 수사에까지 확대 이용될 가능성이 있다.[20]

Ⅲ. 국제형사사법공조를 통한 대책

1. 마약, 총기밀매, 위조달러 반입 및 유통 등 국제조직범죄는 자국의 치안문제일뿐만 아니라 국제사회에 대한 위협이 되고 있다. 국제조직과 연계된 조직범죄의 수사체제는 수사기관간의 공조체제가 미흡한 실정이고 외국과의 원활한 공조체제가 확립되지 않아 정보를 수집하는 데에도 어려움이 있다.[21] 따라서 검찰, 경찰, 관세청, 국세청, 법무부 출입국 관리국, 국가정보원 등의 각 관련기관내에 국제협력부서를 두어 하나의 네트워크로 형성하는 것은 시간적 및 경제적으로 그 국제범죄에 대한 효율적

20) 주용기/강인숙, "조직범죄의 효율적 대처를 위한 서론", 한양대학교 한양법학 제10집 (1999), 23면.

21) 김태명, "일본의 외국인범죄 실태와 대책", 경찰학논총 제2권 제2호, 원광대학교 경찰학연구소, 2007, 263면.

인 대응을 기할 수 있다.

2. 1988년 8월 5일 범죄인인도법 및 범죄인인도법에의한인도심사등의절차에관한 규칙(1939.2.28)은 외국에서 수사 또는 재판을 선고받은 범죄인의 인도 인수에 관한 사항을 규정하고 있다. 현재 범죄인 인도조약이 체결된 국가로는 호주, 캐나다, 스페인, 필리핀, 파라과이, 칠레, 멕시코, 미국, 몽골, 아르헨티나, 태국, 브리질, 중국, 뉴질랜드, 인도네시아, 일본 등이다. 1991년 3월 8일에 제정된 국제형사사법공조법은 형사사건의 수사 또는 재판과 관련하여 외국의 요청에 따라 실시하는 공조의 범위와 절차 그리고 외국에 대한 공조요청 등에 관하여 규정하고 있다. 동법 제5조에서는 물건과 사람의 소재수사, 서류기록의 제공, 서류 등의 송달, 증거수집, 압수·수색·검증의 실시, 증거물 등 물건의 인도, 진술청취와 기타, 요청국에서의 증언 및 수사협조에 관한 사항을 열거하고 있다. 현대 형사사법공조조약의 경우에는 호주, 캐나다, 프랑스, 미국, 몽골, 홍콩, 중국, 뉴질랜드, 러시아 등이다. 경찰청은 2003년 현재 미국(워싱턴 1명, 뉴욕 1명, LA 1명), 일본(도쿄 1명, 오사카 1명), 중국(베이징 2명, 청도 1명, 심양 1명, 홍콩 1명), 프랑스 1명, 브라질 1명, 필리핀 1명, 러시아 1명, 태국 1명, 인도네시아 1명 등 16명의 해외주재관을 파견하고 있다.

제 6 장 사이버범죄론

제1절 컴퓨터범죄

Ⅰ. 의의

컴퓨터범죄에 대한 개념정의에 대해서는 일치된 정의가 없는 것이 사실이나, 컴퓨터와 관련하여 형사제재를 가할만한 사회적 침해행위로서 컴퓨터범죄로 정의하고, 광의로는 컴퓨터의 특수성과는 거의 관련되지 않는 범죄행위까지도 포함하여 사용하고, 협의로는 컴퓨터의 특수성과 관련하여 전자화된 데이터의 부정조작행위와 소거·파괴행위 및 컴퓨터정보의 부정입수·누설 등을 지칭하는 것이다.[22] 우리나라에서는 1967년 경제기획원에서 처음으로 컴퓨터가 도입된 이래 1973년 10월 과학기술원 중앙전산실의 프로그래머가 반포 AID차관아파트의 입주추첨과 관련하여 프로그램을 조작한 것이 그 범죄의 시작이었다. 1980년대 중반 이후 컴퓨터의 보급이 이루어지자 각종 컴퓨터범죄가 등장하였다.

Ⅱ. 유형

컴퓨터 자체, 그 프로그램, 외부에 기억되어 있는 자료를 파괴하는 행위(컴퓨터파

22) 차용석, "컴퓨터에 관련된 범죄와 형법", 한양대학교 법학논총 제6집(89.2), 3면.

괴), 컴퓨터데이터를 권한없이 획득하거나 이를 누설하여 타인에게 재산손해를 야기시키는 행위(소위 컴퓨터스파이행위) 그리고 권한없는 자가 타인의 컴퓨터를 이용하여 소유자나 임대인에게 재산적 손해를 입히는 행위(컴퓨터 무권한사용) 등으로 유형을 고찰할 수 있다.

〈표 10〉 컴퓨터범죄의 유형

컴퓨터범죄	개 념	태 양
컴퓨터조작범죄 (Manipulation)	행위자가 컴퓨터 작업과정에서 개입하여 피해자에게 손실 초래, 제3자에게 재산상 손실을 초래할 목적으로 컴퓨터의 정상적 작동방해 내지 정보와 자료를 변조행위	- 전자기록 위작 · 변작 - 위조문서행사 - 컴퓨터사용사기
컴퓨터방해 (파괴) (Sabotage)	컴퓨터의 자체, 컴퓨터프로그램, 컴퓨터 내부나 외부의 기억장치에 기억되어 있는 자료의 파괴행위	- 컴퓨터업무방해 - 컴퓨터데이터파괴죄 (손괴)
컴퓨터스파이 (Spionage)	데이터를 권한없이 획득하거나 이를 누설하여 타인에게 재산적 손해를 야기시키는 행위	- 컴퓨터데이타 탐지죄 - 컴퓨터에 의한 업무방해
컴퓨터부정사용 (Zeitsdiebstahl)	권한없이 행위자가 타인의 컴퓨터를 자신을 위하여 작동시키는 행위, 컴퓨터의 사용시간은 재산가치를 가지기 때문에 '시간절도' 라고도 함.	- 시간절도 - 컴퓨터 무권한 사용
크레디트카드범죄 (CD범죄)	현금자동지급기를 이용하는 과정에서 나타나는 각종 불법적 행위	- 크레디트카드 부정사용

※ 참고자료 : 이보령, "정보화사회에 있어서 컴퓨터범죄와 그 방지대책" , 교정 96.3, 19면.

Ⅲ. 처벌

1. 형법적 처벌

전자기록위작등죄로서 형법 제227조의2(공전자기록의 위작, 변작), 제228조(공정증거원본의 불실기재), 제229조(위조 등 공문서행사), 제232조의2(사전자기록의 위작, 변작) 그리고 제234조(위조사문서등의 행사)의 규정을 두고 있다. 제347조의2는 컴퓨터등 사용사기죄로서 정보처리장치에 허위정보 또는 부정한 명령을 입력하여 정보처리를 하게 함으로써 재산상 이익을 취득하거나 제3자로 하여금 취득하게 한 자를 처벌한다. 제341조 제2항은 컴퓨터업무방해죄로 정보처리장치 또는 전자기록 등 특수매체를 손괴하거나 정보처리장치에 허위의 정보 또는 부정한 명령을 입력하거나 기타 방법으로 정보처리에 장애를 발생케 하여 사람의 업무를 방해한 경우를 처벌한다. 제366조는 재물손괴죄에 해당하지만 컴퓨터 하드웨어에 대한 손괴의 경우도 포함한다. 타인의 점유 또는 권리의 목적이 된 자기의 물건 또는 전자기록을 방해하는 경우에는 제323조가 적용된다.

2. 기타 처벌

컴퓨터프로그램 내지 컴퓨터데이터에 대한 탐지의 경우에는 컴퓨터프로그램보호법(일부개정 2002.12.30 법률 제06843호)에 의해 처벌되었다. 그러나 컴퓨터프로그램보호법은 2009.7.23 폐지되었다.

제2절 사이버범죄

I. 개념

최근 우리나라에서는 사이버공간의 무한팽창에 따라 인터넷사기, 명예훼손, 아동포르노, 개인정보침해 등 각종 사이버범죄들이 급격히 증가하고 있어 사회문제화되고 있다.[23] 최근에는 당사자와 합의하지 않은 상태에서 인터넷에 업로드하여 음란물을 유포하거나 몰래카메라를 이용하여 촬영하여 유포하는 이른바 디지털성범죄도 심각한 수준에 이른다고 보도되고 있나. 사이버범죄(Cyber Crime)는 김퓨터 범죄를 포함하여 사이버공간에서 행해지는 모든 범죄를 말한다. 과거 컴퓨터 범죄, 정보통신범죄, 하이테크 범죄 등의 용어가 사용되었다. 컴퓨터 범죄는 독립적인 컴퓨터 시스템에서의 범죄라는 개념으로 사이버범죄를 하나 이상의 컴퓨터를 사용하여 인터넷상에서 또는 인터넷을 도구로 하여 감행되는 법익침해 행위(사회적 유해성이 있는 행위)를 총칭하는 개념이다. 사이버범죄의 특징으로서는 사이버공간의 비대면성과 익명성, 범죄의 광역성, 정보의 집약과 정보전달의 신속성 등을 들 수 있다.

사이버범죄는 사이버 공간의 강력한 전파성 때문에 이전 범죄와 비교하여 불특정다수인을 상대로 한꺼번에 피해를 입힐 수도 있고, 작게는 개인의 정보와 시스템에서부터 크게는 국가 전체의 신경망을 파괴하는 정도까지 그 피해규모가 엄청나며, 이들 범죄를 수사하는 데에 전문가 못지않은 지식과 기술에 수사능력까지 요구하며 수사에 상당한 시일이 소요된다. 위와 같은 내용을 중심으로 종합한다면 사이버범죄란 '사이버공간에서 행하여지는 모든 범죄적 현상, 즉 사이버 공간을 범행의 수단, 대상 혹은 무대로 삼는 범죄현상' 이라고 할 수 있을 것이다.

23) 발생유형별로 인터넷 사기가 37,453건으로 가장 많은 비중을 차지하였고, 해킹이나 바이러스 유포 등 사이버범죄도 14,241건으로 나타났다(경찰청, 경찰백서, 2004, 135면)

Ⅱ. 특징

1. 익명성

사이버공간의 가장 큰 특징은 익명성이 보장된다는 점이다. 사이버공간에서는 누가 무슨 말을 하더라도 그 정체가 드러나지 않기 때문에 현실공간에서와는 달리 심리적으로 도덕의식 또는 준법의식이 결여되기 쉽다. 컴퓨터바이러스의 제작 · 유포, 해킹, 음란물의 유포 · 전시 · 판매, 인터넷사기 등은 이러한 익명성으로 인하여 행위자들이 쉽게 빠져들 수 있는 범죄들이다. 따라서 범행의 주체를 밝히기가 사실상 어려운 경우가 많게 된다.

2. 시간과 공간의 비현존성

상대의 위치에 상관없이 이용이 가능하며, 전자우편과 같은 통신수단은 24시간 모뎀만 있으면 어느 곳에서나 전화선을 이용한 접속과 통신이 가능하다.

사이버범죄의 시공초월성은 사이버범죄자들에게 엄청나게 많은 범죄의 기회를 제공하고 있다.

3. 범행증거 채취의 어려움

범죄자의 익명성, ID도용의 암행성, 범행장소의 불특정성, 국제공조의 미흡 등은 모두가 범행증거의 확보와 범행사실의 입증을 어렵게 만들게 되어 수사활동을 어렵게 만들뿐더러 기소와 재판단계에서 유죄의 입증을 어렵게 만들게 된다.

4. 암수범죄성

인터넷범죄에는 평균적으로 높은 암수(Dunkelfeld ; dark number)가 존재한다고 보고 있다. 이는 개인, 기업 등 피해자들이 바이러스에 공격을 받고 감염되어 있으면서도 신고를 기피하거나 기업이미지에 타격을 입을 가능성이 있다는 점 등에 기인한다.

Ⅲ. 사이버범죄의 유형

기존의 연구들을 면밀히 조사하여 보면, 정보범죄, 컴퓨터범죄, 테러범죄 등과 같은 각개의 범죄현상을 다루면서 사이버범죄의 전형(典刑)에 속하는 범죄유형들을 살펴볼 수 있다.[24] 사이버범죄는 사이버 테러형 범죄와 일반적인 사이버범죄로 구분할 수 있다. 사이버 테러형 범죄는 정보통신망 자체를 공격 대상으로 하는 불법행위로서 해킹, 바이러스 제작·배포, 메일폭탄, 전자기적 침해장비 등을 이용한 컴퓨터시스템과 정보통신망 공격 등이 있다. 사이버범죄의 특징은 비대면성, 익명성, 시간과 공간의 비한정성, 정보집약 및 정보전달의 신속성, 미래사회의 범죄수단, 전문성과 기술성, 발견과 증명, 고의입증이 곤란한 점이다. 사이버테러란 국가기관이나 개인의 정보시스템을 파괴하여 주요기능을 마비시키는 것을 의미한다.[25] 사이버테러의 대상은 개인, 기업뿐만 아니라 국가도 포함된다.

〈표 11〉 사이버범죄의 유형

(1) 사이버 테러형 범죄
원래 테러는 '정치적(이념적) 목적을 가진 폭력' 으로 통용되나, 실무적으로 사이버테러는 해킹(서비스 거부[26], 전자우편 폭탄, 논리폭탄[27], 트로이목마[28], 인터넷 웜[29]) 바이러스 제작·유포 등 대규모 피해를 야기시키는 사이버공간에서의 범죄를 말하고, 이러한 전자기적인 침해장비를 이용한 컴퓨터시스템과 정보통신망 공격행위가 이에 해당하며, 수사에 있어 상당한 수준의 컴퓨터 지식과 조작능력이 필요하여 경찰청 사이버테러 대응센터가 주도적으로 대응하고 있다. ① 해킹(크래킹)범죄 컴퓨터의 시스템의 취약점을 이용하여 불법적으로 접근한 후 자료의 유출, 위변조 및 삭제, 시스템 장애 및 마비를 유발시키는 장애행위를 말한다. (i) 해킹해위 자체 정보통신망 무단침입죄(정보통신망법 제48조, 제63조) (ii) 해킹에 의한 비밀침해 비밀침해죄(형법 제316조 제2항) 정보통신망 비밀침해죄(정보통신망법 제49조, 제62조 제6호)

24) 조병인/정진수/정완/탁희성, 『사이버범죄에관한연구』, 한국형사정책연구원, 2000, 21면.
25) 한종욱/허경미, 『범죄학』, 경찰대학, 2003, 284면.

통신비밀 무단감청죄(통신비밀보호법 제16조 제1호) (iii) 해킹에 의한 자료삭제 전자기록손괴죄(형법 제366조) 정보통신망 정보훼손죄(정보통신망법 제49조, 제62조 제6호) - 해킹에 의한 자료삭제를 통한 업무방해 : 컴퓨터등업무방해죄(형법 제314조 제2항) - 대량의 스팸메일 또는 전자우편을 통한 업무방해 : 컴퓨터등업무방 해죄(형법 제314조 제2항), 대량데이터 업무방해죄(정보통신망법 제48조 제3항, 제62조 제5호) (iv) 해킹에 의한 자료변경 전자기록위작 · 변작죄(형법 제227조의 2, 제232조의 2) 정보통신망 정보훼손죄(정보통신망법 제49조, 제62조) (v) 해킹에 의한 재산취득 컴퓨터등사용사기죄(형법 제347조의 2) ② 바이러스범죄 컴퓨터 바이러스는 자기 복제를 하여 전파되면서 시스템에 오동작을 일으키거나 파일을 손상시키는 프로그램을 말한다. (i) 바이러스 전달 · 유포행위 악성프로그램 전달 · 유포죄(정보통신망법 제48조 제2항, 제62조 제4호) (ii) 바이러스 제조행위 처벌규정 없음 (처벌필요성을 긍정하는 견해 있음) ③ 국가 · 사회에 대한 사이버테러리즘 주요정보통신기반시설침해죄(정보통신기반보호법 제15조, 제36조 제1 항)
(2) 일반 사이버범죄
일반 사이버범죄행위에 대하여는 각 지방경찰청 사이버범죄수사대와 각 경찰서 단위의 사이버범죄 수사반이 수사를 담당하는 것이 일반적이다. ① 음란물 배포와 음행매개 ② 사이버 사기 ③ 사이버 도박 ④ 사이버 명예훼손과 협박, 허위사실 유포 ⑤ 마약거래, 자금세탁 ⑥ 사이버 성폭력(대표적인 것은 사이버 스토킹으로 PC통신상의 대화방, E-mail 등 정보통신망을 통하여 상대방이 원하지 않는 접속을 지속적으로 시도하거나 욕설, 협박 내용을

담은 메일송신 행위를 지속하는 것) ⑦ 기타 전자상거래 사기, 개인정보의 유출, 인터넷포르노사이트의 운영, 소프트웨어 저작권 침해, PC방을 중심으로 나타나는 원조교제나 미성년자에의 음란물사이트 열람행위

※ 참고자료 : 백광훈, "인터넷을 이용한 범죄의 유형과 처벌법규", 범죄방지포럼 통권 제13호(2003.10), 37면.

Ⅳ. 사이버범죄의 국내현황

2003년은 2002년 60,068건에 비하여 14%가 증가한 수치이다. 그 원인은 인터넷 보급의 확산으로 거의 모든 국민이 인터넷을 사용함으로써 현실공간에서의 범죄가 '사이버공간' 으로 옮겨온 것으로 판단된다. 발생유형별로 본다면 인터넷 사기가 37,453건으로 가장 많은 비중을 차지하였고, 범행장소는 주로 IP추적이 어려운 PC방에서 이루어지고 있는 것으로 분석된다.

Ⅴ. 범죄대책

1. 입법적 대책

(1) 의의

정보화사회 내지 디지털사회에 사이버공간에서 나타날 수 있는 각종 새로운 형태의 위법행위에 효과적으로 대처하기 위하여 새로운 법률을 제정하거나 관련 법률을

26) 서비스거부(Denial of Service)란 '신호송신-수신자응답-송신자 신호전송' 의 인증과정에서 상대방의 신호를 받고서도 의도적으로 신호전송을 거부해 컴퓨터 시스템을 계속 신호대기 상태로 묶어놓아 시스템을 무력화시키는 방법이다,

27) 논리폭탄(Logic Bomb)이란 특정날짜나 시간 등 일정한 조건을 만족시키면 특수프로그램이 저절로 작동돼 컴퓨터의 모든 정보를 삭제하거나 인터넷 등 온라인 정보사용을 방해한다.

28) 겉으로는 아무런 해를 끼치지 않을 것으로 보이지만 실제로는 바이러스와 같은 위험인자를 지니고 있는 프로그램으로 시스템 프로그램을 불법 수정하여 해커가 원하는 기능을 수행하도록 되어 있다. 주로 전자우편이나 인터넷을 통해 다운받은 소프트웨어에서 자행된다.

29) 웜은 바이러스와 같은 성질의 프로그램이지만 일반 바이러스와 달리 스스로 감염대상 컴퓨터를 찾아다니며, 대상 컴퓨터에 도착하면 즉시 컴파일된 후 자신을 복제시키고 다른 대상 컴퓨터를 물색하여 이동한다.

보완하고 있다. 예를 들면, 국가정보화 기본법, 정보통신망 이용촉진 및 정보보호 등에 관한 법률, 통신비밀보호법, 개인정보 보호법, 신용정보의 이용 및 보호에 관한 법률, 전기통신기본법, 전기통신사업법, 물류정책기본법, 저작권법에서 더 나아가 범죄와 형벌에 관한 기본법인 형법을 1995년에 개정함으로써 사이버범죄를 처벌할 수 있는 규정을 신설 내지 보완하였다.

(2) 유형

1) 전통적인 사이버범죄의 유형

전통적인 사이버범죄는 사이버공간이라는 생활공간을 이용하여 행하여질 뿐 새로운 불법내용을 갖는 것은 아니어서 기존의 구성요건에 의해 포섭이 가능하다. 사이버공간에서 발생하는 사이버도박은 도박죄로, 사이버명예훼손은 명예훼손죄로, 사이버포주는 윤락행위등방지법으로, 사이버성추행은 성폭력범죄의처벌및피해자보호등에관한법률로, 인터넷사기는 사기로, 인터넷을 통하여 음란한 CD나 비디오테이프를 유포하거나 판매하는 행위는 청소년보호법 제58조로 처벌된다. 정보통신망이용촉진법을 개정해 광고성 정보 전송자가 수신자의 수신 거부를 회피 · 방해하는 기술조치를 한 경우에는 처벌을 받도록 하는 등 스팸메일의 단속을 강화한 바 있다. 그러나 지금은 정보통신망이용촉진법이 폐지되고 개인정보보호법으로 대체되었으나 이와 같은 규정이 없다.

2) 새로운 사이버범죄의 유형

① 해킹

해킹에 의한 범죄는 행위유형에 따라 해킹에 의한 무단침입, 해킹에 의한 비밀침해, 해킹에 의한 자료삭제, 해킹에 의한 자료변경, 해킹에 의한 업무방해, 해킹에 의한 재산취득으로 나누어 볼 수 있다.

a. 해킹에 의한 무단침입

형법에는 이에 관한 규정이 없으나 몇몇 특별법에는 해킹에 의한 무단침입을 처벌하는 규정이 있다. 타인의 ID나 비밀번호를 도용하는 경우에는 (구)정보통신망비밀침해죄(구 정보통신망법 제28조, 제22조)로 컴퓨터시스템의 보호장치를 무력하게 하고 침입하는 행위는 컴퓨터시스템의 보안성을 침해한 것으로서 (구)정보통신망법상의 보호조치침해죄(제29조, 제19조 제3항)로 처벌된다. 또한 물류전산망의 보호조치를 침해하거나 훼손하는 행위는 물류정책기본법 제71조에 의해 처벌된다.

b. 해킹에 의한 비밀침해

해킹에 의한 비밀침해행위는 수집한 내용이 무엇이냐에 따라 처벌법규가 다르다. 국가나 공무소의 비밀을 탐지한 경우에는 형법상의 간첩죄(제98조 제1항)나 기술적 수단에 의한 공무상비밀침해죄(제140조 제3항)에 의하여 처벌되고, 개인비밀침해행위에 대하여는 기술적 수단에 의한 비밀침해죄(형법 제316조 제2항)가 적용된다. 또한 특별법에 이러한 행위를 처벌하는 규정이 있는데, 통신비밀보호법 제16조 제1호(전기통신감청죄), 정보통신망법 제28조(정보통신망비밀침해죄), 물류정책기본법 제71조, 신용정보의 이용 및 보호에 관한 법률 제32조 제2항 제11호가 그것이다.

c. 해킹에 의한 자료삭제

이러한 행위는 보통 바이러스유포행위와 결부되어 행하여진다. 이러한 행위는 형법상의 공용서류 등 무효죄(제141조 제1항)나 손괴죄(전자기록손괴죄 제366조 제1항), 에 의하여 처벌된다. 그리고 공공기관의 개인정보를 말소하는 행위는 개인정보보호법 제71조에 의해, 물류전산망에 의하여 처리 · 보관 또는 전송되는 물류정보를 훼손하는 행위는 물류정책기본법 제71조에 의해, 신용정보전산시스템의 정보를 삭제 기타 이용불가능하게 하는 행위는 신용정보의 이용 및 보호에 관한 법률 제32조 제2항 제11호에 의해, 무역업자 등의 컴퓨터화일에 기록된 전자문서 또는 데이터베이스에 입력된 무역정보를 훼손하거나 그 비밀을 침해하는 행위는 전자무역 촉진에 관한 법률 제20조에 의해 처벌된다.

d. 해킹에 의한 자료변경

해킹에 의해 타인의 컴퓨터시스템에 저장되어 있는 자료를 변경할 수 있다. 해킹에 의해 컴퓨터시스템에 저장되어 있는 자료나 정보 중 '권리의무 또는 사실증명에 관한' 전자기록의 변경행위는 형법상의 전자기록위작 · 변작죄가 성립한다. 그리고 특별법으로는 공공기관의 개인정보변경을 처벌하는개인정보보호법 제71조, 신용정보전산시스템의 정보변경 · 삭제 등을 처벌하는 신용정보의 이용 및 보호에 관한 법률 제32조 제11호, 무역업자 등의 컴퓨터화일에 기록된 전자문서 또는 데이터베이스에 입력된 무역정보의 위조·변조를 처벌하는 전자무역 촉진에 관한 법률 제20조, 물류전산망에 의한 전자문서의 위작·변작행위를 처벌하는 물류정책기본법 제71조이 있다.

e. 해킹에 의한 업무방해

해킹에 의한 업무방해를 처벌할 수 있는 규정은 형법 제314조 제2항의 컴퓨터손괴 등 업무방해죄이다.

f. 해킹에 의한 재산취득

해킹에 의해 타인의 PC뱅킹 등 사이버거래에 필요한 비밀번호 등을 알아낸 뒤 이를 이용하여 타인계좌의 예금을 이체하거나 은행의 프로그램을 변경하여 자신의 계좌에 일정액 이하의 이자가 자동으로 이체되도록 하는 방법 등에 의해 재물이나 재산상 이익을 취득할 수 있다. 현재 해킹에 의한 재산취득에 적용될 수 있는 구성요건은 형법에 규정된 컴퓨터사용사기죄(형법 제347조의 2)이다.

2) 바이러스의 제작·유포

바이러스를 제작하여 유포시킴으로써 컴퓨터에 의해 처리되는 타인의 업무를 방해하는 행위도 컴퓨터손괴 등 업무방해죄를 구성한다.

(3) 문제점

1) 사이버범죄의 개념정립

국제적으로 사이버범죄에 대한 일관성이 있는 개념에 대한 정설은 아직까지 없다. 예컨대, 시스템에 대한 부적격 또는 무권한 접속이나 전자자료의 무권한 파괴나 변경, 시스템 암호의 무단사용이나 유출 등 그리고 권한없이 불법적으로 컴퓨터 시스템을 장악하는데 사용하는데 사용되는 장치들을 보유, 사용하거나 거래하는 행위도 같은 범주에 포함될 수 있을 것이다.

2) 주권과 관할권의 문제

하이테크 범죄문제는 국제적인 연관성을 불가피하게 내포하고 있으므로 한 국가만의 조치로는 효과적인 대처가 불가능하다. 각국의 입장은 기본적으로 지역관할이 원칙이나 경우에 따라서는 속인주의의 입장을 취하기도 하고, 경우에 따라서는 범죄지법을 적용하기도 한다.

3) 압수 · 수색에 관한 문제

사이버범죄수사에 있어서는 대상이 되는 컴퓨터에 저장된 데이터에 대한 압수 · 수색뿐만 아니라 원격지에서 네트워크를 통하여 대상 컴퓨터의 자료에 접속하여 증거를 수집할 수 있는 권한이 필요하다.

4) 특별법상의 문제점

① '개인정보보호법' 은 개인정보유출에 대한 처벌조항을 두고 있으나, 전산망에 의해 처리 · 보관 · 전송되는 타인의 정보를 훼손하거나 비밀을 침해 · 도용 · 누설하는 행위를 금지하고 있어, 그 밖의 정보유출행위는 통제권 밖에 존재할 따름이다. 다시 말하면, 컴퓨터단말기를 이용하여 주컴퓨터에 수록된 자료를 빼내는 행위만을 금지하고 컴퓨터에 입력된 내용을 타자를 쳐 시 유출시기기나 혹은 지기만의 개인용 컴퓨터에 저장해 놓은 신상정보를 타인에게 유출시키는 경우에는 처벌할 수 없도록 되어 있다.

② - 가칭 '사이버범죄기본법' 의 입법론

국내에서는 사이버범죄 처벌을 위해 정부부처별로 관련 법률을 제정하거나 현행법을 보완하고 있어 한 행위에 여러 가지의 처벌법규가 중첩적으로 적용되어지고, 용어가 통일되지 않는 등 처벌대상을 확정하는 데에 어려움이 존재한다. 사이버범죄에 대한 통일적인 규정과 수사절차를 정하고 실체법적인 구성 요건과 압수 · 수색 등의 절차와 방법 등을 망라해 새로운 유형의 범죄에 효과 적으로 대응하기 위한 '사이버범죄처벌특별법(가칭)' 을 제정하여야 한다는 입법론이 존재하고 있다.

2. 형사정책적·제도적 대책

(1) 사이버범죄수사 대응 조직

사이버경찰은 사이버공간을 무대로 다른 사람 또는 법인의 생명, 신체, 재산, 명예, 정조, 사생활 등을 위협하거나 사회질서를 어지럽히는 행위 및 국가안보를 해치는 모든 행위를 탐지하고 행위자를 검거하는 임무를 수행한다.[30] 1992년 경찰청 국제형사과에 '컴퓨터범죄담당자' 가 정식 지명됨으로써 사이버경찰의 활동이 개시되었다. 1997년 8월 해커수사대를 '컴퓨터범죄수사대' 로 확대 개편하고 전담요원을 10명에서 30명으로 증원하였다. 1999년 12월에는 사이버범죄수사대가 출범하였다. 사이

30) 조병인, 『사이버경찰관에 관한 연구』, 한국형사정책연구원, 2000, 13면.

버범죄수사대는 2000년 7월 11일 90여명 규모의 '사이버테러 대응센터' [31]로 확대 개편되었다. 사이버테러대응센터는 외국해커 침입시 해당국가의 수사기관 등과 신속한 공조가 가능하도록 상시대비체계를 갖추고 있다. 2000년 10월 24일에 개청한 '사이버경찰청' [32]은 경찰의 대민창구를 사이버공간까지 확장시켜 놓은 개념이고, 사이버경찰은 사이버공간의 법질서를 확립하기 위해 특별히 설치된 경찰부서 혹은 경찰요원을 일컫는 개념이다.[33] 2013년 11월 13일 경찰청은 사이버테러에 대한 심각성이 부각되면서 종래의 '사이버대응테러센터' 를 사이버 안전국으로 확대 개편하였다.

[그림 2] 사이버안전국의 조직도

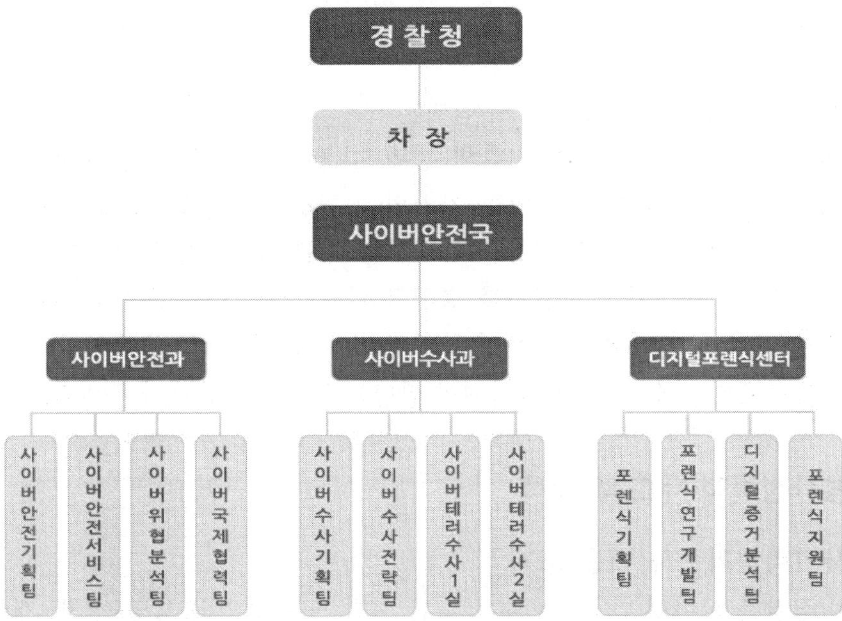

※ 참고자료 : http://cyberbureau.police.go.kr

(2) 수사관에 대한 전문교육 강화

수사요원을 전문화하기 위하여는 교육훈련이 중요하다. 객관적인 평가에 의해 교육

31) http://ctrc.go.kr/main.jsp
32) www.police.go.kr
33) 조병인, 전게서, 28면.

대상자를 선발하고 맞춤식교육을 실시함으로 수사요원의 전문화에 도움이 되어야 한다. 예컨대, 비디오교육, 온라인상의 인터넷 홈페이지를 이용하여 교육효과를 고양시키거나 온라인을 이용한 원거리교육 등의 교육기법을 도입하여 발전시킬 필요가 있다.[34)]

◇ 생각하여 볼 문제

1. 범죄인에 대해서 우리나라 형사사법절차는 인권보장적인 견지에 서 있다고 보는가?
2. 범죄대책에 대한 고전적인 모델들은 개별범죄에 대한 대책에 그대로 적용할 수 있는가?

34) 김종일, "검찰수사요원의 전문화방안", 『해외연수법무공무원연구논문집(I)』, 2005, 147면.

참고문헌

[국내문헌]

구종회 외 10인, 『교정복지학』, 홍익채, 2001.

경찰청, 『경찰백서』, 2006.

김동림, "소년법상 보호대상자에 관한 고찰", 강원법학 제8권, 1996.

김영환 · 오영근 · 조준현 · 최병각, 『사회봉사명령제도에 관한 비교법적 연구』, 한국형사정책연구원, 1992.

김용세, 『피해자학』, 형설출판사, 2003.

김운회, 『가정폭력범죄』, 백산출판사, 2006.

김재민, 『범죄피해자대책론-형사절차에서의 범죄피해자 보호』, 진리탐구, 2006.

김종일, "검찰수사요원의 전문화방안", 『해외연수법무공무원연구논문집(I)』, 2005.

김주현, "인권과 교정복지의 이해", 인권복지연구 제3권(2008년 4월), 한국인권사회복지학회.

김태명, "일본의 외국인범죄 실태와 대책", 경찰학논총 제2권 제2호, 원광대학교 경 찰학연구소, 2007.

송태종, "조직범죄에 관한 연구 – 범죄론 및 형사사법적 대응책을 중심으로 – ", 호남대학교 박사학위논문, 2005.

김형만, "조직범죄의 실태와 대책", 대불대학교 논문집 제10집, 2004.

남상철, "개방처우의 효율적 시행방안", 교정연구(제17호), 2002.

민건식, "피해자학이란 무엇인가, 피해자학연구 창간호(1992), 한국피해자학회.

박상기, 『독일형법사』, 율곡출판사, 1993.

_____, 『형의 집행유예에 관한 연구』, 한국형사정책연구원, 1993.

박상식 · 이창호, 『범죄피해자와 회복적 사법』, 학국학술정보, 2008.

박양삼, "시설내처우와 사회내처우의 조화", 교정(97.4).

박영숙 외 7인, 『교정복지론』, 청목출판사, 2008.

배임호, 『교정복지론』, 공동체, 2021.

_____, "회복적 사법정의의 배경, 발전과정, 주요 프로그램 그리 고 선진교정복지" 『교정연구』 통권 3호 (2007).

법무부, 『법무연감』, 2003.

법무연수원, 『범죄백서』, 2003.

서거석, "외국인범죄의 실태와 대책", 비교형사법연구 제5권 제1호(통권 제8호), 한국비교형사법학회, 2003.7.31.

손동권, "한국 형사사법의 현황과 발전방향", 형사정책연구 제8권 제3호(통권 제31호 1997,

가을호).
손동권(역) · Schnider, H.J, "암수범죄에 관한 연구 “, 형사정책연구(98.6).
신동운, 『형법총론(제3판)』, 법문사, 2008.
송광섭, 『형사정책』, 대왕사, 1996.
______, “교통범죄의 현황과 대책” , 형사정책연구 29 (1997.3).
신양균, “카롤리나형사법전 입문(하)” , 사법행정(86/4).
______, 『형사소송법』, 법문사, 2004.
신진규, 『범죄학겸형사정책』, 법문사, 1993.
양태규, “조직범죄의 실태와 대책에 관한 연구 - 조직폭력범죄를 중심으로 - ” , 전북대학교 박사학위논문, 2003.
오영근 · 최병각, 『선도조건부기소유예제도에 관한 연구』, 한국형사정책연구원, 1994.
오재환, “피해자학의 위치와 전망” , 『범죄와 피해자』제5회 세미나(1991.9.13)자료, 한국형사정책연구원.
옥필훈, “경제범죄의 실태와 대책에 관한 연구” , 전북대학교 대학원 박사학위논문, 2006.
______, “사회내처우에 있어서 교정복지실천에 관한 연구” , 법학연구 통권 제29집 (2009.12.31.), 전북대학교 법학연구소.
이백철, 『교정학』, 교육과학사, 2016.
이상철, 『판결전조사제도에 관한 연구』, 한국형사정책연구원, 1994.
이언담, 『신경향 교정학 기본서』, 가람북스, 2017.
이윤호, 『범죄학개론』, 박영사, 2002.
______, “사회복지관에서 교정복지의 활성화방안” , 동광 제98권, 어린이재단, 2001.
이재상, 『형법총론』, 박영사, 2004.
임준태,『범죄예방론』, 대영문화사, 2009.
장영민 · 조영관, 『경제범죄의 유형과 대처방안』, 한국형사정책연구원, 1993.
장중식, “여성범죄의 원인과 대책” , 교정연구 제25호, 2004.
전대양, 『현대사회와 범죄』, 형설출판사, 2004.
전돈수, 『범죄학개론』, 21세기사, 2005.
정영석 · 신양균, 『형사정책』, 법문사, 1998.
정우식,『교정복지학의 이해』, 홍익채, 2001.
정지운, “조직범죄에 대한 연구” , 경기대학교 박사학위논문, 1996.
조병인, 『현대사회와 범죄』, 법문사, 2001.
______, 『사이버경찰관에 관한 연구』, 한국형사정책연구원, 2000.
조병인 · 정진수 · 정완 · 탁희성, 『사이버범죄에관한연구』, 한국형사정책연구원, 2000.
차용석, “컴퓨터에 관련된 범죄와 형벌” , 한양대학교 법학논총 제16집(89.2).

최옥채, 『교정복지론』, 학지사, 2007.
최인섭 · 진수명, 『지역특성과 범죄발생에 관한 연구』, 한국형사정책연구원, 1999.
한국사회과학연구소 사회복지연구실,『한국사회복지의 현황과 쟁점』, 인간과 복지, 2000.
한인섭, "범죄낙인과 사회적 반응", 고시연구(96.5).
한종욱 · 허경미, 『범죄학』, 경찰대학, 2003.
한휘전, "여성범죄에 관한 연구", 조선대학교 박사학위논문, 1992.
허경미, "한국의 조직범죄 실태와 그 대응방안에 관한 연구", 동국대 박사학위논문, 2000.
______, 『범죄프로파일링 기법의 효과적인 활용방안』, 치안정책연구소, 2008.
허주욱, 『교정학』, 법문사, 2002.
홍봉선, 『교정복지론』, 공동체, 2008.
홍정원, "성인 보호관찰대상자 지도, 감독, 원호 등 보호관찰기법에 관한 연구", 법무연구 제25호, 법무연수원, 1998.

[국외문헌]

Adler, F · Mueller, G, O. W., Lauder, W, S., 『Criminology』, McGraw-Hill, 1991.
Barkan, S, E., 『Criminology』, Prentice Hall, 2001.
Black, D., 『The Behavior of Law』, Academic Press, 1976.
Ferrell, J., Sanders, C., 『Cultural Criminology』, Northeastern University Press, 1995.
Heaton, T., Lawson, 『Crime and Deviance』, Macmillan, 1999.
Heidensohn, F., 『Crime and Society』, Macmillan, 1992.
Lyman, M, D., 『Organized Crime』, Prentice Hall, 2007.
McNeil P., 『Research Methods』, Routledge, 2000.
Pollak, O, 『The Criminality of Women』, University of Pennsylvania Press, 1950.
T.S, Sellin, 『Culture Conflict and Crime』, Social Science Research Council, 1938.
Siegel, L, J., 『Criminology』, University of Massachusetts, 2002.
Sutherland, E.H, Cressey, D.R, 『Criminology』, Lippinocott Company, 1974.
Taylor, I, Walton, P, Young, J., 『The New Criminology : For a social theory of deviance, Routledge』, 1996.
Templeman, L., Doherty, M., 『Criminology』, Old Bailey Press, 1999.
Vold, G, B., Bernard, T, J., 『Theoretical Criminology』, Oxford University Press, 1986.
藤本哲也, 『刑事政策概論』, 青林書院, 1996.
木村裕三 · 平田 紳, 『刑事政策概論』, 成文堂, 平成18年.
小塚征生, 『刑事政策講義』, 早稲田經營出版, 昭和 60年
正木 亮, 『刑事政策汎論』, 有斐閣, 昭和 13年

[인터넷 자료]

http://www.britsoccrim.org

http://www.interpol.int

http://www.icc-cpi.int

http://www.victimology.or.kr

http://ctrc.go.kr/main.jsp

http://www.police.go.kr

http://www.michigan.gov/corrections

http://seoul.probation.go.kr

http://cheonanopen.corrections.go.kr

A Short Review of Criminology & Criminal Policy

I. Basic Theories on Criminology

1. Concept

Criminology is a discipline that studies the entire criminal judicial procedures including ① frequency of crimes, ② types of crime, ③ aspects of crime, ④ root causes of crime, ⑤ criminal penalties and security measures, ⑥ execution system, and ⑦ criminal judicial procedure (criminal policy as a discipline).

Theories on the causes of crime, crime prevention, punishment, security measures, and execution are all included in the realm of research, while crime, criminals, victims and measures are all the study target. Although criminal policy started as a means of aiding in the criminal code, it has now evolved into one single discipline.

2. Relationship both Criminology and Criminal Policy

Criminology is a discipline that deals with the root causes of crime in biological, psychological, and social respects. Meanwhile, criminal jurisprudence explores how theories on crime are constituted and how penalties should be imposed. Criminal jurisprudence is considered analytics regarding crimes prescribed in the positive criminal code, based upon a legitimate relationship between crime and punishment, targeting criminals who have breached the principle of "nulla poena, nullum crimen sine lege" and criminal law. On the other hand, criminal policy attempts to shed light on the factual relation between crime and punishment in an empirical manner. ZipF, a renown German crime policy theorist, points out, "Criminal policy without criminology is empty, and criminology lacking the aspects of criminal policy is in fact vulnerable to fall into the trap of being a mere accumulation of facts. Criminal jurisprudence without criminal policy is also prone to a rigid execution of laws, whereas criminal policy ignoring the possibilities of criminal jurisprudence is stripped of its foundations." In other words, criminal policy plays the role of a decisive mediator between criminology and criminal jurisprudence.

3. Development of Criminology

The chart below sums up the development of criminal policy worldwide after WW II.

Period	Trends in Criminology	Theory	Sanction	Sympathy with Community	Slogans in Fashion
1960 - 1970	Special prevention (education/ resocialization)	Educational and psychological concepts	Education instead of punishment	Strict but humane	Pure support
1980s	Diversion	Labeling effect	Informal judgment	Partial autocracy	Radical non-intervention
1985-1995	Offender - Victim - Reconciliation	Victimology Skepticism	Mediation instead of judgment	Peach and reconciliation	Crime as conflict
Since 1995	Preventive approach (prevention of individual crimes)	Privatization of dispute within limits of a social state	Prevention instead of oppression	Citizens' sharing of feeling as "US"	Universalism

II. Study Criteria of Criminology

This section will describe crime, criminals, victims, and crime prevention measures in order.

1. Crime

Crime is divided into individual and group crimes. The former refers to an aggregate of crimes committed by certain individuals; the latter is considered a disorder that appears in social life, as a social phenomenon, rather than a set of individual crimes.

Change in the concept of crime has recently raised issues, such as excessive criminalization, decriminalization, or new criminalization. Excessive criminalization includes crimes caused by the weakened informal functions of social control of a home or a community, such as minor offenses or traffic offenses. Decriminalization refers to the exclusion of cases based on the principle of subsidiarity of the criminal code. Sex crimes, drug crimes, abortion, or minor crimes are included here. New criminalization indicates cases that have to be prescribed as crime in order to cope with changes in the social structure under the influence of industrialization or urbanization, such as environmental crime, traffic crime, or economic crime.

2. Criminal

Crime is a human phenomenon and cannot exist without "human beings". Therefore, all the criminal contemplations and reflections of criminal policy always start with a "human being as a doer". If the last step in criminal justice is "how to treat a criminal", then criminal policy should start its study with a human being, the subject that commits crime. In other words, the study target of criminal policy incorporates those who violate legal norms and those with an anti-social personality disorder, who are both prone to committing crimes.

3. Victim

Criminal policy has focuses on "crime and criminals" thus far. Recently, however, it also includes "victims" in the realm of its study. It is important to study "how the victim fell victim to crime" in terms of crime prevention. Future studies of victims will include the categorization of victims, classification of crimes from the viewpoint of a victim, restoration of an offender regarding the victim, and a national compensation system.

4. Crime Prevention Measures

Criminal policy ultimately intends to establish measures for crime prevention by investigating crime and criminals as described above. Crime prevention measures are to be established regarding how to prevent crime, by setting concrete standards for treatment of a criminal, based on research of crime and criminals. When setting such measures, positive general prevention and special prevention should be always taken into consideration together.

III. Studies of Criminology

According to Sellin, "Criminal policy (criminology) is a discipline of an emperor without his territory" . It implies that it is necessary to make the best use of the results of the neighboring disciplines, such as statistics, and to conduct cooperative research between different departments, such as psychology or sociology. The currently important approaches for studying criminal policy are as follows:

1. Criminology as Factual Science

(1) Individual Study (Direct Observation) Approach

Individual study is a method of analyzing a criminal in all respects, such as his/her personality or background and of identifying the relevance among such elements. It includes ① individual case study ② limited case study (using statistical approaches like individual case study), and ③ criminal study by an observer directly participating on the crime scene (participant observation, criminal study in an independent state). However, it has such limitations as ① concerns about distortion of the investigator's personal opinions or prejudices and ② difficulty of applying this method to group crimes.

(2) Group Study Approach (Affiliated Investigation)

Group study is a method of analyzing the type of crime, techniques, criminal's age, police record, or particular background and of identifying common characteristics of criminals by sampling a specific group that shares the said elements in common. This method heavily relies on sampling: for example, if you are to survey the hereditary nature of a crime and start working on twins, then you have to find out the identification rate of crime of twins among criminals and then the identification rate of those who did not commit a crime.

(3) Mass Observation Approach

Mass observation is a quantitative method of studying crime. Statistic data usually used in Korea includes 「Crime Analysis」or 「Crime White Paper」 「Justice Yearbook」or 「Annual Report on Reform and Acceptance Statistics」. Mass observations have limitations as well: ① Lack of an explanation of causal linking or relationship (internal problem), ② the possibility of a foul play due to a huge difference between actual number of crimes and statistical number of crimes (external problems), ③ reliability of criminal statistics, ④ problems with the difference in the rate of crime reports, ⑤ miscalculation of crime rates and recently ⑥ labeling effects.

(4) Follow-Up Investigation Approach

Follow-up investigation is a method of investigating change in a criminal or a delinquent over time after committing a crime and of establishing social prevention measures. Prediction is a method of making judgments about future crimes or delinquency before anything occurs, taking previous situations into account. Follow-up and prediction essentially go hand in hand.

2. Criminology as Normative Science

(1) Stages in the Study Process

The research process is divided into three stages. First, analysis and evaluation of the results of policies of a criminal justice agency; second, a review of improvement plans and information gathering; and last, selection of the best solution and solving new issues.

(2) Criteria for Selecting the Best Solution

Criteria for selecting the best solution includes usefulness, feasibility, and humanism. ① Study results of criminal policy should be applicable in real life. If short-term imprisonment has such a bad influence, then it may as well be abolished. ② Such criteria also need feasibility, which are economically suitable and coincide with people's legal ethos. If a re-socialization policy, although solid, requires an exorbitant amount of expenses and therefore leads to an inefficient assessment of expenses, or if release of a convict is unacceptable to people, such policy or release is not reasonable. ③ The criteria must be humanitarian. Non-humanitarian systems like capital punishment should be excluded.

3. Index Crime

Index Crime (or dark figure) refers to criminal activity that, although it has actually happened, is not recorded in criminal statistics. Sutherland points out, "Crime and delinquency statistics are probably the least reliable, yet the most puzzling, among all social statistics." Statistics essentially carries foul play. Quételet, Qettingen, and Ferri, however, have already discussed such Index crime, and concluded that it is currently part and parcel of a survey of crime statistics.

(1) Causes of Index Crime

Any index crime that has not been recognized by an investigation agency appears because the victim concerned does not report the case. In such case, the victim tends to avoid reporting for personal reasons, or because of an uncomfortable feeling or possible harm after reporting. Similar cases can be seen in sex crimes, abortion, gambling, prostitution, theft, or school violence. Index crime can happen even after recognized by an investigation agency, when the court concerned arbitrarily handles the case or when it abuses its discretion. Similar cases can be seen in black crime, female crime, elderly crime, or white collar crime.

(2) Investigation of Index Crime and the Limitations

Investigation of Index crime is divided into self-reporting, victim survey, and informant survey. Such investigation has limitations concerning ① reliability of answers and ② the process of selecting respondents and of handling non-respondents. It is also difficult to ③ verify the validity and credibility of information.

IV. Modern Issues of Criminology

To maintain a close relationship between criminal policy and the criminal code requires a positive attitude and willingness to specifically reflect the study results regarding criminal policy upon the criminal code. Modern issues centering around criminal policy also need an in-depth review of criminal legislation, criminal judicature, and execution. Here is a brief explanation of all the above.

1. Issues of Criminal Legislation

The criminal code faces some issues, such as the settlement of a sense of responsibilities, modern re-interpretation of the principle of "nulla poena sine lege." subdivision and individualization of elements of crimes, a review of non-criminalization, supplementation of modern crimes (i.e., environmental crime, economic crime, medical crime) in the criminal code, abolishment of capital punishment, unification of imprisonment, abolishment of short-term imprisonment, introduction of daily fines system, introduction of a fine system of the probation department, and establishment of principles in the examination of an offense. Meanwhile, the code of criminal procedure requires the guarantee of proper procedures, plans for the rationalization of the examination of an offense through the introduction of investigation system before judgment, and consolidation of cooperation between a judge and an execution agent. The criminal administration act also needs the settlement of the principles of execution, supplementation of the act, and change of character as the Bill of Rights of a convict.

2. Issues of Criminal Justice System

Criminal justice calls for reasonable and humanitarian measures. Hence, it requires the establishment of scientific investigation, independence of investigation authority of the police, introduction of an investigation system before judgment, inhibition of and measures for imprisonment, solutions for the difficulty in judgment against those with mental disorders, deepening of education about criminal policy for investigators and judges, and separation of the procedures of fact finding from those of the examination of an offence.

3. Issues of Execution

Execution ultimately aims to prevent the recurrence of crime through reform and edification and further help a convict return to the society (re-socialization). In the field of execution, therefore remain such issues as the establishment of the principles of execution, scientific transformation of convict classification, establishment of proper relationship in the progressive system, treatment of habitual criminals, problems in filing a petition, introduction of a wage system for reform, introduction of Good Time System (a system for reducing jail time under certain legal standards by a convict maintaining his/her moral conduct while in prison; also known as Prison Term Reduction System or Compensation for Good Conduct System or Remission for Good Conduct System. In Korea, in March 1948, such system took effect as the "Excellent Convict Release Act" and in 1953 was abolished during the establishment of the criminal code), extension of treatment within the community, parolee probation, realization of relief and rehabilitation, privatization of prisons, citizen participation in the process of execution, introduction of the law of prediction of crime, guarantee of human rights of convicts, and plans to motivate convicts to spontaneously take part in rehabilitation.

크리스천투데이(2013.05.29.)

[기고] '범죄신학'은 가능한가?

▲ 옥필훈 교수

종래의 범죄학은 주로 범죄의 원인과 대책에 중점을 두고 연구를 진행해 왔으나, 최근에는 피해자학에 보다 많은 관심을 갖고 피해자 분류와 대책에 치중하는 경향이 있다. 셀린(Sellin)이라는 학자는 "범죄학은 영토를 가지지 않은 제왕의 학문" 이라고 했다. 기존의 범죄학적 연구성과는 유형별로 보면 소년범죄 · 경제범죄 · 약물범죄 · 교통범죄 · 조직범죄 · 사이버범죄 등으로, 현 시대를 대변한다고 하여도 좋을 것이다. 이를 보면 범죄학의 연구대상은 범죄행위 뿐 아니라 일탈행위도 된다.

따라서 형이 확정된 것 뿐 아니라 사회현상으로 매춘행위, 낙태행위, 교내폭력, 단순도박, 동성애 등 외부로 표면화되지 않는 경우도 포함할 수 있다. 실제로 발생했지만 수사기관에 인지되지 않았거나, 인지되기는 하였지만 아직 검거되지 않은 '암수범죄(Index Crime)', 피해자가 가해자 자신이거나 피해자가 누구인지 정하기 어려운 '피해자 없는 범죄(Victimless Crime)' 등은 일반범죄에 비하면 비교적 심각성이 덜해 처벌할 근거나 타당성이 희박할 수 있는 것이다.

플라톤, 아리스토텔레스 등 고대 그리스 철학자들은 범죄를 질병에 불과하다고 보았고, 중세에는 미신과 귀신들림에 대한 두려움이 인간의 사고를 지배했다. 유럽 전체를 통해 16-17세기에 걸쳐 마녀재판으로만 10만여명이 처형됐다는 기록이 있을 정도다. 근대에 들어서는 공리주의 사상이 형벌에 미치는 영향이 지대해져, 공공의 안전과 이익을 위한 소수 범죄자의 형벌을 정당화했다. 그러나 베카리아 등 당시 개혁주의자들은 범죄를 저지르지 못하도록 하기 위해 채택한 극형(capital punishment)을 적정하고 정당한 처벌로 변화시킬 것을 요구했다.

이후 다양한 범죄학파들은 200년 이상 역사를 가지고 발전의 길을 걸어왔다. 롬브로조, 페리, 가로화로 등 범죄 현상을 실증적으로 탐구하고 유효한 범죄방지 대책 마련을 노력해 온 이탈리아 학파, 케틀레 등 범죄를 사회병리 현상으로 파악하여 환경을 중심으로 한 범인성 연구에 주력한 프랑스 학파, 리스트 등 독일 지역에서 범죄학 발전을 실증적으로 이루어낸 독일 학파, 리스트의 영향을 받으면서도 독자적인 범죄학 영역을 개척함으로써 범죄학 발전에 커다란 역할을 하였던 오스트리아 학파 등이 현대적 범죄학 발전을 이뤄냈다.

한편 미국에서는 1920년대 시카고대 사회학자들을 중심으로 범죄학이 본격 발달됐다. 이에 따라 세계 범죄학의 연구추세는 미국의 실용주의적 노선이 주도하게 되었다. 1960년대 중반부터는 자본주의 사회의 모순에 관심을 갖고 일탈의 문제도 총체적으로 해명하려는, 마르크시즘을 기초로 한 비판범죄학의 흐름이 전개됐다. 한편 1980년대에는 유럽을 중심으로 피해자에 대한 관심이 대두되면서 피해자 역할이 강조됐다. 현대의 범죄학은 범죄, 범죄자, 그리고 이에 대한 대책이 차례로 강조되고 있는 것이다. 21세기 범죄학의 미래에는 형사제도에 많은 변화가 예측되고 있고, 새로운 범죄 유형의 출현, 수형자의 인권 등이 더 논의될 것이다.

우리는 여기서 생각해 보려 한다. '범죄신학(Crime Theology)' 이라는 것이 가능할까? 결론부터 말하자면, 물론 가능하다고 생각한다. 먼저 의미적으로 이는 범죄와 신학의 결합을 뜻한다. 전통적인 범죄학 입장에서 볼 때는 '범죄학의 신학화' 라 할 수 있다. 사회와 신학의 만남은 신학의 사회적 정의 실천의 장을 열면서, '신학하는 목적' 에 대한 질문과 상통한다고 보는 것이다. 방법론적으로 볼 때는 사회현상 또는 사회문제에 대한 범죄학적 분석방법이 그대로 통용된다 해도, 해석상 방법은 신학적(성서적)이어야 합당하지 않을까. 더구나 성서 안에서도 범죄 문제를 다룰 수 있다. 범죄 문제에 비중이 많이 실려 있는 것이다. 범죄신학은 마음에 관한 죄, 행위에 관한 죄, 신에 대한 죄까지 그 연구대상으로 할 수 있어, 기존 연구의 틀을 벗어나고 범위가 확장된다.

우리나라에서는 형사정책, 범죄심리, 과학수사 등 범죄문제를 다루는 기관은 많이 존재해도, 범죄신학연구소는 전무하다. 이러한 의미에서 '범죄신학연구소(Crime Theology Institute)' 설치 근거는 무엇인가? 범죄신학의 실체는 무엇인가? 사회문제에 대한 단순한 성서적 해석일 뿐일까? 범죄문제를 해결하기 위한 궁극적인 답을 성서가 대변할 수 있을까?

필자는 앞으로 범죄신학에 대한 나름대로 새로운 영역에 대한 체계적인 연구를 해나가면서, 몇 가지 서설적 내용을 소개하고자 한다. 무엇보다 성경에 표현되는 에덴의 회복이라 할 수 있다. 다시 말하면, 하나님 형상대로 지음받은 인간이 그 하나님의 형상을 회복하는 것이다. 아담과 하와가 죄(원죄)를 짓고 에덴동산에 쫓겨난 후 인간은 계속해서 죄를 짓고 타락했으며, 하나님의 전적인 선택이 아니라면 구원을 받을 수 없게 됐다. 그러나 예수 그리스도가 사람의 아들로 태어나 하나님의 뜻을 이루시어 인간이 구원의 길을 얻게 됐지만, 예수에 대한 믿음과 그의 은혜가 없이는 구원받을 수 없다.

성경에서 표현하고 있는 율법과 죄의 관계를 간략히 요약하자면 다음과 같다. 예수 그리스도가 이 땅에 오시기 전, 율법을 통해서는 인간의 죄를 깨닫게 될 뿐, 사람이 의롭게 되고 의로움으로 인한 육체를 얻는 것은 율법의 행위가 아니라 예수 그리스도를 믿음으로써이다. 따라서 인간의 죄는 율법이 만들어지기 전, 에덴동산에서 쫓겨난 후부터 존재했으나 율법이 부재한 때에는 죄를 죄로 여기지 않았다. 율법이 만들어진 후에는 율법을 지키면서 삶을 영위했지만, 예수 그리스도에 대한 믿음으로 성령에 인도되는 삶은 결국 율법 위에 있는 삶을 영위하게 된다는 말씀이 중요하다.

따라서 모세로부터 주신 이 율법은 여호와 하나님을 향한 것이어야 하고, 이 때 은혜와 진리는 예수 그리스도로부터 부여받는 것이다. 이는 그리스도에 대한 믿음이자 율법의 완성이 되는 것이다. 현대 교인들은 인간의 마음을 정화하는 것보다는 외적 행동을 바꾸는 바리새인과 율법사와 같은 삶을 살고 있지 않은가? 육체의 경건함은 얻지 못하면서도 율법만 지키고 있지는 않는가? 결국 우리는 율법의 행위로 인한 것인지 믿음으로 인한 것인지를 분명히 깨달아,하나님의 공의를 세워야 한다〈계속〉.

형법

[시행 2021. 12. 9.] [법률 제17571호, 2020. 12. 8., 일부개정]

제1편 총칙

제1장 형법의 적용범위

제1조(범죄의 성립과 처벌) ① 범죄의 성립과 처벌은 행위 시의 법률에 따른다.

② 범죄 후 법률이 변경되어 그 행위가 범죄를 구성하지 아니하게 되거나 형이 구법(舊法)보다 가벼워진 경우에는 신법(新法)에 따른다.

③ 재판이 확정된 후 법률이 변경되어 그 행위가 범죄를 구성하지 아니하게 된 경우에는 형의 집행을 면제한다.

[전문개정 2020. 12. 8.]

제2조(국내범) 본법은 대한민국영역내에서 죄를 범한 내국인과 외국인에게 적용한다.

제3조(내국인의 국외범) 본법은 대한민국영역외에서 죄를 범한 내국인에게 적용한다.

제4조(국외에 있는 내국선박 등에서 외국인이 범한 죄) 본법은 대한민국영역외에 있는 대한민국의 선박 또는 항공기내에서 죄를 범한 외국인에게 적용한다.

제5조(외국인의 국외범) 본법은 대한민국영역외에서 다음에 기재한 죄를 범한 외국인에게 적용한다.

1. 내란의 죄
2. 외환의 죄
3. 국기에 관한 죄
4. 통화에 관한 죄
5. 유가증권, 우표와 인지에 관한 죄
6. 문서에 관한 죄중 제225조 내지 제230조
7. 인장에 관한 죄중 제238조

제6조(대한민국과 대한민국국민에 대한 국외범) 본법은 대한민국영역외에서 대한민국 또는 대한민국국민에 대하여 전조에 기재한 이외의 죄를 범한 외국인에게 적용한다. 단 행위지의 법률에 의하여 범죄를 구성하지 아니하거나 소추 또는 형의 집행을 면제할 경우에는 예외로 한다.

제7조(외국에서 집행된 형의 산입) 죄를 지어 외국에서 형의 전부 또는 일부가 집행된 사람에 대해서는 그 집행된 형의 전부 또는 일부를 선고하는 형에 산입한다.
[전문개정 2016. 12. 20.]
[2016. 12. 20. 법률 제14415호에 의하여 2015. 5. 28. 헌법재판소에서 헌법불합치 결정된 이 조를 개정함.]

제8조(총칙의 적용) 본법 총칙은 타법령에 정한 죄에 적용한다. 단, 그 법령에 특별한 규정이 있는 때에는 예외로 한다.

제2장 죄

제1절 죄의 성립과 형의 감면

제9조(형사미성년자) 14세되지 아니한 자의 행위는 벌하지 아니한다.

제10조(심신장애인) ①심신장애로 인하여 사물을 변별할 능력이 없거나 의사를 결정할 능력이 없는 자의 행위는 벌하지 아니한다.
②심신장애로 인하여 전항의 능력이 미약한 자의 행위는 형을 감경할 수 있다. <개정 2018. 12. 18.>
③위험의 발생을 예견하고 자의로 심신장애를 야기한 자의 행위에는 전2항의 규정을 적용하지 아니한다.
[제목개정 2014. 12. 30.]

제11조(청각 및 언어 장애인) 듣거나 말하는 데 모두 장애가 있는 사람의 행위에 대해서는 형을 감경한다.
[전문개정 2020. 12. 8.]

제12조(강요된 행위) 저항할 수 없는 폭력이나 자기 또는 친족의 생명, 신체에 대한 위해를 방어할 방법이 없는 협박에 의하여 강요된 행위는 벌하지 아니한다.

제13조(고의) 죄의 성립요소인 사실을 인식하지 못한 행위는 벌하지 아니한다. 다만, 법률에 특별한 규정이 있는 경우에는 예외로 한다.
[전문개정 2020. 12. 8.]

제14조(과실) 정상적으로 기울여야 할 주의(注意)를 게을리하여 죄의 성립요소인 사실을 인식하지 못한 행위는 법률에 특별한 규정이 있는 경우에만 처벌한다.
[전문개정 2020. 12. 8.]

제15조(사실의 착오) ① 특별히 무거운 죄가 되는 사실을 인식하지 못한 행위는 무거운

죄로 벌하지 아니한다.

② 결과 때문에 형이 무거워지는 죄의 경우에 그 결과의 발생을 예견할 수 없었을 때에는 무거운 죄로 벌하지 아니한다.

[전문개정 2020. 12. 8.]

제16조(법률의 착오) 자기의 행위가 법령에 의하여 죄가 되지 아니하는 것으로 오인한 행위는 그 오인에 정당한 이유가 있는 때에 한하여 벌하지 아니한다.

제17조(인과관계) 어떤 행위라도 죄의 요소되는 위험발생에 연결되지 아니한 때에는 그 결과로 인하여 벌하지 아니한다.

제18조(부작위범) 위험의 발생을 방지할 의무가 있거나 자기의 행위로 인하여 위험발생의 원인을 야기한 자가 그 위험발생을 방지하지 아니한 때에는 그 발생된 결과에 의하여 처벌한다.

제19조(독립행위의 경합) 동시 또는 이시의 독립행위가 경합한 경우에 그 결과발생의 원인된 행위가 판명되지 아니한 때에는 각 행위를 미수범으로 처벌한다.

제20조(정당행위) 법령에 의한 행위 또는 업무로 인한 행위 기타 사회상규에 위배되지 아니하는 행위는 벌하지 아니한다.

제21조(정당방위) ① 현재의 부당한 침해로부터 자기 또는 타인의 법익(法益)을 방위하기 위하여 한 행위는 상당한 이유가 있는 경우에는 벌하지 아니한다.

② 방위행위가 그 정도를 초과한 경우에는 정황(情況)에 따라 그 형을 감경하거나 면제할 수 있다.

③ 제2항의 경우에 야간이나 그 밖의 불안한 상태에서 공포를 느끼거나 경악(驚愕)하거나 흥분하거나 당황하였기 때문에 그 행위를 하였을 때에는 벌하지 아니한다.

[전문개정 2020. 12. 8.]

제22조(긴급피난) ①자기 또는 타인의 법익에 대한 현재의 위난을 피하기 위한 행위는 상당한 이유가 있는 때에는 벌하지 아니한다.

②위난을 피하지 못할 책임이 있는 자에 대하여는 전항의 규정을 적용하지 아니한다.

③전조 제2항과 제3항의 규정은 본조에 준용한다.

제23조(자구행위) ① 법률에서 정한 절차에 따라서는 청구권을 보전(保全)할 수 없는 경우에 그 청구권의 실행이 불가능해지거나 현저히 곤란해지는 상황을 피하기 위하여 한 행위는 상당한 이유가 있는 때에는 벌하지 아니한다.

② 제1항의 행위가 그 정도를 초과한 경우에는 정황에 따라 그 형을 감경하거나 면제할 수 있다.

[전문개정 2020. 12. 8.]

제24조(피해자의 승낙) 처분할 수 있는 자의 승낙에 의하여 그 법익을 훼손한 행위는 법률에 특별한 규정이 없는 한 벌하지 아니한다.

제2절 미수범

제25조(미수범) ①범죄의 실행에 착수하여 행위를 종료하지 못하였거나 결과가 발생하지 아니한 때에는 미수범으로 처벌한다.

②미수범의 형은 기수범보다 감경할 수 있다.

제26조(중지범) 범인이 실행에 착수한 행위를 자의(自意)로 중지하거나 그 행위로 인한 결과의 발생을 자의로 방지한 경우에는 형을 감경하거나 면제한다.

[전문개정 2020. 12. 8.]

제27조(불능범) 실행의 수단 또는 대상의 착오로 인하여 결과의 발생이 불가능하더라도 위험성이 있는 때에는 처벌한다. 단, 형을 감경 또는 면제할 수 있다.

제28조(음모, 예비) 범죄의 음모 또는 예비행위가 실행의 착수에 이르지 아니한 때에는 법률에 특별한 규정이 없는 한 벌하지 아니한다.

제29조(미수범의 처벌) 미수범을 처벌할 죄는 각칙의 해당 죄에서 정한다.

[전문개정 2020. 12. 8.]

제3절 공범

제30조(공동정범) 2인 이상이 공동하여 죄를 범한 때에는 각자를 그 죄의 정범으로 처벌한다.

제31조(교사범) ①타인을 교사하여 죄를 범하게 한 자는 죄를 실행한 자와 동일한 형으로 처벌한다.

②교사를 받은 자가 범죄의 실행을 승낙하고 실행의 착수에 이르지 아니한 때에는 교사자와 피교사자를 음모 또는 예비에 준하여 처벌한다.

③교사를 받은 자가 범죄의 실행을 승낙하지 아니한 때에도 교사자에 대하여는 전항과 같다.

제32조(종범) ①타인의 범죄를 방조한 자는 종범으로 처벌한다.

②종범의 형은 정범의 형보다 감경한다.

제33조(공범과 신분) 신분이 있어야 성립되는 범죄에 신분 없는 사람이 가담한 경우에는 그 신분 없는 사람에게도 제30조부터 제32조까지의 규정을 적용한다. 다만, 신분 때문에 형의 경중이 달라지는 경우에 신분이 없는 사람은 무거운 형으로 벌하지 아니한다.

[전문개정 2020. 12. 8.]

제34조(간접정범, 특수한 교사, 방조에 대한 형의 가중) ①어느 행위로 인하여 처벌되지 아니하는 자 또는 과실범으로 처벌되는 자를 교사 또는 방조하여 범죄행위의 결과를 발생하게 한 자는 교사 또는 방조의 예에 의하여 처벌한다.

②자기의 지휘, 감독을 받는 자를 교사 또는 방조하여 전항의 결과를 발생하게 한 자는 교사인 때에는 정범에 정한 형의 장기 또는 다액에 그 2분의 1까지 가중하고 방조인 때에는 정범의 형으로 처벌한다.

제4절 누범

제35조(누범) ① 금고(禁錮) 이상의 형을 선고받아 그 집행이 종료되거나 면제된 후 3년 내에 금고 이상에 해당하는 죄를 지은 사람은 누범(累犯)으로 처벌한다.

② 누범의 형은 그 죄에 대하여 정한 형의 장기(長期)의 2배까지 가중한다.

[전문개정 2020. 12. 8.]

제36조(판결선고후의 누범발각) 판결선고후 누범인 것이 발각된 때에는 그 선고한 형을 통산하여 다시 형을 정할 수 있다. 단, 선고한 형의 집행을 종료하거나 그 집행이 면제된 후에는 예외로 한다.

제5절 경합범

제37조(경합범) 판결이 확정되지 아니한 수개의 죄 또는 금고 이상의 형에 처한 판결이 확정된 죄와 그 판결확정전에 범한 죄를 경합범으로 한다. <개정 2004. 1. 20.>

제38조(경합범과 처벌례) ① 경합범을 동시에 판결할 때에는 다음 각 호의 구분에 따라 처벌한다.

1. 가장 무거운 죄에 대하여 정한 형이 사형, 무기징역, 무기금고인 경우에는 가장 무거운 죄에 대하여 정한 형으로 처벌한다.
2. 각 죄에 대하여 정한 형이 사형, 무기징역, 무기금고 외의 같은 종류의 형인 경우에는 가장 무거운 죄에 대하여 정한 형의 장기 또는 다액(多額)에 그 2분의 1까지 가중하되 각 죄에 대하여 정한 형의 장기 또는 다액을 합산한 형기 또는 액수를 초과할 수 없다. 다만, 과료와 과료, 몰수와 몰수는 병과(倂科)할 수 있다.
3. 각 죄에 대하여 정한 형이 무기징역, 무기금고 외의 다른 종류의 형인 경우에는 병과한다.

② 제1항 각 호의 경우에 징역과 금고는 같은 종류의 형으로 보아 징역형으로 처벌한다.

[전문개정 2020. 12. 8.]

제39조(판결을 받지 아니한 경합범, 수개의 판결과 경합범, 형의 집행과 경합범) ①경합범중 판결을 받지 아니한 죄가 있는 때에는 그 죄와 판결이 확정된 죄를 동시에 판결할 경우와 형평을 고려하여 그 죄에 대하여 형을 선고한다. 이 경우 그 형을 감경 또는 면제할 수 있다. <개정 2005. 7. 29.>

② 삭제 <2005. 7. 29.>

③경합범에 의한 판결의 선고를 받은 자가 경합범 중의 어떤 죄에 대하여 사면 또는 형의 집행이 면제된 때에는 다른 죄에 대하여 다시 형을 정한다.

④전 3항의 형의 집행에 있어서는 이미 집행한 형기를 통산한다.

제40조(상상적 경합) 한 개의 행위가 여러 개의 죄에 해당하는 경우에는 가장 무거운 죄에 대하여 정한 형으로 처벌한다.

[전문개정 2020. 12. 8.]

제3장 형

제1절 형의 종류와 경중

제41조(형의 종류) 형의 종류는 다음과 같다.

1. 사형
2. 징역
3. 금고
4. 자격상실
5. 자격정지
6. 벌금
7. 구류
8. 과료
9. 몰수

제42조(징역 또는 금고의 기간) 징역 또는 금고는 무기 또는 유기로 하고 유기는 1개월 이상 30년 이하로 한다. 단, 유기징역 또는 유기금고에 대하여 형을 가중하는 때에는 50년까지로 한다. <개정 2010. 4. 15.>

제43조(형의 선고와 자격상실, 자격정지) ①사형, 무기징역 또는 무기금고의 판결을 받은 자는 다음에 기재한 자격을 상실한다.

1. 공무원이 되는 자격
2. 공법상의 선거권과 피선거권

3. 법률로 요건을 정한 공법상의 업무에 관한 자격
4. 법인의 이사, 감사 또는 지배인 기타 법인의 업무에 관한 검사역이나 재산관리인이 되는 자격

②유기징역 또는 유기금고의 판결을 받은 자는 그 형의 집행이 종료하거나 면제될 때까지 전항 제1호 내지 제3호에 기재된 자격이 정지된다. 다만, 다른 법률에 특별한 규정이 있는 경우에는 그 법률에 따른다. <개정 2016. 1. 6.>

[2016. 1. 6. 법률 제13719호에 의하여 2014. 1. 28. 헌법재판소에서 위헌 및 헌법불합치 결정된 이 조 제2항을 개정함.]

제44조(자격정지) ①전조에 기재한 자격의 전부 또는 일부에 대한 정지는 1년 이상 15년 이하로 한다.

②유기징역 또는 유기금고에 자격정지를 병과한 때에는 징역 또는 금고의 집행을 종료하거나 면제된 날로부터 정지기간을 기산한다.

제45조(벌금) 벌금은 5만원 이상으로 한다. 다만, 감경하는 경우에는 5만원 미만으로 할 수 있다. <개정 1995. 12. 29.>

제46조(구류) 구류는 1일 이상 30일 미만으로 한다.

제47조(과료) 과료는 2천원 이상 5만원 미만으로 한다. <개정 1995. 12. 29.>

제48조(몰수의 대상과 추징) ① 범인 외의 자의 소유에 속하지 아니하거나 범죄 후 범인 외의 자가 사정을 알면서 취득한 다음 각 호의 물건은 전부 또는 일부를 몰수할 수 있다.

1. 범죄행위에 제공하였거나 제공하려고 한 물건
2. 범죄행위로 인하여 생겼거나 취득한 물건
3. 제1호 또는 제2호의 대가로 취득한 물건

② 제1항 각 호의 물건을 몰수할 수 없을 때에는 그 가액(價額)을 추징한다.

③ 문서, 도화(圖畵), 전자기록(電磁記錄) 등 특수매체기록 또는 유가증권의 일부가 몰수의 대상이 된 경우에는 그 부분을 폐기한다.

[전문개정 2020. 12. 8.]

제49조(몰수의 부가성) 몰수는 타형에 부가하여 과한다. 단, 행위자에게 유죄의 재판을 아니할 때에도 몰수의 요건이 있는 때에는 몰수만을 선고할 수 있다.

제50조(형의 경중) ① 형의 경중은 제41조 각 호의 순서에 따른다. 다만, 무기금고와 유기징역은 무기금고를 무거운 것으로 하고 유기금고의 장기가 유기징역의 장기를 초과하는 때에는 유기금고를 무거운 것으로 한다.

② 같은 종류의 형은 장기가 긴 것과 다액이 많은 것을 무거운 것으로 하고 장기 또는 다액이 같은 경우에는 단기가 긴 것과 소액이 많은 것을 무거운 것으로 한다.

③ 제1항 및 제2항을 제외하고는 죄질과 범정(犯情)을 고려하여 경중을 정한다.
[전문개정 2020. 12. 8.]

제2절 형의 양정

제51조(양형의 조건) 형을 정함에 있어서는 다음 사항을 참작하여야 한다.

1. 범인의 연령, 성행, 지능과 환경
2. 피해자에 대한 관계
3. 범행의 동기, 수단과 결과
4. 범행 후의 정황

제52조(자수, 자복) ① 죄를 지은 후 수사기관에 자수한 경우에는 형을 감경하거나 면제할 수 있다.

② 피해자의 의사에 반하여 처벌할 수 없는 범죄의 경우에는 피해자에게 죄를 자복(自服)하였을 때에도 형을 감경하거나 면제할 수 있다.
[전문개정 2020. 12. 8.]

제53조(정상참작감경) 범죄의 정상(情狀)에 참작할 만한 사유가 있는 경우에는 그 형을 감경할 수 있다.
[전문개정 2020. 12. 8.]

제54조(선택형과 정상참작감경) 한 개의 죄에 정한 형이 여러 종류인 때에는 먼저 적용할 형을 정하고 그 형을 감경한다.
[전문개정 2020. 12. 8.]

제55조(법률상의 감경) ①법률상의 감경은 다음과 같다. <개정 2010. 4. 15.>

1. 사형을 감경할 때에는 무기 또는 20년 이상 50년 이하의 징역 또는 금고로 한다.
2. 무기징역 또는 무기금고를 감경할 때에는 10년 이상 50년 이하의 징역 또는 금고로 한다.
3. 유기징역 또는 유기금고를 감경할 때에는 그 형기의 2분의 1로 한다.
4. 자격상실을 감경할 때에는 7년 이상의 자격정지로 한다.
5. 자격정지를 감경할 때에는 그 형기의 2분의 1로 한다.
6. 벌금을 감경할 때에는 그 다액의 2분의 1로 한다.
7. 구류를 감경할 때에는 그 장기의 2분의 1로 한다.
8. 과료를 감경할 때에는 그 다액의 2분의 1로 한다.

②법률상 감경할 사유가 수개있는 때에는 거듭 감경할 수 있다.

제56조(가중 · 감경의 순서) 형을 가중 · 감경할 사유가 경합하는 경우에는 다음 각 호의 순서에 따른다.

1. 각칙 조문에 따른 가중
2. 제34조제2항에 따른 가중
3. 누범 가중
4. 법률상 감경
5. 경합범 가중
6. 정상참작감경

[전문개정 2020. 12. 8.]

제57조(판결선고전 구금일수의 통산) ①판결선고전의 구금일수는 그 전부를 유기징역, 유기금고, 벌금이나 과료에 관한 유치 또는 구류에 산입한다. <개정 2014. 12. 30.>
②전항의 경우에는 구금일수의 1일은 징역, 금고, 벌금이나 과료에 관한 유치 또는 구류의 기간의 1일로 계산한다.
[2014. 12. 30. 법률 제12898호에 의하여 2009. 6. 25. 위헌 결정된 제57조제1항을 개정함]

제58조(판결의 공시) ①피해자의 이익을 위하여 필요하다고 인정할 때에는 피해자의 청구가 있는 경우에 한하여 피고인의 부담으로 판결공시의 취지를 선고할 수 있다.
② 피고사건에 대하여 무죄의 판결을 선고하는 경우에는 무죄판결공시의 취지를 선고하여야 한다. 다만, 무죄판결을 받은 피고인이 무죄판결공시 취지의 선고에 동의하지 아니하거나 피고인의 동의를 받을 수 없는 경우에는 그러하지 아니하다. <개정 2014. 12. 30.>
③ 피고사건에 대하여 면소의 판결을 선고하는 경우에는 면소판결공시의 취지를 선고할 수 있다. <신설 2014. 12. 30.>

제3절 형의 선고유예

제59조(선고유예의 요건) ① 1년 이하의 징역이나 금고, 자격정지 또는 벌금의 형을 선고할 경우에 제51조의 사항을 고려하여 뉘우치는 정상이 뚜렷할 때에는 그 형의 선고를 유예할 수 있다. 다만, 자격정지 이상의 형을 받은 전과가 있는 사람에 대해서는 예외로 한다.
② 형을 병과할 경우에도 형의 전부 또는 일부에 대하여 선고를 유예할 수 있다.
[전문개정 2020. 12. 8.]

제59조의2(보호관찰) ①형의 선고를 유예하는 경우에 재범방지를 위하여 지도 및 원호가 필요한 때에는 보호관찰을 받을 것을 명할 수 있다.
②제1항의 규정에 의한 보호관찰의 기간은 1년으로 한다.
[본조신설 1995. 12. 29.]

제60조(선고유예의 효과) 형의 선고유예를 받은 날로부터 2년을 경과한 때에는 면소된

것으로 간주한다.

제61조(선고유예의 실효) ①형의 선고유예를 받은 자가 유예기간 중 자격정지 이상의 형에 처한 판결이 확정되거나 자격정지 이상의 형에 처한 전과가 발견된 때에는 유예한 형을 선고한다. <개정 1995. 12. 29.>
②제59조의2의 규정에 의하여 보호관찰을 명한 선고유예를 받은 자가 보호관찰기간중에 준수사항을 위반하고 그 정도가 무거운 때에는 유예한 형을 선고할 수 있다. <신설 1995. 12. 29.>

제4절 형의 집행유예

제62조(집행유예의 요건) ①3년 이하의 징역이나 금고 또는 500만원 이하의 벌금의 형을 선고할 경우에 제51조의 사항을 참작하여 그 정상에 참작할 만한 사유가 있는 때에는 1년 이상 5년 이하의 기간 형의 집행을 유예할 수 있다. 다만, 금고 이상의 형을 선고한 판결이 확정된 때부터 그 집행을 종료하거나 면제된 후 3년까지의 기간에 범한 죄에 대하여 형을 선고하는 경우에는 그러하지 아니하다. <개정 2005. 7. 29., 2016. 1. 6.>
②형을 병과할 경우에는 그 형의 일부에 대하여 집행을 유예할 수 있다.

제62조의2(보호관찰, 사회봉사 · 수강명령) ①형의 집행을 유예하는 경우에는 보호관찰을 받을 것을 명하거나 사회봉사 또는 수강을 명할 수 있다.
②제1항의 규정에 의한 보호관찰의 기간은 집행을 유예한 기간으로 한다. 다만, 법원은 유예기간의 범위내에서 보호관찰기간을 정할 수 있다.
③사회봉사명령 또는 수강명령은 집행유예기간내에 이를 집행한다.
[본조신설 1995. 12. 29.]

제63조(집행유예의 실효) 집행유예의 선고를 받은 자가 유예기간 중 고의로 범한 죄로 금고 이상의 실형을 선고받아 그 판결이 확정된 때에는 집행유예의 선고는 효력을 잃는다. <개정 2005. 7. 29.>

제64조(집행유예의 취소) ①집행유예의 선고를 받은 후 제62조 단행의 사유가 발각된 때에는 집행유예의 선고를 취소한다. <개정 1995. 12. 29.>
②제62조의2의 규정에 의하여 보호관찰이나 사회봉사 또는 수강을 명한 집행유예를 받은 자가 준수사항이나 명령을 위반하고 그 정도가 무거운 때에는 집행유예의 선고를 취소할 수 있다. <신설 1995. 12. 29.>

제65조(집행유예의 효과) 집행유예의 선고를 받은 후 그 선고의 실효 또는 취소됨이 없이 유예기간을 경과한 때에는 형의 선고는 효력을 잃는다.

제5절 형의 집행

제66조(사형) 사형은 교정시설 안에서 교수(絞首)하여 집행한다.
[전문개정 2020. 12. 8.]

제67조(징역) 징역은 교정시설에 수용하여 집행하며, 정해진 노역(勞役)에 복무하게 한다.
[전문개정 2020. 12. 8.]

제68조(금고와 구류) 금고와 구류는 교정시설에 수용하여 집행한다.
[전문개정 2020. 12. 8.]

제69조(벌금과 과료) ①벌금과 과료는 판결확정일로부터 30일내에 납입하여야 한다. 단, 벌금을 선고할 때에는 동시에 그 금액을 완납할 때까지 노역장에 유치할 것을 명할 수 있다.
②벌금을 납입하지 아니한 자는 1일 이상 3년 이하, 과료를 납입하지 아니한 자는 1일 이상 30일 미만의 기간 노역장에 유치하여 작업에 복무하게 한다.

제70조(노역장 유치) ① 벌금이나 과료를 선고할 때에는 이를 납입하지 아니하는 경우의 노역장 유치기간을 정하여 동시에 선고하여야 한다. <개정 2020. 12. 8.>
② 선고하는 벌금이 1억원 이상 5억원 미만인 경우에는 300일 이상, 5억원 이상 50억원 미만인 경우에는 500일 이상, 50억원 이상인 경우에는 1천일 이상의 노역장 유치기간을 정하여야 한다. <신설 2014. 5. 14., 2020. 12. 8.>
[제목개정 2020. 12. 8.]

제71조(유치일수의 공제) 벌금이나 과료의 선고를 받은 사람이 그 금액의 일부를 납입한 경우에는 벌금 또는 과료액과 노역장 유치기간의 일수(日數)에 비례하여 납입금액에 해당하는 일수를 뺀다.
[전문개정 2020. 12. 8.]

제6절 가석방

제72조(가석방의 요건) ① 징역이나 금고의 집행 중에 있는 사람이 행상(行狀)이 양호하여 뉘우침이 뚜렷한 때에는 무기형은 20년, 유기형은 형기의 3분의 1이 지난 후 행정처분으로 가석방을 할 수 있다.
② 제1항의 경우에 벌금이나 과료가 병과되어 있는 때에는 그 금액을 완납하여야 한다.
[전문개정 2020. 12. 8.]

제73조(판결선고 전 구금과 가석방) ① 형기에 산입된 판결선고 전 구금일수는 가석방을

하는 경우 집행한 기간에 산입한다.

② 제72조제2항의 경우에 벌금이나 과료에 관한 노역장 유치기간에 산입된 판결선고 전 구금일수는 그에 해당하는 금액이 납입된 것으로 본다.

[전문개정 2020. 12. 8.]

제73조의2(가석방의 기간 및 보호관찰) ①가석방의 기간은 무기형에 있어서는 10년으로 하고, 유기형에 있어서는 남은 형기로 하되, 그 기간은 10년을 초과할 수 없다.

②가석방된 자는 가석방기간중 보호관찰을 받는다. 다만, 가석방을 허가한 행정관청이 필요가 없다고 인정한 때에는 그러하지 아니하다.

[본조신설 1995. 12. 29.]

제74조(가석방의 실효) 가석방 기간 중 고의로 지은 죄로 금고 이상의 형을 선고받아 그 판결이 확정된 경우에 가석방 처분은 효력을 잃는다.

[전문개정 2020. 12. 8.]

제75조(가석방의 취소) 가석방의 처분을 받은 자가 감시에 관한 규칙을 위배하거나, 보호관찰의 준수사항을 위반하고 그 정도가 무거운 때에는 가석방처분을 취소할 수 있다.

[전문개정 1995. 12. 29.]

제76조(가석방의 효과) ①가석방의 처분을 받은 후 그 처분이 실효 또는 취소되지 아니하고 가석방기간을 경과한 때에는 형의 집행을 종료한 것으로 본다. <개정 1995. 12. 29.>

②전2조의 경우에는 가석방중의 일수는 형기에 산입하지 아니한다.

제7절 형의 시효

제77조(형의 시효의 효과) 형을 선고받은 사람에 대해서는 시효가 완성되면 그 집행이 면제된다.

[전문개정 2020. 12. 8.]

제78조(형의 시효의 기간) 시효는 형을 선고하는 재판이 확정된 후 그 집행을 받지 아니하고 다음 각 호의 구분에 따른 기간이 지나면 완성된다. <개정 2017. 12. 12., 2020. 12. 8.>

1. 사형: 30년
2. 무기의 징역 또는 금고: 20년
3. 10년 이상의 징역 또는 금고: 15년
4. 3년 이상의 징역이나 금고 또는 10년 이상의 자격정지: 10년
5. 3년 미만의 징역이나 금고 또는 5년 이상의 자격정지: 7년
6. 5년 미만의 자격정지, 벌금, 몰수 또는 추징: 5년

7. 구류 또는 과료: 1년
[제목개정 2020. 12. 8.]

제79조(시효의 정지) ①시효는 형의 집행의 유예나 정지 또는 가석방 기타 집행할 수 없는 기간은 진행되지 아니한다. <개정 2014. 5. 14.>

② 시효는 형이 확정된 후 그 형의 집행을 받지 아니한 자가 형의 집행을 면할 목적으로 국외에 있는 기간 동안은 진행되지 아니한다. <신설 2014. 5. 14.>

제80조(시효의 중단) 시효는 사형, 징역, 금고와 구류에 있어서는 수형자를 체포함으로, 벌금, 과료, 몰수와 추징에 있어서는 강제처분을 개시함으로 인하여 중단된다.

제8절 형의 소멸

제81조(형의 실효) 징역 또는 금고의 집행을 종료하거나 집행이 면제된 자가 피해자의 손해를 보상하고 자격정지 이상의 형을 받음이 없이 7년을 경과한 때에는 본인 또는 검사의 신청에 의하여 그 재판의 실효를 선고할 수 있다.

제82조(복권) 자격정지의 선고를 받은 자가 피해자의 손해를 보상하고 자격정지 이상의 형을 받음이 없이 정지기간의 2분의 1을 경과한 때에는 본인 또는 검사의 신청에 의하여 자격의 회복을 선고할 수 있다.

제4장 기간

제83조(기간의 계산) 연(年) 또는 월(月)로 정한 기간은 연 또는 월 단위로 계산한다.
[전문개정 2020. 12. 8.]

제84조(형기의 기산) ①형기는 판결이 확정된 날로부터 기산한다.

②징역, 금고, 구류와 유치에 있어서는 구속되지 아니한 일수는 형기에 산입하지 아니한다.

제85조(형의 집행과 시효기간의 초일) 형의 집행과 시효기간의 초일은 시간을 계산함이 없이 1일로 산정한다.

제86조(석방일) 석방은 형기종료일에 하여야 한다.

형사소송법

[시행 2022. 2. 3.] [법률 제18799호, 2022. 2. 3., 일부개정]

제5편 재판의 집행

제459조(재판의 확정과 집행) 재판은 이 법률에 특별한 규정이 없으면 확정한 후에 집행한다.

제460조(집행지휘) ①재판의 집행은 그 재판을 한 법원에 대응한 검찰청검사가 지휘한다. 단, 재판의 성질상 법원 또는 법관이 지휘할 경우에는 예외로 한다.

②상소의 재판 또는 상소의 취하로 인하여 하급법원의 재판을 집행할 경우에는 상소법원에 대응한 검찰청검사가 지휘한다. 단, 소송기록이 하급법원 또는 그 법원에 대응한 검찰청에 있는 때에는 그 검찰청검사가 지휘한다.

제461조(집행지휘의 방식) 재판의 집행지휘는 재판서 또는 재판을 기재한 조서의 등본 또는 초본을 첨부한 서면으로 하여야 한다. 단, 형의 집행을 지휘하는 경우 외에는 재판서의 원본, 등본이나 초본 또는 조서의 등본이나 초본에 인정하는 날인으로 할 수 있다.

제462조(형 집행의 순서) 2이상의 형을 집행하는 경우에 자격상실, 자격정지, 벌금, 과료와 몰수 외에는 무거운 형을 먼저 집행한다. 다만, 검사는 소속 장관의 허가를 얻어 무거운 형의 집행을 정지하고 다른 형의 집행을 할 수 있다.

[전문개정 2020. 12. 8.]

제463조(사형의 집행) 사형은 법무부장관의 명령에 의하여 집행한다.

제464조(사형판결확정과 소송기록의 제출) 사형을 선고한 판결이 확정한 때에는 검사는 지체없이 소송기록을 법무부장관에게 제출하여야 한다.

제465조(사형집행명령의 시기) ①사형집행의 명령은 판결이 확정된 날로부터 6월 이내에 하여야 한다.

②상소권회복의 청구, 재심의 청구 또는 비상상고의 신청이 있는 때에는 그 절차가 종료할 때까지의 기간은 전항의 기간에 산입하지 아니한다.

제466조(사형집행의 기간) 법무부장관이 사형의 집행을 명한 때에는 5일 이내에 집행하여야 한다.

제467조(사형집행의 참여) ①사형의 집행에는 검사와 검찰청서기관과 교도소장 또는 구치소장이나 그 대리자가 참여하여야 한다. <개정 1963. 12. 13.>

②검사 또는 교도소장 또는 구치소장의 허가가 없으면 누구든지 형의 집행장소에 들

어가지 못한다. <개정 1963. 12. 13.>

제468조(사형집행조서) 사형의 집행에 참여한 검찰청서기관은 집행조서를 작성하고 검사와 교도소장 또는 구치소장이나 그 대리자와 함께 기명날인 또는 서명하여야 한다. <개정 1963. 12. 13., 2007. 6. 1.>

제469조(사형 집행의 정지) ① 사형선고를 받은 사람이 심신의 장애로 의사능력이 없는 상태이거나 임신 중인 여자인 때에는 법무부장관의 명령으로 집행을 정지한다.

② 제1항에 따라 형의 집행을 정지한 경우에는 심신장애의 회복 또는 출산 후에 법무부장관의 명령에 의하여 형을 집행한다.

[전문개정 2020. 12. 8.]

제470조(자유형집행의 정지) ①징역, 금고 또는 구류의 선고를 받은 자가 심신의 장애로 의사능력이 없는 상태에 있는 때에는 형을 선고한 법원에 대응한 검찰청검사 또는 형의 선고를 받은 자의 현재지를 관할하는 검찰청검사의 지휘에 의하여 심신장애가 회복될 때까지 형의 집행을 정지한다.

②전항의 규정에 의하여 형의 집행을 정지한 경우에는 검사는 형의 선고를 받은 자를 감호의무자 또는 지방공공단체에 인도하여 병원 기타 적당한 장소에 수용하게 할 수 있다.

③형의 집행이 정지된 자는 전항의 처분이 있을 때까지 교도소 또는 구치소에 구치하고 그 기간을 형기에 산입한다. <개정 1963. 12. 13.>

제471조(동전) ①징역, 금고 또는 구류의 선고를 받은 자에 대하여 다음 각 호의 1에 해당한 사유가 있는 때에는 형을 선고한 법원에 대응한 검찰청검사 또는 형의 선고를 받은 자의 현재지를 관할하는 검찰청검사의 지휘에 의하여 형의 집행을 정지할 수 있다. <개정 2007. 12. 21.>

1. 형의 집행으로 인하여 현저히 건강을 해하거나 생명을 보전할 수 없을 염려가 있는 때
2. 연령 70세 이상인 때
3. 잉태 후 6월 이상인 때
4. 출산 후 60일을 경과하지 아니한 때
5. 직계존속이 연령 70세 이상 또는 중병이나 장애인으로 보호할 다른 친족이 없는 때
6. 직계비속이 유년으로 보호할 다른 친족이 없는 때
7. 기타 중대한 사유가 있는 때

②검사가 전항의 지휘를 함에는 소속 고등검찰청검사장 또는 지방검찰청검사장의 허가를 얻어야 한다. <개정 2004. 1. 20., 2007. 6. 1.>

제471조의2(형집행정지 심의위원회) ① 제471조 제1항 제1호의 형집행정지 및 그 연장

에 관한 사항을 심의하기 위하여 각 지방검찰청에 형집행정지 심의위원회(이하 이 조에서 "심의위원회"라 한다)를 둔다.

② 심의위원회는 위원장 1명을 포함한 10명 이내의 위원으로 구성하고, 위원은 학계, 법조계, 의료계, 시민단체 인사 등 학식과 경험이 있는 사람 중에서 각 지방검찰청 검사장이 임명 또는 위촉한다.

③ 심의위원회의 구성 및 운영 등 그 밖에 필요한 사항은 법무부령으로 정한다.

[본조신설 2015. 7. 31.]

제472조(소송비용의 집행정지) 제487조에 규정된 신청기간 내와 그 신청이 있는 때에는 소송비용부담의 재판의 집행은 그 신청에 대한 재판이 확정될 때까지 정지된다.

제473조(집행하기 위한 소환) ①사형, 징역, 금고 또는 구류의 선고를 받은 자가 구금되지 아니한 때에는 검사는 형을 집행하기 위하여 이를 소환하여야 한다.

②소환에 응하지 아니한 때에는 검사는 형집행장을 발부하여 구인하여야 한다. <개정 1973. 1. 25.>

③제1항의 경우에 형의 선고를 받은 자가 도망하거나 도망할 염려가 있는 때 또는 현재지를 알 수 없는 때에는 소환함이 없이 형집행장을 발부하여 구인할 수 있다. <개정 1973. 1. 25.>

제474조(형집행장의 방식과 효력) ①전조의 형집행장에는 형의 선고를 받은 자의 성명, 주거, 연령, 형명, 형기 기타 필요한 사항을 기재하여야 한다.

②형집행장은 구속영장과 동일한 효력이 있다.

[전문개정 1973. 1. 25.]

제475조(형집행장의 집행) 전2조의 규정에 의한 형집행장의 집행에는 제1편 제9장 피고인의 구속에 관한 규정을 준용한다.

[전문개정 1973. 1. 25.]

제476조(자격형의 집행) 자격상실 또는 자격정지의 선고를 받은 자에 대하여는 이를 수형자원부에 기재하고 지체없이 그 등본을 형의 선고를 받은 자의 등록기준지와 주거지의 시(區가 設置되지 아니한 市를 말한다. 이하 같다)·구· 읍·면장(都農複合形態의 市에 있어서는 洞地域인 경우에는 市·區 의 長, 邑·面地域인 경우에는 邑·面의 長으로 한다)에게 송부하여야 한다. <개정 1994. 12. 22., 2007. 5. 17.>

제477조(재산형 등의 집행) ①벌금, 과료, 몰수, 추징, 과태료, 소송비용, 비용배상 또는 가납의 재판은 검사의 명령에 의하여 집행한다.

②전항의 명령은 집행력 있는 채무명의와 동일한 효력이 있다.

③제1항의 재판의 집행에는 「민사집행법」의 집행에 관한 규정을 준용한다. 단, 집행전에 재판의 송달을 요하지 아니한다. <개정 2002. 1. 26., 2007. 6. 1.>

④제3항에도 불구하고 제1항의 재판은 「국세징수법」에 따른 국세체납처분의 예에

따라 집행할 수 있다. <신설 2007. 6. 1.>

⑤검사는 제1항의 재판을 집행하기 위하여 필요한 조사를 할 수 있다. 이 경우 제199조 제2항을 준용한다. <신설 2007. 6. 1.>

⑥ 벌금, 과료, 추징, 과태료, 소송비용 또는 비용배상의 분할납부, 납부연기 및 납부대행기관을 통한 납부 등 납부방법에 필요한 사항은 법무부령으로 정한다. <신설 2016. 1. 6.>

제478조(상속재산에 대한 집행) 몰수 또는 조세, 전매 기타 공과에 관한 법령에 의하여 재판한 벌금 또는 추징은 그 재판을 받은 자가 재판확정 후 사망한 경우에는 그 상속재산에 대하여 집행할 수 있다.

제479조(합병 후 법인에 대한 집행) 법인에 대하여 벌금 ,과료, 몰수, 추징, 소송비용 또는 비용배상을 명한 경우에 법인이 그 재판확정 후 합병에 의하여 소멸한 때에는 합병 후 존속한 법인 또는 합병에 의하여 설립된 법인에 대하여 집행할 수 있다.

제480조(가납집행의 조정) 제1심 가납의 재판을 집행한 후에 제2심 가납의 재판이 있는 때에는 제1심 재판의 집행은 제2심 가납금액의 한도에서 제2심 재판의 집행으로 간주한다.

제481조(가납집행과 본형의 집행) 가납의 재판을 집행한 후 벌금, 과료 또는 추징의 재판이 확정한 때에는 그 금액의 한도에서 형의 집행이 된 것으로 간주한다.

제482조(판결확정 전 구금일수 등의 산입) ① 판결선고 후 판결확정 전 구금일수(판결선고 당일의 구금일수를 포함한다)는 전부를 본형에 산입한다. <개정 2015. 7. 31.>

②상소기각 결정 시에 송달기간이나 즉시항고기간 중의 미결구금일수는 전부를 본형에 산입한다. <신설 2007. 6. 1., 2015. 7. 31.>

③ 제1항 및 제2항의 경우에는 구금일수의 1일을 형기의 1일 또는 벌금이나 과료에 관한 유치기간의 1일로 계산한다. <개정 2015. 7. 31.>

[제목개정 2015. 7. 31.]

[2015. 7. 31. 법률 제13454호에 의하여 2009. 12. 29. 헌법재판소에서 헌법불합치 결정된 이 조를 개정함.]

제483조(몰수물의 처분) 몰수물은 검사가 처분하여야 한다. <개정 1995. 12. 29.>

제484조(몰수물의 교부) ①몰수를 집행한 후 3월 이내에 그 몰수물에 대하여 정당한 권리있는 자가 몰수물의 교부를 청구한 때에는 검사는 파괴 또는 폐기할 것이 아니면 이를 교부하여야 한다.

②몰수물을 처분한 후 전항의 청구가 있는 경우에는 검사는 공매에 의하여 취득한 대가를 교부하여야 한다.

제485조(위조등의 표시) ①위조 또는 변조한 물건을 환부하는 경우에는 그 물건의 전부 또는 일부에 위조나 변조인 것을 표시하여야 한다.

②위조 또는 변조한 물건이 압수되지 아니한 경우에는 그 물건을 제출하게 하여 전항의 처분을 하여야 한다. 단, 그 물건이 공무소에 속한 것인 때에는 위조나 변조의 사유를 공무소에 통지하여 적당한 처분을 하게 하여야 한다.

제486조(환부불능과 공고) ①압수물의 환부를 받을 자의 소재가 불명하거나 기타 사유로 인하여 환부를 할 수 없는 경우에는 검사는 그 사유를 관보에 공고하여야 한다.
②공고한 후 3월 이내에 환부의 청구가 없는 때에는 그 물건은 국고에 귀속한다. <개정 1973. 1. 25.>
③전항의 기간 내에도 가치없는 물건은 폐기할 수 있고 보관하기 어려운 물건은 공매하여 그 대가를 보관할 수 있다. <개정 2007. 6. 1.>

제487조(소송비용의 집행면제의 신청) 소송비용부담의 재판을 받은 자가 빈곤으로 인하여 이를 완납할 수 없는 때에는 그 재판의 확정 후 10일 이내에 재판을 선고한 법원에 소송비용의 전부 또는 일부에 대한 재판의 집행면제를 신청할 수 있다.

제488조(의의신청) 형의 선고를 받은 자는 집행에 관하여 재판의 해석에 대한 의의가 있는 때에는 재판을 선고한 법원에 의의신청을 할 수 있다.

제489조(이의신청) 재판의 집행을 받은 자 또는 그 법정대리인이나 배우자는 집행에 관한 검사의 처분이 부당함을 이유로 재판을 선고한 법원에 이의신청을 할 수 있다.

제490조(신청의 취하) ①전3조의 신청은 법원의 결정이 있을 때까지 취하할 수 있다.
②제344조의 규정은 전3조의 신청과 그 취하에 준용한다.

제491조(즉시항고) ①제487조 내지 제489조의 신청이 있는 때에는 법원은 결정을 하여야 한다.
②전항의 결정에 대하여는 즉시항고를 할 수 있다.

제492조(노역장유치의 집행) 벌금 또는 과료를 완납하지 못한 자에 대한 노역장유치의 집행에는 형의 집행에 관한 규정을 준용한다.

제493조(집행비용의 부담) 제477조 제1항의 재판집행비용은 집행을 받은 자의 부담으로 하고 「민사집행법」의 규정에 준하여 집행과 동시에 징수하여야 한다. <개정 2002. 1. 26., 2007. 6. 1.>

부칙 <제18799호, 2022. 2. 3.>

이 법은 공포한 날부터 시행한다.

형의 집행 및 수용자의 처우에 관한 법률
(약칭: 형집행법)

[시행 2020. 8. 5.] [법률 제16925호, 2020. 2. 4., 일부개정]

제1편 총칙

제1조(목적) 이 법은 수형자의 교정교화와 건전한 사회복귀를 도모하고, 수용자의 처우와 권리 및 교정시설의 운영에 관하여 필요한 사항을 규정함을 목적으로 한다.

제2조(정의) 이 법에서 사용하는 용어의 뜻은 다음과 같다. <개정 2016. 12. 2.>

1. "수용자"란 수형자·미결수용자·사형확정자 등 법률과 적법한 절차에 따라 교도소·구치소 및 그 지소(이하 "교정시설"이라 한다)에 수용된 사람을 말한다.
2. "수형자"란 징역형·금고형 또는 구류형의 선고를 받아 그 형이 확정되어 교정시설에 수용된 사람과 벌금 또는 과료를 완납하지 아니하여 노역장 유치명령을 받아 교정시설에 수용된 사람을 말한다.
3. "미결수용자"란 형사피의자 또는 형사피고인으로서 체포되거나 구속영장의 집행을 받아 교정시설에 수용된 사람을 말한다.
4. "사형확정자"란 사형의 선고를 받아 그 형이 확정되어 교정시설에 수용된 사람을 말한다.

제3조(적용범위) 이 법은 교정시설의 구내와 교도관이 수용자를 계호(戒護)하고 있는 그 밖의 장소로서 교도관의 통제가 요구되는 공간에 대하여 적용한다.

제4조(인권의 존중) 이 법을 집행하는 때에 수용자의 인권은 최대한으로 존중되어야 한다.

제5조(차별금지) 수용자는 합리적인 이유 없이 성별, 종교, 장애, 나이, 사회적 신분, 출신지역, 출신국가, 출신민족, 용모 등 신체조건, 병력(病歷), 혼인 여부, 정치적 의견 및 성적(性的) 지향 등을 이유로 차별받지 아니한다.

제5조의2(기본계획의 수립) ① 법무부장관은 이 법의 목적을 효율적으로 달성하기 위하여 5년마다 형의 집행 및 수용자 처우에 관한 기본계획(이하 "기본계획"이라 한다)을 수립하고 추진하여야 한다.

② 기본계획에는 다음 각 호의 사항이 포함되어야 한다.

1. 형의 집행 및 수용자 처우에 관한 기본 방향
2. 인구·범죄의 증감 및 수사 또는 형 집행의 동향 등 교정시설의 수요 증감에 관한

사항

3. 교정시설의 수용 실태 및 적정한 규모의 교정시설 유지 방안
4. 수용자에 대한 처우 및 교정시설의 유지·관리를 위한 적정한 교도관 인력 확충 방안
5. 교도작업과 직업훈련의 현황, 수형자의 건전한 사회복귀를 위한 작업설비 및 프로그램의 확충 방안
6. 수형자의 교육·교화 및 사회적응에 필요한 프로그램의 추진방향
7. 수용자 인권보호 실태와 인권 증진 방안
8. 교정사고의 발생 유형 및 방지에 필요한 사항
9. 형의 집행 및 수용자 처우와 관련하여 관계 기관과의 협력에 관한 사항
10. 그 밖에 법무부장관이 필요하다고 인정하는 사항

③ 법무부장관은 기본계획을 수립 또는 변경하려는 때에는 법원, 검찰 및 경찰 등 관계 기관과 협의하여야 한다.

④ 법무부장관은 기본계획을 수립하기 위하여 실태조사와 수요예측 조사를 실시할 수 있다.

⑤ 법무부장관은 기본계획을 수립하기 위하여 필요하다고 인정하는 경우에는 관계 기관의 장에게 필요한 자료를 요청할 수 있다. 이 경우 자료를 요청받은 관계 기관의 장은 특별한 사정이 없으면 요청에 따라야 한다.

[본조신설 2019. 4. 23.]

제5조의3(협의체의 설치 및 운영) ① 법무부장관은 형의 집행 및 수용자 처우에 관한 사항을 협의하기 위하여 법원, 검찰 및 경찰 등 관계 기관과 협의체를 설치하여 운영할 수 있다.

② 제1항에 따른 협의체의 설치 및 운영 등에 필요한 사항은 대통령령으로 정한다.[본조신설 2019. 4. 23.]

제6조(교정시설의 규모 및 설비) ① 신설하는 교정시설은 수용인원이 500명 이내의 규모가 되도록 하여야 한다. 다만, 교정시설의 기능·위치나 그 밖의 사정을 고려하여 그 규모를 늘릴 수 있다. <개정 2020. 2. 4.>

② 교정시설의 거실·작업장·접견실이나 그 밖의 수용생활을 위한 설비는 그 목적과 기능에 맞도록 설치되어야 한다. 특히, 거실은 수용자가 건강하게 생활할 수 있도록 적정한 수준의 공간과 채광·통풍·난방을 위한 시설이 갖추어져야 한다.

③ 법무부장관은 수용자에 대한 처우 및 교정시설의 유지·관리를 위한 적정한 인력을 확보하여야 한다. <신설 2019. 4. 23.>

제7조(교정시설 설치·운영의 민간위탁) ① 법무부장관은 교정시설의 설치 및 운영에 관한 업무의 일부를 법인 또는 개인에게 위탁할 수 있다.

② 제1항에 따라 위탁을 받을 수 있는 법인 또는 개인의 자격요건, 교정시설의 시설기준, 수용대상자의 선정기준, 수용자 처우의 기준, 위탁절차, 국가의 감독, 그 밖에 필요한 사항은 따로 법률로 정한다.

제8조(교정시설의 순회점검) 법무부장관은 교정시설의 운영, 교도관의 복무, 수용자의 처우 및 인권실태 등을 파악하기 위하여 매년 1회 이상 교정시설을 순회점검하거나 소속 공무원으로 하여금 순회점검하게 하여야 한다. <개정 2016. 5. 29.>

제9조(교정시설의 시찰 및 참관) ① 판사와 검사는 직무상 필요하면 교정시설을 시찰할 수 있다.

② 제1항의 판사와 검사 외의 사람은 교정시설을 참관하려면 학술연구 등 정당한 이유를 명시하여 교정시설의 장(이하 "소장"이라 한다)의 허가를 받아야 한다.

제10조(교도관의 직무) 이 법에 규정된 사항 외에 교도관의 직무에 관하여는 따로 법률로 정한다.

제2편 수용자의 처우

제1장 수용

제11조(구분수용) ① 수용자는 다음 각 호에 따라 구분하여 수용한다. <개정 2008. 12. 11.>

1. 19세 이상 수형자: 교도소
2. 19세 미만 수형자: 소년교도소
3. 미결수용자: 구치소
4. 사형확정자: 교도소 또는 구치소. 이 경우 구체적인 구분 기준은 법무부령으로 정한다.

② 교도소 및 구치소의 각 지소에는 교도소 또는 구치소에 준하여 수용자를 수용한다.

제12조(구분수용의 예외) ① 다음 각 호의 어느 하나에 해당하는 사유가 있으면 교도소에 미결수용자를 수용할 수 있다.

1. 관할 법원 및 검찰청 소재지에 구치소가 없는 때
2. 구치소의 수용인원이 정원을 훨씬 초과하여 정상적인 운영이 곤란한 때
3. 범죄의 증거인멸을 방지하기 위하여 필요하거나 그 밖에 특별한 사정이 있는 때

② 취사 등의 작업을 위하여 필요하거나 그 밖에 특별한 사정이 있으면 구치소에 수형자를 수용할 수 있다.

③ 수형자가 소년교도소에 수용 중에 19세가 된 경우에도 교육·교화프로그램, 작업, 직업훈련 등을 실시하기 위하여 특히 필요하다고 인정되면 23세가 되기 전까지는 계속하여 수용할 수 있다. <개정 2008. 12. 11.>

④ 소장은 특별한 사정이 있으면 제11조의 구분수용 기준에 따라 다른 교정시설로 이송하여야 할 수형자를 6개월을 초과하지 아니하는 기간 동안 계속하여 수용할 수 있다.

제13조(분리수용) ① 남성과 여성은 분리하여 수용한다.

② 제12조에 따라 수형자와 미결수용자, 19세 이상의 수형자와 19세 미만의 수형자를 같은 교정시설에 수용하는 경우에는 서로 분리하여 수용한다. <개정 2008. 12. 11.>

제14조(독거수용) 수용자는 독거수용한다. 다만, 다음 각 호의 어느 하나에 해당하는 사유가 있으면 혼거수용할 수 있다.

1. 독거실 부족 등 시설여건이 충분하지 아니한 때
2. 수용자의 생명 또는 신체의 보호, 정서적 안정을 위하여 필요한 때
3. 수형자의 교화 또는 건전한 사회복귀를 위하여 필요한 때

제15조(수용거실 지정) 소장은 수용자의 거실을 지정하는 경우에는 죄명・형기・죄질・성격・범죄전력・나이・경력 및 수용생활 태도, 그 밖에 수용자의 개인적 특성을 고려하여야 한다.

제16조(신입자의 수용 등) ① 소장은 법원・검찰청・경찰관서 등으로부터 처음으로 교정시설에 수용되는 사람(이하 "신입자"라 한다)에 대하여는 집행지휘서, 재판서, 그 밖에 수용에 필요한 서류를 조사한 후 수용한다.

② 소장은 신입자에 대하여는 지체 없이 신체・의류 및 휴대품을 검사하고 건강진단을 하여야 한다. <개정 2017. 12. 19.>

③ 신입자는 제2항에 따라 소장이 실시하는 검사 및 건강진단을 받아야 한다. <신설 2015. 3. 27., 2017. 12. 19.>

제16조의2(간이입소절차) 다음 각 호의 어느 하나에 해당하는 신입자의 경우에는 법무부장관이 정하는 바에 따라 간이입소절차를 실시한다.

1. 「형사소송법」 제200조의 2, 제200조의 3 또는 제212조에 따라 체포되어 교정시설에 유치된 피의자
2. 「형사소송법」 제201조의 2 제10항 및 제71조의2에 따른 구속영장 청구에 따라 피의자 심문을 위하여 교정시설에 유치된 피의자

[본조신설 2017. 12. 19.]

제17조(고지사항) 신입자 및 다른 교정시설로부터 이송되어 온 사람에게는 말이나 서면으로 다음 각 호의 사항을 알려 주어야 한다. <개정 2020. 2. 4.>

1. 형기의 기산일 및 종료일
2. 접견・편지, 그 밖의 수용자의 권리에 관한 사항
3. 청원, 「국가인권위원회법」에 따른 진정, 그 밖의 권리구제에 관한 사항

4. 징벌·규율, 그 밖의 수용자의 의무에 관한 사항
5. 일과(日課) 그 밖의 수용생활에 필요한 기본적인 사항

제18조(수용의 거절) ① 소장은 다른 사람의 건강에 위해를 끼칠 우려가 있는 감염병에 걸린 사람의 수용을 거절할 수 있다. <개정 2009. 12. 29.>
② 소장은 제1항에 따라 수용을 거절하였으면 그 사유를 지체 없이 수용지휘기관과 관할 보건소장에게 통보하고 법무부장관에게 보고하여야 한다.

제19조(사진촬영 등) ① 소장은 신입자 및 다른 교정시설로부터 이송되어 온 사람에 대하여 다른 사람과의 식별을 위하여 필요한 한도에서 사진촬영, 지문채취, 수용자 번호지정, 그 밖에 대통령령으로 정하는 조치를 하여야 한다.
② 소장은 수용목적상 필요하면 수용 중인 사람에 대하여도 제1항의 조치를 할 수 있다.

제20조(수용자의 이송) ① 소장은 수용자의 수용·작업·교화·의료, 그 밖의 처우를 위하여 필요하거나 시설의 안전과 질서유지를 위하여 필요하다고 인정하면 법무부장관의 승인을 받아 수용자를 다른 교정시설로 이송할 수 있다.
② 법무부장관은 제1항의 이송승인에 관한 권한을 대통령령으로 정하는 바에 따라 지방교정청장에게 위임할 수 있다.

제21조(수용사실의 알림) 소장은 신입자 또는 다른 교정시설로부터 이송되어 온 사람이 있으면 그 사실을 수용자의 가족(배우자, 직계 존속·비속 또는 형제자매를 말한다. 이하 같다)에게 지체 없이 알려야 한다. 다만, 수용자가 알리는 것을 원하지 아니하면 그러하지 아니하다. <개정 2020. 2. 4.>[제목개정 2020. 2. 4.]

제2장 물품지급

제22조(의류 및 침구 등의 지급) ① 소장은 수용자에게 건강유지에 적합한 의류·침구, 그 밖의 생활용품을 지급한다.
② 의류·침구, 그 밖의 생활용품의 지급기준 등에 관하여 필요한 사항은 법무부령으로 정한다.

제23조(음식물의 지급) ① 소장은 수용자에게 건강상태, 나이, 부과된 작업의 종류, 그 밖의 개인적 특성을 고려하여 건강 및 체력을 유지하는 데에 필요한 음식물을 지급한다.
② 음식물의 지급기준 등에 관하여 필요한 사항은 법무부령으로 정한다.

제24조(물품의 자비구매) ① 수용자는 소장의 허가를 받아 자신의 비용으로 음식물·의류·침구, 그 밖에 수용생활에 필요한 물품을 구매할 수 있다.

② 물품의 자비구매 허가범위 등에 관하여 필요한 사항은 법무부령으로 정한다.

제3장 금품관리

제25조(휴대금품의 보관 등) ① 소장은 수용자의 휴대금품을 교정시설에 보관한다. 다만, 휴대품이 다음 각 호의 어느 하나에 해당하는 것이면 수용자로 하여금 자신이 지정하는 사람에게 보내게 하거나 그 밖에 적당한 방법으로 처분하게 할 수 있다. <개정 2020. 2. 4.>

1. 썩거나 없어질 우려가 있는 것
2. 물품의 종류·크기 등을 고려할 때 보관하기에 적당하지 아니한 것
3. 사람의 생명 또는 신체에 위험을 초래할 우려가 있는 것
4. 시설의 안전 또는 질서를 해칠 우려가 있는 것
5. 그 밖에 보관할 가치가 없는 것

② 소장은 수용자가 제1항 단서에 따라 처분하여야 할 휴대품을 상당한 기간 내에 처분하지 아니하면 폐기할 수 있다.

[제목개정 2020. 2. 4.]

제26조(수용자가 지니는 물품 등) ① 수용자는 편지·도서, 그 밖에 수용생활에 필요한 물품을 법무부장관이 정하는 범위에서 지닐 수 있다. <개정 2020. 2. 4.>

② 소장은 제1항에 따라 법무부장관이 정하는 범위를 벗어난 물품으로서 교정시설에 특히 보관할 필요가 있다고 인정하지 아니하는 물품은 수용자로 하여금 자신이 지정하는 사람에게 보내게 하거나 그 밖에 적당한 방법으로 처분하게 할 수 있다. <개정 2020. 2. 4.>

③ 소장은 수용자가 제2항에 따라 처분하여야 할 물품을 상당한 기간 내에 처분하지 아니하면 폐기할 수 있다.

[제목개정 2020. 2. 4.]

제27조(수용자에 대한 금품 전달) ① 수용자 외의 사람이 수용자에게 금품을 건네줄 것을 신청하는 때에는 소장은 다음 각 호의 어느 하나에 해당하지 아니하면 허가하여야 한다. <개정 2020. 2. 4.>

1. 수형자의 교화 또는 건전한 사회복귀를 해칠 우려가 있는 때
2. 시설의 안전 또는 질서를 해칠 우려가 있는 때

② 소장은 수용자 외의 사람이 수용자에게 주려는 금품이 제1항 각 호의 어느 하나에 해당하거나 수용자가 금품을 받지 아니하려는 경우에는 해당 금품을 보낸 사람에게 되돌려 보내야 한다. <개정 2020. 2. 4.>

③ 소장은 제2항의 경우에 금품을 보낸 사람을 알 수 없거나 보낸 사람의 주소가 불분명한 경우에는 금품을 다시 가지고 갈 것을 공고하여야 하며, 공고한 후 6개월이 지

나도 금품을 돌려달라고 청구하는 사람이 없으면 그 금품은 국고에 귀속된다. <개정 2020. 2. 4.>

④ 소장은 제2항 또는 제3항에 따른 조치를 하였으면 그 사실을 수용자에게 알려 주어야 한다.

[제목개정 2020. 2. 4.]

제28조(유류금품의 처리) ① 소장은 사망자 또는 도주자가 남겨두고 간 금품이 있으면 사망자의 경우에는 그 상속인에게, 도주자의 경우에는 그 가족에게 그 내용 및 청구절차 등을 알려 주어야 한다. 다만, 썩거나 없어질 우려가 있는 것은 폐기할 수 있다. <개정 2020. 2. 4.>

② 소장은 상속인 또는 가족이 제1항의 금품을 내어달라고 청구하면 지체 없이 내어 주어야 한다. 다만, 제1항에 따른 알림을 받은 날(알려줄 수가 없는 경우에는 청구사유가 발생한 날)부터 1년이 지나도 청구하지 아니하면 그 금품은 국고에 귀속된다. <개정 2020. 2. 4.>[제목개정 2020. 2. 4.]

제29조(보관금품의 반환 등) ① 소장은 수용자가 석방될 때 제25조에 따라 보관하고 있던 수용자의 휴대금품을 본인에게 돌려주어야 한다. 다만, 보관품을 한꺼번에 가져가기 어려운 경우 등 특별한 사정이 있어 수용자가 석방 시 소장에게 일정 기간 동안(1개월 이내의 범위로 한정한다) 보관품을 보관하여 줄 것을 신청하는 경우에는 그러하지 아니하다. <개정 2020. 2. 4.>

② 제1항 단서에 따른 보관 기간이 지난 보관품에 관하여는 제28조를 준용한다. 이 경우 "사망자" 및 "도주자"는 "피석방자"로, "금품"은 "보관품"으로, "상속인" 및 "가족"은 "피석방자 본인 또는 가족"으로 본다. <개정 2020. 2. 4.>

[전문개정 2015. 3. 27.][제목개정 2020. 2. 4.]

제4장 위생과 의료

제30조(위생 · 의료 조치의무) 소장은 수용자가 건강한 생활을 하는 데에 필요한 위생 및 의료상의 적절한 조치를 하여야 한다.

제31조(청결유지) 소장은 수용자가 사용하는 모든 설비와 기구가 항상 청결하게 유지되도록 하여야 한다.

제32조(청결의무) ① 수용자는 자신의 신체 및 의류를 청결히 하여야 하며, 자신이 사용하는 거실 · 작업장, 그 밖의 수용시설의 청결유지에 협력하여야 한다.

② 수용자는 위생을 위하여 머리카락과 수염을 단정하게 유지하여야 한다. <개정 2020. 2. 4.>

제33조(운동 및 목욕) ① 소장은 수용자가 건강유지에 필요한 운동 및 목욕을 정기적으

로 할 수 있도록 하여야 한다.

② 운동시간·목욕횟수 등에 관하여 필요한 사항은 대통령령으로 정한다.

제34조(건강검진) ① 소장은 수용자에 대하여 건강검진을 정기적으로 하여야 한다.

② 건강검진의 횟수 등에 관하여 필요한 사항은 대통령령으로 정한다.

제35조(감염병 등에 관한 조치) 소장은 감염병이나 그 밖에 감염의 우려가 있는 질병의 발생과 확산을 방지하기 위하여 필요한 경우 수용자에 대하여 예방접종·격리수용·이송, 그 밖에 필요한 조치를 하여야 한다. <개정 2016. 12. 2.>

[제목개정 2016. 12. 2.]

제36조(부상자 등 치료) ①소장은 수용자가 부상을 당하거나 질병에 걸리면 적절한 치료를 받도록 하여야 한다. <개정 2010. 5. 4.>

② 제1항의 치료를 위하여 교정시설에 근무하는 간호사는 야간 또는 공휴일 등에 「의료법」 제27조에도 불구하고 대통령령으로 정하는 경미한 의료행위를 할 수 있다. <신설 2010. 5. 4.>

제37조(외부의료시설 진료 등) ① 소장은 수용자에 대한 적절한 치료를 위하여 필요하다고 인정하면 교정시설 밖에 있는 의료시설(이하 "외부의료시설"이라 한다)에서 진료를 받게 할 수 있다.

② 소장은 수용자의 정신질환 치료를 위하여 필요하다고 인정하면 법무부장관의 승인을 받아 치료감호시설로 이송할 수 있다.

③ 제2항에 따라 이송된 사람은 수용자에 준하여 처우한다.

④ 소장은 제1항 또는 제2항에 따라 수용자가 외부의료시설에서 진료받거나 치료감호시설로 이송되면 그 사실을 그 가족(가족이 없는 경우에는 수용자가 지정하는 사람)에게 지체 없이 알려야 한다. 다만, 수용자가 알리는 것을 원하지 아니하면 그러하지 아니하다. <개정 2020. 2. 4.>

⑤ 소장은 수용자가 자신의 고의 또는 중대한 과실로 부상 등이 발생하여 외부의료시설에서 진료를 받은 경우에는 그 진료비의 전부 또는 일부를 그 수용자에게 부담하게 할 수 있다.

제38조(자비치료) 소장은 수용자가 자신의 비용으로 외부의료시설에서 근무하는 의사(이하 "외부의사"라 한다)에게 치료받기를 원하면 교정시설에 근무하는 의사(공중보건의사를 포함하며, 이하 "의무관"이라 한다)의 의견을 고려하여 이를 허가할 수 있다.

제39조(진료환경 등) ① 교정시설에는 수용자의 진료를 위하여 필요한 의료 인력과 설비를 갖추어야 한다.

② 소장은 정신질환이 있다고 의심되는 수용자가 있으면 정신건강의학과 의사의 진료를 받을 수 있도록 하여야 한다. <개정 2011. 8. 4.>

③ 외부의사는 수용자를 진료하는 경우에는 법무부장관이 정하는 사항을 준수하여야 한다.

④ 교정시설에 갖추어야 할 의료설비의 기준에 관하여 필요한 사항은 법무부령으로 정한다.

제40조(수용자의 의사에 반하는 의료조치) ① 소장은 수용자가 진료 또는 음식물의 섭취를 거부하면 의무관으로 하여금 관찰·조언 또는 설득을 하도록 하여야 한다.

② 소장은 제1항의 조치에도 불구하고 수용자가 진료 또는 음식물의 섭취를 계속 거부하여 그 생명에 위험을 가져올 급박한 우려가 있으면 의무관으로 하여금 적당한 진료 또는 영양보급 등의 조치를 하게 할 수 있다.

제5장 접견 · 편지수수(便紙授受) 및 전화통화 <개정 2020. 2. 4.>

제41조(접견) ① 수용자는 교정시설의 외부에 있는 사람과 접견할 수 있다. 다만, 다음 각 호의 어느 하나에 해당하는 사유가 있으면 그러하지 아니하다.

1. 형사 법령에 저촉되는 행위를 할 우려가 있는 때
2. 「형사소송법」이나 그 밖의 법률에 따른 접견금지의 결정이 있는 때
3. 수형자의 교화 또는 건전한 사회복귀를 해칠 우려가 있는 때
4. 시설의 안전 또는 질서를 해칠 우려가 있는 때

② 수용자의 접견은 접촉차단시설이 설치된 장소에서 하게 한다. 다만, 다음 각 호의 어느 하나에 해당하는 경우에는 접촉차단시설이 설치되지 아니한 장소에서 접견하게 한다. <신설 2019. 4. 23.>

1. 미결수용자(형사사건으로 수사 또는 재판을 받고 있는 수형자와 사형확정자를 포함한다)가 변호인과 접견하는 경우
2. 수용자가 소송사건의 대리인인 변호사와 접견하는 경우로서 교정시설의 안전 또는 질서를 해칠 우려가 없는 경우

③ 제2항에도 불구하고 다음 각 호의 어느 하나에 해당하는 경우에는 접촉차단시설이 설치되지 아니한 장소에서 접견하게 할 수 있다. <신설 2019. 4. 23.>

1. 수용자가 미성년자인 자녀와 접견하는 경우
2. 그 밖에 대통령령으로 정하는 경우

④ 소장은 다음 각 호의 어느 하나에 해당하는 사유가 있으면 교도관으로 하여금 수용자의 접견내용을 청취·기록·녹음 또는 녹화하게 할 수 있다. <개정 2019. 4. 23.>

1. 범죄의 증거를 인멸하거나 형사 법령에 저촉되는 행위를 할 우려가 있는 때
2. 수형자의 교화 또는 건전한 사회복귀를 위하여 필요한 때
3. 시설의 안전과 질서유지를 위하여 필요한 때

⑤ 제4항에 따라 녹음·녹화하는 경우에는 사전에 수용자 및 그 상대방에게 그 사실

을 알려 주어야 한다. <개정 2019. 4. 23.>

⑥ 접견의 횟수·시간·장소·방법 및 접견내용의 청취·기록·녹음·녹화 등에 관하여 필요한 사항은 대통령령으로 정한다. <개정 2019. 4. 23.>

제42조(접견의 중지 등) 교도관은 접견 중인 수용자 또는 그 상대방이 다음 각 호의 어느 하나에 해당하면 접견을 중지할 수 있다.

1. 범죄의 증거를 인멸하거나 인멸하려고 하는 때
2. 제92조의 금지물품을 주고받거나 주고받으려고 하는 때
3. 형사 법령에 저촉되는 행위를 하거나 하려고 하는 때
4. 수용자의 처우 또는 교정시설의 운영에 관하여 거짓사실을 유포하는 때
5. 수형자의 교화 또는 건전한 사회복귀를 해칠 우려가 있는 행위를 하거나 하려고 하는 때
6. 시설의 안전 또는 질서를 해하는 행위를 하거나 하려고 하는 때

제43조(편지수수) ① 수용자는 다른 사람과 편지를 주고받을 수 있다. 다만, 다음 각 호의 어느 하나에 해당하는 사유가 있으면 그러하지 아니하다. <개정 2020. 2. 4.>

1. 「형사소송법」이나 그 밖의 법률에 따른 편지의 수수금지 및 압수의 결정이 있는 때
2. 수형자의 교화 또는 건전한 사회복귀를 해칠 우려가 있는 때
3. 시설의 안전 또는 질서를 해칠 우려가 있는 때

② 제1항 각 호 외의 부분 본문에도 불구하고 같은 교정시설의 수용자 간에 편지를 주고받으려면 소장의 허가를 받아야 한다. <개정 2020. 2. 4.>

③ 소장은 수용자가 주고받는 편지에 법령에 따라 금지된 물품이 들어 있는지 확인할 수 있다. <개정 2020. 2. 4.>

④ 수용자가 주고받는 편지의 내용은 검열받지 아니한다. 다만, 다음 각 호의 어느 하나에 해당하는 사유가 있으면 그러하지 아니하다. <개정 2020. 2. 4.>

1. 편지의 상대방이 누구인지 확인할 수 없는 때
2. 「형사소송법」이나 그 밖의 법률에 따른 편지검열의 결정이 있는 때
3. 제1항 제2호 또는 제3호에 해당하는 내용이나 형사 법령에 저촉되는 내용이 기재되어 있다고 의심할 만한 상당한 이유가 있는 때
4. 대통령령으로 정하는 수용자 간의 편지인 때

⑤ 소장은 제3항 또는 제4항 단서에 따라 확인 또는 검열한 결과 수용자의 편지에 법령으로 금지된 물품이 들어 있거나 편지의 내용이 다음 각 호의 어느 하나에 해당하면 발신 또는 수신을 금지할 수 있다. <개정 2020. 2. 4.>

1. 암호·기호 등 이해할 수 없는 특수문자로 작성되어 있는 때
2. 범죄의 증거를 인멸할 우려가 있는 때

3. 형사 법령에 저촉되는 내용이 기재되어 있는 때
4. 수용자의 처우 또는 교정시설의 운영에 관하여 명백한 거짓사실을 포함하고 있는 때
5. 사생활의 비밀 또는 자유를 침해할 우려가 있는 때
6. 수형자의 교화 또는 건전한 사회복귀를 해칠 우려가 있는 때
7. 시설의 안전 또는 질서를 해칠 우려가 있는 때

⑥ 소장이 편지를 발송하거나 내어주는 경우에는 신속히 하여야 한다. <개정 2020. 2. 4.>

⑦ 소장은 제1항 단서 또는 제5항에 따라 발신 또는 수신이 금지된 편지는 그 구체적인 사유를 서면으로 작성해 관리하고, 수용자에게 그 사유를 알린 후 교정시설에 보관한다. 다만, 수용자가 동의하면 폐기할 수 있다. <개정 2019. 4. 23., 2020. 2. 4.>

⑧ 편지발송의 횟수, 편지 내용물의 확인방법 및 편지 내용의 검열절차 등에 관하여 필요한 사항은 대통령령으로 정한다. <개정 2020. 2. 4.>

[제목개정 2020. 2. 4.]

제44조(전화통화) ① 수용자는 소장의 허가를 받아 교정시설의 외부에 있는 사람과 전화통화를 할 수 있다.

② 제1항에 따른 허가에는 통화내용의 청취 또는 녹음을 조건으로 붙일 수 있다.

③ 제42조는 수용자의 전화통화에 관하여 준용한다.

④ 제2항에 따라 통화내용을 청취 또는 녹음하려면 사전에 수용자 및 상대방에게 그 사실을 알려 주어야 한다.

⑤ 전화통화의 허가범위, 통화내용의 청취·녹음 등에 관하여 필요한 사항은 법무부령으로 정한다.

제6장 종교와 문화

제45조(종교행사의 참석 등) ① 수용자는 교정시설의 안에서 실시하는 종교의식 또는 행사에 참석할 수 있으며, 개별적인 종교상담을 받을 수 있다.

② 수용자는 자신의 신앙생활에 필요한 책이나 물품을 지닐 수 있다. <개정 2020. 2. 4.>

③ 소장은 다음 각 호의 어느 하나에 해당하는 사유가 있으면 제1항 및 제2항에서 규정하고 있는 사항을 제한할 수 있다.
1. 수형자의 교화 또는 건전한 사회복귀를 위하여 필요한 때
2. 시설의 안전과 질서유지를 위하여 필요한 때

④ 종교행사의 종류·참석대상·방법, 종교상담의 대상·방법 및 종교도서·물품을 지닐 수 있는 범위 등에 관하여 필요한 사항은 법무부령으로 정한다. <개정 2020. 2. 4.>

제46조(도서비치 및 이용) 소장은 수용자의 지식함양 및 교양습득에 필요한 도서를 비치

하고 수용자가 이용할 수 있도록 하여야 한다.

제47조(신문등의 구독) ① 수용자는 자신의 비용으로 신문·잡지 또는 도서(이하 “신문등”이라 한다)의 구독을 신청할 수 있다.

② 소장은 제1항에 따라 구독을 신청한 신문등이 「출판문화산업 진흥법」에 따른 유해간행물인 경우를 제외하고는 구독을 허가하여야 한다.

③ 제1항에 따라 구독을 신청할 수 있는 신문등의 범위 및 수량은 법무부령으로 정한다.

제48조(라디오 청취와 텔레비전 시청) ① 수용자는 정서안정 및 교양습득을 위하여 라디오 청취와 텔레비전 시청을 할 수 있다.

② 소장은 다음 각 호의 어느 하나에 해당하는 사유가 있으면 수용자에 대한 라디오 및 텔레비전의 방송을 일시 중단하거나 개별 수용자에 대하여 라디오 및 텔레비전의 청취 또는 시청을 금지할 수 있다.

1. 수형자의 교화 또는 건전한 사회복귀를 해칠 우려가 있는 때
2. 시설의 안전과 질서유지를 위하여 필요한 때

③ 방송설비·방송프로그램·방송시간 등에 관하여 필요한 사항은 법무부령으로 정한다.

제49조(집필) ① 수용자는 문서 또는 도화(圖畫)를 작성하거나 문예·학술, 그 밖의 사항에 관하여 집필할 수 있다. 다만, 소장이 시설의 안전 또는 질서를 해칠 명백한 위험이 있다고 인정하는 경우는 예외로 한다. <개정 2020. 2. 4.>

② 제1항에 따라 작성 또는 집필한 문서나 도화를 지니거나 처리하는 것에 관하여는 제26조를 준용한다. <개정 2020. 2. 4.>

③ 제1항에 따라 작성 또는 집필한 문서나 도화가 제43조 제5항 각 호의 어느 하나에 해당하면 제43조 제7항을 준용한다.

④ 집필용구의 관리, 집필의 시간·장소, 집필한 문서 또는 도화의 외부반출 등에 관하여 필요한 사항은 대통령령으로 정한다.

제7장 특별한 보호

제50조(여성수용자의 처우) ① 소장은 여성수용자에 대하여 여성의 신체적·심리적 특성을 고려하여 처우하여야 한다.

② 소장은 여성수용자에 대하여 건강검진을 실시하는 경우에는 나이·건강 등을 고려하여 부인과질환에 관한 검사를 포함시켜야 한다. <개정 2014. 12. 30.>

③ 소장은 생리 중인 여성수용자에 대하여는 위생에 필요한 물품을 지급하여야 한다. <개정 2014. 12. 30.>

④ 삭제 <2019. 4. 23.>

제51조(여성수용자 처우 시의 유의사항) ① 소장은 여성수용자에 대하여 상담·교육·작업 등(이하 이 조에서 “상담등”이라 한다)을 실시하는 때에는 여성교도관이 담당하도록 하여야 한다. 다만, 여성교도관이 부족하거나 그 밖의 부득이한 사정이 있으면 그러하지 아니하다.

② 제1항 단서에 따라 남성교도관이 1인의 여성수용자에 대하여 실내에서 상담등을 하려면 투명한 창문이 설치된 장소에서 다른 여성을 입회시킨 후 실시하여야 한다.

제52조(임산부인 수용자의 처우) ① 소장은 수용자가 임신 중이거나 출산(유산·사산을 포함한다)한 경우에는 모성보호 및 건강유지를 위하여 정기적인 검진 등 적절한 조치를 하여야 한다. <개정 2019. 4. 23.>

② 소장은 수용자가 출산하려고 하는 경우에는 외부의료시설에서 진료를 받게 하는 등 적절한 조치를 하여야 한다.

제53조(유아의 양육) ① 여성수용자는 자신이 출산한 유아를 교정시설에서 양육할 것을 신청할 수 있다. 이 경우 소장은 다음 각 호의 어느 하나에 해당하는 사유가 없으면, 생후 18개월에 이르기까지 허가하여야 한다. <개정 2009. 12. 29.>

1. 유아가 질병·부상, 그 밖의 사유로 교정시설에서 생활하는 것이 특히 부적당하다고 인정되는 때
2. 수용자가 질병·부상, 그 밖의 사유로 유아를 양육할 능력이 없다고 인정되는 때
3. 교정시설에 감염병이 유행하거나 그 밖의 사정으로 유아양육이 특히 부적당한 때

② 소장은 제1항에 따라 유아의 양육을 허가한 경우에는 필요한 설비와 물품의 제공, 그 밖에 양육을 위하여 필요한 조치를 하여야 한다.

제53조의2(수용자의 미성년 자녀 보호에 대한 지원) ① 소장은 신입자에게 「아동복지법」 제15조에 따른 보호조치를 의뢰할 수 있음을 알려주어야 한다.

② 소장은 수용자가 「아동복지법」 제15조에 따른 보호조치를 의뢰하려는 경우 보호조치 의뢰가 원활하게 이루어질 수 있도록 지원하여야 한다.

③ 제1항에 따른 안내 및 제2항에 따른 보호조치 의뢰 지원의 방법·절차, 그 밖에 필요한 사항은 법무부장관이 정한다.

[본조신설 2019. 4. 23.]

제54조(수용자에 대한 특별한 처우) ① 소장은 노인수용자에 대하여 나이·건강상태 등을 고려하여 그 처우에 있어 적정한 배려를 하여야 한다.

② 소장은 장애인수용자에 대하여 장애의 정도를 고려하여 그 처우에 있어 적정한 배려를 하여야 한다.

③ 소장은 외국인수용자에 대하여 언어·생활문화 등을 고려하여 적정한 처우를 하여

야 한다.

④ 소장은 소년수용자에 대하여 나이·적성 등을 고려하여 적정한 처우를 하여야 한다. <신설 2015. 3. 27.>

⑤ 노인수용자·장애인수용자·외국인수용자 및 소년수용자에 대한 적정한 배려 또는 처우에 관하여 필요한 사항은 법무부령으로 정한다. <개정 2015. 3. 27.>

[제목개정 2015. 3. 27.]

제8장 수형자의 처우

제1절 통칙

제55조(수형자 처우의 원칙) 수형자에 대하여는 교육·교화프로그램, 작업, 직업훈련 등을 통하여 교정교화를 도모하고 사회생활에 적응하는 능력을 함양하도록 처우하여야 한다.

제56조(개별처우계획의 수립 등) ① 소장은 제62조의 분류처우위원회의 의결에 따라 수형자의 개별적 특성에 알맞은 교육·교화프로그램, 작업, 직업훈련 등의 처우에 관한 계획(이하 "개별처우계획"이라 한다)을 수립하여 시행한다.

② 소장은 수형자가 스스로 개선하여 사회에 복귀하려는 의욕이 고취되도록 개별처우계획을 정기적으로 또는 수시로 점검하여야 한다.

제57조(처우) ① 수형자는 제59조의 분류심사의 결과에 따라 그에 적합한 교정시설에 수용되며, 개별처우계획에 따라 그 특성에 알맞은 처우를 받는다.

② 교정시설은 도주방지 등을 위한 수용설비 및 계호의 정도(이하 "경비등급"이라 한다)에 따라 다음 각 호로 구분한다. 다만, 동일한 교정시설이라도 구획을 정하여 경비등급을 달리할 수 있다.

1. 개방시설 : 도주방지를 위한 통상적인 설비의 전부 또는 일부를 갖추지 아니하고 수형자의 자율적 활동이 가능하도록 통상적인 관리·감시의 전부 또는 일부를 하지 아니하는 교정시설
2. 완화경비시설 : 도주방지를 위한 통상적인 설비 및 수형자에 대한 관리·감시를 일반경비시설보다 완화한 교정시설
3. 일반경비시설 : 도주방지를 위한 통상적인 설비를 갖추고 수형자에 대하여 통상적인 관리·감시를 하는 교정시설
4. 중(重)경비시설 : 도주방지 및 수형자 상호 간의 접촉을 차단하는 설비를 강화하고 수형자에 대한 관리·감시를 엄중히 하는 교정시설

③ 수형자에 대한 처우는 교화 또는 건전한 사회복귀를 위하여 교정성적에 따라 상향 조정될 수 있으며, 특히 그 성적이 우수한 수형자는 개방시설에 수용되어 사회생활에 필요한 적정한 처우를 받을 수 있다.

④ 소장은 가석방 또는 형기 종료를 앞둔 수형자 중에서 법무부령으로 정하는 일정한 요건을 갖춘 사람에 대해서는 가석방 또는 형기 종료 전 일정 기간 동안 지역사회 또는 교정시설에 설치된 개방시설에 수용하여 사회적응에 필요한 교육, 취업지원 등의 적정한 처우를 할 수 있다. <신설 2015. 3. 27.>

⑤ 수형자는 교화 또는 건전한 사회복귀를 위하여 교정시설 밖의 적당한 장소에서 봉사활동·견학, 그 밖에 사회적응에 필요한 처우를 받을 수 있다. <개정 2015. 3. 27.>

⑥ 학과교육생·직업훈련생·외국인·여성·장애인·노인·환자·소년(19세 미만인 자를 말한다), 제4항에 따른 처우(이하 "중간처우"라 한다)의 대상자, 그 밖에 별도의 처우가 필요한 수형자는 법무부장관이 특히 그 처우를 전담하도록 정하는 시설(이하 "전담교정시설"이라 한다)에 수용되며, 그 특성에 알맞은 처우를 받는다. 다만, 전담교정시설의 부족이나 그 밖의 부득이한 사정이 있는 경우에는 예외로 할 수 있다. <개정 2015. 3. 27.>

⑦ 제2항 각 호의 시설의 설비 및 계호의 정도에 관하여 필요한 사항은 대통령령으로 정한다. <개정 2015. 3. 27.>

제58조(외부전문가의 상담 등) 소장은 수형자의 교화 또는 건전한 사회복귀를 위하여 필요하면 교육학·교정학·범죄학·사회학·심리학·의학 등에 관한 학식 또는 교정에 관한 경험이 풍부한 외부전문가로 하여금 수형자에 대한 상담·심리치료 또는 생활지도 등을 하게 할 수 있다.

제2절 분류심사

제59조(분류심사) ① 소장은 수형자에 대한 개별처우계획을 합리적으로 수립하고 조정하기 위하여 수형자의 인성, 행동특성 및 자질 등을 과학적으로 조사·측정·평가(이하 "분류심사"라 한다)하여야 한다. 다만, 집행할 형기가 짧거나 그 밖의 특별한 사정이 있는 경우에는 예외로 할 수 있다.

② 수형자의 분류심사는 형이 확정된 경우에 개별처우계획을 수립하기 위하여 하는 심사와 일정한 형기가 지나거나 상벌 또는 그 밖의 사유가 발생한 경우에 개별처우계획을 조정하기 위하여 하는 심사로 구분한다.

③ 소장은 분류심사를 위하여 수형자를 대상으로 상담 등을 통한 신상에 관한 개별사안의 조사, 심리·지능·적성 검사, 그 밖에 필요한 검사를 할 수 있다.

④ 소장은 분류심사를 위하여 외부전문가로부터 필요한 의견을 듣거나 외부전문가에게 조사를 의뢰할 수 있다.

⑤ 이 법에 규정된 사항 외에 분류심사에 관하여 필요한 사항은 법무부령으로 정한다.

제60조(관계기관등에 대한 사실조회 등) ① 소장은 분류심사와 그 밖에 수용목적의 달성

을 위하여 필요하면 수용자의 가족 등을 면담하거나 법원·경찰관서, 그 밖의 관계 기관 또는 단체(이하 "관계기관 등"이라 한다)에 대하여 필요한 사실을 조회할 수 있다.
② 제1항의 조회를 요청받은 관계기관등의 장은 특별한 사정이 없으면 지체 없이 그에 관하여 답하여야 한다. <개정 2020. 2. 4.>

제61조(분류전담시설) 법무부장관은 수형자를 과학적으로 분류하기 위하여 분류심사를 전담하는 교정시설을 지정·운영할 수 있다.

제62조(분류처우위원회) ① 수형자의 개별처우계획, 가석방심사신청 대상자 선정, 그 밖에 수형자의 분류처우에 관한 중요 사항을 심의·의결하기 위하여 교정시설에 분류처우위원회(이하 이 조에서 "위원회"라 한다)를 둔다.
② 위원회는 위원장을 포함한 5명 이상 7명 이하의 위원으로 구성하고, 위원장은 소장이 되며, 위원은 위원장이 소속 기관의 부소장 및 과장(지소의 경우에는 7급 이상의 교도관) 중에서 임명한다. <개정 2020. 2. 4.>
③ 위원회는 그 심의·의결을 위하여 외부전문가로부터 의견을 들을 수 있다.
④ 이 법에 규정된 사항 외에 위원회에 관하여 필요한 사항은 법무부령으로 정한다.

제3절 교육과 교화프로그램

제63조(교육) ① 소장은 수형자가 건전한 사회복귀에 필요한 지식과 소양을 습득하도록 교육할 수 있다.
② 소장은 「교육기본법」 제8조의 의무교육을 받지 못한 수형자에 대하여는 본인의 의사·나이·지식정도, 그 밖의 사정을 고려하여 그에 알맞게 교육하여야 한다.
③ 소장은 제1항 및 제2항에 따른 교육을 위하여 필요하면 수형자를 중간처우를 위한 전담교정시설에 수용하여 다음 각 호의 조치를 할 수 있다. <개정 2015. 3. 27.>
1. 외부 교육기관에의 통학
2. 외부 교육기관에서의 위탁교육
④ 교육과정·외부통학·위탁교육 등에 관하여 필요한 사항은 법무부령으로 정한다.

제64조(교화프로그램) ① 소장은 수형자의 교정교화를 위하여 상담·심리치료, 그 밖의 교화프로그램을 실시하여야 한다.
② 소장은 제1항에 따른 교화프로그램의 효과를 높이기 위하여 범죄원인별로 적절한 교화프로그램의 내용, 교육장소 및 전문인력의 확보 등 적합한 환경을 갖추도록 노력하여야 한다. <신설 2019. 4. 23.>
③ 교화프로그램의 종류·내용 등에 관하여 필요한 사항은 법무부령으로 정한다. <개정 2019. 4. 23.>

제4절 작업과 직업훈련

제65조(작업의 부과) ① 수형자에게 부과하는 작업은 건전한 사회복귀를 위하여 기술을 습득하고 근로의욕을 고취하는 데에 적합한 것이어야 한다.

② 소장은 수형자에게 작업을 부과하려면 나이·형기·건강상태·기술·성격·취미·경력·장래생계, 그 밖의 수형자의 사정을 고려하여야 한다.

제66조(작업의무) 수형자는 자신에게 부과된 작업과 그 밖의 노역을 수행하여야 할 의무가 있다.

제67조(신청에 따른 작업) 소장은 금고형 또는 구류형의 집행 중에 있는 사람에 대하여는 신청에 따라 작업을 부과할 수 있다.

제68조(외부 통근 작업 등) ① 소장은 수형자의 건전한 사회복귀와 기술습득을 촉진하기 위하여 필요하면 외부기업체 등에 통근 작업하게 하거나 교정시설의 안에 설치된 외부기업체의 작업장에서 작업하게 할 수 있다.

② 외부 통근 작업 대상자의 선정기준 등에 관하여 필요한 사항은 법무부령으로 정한다.

제69조(직업능력개발훈련) ① 소장은 수형자의 건전한 사회복귀를 위하여 기술 습득 및 향상을 위한 직업능력개발훈련(이하 "직업훈련"이라 한다)을 실시할 수 있다.

② 소장은 수형자의 직업훈련을 위하여 필요하면 외부의 기관 또는 단체에서 훈련을 받게 할 수 있다.

③ 직업훈련 대상자의 선정기준 등에 관하여 필요한 사항은 법무부령으로 정한다.

제70조(집중근로에 따른 처우) ① 소장은 수형자의 신청에 따라 제68조의 작업, 제69조 제2항의 훈련, 그 밖에 집중적인 근로가 필요한 작업을 부과하는 경우에는 접견·전화통화·교육·공동행사 참가 등의 처우를 제한할 수 있다. 다만, 접견 또는 전화통화를 제한한 때에는 휴일이나 그 밖에 해당 수용자의 작업이 없는 날에 접견 또는 전화통화를 할 수 있게 하여야 한다.

② 소장은 제1항에 따라 작업을 부과하거나 훈련을 받게 하기 전에 수형자에게 제한되는 처우의 내용을 충분히 설명하여야 한다.

제71조(휴일의 작업) 공휴일·토요일과 그 밖의 휴일에는 작업을 부과하지 아니한다. 다만, 취사·청소·간호, 그 밖에 특히 필요한 작업은 예외로 한다.

제72조(작업의 면제) ① 소장은 수형자의 가족 또는 배우자의 직계존속이 사망하면 2일간, 부모 또는 배우자의 제삿날에는 1일간 해당 수형자의 작업을 면제한다. 다만, 수형자가 작업을 계속하기를 원하는 경우는 예외로 한다. <개정 2020. 2. 4.>

② 소장은 수형자에게 부상·질병, 그 밖에 작업을 계속하기 어려운 특별한 사정이 있

으면 그 사유가 해소될 때까지 작업을 면제할 수 있다.

제73조(작업수입 등) ① 작업수입은 국고수입으로 한다.

② 소장은 수형자의 근로의욕을 고취하고 건전한 사회복귀를 지원하기 위하여 법무부장관이 정하는 바에 따라 작업의 종류, 작업성적, 교정성적, 그 밖의 사정을 고려하여 수형자에게 작업장려금을 지급할 수 있다.

③ 제2항의 작업장려금은 석방할 때에 본인에게 지급한다. 다만, 본인의 가족생활 부조, 교화 또는 건전한 사회복귀를 위하여 특히 필요하면 석방 전이라도 그 전부 또는 일부를 지급할 수 있다.

제74조(위로금 · 조위금) ① 소장은 수형자가 다음 각 호의 어느 하나에 해당하면 법무부장관이 정하는 바에 따라 위로금 또는 조위금을 지급한다.

1. 작업 또는 직업훈련으로 인한 부상 또는 질병으로 신체에 장해가 발생한 때
2. 작업 또는 직업훈련 중에 사망하거나 그로 인하여 사망한 때

② 위로금은 석방할 때에 본인에게 지급하고, 조위금은 그 상속인에게 지급한다.

제75조(다른 보상 · 배상과의 관계) 위로금 또는 조위금을 지급받을 사람이 국가로부터 동일한 사유로「민법」이나 그 밖의 법령에 따라 제74조의 위로금 또는 조위금에 상당하는 금액을 지급받은 경우에는 그 금액을 위로금 또는 조위금으로 지급하지 아니한다.

제76조(위로금 · 조위금을 지급받을 권리의 보호) ① 제74조의 위로금 또는 조위금을 지급받을 권리는 다른 사람 또는 법인에게 양도하거나 담보로 제공할 수 없으며, 다른 사람 또는 법인은 이를 압류할 수 없다.

② 제74조에 따라 지급받은 금전을 표준으로 하여 조세와 그 밖의 공과금(公課金)을 부과하여서는 아니 된다.

제5절 귀휴

제77조(귀휴) ① 소장은 6개월 이상 형을 집행받은 수형자로서 그 형기의 3분의 1(21년 이상의 유기형 또는 무기형의 경우에는 7년)이 지나고 교정성적이 우수한 사람이 다음 각 호의 어느 하나에 해당하면 1년 중 20일 이내의 귀휴를 허가할 수 있다. <개정 2020. 2. 4.>

1. 가족 또는 배우자의 직계존속이 위독한 때
2. 질병이나 사고로 외부의료시설에의 입원이 필요한 때
3. 천재지변이나 그 밖의 재해로 가족, 배우자의 직계존속 또는 수형자 본인에게 회복할 수 없는 중대한 재산상의 손해가 발생하였거나 발생할 우려가 있는 때
4. 그 밖에 교화 또는 건전한 사회복귀를 위하여 법무부령으로 정하는 사유가 있는 때

② 소장은 다음 각 호의 어느 하나에 해당하는 사유가 있는 수형자에 대하여는 제1항에도 불구하고 5일 이내의 특별귀휴를 허가할 수 있다.
1. 가족 또는 배우자의 직계존속이 사망한 때
2. 직계비속의 혼례가 있는 때
③ 소장은 귀휴를 허가하는 경우에 법무부령으로 정하는 바에 따라 거소의 제한이나 그 밖에 필요한 조건을 붙일 수 있다.
④ 제1항 및 제2항의 귀휴기간은 형 집행기간에 포함한다.

제78조(귀휴의 취소) 소장은 귀휴 중인 수형자가 다음 각 호의 어느 하나에 해당하면 그 귀휴를 취소할 수 있다.
1. 귀휴의 허가사유가 존재하지 아니함이 밝혀진 때
2. 거소의 제한이나 그 밖에 귀휴허가에 붙인 조건을 위반한 때

제9장 미결수용자의 처우

제79조(미결수용자 처우의 원칙) 미결수용자는 무죄의 추정을 받으며 그에 합당한 처우를 받는다.

제80조(참관금지) 미결수용자가 수용된 거실은 참관할 수 없다.

제81조(분리수용) 소장은 미결수용자로서 사건에 서로 관련이 있는 사람은 분리수용하고 서로 간의 접촉을 금지하여야 한다.

제82조(사복착용) 미결수용자는 수사·재판·국정감사 또는 법률로 정하는 조사에 참석할 때에는 사복을 착용할 수 있다. 다만, 소장은 도주우려가 크거나 특히 부적당한 사유가 있다고 인정하면 교정시설에서 지급하는 의류를 입게 할 수 있다.

제83조(이발) 미결수용자의 머리카락과 수염은 특히 필요한 경우가 아니면 본인의 의사에 반하여 짧게 깎지 못한다. <개정 2020. 2. 4.>

제84조(변호인과의 접견 및 편지수수) ① 제41조 제4항에도 불구하고 미결수용자와 변호인(변호인이 되려고 하는 사람을 포함한다. 이하 같다)과의 접견에는 교도관이 참여하지 못하며 그 내용을 청취 또는 녹취하지 못한다. 다만, 보이는 거리에서 미결수용자를 관찰할 수 있다. <개정 2019. 4. 23.>
② 미결수용자와 변호인 간의 접견은 시간과 횟수를 제한하지 아니한다.
③ 제43조 제4항 단서에도 불구하고 미결수용자와 변호인 간의 편지는 교정시설에서 상대방이 변호인임을 확인할 수 없는 경우를 제외하고는 검열할 수 없다. <개정 2020. 2. 4.> [제목개정 2020. 2. 4.]

제85조(조사 등에서의 특칙) 소장은 미결수용자가 징벌대상자로서 조사받고 있거나 징벌

집행 중인 경우에도 소송서류의 작성, 변호인과의 접견·편지수수, 그 밖의 수사 및 재판 과정에서의 권리행사를 보장하여야 한다. <개정 2020. 2. 4.>

제86조(작업과 교화) ① 소장은 미결수용자에 대하여는 신청에 따라 교육 또는 교화프로그램을 실시하거나 작업을 부과할 수 있다.

② 제1항에 따라 미결수용자에게 교육 또는 교화프로그램을 실시하거나 작업을 부과하는 경우에는 제63조부터 제65조까지 및 제70조부터 제76조까지의 규정을 준용한다.

제87조(유치장) 경찰관서에 설치된 유치장은 교정시설의 미결수용실로 보아 이 법을 준용한다.

제88조(준용규정) 형사사건으로 수사 또는 재판을 받고 있는 수형자와 사형확정자에 대하여는 제82조, 제84조 및 제85조를 준용한다. <개정 2008. 12. 11., 2016. 12. 2.> [2016. 12. 2. 법률 제14281호에 의하여 2015. 12. 23. 헌법재판소에서 헌법 불합치 결정된 이 조를 개정함.]

제10장 사형확정자

제89조(사형확정자의 수용) ① 사형확정자는 독거수용한다. 다만, 자살방지, 교육·교화프로그램, 작업, 그 밖의 적절한 처우를 위하여 필요한 경우에는 법무부령으로 정하는 바에 따라 혼거수용할 수 있다.

② 사형확정자가 수용된 거실은 참관할 수 없다. [전문개정 2008. 12. 11.]

제90조(개인상담 등) ① 소장은 사형확정자의 심리적 안정 및 원만한 수용생활을 위하여 교육 또는 교화프로그램을 실시하거나 신청에 따라 작업을 부과할 수 있다. <개정 2008. 12. 11.>

② 사형확정자에 대한 교육·교화프로그램, 작업, 그 밖의 처우에 필요한 사항은 법무부령으로 정한다. <개정 2008. 12. 11.>

제91조(사형의 집행) ① 사형은 교정시설의 사형장에서 집행한다.

② 공휴일과 토요일에는 사형을 집행하지 아니한다.

제11장 안전과 질서

제92조(금지물품) ① 수용자는 다음 각 호의 물품을 지녀서는 아니 된다. <개정 2019. 4. 23., 2020. 2. 4.>

1. 마약·총기·도검·폭발물·흉기·독극물, 그 밖에 범죄의 도구로 이용될 우려가 있는 물품
2. 무인비행장치, 전자·통신기기, 그 밖에 도주나 다른 사람과의 연락에 이용될 우려가 있는 물품

3. 주류·담배·화기·현금·수표, 그 밖에 시설의 안전 또는 질서를 해칠 우려가 있는 물품
4. 음란물, 사행행위에 사용되는 물품, 그 밖에 수형자의 교화 또는 건전한 사회복귀를 해칠 우려가 있는 물품

② 제1항에도 불구하고 소장이 수용자의 처우를 위하여 허가하는 경우에는 제1항 제2호의 물품을 지닐 수 있다. <신설 2019. 4. 23., 2020. 2. 4.>

제93조(신체검사 등) ① 교도관은 시설의 안전과 질서유지를 위하여 필요하면 수용자의 신체·의류·휴대품·거실 및 작업장 등을 검사할 수 있다.

② 수용자의 신체를 검사하는 경우에는 불필요한 고통이나 수치심을 느끼지 아니하도록 유의하여야 하며, 특히 신체를 면밀하게 검사할 필요가 있으면 다른 수용자가 볼 수 없는 차단된 장소에서 하여야 한다.

③ 교도관은 시설의 안전과 질서유지를 위하여 필요하면 교정시설을 출입하는 수용자 외의 사람에 대하여 의류와 휴대품을 검사할 수 있다. 이 경우 출입자가 제92조의 금지물품을 지니고 있으면 교정시설에 맡기도록 하여야 하며, 이에 따르지 아니하면 출입을 금지할 수 있다. <개정 2020. 2. 4.>

④ 여성의 신체·의류 및 휴대품에 대한 검사는 여성교도관이 하여야 한다.

⑤ 소장은 제1항에 따라 검사한 결과 제92조의 금지물품이 발견되면 형사 법령으로 정하는 절차에 따라 처리할 물품을 제외하고는 수용자에게 알린 후 폐기한다. 다만, 폐기하는 것이 부적당한 물품은 교정시설에 보관하거나 수용자로 하여금 자신이 지정하는 사람에게 보내게 할 수 있다. <개정 2020. 2. 4.>

제94조(전자장비를 이용한 계호) ① 교도관은 자살·자해·도주·폭행·손괴, 그 밖에 수용자의 생명·신체를 해하거나 시설의 안전 또는 질서를 해하는 행위(이하 "자살등"이라 한다)를 방지하기 위하여 필요한 범위에서 전자장비를 이용하여 수용자 또는 시설을 계호할 수 있다. 다만, 전자영상장비로 거실에 있는 수용자를 계호하는 것은 자살등의 우려가 큰 때에만 할 수 있다.

② 제1항 단서에 따라 거실에 있는 수용자를 전자영상장비로 계호하는 경우에는 계호직원·계호시간 및 계호대상 등을 기록하여야 한다. 이 경우 수용자가 여성이면 여성교도관이 계호하여야 한다.

③ 제1항 및 제2항에 따라 계호하는 경우에는 피계호자의 인권이 침해되지 아니하도록 유의하여야 한다.

④ 전자장비의 종류·설치장소·사용방법 및 녹화기록물의 관리 등에 관하여 필요한 사항은 법무부령으로 정한다.

제95조(보호실 수용) ① 소장은 수용자가 다음 각 호의 어느 하나에 해당하면 의무관의

의견을 고려하여 보호실(자살 및 자해 방지 등의 설비를 갖춘 거실을 말한다. 이하 같다)에 수용할 수 있다.

1. 자살 또는 자해의 우려가 있는 때
2. 신체적·정신적 질병으로 인하여 특별한 보호가 필요한 때

② 수용자의 보호실 수용기간은 15일 이내로 한다. 다만, 소장은 특히 계속하여 수용할 필요가 있으면 의무관의 의견을 고려하여 1회당 7일의 범위에서 기간을 연장할 수 있다. <개정 2019. 4. 23.>

③ 제2항에 따라 수용자를 보호실에 수용할 수 있는 기간은 계속하여 3개월을 초과할 수 없다. <개정 2019. 4. 23.>

④ 소장은 수용자를 보호실에 수용하거나 수용기간을 연장하는 경우에는 그 사유를 본인에게 알려 주어야 한다.

⑤ 의무관은 보호실 수용자의 건강상태를 수시로 확인하여야 한다.

⑥ 소장은 보호실 수용사유가 소멸한 경우에는 보호실 수용을 즉시 중단하여야 한다.

제96조(진정실 수용) ① 소장은 수용자가 다음 각 호의 어느 하나에 해당하는 경우로서 강제력을 행사하거나 제98조의 보호장비를 사용하여도 그 목적을 달성할 수 없는 경우에만 진정실(일반 수용거실로부터 격리되어 있고 방음설비 등을 갖춘 거실을 말한다. 이하 같다)에 수용할 수 있다. <개정 2016. 5. 29.>

1. 교정시설의 설비 또는 기구 등을 손괴하거나 손괴하려고 하는 때
2. 교도관의 제지에도 불구하고 소란행위를 계속하여 다른 수용자의 평온한 수용생활을 방해하는 때

② 수용자의 진정실 수용기간은 24시간 이내로 한다. 다만, 소장은 특히 계속하여 수용할 필요가 있으면 의무관의 의견을 고려하여 1회당 12시간의 범위에서 기간을 연장할 수 있다. <개정 2019. 4. 23.>

③ 제2항에 따라 수용자를 진정실에 수용할 수 있는 기간은 계속하여 3일을 초과할 수 없다. <개정 2019. 4. 23.>

④ 진정실 수용자에 대하여는 제95조 제4항부터 제6항까지의 규정을 준용한다.

제97조(보호장비의 사용) ① 교도관은 수용자가 다음 각 호의 어느 하나에 해당하면 보호장비를 사용할 수 있다. <개정 2016. 5. 29.>

1. 이송·출정, 그 밖에 교정시설 밖의 장소로 수용자를 호송하는 때
2. 도주·자살·자해 또는 다른 사람에 대한 위해의 우려가 큰 때
3. 위력으로 교도관의 정당한 직무집행을 방해하는 때
4. 교정시설의 설비·기구 등을 손괴하거나 그 밖에 시설의 안전 또는 질서를 해칠 우려가 큰 때

② 보호장비를 사용하는 경우에는 수용자의 나이, 건강상태 및 수용생활 태도 등을 고

려하여야 한다.

③ 교도관이 교정시설의 안에서 수용자에 대하여 보호장비를 사용한 경우 의무관은 그 수용자의 건강상태를 수시로 확인하여야 한다.

제98조(보호장비의 종류 및 사용요건) ① 보호장비의 종류는 다음 각 호와 같다.

1. 수갑
2. 머리보호장비
3. 발목보호장비
4. 보호대(帶)
5. 보호의자
6. 보호침대
7. 보호복
8. 포승

② 보호장비의 종류별 사용요건은 다음 각 호와 같다.

1. 수갑 · 포승 : 제97조 제1항 제1호부터 제4호까지의 어느 하나에 해당하는 때
2. 머리보호장비 : 머리부분을 자해할 우려가 큰 때
3. 발목보호장비 · 보호대 · 보호의자 : 제97조 제1항 제2호부터 제4호까지의 어느 하나에 해당하는 때
4. 보호침대 · 보호복 : 자살 · 자해의 우려가 큰 때

③ 보호장비의 사용절차 등에 관하여 필요한 사항은 대통령령으로 정한다.

제99조(보호장비 남용 금지) ① 교도관은 필요한 최소한의 범위에서 보호장비를 사용하여야 하며, 그 사유가 없어지면 사용을 지체 없이 중단하여야 한다. <개정 2020. 2. 4.>

② 보호장비는 징벌의 수단으로 사용되어서는 아니 된다.

제100조(강제력의 행사) ① 교도관은 수용자가 다음 각 호의 어느 하나에 해당하면 강제력을 행사할 수 있다. <개정 2016. 5. 29.>

1. 도주하거나 도주하려고 하는 때
2. 자살하려고 하는 때
3. 자해하거나 자해하려고 하는 때
4. 다른 사람에게 위해를 끼치거나 끼치려고 하는 때
5. 위력으로 교도관의 정당한 직무집행을 방해하는 때
6. 교정시설의 설비 · 기구 등을 손괴하거나 손괴하려고 하는 때
7. 그 밖에 시설의 안전 또는 질서를 크게 해치는 행위를 하거나 하려고 하는 때

② 교도관은 수용자 외의 사람이 다음 각 호의 어느 하나에 해당하면 강제력을 행사할 수 있다. <개정 2016. 5. 29., 2020. 2. 4.>

1. 수용자를 도주하게 하려고 하는 때
2. 교도관 또는 수용자에게 위해를 끼치거나 끼치려고 하는 때
3. 위력으로 교도관의 정당한 직무집행을 방해하는 때
4. 교정시설의 설비·기구 등을 손괴하거나 하려고 하는 때
5. 교정시설에 침입하거나 하려고 하는 때
6. 교정시설의 안(교도관이 교정시설의 밖에서 수용자를 계호하고 있는 경우 그 장소를 포함한다)에서 교도관의 퇴거요구를 받고도 이에 따르지 아니하는 때

③ 제1항 및 제2항에 따라 강제력을 행사하는 경우에는 보안장비를 사용할 수 있다.

④ 제3항에서 "보안장비"란 교도봉·가스분사기·가스총·최루탄 등 사람의 생명과 신체의 보호, 도주의 방지 및 시설의 안전과 질서유지를 위하여 교도관이 사용하는 장비와 기구를 말한다. <개정 2016. 5. 29.>

⑤ 제1항 및 제2항에 따라 강제력을 행사하려면 사전에 상대방에게 이를 경고하여야 한다. 다만, 상황이 급박하여 경고할 시간적인 여유가 없는 때에는 그러하지 아니하다.

⑥ 강제력의 행사는 필요한 최소한도에 그쳐야 한다.

⑦ 보안장비의 종류, 종류별 사용요건 및 사용절차 등에 관하여 필요한 사항은 법무부령으로 정한다.

제101조(무기의 사용) ① 교도관은 다음 각 호의 어느 하나에 해당하는 사유가 있으면 수용자에 대하여 무기를 사용할 수 있다. <개정 2016. 5. 29., 2020. 2. 4.>

1. 수용자가 다른 사람에게 중대한 위해를 끼치거나 끼치려고 하여 그 사태가 위급한 때
2. 수용자가 폭행 또는 협박에 사용할 위험물을 지니고 있어 교도관이 버릴 것을 명령하였음에도 이에 따르지 아니하는 때
3. 수용자가 폭동을 일으키거나 일으키려고 하여 신속하게 제지하지 아니하면 그 확산을 방지하기 어렵다고 인정되는 때
4. 도주하는 수용자에게 교도관이 정지할 것을 명령하였음에도 계속하여 도주하는 때
5. 수용자가 교도관의 무기를 탈취하거나 탈취하려고 하는 때
6. 그 밖에 사람의 생명·신체 및 설비에 대한 중대하고도 뚜렷한 위험을 방지하기 위하여 무기의 사용을 피할 수 없는 때

② 교도관은 교정시설의 안(교도관이 교정시설의 밖에서 수용자를 계호하고 있는 경우 그 장소를 포함한다)에서 자기 또는 타인의 생명·신체를 보호하거나 수용자의 탈취를 저지하거나 건물 또는 그 밖의 시설과 무기에 대한 위험을 방지하기 위하여 급박하다고 인정되는 상당한 이유가 있으면 수용자 외의 사람에 대하여도 무기를 사용할 수 있다. <개정 2016. 5. 29.>

③ 교도관은 소장 또는 그 직무를 대행하는 사람의 명령을 받아 무기를 사용한다. 다

만, 그 명령을 받을 시간적 여유가 없으면 그러하지 아니하다. <개정 2016. 5. 29.>

④ 제1항 및 제2항에 따라 무기를 사용하려면 공포탄을 발사하거나 그 밖에 적당한 방법으로 사전에 상대방에 대하여 이를 경고하여야 한다.

⑤ 무기의 사용은 필요한 최소한도에 그쳐야 하며, 최후의 수단이어야 한다.

⑥ 사용할 수 있는 무기의 종류, 무기의 종류별 사용요건 및 사용절차 등에 관하여 필요한 사항은 법무부령으로 정한다.

제102조(재난 시의 조치) ① 천재지변이나 그 밖의 재해가 발생하여 시설의 안전과 질서유지를 위하여 긴급한 조치가 필요하면 소장은 수용자로 하여금 피해의 복구나 그 밖의 응급용무를 보조하게 할 수 있다.

② 소장은 교정시설의 안에서 천재지변이나 그 밖의 사변에 대한 피난의 방법이 없는 경우에는 수용자를 다른 장소로 이송할 수 있다.

③ 소장은 제2항에 따른 이송이 불가능하면 수용자를 일시 석방할 수 있다.

④ 제3항에 따라 석방된 사람은 석방 후 24시간 이내에 교정시설 또는 경찰관서에 출석하여야 한다. <개정 2020. 2. 4.>

제103조(수용을 위한 체포) ① 교도관은 수용자가 도주 또는 제134조 각 호의 어느 하나에 해당하는 행위(이하 "도주등"이라 한다)를 한 경우에는 도주 후 또는 출석기한이 지난 후 72시간 이내에만 그를 체포할 수 있다. <개정 2019. 4. 23.>

② 교도관은 제1항에 따른 체포를 위하여 긴급히 필요하면 도주등을 하였다고 의심할 만한 상당한 이유가 있는 사람 또는 도주등을 한 사람의 이동경로나 소재를 안다고 인정되는 사람을 정지시켜 질문할 수 있다.

③ 교도관은 제2항에 따라 질문을 할 때에는 그 신분을 표시하는 증표를 제시하고 질문의 목적과 이유를 설명하여야 한다.

④ 교도관은 제1항에 따른 체포를 위하여 영업시간 내에 공연장·여관·음식점·역, 그 밖에 다수인이 출입하는 장소의 관리자 또는 관계인에게 그 장소의 출입이나 그 밖에 특히 필요한 사항에 관하여 협조를 요구할 수 있다. <개정 2020. 2. 4.>

⑤ 교도관은 제4항에 따라 필요한 장소에 출입하는 경우에는 그 신분을 표시하는 증표를 제시하여야 하며, 그 장소의 관리자 또는 관계인의 정당한 업무를 방해하여서는 아니 된다.

제104조(마약류사범 등의 관리) ① 소장은 마약류사범·조직폭력사범 등 법무부령으로 정하는 수용자에 대하여는 시설의 안전과 질서유지를 위하여 필요한 범위에서 다른 수용자와의 접촉을 차단하거나 계호를 엄중히 하는 등 법무부령으로 정하는 바에 따라 다른 수용자와 달리 관리할 수 있다.

② 소장은 제1항에 따라 관리하는 경우에도 기본적인 처우를 제한하여서는 아니 된다.

제12장 규율과 상벌

제105조(규율 등) ① 수용자는 교정시설의 안전과 질서유지를 위하여 법무부장관이 정하는 규율을 지켜야 한다. <개정 2020. 2. 4.>

② 수용자는 소장이 정하는 일과시간표를 지켜야 한다. <개정 2020. 2. 4.>

③ 수용자는 교도관의 직무상 지시에 따라야 한다. <개정 2020. 2. 4.>

제106조(포상) 소장은 수용자가 다음 각 호의 어느 하나에 해당하면 법무부령으로 정하는 바에 따라 포상할 수 있다.

1. 사람의 생명을 구조하거나 도주를 방지한 때
2. 제102조 제1항에 따른 응급용무에 공로가 있는 때
3. 시설의 안전과 질서유지에 뚜렷한 공이 인정되는 때
4. 수용생활에 모범을 보이거나 건설적이고 창의적인 제안을 하는 등 특히 포상할 필요가 있다고 인정되는 때

제107조(징벌) 소장은 수용자가 다음 각 호의 어느 하나에 해당하는 행위를 하면 제111조의 징벌위원회의 의결에 따라 징벌을 부과할 수 있다. <개정 2019. 4. 23., 2020. 2. 4.>

1. 「형법」, 「폭력행위 등 처벌에 관한 법률」, 그 밖의 형사 법률에 저촉되는 행위
2. 수용생활의 편의 등 자신의 요구를 관철할 목적으로 자해하는 행위
3. 정당한 사유 없이 작업·교육·교화프로그램 등을 거부하거나 태만히 하는 행위
4. 제92조의 금지물품을 지니거나 반입·제작·사용·수수·교환·은닉하는 행위
5. 다른 사람을 처벌받게 하거나 교도관의 직무집행을 방해할 목적으로 거짓 사실을 신고하는 행위
6. 그 밖에 시설의 안전과 질서유지를 위하여 법무부령으로 정하는 규율을 위반하는 행위

제108조(징벌의 종류) 징벌의 종류는 다음 각 호와 같다. <개정 2019. 4. 23., 2020. 2. 4.>

1. 경고
2. 50시간 이내의 근로봉사
3. 3개월 이내의 작업장려금 삭감
4. 30일 이내의 공동행사 참가 정지
5. 30일 이내의 신문열람 제한
6. 30일 이내의 텔레비전 시청 제한
7. 30일 이내의 자비구매물품(의사가 치료를 위하여 처방한 의약품을 제외한다) 사용 제한
8. 30일 이내의 작업 정지(신청에 따른 작업에 한정한다)
9. 30일 이내의 전화통화 제한

10. 30일 이내의 집필 제한
11. 30일 이내의 편지수수 제한
12. 30일 이내의 접견 제한
13. 30일 이내의 실외운동 정지
14. 30일 이내의 금치(禁置)

제109조(징벌의 부과) ① 제108조 제4호부터 제13호까지의 처분은 함께 부과할 수 있다.

② 수용자가 다음 각 호의 어느 하나에 해당하면 제108조 제2호부터 제14호까지의 규정에서 정한 징벌의 장기의 2분의 1까지 가중할 수 있다.

1. 2 이상의 징벌사유가 경합하는 때
2. 징벌이 집행 중에 있거나 징벌의 집행이 끝난 후 또는 집행이 면제된 후 6개월 내에 다시 징벌사유에 해당하는 행위를 한 때

③ 징벌은 동일한 행위에 관하여 거듭하여 부과할 수 없으며, 행위의 동기 및 경중, 행위 후의 정황, 그 밖의 사정을 고려하여 수용목적을 달성하는 데에 필요한 최소한도에 그쳐야 한다.

④ 징벌사유가 발생한 날부터 2년이 지나면 이를 이유로 징벌을 부과하지 못한다.

제110조(징벌대상자의 조사) ① 소장은 징벌사유에 해당하는 행위를 하였다고 의심할 만한 상당한 이유가 있는 수용자(이하 "징벌대상자"라 한다)가 다음 각 호의 어느 하나에 해당하면 조사기간 중 분리하여 수용할 수 있다.

1. 증거를 인멸할 우려가 있는 때
2. 다른 사람에게 위해를 끼칠 우려가 있거나 다른 수용자의 위해로부터 보호할 필요가 있는 때

② 소장은 징벌대상자가 제1항 각 호의 어느 하나에 해당하면 접견·편지수수·전화통화·실외운동·작업·교육훈련, 공동행사 참가, 중간처우 등 다른 사람과의 접촉이 가능한 처우의 전부 또는 일부를 제한할 수 있다. <개정 2015. 3. 27., 2020. 2. 4.>

제111조(징벌위원회) ① 징벌대상자의 징벌을 결정하기 위하여 교정시설에 징벌위원회(이하 이 조에서 "위원회"라 한다)를 둔다.

② 위원회는 위원장을 포함한 5명 이상 7명 이하의 위원으로 구성하고, 위원장은 소장의 바로 다음 순위자가 되며, 위원은 소장이 소속 기관의 과장(지소의 경우에는 7급 이상의 교도관) 및 교정에 관한 학식과 경험이 풍부한 외부인사 중에서 임명 또는 위촉한다. 이 경우 외부위원은 3명 이상으로 한다. <개정 2020. 2. 4.>

③ 위원회는 소장의 징벌요구에 따라 개회하며, 징벌은 그 의결로써 정한다.

④ 위원이 징벌대상자의 친족이거나 그 밖에 공정한 심의·의결을 기대할 수 없는 특별한 사유가 있는 경우에는 위원회에 참석할 수 없다.

⑤ 징벌대상자는 위원에 대하여 기피신청을 할 수 있다. 이 경우 위원회의 의결로 기피 여부를 결정하여야 한다.

⑥ 위원회는 징벌대상자가 위원회에 출석하여 충분한 진술을 할 수 있는 기회를 부여하여야 하며, 징벌대상자는 서면 또는 말로써 자기에게 유리한 사실을 진술하거나 증거를 제출할 수 있다.

⑦ 위원회의 위원 중 공무원이 아닌 사람은 「형법」 제127조 및 제129조부터 제132조까지의 규정을 적용할 때에는 공무원으로 본다. <신설 2016. 1. 6.>

제111조의2(징벌대상행위에 관한 양형 참고자료 통보) 소장은 미결수용자에게 징벌을 부과한 경우에는 그 징벌대상행위를 양형(量刑) 참고자료로 작성하여 관할 검찰청 검사 또는 관할 법원에 통보할 수 있다.[본조신설 2020. 2. 4.]

제112조(징벌의 집행) ① 징벌은 소장이 집행한다.

② 소장은 징벌집행을 위하여 필요하다고 인정하면 수용자를 분리하여 수용할 수 있다.

③ 제108조 제14호의 처분을 받은 사람에게는 그 기간 중 같은 조 제4호부터 제12호까지의 처우제한이 함께 부과된다. 다만, 소장은 수용자의 권리구제, 수형자의 교화 또는 건전한 사회복귀를 위하여 특히 필요하다고 인정하면 집필·편지수수 또는 접견을 허가할 수 있다. <개정 2016. 12. 2., 2020. 2. 4.>

④ 소장은 제108조 제14호의 처분을 받은 사람에게 다음 각 호의 어느 하나에 해당하는 사유가 있어 필요하다고 인정하는 경우에는 건강유지에 지장을 초래하지 아니하는 범위에서 실외운동을 제한할 수 있다. <신설 2016. 12. 2., 2020. 2. 4.>

1. 도주의 우려가 있는 경우
2. 자해의 우려가 있는 경우
3. 다른 사람에게 위해를 끼칠 우려가 있는 경우
4. 그 밖에 시설의 안전 또는 질서를 크게 해칠 우려가 있는 경우로서 법무부령으로 정하는 경우

⑤ 소장은 제108조 제13호에 따른 실외운동 정지를 부과하는 경우 또는 제4항에 따라 실외운동을 제한하는 경우라도 수용자가 매주 1회 이상 실외운동을 할 수 있도록 하여야 한다. <신설 2020. 2. 4.>

⑥ 소장은 제108조 제13호 또는 제14호의 처분을 집행하는 경우에는 의무관으로 하여금 사전에 수용자의 건강을 확인하도록 하여야 하며, 집행 중인 경우에도 수시로 건강상태를 확인하여야 한다. <개정 2016. 12. 2., 2020. 2. 4.>

[2016. 12. 2. 법률 제14281호에 의하여 2016. 5. 26. 헌법재판소에서 위헌 결정된 이 조 제3항 본문 중 제108조제13호에 관한 부분을 개정함.]

제113조(징벌집행의 정지·면제) ① 소장은 질병이나 그 밖의 사유로 징벌집행이 곤란

하면 그 사유가 해소될 때까지 그 집행을 일시 정지할 수 있다.

② 소장은 징벌집행 중인 사람이 뉘우치는 빛이 뚜렷한 경우에는 그 징벌을 감경하거나 남은 기간의 징벌집행을 면제할 수 있다.

제114조(징벌집행의 유예) ① 징벌위원회는 징벌을 의결하는 때에 행위의 동기 및 정황, 교정성적, 뉘우치는 정도 등 그 사정을 고려할 만한 사유가 있는 수용자에 대하여 2개월 이상 6개월 이하의 기간 내에서 징벌의 집행을 유예할 것을 의결할 수 있다.

② 소장은 징벌집행의 유예기간 중에 있는 수용자가 다시 제107조의 징벌대상행위를 하여 징벌이 결정되면 그 유예한 징벌을 집행한다.

③ 수용자가 징벌집행을 유예받은 후 징벌을 받음이 없이 유예기간이 지나면 그 징벌의 집행은 종료된 것으로 본다.

제115조(징벌의 실효 등) ① 소장은 징벌의 집행이 종료되거나 집행이 면제된 수용자가 교정성적이 양호하고 법무부령으로 정하는 기간 동안 징벌을 받지 아니하면 법무부장관의 승인을 받아 징벌을 실효시킬 수 있다.

② 제1항에도 불구하고 소장은 수용자가 교정사고 방지에 뚜렷한 공로가 있다고 인정되면 분류처우위원회의 의결을 거친 후 법무부장관의 승인을 받아 징벌을 실효시킬 수 있다.

③ 이 법에 규정된 사항 외에 징벌에 관하여 필요한 사항은 법무부령으로 정한다.

제13장 권리구제

제116조(소장 면담) ① 수용자는 그 처우에 관하여 소장에게 면담을 신청할 수 있다.

② 소장은 수용자의 면담신청이 있으면 다음 각 호의 어느 하나에 해당하는 사유가 있는 경우를 제외하고는 면담을 하여야 한다. <개정 2020. 2. 4.>

1. 정당한 사유 없이 면담사유를 밝히지 아니하는 때
2. 면담목적이 법령에 명백히 위배되는 사항을 요구하는 것인 때
3. 동일한 사유로 면담한 사실이 있음에도 불구하고 정당한 사유 없이 반복하여 면담을 신청하는 때
4. 교도관의 직무집행을 방해할 목적이라고 인정되는 상당한 이유가 있는 때

③ 소장은 특별한 사정이 있으면 소속 교도관으로 하여금 그 면담을 대리하게 할 수 있다. 이 경우 면담을 대리한 사람은 그 결과를 소장에게 지체 없이 보고하여야 한다.

④ 소장은 면담한 결과 처리가 필요한 사항이 있으면 그 처리결과를 수용자에게 알려야 한다. <개정 2020. 2. 4.>

제117조(청원) ① 수용자는 그 처우에 관하여 불복하는 경우 법무부장관·순회점검공무원 또는 관할 지방교정청장에게 청원할 수 있다.

② 제1항에 따라 청원하려는 수용자는 청원서를 작성하여 봉한 후 소장에게 제출하여야 한다. 다만, 순회점검공무원에 대한 청원은 말로도 할 수 있다.
③ 소장은 청원서를 개봉하여서는 아니 되며, 이를 지체 없이 법무부장관·순회점검공무원 또는 관할 지방교정청장에게 보내거나 순회점검공무원에게 전달하여야 한다.
④ 제2항 단서에 따라 순회점검공무원이 청원을 청취하는 경우에는 해당 교정시설의 교도관이 참여하여서는 아니 된다. <개정 2016. 5. 29.>
⑤ 청원에 관한 결정은 문서로 하여야 한다. <개정 2020. 2. 4.>
⑥ 소장은 청원에 관한 결정서를 접수하면 청원인에게 지체 없이 전달하여야 한다.

제117조의2(정보공개청구) ① 수용자는 「공공기관의 정보공개에 관한 법률」에 따라 법무부장관, 지방교정청장 또는 소장에게 정보의 공개를 청구할 수 있다.
② 현재의 수용기간 동안 법무부장관, 지방교정청장 또는 소장에게 제1항에 따른 정보공개청구를 한 후 정당한 사유 없이 그 청구를 취하하거나 「공공기관의 정보공개에 관한 법률」 제17조에 따른 비용을 납부하지 아니한 사실이 2회 이상 있는 수용자가 제1항에 따른 정보공개청구를 한 경우에 법무부장관, 지방교정청장 또는 소장은 그 수용자에게 정보의 공개 및 우송 등에 들 것으로 예상되는 비용을 미리 납부하게 할 수 있다.
③ 제2항에 따라 정보의 공개 및 우송 등에 들 것으로 예상되는 비용을 미리 납부하여야 하는 수용자가 비용을 납부하지 아니한 경우 법무부장관, 지방교정청장 또는 소장은 그 비용을 납부할 때까지 「공공기관의 정보공개에 관한 법률」 제11조에 따른 정보공개 여부의 결정을 유예할 수 있다.
④ 제2항에 따른 예상비용의 산정방법, 납부방법, 납부기간, 그 밖에 비용납부에 관하여 필요한 사항은 대통령령으로 정한다.[본조신설 2010. 5. 4.]

제118조(불이익처우 금지) 수용자는 청원, 진정, 소장과의 면담, 그 밖의 권리구제를 위한 행위를 하였다는 이유로 불이익한 처우를 받지 아니한다.

제3편 수용의 종료

제1장 가석방

제119조(가석방심사위원회) 「형법」 제72조에 따른 가석방의 적격 여부를 심사하기 위하여 법무부장관 소속으로 가석방심사위원회(이하 이 장에서 "위원회"라 한다)를 둔다.

제120조(위원회의 구성) ① 위원회는 위원장을 포함한 5명 이상 9명 이하의 위원으로 구성한다. <개정 2020. 2. 4.>
② 위원장은 법무부차관이 되고, 위원은 판사, 검사, 변호사, 법무부 소속 공무원, 교정

에 관한 학식과 경험이 풍부한 사람 중에서 법무부장관이 임명 또는 위촉한다.

③ 위원회의 심사과정 및 심사내용의 공개범위와 공개시기는 다음 각 호와 같다. 다만, 제2호 및 제3호의 내용 중 개인의 신상을 특정할 수 있는 부분은 삭제하고 공개하되, 국민의 알권리를 충족할 필요가 있는 등의 사유가 있는 경우에는 위원회가 달리 의결할 수 있다. <개정 2011. 7. 18., 2020. 2. 4.>

1. 위원의 명단과 경력사항은 임명 또는 위촉한 즉시
2. 심의서는 해당 가석방 결정 등을 한 후부터 즉시
3. 회의록은 해당 가석방 결정 등을 한 후 5년이 경과한 때부터

④ 위원회의 위원 중 공무원이 아닌 사람은 「형법」 제127조 및 제129조부터 제132조까지의 규정을 적용할 때에는 공무원으로 본다. <신설 2016. 1. 6.>

⑤ 그 밖에 위원회에 관하여 필요한 사항은 법무부령으로 정한다. <신설 2011. 7. 18., 2016. 1. 6.>

제121조(가석방 적격심사) ① 소장은 「형법」 제72조 제1항의 기간이 지난 수형자에 대하여는 법무부령으로 정하는 바에 따라 위원회에 가석방 적격심사를 신청하여야 한다.

② 위원회는 수형자의 나이, 범죄동기, 죄명, 형기, 교정성적, 건강상태, 가석방 후의 생계능력, 생활환경, 재범의 위험성, 그 밖에 필요한 사정을 고려하여 가석방의 적격여부를 결정한다.

제122조(가석방 허가) ① 위원회는 가석방 적격결정을 하였으면 5일 이내에 법무부장관에게 가석방 허가를 신청하여야 한다.

② 법무부장관은 제1항에 따른 위원회의 가석방 허가신청이 적정하다고 인정하면 허가할 수 있다.

제2장 석방

제123조(석방) 소장은 사면·형기종료 또는 권한이 있는 사람의 명령에 따라 수용자를 석방한다. <개정 2020. 2. 4.>

제124조(석방시기) ① 사면, 가석방, 형의 집행면제, 감형에 따른 석방은 그 서류가 교정시설에 도달한 후 12시간 이내에 하여야 한다. 다만, 그 서류에서 석방일시를 지정하고 있으면 그 일시에 한다. <개정 2020. 2. 4.>

② 형기종료에 따른 석방은 형기종료일에 하여야 한다. <개정 2020. 2. 4.>

③ 권한이 있는 사람의 명령에 따른 석방은 서류가 도달한 후 5시간 이내에 하여야 한다. <개정 2020. 2. 4.>

제125조(피석방자의 일시수용) 소장은 피석방자가 질병이나 그 밖에 피할 수 없는 사정

으로 귀가하기 곤란한 경우에 본인의 신청이 있으면 일시적으로 교정시설에 수용할 수 있다.

제126조(귀가여비의 지급 등) 소장은 피석방자에게 귀가에 필요한 여비 또는 의류가 없으면 법무부장관이 정하는 범위에서 이를 지급하거나 빌려 줄 수 있다.

제126조의2(석방예정자의 수용이력 등 통보) ① 소장은 석방될 수형자의 재범방지, 자립지원 및 피해자 보호를 위하여 필요하다고 인정하면 해당 수형자의 수용이력 또는 사회복귀에 관한 의견을 그의 거주지를 관할하는 경찰관서나 자립을 지원할 법인 또는 개인에게 통보할 수 있다. 다만, 법인 또는 개인에게 통보하는 경우에는 해당 수형자의 동의를 받아야 한다.

② 제1항에 따라 통보하는 수용이력 또는 사회복귀에 관한 의견의 구체적인 사항은 대통령령으로 정한다. [본조신설 2020. 2. 4.]

제3장 사망

제127조(사망 알림) 소장은 수용자가 사망한 경우에는 그 사실을 즉시 그 가족(가족이 없는 경우에는 다른 친족)에게 알려야 한다. <개정 2020. 2. 4.>

[제목개정 2020. 2. 4.]

제128조(시신의 인도 등) ① 소장은 사망한 수용자의 친족 또는 특별한 연고가 있는 사람이 그 시신 또는 유골의 인도를 청구하는 경우에는 인도하여야 한다. 다만, 제3항에 따라 자연장(自然葬)을 하거나 집단으로 매장을 한 후에는 그러하지 아니하다. <개정 2015. 3. 27.>

② 소장은 제127조에 따라 수용자가 사망한 사실을 알게 된 사람이 다음 각 호의 어느 하나에 해당하는 기간 이내에 그 시신을 인수하지 아니하거나 시신을 인수할 사람이 없으면 임시로 매장하거나 화장(火葬) 후 봉안하여야 한다. 다만, 감염병 예방 등을 위하여 필요하면 즉시 화장하여야 하며, 그 밖에 필요한 조치를 할 수 있다. <개정 2015. 3. 27., 2020. 2. 4.>

1. 임시로 매장하려는 경우: 사망한 사실을 알게 된 날부터 3일
2. 화장하여 봉안하려는 경우: 사망한 사실을 알게 된 날부터 60일

③ 소장은 제2항에 따라 시신을 임시로 매장하거나 화장하여 봉안한 후 2년이 지나도록 시신의 인도를 청구하는 사람이 없을 때에는 다음 각 호의 구분에 따른 방법으로 처리할 수 있다. <개정 2015. 3. 27.>

1. 임시로 매장한 경우: 화장 후 자연장을 하거나 일정한 장소에 집단으로 매장
2. 화장하여 봉안한 경우: 자연장

④ 소장은 병원이나 그 밖의 연구기관이 학술연구상의 필요에 따라 수용자의 시신인

도를 신청하면 본인의 유언 또는 상속인의 승낙이 있는 경우에 한하여 인도할 수 있다.
⑤ 소장은 수용자가 사망하면 법무부장관이 정하는 범위에서 화장・시신인도 등에 필요한 비용을 인수자에게 지급할 수 있다.

제4편 교정자문위원회 등

제129조(교정자문위원회) ① 수용자의 관리・교정교화 등 사무에 관한 지방교정청장의 자문에 응하기 위하여 지방교정청에 교정자문위원회(이하 이 조에서 "위원회"라 한다)를 둔다. <개정 2019. 4. 23.>
② 위원회는 10명 이상 15명 이하의 위원으로 성별을 고려하여 구성하고, 위원장은 위원 중에서 호선하며, 위원은 교정에 관한 학식과 경험이 풍부한 외부인사 중에서 지방교정청장의 추천을 받아 법무부장관이 위촉한다. <개정 2019. 4. 23.>
③ 이 법에 규정된 사항 외에 위원회에 관하여 필요한 사항은 법무부령으로 정한다.

제130조(교정위원) ① 수용자의 교육・교화・의료, 그 밖에 수용자의 처우를 후원하기 위하여 교정시설에 교정위원을 둘 수 있다.
② 교정위원은 명예직으로 하며 소장의 추천을 받아 법무부장관이 위촉한다.

제131조(기부금품의 접수) 소장은 기관・단체 또는 개인이 수용자의 교화 등을 위하여 교정시설에 자발적으로 기탁하는 금품을 받을 수 있다.

제5편 벌칙

제132조(금지물품을 지닌 경우) ① 수용자가 제92조 제2항을 위반하여 소장의 허가 없이 무인비행장치, 전자・통신기기를 지닌 경우 2년 이하의 징역 또는 2천만원 이하의 벌금에 처한다. <개정 2020. 2. 4.>
② 수용자가 제92조 제1항 제3호를 위반하여 주류・담배・화기・현금・수표를 지닌 경우 1년 이하의 징역 또는 1천만원 이하의 벌금에 처한다. <개정 2020. 2. 4.>[전문개정 2019. 4. 23.][제목개정 2020. 2. 4.]

제133조(금지물품의 반입) ① 소장의 허가 없이 무인비행장치, 전자・통신기기를 교정시설에 반입한 사람은 3년 이하의 징역 또는 3천만원 이하의 벌금에 처한다.
② 주류・담배・화기・현금・수표・음란물・사행행위에 사용되는 물품을 수용자에게 전달할 목적으로 교정시설에 반입한 사람은 1년 이하의 징역 또는 1천만원 이하의 벌금에 처한다.
③ 상습적으로 제2항의 죄를 범한 사람은 2년 이하의 징역 또는 2천만원 이하의 벌금

에 처한다.[본조신설 2019. 4. 23.] [종전 제133조는 제134조로 이동 <2019. 4. 23.>]

제134조(출석의무 위반 등) 다음 각 호의 어느 하나에 해당하는 행위를 한 수용자는 1년 이하의 징역에 처한다. <개정 2020. 2. 4.>

1. 정당한 사유 없이 제102조 제4항을 위반하여 일시석방 후 24시간 이내에 교정시설 또는 경찰관서에 출석하지 아니하는 행위
2. 귀휴·외부통근, 그 밖의 사유로 소장의 허가를 받아 교도관의 계호 없이 교정시설 밖으로 나간 후에 정당한 사유 없이 기한까지 돌아오지 아니하는 행위[제133조에서 이동 <2019. 4. 23.>]

제135조(녹화 등의 금지) 소장의 허가 없이 교정시설 내부를 녹화·촬영한 사람은 1년 이하의 징역 또는 1천만원 이하의 벌금에 처한다.[본조신설 2019. 4. 23.]

제136조(미수범) 제133조 및 제135조의 미수범은 처벌한다. [본조신설 2019. 4. 23.]

제137조(몰수) 제132조 및 제133조에 해당하는 금지물품은 몰수한다.[본조신설 2019. 4. 23.]

부칙 <제16925호, 2020. 2. 4.>

이 법은 공포 후 6개월이 경과한 날부터 시행한다.

소년법

[시행 2021. 4. 21.] [법률 제17505호, 2020. 10. 20., 타법개정]

제1장 총칙 <개정 2007. 12. 21.>

제1조(목적) 이 법은 반사회성(反社會性)이 있는 소년의 환경 조정과 품행 교정(矯正)을 위한 보호처분 등의 필요한 조치를 하고, 형사처분에 관한 특별조치를 함으로써 소년이 건전하게 성장하도록 돕는 것을 목적으로 한다. [전문개정 2007. 12. 21.]

제2조(소년 및 보호자) 이 법에서 "소년"이란 19세 미만인 자를 말하며, "보호자"란 법률상 감호교육(監護教育)을 할 의무가 있는 자 또는 현재 감호하는 자를 말한다.[전문개정 2007. 12. 21.]

제2장 보호사건 <개정 2007. 12. 21.>

제1절 통칙 <개정 2007. 12. 21.>

제3조(관할 및 직능) ① 소년 보호사건의 관할은 소년의 행위지, 거주지 또는 현재지로 한다.

② 소년 보호사건은 가정법원소년부 또는 지방법원소년부[이하 "소년부(少年部)"라 한다]에 속한다.

③ 소년 보호사건의 심리(審理)와 처분 결정은 소년부 단독판사가 한다.[전문개정 2007. 12. 21.]

제4조(보호의 대상과 송치 및 통고) ① 다음 각 호의 어느 하나에 해당하는 소년은 소년부의 보호사건으로 심리한다.

1. 죄를 범한 소년
2. 형벌 법령에 저촉되는 행위를 한 10세 이상 14세 미만인 소년
3. 다음 각 목에 해당하는 사유가 있고 그의 성격이나 환경에 비추어 앞으로 형벌 법령에 저촉되는 행위를 할 우려가 있는 10세 이상인 소년
   가. 집단적으로 몰려다니며 주위 사람들에게 불안감을 조성하는 성벽(性癖)이 있는 것
   나. 정당한 이유 없이 가출하는 것
   다. 술을 마시고 소란을 피우거나 유해환경에 접하는 성벽이 있는 것

② 제1항 제2호 및 제3호에 해당하는 소년이 있을 때에는 경찰서장은 직접 관할 소년부에 송치(送致)하여야 한다.

③ 제1항 각 호의 어느 하나에 해당하는 소년을 발견한 보호자 또는 학교·사회복리

시설·보호관찰소(보호관찰지소를 포함한다. 이하 같다)의 장은 이를 관할 소년부에 통고할 수 있다.[전문개정 2007. 12. 21.]

제5조(송치서) 소년 보호사건을 송치하는 경우에는 송치서에 사건 본인의 주거·성명·생년월일 및 행위의 개요와 가정 상황을 적고, 그 밖의 참고자료를 첨부하여야 한다. [전문개정 2007. 12. 21.]

제6조(이송) ① 보호사건을 송치받은 소년부는 보호의 적정을 기하기 위하여 필요하다고 인정하면 결정(決定)으로써 사건을 다른 관할 소년부에 이송할 수 있다.

② 소년부는 사건이 그 관할에 속하지 아니한다고 인정하면 결정으로써 그 사건을 관할 소년부에 이송하여야 한다.[전문개정 2007. 12. 21.]

제7조(형사처분 등을 위한 관할 검찰청으로의 송치) ① 소년부는 조사 또는 심리한 결과 금고 이상의 형에 해당하는 범죄 사실이 발견된 경우 그 동기와 죄질이 형사처분을 할 필요가 있다고 인정하면 결정으로써 사건을 관할 지방법원에 대응한 검찰청 검사에게 송치하여야 한다.

② 소년부는 조사 또는 심리한 결과 사건의 본인이 19세 이상인 것으로 밝혀진 경우에는 결정으로써 사건을 관할 지방법원에 대응하는 검찰청 검사에게 송치하여야 한다. 다만, 제51조에 따라 법원에 이송하여야 할 경우에는 그러하지 아니하다. [전문개정 2007. 12. 21.]

제8조(통지) 소년부는 제6조와 제7조에 따른 결정을 하였을 때에는 지체 없이 그 사유를 사건 본인과 그 보호자에게 알려야 한다. [전문개정 2007. 12. 21.]

제2절 조사와 심리 <개정 2007. 12. 21.>

제9조(조사 방침) 조사는 의학·심리학·교육학·사회학이나 그 밖의 전문적인 지식을 활용하여 소년과 보호자 또는 참고인의 품행, 경력, 가정 상황, 그 밖의 환경 등을 밝히도록 노력하여야 한다.[전문개정 2007. 12. 21.]

제10조(진술거부권의 고지) 소년부 또는 조사관이 범죄 사실에 관하여 소년을 조사할 때에는 미리 소년에게 불리한 진술을 거부할 수 있음을 알려야 한다.[전문개정 2007. 12. 21.]

제11조(조사명령) ① 소년부 판사는 조사관에게 사건 본인, 보호자 또는 참고인의 심문이나 그 밖에 필요한 사항을 조사하도록 명할 수 있다.

② 소년부는 제4조제3항에 따라 통고된 소년을 심리할 필요가 있다고 인정하면 그 사건을 조사하여야 한다. [전문개정 2007. 12. 21.]

제12조(전문가의 진단) 소년부는 조사 또는 심리를 할 때에 정신건강의학과의사·심리학자·사회사업가·교육자나 그 밖의 전문가의 진단, 소년 분류심사원의 분류심사 결과

와 의견, 보호관찰소의 조사결과와 의견 등을 고려하여야 한다. <개정 2011. 8. 4.> [전문개정 2007. 12. 21.]

제13조(소환 및 동행영장) ① 소년부 판사는 사건의 조사 또는 심리에 필요하다고 인정하면 기일을 지정하여 사건 본인이나 보호자 또는 참고인을 소환할 수 있다.

② 사건 본인이나 보호자가 정당한 이유 없이 소환에 응하지 아니하면 소년부 판사는 동행영장을 발부할 수 있다.[전문개정 2007. 12. 21.]

제14조(긴급동행영장) 소년부 판사는 사건 본인을 보호하기 위하여 긴급조치가 필요하다고 인정하면 제13조제1항에 따른 소환 없이 동행영장을 발부할 수 있다. [전문개정 2007. 12. 21.]

제15조(동행영장의 방식) 동행영장에는 다음 각 호의 사항을 적고 소년부 판사가 서명날인하여야 한다.

1. 소년이나 보호자의 성명
2. 나이
3. 주거
4. 행위의 개요
5. 인치(引致)하거나 수용할 장소
6. 유효기간 및 그 기간이 지나면 집행에 착수하지 못하며 영장을 반환하여야 한다는 취지
7. 발부연월일 [전문개정 2007. 12. 21.]

제16조(동행영장의 집행) ① 동행영장은 조사관이 집행한다.

② 소년부 판사는 소년부 법원서기관·법원사무관·법원주사·법원주사보나 보호관찰관 또는 사법경찰관리에게 동행영장을 집행하게 할 수 있다.

③ 동행영장을 집행하면 지체 없이 보호자나 보조인에게 알려야 한다.[전문개정 2007. 12. 21.]

제17조(보조인 선임) ① 사건 본인이나 보호자는 소년부 판사의 허가를 받아 보조인을 선임할 수 있다.

② 보호자나 변호사를 보조인으로 선임하는 경우에는 제1항의 허가를 받지 아니하여도 된다.

③ 보조인을 선임함에 있어서는 보조인과 연명날인한 서면을 제출하여야 한다. 이 경우 변호사가 아닌 사람을 보조인으로 선임할 경우에는 위 서면에 소년과 보조인과의 관계를 기재하여야 한다.

④ 소년부 판사는 보조인이 심리절차를 고의로 지연시키는 등 심리진행을 방해하거나 소년의 이익에 반하는 행위를 할 우려가 있다고 판단하는 경우에는 보조인 선임의 허

가를 취소할 수 있다.

⑤ 보조인의 선임은 심급마다 하여야 한다.

⑥ 「형사소송법」 중 변호인의 권리의무에 관한 규정은 소년 보호사건의 성질에 위배되지 아니하는 한 보조인에 대하여 준용한다. [전문개정 2007. 12. 21.]

제17조의2(국선보조인) ① 소년이 소년분류심사원에 위탁된 경우 보조인이 없을 때에는 법원은 변호사 등 적정한 자를 보조인으로 선정하여야 한다.

② 소년이 소년분류심사원에 위탁되지 아니하였을 때에도 다음의 경우 법원은 직권에 의하거나 소년 또는 보호자의 신청에 따라 보조인을 선정할 수 있다.

1. 소년에게 신체적·정신적 장애가 의심되는 경우
2. 빈곤이나 그 밖의 사유로 보조인을 선임할 수 없는 경우
3. 그 밖에 소년부 판사가 보조인이 필요하다고 인정하는 경우

③ 제1항과 제2항에 따라 선정된 보조인에게 지급하는 비용에 대하여는「형사소송비용 등에 관한 법률」을 준용한다.

[본조신설 2007. 12. 21.]

제18조(임시조치) ① 소년부 판사는 사건을 조사 또는 심리하는 데에 필요하다고 인정하면 소년의 감호에 관하여 결정으로써 다음 각 호의 어느 하나에 해당하는 조치를 할 수 있다.

1. 보호자, 소년을 보호할 수 있는 적당한 자 또는 시설에 위탁
2. 병원이나 그 밖의 요양소에 위탁
3. 소년분류심사원에 위탁

② 동행된 소년 또는 제52조 제1항에 따라 인도된 소년에 대하여는 도착한 때로부터 24시간 이내에 제1항의 조치를 하여야 한다.

③ 제1항 제1호 및 제2호의 위탁기간은 3개월을, 제1항 제3호의 위탁기간은 1개월을 초과하지 못한다. 다만, 특별히 계속 조치할 필요가 있을 때에는 한 번에 한하여 결정으로써 연장할 수 있다.

④ 제1항제1호 및 제2호의 조치를 할 때에는 보호자 또는 위탁받은 자에게 소년의 감호에 관한 필요 사항을 지시할 수 있다.

⑤ 소년부 판사는 제1항의 결정을 하였을 때에는 소년부 법원서기관·법원사무관·법원주사·법원주사보, 소년분류심사원 소속 공무원, 교도소 또는 구치소 소속 공무원, 보호관찰관 또는 사법경찰관리에게 그 결정을 집행하게 할 수 있다.

⑥ 제1항의 조치는 언제든지 결정으로써 취소하거나 변경할 수 있다.[전문개정 2007. 12. 21.]

제19조(심리 불개시의 결정) ① 소년부 판사는 송치서와 조사관의 조사보고에 따라 사건의 심리를 개시(開始)할 수 없거나 개시할 필요가 없다고 인정하면 심리를 개시하지

아니한다는 결정을 하여야 한다. 이 결정은 사건 본인과 보호자에게 알려야 한다.

② 사안이 가볍다는 이유로 심리를 개시하지 아니한다는 결정을 할 때에는 소년에게 훈계하거나 보호자에게 소년을 엄격히 관리하거나 교육하도록 고지할 수 있다.

③ 제1항의 결정이 있을 때에는 제18조의 임시조치는 취소된 것으로 본다.

④ 소년부 판사는 소재가 분명하지 아니하다는 이유로 심리를 개시하지 아니한다는 결정을 받은 소년의 소재가 밝혀진 경우에는 그 결정을 취소하여야 한다. [전문개정 2007. 12. 21.]

제20조(심리 개시의 결정) ① 소년부 판사는 송치서와 조사관의 조사보고에 따라 사건을 심리할 필요가 있다고 인정하면 심리 개시 결정을 하여야 한다.

② 제1항의 결정은 사건 본인과 보호자에게 알려야 한다. 이 경우 심리 개시 사유의 요지와 보조인을 선임할 수 있다는 취지를 아울러 알려야 한다.[전문개정 2007. 12. 21.]

제21조(심리 기일의 지정) ① 소년부 판사는 심리 기일을 지정하고 본인과 보호자를 소환하여야 한다. 다만, 필요가 없다고 인정한 경우에는 보호자는 소환하지 아니할 수 있다.

② 보조인이 선정된 경우에는 보조인에게 심리 기일을 알려야 한다.[전문개정 2007. 12. 21.]

제22조(기일 변경) 소년부 판사는 직권에 의하거나 사건 본인, 보호자 또는 보조인의 청구에 의하여 심리 기일을 변경할 수 있다. 기일을 변경한 경우에는 이를 사건 본인, 보호자 또는 보조인에게 알려야 한다.[전문개정 2007. 12. 21.]

제23조(심리의 개시) ① 심리 기일에는 소년부 판사와 서기가 참석하여야 한다.

② 조사관, 보호자 및 보조인은 심리 기일에 출석할 수 있다.[전문개정 2007. 12. 21.]

제24조(심리의 방식) ① 심리는 친절하고 온화하게 하여야 한다.

② 심리는 공개하지 아니한다. 다만, 소년부 판사는 적당하다고 인정하는 자에게 참석을 허가할 수 있다.[전문개정 2007. 12. 21.]

제25조(의견의 진술) ① 조사관, 보호자 및 보조인은 심리에 관하여 의견을 진술할 수 있다.

② 제1항의 경우에 소년부 판사는 필요하다고 인정하면 사건 본인의 퇴장을 명할 수 있다.[전문개정 2007. 12. 21.]

제25조의2(피해자 등의 진술권) 소년부 판사는 피해자 또는 그 법정대리인·변호인·배우자·직계친족·형제자매(이하 이 조에서 "대리인 등"이라 한다)가 의견진술을 신청할 때에는 피해자나 그 대리인 등에게 심리 기일에 의견을 진술할 기회를 주어야 한다. 다만, 다음 각 호의 어느 하나에 해당하는 경우에는 그러하지 아니하다.

1. 신청인이 이미 심리절차에서 충분히 진술하여 다시 진술할 필요가 없다고 인정되는

경우

2. 신청인의 진술로 심리절차가 현저하게 지연될 우려가 있는 경우 [본조신설 2007. 12. 21.]

제25조의3(화해권고) ① 소년부 판사는 소년의 품행을 교정하고 피해자를 보호하기 위하여 필요하다고 인정하면 소년에게 피해 변상 등 피해자와의 화해를 권고할 수 있다.

② 소년부 판사는 제1항의 화해를 위하여 필요하다고 인정하면 기일을 지정하여 소년, 보호자 또는 참고인을 소환할 수 있다.

③ 소년부 판사는 소년이 제1항의 권고에 따라 피해자와 화해하였을 경우에는 보호처분을 결정할 때 이를 고려할 수 있다. [본조신설 2007. 12. 21.]

제26조(증인신문, 감정, 통역 · 번역) ① 소년부 판사는 증인을 신문(訊問)하고 감정(鑑定)이나 통역 및 번역을 명할 수 있다.

② 제1항의 경우에는 「형사소송법」 중 법원의 증인신문, 감정이나 통역 및 번역에 관한 규정을 보호사건의 성질에 위반되지 아니하는 한도에서 준용한다. [전문개정 2007. 12. 21.]

제27조(검증, 압수, 수색) ① 소년부 판사는 검증, 압수 또는 수색을 할 수 있다.

② 제1항의 경우에는 「형사소송법」 중 법원의 검증, 압수 및 수색에 관한 규정은 보호사건의 성질에 위반되지 아니하는 한도에서 준용한다.[전문개정 2007. 12. 21.]

제28조(원조, 협력) ① 소년부 판사는 그 직무에 관하여 모든 행정기관, 학교, 병원, 그 밖의 공사단체(公私團體)에 필요한 원조와 협력을 요구할 수 있다.

② 제1항의 요구를 거절할 때에는 정당한 이유를 제시하여야 한다.[전문개정 2007. 12. 21.]

제29조(불처분 결정) ① 소년부 판사는 심리 결과 보호처분을 할 수 없거나 할 필요가 없다고 인정하면 그 취지의 결정을 하고, 이를 사건 본인과 보호자에게 알려야 한다.

② 제1항의 결정에 관하여는 제19조 제2항과 제3항을 준용한다.[전문개정 2007. 12. 21.]

제30조(기록의 작성) ① 소년부 법원서기관 · 법원사무관 · 법원주사 또는 법원주사보는 보호사건의 조사 및 심리에 대한 기록을 작성하여 조사 및 심리의 내용과 모든 결정을 명확히 하고 그 밖에 필요한 사항을 적어야 한다.

② 조사 기록에는 조사관 및 소년부 법원서기관 · 법원사무관 · 법원주사 또는 법원주사보가, 심리기록에는 소년부 판사 및 법원서기관 · 법원사무관 · 법원주사 또는 법원주사보가 서명날인하여야 한다.[전문개정 2007. 12. 21.]

제30조의2(기록의 열람 · 등사) 소년 보호사건의 기록과 증거물은 소년부 판사의 허가를 받은 경우에만 열람하거나 등사할 수 있다. 다만, 보조인이 심리 개시 결정 후에 소년 보호사건의 기록과 증거물을 열람하는 경우에는 소년부 판사의 허가를 받지 아니하여도 된다. [전문개정 2007. 12. 21.]

第31조(위임규정) 소년 보호사건의 심리에 필요한 사항은 대법원규칙으로 정한다.[전문개정 2007. 12. 21.]

제3절 보호처분 <개정 2007. 12. 21.>

第32조(보호처분의 결정) ① 소년부 판사는 심리 결과 보호처분을 할 필요가 있다고 인정하면 결정으로써 다음 각 호의 어느 하나에 해당하는 처분을 하여야 한다. <개정 2020. 10. 20.>

1. 보호자 또는 보호자를 대신하여 소년을 보호할 수 있는 자에게 감호 위탁
2. 수강명령
3. 사회봉사명령
4. 보호관찰관의 단기(短期) 보호관찰
5. 보호관찰관의 장기(長期) 보호관찰
6. 「아동복지법」에 따른 아동복지시설이나 그 밖의 소년보호시설에 감호 위탁
7. 병원, 요양소 또는 「보호소년 등의 처우에 관한 법률」에 따른 의료재활소년원에 위탁
8. 1개월 이내의 소년원 송치
9. 단기 소년원 송치
10. 장기 소년원 송치

② 다음 각 호 안의 처분 상호 간에는 그 전부 또는 일부를 병합할 수 있다.

1. 제1항 제1호・제2호・제3호・제4호 처분
2. 제1항 제1호・제2호・제3호・제5호 처분
3. 제1항 제4호・제6호 처분
4. 제1항 제5호・제6호 처분
5. 제1항 제5호・제8호 처분

③ 제1항 제3호의 처분은 14세 이상의 소년에게만 할 수 있다.

④ 제1항 제2호 및 제10호의 처분은 12세 이상의 소년에게만 할 수 있다.

⑤ 제1항 각 호의 어느 하나에 해당하는 처분을 한 경우 소년부는 소년을 인도하면서 소년의 교정에 필요한 참고자료를 위탁받는 자나 처분을 집행하는 자에게 넘겨야 한다.

⑥ 소년의 보호처분은 그 소년의 장래 신상에 어떠한 영향도 미치지 아니한다.[전문개정 2007. 12. 21.]

第32조의2(보호관찰처분에 따른 부가처분 등) ① 제32조 제1항 제4호 또는 제5호의 처분을 할 때에 3개월 이내의 기간을 정하여 「보호소년 등의 처우에 관한 법률」에 따른 대안교육 또는 소년의 상담・선도・교화와 관련된 단체나 시설에서의 상담・교육

을 받을 것을 동시에 명할 수 있다.
② 제32조 제1항 제4호 또는 제5호의 처분을 할 때에 1년 이내의 기간을 정하여 야간 등 특정 시간대의 외출을 제한하는 명령을 보호관찰대상자의 준수 사항으로 부과할 수 있다.
③ 소년부 판사는 가정상황 등을 고려하여 필요하다고 판단되면 보호자에게 소년원·소년분류심사원 또는 보호관찰소 등에서 실시하는 소년의 보호를 위한 특별교육을 받을 것을 명할 수 있다.[본조신설 2007. 12. 21.]

제33조(보호처분의 기간) ① 제32조 제1항 제1호·제6호·제7호의 위탁기간은 6개월로 하되, 소년부 판사는 결정으로써 6개월의 범위에서 한 번에 한하여 그 기간을 연장할 수 있다. 다만, 소년부 판사는 필요한 경우에는 언제든지 결정으로써 그 위탁을 종료시킬 수 있다.
② 제32조 제1항 제4호의 단기 보호관찰기간은 1년으로 한다.
③ 제32조 제1항 제5호의 장기 보호관찰기간은 2년으로 한다. 다만, 소년부 판사는 보호관찰관의 신청에 따라 결정으로써 1년의 범위에서 한 번에 한하여 그 기간을 연장할 수 있다.
④ 제32조 제1항 제2호의 수강명령은 100시간을, 제32조 제1항 제3호의 사회봉사명령은 200시간을 초과할 수 없으며, 보호관찰관이 그 명령을 집행할 때에는 사건 본인의 정상적인 생활을 방해하지 아니하도록 하여야 한다.
⑤ 제32조 제1항 제9호에 따라 단기로 소년원에 송치된 소년의 보호기간은 6개월을 초과하지 못한다.
⑥ 제32조 제1항 제10호에 따라 장기로 소년원에 송치된 소년의 보호기간은 2년을 초과하지 못한다.
⑦ 제32조 제1항 제6호부터 제10호까지의 어느 하나에 해당하는 처분을 받은 소년이 시설위탁이나 수용 이후 그 시설을 이탈하였을 때에는 위 처분기간은 진행이 정지되고, 재위탁 또는 재수용된 때로부터 다시 진행한다.[전문개정 2007. 12. 21.]

제34조(몰수의 대상) ① 소년부 판사는 제4조 제1항 제1호·제2호에 해당하는 소년에 대하여 제32조의 처분을 하는 경우에는 결정으로써 다음의 물건을 몰수할 수 있다.
1. 범죄 또는 형벌 법령에 저촉되는 행위에 제공하거나 제공하려 한 물건
2. 범죄 또는 형벌 법령에 저촉되는 행위로 인하여 생기거나 이로 인하여 취득한 물건
3. 제1호와 제2호의 대가로 취득한 물건
② 제1항의 몰수는 그 물건이 사건 본인 이외의 자의 소유에 속하지 아니하는 경우에만 할 수 있다. 다만, 사건 본인의 행위가 있은 후 그 정을 알고도 취득한 자가 소유한 경우에는 그러하지 아니하다. [전문개정 2007. 12. 21.]

제35조(결정의 집행) 소년부 판사는 제32조 제1항 또는 제32조의2에 따른 처분 결정을 하였을 때에는 조사관, 소년부 법원서기관·법원사무관·법원주사·법원주사보, 보호관찰관, 소년원 또는 소년분류심사원 소속 공무원, 그 밖에 위탁 또는 송치받을 기관 소속의 직원에게 그 결정을 집행하게 할 수 있다.[전문개정 2007. 12. 21.]

제36조(보고와 의견 제출) ① 소년부 판사는 제32조 제1항 제1호·제6호·제7호의 처분을 한 경우에는 위탁받은 자에게 소년에 관한 보고서나 의견서를 제출하도록 요구할 수 있다.

② 소년부 판사는 조사관에게 제32조 제1항 제1호·제6호·제7호의 처분에 관한 집행 상황을 보고하게 할 수 있고, 필요하다고 인정되면 위탁받은 자에게 그 집행과 관련된 사항을 지시할 수 있다.[전문개정 2007. 12. 21.]

제37조(처분의 변경) ① 소년부 판사는 위탁받은 자나 보호처분을 집행하는 자의 신청에 따라 결정으로써 제32조의 보호처분과 제32조의2의 부가처분을 변경할 수 있다. 다만, 제32조 제1항 제1호·제6호·제7호의 보호처분과 제32조의 2 제1항의 부가처분은 직권으로 변경할 수 있다.

② 제1항에 따른 결정을 집행할 때에는 제35조를 준용한다.

③ 제1항의 결정은 지체 없이 사건 본인과 보호자에게 알리고 그 취지를 위탁받은 자나 보호처분을 집행하는 자에게 알려야 한다. [전문개정 2007. 12. 21.]

제38조(보호처분의 취소) ① 보호처분이 계속 중일 때에 사건 본인이 처분 당시 19세 이상인 것으로 밝혀진 경우에는 소년부 판사는 결정으로써 그 보호처분을 취소하고 다음의 구분에 따라 처리하여야 한다.

1. 검사·경찰서장의 송치 또는 제4조 제3항의 통고에 의한 사건인 경우에는 관할 지방법원에 대응하는 검찰청 검사에게 송치한다.
2. 제50조에 따라 법원이 송치한 사건인 경우에는 송치한 법원에 이송한다.

② 제4조 제1항 제1호·제2호의 소년에 대한 보호처분이 계속 중일 때에 사건 본인이 행위 당시 10세 미만으로 밝혀진 경우 또는 제4조 제1항 제3호의 소년에 대한 보호처분이 계속 중일 때에 사건 본인이 처분 당시 10세 미만으로 밝혀진 경우에는 소년부 판사는 결정으로써 그 보호처분을 취소하여야 한다. [전문개정 2007. 12. 21.]

제39조(보호처분과 유죄판결) 보호처분이 계속 중일 때에 사건 본인에 대하여 유죄판결이 확정된 경우에 보호처분을 한 소년부 판사는 그 처분을 존속할 필요가 없다고 인정하면 결정으로써 보호처분을 취소할 수 있다.[전문개정 2007. 12. 21.]

제40조(보호처분의 경합) 보호처분이 계속 중일 때에 사건 본인에 대하여 새로운 보호처분이 있었을 때에는 그 처분을 한 소년부 판사는 이전의 보호처분을 한 소년부에 조회하여 어느 하나의 보호처분을 취소하여야 한다.[전문개정 2007. 12. 21.]

제41조(비용의 보조) 제18조 제1항 제1호·제2호의 조치에 관한 결정이나 제32조 제1항 제1호·제6호·제7호(「보호소년 등의 처우에 관한 법률」에 따른 의료재활소년원 위탁처분은 제외한다)의 처분을 받은 소년의 보호자는 위탁받은 자에게 그 감호에 관한 비용의 전부 또는 일부를 지급하여야 한다. 다만, 보호자가 지급할 능력이 없을 때에는 소년부가 지급할 수 있다. <개정 2020. 10. 20.> [전문개정 2007. 12. 21.]

제42조(증인 등의 비용) ① 증인·감정인·통역인·번역인에게 지급하는 비용, 숙박료, 그 밖의 비용에 대하여는 「형사소송법」 중 비용에 관한 규정을 준용한다.

② 참고인에게 지급하는 비용에 관하여는 제1항을 준용한다. [전문개정 2007. 12. 21.]

제4절 항고 <개정 2007. 12. 21.>

제43조(항고) ① 제32조에 따른 보호처분의 결정 및 제32조의2에 따른 부가처분 등의 결정 또는 제37조의 보호처분·부가처분 변경 결정이 다음 각 호의 어느 하나에 해당하면 사건 본인·보호자·보조인 또는 그 법정대리인은 관할 가정법원 또는 지방법원 본원 합의부에 항고할 수 있다.

1. 해당 결정에 영향을 미칠 법령 위반이 있거나 중대한 사실 오인(誤認)이 있는 경우
2. 처분이 현저히 부당한 경우

② 항고를 제기할 수 있는 기간은 7일로 한다.[전문개정 2007. 12. 21.]

제44조(항고장의 제출) ① 항고를 할 때에는 항고장을 원심(原審) 소년부에 제출하여야 한다.

② 항고장을 받은 소년부는 3일 이내에 의견서를 첨부하여 항고법원에 송부하여야 한다.[전문개정 2007. 12. 21.]

제45조(항고의 재판) ① 항고법원은 항고 절차가 법률에 위반되거나 항고가 이유 없다고 인정한 경우에는 결정으로써 항고를 기각하여야 한다.

② 항고법원은 항고가 이유가 있다고 인정한 경우에는 원결정(原決定)을 취소하고 사건을 원소년부에 환송(還送)하거나 다른 소년부에 이송하여야 한다. 다만, 환송 또는 이송할 여유가 없이 급하거나 그 밖에 필요하다고 인정한 경우에는 원결정을 파기하고 불처분 또는 보호처분의 결정을 할 수 있다.

③ 제2항에 따라 항고가 이유가 있다고 인정되어 보호처분의 결정을 다시 하는 경우에는 원결정에 따른 보호처분의 집행 기간은 그 전부를 항고에 따른 보호처분의 집행 기간에 산입(제32조 제1항 제8호·제9호·제10호 처분 상호 간에만 해당한다)한다. <신설 2015. 12. 1.>[전문개정 2007. 12. 21.]

제46조(집행 정지) 항고는 결정의 집행을 정지시키는 효력이 없다.

[전문개정 2007. 12. 21.]

제47조(재항고) ① 항고를 기각하는 결정에 대하여는 그 결정이 법령에 위반되는 경우에만 대법원에 재항고를 할 수 있다.

② 제1항의 재항고에 관하여는 제43조 제2항 및 제45조 제3항을 준용한다. <개정 2015. 12. 1.> [전문개정 2007. 12. 21.]

제3장 형사사건 <개정 2007. 12. 21.>

제1절 통칙 <개정 2007. 12. 21.>

제48조(준거법례) 소년에 대한 형사사건에 관하여는 이 법에 특별한 규정이 없으면 일반 형사사건의 예에 따른다. [전문개정 2007. 12. 21.]

제49조(검사의 송치) ① 검사는 소년에 대한 피의사건을 수사한 결과 보호처분에 해당하는 사유가 있다고 인정한 경우에는 사건을 관할 소년부에 송치하여야 한다.

② 소년부는 제1항에 따라 송치된 사건을 조사 또는 심리한 결과 그 동기와 죄질이 금고 이상의 형사처분을 할 필요가 있다고 인정할 때에는 결정으로써 해당 검찰청 검사에게 송치할 수 있다.

③ 제2항에 따라 송치한 사건은 다시 소년부에 송치할 수 없다. [전문개정 2007. 12. 21.]

제49조의2(검사의 결정 전 조사) ① 검사는 소년 피의사건에 대하여 소년부 송치, 공소제기, 기소유예 등의 처분을 결정하기 위하여 필요하다고 인정하면 피의자의 주거지 또는 검찰청 소재지를 관할하는 보호관찰소의 장, 소년분류심사원장 또는 소년원장(이하 "보호관찰소장 등"이라 한다)에게 피의자의 품행, 경력, 생활환경이나 그 밖에 필요한 사항에 관한 조사를 요구할 수 있다.

② 제1항의 요구를 받은 보호관찰소장 등은 지체 없이 이를 조사하여 서면으로 해당 검사에게 통보하여야 하며, 조사를 위하여 필요한 경우에는 소속 보호관찰관·분류심사관 등에게 피의자 또는 관계인을 출석하게 하여 진술요구를 하는 등의 방법으로 필요한 사항을 조사하게 할 수 있다.

③ 제2항에 따른 조사를 할 때에는 미리 피의자 또는 관계인에게 조사의 취지를 설명하여야 하고, 피의자 또는 관계인의 인권을 존중하며, 직무상 비밀을 엄수하여야 한다.

④ 검사는 보호관찰소장 등으로부터 통보받은 조사 결과를 참고하여 소년피의자를 교화·개선하는 데에 가장 적합한 처분을 결정하여야 한다.[본조신설 2007. 12. 21.]

제49조의3(조건부 기소유예) 검사는 피의자에 대하여 다음 각 호에 해당하는 선도(善導) 등을 받게 하고, 피의사건에 대한 공소를 제기하지 아니할 수 있다. 이 경우 소년과 소년의 친권자·후견인 등 법정대리인의 동의를 받아야 한다.

1. 범죄예방자원봉사위원의 선도
2. 소년의 선도·교육과 관련된 단체·시설에서의 상담·교육·활동 등[본조신설 2007. 12. 21.]

제50조(법원의 송치) 법원은 소년에 대한 피고사건을 심리한 결과 보호처분에 해당할 사유가 있다고 인정하면 결정으로써 사건을 관할 소년부에 송치하여야 한다.[전문개정 2007. 12. 21.]

제51조(이송) 소년부는 제50조에 따라 송치받은 사건을 조사 또는 심리한 결과 사건의 본인이 19세 이상인 것으로 밝혀지면 결정으로써 송치한 법원에 사건을 다시 이송하여야 한다.[전문개정 2007. 12. 21.]

제52조(소년부 송치 시의 신병 처리) ① 제49조 제1항이나 제50조에 따른 소년부 송치 결정이 있는 경우에는 소년을 구금하고 있는 시설의 장은 검사의 이송 지휘를 받은 때로부터 법원 소년부가 있는 시·군에서는 24시간 이내에, 그 밖의 시·군에서는 48시간 이내에 소년을 소년부에 인도하여야 한다. 이 경우 구속영장의 효력은 소년부 판사가 제18조 제1항에 따른 소년의 감호에 관한 결정을 한 때에 상실한다.
② 제1항에 따른 인도와 결정은 구속영장의 효력기간 내에 이루어져야 한다.[전문개정 2007. 12. 21.]

제53조(보호처분의 효력) 제32조의 보호처분을 받은 소년에 대하여는 그 심리가 결정된 사건은 다시 공소를 제기하거나 소년부에 송치할 수 없다. 다만, 제38조 제1항 제1호의 경우에는 공소를 제기할 수 있다. [전문개정 2007. 12. 21.]

제54조(공소시효의 정지) 제20조에 따른 심리 개시 결정이 있었던 때로부터 그 사건에 대한 보호처분의 결정이 확정될 때까지 공소시효는 그 진행이 정지된다.[전문개정 2007. 12. 21.]

제55조(구속영장의 제한) ① 소년에 대한 구속영장은 부득이한 경우가 아니면 발부하지 못한다.
② 소년을 구속하는 경우에는 특별한 사정이 없으면 다른 피의자나 피고인과 분리하여 수용하여야 한다.[전문개정 2007. 12. 21.]

제2절 심판 <개정 2007. 12. 21.>

제56조(조사의 위촉) 법원은 소년에 대한 형사사건에 관하여 필요한 사항을 조사하도록 조사관에게 위촉할 수 있다.[전문개정 2007. 12. 21.]

제57조(심리의 분리) 소년에 대한 형사사건의 심리는 다른 피의사건과 관련된 경우에도 심리에 지장이 없으면 그 절차를 분리하여야 한다. [전문개정 2007. 12. 21.]

제58조(심리의 방침) ① 소년에 대한 형사사건의 심리는 친절하고 온화하게 하여야 한다.

② 제1항의 심리에는 소년의 심신상태, 품행, 경력, 가정상황, 그 밖의 환경 등에 대하여 정확한 사실을 밝힐 수 있도록 특별히 유의하여야 한다.[전문개정 2007. 12. 21.]

제59조(사형 및 무기형의 완화) 죄를 범할 당시 18세 미만인 소년에 대하여 사형 또는 무기형(無期刑)으로 처할 경우에는 15년의 유기징역으로 한다.[전문개정 2007. 12. 21.]

제60조(부정기형) ① 소년이 법정형으로 장기 2년 이상의 유기형(有期刑)에 해당하는 죄를 범한 경우에는 그 형의 범위에서 장기와 단기를 정하여 선고한다. 다만, 장기는 10년, 단기는 5년을 초과하지 못한다.

② 소년의 특성에 비추어 상당하다고 인정되는 때에는 그 형을 감경할 수 있다.

③ 형의 집행유예나 선고유예를 선고할 때에는 제1항을 적용하지 아니한다.

④ 소년에 대한 부정기형을 집행하는 기관의 장은 형의 단기가 지난 소년범의 행형(行刑) 성적이 양호하고 교정의 목적을 달성하였다고 인정되는 경우에는 관할 검찰청 검사의 지휘에 따라 그 형의 집행을 종료시킬 수 있다. <개정 2018. 9. 18.>[전문개정 2007. 12. 21.]

제61조(미결구금일수의 산입) 제18조 1항 3호의 조치가 있었을 때에는 그 위탁기간은 「형법」 제57조 1항의 판결선고 선 구금일수(拘禁日數)로 본다. [전문개정 2007. 12. 21.]

제62조(환형처분의 금지) 18세 미만인 소년에게는 「형법」 제70조에 따른 유치선고를 하지 못한다. 다만, 판결선고 전 구속되었거나 제18조제1항제3호의 조치가 있었을 때에는 그 구속 또는 위탁의 기간에 해당하는 기간은 노역장(勞役場)에 유치된 것으로 보아 「형법」 제57조를 적용할 수 있다. [전문개정 2007. 12. 21.]

제63조(징역·금고의 집행) 징역 또는 금고를 선고받은 소년에 대하여는 특별히 설치된 교도소 또는 일반 교도소 안에 특별히 분리된 장소에서 그 형을 집행한다. 다만, 소년이 형의 집행 중에 23세가 되면 일반 교도소에서 집행할 수 있다.[전문개정 2007. 12. 21.]

제64조(보호처분과 형의 집행) 보호처분이 계속 중일 때에 징역, 금고 또는 구류를 선고받은 소년에 대하여는 먼저 그 형을 집행한다.[전문개정 2007. 12. 21.]

제65조(가석방) 징역 또는 금고를 선고받은 소년에 대하여는 다음 각 호의 기간이 지나면 가석방(假釋放)을 허가할 수 있다.

1. 무기형의 경우에는 5년
2. 15년 유기형의 경우에는 3년
3. 부정기형의 경우에는 단기의 3분의 1 [전문개정 2007. 12. 21.]

제66조(가석방 기간의 종료) 징역 또는 금고를 선고받은 소년이 가석방된 후 그 처분이

취소되지 아니하고 가석방 전에 집행을 받은 기간과 같은 기간이 지난 경우에는 형의 집행을 종료한 것으로 한다. 다만, 제59조의 형기(刑期) 또는 제60조제1항에 따른 장기의 기간이 먼저 지난 경우에는 그 때에 형의 집행을 종료한 것으로 한다. [전문개정 2007. 12. 21.]

제67조(자격에 관한 법령의 적용) ① 소년이었을 때 범한 죄에 의하여 형의 선고 등을 받은 자에 대하여 다음 각 호의 경우 자격에 관한 법령을 적용할 때 장래에 향하여 형의 선고를 받지 아니한 것으로 본다. <개정 2018. 9. 18.>

1. 형을 선고받은 자가 그 집행을 종료하거나 면제받은 경우
2. 형의 선고유예나 집행유예를 선고받은 경우

② 제1항에도 불구하고 형의 선고유예가 실효되거나 집행유예가 실효·취소된 때에는 그 때에 형을 선고받은 것으로 본다. <신설 2018. 9. 18.> [전문개정 2007. 12. 21.] [2018. 9. 18. 법률 제15757호에 의하여 2018. 1. 25. 헌법재판소에서 위헌 결정된 이 조를 개정함.]

제3장의 2 비행 예방 <신설 2007. 12. 21.>

제67조의2(비행 예방정책) 법무부장관은 제4조제1항에 해당하는 자(이하 "비행소년"이라 한다)가 건전하게 성장하도록 돕기 위하여 다음 각 호의 사항에 대한 필요한 조치를 취하여야 한다.

1. 비행소년이 건전하게 성장하도록 돕기 위한 조사·연구·교육·홍보 및 관련 정책의 수립·시행
2. 비행소년의 선도·교육과 관련된 중앙행정기관·공공기관 및 사회단체와의 협조체계의 구축 및 운영 [본조신설 2007. 12. 21.]

제4장 벌칙 <개정 2007. 12. 21.>

제68조(보도 금지) ① 이 법에 따라 조사 또는 심리 중에 있는 보호사건이나 형사사건에 대하여는 성명·연령·직업·용모 등으로 비추어 볼 때 그 자가 당해 사건의 당사자라고 미루어 짐작할 수 있는 정도의 사실이나 사진을 신문이나 그 밖의 출판물에 싣거나 방송할 수 없다.

② 제1항을 위반한 다음 각 호의 자는 1년 이하의 징역 또는 1천만원 이하의 벌금에 처한다. <개정 2014. 1. 7.>

1. 신문 : 편집인 및 발행인
2. 그 밖의 출판물 : 저작자 및 발행자
3. 방송 : 방송편집인 및 방송인 [전문개정 2007. 12. 21.]

제69조(나이의 거짓 진술) 성인(成人)이 고의로 나이를 거짓으로 진술하여 보호처분이나

소년 형사처분을 받은 경우에는 1년 이하의 징역에 처한다.[전문개정 2007. 12. 21.]

제70조(조회 응답) ① 소년 보호사건과 관계있는 기관은 그 사건 내용에 관하여 재판, 수사 또는 군사상 필요한 경우 외의 어떠한 조회에도 응하여서는 아니 된다.

② 제1항을 위반한 자는 1년 이하의 징역 또는 1천만원 이하의 벌금에 처한다. [전문개정 2007. 12. 21.]

제71조(소환의 불응 및 보호자 특별교육명령 불응) 다음 각 호의 어느 하나에 해당하는 자에게는 300만원 이하의 과태료를 부과한다. <개정 2014. 12. 30.>

1. 제13조 제1항에 따른 소환에 정당한 이유 없이 응하지 아니한 자
2. 제32조의 2 제3항의 특별교육명령에 정당한 이유 없이 응하지 아니한 자

[전문개정 2007. 12. 21.]

부칙 <제17505호, 2020. 10. 20.> (보호소년 등의 처우에 관한 법률)

제1조(시행일) 이 법은 공포 후 6개월이 경과한 날부터 시행한다. <단서 생략>

제2조 부터 제4조까지 생략

제5조(다른 법률의 개정) ① 생략

② 소년법 일부를 다음과 같이 개정한다.

제32조 제1항 제7호 중 “소년의료보호시설”을 “의료재활소년원”으로 한다.

제41조 본문 중 “소년의료보호시설”을 “의료재활소년원”으로 한다.

사 항 색 인

[저자약력]

옥 필 훈

University of Birmingham 법과대학원 Occasional Research (1999.9 - 2000.6)
Keele University 범죄학과 M.Phil 수학 (2000.6-2001.9)
전북대학교 대학원 법학박사
원광대학교 경찰행정학과 경찰학박사
서남대학교 사회복지학과 사회복지학박사
전주대학교 대학원 신학박사
우석대학교 대학원 특수교육학박사
전북대학교 법학연구소 연구원 역임
한국소년법학회 이사 역임
한국치안행정학회 이사 역임
국제경호협회 자문위원 역임
법무부 Law Educator 역임
보건복지부 인성교육 우수 어린이집 및 유치원 중앙심사위원
전주지방법원 화해권고위원 역임
전주연합신문 객원논설위원 역임
교정직 9급 국가시험출제위원 역임
진달래교회 협동목사 역임
전주홍산교회 협동목사 역임
전주비전대학교 경찰행정과 학과장 및 조교수 역임
전주비전대학교 아동복지과 학과장 및 부교수 역임
전주시 인성.창의교육 지원 위원 역임
전주시 도시재생위원 역임
전라북도 커플링사업단 V-3E 사업단장 역임
전주비전대학교 아동복지과 학과장 역임
(현) 전주시 인성 · 창의 교육지원위원회 위원
한국범죄신학연구소장
한국생태유아교육학회 이사
한독심리운동학회 이사
한독심리운동학회 편집위원
한국심리운동연구소 연구위원
전주비전대학교 원격평생교육원 교수
한국심리운동연구소 이사 및 운영위원
전주일보 객원논설위원
전주사랑의 교회 협동목사
전주비전대학교 아동복지과 정교수

[저서 및 논문]

A Study on Diversion in Juvenile Justice (Hakyesa, 2006)
Public Order and Sexual Behaviour in Korean Criminal Law (Shin-A, 2006)
법학개론 (진영사, 2008)
형사소송법 (청목출판사, 2008)
수사 I, II (비엔앰북스, 2008)
형법이해와 판례 (진영사, 2009)
형사소송법의 이해와 판례 (진영사, 2009)
경찰영어 (진영사, 2009)
범죄학겸형사정책(진영사, 2009)
가족복지론(공동체, 2015)
사회복지개론(공동체, 2016)
범죄신학에 있어서 아동학대에 관한 이해(공동체, 2017)
사회복지실천기술론(공동체, 2017)
사회복지법제론(공동체, 2018)
경제범죄의 실태와 대책에 관한 연구 (전북대학교 법학박사논문)
제주자치경찰의 실태와 발전방안에 관한 연구 (원광대학교 경찰학박사논문)
회복적 사법의 교정복지적 성격 고찰(서남대학교 사회복지학박사논문)
'하나님의 선교' 에 근거한 피학대아동을 위한 복지선교의 현황과 실천방안(전주대학교 신학박사논문)
심리운동사의 자격제도의 정착을 위한 정책 연구(우석대학교 특수교육학박사논문)
경제범죄의 분류방식과 대처방안
경제범죄의 개념에 관한 연구
경제범죄의 제재유형에 관한 연구
공공장소에서 성적 행위의 불법실태와 형사법적 대책에 관한 연구
징세범죄의 실태에 관한 연구
경제범죄에 있어서 법인에 대한 효율적 제재방안에 관한 연구
지역사회 경찰활동의 활성화방안에 관한 연구
조직범죄의 실태와 효율적 대책에 관한 연구
한국 자치경찰제의 효율적 운용방안에 관한 연구
여성범죄의 실태와 효율적 대책에 관한 연구
사회내처우의 교정복지실천에 관한 연구
소년비행의 실태와 보호관찰제도에 관한 연구
장애인차별에 대한 실태와 인권 · 복지에 관한 연구
비행소년의 재사회화를 위한 심리운동적 접근과 발전과제
장애아동을 위한 심리운동의 적용범위와 사회경험 지원방안에 관한 연구
피해자를 위한 회복적 사법의 실무상 운용실태와 교정복지의 정책적 과제에 관한 연구
아동학대범죄에 대한 선교신학적 실천방안에 관한 연구
생태계 회복을 위한 기독교 환경운동과 선교신학적 발전과제

독일 사례를 근거로 심리운동사의 전문성과 법적 지위에 관한 연구
소극적 안락사에 관한 선교적인 실천방안에 관한 연구
장애아동의 숲과 자연체험활동을 위한 심리우동적인 발전과제
양성평등에 대한 헌법개정의 주요내용과 발전방향
아동학대의 실태와 복지선교의 발전과제
소년 다이버전에 관한 교정복지의 발전과제
청소년기 우울증에 대한 인지행동치료 및 심리운동지원에 관한 연구 외 다수